物流工程三十年技术创新发展之道

中国机械工程学会物流工程分会　编

中 国 铁 道 出 版 社

2010年·北 京

图书在版编目(CIP)数据

物流工程三十年 技术创新发展之道/中国机械工程学会物流工程分会编.—北京:中国铁道出版社,2010.10

ISBN 978-7-113-12059-7

Ⅰ.①物… Ⅱ.①中… Ⅲ.①物流-物资管理-文集 Ⅳ.①F252-53

中国版本图书馆CIP数据核字(2010)第197193号

书　　名:**物流工程三十年技术创新发展之道**

作　　者:中国机械工程学会物流工程分会

总 策 划:周　云

责任编辑:张　磊　熊安春　　**电话**:010-51873078　　**电子信箱**:td6170@263.net

封面设计:冯龙彬

责任校对:张玉华

责任印制:陆　宁

出版发行:中国铁道出版社(100054,北京市宣武区右安门西街8号)

网　　址:http://www.tdpress.com

印　　刷:中国铁道出版社印刷厂

版　　次:2010年10月第1版　2010年10月第1次印刷

开　　本:880 mm×1 230 mm　1/16　印张:29.75　字数:792千

书　　号:ISBN 978-7-113-12059-7

定　　价:80.00元

编审委员会

序

改革开放的春风，吹绿了东方神州，中国依靠自身的努力和锲而不舍的精神，取得了举世瞩目的成就，已经成为世界制造大国和全球最具活力、规模宏大的市场，为我国现代物流的发展提供了难得的机遇和广阔空间。

神州沃土的"物流意识"源远流长，中华民族5000年的文明史传承着世界上最为悠久的"物流思想"，一项项绝无仅有的伟大"物流工程"充分展现出我们先人的智慧。起于秦汉，兴于隋唐，盛于宋元，明初达到顶峰的远古丝绸之路、郑和七下西洋的海上丝路，从海陆全方位构成了世界最早、最长的物流通道，是冲出国门走向世界的物流活动的生动见证，可以说是世界领先的跨洲供应链的雏形；长城，这座历经寒暑"上下两千年、纵横拾万里"的世界上绝无仅有、规模宏大而又艰巨的工程，在规划设计、劳动力的调配、材料来源、物料的搬运输送、施工组织等方面都应用了许多当时最先进的物流工程技术；京杭大运河、川陕间的栈道、水利工程史上的灿烂明珠——都江堰、现代快递的鼻祖——驿运与八百里快递、中国最早的水上物流网——漕运制度以及神奇的物流输送技术——木牛流马等等不一而足。

历经千百年的时间推移，人类的文明逐步达到了一个新的高度。当世界进入20世纪下半叶以来，世界范围内进行的经济结构调整、科学技术突飞猛进，运载技术和信息技术革命性的变化、买方市场的形成、订单生产、产品需求不断变化且服务质量、内涵、方式和价值的提升等，要求企业必须采取一定的策略来适应不断提高要求的库存管理、生产的柔性、个性化服务和市场的快速响应以及各种过程的集成，满足全球客户多样化的需求，降低成本、提高企业的核心竞争力，适应全球制造、全球行销的配送服务，现代物流得到了前所未有的发展并被普遍视为是企业利润的第三源泉。

物流管理学和现代工程技术的有机融合，催生了物流工程，反映了物流业正由单纯的管理模式向软硬相结合的综合模式转变，并运用综合工程技术与管理的手段和方法，来解决物流实践中的技术与管理问题。物流工程技术帮助人们将现代物流的理念和需求转变为可实现、可管理的高效、先进物流流程。

现代物流的全球化发展，极大地推动了物流技术和装备的创新，新型物流装备的出现及高可靠性的物流信息管理、自动控制及运输配送等技术，保障和支撑了现代物流得以高速发展。

自1980年我国第一座由计算机控制的自动化立体仓库投入运行到今天，国内已能提供依靠自动存取系统、搬运机器人、自动导向车(AGV)、自动升降机(AHV)，输送设备、分拣系统、条形码、扫描器、计算机信息管理和控制系统等组成，并将微电子技术、电力电子技术、先进控制技术应用到机械驱动系统，实现了自动化操作的物流中心或配送中心的全套装备；30年前，我国只能提供通用的桥式起重机、带式输送机，今天，我国已能生产具有自分析、自调整、自纠错的智能化操作的全自动、半自动操作形式的高度机电一体化的起重设备。我国自主研发生产的、目前世界上单钩起重量达1 200 t的最大厂房桥式起重机，安全使用在三峡工程左、右岸和地下厂房；国内自行研制开发的世界上起重量最大的20 000 t×125 m多吊点桥式起重机已于2008年正式投入使用；每小时输送量达2万t的带式输送机也将诞生；我国生产的港口物流重要装备集装箱起重机占世界市场的份额已超过75%等等。

30年来，我国物流工程特别是物流技术与装备的发展，伴随着我国经济的突飞猛进，在物流市场强大需求的拉动下，在政府主管部门和行业组织的有效推动下，依靠科技创新，取得了巨大成就。一批物流装备企业在这一过程中成长与壮大，并积极参与国际市场竞争。

由中国机械工程学会物流工程分会主编的《物流工程 30 年 技术创新发展之道》，全面总结了我国物流工程 30 年来，行业技术创新发展历程及所取得的新成就、新理论、新方法、新技术，既展现了当前的基本情况，也对未来发展趋势做出了展望，还着重介绍了物流工程行业重点企业的成长、企业的实力、技术创新成果、社会贡献与责任、未来发展蓝图，对物流工程人才培养以及物流工程理论及实用技术研究进行了探讨。她的出版对我国物流工程 30 年的发展做出了阶段性的全面回顾，对未来发展做出了建设性的前瞻和引导。同时，为我国政府部门、经济界、产业界、学术界、物流工作者提供了对我国物流工程更全面、更深入了解的宝贵资料，必将对我国物流工程的跨越发展、持续性发展、提升和创造我国物流工程技术的新水平起到积极的推动作用。

中国机械工程学会理事长
中国科学院院长 路甬祥

物流工程三十载
硕果满园铸辉煌

何光远

何光远

何光远——全国政协委员、原机械工业部部长现代物流装备是高端装备制造业发展和提高水平不可缺少的产业之一，望加强国际合作，加速创新成果的产业化。

陆燕荪

二〇一〇．七．

陆燕荪——原机械工业部副部长

物流工程

創新发展

服务经濟

任重道远

中國机械工程學会

宋天虎

宋天虎——中国机械工程学会常务副理事长

着力提升物流装备技术水平

推进中国现代物流发展

张彦敏

张彦敏——中国机械工业联合会副会长

中国機械工程学会 物流工程分会　設立 30 周年記念お祝いメッセージ文(案)

このたび、中国機械工程学会物流工程分会が設立 30 周年を迎えられましたことを心からお祝い申し上げます。当協会では貴学会との日中物流技術交流会を通じて、両国物流業界の高度化、効率化を推進しつつ、お互いのマテハン市場の創造と拡大を目指した活動を継続してまいります。

貴学会が中国物流業界の発展に貢献され、さらには世界のロジスティクスイノベーションに寄与されることを祈念いたしまして、お祝いの言葉とさせていただきます。

一般社団法人　日本物流システム機器協会
会長　竹内　克己

中国机械工程学会　物流工程分会　成立 30 周年纪念　祝贺词

此次，衷心祝贺 中国机械工程学会 物流工程分会 迎来了 30 周年。

我协会通过与贵学会在各个中日物流技术交流会中的交流，不断推进了两国物流业界的高度化、效率化。今后将继续创造和扩大两国的物流市场。

感谢贵学会在中国物流业界发展中做出的巨大贡献，并且衷心期待贵学会在世界物流技术革新中新的贡献，仅此献上贺词。

一般社团法人　日本物流系统机器协会
会长　竹内　克己

竹内克己

目　　录

第一篇　物流工程三十年总揽与未来展望

第二篇　技术创新推进企业发展与壮大

第三篇 国际物流发展与交流

第四篇 人才培养迸发行业生机勃勃

第五篇 物流工程理论及实用技术研究与探讨

一、物流系统与管理研究

二、起重机械技术研究

三、输送机械技术研究

第六篇 物流工程三十年历届学术会议论文集目录

第一篇

物流工程三十年总揽与未来展望

历史机遇成就物流工程技术跨越式发展

北京起重运输机械设计研究院　陆大明　周　云

1　前　言

现代经济的高速发展和全球化进程、以及市场需求的多样化，企业在资源、生产率以外寻求新的利润来源，促进了物流快速朝着现代化方向迈进。物流管理学和现代工程技术的高度融合，以及信息技术的广泛应用，催生了现代物流工程。现代物流工程跨越了许多传统的和新兴的科技领域，其重要特点便是这些领域的综合运用、系统组合，在更大范围内将不同门类的科学技术予以新的应用和有效组合，是集系统理论和现代管理理论与方法、物流技术与装备于一体的系统工程，它综合运用现代工程技术、现代机电技术、电子信息技术与通信技术、数据库技术、条形码技术、射频技术、物流跟踪定位技术、自动化和智能技术、运输技术、仓储技术、包装技术、分拣与加工技术、建模与仿真技术等现代技术，并依托现代化的物流技术装备与设施，进行物流系统与网络的规划设计、物流运营与控制及经营管理。

2　中国物流工程的兴起

2.1　中国物流工程的历程回顾

物流工程起源于早期的工厂设计，通过生产过程中的专业分工来提高效率。进入本世纪初所开展的生产过程中的动作分析和流程分析，已带有物流系统分析的含义。

中国物流工程的研究伴随物流的发展而发展。20 世纪 80 年代初，国内已开始对物流系统的研究，主要是在企业特别是在制造业内，对物料搬运从系统、物资流的角度进行布局，从物料的流动、储存、上线以及在制品、成品的管理等与生产工艺相结合，以提高生产效率和尽可能的降低成本。但物料搬运系统只是生产工艺的从属，又由于当时更多的企业是计划生产，物料搬运系统与生产工艺结合都是按照相对固定的计划安排，缺少柔性，而且与上游的采购供应及下游的分拨配送缺乏有机结合与联动。当市场从卖方转向买方，经济全球化、订单生产、快速响应对企业的核心竞争力提出了挑战。

20 世纪 90 年代后期，得益于物流管理水平的提高和信息技术及工程技术的发展，物流工程的概念开始提出，已经不是局限于企业内部的物料搬运和物流系统，而是向上游与下游延伸，从大的系统进行全面的规划与设计，并通过现代工程技术、信息技术、物流装备来实现，从企业内部的车间配送到复杂的配送中心、物流中心，无不贯彻了物流工程的思想。2000 年中国机械工程学会物料搬运分会与时俱进更名为中国机械工程学会物流工程分会，无疑推动了物流工程在中国的发展历程。

2.2　物流工程分会在推动物流工程技术进步中的贡献

中国机械工程学会物流工程分会成立于 1980 年，当时名称为中国机械工程学会物料搬运分会，2000 年改名为物流工程分会，是全国从事物流工程和物料搬运专业科研、设计、生产、教学以及使用部门的科技工作者的学术性群众团体。学会一直致力于推动我国物料搬运系统和物流工程技术进步，从 20 世纪 80 年代起，就在国内相继召开多次学术会议，推动企业内物料搬运合理化、系统化、自动化，推进物料搬运设备现代化。在 1984 年学会召开的学术年会上，就明确提出了物流系统分析的概念，学会还与中国机械工程学会共同召开物流技术与装备国际学术会议，将国际先进的物流系统分析经验介绍给国内。通过学术交流及各种培训，提高社会各个行业特别是制造业对物流系统的认识。

中国经济的高速发展对物流提出了更高的要求，物流管理、信息技术和工程技术都有了极大的进步。学会意识到，局限于对物料搬运以及内部物流系统的一般研究已经不能完全满足社会经济发展的要求，需要站在更高的层面来认识和研究，2000 年学会正式更名为物流工程分会，开展物流系统和网络的规划与设计、物流系统的运营控制与管理以及物流技术与装备的应用研究。学会组织近300名专家学者编撰的《中国现代物流大全》于2004年出版发行,学会相继召开了十二次物流工程相关学术会议,推广物流工程、宣传物流工程,并在物流工程人才培养方面开展了物流工程师技术资格认证工作。10年过去了,今天来看,物流工程的概念已深入人心,正是从学会更名为物流工程分会、大力推广物流工程以来,我国高等院校纷纷设立了物流工程专业,为社会各界培养了大量的具有工程背景的物流工程人才。国内用了10年的时间,完成了从单纯的企业内物料搬运系统的研究与应用向更为广泛、满足企业物流需求的物流工程研究与应用的转变。学会在这一过程中做出了自己应有的贡献。

3 现代物流技术的发展

3.1 物流软科学的研究

3.1.1 物流预测受到高度重视

物流预测已受到越来越多的物流决策者的重视,通过科学的预测,了解未来的各种变化,并做出承担适当风险的决策。目前采用的预测方法有相关回归预测法、时间序列预测法、人工神经网络预测法等,并向多种方法的综合与集成发展。

3.1.2 第三方物流(3PL)服务商选择的多指标决策

现代生产企业为了集中力量不断研发具有市场竞争力的新产品,以提高自身的核心竞争力,已越来越多的把物流委托给3PL。如何选择3PL服务商是企业十分关注的重要问题。近年来对3PL服务商选择的多指标决策问题进行了许多的研究,其研究成果对合理选择3PL具有很现实的指导意义。

3.1.3 物流仿真进入物流系统的设计与布局规划

物流仿真是针对物流系统进行系统建模,并在计算机上编制相应应用程序,模拟实际物流系统运行状况,并统计和分析模拟结果,用以指导实际物流系统的规划设计与运作管理。仿真软件代替了以往的凭经验的猜测,在屏幕上,操作者可以观察到不同的场景,通过不同的生产能力对各种物流方案进行评价。

3.1.4 物流管理技术日臻成熟

物流管理水平不断提高,管理技术日臻成熟,如:

■ 最佳协调物流量、时间节点与生产资源(人员、设备等)的利用;

■ 采用在线动态仿真系统研究各种决策方案,预防瓶颈现象;

■ 自动采集作业数据,监测不同物流环节上的效率;

■ 显示与分析作业状态、趋势和各种统计数据;

■ 全程监控,具有物件查询与追踪功能;

■ 客户意见管理,为客户提供最佳服务;

■ JIT配送、JIT采购等等。

3.2 信息技术的广泛应用

物流技术最主要的发展趋势是向信息化发展。通过对信息技术的开发与广泛应用,实现对物流全过程进行跟踪、识别、认证、控制和反馈。

3.2.1 自动识别与数据采集技术

自动识别和数据采集(AIDC)技术包括:条形码技术、射频识别技术(RFID)、磁识别技术、声音识别技术、图形识别技术、光字符识别技术和生物识别技术、空间数据传输技术。

3.2.1.1 条形码技术

条形码技术已经非常广泛地应用于物流领域中的物品识别与跟踪、危险废料跟踪、包裹跟踪和车辆控制与识别。通常采用的条码标准主要有三种:通用商品条码、储运单元条码和贸易单元128条码。通用商品条码用于单个商品的包装箱上;储运单元条码用于储运单元的包装箱;贸易单元128条码用于标识贸易单元的信息,如产品批号、数量、规格、生产日期、有效期、交货地等。

3.2.1.2 射频识别技术(RFID)

近年来,由于射频识别技术最突出的特点是可以非接触识读(识读距离可以从几厘米至几十米)、可识别高速运动物体、抗恶劣环境、保密性强、可同时识别多个识别对象等,因而广泛应用于制造业及其他不适宜条码标签存在的环境中。在供应链过程控制中,它被广泛应用于运输工具的自动识别(AVI)、物品的跟踪与监视、店铺防盗系统、高速公路收费及智能交通系统(ITS)、生产线的自动化及过程控制等方面。

3.2.1.3 图像和机器视觉识别技术

图像和机器觉识别技术主要是对物品的色彩、尺寸大小进行自动识别。图像和机器视觉识别技术应用于物流分拣系统中，采用自动化生产方式，将物品送入检测系统，对色彩、尺寸大小自动识别并进行数字化图像信息处理，通过计算机网络识别系统，对货物的外形质量，色彩进行分拣检测、分类，并通过机械系统将不同类型的物品分配出来。

3.2.2 自动跟踪与定位技术

GIS是一个以地理坐标为基础的信息系统，具有强大的处理空间数据的能力。它以地理空间数据为基础，采用地理模型分析方法，适时地提供多种空间的和动态的地理信息，是一种为地理研究和地理决策服务的计算机技术系统。GIS技术应用在物流分析上，即利用GIS强大的地理数据分析功能来完善物流分析技术。一般GIS物流分析软件集成了车辆路线模型、网络物流模型、分配集合模型和设施定位模型等功能。

GPS已经广泛的运用在物流领域，给车辆、轮船、火车等交通工具的导航与跟踪提供了准确、实时的定位能力。GPS可以提供自动规划和人工设计的路线，也能提供信息查询，查询资料可以文字，语言及图像的形式显示，并在电子地图上显示其位置。通过车载GPS，驾驶员通过显示屏及时查看车辆的有关信息，如经度、维度、速度、航向等，同时车载电台将定位信息发送给车辆监控中心。若车辆出现紧急情况，司机启动报警装置，在监控中心即可显示出车辆情况、出事地点、车辆人员等信息。从而实现对重要车辆和货物进行跟踪运输，也可以帮助追踪失窃的车辆。

3.3 物流系统自动化、集成化技术

近几年来全自动化、集成化的物流系统正在逐步发展，并受到重视。

3.3.1 自动化物流中心、配送中心

近几年，各地建设了一批自动化程度较高的物流基地和物流中心，如森马集团上海有限公司物流配送中心，由两座相邻建筑组成：一座为自动化立体仓库，设计16个巷道21.55 m高立体库，库容量38 688个托盘货位，由立体库货架、巷道堆垛机、托盘输送机、钢结构平台及一套自动化控制系统构成，支持立体库托盘在线拣选作业；另一座建筑为拣选楼，为两层楼库，具有小件货位33 696个，支持11 232个品种的拣选，由货架系统、箱式输送线、箱式包装台、箱式自动分拣机、垂直提升机、电子标签系统及一套自动化控制系统构成，具有摘果式拣选和播种式拣选两种拣选方式。立体库系统与拣选库系统通过空中走廊相连，每天可处理入库10 000箱、出库10 000箱，其中自动分拣线每小时可分拣3 000箱以上。配送中心由一套计算机管理系统管理控制，实现了订单的波次运行、任务下发、拣选、包装、自动分拣、补货等功能，该物流系统成为森马集团满足年进出1.2亿件成衣、3 000家门店分拣业务的重要平台。

天津港保税区内兴建的以自动化立体仓库为主体的现代化的物流中心，占地面积33 798平方米，立体仓库内存货架28排×64列×13层，一次可存放托盘23 296个，有14台有轨巷道堆垛机，行走速度4～120 m/min，升降速度3～18 m/min，叉动速度5～25 m/min，升降高度21m，货架前有自动分拣系统，整个仓库实现了计算机信息管理和自动化控制，库前有近万平方米的堆场，可供存放集装箱用。计算机管理信息系统分为内部应用系统和外部信息系统，前者采用客户机/服务器两层结构，后者采用浏览器/Web服务器/数据库服务器三层结构。

3.3.2 全自动集装箱物流系统的研究

在国外如德国汉堡CTA码头2003年建成了一个全自动的集装箱物流系统之后，根据中国港口集装箱发展的未来趋势，上海振华重工(集团)公司创新研制的环保、安全、高效全自动化集装箱码头装卸系统为世界首创，建立了全自动化集装箱码头示范区。该系统取消了传统码头用内燃机驱动的地面水平运输，将码头完全置于立体式的轨道上用电驱动来实现。该系统可一次性处理两只40英尺箱，使码头装卸效率得到极大的提高。经测算，同一泊位采用该方案的生产效率至少提高50%，堆场的存箱量提高25%，且运营费用大大降低；投资少，场地利用充分；可用于老码头技术改造。

3.4 物流系统运行安全技术的研究

物流系统的安全运行是物流畅通、货物无损害和人机安全的重要保证，物流系统运行的安全技术越来越得到人们的高度重视，如物流装备的抗震、防火、防爆等。

3.4.1 防碰撞技术

为了防止撞翻集装箱事故的发生，上海港研发了一种集装箱轮胎吊小车运行的报警安全装置以有效避免了撞箱事故的发生。起重机、AGV等设备的防碰撞要求越来越高，如何保证类似设备安全运行，

其中防碰撞技术引起了越来越多的重视。

3.4.2 物流设备结构裂纹诊断技术

物流设备特别是装卸机械承载结构产生宏观裂纹是物流机械安全生产的重大隐患,如:巡检部位的确定,临界裂纹长度的确定,由初始裂纹长度扩展到临界裂纹长度的速度(时间)的确定,巡检周期的确定。

3.4.3 远程诊断技术的应用

远程诊断可以实现值班人员和在家的技术人员的协同诊断,能对整个物流系统实现24小时的监控,保证物流系统的正常运行,图1表示远程诊断的流程。

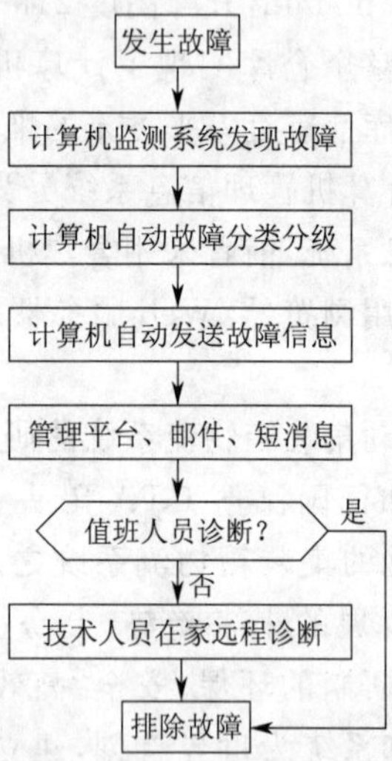

图1 远程诊断流程图

4 物流装备的水平迈上新的台阶

从广义上说,物流装备基本涵盖了传统意义上的物料搬运设备,包括起重、输送、管道、装卸、仓储、工业车辆、自动化等,在社会物流及企业生产物流、储存及货物流转过程中,无不得到广泛应用。物流装备是现代物流重要技术支撑之一,现代物流的进程不断地对物流装备提出新的要求,客观上推进了物流装备水平的提高,从而新产品、新设备不断问世。

4.1 经济高速发展、市场的需求与竞争,壮大了物流装备行业

1980年以来,我国经济发展速度明显增快,市场对物流搬运设备需求增加,促进了物料搬运技术较快发展,通过技术引进,与国外先进国家合作、合资,研制生产了大批成套的物料搬运设备,开发能力得到了很大的提高,物别是进入20世纪90年代以来,随着物流概念的深入人心,物料搬运设备也得到了前所未有的发展,物料搬运设备在物流系统中得到更为广泛应用。

—设计、研究、生产物料搬运设备的企业及产品产量快速增长,到2009年,全国生产物料搬运设备的企业超过了4 000家,年产值超过3 100亿元人民币。

—开发了一批具有当代技术水平的大型、高效和专用的品种,某些产品已达到国际先进水平,在国际市场上具有很强的竞争能力,如上海振华港口机械股份有限公司生产的集装箱岸边桥世界市场份额超过75%。

—增强了提供物料搬运成套设备的能力,如自动化立体仓库成套设备、码头成套装卸输送设备、散料成套输送设备等等。

—广泛开展科研工作,采用先进的设计方法和标准,产品开发设计能力明显提高。

—人才培养多渠道、多机制。

4.2 技术创新是提高物流装备技术水平的根本

技术创新是产品发展的根本,也是企业发展的根本之一。

4.2.1 大型自动化立体仓库、物流中心及各式仓储物流装备

自1980年我国第一座由计算机控制的自动化立体仓库投入运行到今天,国内已能自行设计、制造,提供由自动存取系统、搬运机器人、自动导向车(AGV)、自动升降机(AHV),输送设备、分拣系统、条形码、扫描器、计算机信息管理和控制系统等组成,并将微电子技术、电力电子技术、先进控制技术应用到机械驱动系统,实现了自动化操作的物流中心或配送中心的全套物流装备,并在烟草、医药、汽车、电子、服装、图书等行业的自动化立体仓库及物流配送中心得到较快的发展。如北京起重运输机械设计研究院设计建造的联想电脑集团集成化物流系统是21世纪初国内自行设计、建设的规模最大、自动化水平最高的自动化立体仓库;为国药集团等单位建造的多座物流配送中心,系统工艺复杂,其综合性能已接近发达国家的先进水平。又如:昆船物流自主研发的自动化立体仓库系统、输送系统、作业系统、分拣系统、自动导引车系统等多个物流系统,其巷道堆垛机、自动导引车、穿梭车等系列产品及获得软件著作权的物流管理软件TIMMS总体上达到了国际先进水平，其中部分单机性能指标已达到国际领先水平。

图 2

4.2.2　大起重量、机电一体化、全自动控制的起重设备

我国起重机研发、设计、制造技术通过三十年来的努力，水平有了突破性的提高。

太原重工集团公司为三峡工程设计制造的1 200/125 t室内最大桥式起重机，开发应用了多项新技术，攻克了多项技术难关，满足了三峡工程高标准的使用要求，得到了国内外专家和用户的高度赞扬，被誉为耸立在三峡的世纪精品。三峡工程6台1 200 t桥式起重机设备运行情况一直保持良好状态，保证了三峡工程发电机组的顺利安装。

大连重工.起重集团有限公司自行设计制造的20 000 t×125 m多吊点桥式起重机，是目前世界上最大的起重设备。该起重机起重量为20 160 t，跨度为125 m，起升高度为113 m，用于海洋石油钻井平台上层建筑的整体吊装。实现了平台建造过程中采用大分段并行制造工艺技术，将海洋石油钻井平台上所有上层建筑模块在陆地制造、拼装、装配成整体，利用驳船运至大坞内多吊点桥式起重机下方，然后将上层建筑模块整体吊起，再将钻井平台下浮体运至多吊点桥式起重机下方，利用多吊点桥式起重机将上层建筑模块对接到下浮体上，最后立体合拢焊接成一体。

北京起重运输机械设计研究院承建的安徽铜陵全自动控制垃圾抓斗起重机在计算机控制下，具有自动监测料位、自动判断并选择来料点和投料点、自动运行投料、倒垛和搅拌等工艺流程、自动进行报表统计、故障自动诊断等功能，并按先进的构造、最优的配置设计，达到欧美发达国家的先进水平。

图 3

图 4

4.2.3　大型港口集装箱装卸运输系统成套设备

图 5

上海振华重工(集团)股份有限公司是全国也是世界上最大的港口机械制造商，主要产品之一集装箱起重机已生产近1 600台、轮胎式集装箱起重机近3 000台，覆盖世界73个国家和地区的集装箱码头，产品占据本行业世界市场75%以上的份额。公司开发的双40英尺箱双小车集装箱岸桥，起重量80 t、主小车起升速度满载 90 m/min、空载 180 m/min，运行速度

240 m/min，起升高度 40 m 以上，其综合性能和高效作业效率为世界集装箱港口带来更大的利益。公司自主完成的“新一代港口集装箱起重机关键技术研发与应用”项目，获得 2005 年度国家科技进步奖一等奖。

图 6

4.2.4 大型散料港口装卸运输系统成套设备

上海罗泾散杂货码头，首次在世界上实现公共散杂货码头和大型钢铁企业的无缝隙物流配送，实现了一条岸线同时供公共码头、钢厂和电厂灰场共用的方案，成为资源节约型、环境友好型码头建设的优秀典范。项目领军人、著名工程专家包起帆荣获 2009 年度世界工程组织联合会“阿西布·萨巴格（Hassib J. Sabbagh）优秀工程建设奖”。这是我国工程界首次获此殊荣。码头采用管理信息系统、生产实时控制系统、港区运行状态监测系统形成一个闭环的一体化管理控制系统，提高了营运效率。在码头装备上，开发了世界上第一台全自动抓斗卸船机和散货装船机，实现了矿石装卸作业的全自动化。

图 7

4.2.5 大运量、长距离、环保型输送机

由上海科大重工集团有限公司中标的巴西圣路易斯港带式输送机，输送的物料为铁矿石，输送量达到 20 000 t/h，带宽 2 200 mm，带速 4.2 m/s，最长单机长度 1 230 m，输送机总长 3 524 m，将国内最大的输送量整整提高了一倍，输送量与国际上最大输送量持平。

园管带式输送机具有密封性好、保护环境、输送线可沿空间曲线灵活布置、输送倾角大、复杂地形条件下单机运输距离长等特点，近年来已得到越来越多的应用。正在设计制造并将安装于贵州瓮城电厂的环保型园管带式输送机，输送长度将超过 7 100 m，为世界第二，亚洲第一。

作为能源业不可少的火力发电厂粉煤灰输送以及脱硫工程、石灰石粉的输送技术，我国的管道物料输送产业建立在自主技术研发、工程项目系统参数优化的基础上已可为 1 000 MW 机组除灰系统，提供大出力、长距离输送的成套设备，达到国际先进水平。

5 物流工程的未来

5.1 物流系统网络化

经济全球化电子商务时代物流系统运营的主要特征之一是物流系统的网络化。完善的物流网络是现代高效物流系统的基础条件，地区性、全国性、全球性的物流网络是现代物流系统不可缺少的资源。物流网络系统包含物流通路、物流据点以及有关的信息系统等。当今世界全球信息网络资源的可用性及网络技术的普及为物流的网络化提供了良好的技术支持。今后我国广域性物流系统的基础建设，如各种物流园区、大型物流中心、配送中心的建设将会有较快发展。

5.2 大系统下的物流工程

21 世纪的竞争将不再是企业和企业时间的竞争，而是供应链和供应链之间的竞争。物流系统将不再单独为某一特定的企业服务，而是支持整个供应链系统的高效运作，物流资源也不仅仅在单个企业内进行合理配置，而是在整个供应链系统中进行合理配置。只有在一个更广阔的系统框架上来对物流工程进行研究，才能充分发挥物流系统在整个经济中的支持作用。

5.3　注重物流系统的服务性

在服务经济社会中，物流系统的最终使命不单单是企业的"第三利润源泉"，而是要在提高客户服务水平的基础上为产品增值，吸引更多的客户，提供更好的服务。物流的核心是一种服务，物流企业的产品是物流服务，制造业企业物流服务于生产加工制造和营销活动。在生产企业间的技术水平和产品性能日趋接近时，企业要想获得市场的更大份额必须提升自身的服务水平，如较高的产品可得性、及时优质的售后服务和良好的信誉等都将成为未来消费者选择产品的重要标准。因此我们在进行物流工程的研究时，要更注意物流系统的服务性能，使物流系统能够更好地为企业的生产和销售服务。

5.4　物流技术集成化

随着现代化生产系统和高度自动化装配生产线的出现，成千上万的零部件大部分都要求进行准时配送，只靠地面输送显然已经不能满足这种生产系统的复杂需求。因此，在现代化的装配车间，主体建筑已不再是过去那种一层式的结构，在生产车间产生了两层、三层的立体输送系统。如大量的悬挂输送机、升降平台等其它设备在生产车间内部形成了一个立体交错的物流系统。这就要求物流工程人员在进行系统规划设计时，不仅要考虑平面上的布置设计，还要考虑到在立体空间的设备布置以及它们之间的干扰，给系统规划设计提出了更高的要求。物流技术集成化及与企业生产系统的有机结合，使物流工程在国民经济的可持续发展中愈发重要。

5.5　物流装备现代化

物流离不开装备，现代物流要求具有高度机械化、自动化、智能化、信息化、标准化的物流装备作为支撑，组织起高效的人—机—物流系统，以实现高效、快捷、准时、安全优质物流服务。

5.6　信息技术在物流工程中的作用更加突出

随着信息技术的不断发展，产品、企业和企业的各种业务流程都被描述成一个信息的集合体，企业的生产和销售过程也成为一个信息流动和处理的过程。对于物流系统来讲，小到对各种物流设备的控制，大到订单处理过程中的信息流动和对供应商信息的共享，没有一样能够离开信息而能良好运作。在进行物流工程的研究过程中，只有充分认识到物流信息的作用，才能使整个系统获得高效运作的能力。信息化是一切的基础，信息技术及计算机技术在物流工程中的应用将会彻底改变世界物流的面貌。

陆大明　中国机械工程学会物流工程分会　理事长
北京起重运输机械设计研究院院长　教授及高级工程师

周　云　中国机械工程学会物流工程分会　副理事长兼秘书长
北京起重运输机械设计研究院处长　高级工程师

现代物流信息技术的应用与发展

北京科技大学　李苏剑

1　引　　言

物流信息是反映运输、仓储、包装、装卸和流通加工等物流活动的相关知识、资料、图像和文件的总称，是拌随着物流活动的发生而产生的，通过物流信息可以实现对物流活动的有效管理与控制。现代信息技术的发展使人们能够及时准确地掌握和利用物流信息，同时随着信息技术在物流领域的广泛应用，物流信息技术也进一步成熟。

根据物流的功能以及特点，现代物流信息技术可以划分为：自动跟踪与定位类技术、自动识别类技术、物流管理信息系统技术(如物料需求计划、制造资源计划、企业资源计划、分销资源计划、物流资源计划等)、数据管理技术(如数据库技术、数据仓库技术等)和计算机网络技术等现代高端信息科技。在这些高端信息技术的支撑下，形成了以移动通信、资源管理、监控调度管理、自动化仓储管理、业务管理、客户服务管理、财务处理等多种技术集成的一体化现代物流管理与控制体系。

2　关键物流信息技术的应用与发展

2.1　自动跟踪与定位类技术

地理信息系统(Geographical Information-System，GIS)是 20 世纪 60 年代中期开始发展起来的技术，是一个以地理坐标为基础的信息系统，具有强大的处理空间数据的能力。它以地理空间数据为基础，采用地理模型分析方法，适时地提供多种空间的和动态的地理信息，是一种为地理研究和地理决策服务的计算机技术系统。其基本功能是将表格型数据(无论它来自数据库、电子表格文件或直接在程序中输入)转换为地理图形显示，然后对显示结果浏览、操作和分析。GIS 技术可以应用在物流分析上，即利用 GIS 强大的地理数据分析功能来完善物流分析技术。一般 GIS 物流分析软件集成了车辆路线模型、网络物流模型、分配集合模型和设施定位模型等功能。

全球定位系统(Global PositioningSystem，GPS)是美国从 20 世纪 70 年代开始研制，历时 20 余年，耗资 200 亿美元，于 1994 年全面建成。GPS 是海陆空全方位实时三维导航与定位能力的新一代卫星导航与定位系统，具有全天候、高精度、自动化、高效益等特点，可提供全球范围从地面到 9 000 km 高空之间任一载体的高精度的三维位置、三维速度和精确的时间信息。安装在车辆上的车载单元只要能接收来自其中三颗卫星的定位信号，就可确定该辆车的经、维度位置和时间信息。GPS 在物流领域可以应用于车辆定位、跟踪调度以及铁路运输等方面的管理以及军事物流。可以为用户提供目标定位、监控、调度、报警、信息沟通、车辆管理等服务。

目前全世界有 4 套卫星导航系统，最为成熟的是美国 GPS 全球卫星导航定位系统。最早向 GPS 发起挑战的是俄罗斯 GLONASS 卫星导航系统，定位精度可以达到 1 m，比 GPS 的民用信号精度还高；因为它没有开发民用市场，主要是被军方使用，因此 GLONASS 的普及情况远不及 GPS。欧盟在 2002 年正式开始启动以民用市场为目标的伽利略计划，该计划包括 30 颗人造卫星，原计划于 2010 年开始运行，但这一日程已经延期；2004 年，我国也成为伽利略计划第一个非欧盟国家成员。我国的北斗卫星导航系统起步比 GPS 晚了 20 年，由 5 颗静止轨道卫星和 30 颗非静止轨道卫星组成，计划 2012 年，北斗卫星导航系统提供覆盖亚太地区的导航、授时和短报文通信服务能力；2020 年，建成覆盖全球的北斗卫星导航系统。最终目标建成和 GPS 一样的全球卫星导航系统，而且还要比 GPS 多一项通讯功能。目前，北斗卫星导航系统的用户较少，功能远不及美国的 GPS 全球卫星导航定位系统。

物流信息管理中 80％的数据都涉及地理和位置因素。因此，以军事应用为最初研发目的的 GIS 和 GPS 技术迅速得到了物流行业的重视和青睐。在现代物流作业中，GIS 和 GPS 完美结合实现了车辆调度、最佳运输路径导航、货物及车辆实时跟踪等符合物流发展需求的服务。

2.2　自动识别类技术

(1)条形码技术

条形码(Bar Code)技术是由美国的 N. T. Woodland 在 1949 年首先提出的,是由一组规则排列的条、空及其对应字符组成的标记,用以表示一定的信息。一般由若干个黑色的"条"和白色的"空"所组成,其中,黑色条对光的反射率低而白色的空对光的反射率高,再加上条与空的宽度不同,就能使扫描光线产生不同的反射接收效果,在光电转换设备上转换成不同的电脉冲,形成了可以传输的电子信息。由于光的运动速度极快,所以能准确地对运动中的条形码予以识别。

条形码技术提供了对物流中的物品进行标识和表述的方法,人们可以借助条形码技术、POS 系统、EDI 等现代技术手段,随时了解有关产品在供应链上的位置,并及时做出反应。条形码技术是供应链管理的技术基础,是物流管理现代化的重要技术手段,是目前应用最广泛的自动识别技术。

(2)字符识别技术

在物流领域应用比较广泛的光学字符识别技术(Optical CharacterRecognition,OCR),已有 30 多年的历史,近年来又出现了图像字符识别和智能字符识别,实际上这三种字符式的自动识别技术基本原理大致相同,都是通过扫描等光学输入方式将各种票据、报刊、书籍、文稿及其它印刷品的文字转化为图像信息,再利用文字识别技术将图像信息转化为可以使用的计算机输入技术。主要应用与办公室自动化中的文本输入、邮件自动处理及与自动获取文本过程相关的其他要求。适合物流过程中的票据和表格的自动扫描识别及长期存储。

(3)射频识别技术

射频识别技术(Radio Frequency Identification,RFID)是一种非接触式的自动识别技术,它通过射频信号自动识别目标对象来获取相关数据。RFID 技术早在二战期间就已经出现。近年来,RFID 技术的发展使通过网络实现物品(商品)的自动识别和信息的互联与共享成为可能。由于 RFID 是一种非接触式的自动识别技术,射频标签使用的是辐射电磁场识别器传输和读取数据,这对供应链管理极为有利。短距离射频产品不怕油渍、灰尘污染等恶劣的环境,可以替代条码,例如用在工厂的流水线上跟踪物体。长距射频产品多用于交通上,识别距离可达几十米,如自动收费或识别车辆身份等。

目前 RFID 频率有低频:125 KHz、134.2 KHz、153 KHz;高频:13.56 MHZ、6.8 MHz;超高频:915 MHz(欧洲 915,美国 902－928 跳频)、433 MHz、中国 840－845 MHz、920－925 MHz;微波:2.45 GHz、5.8 GHz。图 1 为不同频率的 RFID 的特性形象图;表 1 为不同频率的 RFID 的最适合的应用;表 2 为不同频率的 RFID 的材料特性。

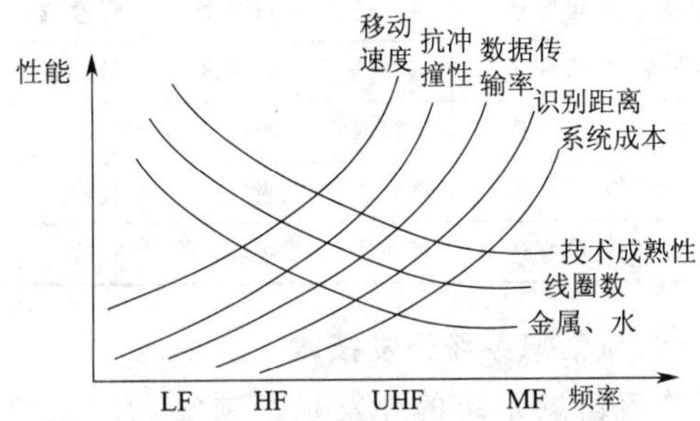

图 1　不同频率的 RFID 的特性_形象图

表 1　不同频率的 RFID 的最适合的应用

低频	高频	超高频	微波	有源
动物识别:可以穿透肉体,对人体和动物无害。采用注射、投喂方式	人员识别:人体遮挡不强,距离范围广泛。对人体无害。具有抗冲撞性能。适合会议使用	物流:具有多标签抗冲撞功能,距离较远	物流:抗冲撞、距离	集装箱物流:距离远,抗冲撞
门禁管理:近距离,较早商用,较早成熟	小额消费(电子钱包):具有较好的加密功能(14443)	人员:距离较远。但是,稳定性不好	车辆:距离、速度	人员:可靠,但是贵,体积较大
车辆管理:较早商用,较为成熟	车辆管理:充值功能。ID 功能没有多用。速度没测	车辆管理:距离、速度。不是最理想的		车辆:速度、距离、可靠。理想
运动管理:赛鸽,线圈可以做成各种形状与大小	门禁:使用较晚,由于卡片较薄,是发展趋势			环境干扰较强
生产与物流管理:对金属最不敏感	证件运用:加密功能			

表 2 不同频率的 RFID 的材料特性

材料	LF	HF	UHF	MW
布料	可穿透	可穿透	可穿透	可穿透
干木头	可穿透	可穿透	可穿透	吸收
石墨	可穿透	可穿透	不可穿透	不可穿透
某些液体	可穿透	可穿透	吸收	吸收
金属	可绕射	可绕射	不可绕射	不可绕射
油料	可穿透	可穿透	可穿透	可穿透
纸制品	可穿透	可穿透	可穿透	可穿透
某些塑料	可穿透	可穿透	可穿透	可穿透
洗发水	可穿透	可穿透	吸收	吸收
水	可穿透	可穿透	吸收	吸收
湿木头	可穿透	可穿透	吸收	吸收

2.3 物流信息系统开发技术

物流信息系统的开发是一项复杂的系统工程。它涉及物流管理理论、信息系统技术、物流信息技术等领域。早期物流信息系统开发技术主要应用结构化系统法和原型系统法，现在更多的采用新的方法，或多种方法并用。

(1)面向对象技术

面向对象(Object Oriented)方法是由面向对象程序设计方法而发展起来的，以对象为基础，利用特定的软件工具直接完成从对象客体的描述到软件结构之间的转换。面向对象方法的应用解决了传统结构化开发方法中客观世界描述工具与软件结构的不一致性问题，缩短了开发周期，解决了从分析和设计到软件结构之间多次转换的繁杂过程，是一种很有发展前途的信息系统开发方法。

(2)计算机辅助方法

计算机辅助方法(Computer Aided Software Engineering，简称 CASE)是一种辅助的开发方法。这种辅助主要体现在它能帮助开发者方便、快捷地产生出系统开发过程中各类图表、程序和文档。尽管 CASE 工具在系统开发的一些方面提供了方便，能够加快分析和设计的速度，利于重新设计，但它并不能做到系统设计的自动化，并且无法使业务上的需求自然而然地得到满足，系统分析和设计工作仍然主要依靠分析与设计者的技能。

(3)物流仿真工具

由于物流信息系统开发的专业化和复杂性，物流仿真已经逐步成为物流规划与建设的重要环节。目前一些专业的物流仿真开发工具，可以提供基本的功能元素，使物流仿真的开发工作大大简化，常见的有 Witness，em-Plant，Flexim 等等。

1)Witness

Witness 是英国 Lanner 集团用数十年系统仿真经验开发出的开发工具。无论在制造业或服务业，都可以使用 Witness 仿真开发工具建立用户自己的 Witness 仿真模型。Witness 仿真模型是工厂或流程的真实表示，基于此的 Witness 仿真试验可以较准确地进行工厂或流程的行为模拟。

2)em-Plant

eM-Plant 是以色列 Tecnomatix 公司的 eM-Power 软件工具之一，又称为 SiMPLE++，是用 C++实现的关于生产、物流和工程的仿真软件。它是面向对象的、图形化的、集成的建模、仿真工具，系统结构和实施都满足面向对象的要求。eM-Plant 可以对各种规模的工厂和生产线(包括大规模的跨国企业)进行建模、仿真和优化。

3)Flexim

Flexim 是美国的三维仿真软件开发工具，能应用于系统建模、仿真以及实现业务流程可视化，Flexim 中的对象参数可以表示基本上所有真实世界中存在的实物对象，如机器装备、操作人员、传送带等，同时数据信息可以用 Flexim 丰富的模型库表示出来，Flexim 具有层次结构，可以使用继承来节省开发时间。

3 物流信息技术应用和研究的热点

(1)物流信息技术集成应用

集成运用典型的现代物流信息技术包括：计算机、英特网、信息数据库技术、条形码技术、语音技术同时还有电子数据交换(EDI)、射频识别(RFTD)、全球卫星定位系统(GPS)、地理信息系统(GIS)、自动数据采集(ADC)、电子定货系统(EOS)、增值网(VAN)、电子货币转账(EPI)、自动存取系统(EOS)、手持终端(HT)、IC 卡等。

一般物流信息技术集成主要通过物流信息系统加以实现。物流信息系统包括：仓库管理系统(WMS)——物流节点管理、供应链执行系统——管理产品供应链全过程、运输管理系统(TMS)——物流线路优化管理、销售时点信息系统(POS)——零售收银机(Point of Sale)、电子订货系统(EOS)等。物流信息系统与一般的MIS系统既有共同之处,又有很大的不同,它所需的高新技术和硬件设备较复杂。例如武钢二热轧的WMS包括:计算机、英特网、数据库系统、无线通讯、激光定位等信息技术。

(2)物联网

物联网是高水平的信息技术集成产物,也引导了很多信息技术发展方向,属于革命性的集成创新。物联网理念的提出,把过去零星的、智能的技术应用用一个形象的理念统一起来,适应了传感技术、RFID技术、GPS技术、视频监控技术、移动计算技术、无线网络传输技术、基础通信网络技术、互联网等技术的发展,也为过去局部的应用打开了空间。

目前物联网主要应用于物流四大领域:一是基于RFID等技术建立的产品的智能可追溯网络系统,如食品的可追溯系统、药品的可追溯系统等等。这些智能的产品可追溯系统为保障食品安全、药品安全提供了坚实的物流保障。二是智能配送的可视化管理网络,这是基于GPS卫星导航定位,对物流车辆配送进行实时的、可视化的在线调度与管理的系统。很多先进的物流公司都建立与配备了这一网络系统,以实现物流作业的透明化、可视化管理;三是基于声、光、机、电、移动计算等各项先进技术,建立全自动化的物流配送中心,实现局域内的物流作业的智能控制、自动化操作的网络。如:货物拆卸与码垛是码垛机器人,搬运车是激光或电磁到人的无人搬运小车,分拣与输送是自动化的输送分拣线作业、入库与出库作业是自动化的堆垛机自动化的操作,整个物流作业系统与环境完全实现了全自动与智能化,是各项基础集成应用的专业网络系统。四是基于智能配货的的物流网络化公共信息平台。

(3)企业物流管理与控制一体化技术

物流管理与控制一体化技术是以计算机信息技术为基础的,涉及激光导向、红外通讯、计算机仿真、图像识别、工业机器人、信息网等高新技术知识,将物流、信息流和现代信息技术统一在一起,集光、机、电、管一体的企业物流管理与智能控制系统。要求在一定时间和空间内,将输送工具、工业机器人、仓储设施等高性能的设备,利用计算机网络控制技术相互制约,成有机的具有特定功能的整体运行系统,实现从订单到发货所有过程的物流管理与控制。目前,已运用于金融、邮电、商业、食品、航空、码头、仓储、汽车制造等行业。

4　结束语

物流信息技术已经成为是现代物流区别传统物流的根本标志,是物流技术中发展最快的领域。了解、掌握与应用现代物流信息技术对于提高物流效率、降低物流成本有着重要意义。

李苏剑　北京科技大学　博士生导师　教授

物流供应链管理发展趋势

北京科技大学 丁文英

物流供应链推动世界，这是21世纪的大趋势。事实表明，企业全球化的高速发展正在改变传统的市场竞争法则，一个企业的成败不仅取决于它是否能有效地发挥组织机能，更需要在这个全球化的信息社会里具有协同工作的能力，供应链的竞争已经成为全球商业竞争的核心内容。

1 物流供应链管理的十大特点

美国平普集团责任有限公司（Equus Group，LLC简称平普公司）成立于2004年，其总部设立在美国纽约。该公司主要为美国和世界各地物流经营商和发展商提供有关供应链实施战略制定、设计和实施等方面的各类咨询，2008年的营收达400亿美元。

该公司合伙人之一的迪普·帕拉克（Deep R. Parekh）认为，2009年全球物流行业风起云涌，全球经济衰退、全球贸易货运量迅速下滑、全球航运船队运力却急剧扩大、企业破产传闻不断、全球贸易格局迅速变革等等。他认为，以2008年和2009年全球物流市场情况预计2010年供应链物流的十大特点分别是：

特点一是急需的物流人才、技术和知识紧缺，这个问题看来仍然继续影响到21世纪第二个十年期全球物流市场，凡是这个时期报考大学和从业者不妨先考虑选择多少处于冷门状态的物流专业。2010年美国大学供应链管理和物流专业本科排名见表1。

这些学校将供应链管理和物流专业设在管理学院或商学院，还有设在工业工程系的。我们国家除设置在管理学院外还有一大部分设置在机械工程学院。

特点二是供应链风险管理关键地位比过去任何时候更加突出，也许有人认为这是小题大做，没有那么必要，因为风险管理需要花费更多的钱，从短期来看，有悖于从2008年下半年到2010年初想方设法砍去经营管理成本的全球物流企业主管和供应链经营商的初衷。但是从长远来看，凡是能够有始有终地坚持强化供应链风险管理的经营贸易商将获得最大收益，2010年和以后多年供应链风险管理将被不断强化。由于国际恐怖分子活动猖獗，再加上全球化经济步伐进一步加快，国际贸易发展新高潮即将到来。从2010年起，供应链风险管理将成为全球物流市场的头等大事。

表1 2010年美国大学供应链管理和物流专业本科排名

排名	学 校
1	Massachusetts Institute of Technology 麻省理工学院
2	Michigan State University 密歇根州立大学
3	Penn State University Park 宾州州立大学-University Park Campus
4	Carnegie Mellon University 卡内基美隆大学
5	The Ohio State University，Columbus 俄亥俄州立大学哥伦布分校
6	Arizona State University 亚利桑那州立大学
7	The University of Tennessee 田纳西大学
8	Purdue University，West Lafayette 普渡大学西拉法叶校区
9	Clarion University of Pennsyivania 宾州克莱瑞恩大学
10	University of Maryland College Park 马里兰大学帕克学校
	University of Michigan Ann Arbor 密西根大学-安娜堡分校
12	University of California Berkeley 加州大学伯克利分校
13	The University of Texas at Austin 德克萨斯大学奥斯汀分校
14	Clarkson University 克拉克森大学
15	University of Arkansas 阿肯色大学
16	Georgia Institute of Technology 佐治亚理工学院
17	Indiana University，Bloomington 印地安那大学伯明顿分校
18	University of lllinois Urbana Champaign 伊利诺伊大学顾本那—香槟分校
19	University of Minnesota Twin Cities 明尼苏达大学 Twin Cities 分校

特点三是供应链合作需要更多的接触点，其中包括有越来越多的外包商和第三方物流供应商

加入全球化供应链合作。标准作业也成为提升核心竞争力的重要方面。日本的生鲜供应链管理就是标准作业管理应用的一个良好范例。

在日本的生鲜供应链上，各环节的厂商以相互参股的方式确定利益关系，并依据明确的专业分工要求各司其职；每种生鲜品的加工方式、配方、工艺流程、工具原料使用、生产定额、订单响应时间都有详细严格的规定；针对每一个加工环节进行成本分解组合的数据记录，使得产品在加工配送过程中的成本变化始终处于成本核算体系的控制之下；同时供应链管理范围不断延展，直至生产商的作业环境（清洁、照明、换气、空调等）和卫生质量标准、新产品开发规划和库存管理；在这个过程当中，各种专用工具设备被共同开发出来投入使用，标准的原辅材料的应用大大降低了作业操作难度。而作为生鲜供应链的主导者，日本的大零售商以 POS 数据分析系统和集合订单协调生鲜供应链的管理，并对厂家进行产品开发和生产指导。

相比之下，中国生鲜供应链管理水平与国外发达国家有将近 30 年的差距，随着中国零售业的快速发展，生鲜供应链正面临着重新整合和突破，而泰勒标准作业管理为我们提供了非常有价值的指导思想和方法论。

特点四是全球透明度和决策机制变成一种必要，无论是销售商还是供应商或供货商等等，均必须通过技术创新和经验管理优化而进一步提高供链运营机制和运营水平，进一步改善交叉商贸业务和持续强化与其相关的供应链透明度。

特点五是全球采购驱动供应链网络再规划和持续优化，其主要原因是供应链运营成本必须进一步降低和提高客户服务质量，尤其是产品质量必须不断提高。

在全球化的大潮中，中国已经成为了跨国巨头企业全球供应链中最为重要的一环。仅以通讯巨子诺基亚为例。据悉，随着中国移动手机市场逐年扩大，通讯巨子诺基亚不仅在中国销售成绩节节高升，在本地采购的规模上也不断壮大。2007 年，诺基亚在华采购金额达到 200 亿元人民币，诺基亚在中国生产的产品中，本地采购的零部件超过 60％。同时，随着中国逐渐成为诺基亚全球物流供应链的重要组成部分，诺基亚亚太区首个负责网络产品物流运作的集成配送中心已经落户苏州工业园区。作为诺基亚在全球主要的生产基地，诺基亚所有主要产品都在中国生产。

特点六是供应链销售和运营规划在全球范围变得更为盛行，尤其是在欧美等发达国家，有越来越多的企业扩大投资，进一步开发拥有更强市场竞争力的供应链运营操作程序。

特点七是外包已经变成生活方式之一，现在经营外包的企业遍布世界各地，而且其数量和规模不断增加和扩大，进一步促进了第三方物流供应商队伍的扩大。

特点八是供应链基础设施硬件先行，目前硬件投资份额已经提高到供应链投资总成本的 10％。

特点九是利用信息技术驱动竞争能力的增长，目前全球供应链信息软件收益额正在逐年增加。

2008 年供应链行业软件收益额中，SAP 公司 9.42 亿美元；Oracle7.15 亿美元；JDA 软件公司 3.9 亿美元；曼哈顿公司（Manhattan）3.37 亿美元；RedPrairie 公司 2.93 亿美元。

特点十是供应链绿化正在雷厉风行，必须指出这是当代物流市场真正的潮流，供应链运营指标不再仅仅局限于年利润指标，更加重要的是供应链网络碳足迹相关崭新项目。这是低碳经济引发的新潮流，各类供应链在这个潮流中都将大有作为。

2　供应链管理和物流发展的五大热点

仍然采用迪普·帕拉克的说法，从 2010 年起直至可以预见的将来，全球物流市场将涌现五大发展热点。

热点一，拉丁美洲物流市场变成热门，尽管拉丁美洲不少国家社会动荡不断，且当地流感盛行，但是拉丁美洲有不少国家出口贸易和国内贸易发展速度没有显著放慢，如智利、巴西等南美洲国家，以及中美洲和加勒比海岛屿国家的国际航班以及远洋班轮航线在 2009 年均有不同程度的增加。预计拉丁美洲国家 2010 年平均增长率将不低于 3.1％，由此推断拉丁美洲国家2010年进出口贸易增长率只涨不跌，这必然推动拉丁美洲物流市场2010年及其以后几年加速发展。

热点二，印度物流市场行情看涨。尽管印度经济增长率似乎不及中国那么高，但是印度经济贸易发展后劲大，步伐更加稳健，印度经济年均增长率继续保持在6.5%，印度全国各地，尤其是孟买和新德里等大都市的经济贸易市场欣欣向荣，房地产行业迅速发展，物流服务越来越吃香，难以看到全球经济危机带来的冲击。

热点三，美国国内企业结构将发生剧变，一方面美国公司收购兼并等交易活动继续进行，另一方面将有更多的美国公司，尤其是高科技企业和消费品制造业，正在想方设法去除企业内非竞争力部分，如耐克公司(Nike)等等。这些公司一方面坚持其品牌创立核心利益不得任意外包给他人的原则，但是又受到外包企业所创建的成本低廉、效益巨大等优势的吸引，把原本被认为是企业核心利益的品牌产品制造业，其中包括医药、医院设备制造业、化工、农产品和消费品等生产企业外包给海外合伙人，此举必将进一步推动2010年及其以后多年的全球物流市场蓬勃发展。

热点四，供应链专门技术对于医疗卫生保健行业更加必要。美国医疗卫生保健目前处境不佳，危机重重，其中原因复杂，医疗卫生保健行业的供应链运营功能不健全，长期没有获得美国联邦、州和地区政府的应有的重视，导致缺医少药，或者因为供应链被少数企业长期垄断，导致医药产品市场价格飙升，看病费用昂贵，社会基层民众看病难，无法及时获得医药或者无钱购买药品。因此医疗改革的同时必须推进供应链运营不断优化，让医药通过卓有成效的供应链以廉价卖给病家，让广大社会公众获得医疗保健实惠，否则医疗改革将空转。

热点五，企业离开美国，其中包括物流公司。多年来，企业一直把美国看作自己的基地，就像钟摆一样偏向美国。但是现在这个钟摆开始朝着远离美国的方向晃动，不少企业搬离美国，到法律法规，尤其是税收制度更加宽松，市场条件更加优越的发展中国家投资开发，在那里建立供应链公司。

3　物流供应链管理发展趋势

随着经济的进步，我们可以看到物流供应链管理战备的发展趋势，主要表现在以下几个方面：

3.1　时间与速度方面

越来越多的公司已认识到时间与速度是影响市场竞争力的关键因素之一。现在对时间与速度的重视已扩大至其他领域，尤其是在供应链环境下，时间与速度已被看作提高整体竞争优势的主要来源，一个环节的拖沓往往会影响整个供应链的运转。供应链中的各个企业通过各种手段实现它们之间物流、信息流的紧密连接，以达到对最终客户要求快速反应、减少存货成本、提高供应链整体竞争水平的目的。

3.2　质量方面

物流供应链管理涉及许多环节，需要环环紧扣，并确保每一个环节的质量。因为一个环节如运输服务质量的好坏，直接影响到供应商备货的数量、分销商仓储的数量，最终影响用户对产品质量、时效性以及价格的评价。厂商们开始认训到，即使其产品在其他方面都有出色的表现，一旦交付延迟或损坏，都是客户所不能接受的。劣质的物流业绩会毁灭产品在其他方面的出色表现。

3.3　资产生产率方面

另一个将改变物流供应链管理的因素是货主越来越关心资产生产率。在改进资产生产率方面，一直很受重视的是存货水平的减少和存货周转的加快，因为存货所发生的费用是资产占用的重头部分，减少存货可以减少存货成本。固定设施如仓库的投资也是影响资产生产率的重要方面，通过减少存货和利用公共仓库而减少自有仓库已成为明显的趋势。与此类似的还有减少自有运输工具增加外包。

3.4　组织方面

当前对物流供应链管理有重要影响的一个趋势是货主开始考虑减少物流供应商的数量，这个趋势非常明显与迅速。跨国公司客户更愿意将它们的全球物流供应链外包给少数几家，最好是一家物流供应商。因为这样不仅有利于管理，而且有利于在全球范围内提供统一的标准服务。更好地显示出全球供应链管理的整套优势。虽然跨国公司希望只采用有操作全球供应链能力的少数几家物流供应商，但目前还没有一家物流供应商声称能够完全依靠自身实力满足，因此，物流供应商间的联盟应运而生。

3.5　客户服务方面

另一个对物流供应链管理具有影响的趋势是对客户服务与客户满足的重视。传统的量度是以“订单交货周期”、“完整订单的百分比”等来衡量的，而目前更注重客户对服务水平的感受，服务水平的量度也以它为标准。例如，一些公司已采用订单准时交送的百分比，订单完整收到的百分比（货损货差率），账单准确的百分比等指标。客户服务重点的转变的结果便是重视与物流公司的关系，并把物流公司看成是提供高服务水平的合作者。

4　信息化应对供应链全球化

自20世纪中旬以来，IT系统应用为企业运营带来的巨大效益早已受到肯定，为了提升自身供应链管理水平，西方发达国家跨国企业早在20世纪末期就开始进行物流供应链管理信息化的建设，取得了非常喜人的成绩。进入21世纪，我国一些实力比较强的企业也开始了物流供应链管理软件的部署。信息化成了增强企业供应链管理的杀手锏。

根据CCID、CCW发布的对物流供应链管理软件市场的调查报告显示，物流供应链管理软件有望在未来几年内超过ERP，进而成为我国主流的企业管理信息化软件。有分析认为，在我国，所有的管理软件提供商都开发有供应链管理系统。在商业领域已经出现的应用大致分为狭义的供应运用和广义的供应运用两种类型。二者之间的最大区别是广义的供应运用除了在供应商、生产商及零售商之间进行实时的物流信息互换及业务管理外，它还集成了ERP、RFID、OA以及物流战略规划等功能，形成SCM（供应链管理）解决方案。我们国内商业领域的供应链产品及应用目前很多都还处在相当于狭义物流层面的应用领域，而广义的物流应用将是我国下一步发展的主流方向。

关于国外供应链管理解决方案的发展情况，有资料介绍，国外有提供商所提供的供应链管理系统它已经包括了战略网络设计、需求规划、配送规划（物流战略规划），制造规划、生产日程（ERP），运输与物流，仓库管理，RFID，事件管理（相当于OA）等功能模块，其完全是一个广义供应链的概念。这应该是代表着目前最先进的供应链解决方案之一。

尽管全球供应链管理的发展很不均衡，但根据美国一些成功供应链管理企业20多年的发展变革来看，供应链各个环节之间的咬合正日益紧密，企业之间的协作也逐步成熟。这些企业成功的关键在于，通过构建完善的信息化，实现了“供应链一体化管理”，进而通过强化供应链的一体化管理和各个环节之间的密切配合，找到了为企业提供最佳物流服务的途径。与此形成鲜明对照的是，那些没有把气力用于强化信息化管理工作的企业，正在遇到前所未有的困难。“供应链一体化管理”并不是简单的一句口号，而是要落实在实际上，也就是信息化管理这块基石上。

国际上很多成功的企业，早在10多年前就借助信息化管理把供应链生意做到了世界各地。尽管如此，这些公司仍认为在加强供应链信息化建设上，还有很多空间和潜力。信息化供应链管理不仅是一个开始，而是伴随着现代企业发展的长久良方。

参考文献

[1]　唐纳德J.鲍尔索克斯等著，马士华等译，供应链物流管理.—北京：机械工业出版社，2007年3月

[2]　张涛，孙林岩编著，供应链不确定性管理：技术与策略.—北京：清华大学出版社，2005年10月

[3]　李守林等，物流业新趋势与技术发展方向，物流技术与应用.—北京：《物流技术与应用》编辑部，2009年12月，第14卷，第113期，57-62页

[4]　Stefan Seuring，From a literature review to a conceptual framework for sustainable supply chain management，*Journal of clean production*，*Volume* 16，*Issue* 15，*October* 2008，*Pages* 1699-1710

[5]　Jonathan Gosling，Mohamed M. Naim，Engineer-to-order supply chain management：A literature review and research agenda，*International Journal of Production Economics*，*Volume* 122，*Issue* 2，*December* 2009，*Pages* 741-754

丁文英　北京科技大学物流工程系　副教授　emily@wstb.edu.cn

中国企业物流管理发展30年

上海天睿物流咨询有限公司 邱伏生
上海法雷奥汽车电机雨刮系统有限公司 颜家平

中国经济自改革开放以来，生产力和科学技术得到了飞速的发展和长足的进步。随之带来市场竞争的加剧，管理观念的更新。政府和社会开始对物流的重视，使物流的环境发生了重大的变化，物流企业蓬勃兴起，企业物流日新月异。物流在企业竞争中的作用日益体现，成为真正的“第三利润源”。

中国的企业物流管理走过了一条漫长而曲折的道理。从解放以来到“文革”之前，企业物流处于基本封闭式的管理。“小而全”和”一切靠自己”是当时流行的管理模式。但是，到“文革”之前，已经有一批专业物流公司在一些大中城市里建立起来。“文革”中，物流的发展与其他行业一样，处于停滞和倒退的状态。

改革开放后，经济建设和发展成为全国工作的重点，我国经济加快发展的步伐，国内商品流通和国际贸易不断扩大，造就了物流业的发展。但是企业物流还是处于割裂的模式，基本上按照计划经济模式生产，国企思维作为代表，库存控制、物流、仓库、都基本上属于财务、采购和销售三个部门，根本没有配送的概念。当时的企业是以发展和提高生产能力，满足计划需求为主要目的，根本没有，也不需要物流的管理。各个企业建立自己的运输部门，添置卡车等运输设备和扩大仓库面积是当时的企业物流管理发展主流。但是，一批学者和政府机构人员开始与日本交流学习物流的知识和物流管理，是处于启蒙阶段。

1989年4月，第八届国际物流会议在北京召开，物流的概念正式引入中国。通过建立合资企业从日本、美国、德国等引入企业物流管理的概念和在企业具体的操作流程。政府、企业也在不断探索什么是物流，什么是企业物流管理。运输、进出口、海关等开始出现了专业运输公司为主的模式，加之外资物流公司进入，物流概念开始在我国普及。在物流业开始发展的大环境下，加上日本丰田公司精益生产管理中JIT物流模式的引进，企业的传统物流管理模式开始受到冲击，许多先进企业把企业管理改进的着手点和落脚点放到了企业物流改进上，专职物流部门的建立，内部物流一体化管理和外部物流剥离外包等改进措施在企业中得以落实。而真正经典的企业物流管理的里程碑是，海尔在企业物流管理上的探索和改革成功。

海尔物流成立于1999年，海尔物流在当初的物流重组阶段，整合了集团内分散在28个产品事业部的采购、原材料仓储配送、成品仓储配送的职能，并率先提出了三个JIT(Just in time)的管理，即JIT采购;JIT原材料配送、JIT成品分拨物流。通过他们，海尔物流形成了直接面对市场的、完整的以信息流支撑的物流、商流、资金流的同步流程体系，获得了基于时间的竞争优势，以时间消灭空间，达到以最低的物流总成本向客户提供最大的附加价值服务。依托海尔集团的先进管理理念以及海尔集团的强大资源网络构建海尔物流的核心竞争力，为全球客户提供最有竞争力的综合物流集成服务，成为全球最具竞争力的第三方物流企业。海尔物流注重整个供应链全流程最优与同步工程，不断消除企业内部与外部环节的重复、无效的劳动，让资源在每一个过程中流动时都实现增值，使物流业务能够支持客户实现快速获取定单与满足定单的目标;海尔物流凭借先进的管理理念及物流技术应用，被中国物流与采购联合会授予首家“中国物流示范基地”和“国家科技进步一等奖”，同时也先后获得“中国物流百强企业”、“中国物流企业50强”、“中国物流综合实力百强企业”和“最佳家电物流企业”等殊荣。海尔物流的探索和改善成功，打开了我国企业物流改善的大门，人们开始纷纷效仿海尔，推动企业物流管理改革。但是，能够对传统企业物流管理进行改革探索的企业主要是一些合资企业，或者像海尔一样的具有先进物流管理理念的国营企业。而这些企业是屈指可数的。大部分企业仅仅是听说了物流这个名词和概念，对其在企业管理中的作用和具体操作方法不甚了解。所以我国的物流成本占整个成本的比例仍然一直居高不下。企业物流管理还仅处于星星之火阶段。

进入21世纪以来,我国经济高速发展。党中央提出科学发展观,推动经济结构调整和发展方式转变,把大力发展服务业作为经济发展的重大举措。1999年"物流会议热",2000年的"物流园区热",以及2001年开始的各个行业物流管理的探讨一时风起云涌。极大地推动了中国物流业的快速崛起,中国的物流行业开始以一个产业的身份,真正进入了一个理性的发展的阶段。特别是2001年开始的政府对物流行业进行公开的支持和关注。2001年3月,国家经贸委等六部委联合印发《关于加快我国现代物流发展的若干意见》。同年4月,经国务院批准,中国物资流通协会更名为中国物流与采购联合会,与各相关行业协会共同推进物流业发展。中国企业界和物流界对物流的认识取得了跳跃性的进展,人们不再简单地认为,"仓储和/或运输就是物流",或者"配送就是物流",而是开始从供应链管理的高度和物流为企业所创造的经济增加值的角度,来衡量物流的作用。因此,从1999年到2001年被称作是中国物流提升年。2001年12月,我国加入世界贸易组织,对外开放迈出新的步伐,外资物流企业"抢滩"中国。国有物流企业重组转型,民营物流企业加速成长。国有、民营、外资物流企业在竞争中合作,出现了"三足鼎立",共同发展的局面。

物流企业的发展必然要与企业物流联动。物流企业的高速发展和迅速扩大,对企业物流管理起了很大的影响,他制造一种环境、一种氛围。推动着对传统企业物流管理的改造,而企业物流一方面受到外部环境的影响,一方面也受到内部成本的压力。在经济高速发展形势下,市场竞争日益加剧,企业成本降低要求不断加强,而像日本丰田、中国海尔等企业的物流管理模式带来的先进理念、经济效益是有目共睹的。而且,物流是"第三利润源"开始深入人心。从东部沿海企业开始,纷纷对企业的物流管理进行改造。又一批企业因物流改进,取得良好效应而名声大震像上海梅林正广和的"物流水网",TCL的家电物流网络,宝洁公司等等。而其中上海通用汽车有限公司的建立和发展过程中不断对企业物流管理进行改造则是一个典型的例子。

上海通用在建厂后,物流管理信息系统上采用实施SAP的IS-AUTO系统,并选择惠普为IS-AUTO系统提供咨询与实施服务。与其他产品的制造不一样,汽车制造是一辆车就是一个订单,一辆车有近2万个零部件、2000多道工序,物料是要按工序排好的,计算精度必须要以车为单位、精确到每小时才行,一句话概括,就是所有的效益都在供应链上。供应链的顺畅与精确,是信息系统肩负的主要任务。其最大的价值就在于对整个供应链业务的整合。"它覆盖了上海通用从接订单到给最终用户交车的整个流程,并且与经销商管理系统、供应链管理系统、工厂底层管理系统等形成紧密连接,其最大的特色是按需定制、柔性管理。物流实物流管理上采用多频次,少批量配送上线的看板管理。在采购和销售物流上外包给第三方物流公司,采用循环取货、可回收包装等精益物流方式。这些先进的物流管理方法在上海通用实施后,降低了企业库存,减少了仓库面积和管理成本。加快了资金的流转。提高了上海通用的竞争能力。这几年,上海通用的汽车销量一直名列前茅,先进的企业物流管理功不可没。

在一批大型企业的带动下,各个企业纷纷仿效对本企业物流管理进行改早,造就了企业物流管理改进的灿烂春天。它的标志是:

1. 在我国,无论是政府还是企业领导都已经意识到企业物流管理对提高企业经济效益的重要性。在国家第十一个五年规划中,第一次将物流列入了现代服务业的范畴之内。各地政府,相关部门、行业都先后开展城市物流规划、企业物流管理试点等工作,物流被认为是新的经济增长点。

2. 国内物流和配送服务已有较快的发展,交通运输企业、仓储运输公司纷纷建立大规模的物资配载(配送)中心,组成专业运输车队,以大型企业为主要用户,展开以配合生产为主要目标的社会物流服务,社会物流能力正在形成。这一切都说明,我国企业推行现代化的物流管理,构建企业物流战略,从环境上讲,条件已基本具备。许多企业已经将自己管理的运输和仓储业务剥离出去,交给第三方物流管理。

3. 在这几年的企业物流管理改造中,各类先进的企业物流管理模式,给我们提供了改造的方向。如. JIT"拉动式(Pull System)"物流管理模式、. ERP——企业资源计划/MRPⅡ——制造资源计划、BPR——企业业务流程再造等。各个企业根据本身的实际情况，学习和采用相应的管理模式。

4. 现代信息技术和物流技术的进步为企业推行现代企业物流管理准备了充分的技术条件。ERP MRP 系统，EDI 技术系统等新兴电子科技的应用。给企业物流管理的信息化带来极大的便利。企业物流管理开始引进、建立和运用这些信息技术，通过电子网络控制整个企业物流的运作。先前上海通用的例子就充分证明了这个道理。

5. 企业开始对内部局部物流整合，实现企业内物流一体化和外部一体化。形成供应链的雏形。

6. 企业物流管理标准开始建立，目前，几家大型汽车制造公司都制定了企业物流操作指南，作为自己和供应商的物流管理标准。这些标准的推行，使得有关企业在物流管理的改进上有了衡量的目标。对企业物流管理的规范化起到了重要的作用。

2008 年，全球爆发了金融危机并波及到我国，为了对付这个全球性的重大危机，国家出台了十大规划纲要。《物流业调整和振兴规划》就是其中一个《物流业调整和振兴规划》是推动中国物流业发展的一个新的里程碑。《规划》对中国物流业和企业物流来讲，是一个纲领，是一个强大推动力，是一场及时雨。《规划》中特别提到了“制造业与物流业联动发展工程”要求“加强对制造业物流分离外包的指导和促进，支持制造企业改造现有业务流程，促进物流业务分离外包，提高核心竞争力。培育一批适应现代制造业物流需求的第三方物流企业，提升物流业为制造业服务的能力和水平。制定鼓励制造业与物流业联动发展的相关政策，组织实施一批制造业与物流业联动发展的示范工程和重点项目，促进现代制造业与物流业有机融合、联动发展。”

《规划》对企业物流状况进行了分析，这几年，物流业发展水平显著提高。一些制造企业、商贸企业开始采用现代物流管理理念、方法和技术，实施流程再造和服务外包。同时，一针见血地指出“大而全”、“小而全”的企业物流运作模式还相当普遍。这就告诉我们今后企业物流管理的目标就是要尽快地、逐步改造这些企业的物流运作模式，使其适应新经济时代的要求。企业物流的主要发展方向是：

1. 采用培训和典型企业经验介绍等方式，在企业领导头脑中，建立现代企业物流观念，摒弃“大而全”、“小而全”的企业物流运作模式。在企业里，设立独立的物流管理功能和职能部门，全权负责企业的物流工作。改变库存控制、物料需求、采购、生产计划、需求预测、销售网络等职能被分布在财务、生产、营销、销售等不同部门中的状况。

2. 大力培训企业物流人才。要在各高校设立企业物流专业，各地政府要开展专门的企业物流人才培训。只有有了人才，才能吸收、实施现代企业物流管理。凡能够实施现代物流管理的企业，必有一批企业物流管理人才在运作该企业的物流。

3. 组织专门人才或物流咨询公司对各企业各自的物流现状进行分析，分析存在的问题，分析产生这些问题的根本原因。根据企业供应链的要求，针对性地提出改进措施，建立项目小组专职进行改进。改进需要分层次、分阶段，逐步推进。但要坚持不懈。

4. 充分利用现代信息技术。企业物流管理要摒弃手工操作方法，采用电子信息网络管理。通过网络管理，改变一些落后的传统管理方式。实现电子网络信息流的快而全，覆盖面广的优势。在实施电子网络系统时，要同时采用一些先进的技术进行辅助，应用于物流信息系统中，如条形码、电子数据交换、全球卫星定位系统和射频技术等。

5. 在企业物流管理中，运作依靠第三方物流公司。将企业的部分或全部的物流功能进行剥离，外包给专业的物流公司。第三方物流公司作为物流专业服务提供者，具有快捷、安全、服务水准高、成本低的特点。它可以整合整个供应链上的物流进行统一运营，以降低整个物流系统的作业成本。

6. 学习和采用具体物流作业中的新技术。包括运输技术、仓储技术、包装技术、标识技术和集装单元化技术。但这些技术的完善和成功实施不是一个企业或物流部门力能所及的，需要整个国家的基础实施的完善和有效管理的配合。

在未来，电子网络系统下的企业物流，经营方式将以第三方物流为主导，管理方式采用供应链管理，物流技术全面先进。物流不再是危险、繁杂、笨重和肮脏，而是安全、快捷、高效和绿色环保。随着科学技术的不断发展，物流管理也会随之发展。现代企业物流系统在实现企业自身的经济效益同时，也会给社会带来巨大的效益。会给我国的现代化发挥出重要的作用。

邱伏生　中国机械工程学会物流工程分会　副秘书长
中国机械工程学会物流工程分会　供应链专业委员会　主任委员
上海天睿物流咨询有限公司　总经理

颜家平　中国机械工程学会物流工程分会　供应链专业委员会　委员
上海法奥汽车电机雨刮系统有限公司

坚持自主创新，走中国港口物流快速发展之路

武汉理工大学 陶德馨

当历史的钟指向2010年时，我们不禁会在回眸中国机械工程学会物流工程分会30年成长、发展的同时，仔细回顾、思索中国港口物流30年不平凡的发展历程，以及它呈现给世人的巨大变化。

港口物流是现代物流体系完成水陆中转运输的物流活动，是涵盖了港口物流装备与技术、港口与航运管理、海关进出口管理和现代化信息服务的综合应用领域。港口物流作为中国物流工程发展的一个缩影，它的每一项技术进步，每一种新产品的开发、每一个港口建设工程的投产与运用，都折射出港口物流及装备制造业工作者的智慧和勇气，以及自主创新、自强不息、敢于挑战和不断进取的精神风貌。与此同时，港口作为连通中外经济贸易的咽喉要道，它的每一项服务，每一点变化都代表着中国的国际形象，展示着中国港口物流的未来方向。

1 改革开放30年，为中国港口物流快速发展提供了历史性机遇

1.1 历史性机遇，使港口成为对外开放的窗口

30多年前，我国港口从文化大革命的十年动乱中刚刚甦醒，设备相对落后，生产能力低下。1978年党的十一届三中会确定了把全党工作重心转移到从经济建设为中心的轨道上来，改革开放的新政春暖大地，极大地推动了中国经济的发展，加快了对外开放、交流与合作的步伐，同时也为中国港口建设和现代物流业的快速发展提供了难得的发展机遇。

与此同时，随着现代物流和供应链管理的兴起，跨国企业、零售业得到迅速发展，全球采购、跨国生产已成为全球资源优化配置的一种新的运行模式，并悄然推动着全球劳动密集型产业向以中国为首的东南亚地区转移，为中国制造业的快速掘起、外贸出口的迅速增长提供了市场空间。以2002年中国加入WTO为契机，中国经济全面加速了融入全球经济一体化的步伐，从而极大地促进了中国远洋运输业和港口建设的快速发展。

1980年，国家确定深圳、珠海、汕头和厦门四个港口城市建立“经济特区”；1984年，国家紧接着将沿海地区大连、秦皇岛、天津、烟台、青岛、连云港、南通、上海、宁波、温州、福州、广州、湛江和北海14个港口城市确定为开放城市，允许兴办“经济技术开发区”；1990年开始，国家先后批准上海、天津、深圳、广州等15个沿海港口城市设立“保税区”。至此，一个遍布我国沿海地区，服务于外向型经济的开放型港口体系已基本构成，这些港口城市采取“港为城用，以港兴市”的发展模式，不仅促进了所在地区经济的发展，同时对全国经济发展起到了先导作用和示范效应。

1.2 以开放的港口为枢纽，带动区域经济和区域物流发展

开放的港口是国家的重要门户，是我国对外贸易的主通道，也是国内、国外两个扇面的交汇点，具有很强的物流集聚效应和辐射作用。为了强化港口对发展区域经济和促进内外贸易的基础性支撑作用，各地港口城市根据自身的地理位置、交通运输条件、自然资源条件和产业布局特点，因地制宜地选择突破口，积极与当地政府协调，共同谋划构建以港口城市为枢纽，依托区域经济发展，服务于内外贸运输的港口物流体系。

经过改革开放以来30多年不懈努力和大胆探索，目前我国沿海已形成建设分工合理、优势互补、相互协作、竞争有序的五大港口群：环渤海、长江三角洲、东南沿海、珠江三角洲和西南沿海港口群（如图1所示）；形成了煤炭、石油、铁矿石、集装箱等8个物流运输系统的布局。与此同时，依托长江、珠江的内河港口城市也正在加快发展内河港口物流体系，对带动内地流域经济的发展发挥出巨大的作用。

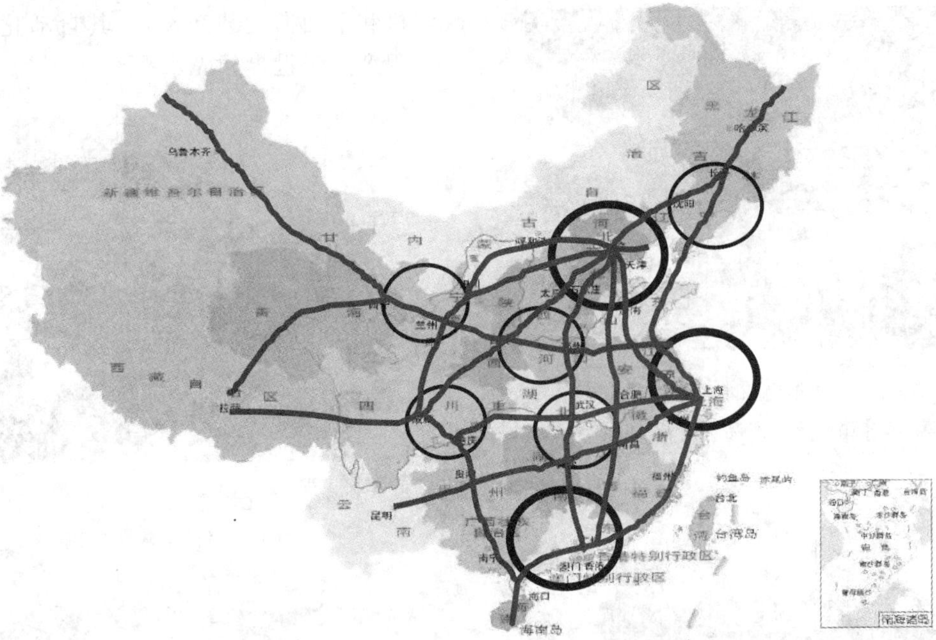

图 1　中国沿海港口群及其延伸致中西部地区的物流网络体系

2　以集装箱运输为标志，向世人展示了中国港口物流的发展速度

集装箱运输业是沟通全球经济和贸易的主要交通渠道。随着全球经济一体化进程的加速和国际贸易总量的剧增，集装箱远洋运输船舶的大型化以及集装箱码头装卸机械的大型化已成为现代物流装备发展中最引人注和最具有标志性的变化。

图 2 表示从 20 世纪 60 年代到本世纪初集装箱船舶的装载量(即船舶规模、尺度)的变化情况，可以看到集装箱船舶的装载量从 80 年代的 3000TEU 水平已发展到如今的 11000～13000TEU 水平；图 3 为某集装箱码头上同时停放着 20 世纪 60 年代和本世纪初的岸边集装箱起重机产品的对比照片。

1980 年，我国第一个集装箱码头在天津港诞生，同时码头上耸立着由上海港口机械制造厂自行设计生产的我国第 1 台集装箱岸边起重机。从即时算起，我国的集装箱运输起步晚于世界近 20 年，但改革开放的 30 多年时间里，集装箱运输已成为我国开放水平最高、融入国际市场最好的领域之一，我国的集装箱运输与港口物流装备制造业的发展速度之快、发展水平之高是举世瞩目的。

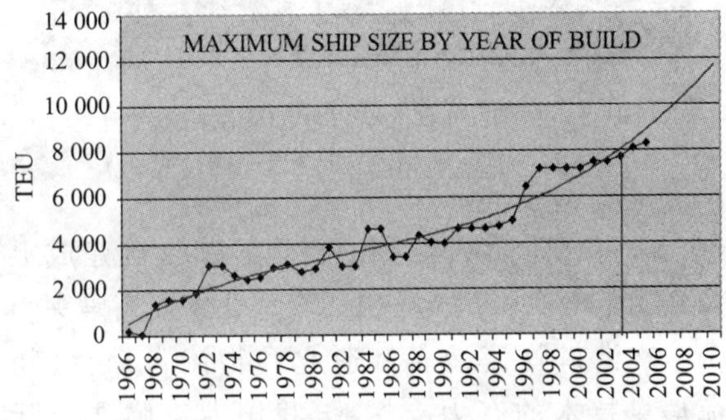

图 2　从 20 世纪 60 年代到本世纪初集装箱船舶的装载量变化

1. 集装箱大型装卸设备从依赖进口到自主创新，进而发展为主导世界市场以上海振华重工集团为代表的我国港口制造业坚持自主创新，先后开发出双 40ft 集装箱岸桥、双小车集装箱岸桥等新型结构、高装卸效率的集装箱装卸机械产品，分别使集装箱起重机装卸效率提高 50％和 100％以上。从 2000 年以来，中国大型集装箱起重机产口的全球市场占有率连续 10 年保持世界第一，占比高达 70％以上，产品进入世界 70 多个国家和地区，累计生产岸桥 1 800 余台，场桥 4 500 余台，成为名副其实的世界第一。图 4 为上海振华重工集团首创研制的双小车超巴拿马型集装箱起重机(在德国汉堡港)。

图 3　20 世纪 60 年代和本世纪初的岸边集装箱起重机产品的对比

图 4　上海振华重工集团首创研制的双小车超巴拿马型集装箱起重机(在德国汉堡港)

2.港口建设从学习国外起步,发展到建成上海洋山港等一批世界一流的现代化集装箱码头

在港口物流装备制造业和物流自动化、物流信息技术的有力支撑下,我国港口瞄准国际集装箱运输的巨大市场,步入了高起点规划、高水平建设的快速发展时期。以上海外高桥四期、五期、上海洋山港、深圳盐田港、广州南沙港、宁波大榭港、青岛前湾港等为代表的新一代集装箱码头在上世纪末、本世纪初相继建成、投产运营。其码头规模、技术装备、信息化管理水平及集装箱装卸效率均走在世界的前列,成为了中国港口物流引以为豪的标志性工程。这批港口的投产运用不仅有力提升了中国在世界港口的国际地位和在国际航运市场中的竞争力,而且为促进全球经济繁荣和发展做出了贡献。图 5 是年吞吐能达 1 500 万 TEU 的上海洋山港集装箱码头;图 6 是上海港外高桥五期建成世界首创的新型集装箱自动化推场无人堆码系统,该系统包括多项自主创新的自动化堆场起重机和平面搬运装卸设备,其自动化水平、信息化程度处于世界领先水平。

图 5　年吞吐能为达 1 500 万 TEU 的上海洋山港集装箱码头

图 6　上海港外高桥五期建成的世界首创的新型集装箱自动化推场无人堆码系统

3. 港口集装箱吞吐能力,实现了历史性跨越

——从 1980 年我国第一个集装箱码头延生,到 1997 年花了 17 年时间,实现全国集装箱吞吐量到 1 000 万 TEU 的突破;而从 1997 年到 2007 年,仅用 10 年时间,实现了从千万标箱到 1 亿标箱的大跨越。

——从 2002 年中国加入 WTO 以来,中国港口集装箱吞吐量连续 7 年雄踞世界第一,2002 年～2007 年 5 年间,实现了世界上罕见的集装箱吞吐量年均 35%的增幅。到目前为止,我国已有 14 个港口进入世界亿吨大港的行列。

——2009 年度全球 10 大集装箱港的排行榜中,中国的上海港、香港港、深圳港、广州港、宁波港、青岛港分别位于第 2、第 3、第 4、第 6、第 8、第 9 名,10 个席位中我国共占据 6 个席位。

以上的一组统计数据,足以说明中国集装箱物流发展速度的“世界之最”。

3　进一步转变港口发展方式，打造绿色、低碳、智能化港口物流

回顾中国港口物流30年发展和巨大变化，令人鼓舞和振奋。事实雄辩地证明了十一届三中全会以来“以经济建设为中心，坚持改革开放，坚持四项基本原则”大政方针的无比正确性及其在推动中国经济各领域发展中的强大威力。

中国港口物流历史性的成就使我们感到欣慰，但事物的发展是永无止境的。广大港口物流及装备制造业的从业者在认真总结30年历程的成功经验和失败教训的基础上，正在用科学发展观深入思考如何进一步转变港口发展方式，从而实现中国港口物流的科学、协调、可持续发展。

1.加强资源节约型、环境友好型港口的规划建设，把节能、节材、减排、降噪和防污染工作放在突出的位置来抓

采取切实有效的技改措施，不断完善科学管理体系，制定明确的量化指标，将责任明确到部门、明确到人，并在财务预算中给予相应资金保证，使港口生产综合能源单耗指示按控制计划逐年下降，使港口的大气污染、粉尘污染、噪声污染水平控制在允许范围内，推动低碳经济发展，建设绿色港口。

2.进一步推动港口信息化建设，实现港口物流的智能化管理

港口信息化是提高港口生产指挥管理水平、提高装卸设备运行效率，提高设备系统安全、可靠性，从而提升港口物流系统运营质量和综合效益的基础性工作。在信息化规划和建设中，要充分了解本港口的作业特点、服务需求、设备性能和监控、调度与管理要求，重视硬件、软件的合理匹配和管理人员、操作人员的业务培训，重视港口内部信息系统与外部信息系统的数据交换与有机衔接，使信息化工作尤其是物流信息平台建设有效地服务于港口生产管理、服务于所有的外部机构和客户，为建设缘色港口提供支撑。

同时，应积极引入港口数字化和物联网相关技术，如射步识别技术RFID、无线传感器网络WSN、无线数据通信等技术，结合全球卫星定位系统(GPS)、地理信息系统(GIS)、与PLC集成等技术的应用，对港口物流装备的作业过程、船舶与港内设备调度、港口生产过程监控等港口物流信息进行整合，从而实现对港口生产要素(装卸设备、货物、载运工具等)的精确定位，动态跟踪、过程控制和可视化管理，逐步实现港口物流的智能化管理和决策。

3.进一步探索港口组群的合作模式，构建以港口为枢纽节点的全覆盖型港口物流供应链服务体系

随着港口信息服务功能的强化和陆上铁路、公路的网络化，港口与港口之间的腹地边界日趋模糊化，甚至相互渗透，港口之间的同质化竞争日益加剧。为了有效发挥各港口的整体资源优势，避免港口之间的恶性竞争，港口组群的联合运作已成为发展趋势。

我国广西北部湾港口组群，上海港集团旗下的长江沿线港口组群已开始实质性的探索实践，并形成了中心枢纽港和喂给港梯次分明的港口运营体系，实现了区域性港口资源的综合效益最大化，并有效促进了区域经济合作与发展。天津港、连云港港等港口与郑州、西安、兰州、乌鲁木齐等城市结成大陆桥物流联盟，利用陆桥沿线城市开展海、公、空、铁等多式联运业务合作，形成了深远腹地的“无水港”体系，把港口物流供应链服务体系从沿海港口延伸到数千公里之外的内陆城市，为构建陆域腹地全覆盖的供应链服务体系提供了有益经验。

目前，上海、天津、大连等港口正在积极推进依托港口的国际航运中心或航运信息服务中心建设，进一步强化港口对全球航运和跨国物流业务的服务功能，并把国内的腹地资源与国际航运市场、国际贸易市场联为一体，进一步凸现了中国在世界经济发展中的主导地位，同时也增强了中国港口物流在全球经济贸易中的主导作用。

我们预期，中国的港口经过上述绿色化、信息化和供应链全覆盖化的创新发展和技术提升，在不远的将来，必将成为引领世界潮流的现代化中国港口物流。

陶德馨　中国机械工程学会物流工程分会　副理事长
武汉理工大学　教授

我国起重机械的发展与趋势

太原科技大学 文 豪 徐格宁

1 概 述

自有人类文明以来，不同历史阶段的物料搬运活动便成为了人类活动的重要组成部分，距今已有数千年的发展历史。1949年新中国成立后，中国人民在“一穷二白”的基础上，经过艰苦奋斗，初步建成了具有相当分布范围和一定生产规模的起重机械工业体系，基本满足了这一历史时期国内发展对各种类型起重机械产品的需求，起重机械已经成为工业体系合理组织生产的必不可少的基础设备，为国民经济发展和人民生活水平的提高做出了不可替代的贡献。

20世纪80年代，中国进入了改革开放快速发展的新时期，随着国内工业生产规模的不断扩大和自动化程度的逐步提高，作为形成工业物流的关键环节和物料搬运的重要设备——起重机械，其在现代化工业生产体系中的应用越来越广、作用和需求愈来愈大，国内起重机械行业进入了第一轮快速发展的黄金时期，起重机械行业在产品类型和技术性能、设计质量和制造质量、生产规模和产值利润等方面均有了快速的进步和提高，发展成为国内工业生产体系的重要支柱，起重机械已经成为国民经济中所有部门合理组织物流活动而必不可缺的重要基础设备之一，在某些部门(港口、冶金企业等)甚至成为重要的生产力要素。

进入新世纪以来，中国加入WTO，开始融入全球化发展中。在经受了亚洲金融危机的严酷考验后，国内起重机械行业的发展正承受着国内外市场竞争和严重的国际金融危机的双重影响，在市场经济的导向和计算机信息技术推动下，出现了重新规划和布局洗牌、结构调整和转型升级的发展趋势，国内起重机械行业正经历着一场新的变革，进入了机遇与挑战并存的新一轮发展阶段。

随着现代科学技术的迅速发展，尤其是计算机及自动化控制、电子信息、人机工效和安全工程等技术的普及应用，促使起重机械在产品设计、生产制造、安装使用、安全监(检)测、标准制定、节能减排、绿色环保等方面进入崭新的发展和创新的技术发展阶段。

2 发展动态与趋势

2.1 大型化、专用化及高可靠性

随着经济的快速发展和科技水平的不断进步，使得石油、化工、冶炼、造船、铁路、港口以及电站等方面的工程规模越来越趋向大型化，必然伴生更大规模和范围的物料搬运活动，从而形成起重机械发展的大型化趋势。起重机械的大型化包括：更大的起重能力、更高的工作速度和更宽的工作范围。

现代工业全方位发展及用户需求的多样性，使得通用起重机各项性能难以满足特有的多样性功能需求，从而使适合特定场合使用、满足特殊功能要求的专用起重机械得到快速发展，其市场份额不断扩大，品种也不断更新，甚至其特有功能的满足与否成为其行业发展的重要标志。

起重机械大型化和专用化的发展，越来越凸现出在役起重机械高可靠性的重要性，具有安全性高故障少、平均无故障工作时间长、操作方便免维护等高可靠性要求的起重机械将成为国内外市场产品竞争的焦点。

大连重工·起重集团有限公司设计制造的20 000 t×125 m多吊点桥式起重机，该机起重量达20 000 t、总长度为130.4 m、双梁形式、主梁高度18 m、单根钢结构主梁的自重约3 100 t，总重8 100 t，创造了最大起重量、最大跨度和最大起升高度等多项世界纪录，并成功实现提升最大重物20 133 t下水驳船离开水面30m而被列入健力士世界纪录。

太原重工集团研发的1 200/125 t室内最大的桥式起重机，该机起重量为1 200 t，跨度为33.6 m，起升高度34 m，研制、开发了三主梁、四轨道、双小车的总体结构。

太原重工集团研发的国内最大的480 t/100 t铸造起重机。

大连博瑞重工有限公司制造的900 t×224 m造船架桥机，起重量450 t×2+600 t、起升高度

70+14 m(轨上+轨下)、主梁高度 13.5 m、单根主梁自重 2 300 t、总重 6 800 t、能实现 900 t 船体翻转吊装工艺。

太原重工集团制造出我国目前最大的、具有过隧道功能的铁路架桥专用设备 900 t 架桥机。

上海振华重工(集团)股份有限公司研制的 7 500 t全回转浮式起重机，该机最大起重量 7 500 t×45 m(固定状态下)、全回转时为 4 000 t×40 m，该机主钩为双钩，额定的起重量为 3 750 t×2；副钩为四爪型单钩，额定起重量为 1 600 t。空载时水上最大起重高度达 110 m，空载时平均起升速度约为 10 m/min，满载时的平均起升速度约为 1.25 m/min。该机具备目前世界最大的单机起吊能力。

上海振华重工(集团)股份有限公司研制的双 40 英尺箱双小车岸桥，起重量 80 t、主小车起升速度满载 90 m/min、空载 180 m/min，运行速度 240 m/min 起升高度 40 m 以上，其综合性能和高效作业效率为世界集装箱港口带来更大的利益。

国外特雷克斯—德马格制造的 CC8800-1 TWIN 最大履带起重机，起重量达 3 200 t，国内上海三一科技有限公司制造的最大履带起重机起重量达 1 600 t。

国外利勃海尔制造的 LTM1500 型汽车全液压起重机，最大起重量 500 t。国内最大汽车起重机是中联重科制造的 QY150 V，最大起重能力 150 t。最大的全地面起重机是徐工集团徐州重型机械有限公司制造的 QAY500，最大起重能力 500 t。

2.2　重视产品的系列化、标准化和模块化

针对起重机械既定机型下应具有广泛适用性的市场要求，各类起重机械需要实现自身系列化成批量生产，因此，各类起重机械采用系统多目标整体优化方法进行起重机械系列设计制造已成为行业发展重点之一。在实现产品系列化的过程当中，通过全面考虑产品性能、成本核算、工艺流程、生产管理、批量制造和使用维护等多种因素，采用标准化和模块化的方法对系列主参数进行合理匹配，以达到完善整机性能、降低制造成本、提高通用程度、适合批量制造，实现用较少规格数目的模块化成组部件构成多类型、多品种、多规格的标准模块化系列产品，充分满足工业化批量生产和用户需求多样性的目标，增加产品竞争能力。

德马格起重机械(上海)有限公司生产的桥式起重机即是采用此种理念完成的一种起重机械产品。

《起重机设计规范(GB/T 3811—2008)》的制定、宣贯和执行，是国内起重机械行业需要高度重视的基础工作。

2.3　通用产品轻小化、紧凑化及组合多样性

针对在一般工作环境中广泛使用的通用型起重机械产品，综合考虑工作场所和环境、工作级别、整机尺寸及其与建筑结构的合理匹配、轻小化、紧凑化、综合的经济效益等影响因素，采用：滑轮组倍率变化、各种截面型式的单梁或双梁、主梁与端梁组合形式和联接形式、不同车轮踏面形式、角形小车或均衡台车、桥门式或其它轨行式、电动葫芦或起升小车、计算功率恒定(起重量与起升速度匹配)、司机室及操纵方式的不同选择等通用型设计理念和方法，形成轻小、紧凑的各种类型的通用型起重机械标准组合式系列产品，实现多样性模块组合、整机尺寸紧凑、自重和轮压轻小、使用界面和谐、综合费用降低等通用型起重机械产品设计理念。

2.4　多种技术集成控制、产品功能延伸化及物流(装卸搬运)系统化

相对各种类型起重机械的金属结构和机械传动部分而言，起重机械产品的更新和发展，很大程度上取决于系统电气传动与控制部分的进步与提高。将计算机技术、自动控制、微电子、信息通讯、液压传动、模糊控制、神经网络等先进技术应用到各种类型起重机械的驱动和控制系统，实现经典的常规控制、半自动化控制或自动化控制。最近国外的起重机专家估计，将有 20%～30%的起重机需要安装自动化系统。

由于计算机等控制技术的广泛应用，使各种类型的起重机械在原有的传统功能基础上延伸发展出更多的技术功能(仍然属于起重机械可以具有的功能)，如：吊具防偏防摇技术、取物装置自动取(卸)物技术、位置定位检测技术、操作过程记忆功能等。另外，起重机械还可能具备一些为保证系统安全可靠运行而应该具有的一些功能(传统功能以外)，如故障自诊断监控技术：钢丝绳状况，减速器油温油位，车轮轴承温度，起重机载荷、应力和振动情况，制动器摩擦衬片的寿命及温度状况等。

另外，传统上的各种类型的起重机械大多属于单一机型、简单功能、单件小批量生产、手动控制、单台组独立使用的单一化状态。随着计算机技术、自动化技术和物流集成技术等的快速发展，利用计算机网络控制系统，通过中央控制室的综合控制，使系统内所有各种类型专用设备有机结合，并与生产工艺流程系统协调配合，在一定的时间和空间里，形成各种类型起重机械、输送机械、装卸搬运机械、工业机器人、仓储设施及检测通信等相关设备按特定功能整体组网运行，集成组合为自动化或半自动化的物料搬运集成系统（如港口装卸系统、仓储装卸系统）。这类物流装卸搬运系统自动化程度较高，比原先采用单机操作工作效率提高65%。

2.5　新思维和新理念下的三新(新技术、新材料、新工艺)

由于起重机械大型化及上述发展趋向，传统意义上的经典的技术、材料、工艺、构造等都难以适应发展的要求，必须在全新的思维方式和设计理念下构建新的发展体系，不断开发创新出各种层面上的、适应发展要求的新技术、新材料、新结构和新工艺等。

2.6　逐步重视系统的人机工效和系统安全工程

人机工效的追求是产品升级换代的重要技术动力之一。各种类型起重机械的大型化及广泛应用，将会凸显由于忽视人机工效设计所引发的各种矛盾和缺陷，从而制约起重机械性能的提高。

在起重机械行业快速发展的形势下，依然存在着许多不和谐的因素。表现为国内起重机械行业处在新一轮安全事故的高发期：事故呈现大型化、群体化、恶性化；事故表现突发性、集中性、后果严重性、发生环节全面性；事故伤害涉及的人员范围广而集中等特点。在冶金、建筑、机械、港口和铁路等产业中，起重机事故占这些产业事故的30%左右，占总事故的7%～12%，造成了严重的经济损失和恶劣的社会影响，辽宁铁岭“四·一八”特大事故就是近年来发生的起重机事故典型事例之一，引起国家和政府部门高度重视。因此，大力开展基于本质安全的设计保障，基于安全装置的措施保障，基于嵌入式“黑匣子”和物联网技术的运行数据再现、基于记录的事故界定，基于疲劳和裂纹的寿命评估研究将是起重机械系统安全今后非常重要的工作任务之一。

2.7　设计技术全面化及制造技术与质量全面提高

随着计算机技术的广泛应用和系统工程、价值工程、创造工程、安全工程、人机工程、优化设计、可靠性设计、模块化设计和有限元等现代设计理论的不断发展，使起重机械的设计进入创新性、跨学科、全面性、高质量、高效率的新阶段。由传统经典的静态、类比、许用应力法逐步过渡到动态、极限状态设计、疲劳设计、优化设计、可靠性设计、有限元设计、模块化设计、反求工程设计等。

计算机辅助设计(CAD)技术已逐步地不同程度的进入到起重机械设计工作的各个阶段，并与计算机辅助工艺规划(CAPP)、计算机辅助制造(CAM)、计算机辅助工程(CAE)、计算机辅助测试(CAT)等相衔接，实现无图化设计和管理。

设计技术的全面化对起重机械行业从业技术人员的整体素质提出了更高更新的要求。

在激烈的市场竞争条件下，通过提高各种类型起重机械的性能和质量来占领市场，是行业整体发展的主要方法之一。因此，起重机械的制造技术、生产规模、质量控制、工期控制是实现上述目标的主要影响因素，产品制造柔性化、快捷化、精益化和规模化是实现上述目标的发展方向。

2.8　产品功能的民生化及外延化发展

除电梯与自动扶梯等很少的机型以外，各种类型起重机械主要用于各种工业系统和国民经济各主要部门。随着经济的发展和人们物质文化生活水平的提高，随着中国社会快速进入老龄化所带来生活压力，一些类型的起重机械可能会逐渐的出现在大众百姓的日常生活中，在医院、养老院、宾馆、家居等民生环境中，也需配备一些能够实现重物搬运工作的起重机械，如高层建筑擦窗机、高层建筑搬家设备、搬运行动不便人员的设备等。由于这些场合具有量大面广的特点，从而可能出现起重机械产品功能向服务于民生化延伸的趋势。

另外，随着各种类型起重机械的广泛使用，逐渐派生发展出一类“另类”的起重机械产品，这类机型在工作场合不以重物的搬运为机器的主要内容，而是通过重物的搬运过程来实现或完成其它工作内容，如有色冶金行业的多功能机组、桥梁检测车、高架云梯、电缆检修等。这种类型设备的广泛出现甚至有可能会涉及到起重机械产品定义的修正。

随着起重机械生产模式的国际化分工协作(部分零部件选用国际知名厂商产品)和我国加入WTO后国内自行设计制造的起重机械进入国际市场,对国内起重机械行业的发展带来了前所未有的挑战与机遇,以设计优秀、制造精良、服务周到的各种品牌起重机械扛起人们的“压力”、搬运全球的“负担”、提升生活的“质量”,是国内起重机械行业今后发展的主要目标之一,也是起重机械全行业的责任和义务。

文　豪　中国机械工程学会物流工程分会　常务理事
中国机械工程学会物流工程分会起重机械专业委员会　秘书长
太原科技大学　教授

徐格宁　中国机械工程学会物流工程分会　副理事长
太原科技大学　副校长　教授　博导

从无到有,稳步前进

哈尔滨工业大学 顾迪民

1 引 言

起重机械是物流行业的主要机械设备,作为起重机械的产品设计,金属结构设计是其重要的工作内容。新中国诞生后,大规模建设需要生产大量起重运输设备,生产产品要设计,如何做设计,尤其是怎么做结构设计是从事此行业的学者、工程师面临的问题。那时这一问题不可能从旧中国继承中得到答案。只有'学习,实践,再学习,再实践',从反复学习,生产实践中寻找答案。沿着此路,我们走过了60年。如今面对起重机械行业飞速发展的局面,值此纪念物流学会成立30周年之际,做回顾以往、总结得失、利及未来的工作是金属结构专业委员会对学会所作的献礼。

按照本行业不同时期产品生产和设计的实际状况,将60年的结构设计工作按前30年和后30年两个个阶段进行总结,是能反映起重机结构设计发展历程的。

2 前30年(1950～1980)

20世纪50年代初期,新中国开始进入大规模建设时期。当时的形势是全面向苏联(前苏联)学习,我们也不例外,从苏联那里获得有关本专业的图书、资料并向苏联专家学习,在此后十几年内,从事本专业的高校教师和工程技术人员在边工作、边学习、边教学中,作了大量图书、资料翻译和技术推广工作,陆续出版了一批经翻译的教材和手册,为本专业的形成和发展奠定了基础,他们是专业的开创者。

开始是照搬苏联的图纸生产产品,或是测绘引进的设备仿照生产,其后即具备自行设计能力。不过此时尚无自己行业的设计规范,设计依据主要是参考苏联的起重机设计手册、专业教材以及其它行业相关的标准资料,这种状况一直持续到20世纪70年代末80年代初。1983年本行业第一部〈起重机设计规范〉GB/T B3811—83诞生了,它的制订历时三年,但制定它的前期工作是前30年的累积。

50年代中期,一些工科大学按苏联(前苏联)的模式设置了起重运输机械、建筑筑路机械(工程机械)、港口机械和铁路装卸机械等方面的专业,以培养起重机械设计方面的专门人才和开展基础理论的研究。稍后在原机械工业部和建设部系统内,成立了起重运输机械研究所和建筑机械研究所等研究中心,从事起重机械设计制造方面的设计研究工作。经过一段时期的工作积累,70年代,一些生产厂家与高校合作,设计了一些新的产品,为起重机行业开创了自行设计的新局面。

70年代引进西方先进起重机械产品和技术,例如,进口的具有箱形伸缩臂的液压传动流动式起重机,其变截面薄壁箱形伸缩臂结构,是我们前所未见的。这些新型结构的出现,拓宽了眼界,同时感到将要有大量的研究、更新的工作要做。随着国家在70年代大力推广计算机技术的使用,各高校和科研院所学习和掌握了一般结构分析的计算机方法。在这一时期,一批本专业的研究生都能按课题需要,自行编程在第一代计算机上,完成了若干质量较高、有实用价值的研究课题。这一切都为我国后30年(1980年～2010年)起重机的结构设计在一些理论方面打下了基础。

3 后30年(1980～2010)

近30年来,起重机械行业有着飞速的发展,不但在产值上大幅度增长,而且在产品质量上,性能以及大型化上都有着显著的提高。除了满足国内需要外,还出口世界各地。形成这种大好局面的原因是多方面的,其中起重机械设计理论,特别是结构的计算理论、计算方法的发展是原因之一。设计过程中,从仅用计算机做数值计算到用其做量大的图形处理,大大加快了产品的设计速度,缩短了产品生产周期,增强了企业的竞争力,是原因之二。

1983年国家标准〈起重机设计规范〉GB/T

3811—83的颁布实施，可以说是我国起重机械行业的一件大事，它的出现，在技术管理上，结束了我国起重机械产品设计长期无专门、统一标准可依的时代。在技术水平上，是一部具有全国先进，乃至达到国际先进水平的设计标准，因而该标准1987年获国家科学技术进步二等奖。围绕此规范的制定、颁布实施以及二次修订等过程，回顾30年来的工作，能基本反映从事本专业的科技工作者的学术水平和生产经验。相应的年代大致为1980年到20世纪末以及21世纪初。

3.1　GB/T 3811—83的制定和实施

20世纪70年代中后期，国家标准局要求各行业制订或修订专业标准。起重机行业本来无统一标准，经过30年的发展，制订标准的各方面条件都已具备。80年代初，已出版了一批具有创新特点和指导意义的书籍和文献，如：起重机设计手册、起重机械和起重机金属结构方面的专业教科书等。1979年末，由原机械工业部起重运输机械研究所和原建设部长沙建筑机械研究所联合牵头，历时三年，完成了国家标准〈起重机设计规范〉GB/T 3811—83的编写任务。

《规范》编写过程中，以贯彻国际标准ISO为主，结合我国实际情况，吸收先进国家和地区规范中合理而先进的内容，总结我国30年来的科研成果和实践经验，将它们有机汇总而成。使得该标准不但达到国外同类标准的先进水平，而且在有些方面有所突破和发展。

起重机械在使用时有其特殊性，它的钢结构机身，除跨大身高外，结构架设后还要移动(如门式或门座起重机)，有的还拆装频繁(如建筑安装用塔式起重机)，不像建筑结构甚至特种结构(如大跨结构和高耸塔桅结构)那样，建好后不再移动。仅此一项使得设计这种结构所受的制约不同于上述建筑结构，结构自重受到限制，也给设计者为保证结构整体刚度可采用的措施空间很小，而结构的刚度、稳定又是其保证安全运行的重要因素。机身结构不安全，一旦失效，其后果是机毁人亡。这样的事故层出不穷，包括国外。由此可见起重机结构设计的重要性。鉴于此，在高校的起重机械和工程机械专业的课程设置上，有一门"起重机械金属结构"专业课，这在所有机械类专业中是独一无二的。在《规范》中，结构设计计算也被设为独立一篇，其主要内容有：

(1)荷载：引入了ISO关于起重机载荷及其组合方法的全部合理内容，同时结合国情，制订了一套起重机结构的计算载荷、载荷组合、计算方法、安全系数和许用应力等符合起重机特点的完整的、统一的计算体系，改变了以往设计无规范的局面，是一次设计理念和方法上的飞跃。

(2)结构构件设计：

a)在结构构件设计方面，设计方法虽仍采用许用应力法，但已不是一个单一的安全系数，而是对应于不同的载荷组合取不同的安全系数值。

b)对压弯构件的计算，采纳了相关课题研究组的科研成果。用一组公式验算轴压构件，单向或双向压弯构件的弯曲屈曲和弯扭屈曲。它们是基于二阶应力理论和安全工作线假定的基础上，推导而得的，理论上较严密，使用上也较方便。由于起重机结构设计是弹性设计，所以压弯构件的稳定计算是属于非线性强度分析的范畴。同时，在其公式中的轴压应力一项的分母上，用了随轴压力变化的轴压稳定系数($\varphi\psi$)。使此公式理论上较为严密，计算结果合理。

c)在结构构件及其连接的疲劳强度验算中引入了有限寿命设计的理念。同时，指导设计者如何处理连接的形式来提高其疲劳强度或降低制造成本。结束了起重机结构设计不作疲劳验算的状态。

(3)板的局部稳定验算中，推出了在正应力，局部挤压应力和剪切应力复合作用下的三维相关公式。使在复合应力作用下，验算板的局部稳定更为可靠。

(4)首次提出了静态刚性和动态刚性的概念，并对各种起重机给出各自的建议值。这样对于不合理的过高刚性要求起到了抑制作用，节省了材料。

GB/T 3811—83整整使用了25个年头，使用过程中也出现一些问题，有不足之处。例如：只规定用许用应力设计法；有些起重机的静态刚性或动态刚性的建议值定得过高；结构件在疲劳计算中的分级不够明确，典型连接型式不够多；对钢材的选用缺乏明确的指导等等。但经实践证明，这仍不失为一部成功的设计规范，对我国起重机械的设计和制造起到了很好的指导作用，对我国起重机械的设计理论，设计方法和制造技术的发展作出了巨大贡献，有力地促进了起重机行业的发展，

3.2　GB/T 3811—83 的修订

自 1983 年以来，时间过去了 20 多年，这一段时间里，国内外科技进步之大，可想而知，加之通过多年对《规范》的使用，积累了经验，发现了不足。再则，一个标准 20 年不变，一定不适应行业发展需要，修订《规范》事在必行。修订工作始于 2005 年，结束于 2008 年，同样历时三年。修订后的标准名为〈起重机设计规范〉GB/T 3811—2008。

在结构篇，被修订的有以下主要内容：

(1)有关结构用材规定：材料的选用引入了国际标准 ISO TC 96-2004(即 ISO 20332:2008 的前身)，欧洲标准 CEN/TS 13001-3.1:2004 和 F.E.M.1.001-1998 中，对受拉构件抗脆性破坏的评价内容，并稍作修改以适用于极限状态设计法。使得结构件材料的选用有了比较科学的依据和具有量化的可操作性。按永久作用的拉应力大小(自重载荷引起的拉应力和构件或连接中的残余拉应力)，板的厚薄和工作环境温度高低三因素纵合考虑。在一定的条件下，满足常温下冲击韧性要求的钢材可用于工作在低温环境下的起重机。纠正了长期以来认识上的一个误区：在某低温下工作的起重机结构必需用满足该低温下冲击韧性要求的钢材。这一规定将使我国起重机的用材更为经济合理。

(2)结构的设计方法：

修订后的《规范》引入了极限状态设计法，但也保留原来的许用应力设计法，二者并存，同时有效。这是一个折中办法，既照顾现状，同时也为全面过渡到极限状态设计法作好准备。

新《规范》同时也指出在设计大变形结构时，建议采用结构的几何非线性的计算模型分析结构。所谓几何非线性的计算模型，是将平衡方程建立在结构受载产生变形后的计算简图上。此建议的实施，将使我国起重机设计水平迈上一个新台阶，同时也预测到，伴随此项工作的展开，将会出现不少有待研究的课题，也会获得技术含量高的研究成果和用非线性计算方法的经验。用几何非线性模型分析计算得到的构件内力，必然要用极限状态设计法对构件进行安全校核。

(3)压弯构件整体稳定性计算仍应用二阶应力理论的三项式，但作了适当的简化。

完善压弯构件稳定性计算，在工程结构研究领域里，是急待解决的问题。国外众多学者，从 60 年代开始，就对钢框架进行线弹性大位移分析。几十年来，做了大量基础理论的研究工作，正逐步改进和完善验算压弯构件安全性的算法。

澳大利亚的钢结构规范 AS4100(SAA，1990)使用“高等分析(advanced analysis)”这一术语，界定了不同于现在使用的结构分析内容，即“结构的高等分析是指在分析时能充分描述结构系统的强度与稳定性，并且不需进行单个构件的承载能力验算。”结构的高等分析法严格考虑了结构的非线性性能，不用进行逐个构件常规安全验算。我们借鉴的国际标准和欧洲标准，在这一问题上无明确态度。既无传统的验算方法，也无具体建议条文，似乎处于等待变革中。新《规范》为反映这一变革趋势，提出了用非线性强度分析法，试探实现结构构件的强度和稳定计算一揽子方案的可能性。

(4)板的局部稳定计算仍采用原 GB/T 3811—83 中的直接计算方法，但它比用许用高厚比的方法更为经济合理。

(5)新《规范》中，对起重机静、动态刚性的规定作了较大变动。主要是放宽要求，能安全运行即可。在安全可靠和保证性能的前提下，考虑到各机构控制系统的特性，放宽起重机静、动态刚性的要求，可以使起重机设计得更为经济合理。本着上述思想，对于桥、门式起重机的有关刚性的条款就引用了 ISO 22986:2007 的内容。这一变动，给了起重机设计者和制造厂家有了较大的回旋余地，对减轻起重机质量，节省能源，采用先进的控制技术创造了条件。同时也提高了在国际市场上的竞争力。

(6)结构的疲劳计算仍用应力比法。因为起重机的钢结构，大部分为轻型的焊接结构，尚可合适应力比法，加上应力比法的试验资料比较齐全，使用方便。欲待应力幅法的试验资料比较齐全时，再进行修订。另外，ISO 20332:2008 规定结构的疲劳计算采用极限状态设计法，但规定载荷

分项系数均取 1.0，材料的抗力系数取 1.25 或 1.35。这样一来，计算结果与许用应力设计法的所差无几。故“规范”仍采用许用应力设计法校核结构的疲劳强度。

3.3　计算机辅助设计

随着个人计算机（PC）功能以惊人的速度日益增强，近 20 年来，本专业的计算机辅助设计技术在两个基本应用领域内——数值计算和绘图都有长足的进步和提高。

（1）计算机辅助结构计算：

20 世纪 80 年代，我国起重机行业中的一些龙头企业与高校合作，已开始用有限元计算较为复杂的结构（如车架结构）。同时也开始按《规范》要求进行疲劳强度验算。有性能优越的硬件和功能完备的软件支持，用手工计算结构内力的设计时下已不多见。高校、科研院所陆续展开对结构作深层次分析的工作，例如：结构的优化设计、动态分析和几何非线性分析乃至结构仿真都作了有益的尝试。其成果将有助与我们深入认识起重机结构的工作机理。

为满足产品出口的需要以及一些境外客户的要求，如：要求用指定的软件和指定的设计标准设计。部分企业在应用这些技术的过程中，学习了国外的先进设计方法和思想，为改进我们的设计累积了宝贵经验。

（2）计算机辅助制图

甩掉图板，用 Autodesk 公司提供的 AutoCAD 绘图软件，在 PC 机上画图开始于 80 年代中期，至今已得到广泛应用。后来，在 Autodesk 公司拥有了高效能的参数化功能（ARX 和 rx-ADS 接口技术），引伸出众多的二次开发设想，开发思想由广到深，非常活跃，前景可观。90 年代，开始了绘图参数化研究，取得了一批成果并赋于使用，参数化的三维设计也开始用于生产实践。目的都是为了加快设计速度，缩短产品生产周期，增强和提高企业的竞争力。

4　起重设备的发展总趋势和起重机结构设计理论需进一步研究的三个问题

随着科学技术进步和国民经济发展，起重设备的发展总趋势是起重量大型化和工作速度高速化，如冶金铸造起重机的参数变化见表 1。

表　1

年代	起重量(t)	起升速度(m/min)	大车运行速度(m/min)	小车运行速度(m/min)
50～70	200	2.25	70	40
80	280	10	80	40
90	450	12	90	40

世界上最大履带起重机的起重量达 3 000 t，桥式起重机起重量达成 20 000 t，岸边装卸桥的运行速度已达 350 m/min，堆剁起重机的运行速度达 240 m/min，垃圾处理机的起升速度已达 100 m/min。

我国大重起重集团公司为烟台莱福士海洋工程公司研制出 20 000 t 桥式起重机，1 900 t 固定回转起重机和 370 t 造船门式起重机。太原重机集团公司研制出 480 t 铸造起重机，1 200 t 水电站起重机。

起重机是一种工作十分繁忙的重型机械，又是一种移动机械，为保证其正常工作，对起重机金属结构提出如下要求：

起重机的金属结构自重力求轻：起重机的金属结构的重量占整机重量的 40%～70%，巨型起重机可达 90%以上，由于起重机是移动的，减轻自重，不但可以节节约原材料，而且也相应地减轻了机构的负荷和承载结构的造价。

起重机结构设计理论需进一步研究的三个问题：

4.1　高强度钢材采用问题

随着起重机大型化，减轻其自重显得十分必要。屈服强度大于 460 MPa 的高强度钢材的应用日益广泛，已有用屈服强度为 800 MPa 钢材的国产起重机上市。而〈规范〉中无此类钢材的数据可查。有待进一步试验研究。

4.2　疲劳断裂问题

《规范》中的疲劳验算是采用基于试验的方法，即是将各类连接接头作疲劳试验，用试验所得到的结果数据做疲劳验算，这是一种传统的验算方法。此外，还有另一种对疲劳特征的评估方法，即是用断裂力学的理论研究破坏（裂纹开裂）发展的方法。对此，《规范》中并未反映。近几年来，专业的期刊上也不断出现有关起重机结构疲劳寿命的研究文章，其中不少是关于用断裂力学理论分析在役起重机剩余寿命的论文。可以预见，随着计算技术和检测技术的提高，将使得这一研究向纵深方向发展。

4.3　关于结构的稳定问题

《规范》给出的压弯构件承载能力验算公式，它考虑了二阶应力的因素，也就是结构的几何非线性因数(所谓 P－δ 及 P－Δ 效应)，在理论依据上是向前迈了一大步，但在使用上是不完善的，问题出在实际结构的杆件或构件，两端的嵌固条件与《规范》相关规定不吻合，计算长度只能近似选取。而杆件或构件的端节点构造对承载能力有显著影响，仅这一条就已使得公式使用者困惑。可以说，此问题是在近代，学者们对结构分析方法提出和研究的核心问题之一，已提出了多种解决方法。对杆系结构，提出通过使用计及杆件初始弯曲的单元模型(反映 P－δ 效应)和在结构上作用假想荷载(模拟 P－Δ 效应)的有限元方法做分析计算，实现将结构构件的强度和稳定统一到只用强度公式做安全验算的方法。因此，对起重机某些杆系结构系统，如何应用和是否要用所谓"高等分析"方法做设计计算的问题，应该开展针对性的应用研究。

中国机械工程学会物流工程分会荣誉理事
顾建民　中国机械工程学会物流工程分会起重结构专业委员会　副主任委员
哈尔滨工业大学　教授、博导

1

连续输送机械及其系统的现状和未来展望

太原科技大学　孟文俊　王　鹰

1　前　　言

连续输送机械及其系统是国民经济各部门输送散体物料或成件物品必不可少的设备和系统之一，根据结构和所输送的对象的不同，其机型也复杂多变，种类繁多。绿色环保、节能、柔性线路布置等特点已成为今后连续输送机械发展的方向。

2　带式输送机

2.1　带式输送机发展展望

1)长距离输送：

长距离输送仍然是带式输送机的发展方向之一。现在，澳大利亚正在设计一条单机 23.5 km 的带式输送机，30～40 km 长的带式输送机也正在研究中。

2)低阻力输送带：

输送带制造厂已经开发出低阻力的橡胶，据称可节约 10%～15%的功率。

3)改进安装和防跑偏方法

结合改进的安装方法和防跑偏方法，可取得显著的传动效率。

4)采用中间驱动：

在地下煤矿和隧道开掘所应用的带式输送机上采取中间驱动(可实现功率重新分配)的方法，可获得很好的效果。

5)大运量输送：

实现大运量输送，除了采用大带宽外，同时还会导致带速增大，要求更好的安装精度和更高的加工精度，以及对阻力和功率的理解。在德国，RWE 布劳恩矿采用的带式输送机的输送量为 30 000 t/h，其他煤矿也正在考虑采用。

6)采用先进的分析方法：

带式输送机的每次发展，我们都采用新的分析工具或方法来预测系统的性能。数字分析和模拟就是有效的方法。

2.2　长距离曲线带式输送机系统

带式输送机以输送带作为承载和牵引构件的输送机械，应用广泛与其他运输方式(汽车、火车、船舶)相比，特别适宜于长距离(几公里到几十公里)、大运量输送货物。其优点是：能输送多种货物，适应起伏多变的地势变化，可融入周围环境。输送能力大、运营成本低(不必考虑油价大幅的变化)、噪音低、扬尘小(与汽车运输相比，降低98%)，寿命长(可达 20 多年)，节省劳力、事故少。目前，世界上单机最长的带式输送机达 19 km 以上，最大输送量达 9 000 t/h 以上，最大带宽达 3.2 m以上。

将设计方法和成熟的零部件有机地结合起来，才能设计出投资少、节能和满足需要的长距离带式输送机。应从如下四个方面考虑：

- 节能
- 线路优化
- 功率分配
- 动态分析和仿真

2.2.1　Bateman 的长距离曲线带式输送机系统

如图 1 和图 2 所示，按照 ISO 和 CEMA 标准设计，进行动态分析和计算机仿真，预测并修正了各种工况下的性能，降低了费用，为有效地设计出高效的带式输送机系统提供了保证。驱动装置采用液力传动、直流电机传动和变速传动。

2.2.2　钢绳牵引带式输送机

钢绳牵引带式输送机的张力由钢丝绳承担，与承载的输送带是分开的(如图 4 所示)，其显著优点是输送距离长。世界上单机最长的钢绳牵引带式输送机安装在澳大利亚的沃斯里(Worsley)氧化铝矿，输送长度 30.4 km。

张力承载元件(钢丝绳)与物料承载元件(输送带)分开，使得这种输送机可以以非常小的水平弯曲半径转弯(见图 5)，也不用以传统的设计方法(基于张力及张力图的参数确定方法)进行设计。

如图 6 所示是安装在加拿大 Creek 的一条 10.4 km 的钢绳牵引带式输送机，它有一个430 m

的水平半径。

功率分配也可应用到钢绳牵引带式输送机中。由于张力承载件钢丝绳与物料承载件输送带是分开的，物料不必与输送带表面分离，故安装中间驱动更容易些。只要承载钢丝绳足够长，能够绕过驱动绳轮等后再继续牵引输送带即可，如图7所示。

图1 安装在津巴布韦 Zisco 的长距离曲线带式输送机，单机长度 15.6 km，输送能力 500 t/h，带速 6.7 m/s，输送铁矿石混合物。

图2 南非因圭（Ingwe）14,4 km 长距离带式输送机系统，输送量 1 800 t/h，输送煤. 其中最长的一台长 8,9 km，具有水平和垂直曲线，采用变速驱动。

图3 安装在 Saldanha Bay 由带式输送机和俯仰堆料机组成的系统处理 9 000 t/h 的铁矿石，带式输送机采用变速驱动。

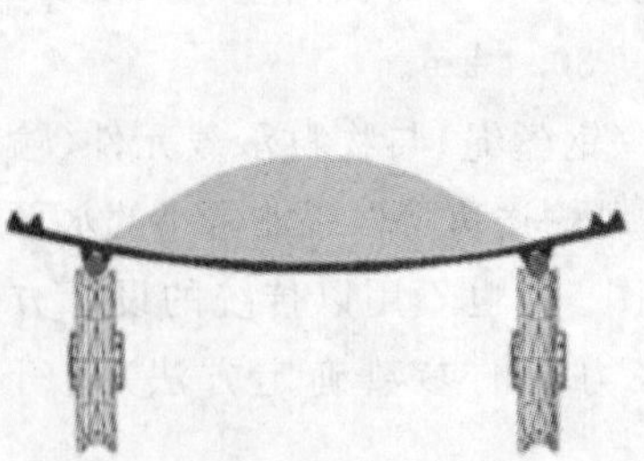

图4 钢绳牵引带式输送机断面图

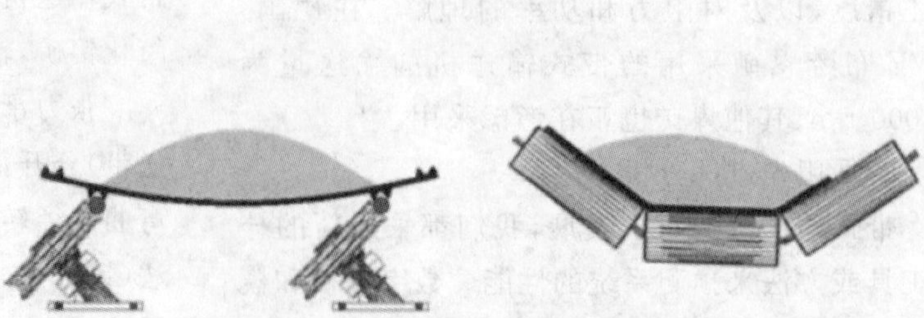

图5 钢绳牵引带式输送机与通用带式输送机水平转弯时的断面对比

图 6　安装在加拿大 Creek 的一条 10.4 km 的钢绳牵引带式输送机

图 7　钢绳牵引带式输送机中的中间驱动

MRC 公司生产的钢绳牵引带式输送机适应于长距离、大运量、地形复杂的输送，不需中间转载；输送长度 1 000～50 000 m；输送能力8 000 t/h；最小水平转弯半径达 400 m，如图 8 所示。

图 8　MRC 公司生产的钢绳牵引带式输送机

2.2.3　克虏伯-罗宾斯 ThyssenKrupp Robins 公司的带式输送机

克虏伯-罗宾斯公司生产的长距离带式输送机带宽可达 3 m，带速可达 7.5 m/s（如图 9、图 10 所示）。采用计算机控制输送带张力、多驱动或中间驱动，可使安装时的受力及动力波震荡最小。

图 9　长 6.7mile(10.72 km)以 770 t/h 的输送量输送煤的的带式输送机

图 10　向电厂输送煤的带式输送机

2.2.4　世界上最长的带式输送机系统

世界上最长的带式输送机系统安装在西撒哈拉沙漠中使用已经超过 30 年（如图 11 所示），输送机总长度 100 km，最长单机 11.7 km，从 Bu Craa 的磷酸盐矿输送磷酸盐到 El－Aaiun 的海滨南面，输送能力 2 000 t/h；输送带型号 St 2 500。

近年来最具新意的带式输送机系统，长度12.7 km，带宽1,800 mm，带速6 m/s，安装在智利海拔1,600 m到3,200 m的Los Pelambres矿，用于输送粗矿的下山输送机，一直处于发电状态，采用西门子Siemens VAI奥钢联公司的驱动装置。

2.2.5　世界上单机最长的带式输送机

由克虏伯 罗宾斯公司为美国铝公司Alcoa提供的、安装在德克萨斯Rockdale单机最长的带式输送机（如图12所示），用于连接两个混煤站，单机长度19 km；设计输送能力1,090 t/h，设计带速7 m/s，输送散料：煤；有10个水平转弯，3个驱动站，5台560 kW的驱动装置尾部1台、头部2台、中间2台。

图11　世界上最长的带式输送机系统

图12　世界上单机最长的带式输送机

2.2.6　国内最大的带式输送机

国内单机最长的带式输送机1997年由江苏句容的江苏京阳水泥有限公司投建，法国REI设计，主要用来输送石灰石，单机最长15.8 km，设计输送量为1 200 t/h，带速达4.37 m/s。2007年，公司名称更改为句容台泥水泥有限公司。

衡阳运输机械有限公司2008年为河北冀东海德堡（泾阳）水泥有限公司设计生产的9.343 km带式输送机（如图13所示）是目前国内设计、制造、安装调试的单机较长的带式输送机，也是国内企业首次研制成功、单机最长的带式输送机。该机主要技术参数：带宽1 000 mm，带速3.15 m/s，输送能力1 200 t/h，总落差395 m，采用液压绞车自动拉紧，应用ABB公司的变频软启动装置，头部单驱动和尾部双驱动布置。采用ISO设计方法，利用先进的动态分析软件及澳大利亚ACE软件进行精确计算和分析及验算。

图13　河北冀东海德堡（泾阳）水泥有限公司的9.343 km带式输送机

国内最长的带式输送机系统是向家坝水电站采用的、由5条带式输送机组成的、总长为31.1 km的带式输送机系统。

最大输送量的是用于秦皇岛港煤五期工程的输送系统，其最大输送量 Q=8 940 t/h、带宽 B=2 200 mm、带速 v=4.8 m/s、总长度 L=9 000 m。由中国华电工程(集团)有限公司总包，于2006年3月投运。

太原向明科工贸公司研制的煤矿井下工作面顺槽带式输送机运距达6.8 km，带宽1 600 mm，输送量3 500 t/h，达到国际先进水平。

目前，正在安装的国内较长的一条带式输送机，是山西华晋焦煤有限责任公司王家岭煤矿主平硐带式输送机，输送量4 000 t/h，长度12 830 m，带宽1 600 mm，带速4.5 m/s，机头三驱动和机尾一驱动，电机功率1 250 kW。按照"MT668－1997"标准，采用阻燃型钢丝绳芯尼龙(锦纶)横向加筋抗撕裂输送带，强度ST4500，上胶厚8 mm、下胶厚6 mm，长度25 748 m(不含接头长度)，每米质量不超过81 kg/m，钢丝绳芯直径不超过9.7 mm，工作状况下最大伸长率0.15%。托辊参数见表1。

表1　山西华晋焦煤有限责任公司王家岭煤矿主平硐带式输送机的托辊参数

项目	承载托辊	V形下托辊	缓冲托辊	平托辊
托辊直径(mm)	159			
旋转阻力小于	4N			
托辊寿命	不少于30 000 h，损坏率小于6%			
托辊筒长(mm)	634	882	634	1 900
托辊总长(mm)	678	941	682	1 946
轴头直径(mm)	30	25	30	30
轴头扁长(mm)	10	10	10	10
轴头扁厚(mm)	22	14	22	22
托辊间距(mm)	2 000	4 000	400	4 000
数量	18815＋495	6 240＋166	54	33

输送量最大的带式输送机可能会在露天采矿工程中出现，目前，半连续工艺中最大的半固定式破碎站生产能力已达到20 000 t/h，移动式破碎机能力已达到10 000/h。使用的带式输送机的带宽为1.5～2 m(在某些矿山已达3 m)，带速达4～6 m/s，带式输送机的输送量将达到30 000 m^3/h。从发展远景看，带式输送机的输送量将达到40 000 m^3/h，带宽将达到3.6 m，带速为81～10 m/s。太重集团目前已经制造出6 000 t/h的带式输送机，正在设计制造9 000 t/h和20 000 t/h的带式输送机，以满足国内不断增长的需求。

2.3　圆管带式输送机

特点：

1)可密闭输送物料　不飞扬，不洒落，不泄漏。防止了管外物料的混入，实现无害化输送，净化了环境。

2)可空间弯曲输送　圆管带式输送机不用转载即可实现空间任意弯曲布置，既可绕过各种障碍和设施、跨过公路、铁路和河流等，从而设计出经济合理的总体布置方案，又可获得大大低于普通带式输送机的运行成本。

3)可提高输送倾角。

4)无跑偏现象。

5)可双向输送物料。

在要求弯曲半径较小的场合，圆管带式输送机得到广泛的应用，其环保和可空间弯曲布置输送线路、大倾角输送等特点，是传统带式输送机所不可比拟的！

2.3.1　FLSmidth KOCH－MVT的圆管带式输送机

由美国St. Genevieve圣.吉纳维芙设计，德国FLSmidth KOCH－MVT Germany制造的世界上最长的圆管带式输送机(见图14)，长8.2 km，在秘鲁首都利马双向输送水泥和煤，上分支输送水泥690 t/h，下分支输送煤炭515 t/h。

2.3.2　ThyssenKrupp Robins的圆管带式输送机(见图15)

图14　FLSmidth KOCH－MVT世界上最长的圆管带式输送机

图 15　ThyssenKrupp Robins 的圆管带式输送机

用于将金矿开采的矿石，越过一个山，穿过一个镇，输送到加工厂。

表 2 列出了目前圆管带式输送机的世界之最。

2.3.3　国内圆管带式输送机

自从太原科技大学在上世纪 80 年代中期自主研制出国内第一条圆管带式输送机之后，1991 年开始，已有 3 个企业与日本 Bridgestone 合作，再加上国内其他厂家，目前共生产了 300 余条圆管带式输送机，总长度约 180 km。

四川自贡运输机械有限公司为陕西省安康市尧柏水泥厂生产了一条长达 7 041 m 的圆管带式输送机(见图 16)，管径为 350 mm，带速3.15 m/s，额定输送能力 850 t/h，最大输送能力 1 000 t/h，输送带带强 ST2 500，电机功率 4×630 kW。这条圆管带式输送机布置地形复杂，有立面凹弧和水平"S"形转弯。机头尾高差下运高度达 383 m，总提升高度 259 m，总下运高度642 m。目前长度为亚洲之最，世界第二，它的成功投产标志着我国圆管带式输送机设计制造能力已跻身世界先进水平。

图 16　尧柏水泥厂 7 041 m 的圆管带式输送机

上海科大重工有限公司正在为贵州省纳雍电厂制造一条输送煤的圆管带式输送机，该机将安装在毕节地区纳雍县阳长镇，全长 7 158 m 左右，翻越 3 座山，横跨总长度约 2 km 的水田和 1 个堰塞湖，穿越 6 次省级公路和 8 次乡村道路。其主参数：管径 400 mm、带宽 1 600 mm、带速3.15 m/s、输送煤、物料粒度≤ 50 mm、输送能力 800 t/h、头尾部高差－242 m、总提升高度275.6 m、总下运高度－517.6 m。

表 3 列出了目前已经投用的部分国产圆管带式输送机的主要技术参数。

表 2　圆管带式输送机的"世界之最"

项目名称	其他参数	输送物料	使用地点	投入使用时间
最大机长 L=8 200 m	$d_{管}$=300 mm，双向输送，$I_{m上}$=690 t/h，$I_{m下}$=515 t/h，v=4 m/s	上分支：水泥或渣；下分支：煤或石灰石或返料	秘鲁	2009 年
最大管径 $d_{管\max}$=700 mm	B=2 550 mm，v=3.3 m/s，L=508.5 m，β=9.5°，输送量 $I_{m\max}$=3 000 t/h，在垂直面内呈 S 形弯曲	煤、石油产品	日本	1986 年 8 月

续上表

项目名称	其他参数	输送物料	使用地点	投入使用时间
最大输送量 I_{mmax}=4 500 t/h	$d_{管}$=500 mm、L=1 250 m	矿石	秦皇岛港矿石码头	2003 年 2 月
最大水平弯曲角度 90°	I_m=8 t/h,$d_{管}$=100 mm,v=0.5 m/s,L=47.9 m,β=5.1°	垃圾	日本	1986 年
最多空间弯曲次数	22 个水平弯、45 个垂直弯,I_m=1 400 t/h,直流调速 L=3 360 m,提升高度 H=−182.88m,$d_{管}$=400 mm,	煤	美国	1993 年
最大带速 v_{max}=4.17 m/s	L=3 414 m,β=10°(ANO CONSTRUCTRS 公司制造)	砂子	日本	1992 年
最大倾角 β=30.0°、29.5°		矿物和页岩	南非和荷兰	

表 3　目前已经投用的部分国产圆管带式输送机的主要技术参数

使用单位	设计生产厂家	输送物料	主要技术参数	使用时间
吉林市化肥厂	太原重型机械学院(现太原科技大学)设计	煤	$d_{管}$=220 mm,I_m=86 t/h,L=38.7 m,直线倾斜布置	1986 年
淮南矿务局新庄孜煤矿	淮南煤矿机械厂	煤	$d_{管}$=350 mm,I_m=600 t/h,v=2.92 m/s,L=227.655 m,β=12°24′	1992 年 6 月
邯郸水泥厂	淮南煤矿机械厂	水泥熟料	$d_{管}$=350 mm,I_m=800 t/h,v=2.92 m/s,H=15.25 m,L=2 437 m	1993 年
贵州瓮福肥厂	自贡运输机械总厂	硫铁矿渣和污泥废渣	$d_{管}$=250 mm,I_m=140 t/h,L=1 906 m	2000 年
桐乡电厂	太原重型机械学院设计	煤	$d_{管}$=200 mm,I_m=120 t/h,L=46 m,空间曲线布置	2003 年
江苏沙钢集团	太原科技大学设计,上海科大重工有限公司制造	上层为烧结矿、下层为高炉返矿	$d_{管}$=400 mm,双向输送,$I_{m上}$=1 700 t/h,$I_{m下}$=515 t/h,水平投影长度 L=1 485 m,空间曲线布置	2009 年
陕西安康尧柏水泥有限公司	自贡运输机械总厂	石灰石	$d_{管}$=300 mm,I_m=850 t/h,机长 L=7 041 m,H=−373.7 m	2009 年

在圆管带式输送机的众多技术难题中,最难是其专用输送带技术。虽然我国的圆管带式输送机设计制造能力已跻身世界先进水平,但涉及到的输送带几乎全是进口,或是采用进口技术生产的。像日本 Bridgestone 和德国 Phoenix 等公司在我国圆管带式输送机市场已获得了非常丰厚的利润。针对这种情况,太原科技大学还自主研发了圆管带式输送机专用输送带横向反弹力测试系统(见图 17),已经用于我国多个输送带制造厂,为他们不断改进圆管带式输送机专用输送带质量立下了汗马功劳。目前,在织物芯专用输送带的开发、研制和改进方面取得了可喜的成就,国产输送带已经可以与进口输送带分庭抗礼了。相信在不久的将来,我们一定会有自己的圆管带式输送机专用钢丝绳芯高强度输送带,打破国外垄断。

2.4　气垫带式输送机

2.4.1　气垫带式输送机

气垫带式输送机是用薄气膜支承输送带及其上物料的带式输送机。把按一定间距布置的托辊支承变成为由一定压力空气形成的、连续的气垫支承,使输送带与托辊间的滚动摩擦变为以空气为介质的流体摩擦,减小了运行阻力,带来了很多优点如节能、输送带张力小、带速高、运行平稳、输送量大等等。在我国,气垫带式输送机是于上世纪 80 年代初期由太原重型机械学院(现太原科技大学)首先开发研制并推广的,近 30 年来,气垫带式输送机经历了开发研制(小规模应用(全面开花(其间，由于很多厂家盲目仿制，导致许多失败案例发生，使用户对气垫带式输送机形成很大的负面影响)(针对特定物料(轻的)稳定使用等发展变化过程。根据气垫带式输送机所需气源与市场上鼓风机、通风机等参数不匹配等问题，太原科技大学还与山西原平鼓风机厂合作开发研制了气垫带式输送机专用风机，取得了一定的成果。随着相关技术的不断成熟，以及广大用户对气垫带式输送机认识的加深，气垫带式输送机将会得到更大的发展。

2.4.2　管道气垫带式输送机

高速运行的气垫带式输送机还会引起物料飞扬，污染环境，造成物料损失等问题。将高速运行的气垫带式输送机放到一个密闭的环境中，不失为一种解决上述问题的绝好办法，管道气垫带式输送机应运而生了。图 18 为管道气垫带式输送机的剖面示意图，图 19 为管道气垫带式输送机的两种结构，图 20 为管道气垫带式输送机与其他带式输送机的断面比较。与圆管带式输送机相比，管道气垫带式输送机只需要一侧布置走台；与通用带式输送机相比，管道气垫带式输送机不需要走廊。优点显而易见。图 21 为管道气垫带式输送机在港口的实际应用，结构型式：双管式；地点：日本某电厂；1999 年投入使用；输送物料为焦炭和灰；输送量 $I_m = 400$ t/h；机长 $L = 143$ m；带速 $v = 130$ m/min；带宽 $B = 800$ mm。

图17　圆管带式输送机专用输送带横向反弹力测试系统

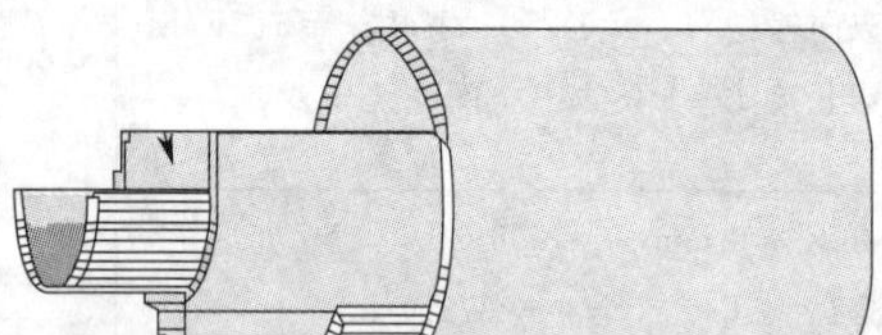

图 18　圆管气垫带式输送机的剖面示意图

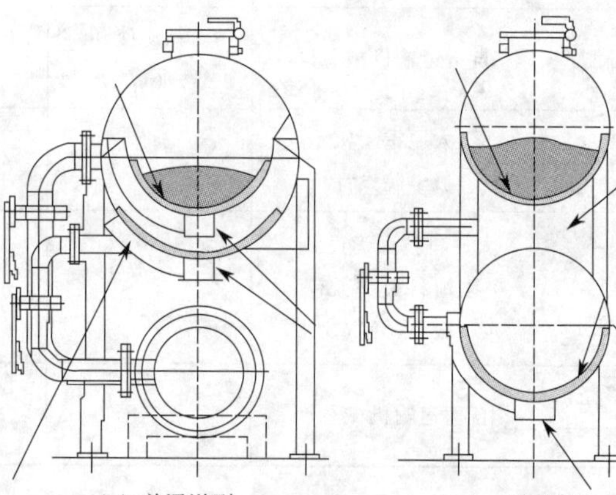

(a) 单通道型　　(b) 双通道型

图 19　圆管气垫带式输送机的两种结构

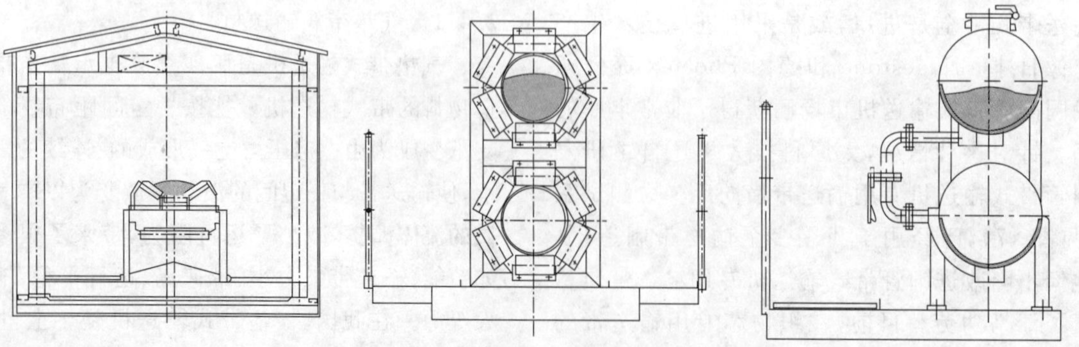

图 20　圆管气垫带式输送机与其他带式输送机的断面比较

图 21　圆管气垫带式输送机在港口的实际应用

2.5　隧道开掘带式输送机

地铁隧道很少是直线的，利用水平弯曲带式输送机就能使工程很好地进行，这也是长距离带式输送机的潜在市场，目前最必需的是更小弯曲半径的带式输送机。隧道开掘过程中，由于基础问题，存在许多麻烦的事，例如废水和运输等。清除隧道弃渣的最有效方法是在掘进机的尾部连接一条推进式的带式输送机。

在西班牙，作为巴塞罗那地铁延伸工程的一部分，建设一条位于该城地下的、直径 10.9 m 的隧道。Continental Conveyor Ltd. 承建了第一条 4.7 km 的带式输送机，如图 22 所示。

弗朗迪尔·坎普建设（Frontier Kemper Construction）开掘位于美国密苏里州首府圣. 路易斯的 6.18 km（20，275 ft）长、直径 3.6 m（12foot）的隧道。这条名为邦木甘特（Baumgartner）的隧道安装了一条长 6.1 km、带宽 600 mm、具有四个中间驱动的带式输送机，如图 23 所示。

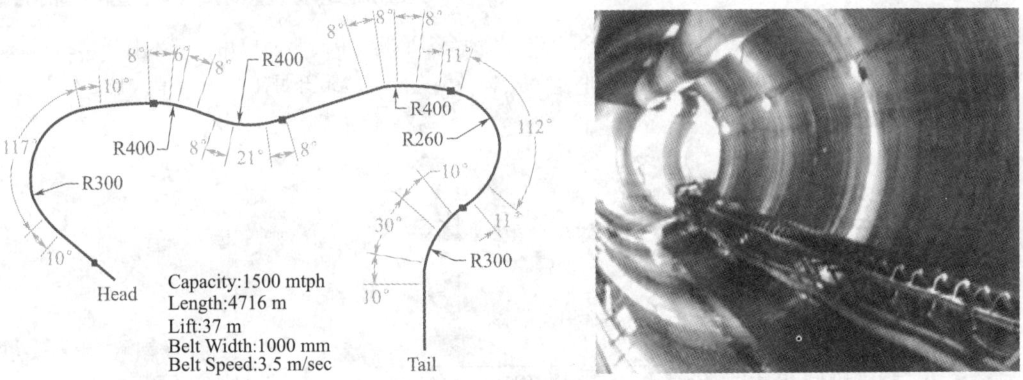

（a）线路图　　（b）实物照片

图 22　建设巴塞罗那地铁延伸工程时，由 Continental Conveyor Ltd. 承建并安装的 4.7 km 的带式输送机

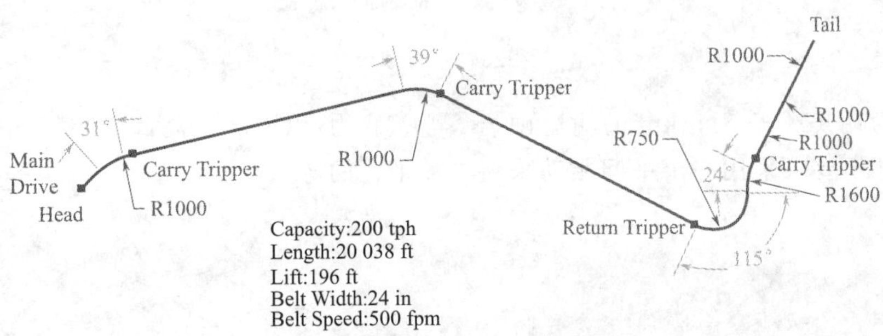

图23　建设邦木甘特（Baumgartner）隧道时安装的长 6.1 km、带宽 600 mm、具有四个中间驱动的带式输送机

2.6　采用中间驱动的带式输送机

采用中间驱动可以降低张力，减少能耗，也扩大了织物芯输送带在长距离带式输送机中的适用范围。

图 24 所示的张力图说明中间驱动所蕴含的巨大效益，这台水平布置、头部驱动的带式输送机的张力图由最上方的那条线表示，虽然其平均张力仅为最大张力的约 40%，但是它的所有零部件

必须按最大张力配置！

采用一个中间驱动后的张力图如中间那条线所示，最大张力降低了几乎40%，而总功率并不变，可选择较小带强的输送带和小功率的驱动装置；如果采用两个中间驱动，其张力图由最下方的那条线所示，最大张力进一步降低了。

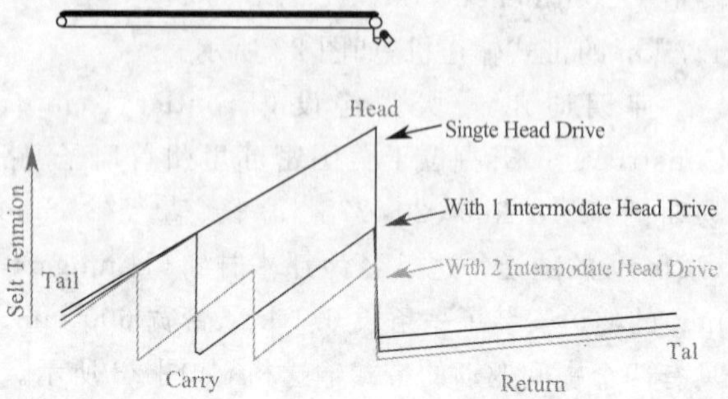

图24 从张力图看中间驱动所蕴含的巨大效益

图25所示的中间驱动应用在前述的邦木甘特Baumgartner隧道开掘工程中，合理地安排中间驱动的位置，输送带张力可被控制在一个适当的范围内，因此它可以较小的半径转弯。

图26中用阴影表示的区域代表了线路可以弯曲布置的位置。上方的线条表示承载分支张力，下方的线条表示回程分支张力。弯曲段的张力是最小的！特别是在750 m的弯曲半径处。

图25 中间驱动应用在邦木甘特Baumgartner隧道开掘工程中的带式输送机上

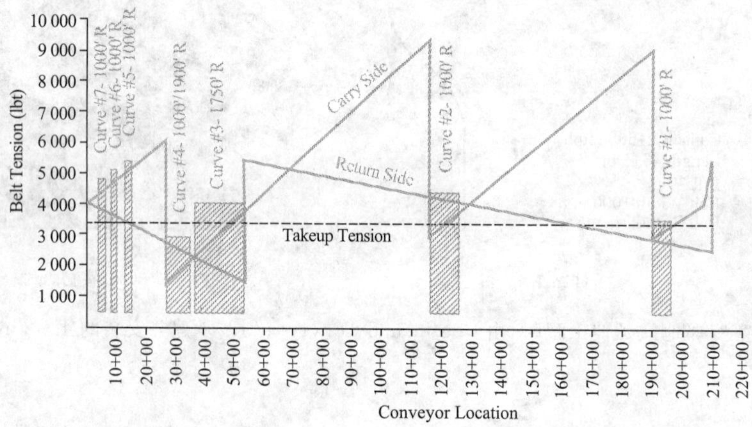

图26 张力图解

图27所示为南美一条8.5 km的输送硬岩的带式输送机线路，要求采用一个中间驱动来调整张力，以适应中间卸料点附近的4个2 000 m半径的弯曲段。

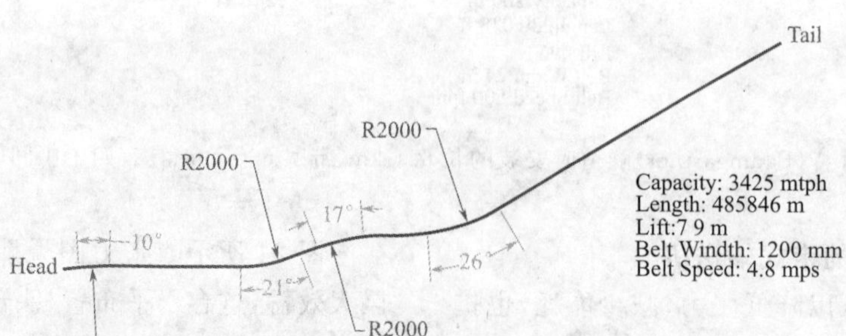

图27 采用中间驱动的、输送硬岩的8.5 km的带式输送机线路

3　斗式提升机

斗式提升机一般用于垂直方向提升散料。

3.1　斗式提升机发展展望

1)大提升高度；

2)大输送量；

3)新结构、新工艺、新方法；

4)采用先进的分析方法。

3.2　典型斗式提升机

3.2.1　Rexnord®的高效斗式提升机

Rexnord®高效斗式提升机可用于建材、化工、钢铁、煤炭、铝业和森林业中处理原料，输送能力达 1 000 t/h。带斗式提升机可以处理氧化铝、焦炭、型砂、生料、木片、以及其他适宜于带斗式提升机提升的物料；链斗式提升机可以输送氧化铝、焦炭、铸造砂、原料、木片及其他散粒物料。

Rexnord 4000 系列斗式提升机的提升能力达 133 m^3/h，物料粒度达 152.4 mm；Rexnord 4100 系列斗式提升机的提升能力达 560 m^3/h，物料粒度达 203.2 mm。

带斗式提升机提升高度 100 m 以上，输送速度达 1.92 m/s；链斗式提升机提升高度 70 m 以上，输送能力达 1 000 t/h。

Bucket elevator installation at a fertilizer plant.

图 28　安装在化肥厂的 Rexnord 高效斗式提升机

Rex belt bucket elevator handling finish cement.

图 29　安装在水泥厂的 Rexnord 高效斗式提升机

选用带斗还是链斗式提升机，应该考虑物料的固有特性和提升高度要求，另外，温度也是应考虑的关键因素。如图 30，大的检修门易于实现清理、检查和维修。还可设置大平台并配置起重机(图 31)，以方便维护。

图 30　大的检修门易于实现清理、检查和维修

图 31　大平台并配置起重机，方便维护

3.2.2 AUMUND的斗式提升机

AUMUND斗式提升机可以输送石灰石、聚合物、炉渣(Clinker)、矿渣(Slag)、水泥、石膏(Gypsum)、煤、矿石、飞灰、生粉。斗宽范围为200～1 200 mm,输送能力超过600 t/h或900 m^3/h,提升高度达90 m,具隔热(heat-resistant)有能力,可输送短时温度高达400℃的物料。锻造链采用迷宫式密封(labyrinth seals)和自润滑的销接套筒联结(bolt and bush connection),使用寿命长。用安装在链板上凸出的托架与料斗用螺栓以松配合联结,减小了振动的传递,使料斗的安装简单易行。

采用中部链的AUMUND斗式提升机型号为BWZ,它只使用一根链条,置于料斗背后的中部。采用煅造中部链(forged central chain),紧凑斗距,可连续卸料。输送高度达90 m,输送能力达600 t/h或900 m^3/h。

采用双斗的AUMUND斗式提升机型号为BWZ－D。与中部链结合,提升能力可翻倍。

BWZ型斗式提升机用于提升火山灰(pozzolana)和石灰石(见图32)。

图32 用于提升火山灰和石灰石的BWZ型斗式提升机

带斗式提升机(见图33)型号为BWG,提升高度大,可达175 m,输送量超过1 850 m^3/h或1 500 t/h,可长时间提升温度为130°C的物料,维护量小。特点还包括:紧凑的斗距,在传动滚筒上都镶嵌摩擦衬里,壳体上开设大的检视门和通道,实用性增强。可以连续加料和卸料,连续运行寿命显著增加。采用带式双斗式提升机BWG－D,还可以使提升能力翻倍。

图33 BWG带斗式提升机

锻造链AU 06,13和15采用迷宫密封、自润滑的销接套筒联结(bolt and bush connection),现场试验(Field tests)表明它还具有良好的耐磨性。中部链的标准尺寸根据中心距和提升能力的要求确定。链节的连接采用对称设计,经高性能锻造加工而成,具有较长的使用寿命。销轴和套筒用特种钢制成,采用淬火(hardening process)工艺使其具有很高的耐磨性。在链节上锻造出的凸起支承在无齿传动轮(摩擦环)的台阶上,构成了套筒、侧板及驱动轮之间所谓的三点支承,有利于链条和驱动轮之间的载荷分配。链条与驱动轮间的滑动接触点不变,可以使链轮的磨

图34 双斗提升机的头部

1

损均匀，由链轮直径决定，而不是链条节距的倍数。对于料斗，AUMUND 设计了一种带角度的后板，与链条用螺栓与安装在链板上凸出的托架以松配合联结，简单可靠。不仅抑制了振动的传播，而且还最大程度地减少了料斗联结处裂纹的形成。采用这种带角度的后板，还使料斗的加工更容易。

Central chain with angular bracket
a）带角度后板的中部链

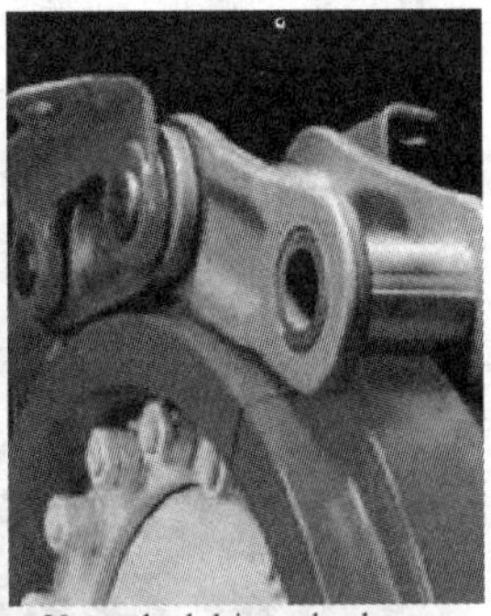

Untoothed drive wheel
b）无齿传动轮（摩擦环）

图 35　锻造链 AU 06，13 和 15

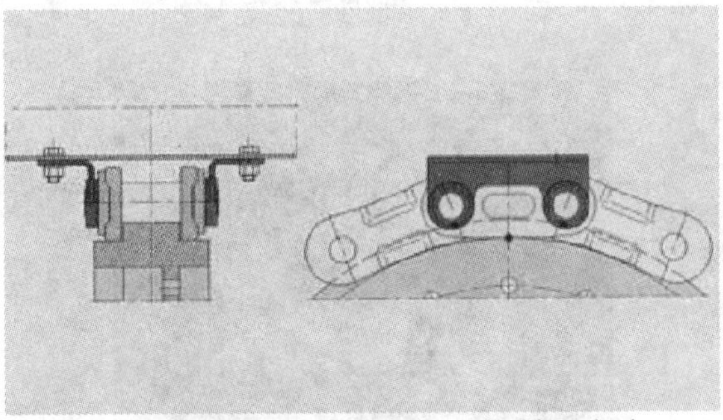

Three-point support of the chain on the drive wheel

图 36　驱动链轮对链条的三点支承

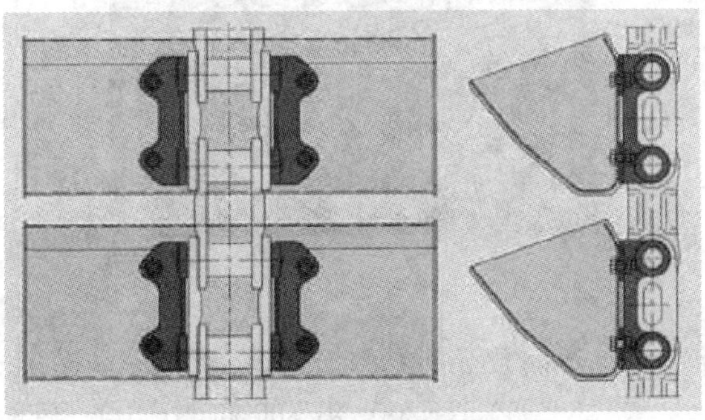

Bucket fixing by angular brackets

图 37　料斗与带角度后板的联结

3.2.3　FLS 的斗式提升机

高速运行的 FLS 斗式提升机采用离心卸载，适应颗粒最大尺寸可达 50 mm，物料最高温度可达 350°C，链速 1.0～1.9 m/s，慢速时为 0.40～0.63 m/s。

3.2.4　BEUMER 的斗式提升机

BEUMER 带斗式提升机在印度 Bhatapara 输送水泥，斗宽 1.25m，提升高度 158 m，输送能力 650 t/h。

图 38　FLS 的斗式提升机

图 39　BEUMER 的斗式提升机

用于印度南部 Karnataka 的高效带斗式提升机，是世界上最大的斗式提升机，头尾轮中心距超过 170 m，输送能力 1 800 m^3/h。提升高度超过

175.3 m，输送能力 600 t/h 的高效带斗式提升机也将投入使用。在此之前，世界上最高斗式提升机总高为 122.5 m。BEUMER 带斗式提升机的斗宽范围是 200～1 200 mm，输送能力达 900 m^3/h。可输送的散体包括：石灰石、炉渣、矿渣、水泥、脱硫石膏、煤、矿石、飞灰、原料等。

3.2.5　国内的斗式提升机

除了传统通用产品外，目前，TDS 型钢丝绳芯输送带斗式提升机、NE 和 NSE 系列板链斗式提升机在国内发展很快。用输送量和提升高度来表示斗式提升机的输送能力，国内已经使用的大规格有：

- 钢丝绳芯输送带斗式提升机的输送量在 600 m^3/h 时，提升高度可以达 120 m 以上；
- 板链斗式提升机输送量可以达到 1 000 m^3/h，提升高度 50 m。

代表行业水平的大规格斗式提升机多数是用于水泥行业。国内设计制造能力见表 4。

表 4　国内斗式提升机的设计制造能力

类型	输送量(m^3/h)	提升高度(m)
输送带	200	40
钢丝绳芯输送带	800	120
圆环链	350	40～60
板　链	1 000	50

图 40 为湖北宜都机电工程股份有限公司为青岛大港散粮项目输送量 800 t/h 的斗式提升机。

图 40　湖北宜都机电工程股份有限公司为青岛大港散粮项目制造的、输送量为 800 t/h 的斗式提升机

为满足国内市场对大提升高度和大输送量的需求，钢丝绳芯输送带斗式提升机是近十多年来发展迅速，提升高度已超过 100 m。

TDS 型带斗式提升机，采用抗撕裂钢丝绳芯输送带，适用于输送粉状及小颗粒状的物料。输送能力可达到 800 m^3/h，提升高度可达 120 m。被输送物料的温度，对普通橡胶输送带不宜超过 80℃；对耐热橡胶输送带不宜超过 120℃。

目前普遍使用的板链斗式提升机有两个系列产品：NE 系列（图 41）和 NSE 系列（图 42）。NE 系列与 TB 系列属同一类型，链速在 0.5 m/s 低速运行。

图 41　NE 板链斗式提升机

图 42　NSE 板链斗式提升机

- 产品规格：NE15、NE30、NE50、NE100、NE150、NE200、NE300 和 NE400。后面的数值表示的是输送能力（m^3/h）。
- 提升高度可达 40 m。
- 被输送物料的温度可以达到 250℃。

NSE 系列称之为高速板链斗式提升机，链条节距小于 NE 板链，承载能力提高，链速约

1

为1 m/s。

- 产品规格：NSE100、NSE200、NSE300、NSE400、NSE600、NSE700、NSE800 和 NSE1000。后面的数值表示的是输送能力(m^3/h)。
- 提升高度可达 50 m。
- 被输送物料的温度可以达到 250℃。

国内也已经使用和制造中部链斗式提升机(图 43)，中部链采用板链，一般用于大输送量和高速斗式提升机，可用于恶劣的环境下工作。料斗最高速度可达 2 m/s 以上，链条有很高的使用寿命。

图 43　国内的中部链斗式提升机

中部链斗式提升机的规格见表 5。

表 5　中部链斗式提升机的规格

规格(斗宽)	ψ=75%提升量(m^3/h)
250	35
315	68
400	210
500	260
630	370
800	470
1 000	630
630×2	740
800×2	940
1 000×2	1 260

4　埋刮板输送机

4.1　埋刮板输送机发展展望

埋刮板输送机可实现封闭输送，安全。用于输送气候条件变化的、昂贵的非生产性粉尘物料控制系统，输送量达 2 000 t/h 以上。

1)大规格；

2)大输送量；

3)新理论、新结构、新工艺、新方法。例如：

(1)平滑的导轨和具有自润滑作用的刮板，确保运转的平稳性。

(2)特殊结构的刮板链条 强度大、噪声小、功耗低、不挂料、零破损。

(3)传动机构处设置防堵感应装置，刮板链条带有拉紧检测装置，实现自动报警，确保正常运行。

(4)设有尾端积料自动清理装置，消除残留。

(5) 采用高铬钢，可输送入口温度达 540°C 的物料；采用特制的合金材料，可输送温度高达 1 000℃的物料。

4.2　典型的埋刮板输送机

4.2.1　Bateman－Redler 的埋刮板输送机

Bateman－Redler 为南非 Maydon Wharf in Durban 散货(谷物)码头提供了三台输送量为 700 t/h 的埋刮板输送机(图 44)，将从船上卸下的谷物、玉米等输送到存仓，密闭输送，不扬尘，无污染，绿色环保并避免天气影响。其中，两台长度 80 m、水平布置的埋刮板输送机，将卸船机上卸下的物料转载到中央布料点；一台长度 65 m、倾角 5°的埋刮板输送机再将物料输送到计量漏斗。

4.2.2　Schenck Process Group 的埋刮板输送机

Schenck Process Movemaster 的埋刮板输送机(图 45)的刮板链条采用高张力锻造合金钢制造，对链节进行了热处理和精密焊接，可达到最大的强度和使用寿命。输送能力 10～2 000 t/h，可输送煤炭、谷物、砾石、矿石、水泥、炉渣、石灰等。

4.2.3　国内的埋刮板输送机

湖北宜都机电工程股份有限公司为大连北良散粮项目提供了输送量高达 2 000 t/h、机槽宽度达 1 600 mm 的埋刮板输送机(图 46)，是目前国内输送量最大、规格最大的埋刮板输送机。

图 44　Bateman－Redler 为南非德班 Maydon 散货码头提供的埋刮板输送机

图 45　Schenck Process Movemaster 的埋刮板输送机

图 46　湖北宜都机电工程股份有限公司为大连北良散粮项目提供的埋刮板输送机

4.3　管状刮板输送机

管道刮板输送机有各种规格，其管径范围为 50～250 mm 。典型的环型回路包括三个到四个方向的变化（图 47、图 48）。输送机展开总长度可达 30～40 m 。卸料口设有绞接的闸门，安装在输送管的下半部。当输送粘着性的物料时，可在卸料闸门附近安装小型振荡器。特点：

1）气密、自清扫、无离析、无破损；

2）管道的总长度最大可达 100 m，但应取决于输送路径及所用弯头的数量；

3）输送量随所输送物料的种类、形状和输送路径不同而有所变化；

4）输送特殊物料时，可采用不锈钢材料的管道等。

管道刮板输送机可以成功地输送范围广泛的物料，一般干燥的粉状化学品到干燥的工业污泥及粗砂都能适应。还可以用于污水及水处理过程。

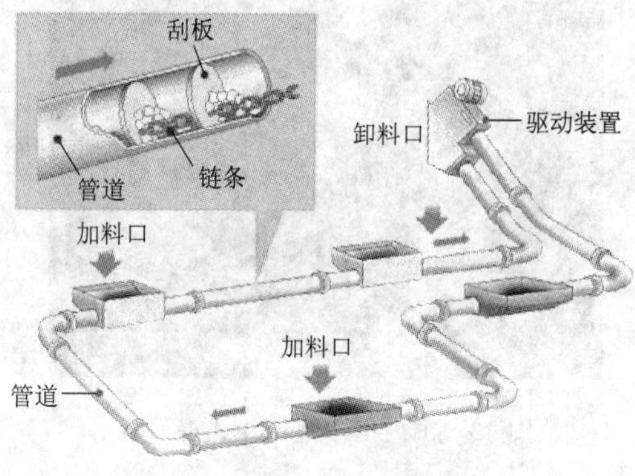

图 47　管道刮板输送机线路之一

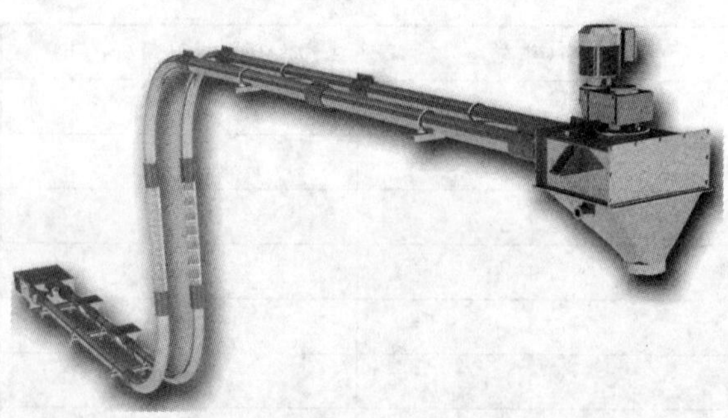

图 48　管道刮板输送机线路之二

a) 输送食品；

b) 空载运行；

c) 满载运行；

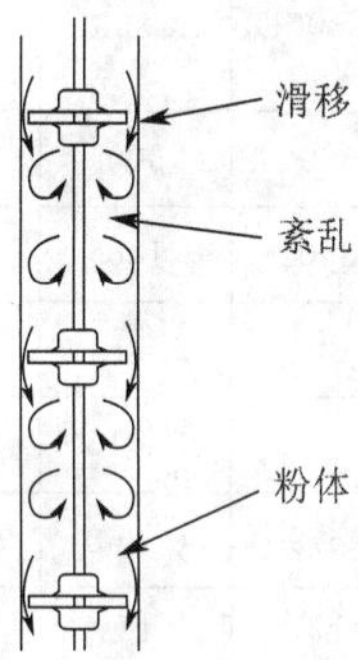

d) 真空密闭吸送

图 49　管道刮板输送机的工作情况

5　螺旋输送机

螺旋输送机被广泛用于在狭小的空间内对散体进行输送、提升、分配和取料。一般说来，对于没有很强磨损性的物料，如果用水平螺旋输送机可以输送，那么也可用垂直螺旋输送机进行提升。但是，很多垂直螺旋输送机需要一台水平螺旋输送机给它喂料。

目前，我国存在 LS 型和 GX 型两种水平螺旋输送机定型产品，LS 型螺旋输送机是 GX 型螺旋输送机的更新换代产品，其所有参数均等效采用 ISO1050－75 及 DIN15261－1986 标准，设计制造遵循 ZBJ81005－88《LS 型螺旋输送机》（新标准为 JB/T7679－95《螺旋输送机》）。其主要特点有：适用范围广泛；头部和尾部轴承座均设置在壳体外，安装、维修都很方便，同时避免粉尘进入轴承中；中间吊轴承采用粉末冶金含油轴瓦、FS 复合材料轴瓦和 MC 尼龙轴瓦，自润滑能力强，耐磨性好；吊轴承分为滚动和滑动可以互换的两种结构，适用于不同物料的输送；密封件采用尼龙及塑料 5 制造，阻力小，密封性强，耐磨性好；螺旋连接方式采用圆弧键连接代替螺栓连接，强度大、安装方便、横截面积小、对物料阻力小。另外，在出料端处设有清扫装置；超长机型采用双端驱动，螺旋在中部断开，受力合理，控制电路简化。根据用户需要，还可以配置断轴报警机构。

我国还没有全国统一的垂直螺旋输送机定型产品，只有某些企业自行设计的产品。垂直螺旋输送机螺旋的标准直径系列，一般可参照相应水平螺旋输送机的标准直径系列确定。

5.1　螺旋输送机发展展望

螺旋输送机可实现封闭输送，最大输送量近 3 000 t/h 以上。

1)大规格；

2)大输送量；

3)新理论、新结构、新工艺、新方法。例如：

(1)新的输送机理。

(2)新的中间支承、螺旋结构、垂直螺旋输送机取料结构。

(3)新的螺旋叶片制造工艺：按设计的直径、螺距和厚度通过用带钢连续冷轧而制成整体螺旋叶片，安装在给定尺寸的管轴上组成螺旋体。

(4)新的余料自动清理装置，减小残留。

(5)新的研究设计方法，如离散元分析仿真等。

5.2　典型的螺旋输送机

5.2.1　无轴螺旋输送机

无轴螺旋输送机（图 50）不需要中间支承，能够无堵塞、高效地输送干的、半流体的或粘性的物料，可满足化工、灰浆、木制品和废水处理等许多需求。具有以下突出优点：

1. 螺旋具有超强耐磨性和耐用性，使用寿命长。

2. 抗缠绕性强：无中心轴干扰，对于输送带状、易缠绕物料有特殊的优越性，防止阻塞引起事故。

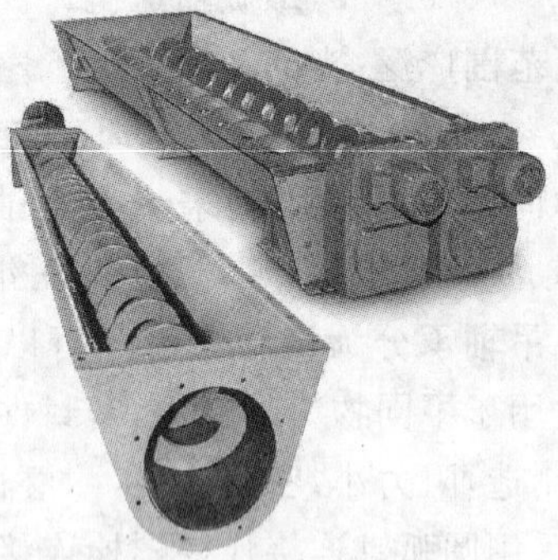

图 50

3. 环保性能好：采用全封闭输送和易清洗的螺旋表面，可以保证环境卫生和所输送物料不受污染、不泄漏。

4. 扭距大、能耗低：由于螺旋无轴、物料不易堵塞，因而可以较低速度运转，平稳传动，降低能耗。

5. 输送量大：输送量是相同直径传统有轴螺旋输送机的 1.5 倍，最大达 40 m^3/h。输送距离长，可达 25 m，并可以根据用户需要，采用多级串联式安装，超长距离输送物料，能机动工作。

6. 结构紧凑，节省空间，外型美观，操作简便，经济耐用，无需维护，维护费用低节电 35%。

5.2.2　垂直螺旋输送机

垂直螺旋输送机螺旋的转速比普通螺旋输送机的要高，经典的垂直螺旋输送机机理是这样描述的：加入的物料在离心力的作用下，与机壳间产生了摩擦力，该摩擦力阻止物料随螺旋叶片一起旋转并克服了物料下降的重力，从而实现了物料的垂直输送。适宜垂直或较大倾斜角螺旋输送机输送的物料包括粉状、粒状、非粘性的、堆积密度 ≤1.3 t/m^3 的干燥物料，如粮食、油麸、饲料、化工原料、水泥等。物料温度一般不能超过 80℃，垂直螺旋机不适宜输送块状及粘性的物料。表 6 为国内某企业的垂直螺旋输送机技术参数。

表 6　垂直螺旋输送机技术参数表

参数＼型号		LC160D	LC160E	LC200D	LC200E	LC250D	LC250E	LC300D	LC300E	LC350D	LC350E
螺旋公称直径 D(mm)		160	160	200	200	250	250	300	300	350	350
螺旋转速 n(r/min)		420	300	400	250	380	205	350	180	320	160
额定输送量(m^3/h)		25	20	35	25	50	35	80	50	110	80
输送高度((m)		3～15	3～15	3～15	3～15	3～15	3～15	3～12	3～15	3～10	3～10
工作位置角度(°)		60～90	0～60	60～90	0～60	60～90	0～60	60～90	0～60	60～90	0～60
电机功率(kW)	H=3～7	5.5	5.5	7.5	7.5	11	11	15	15	18.5	18.5
	H>7～15	7.5	7.5	11	11	15	15	22	22	22	22

5.2.3　螺旋卸船(车)机

经典的水平螺旋输送机的输送机理：当物料加入固定的机槽内时，由于物料的重力及其与机槽间的摩擦力作用，堆积在机槽下部的物料不随螺旋体旋转，而只在旋转的螺旋叶片推动下向前移动，如同不旋转的螺母沿着转动的螺杆作平移运动一样，达到输送物料的目的。

国外早就开始了对螺旋连续卸船机的研究，根据上述机理，水平和垂直螺旋输送机的输送能力范围可以由图 51 和图 52 表示。

可以看出，同样规格两种类型螺旋输送机的输送量范围是不一样的，垂直螺旋输送机比水平螺旋输送机的输送能力更高，将它们形成一个卸船机系统，必须采用不同规格的组合才能保证系统具有匹配的输送能力，但这样又会使卸船机的整体结构上出现不和谐等问题。

国外技术先进的公司，像瑞典的 Siwertell、意大利的 VAM、瑞典的 Carlsen 和法国的 IBAU 等公司制造的螺旋卸船机，单机的卸船能力可达 1 000 t/h以上，目前 Siwertell 已经为新加坡制造了卸船能力为 1 500 t/h 的卸船机，为台湾和韩国的电厂制造了卸船能力达 2 700 t/h 的卸船机。

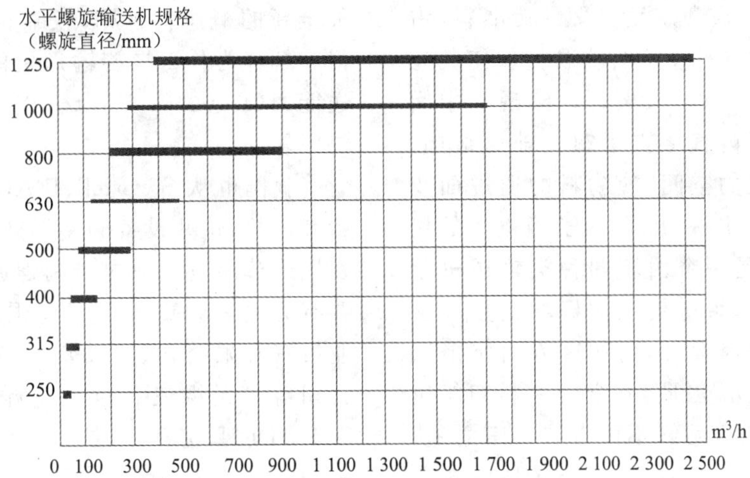

图 51　水平螺旋输送机的输送量范围

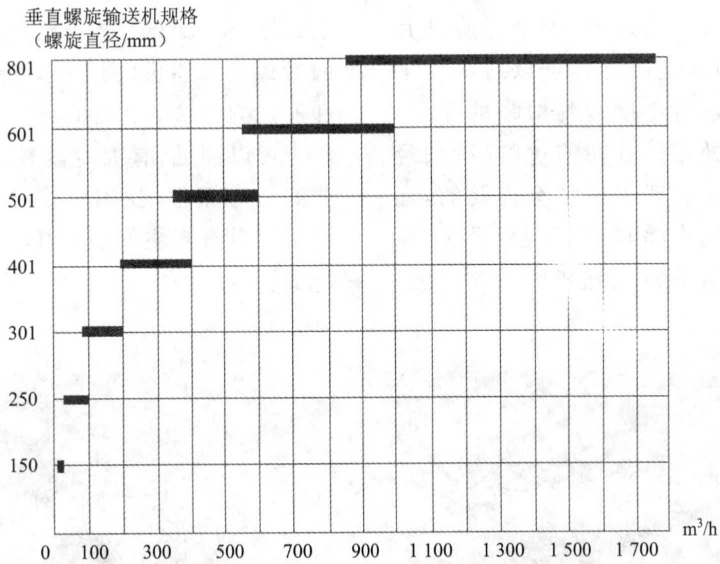

图 52　垂直螺旋输送机的输送量范围

图 53　螺旋卸船机自取料装置

这些先进的螺旋卸船机的关键是高效的取料和清舱技术。将旋转方向相反的内外螺旋结合起来，形成了特殊的自取料装置（图 53），将充填率由 15%提高到 80%。采用这样的取料头，还表现出另外的优点，例如，①外螺旋可以破碎或搅松易结块的物料，使之流入螺旋输送机的进料口，提高充填率；②取料口是在物料表面以下工作的，可实现无尘操作，保护环境；③紧凑的结构可以到达船舱的大部分区域，减少了卸料死角，降低了清舱工作量，提高了卸船效率。螺旋连续卸船机正朝着大型化，系统化方向发展。

我国从 20 世纪 80 年代初开始对螺旋卸船机进行研究，但由于经费不足等诸多原因，均未获得较大的突破。特别是垂直螺旋输送机的自取料难关未能攻克(通常采用水平螺旋喂料,占地面积大,移动困难,不宜于船舱取料),使其充填率极低,只达到 30%～50%;另外,现有中间支承采取在螺旋管内直接支承螺旋轴的结构,它不仅占用了一定的空间,使物料的通过面积减小,而且使螺旋叶片中断,制约了输送量的提高。还有,卸船机是一个由不同种类输送机组成的连续输送系统,系统集成的好坏也是决定其卸船效率的主要因素,国内在这方面所采取的手段也不是很充分,因此,在散装物料卸船机的市场上,螺旋卸船机始终不能占有一席之地,未发挥出它巨大的优势,而这恰恰又是散料散装物料卸船机的发展关键。

太原科技大学经过多年的潜心研究,发现在全密封的螺旋输送机系统中,借助螺旋叶片旋转产生的负压(即涡旋原理),可以对螺旋输送机所输送物料的轴向速度起到增强的作用,极大地提高了输送效率。这在前述的、所谓经典的螺旋输送机输送机理中是没有提及的,而这一作用在实际应用中是很显著的!显然,涡旋输送机理的发现,是螺旋输送机的革命,是一种全新的概念!否则,仅靠前述的输送机理是很难解释为什么螺旋输送机能有如此巨大的输送能力(1 000～2 700 t/h 以上),可卸 18 万 t 级的巨轮。

我国也从 Siwertell、IBAU 等公司引进了螺旋卸船机,这些设备的使用效果非常好,但进口费用十分昂贵。国内研制螺旋卸船机的企业主要有无锡三和重工机械有限公司、上海凌亿实业投资有限公司、杭州奥拓散料卸船装备有限公司等。无锡三和重工机械有限公司与德国 SCHADE 紧密合作,是 BMH Marine AB 卸船机国内和海外市场的排他性的海外生产、装配、安装、测试的生产基地,但主要任务仅限于金属结构的制造。目前,无锡三和重工机械有限公司与德国 SCHADE 合作已经制造了世界上最大两台螺旋卸船机(图 54),安装在我国台湾麦寮,卸船能力达 2 700 t/h。

可以预见,有大专院校、科研院所和制造企业的努力探索,我国一定会在不久的将来设计制造出具有自主知识产权的高效螺旋卸船机。

图 54　无锡三和重工机械有限公司与德国 SCHADE 合作制造、安装在我国台湾麦寮、卸船能力达 2700t/h 的螺旋卸船机。

5.2.4　OLDS 螺旋提升机

OLDS 螺旋提升机虽然也构成了与传统螺旋输送机一样的相对运动,但其特点是将螺旋叶片及其轴固定不动,而使外壳旋转来实现的(图 55)。目前已获得多国专利。

基于这样的运转方式,OLDS 螺旋提升机的所有支承都用于对旋转的外壳进行支承,与所输送的物料不接触,寿命长、易于维护;物料被提升的通道没有中间支承,有效截面积大,提升效率高;等等优点。图 56 为 OLDS 螺旋提升机的产品图片。

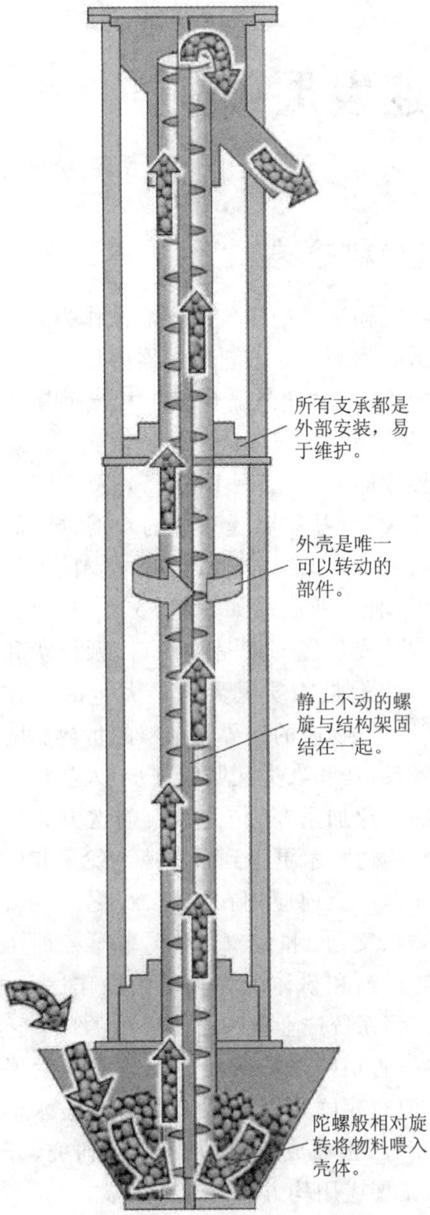

图 55　OLDS 螺旋提升机原理简图

图 56　OLDS 螺旋提升机

6　结　论

通过对国内外连续输送机械，特别是带式输送机、斗式提升机、埋刮板输送机和螺旋输送机产品及技术进行回顾，可以看出，在新理念、新材料、新技术、新工艺的不断促进下，在国内外市场强力的需求下，各种连续输送机械正处于快速发展的过程中。由于水平有限、时间紧迫，以及所搜集材料的局限性，稳重肯定有许多不当或不足，希望能对大家起到一些参考作用。

孟文俊　中国机械工程学会物流工程分会　副秘书长
太原科技大学　教授、博导

王　鹰　中国机械工程学会物流工程分会　荣誉理事、第六、七届理事会　副理事长
太原科技大学　教授

管道物料输送技术的快速发展前景

交通运输部水运科学研究院　陈宏勋

1 前　　言

管道物料输送技术专业委员会是中国机械工程学会(CMES)物流工程分会(CLEI)所属的专业委员会之一。

CLEI的前身是中国物料搬运学会(CMHS)。1979年9月10～15日在大连召开由16人组成的筹备成立会。1980年5月6～10日在苏州为筹备MH学会成立大会及第一届学术会议征集论文的审查,将气力输送单列为一组。1980年10月10～17日'中国机械工程学会物料搬运学会成立大会及第一次学术会议'在西安召开。学会指定由交通部水运科学研究所、江南造舰厂、一机部济南铸造机械研究所三方共同筹备成立气力输送学组。成立由9人组成的筹备组。第一届气力输送学术讨论会于1981年12月7～12日在昆明召开。筹备组成员又增加2人。在1983年5月20～25日在江阴县召开MH学会气力输送学组成立大会暨全国铸造系统气力输送学术讨论会;气力输送学组是MH学会中第一个成立的学组。1985年10月20～25日在江苏省连云港召开了'全国粮食专业气力输送第一次学术讨论会'。会议期间成立了气力输送学组下的粮食专业气力输送学组筹备组。1987年12月17～21日全国粮食气力输送学组成立。1988年10月24～29日在上海的MH学会第二届年会理事会一次会议上一致同意参照国际相应组织将气力输送学组成名为包括浆体输送技术和容器式管道输送技术在内的管道物料输送技术专业委员会。同由更名起至今已经过去了22年。我们的管道物料输送技术专业委员会已进入了第七届。在这27年的发展壮大期间我们管道物料输送技术专业委员会始终保持活力,在开展内外学术交流、对外开放协同企业在市场化经济中的产业成长,解决技术难题,在人才培训和编辑出版中都做了持续的推进工作。

2 管道物料输送

管道物料输送是用于气体或液体作为载体在密闭的管道中达到运送散料或容器的目的。它有别于常见的输水、输气或输煤等单相流而属于多相流,即气固、固液和气固液三相流输送。

自然界中的土壤,各种矿物资源及主要日常生活中的粮食、食盐、糖;建筑中的水泥、砂砾、石灰,工业中的大量原料、涂料、磨料、颜料、添加剂和催化剂;各种工业制品如塑料、衣着的纤维,橡胶制品等均是或曾经一度是粉状料、颗粒状和块状料。由于它们是物质世界中最大量的存在形式,于是可以说,物质的世界是散料的世界。随着社会的发展,科技和人类文明的进步,人类对可生存环境的保护愈加重视,作为散料输送方式之一的管道物料输送技术更得到了快速地发展和广泛地应用。它已广泛地应用在能源、石化、轻工、粮食储运、建材、交通、水利、农业、军事等各种产业部门的装卸运输和粉体工程各单位操作过程中,成为物流工程系统产业链中必不可少的环节。气力输送、浆体管道输送技术虽已有较长的发展和应用历史,但对我国来说,管道物料输送技术仍是一门较为年轻、正在成长发的技术,其研究、开发和产业化、拓展应用均方兴未艾地发展。

3 气力输送技术

管道气力技术属气固两相流,已有百余年历史。曾在相当长的一段时间里,研究和应用停留在对悬浮稀相管道气力输送的基础研究和组成系统的主要装置部件构造改进上,以期解决耗能大、物料的破碎、管道等部件的磨损以及管道的堵塞等系统在实际使用中出现的问题。在20世纪后期20余年中,低速密相所力输送技术的研究开发成功使气力输送技术从机理、应用上均有一个新的质的突破。由于计算机技术的飞速发展,使以往感到棘手的气力输送过程管道中的复杂流态可以通过流动机构模型的建立用数值统计计算法使研究不断深化和定量化;同时,由于制造技术、材料工程的飞跃发展、控制技术和传感技术的长足进步及引用使低速密相气力输送技术在众多的产业领域成功地应用，从而解决了以往物料破碎、管理磨损、高耗能等问题，并提高了系统的可靠性和工程的经济性。

技术的应用发展总离不开对应的发展阶段以及相应的社会需求。我国与一些先进工业国家在经历各产业发展、市场经济、技术创新阶段在管道气力输送技术的发展进程趋向是相同的，只是在产业化、研发的投入、应用的普遍性方面存在差距。在 20 世纪 80 年代改革开放之前，我国的科技人员勤奋努力依托仅有的一些资料自主地研究开拓在流动性差物料的气力卸送；在开展密相输送技术基理及物性的影响，密相输送技术在一些产业部门中的开拓应用取得了好成果，不逊于当时的国际先进水平；一些企业部门中开展对气力输送装置中出现的管道磨损，堵管现象的解决措施也有很多有效成果。然而，这些工作是局部的，无法开展系统地研究并使之产业化。随着经济建设阶段的变化中国还在能源、石化等产业引进了一批先进工业国家的成套设备，这些设备中有关的气力输送技术装置和部件对我国的技术进步起到了一定的作用。然而，在引进消化再创新方面存在不足，企业无研发力量、虽然技术水平大步提高但还是满足不了中国经济的快速增长之需。

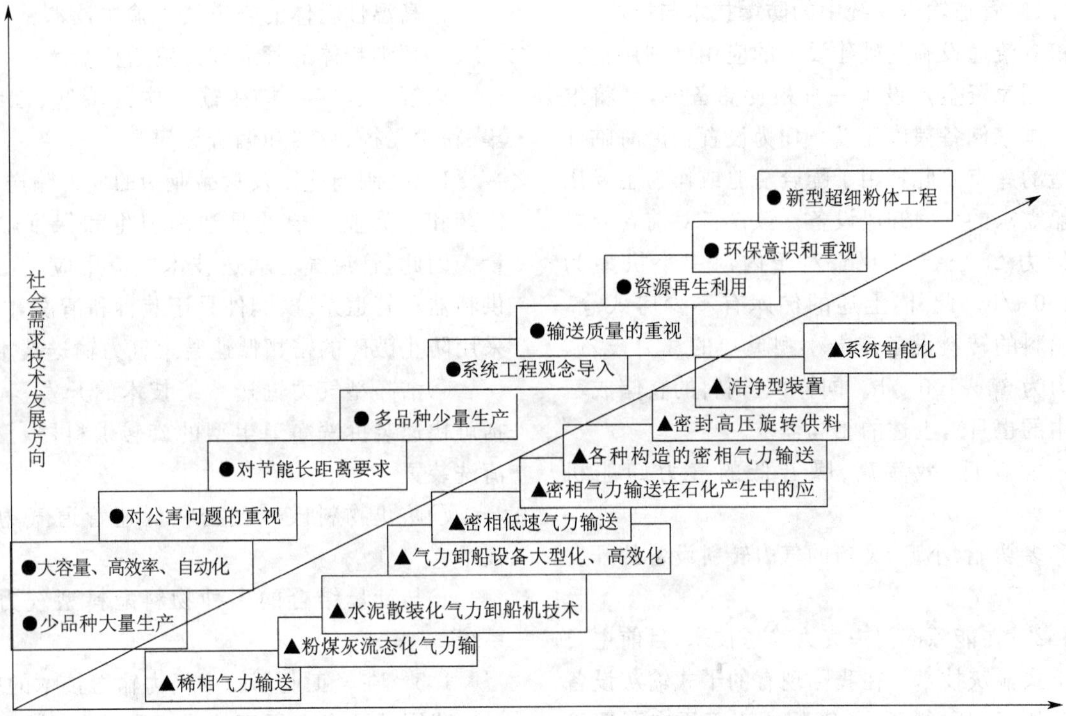

图 1

进步 21 世纪，社会的存在问题及市场需求使关注的焦点及技术发展的指向可归结在以上方面：

○进入高龄化社会招收年壮劳动力的不足。

○制造业中的脏、累、危险工种和工作环境招工困难。

○需求的多样化、个性化要求产业实现多品种、少量生产。

○要求产品的高质量化的洁净化。

○新材料产业特别是超细粉体、精细化工，以及生物工程、食品、制药业的新发展。

○要求高效化和节能化。

○资源的再生利用及废弃物的处理技术的重视。

上述的关注焦点及相应的技术，对尚处在社会主义初级阶段的中国应做求实、科学地分析：我们一些自主开发的技术和设备已经接近世界的水平；不少市场迫切需求的技术和设备需要开发和应用;一些引进的技术和设备要进一步消化吸收及创新;也存在不少的技术和设备需要改造和淘汰以升级换代。根据我国的产业现状和市场需求,对21世纪初近期管理气力输送技术的课题设计。

石化部门成套设备中管理气力输送广泛用于输送聚乙烯、聚丙烯、取酯切片、ABS树脂等颗粒状、片状和粉料的输送,它是工艺过程颗粒制备和处理环节中的有效连结纽带。密相低速管理气力输送技术的成功应用有助于使装置结构紧凑、安全可靠、防止输送过程物料的破碎,以及在输送过程出现"飞丝"现象。主要的技术课题为:

○密相低速气力输送技术包括密封高压力旋转供料器替代压力发送罐的管道连续输送技术。

1.1 管道输送系统中的防爆技术与措施。

粮食流通设施基础建设中的应用已利用世行贷款及国家资金建设了一批粮食储备库,并将继续进行国家储备粮库建设。作为设置在沿海临江河建造的库点要配置用于配合清舱或作为主要用于卸船需求的气力卸船设备。该设备对前者要求卸船能力250～500 t/h,对于内河中小机型为80～150 t/h。此外,上述的储库有不少房式仓,作为出料的转料设备需求小型灵巧的气力设备,其能力为30～100 t/h。同样,对饲料的仓储成套设备中的也具有上述的相同需求。

○能耗低、效率高、噪音低的气力卸船机研制。

○多功能、小型、灵巧的气力转料设备的开发研制。

1.2 在能源部门中气力输送技术,目前主要用于干式输灰技术。在我国现有的干式输灰设备中有负压、正压、微正压、密相紊流正压内旁通管式等,其中不少为引进设备。由于煤电部门所用的煤炭种类不同,其产生的灰份物性也不同,因此,该部门的技术为:

○输灰用特性数据库的建立。

○长距离输灰气力输送技术及其可靠性。

○耐磨性气力输送设备部件的开发。

○煤粉气力喷吹技术。

建材部门中大量的水泥等粉料在世界上一些先进工作国家已90%以上的散装化。然而,在我国散装率尚不是最高。此外,在大量的水泥厂中其现存的输送环节使用环卫条件差的机械式输送设备,这也有等于用密闭的管道气力输送技术去改造和完善。

流态化仓泵输送技术的完善。

散装水泥厂的气力卸船和卸车技术以及后送进贮仓的成套技术开发。

1.3 超细粉料是21世纪新材料的一个亮点。在超细粉碎、分级、表面改性等粉体工程的诸多单元操作中涉及到对诸如碳酸钙、磁粉、各种颜料、磨粉等粉料的输送。这些粉料的料性具有粘附性、超细化、易堵等难题,为些作为技术的课题计有:

○易碎性粉体的管道气力输送技术。

○粘附性粉体的管道气力输送技术。

○磨耗性粉体的管道气力输送技术。

○易产生静电性的管道气力输送技术。

○高温性粉体的管道气力输送技术。

○超细粉体的管道气力输送技术。

以解决这些物料在输送中的堵塞、固结、凝集、粉尘飞扬、分离和偏析等问题。

1.4 制药业以及食品业中的气力输送技术。制药和食品业首要的是洁净卫生和保证输送质量。因此,管道气力输送技术的应用应突出诸如供料器和管道系统、阀件易于装拆和清洗,同时应采用防止破碎的密相低速管道气力输送技术。

○洁净型气力输送系统技术的开发,其中包括可快速装拆洗净卫生型的旋转供料器,管道的清洗装置。

○防止物料破碎型密相低速管道气力输送技术。

○与计量结合的多种物料配料型气力输送系统。

1.5 在轻工业部门中气力输送技术的应用:

我国的洗涤剂厂家涉及大量的粉料料,例如洗涤剂原料中常用的纯碱、五钠和芒硝就是3种堆积密度相差很大的物料。

化装品制造业中也涉及大量的粉料处理,这是非常年轻潜在的市场,为了保证高效、节能环卫条件好的工艺过程操作应就以下的技术课题做开发:

○用一套装置对多种堆积密度的物料进行密相低速管道气力输送技术改造。

○小型、简单构造型气力输送上料设备。

1.6 由于对环保的日益重视以及解决在粮食存储进出库过程中的输送质量(如破碎率的控制)保证问题,密相气力输送板的开发运用引为关注。

1.7　化工橡胶业中气力输送技术的应用

炭黑和填充剂、添加剂是橡胶产品部门中涉及量最大的粉料，由于炭黑的特性，一般在输料管中易粘附和产生堵塞。作为技术的是课题是：

○加振式密相气力输送技术。

○特殊构造型(如外旁通管型)密相气力输送技术。

1.8　城市生活垃圾、工业废弃物的集收和输送是废弃物处理及再生利用工程中必不可少的重要组成环节。随着社会的进步和城镇建设的日趋完善，这个世界性的深刻社会课题正受到日益的重视。此外还有办公室自动化带来了大量纸屑、切纸片的集收处理问题。

○垃圾、废弃特的集收、输送中的气力输送技术。

○切碎纸片、纸屑的气力输送技术。

○城市环卫用多功能气力清扫车的开发。

1.9　食品以及其流通部门中气力输送技术的应用。随着食品工业的发展日益向功能化、特色化、营养化方向发展。于是对食品的基础原料—面粉的品质要求越来越高。上述流通领域中的输送环节需要开展下述课题的研究：

○中低压气力输送系统的开发应用。

○专用气力输粉车的开发。

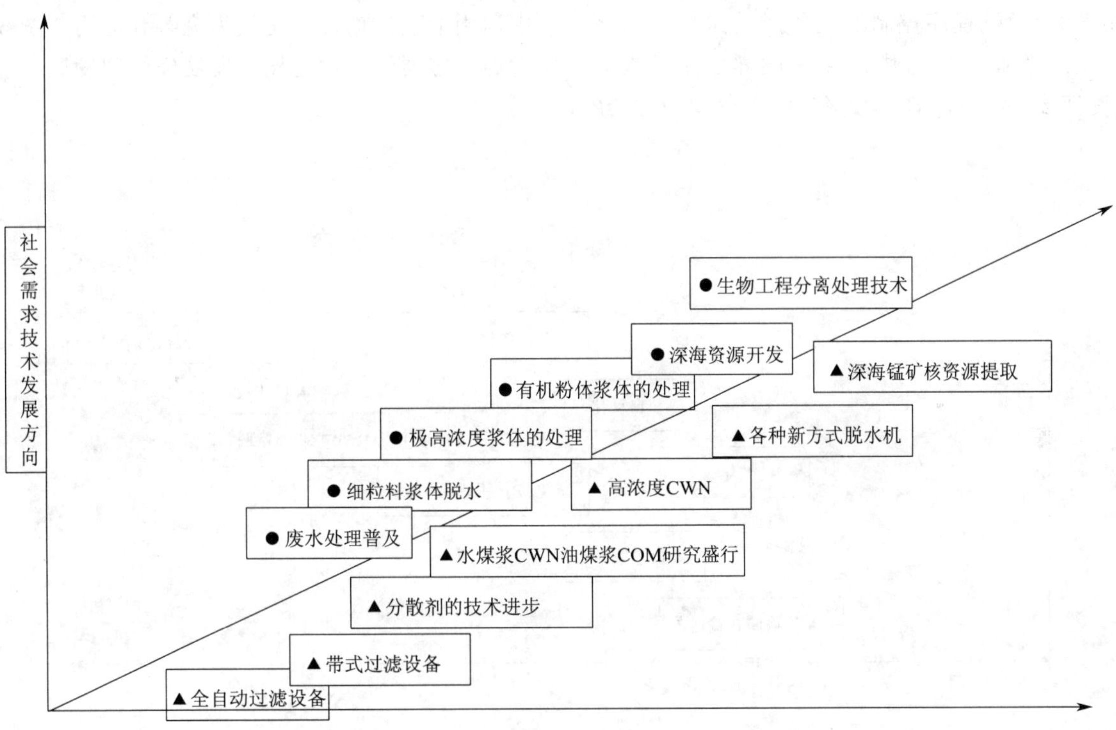

图 2

4　浆体管道输送技术

近 20 余年来，我国在用管道输送水煤浆方面，也曾组织有关部门进行研究攻关，做了大量的基础工作，其中包括对中国采用管道输送水煤浆的可行性研究及总体规划：制浆、泵送、脱水、阀门等相关的技术和设备研制，并建立数个具有一定规模的制浆厂，其中部分供出口、部分供试验示范工程之用。此外，还对高浓度水煤浆技术进行了跟踪和研究。

近 10 余年来我国铁路建设的持续发展以及调整公路建设的日新月异，重视对环卫的发展和考虑对燃煤的限制，大力发展洁煤技术；大型水利工程的建设，长江口航道建设及对潇洒湖泊的整洁以及对各种工业技术、生活废水的处理，浆体管道输送技术仍将得到重视和发展。作为近期的技术课题：

○结合航道整治、湖泊流竣用的浆体管道输送技术。

○结合环卫处理污泥等处理用的浆体管道输

送技术。

○深海矿物资源大深度取料，提升扬矿管道三相流输送技术。

5　容器式管道输送技术

容器式管道输送技术的工作原理是将被运送的对象装载在特制的容器内，用空气、水或电磁力用为推动力将容器（也可以是多个容器组成的容器列车）运送到目的地。气力容器式管道输送的雏形——小型传输筒式气力输送系统曾在邮电、图书馆、医院和冶金企业等部门使用。由于现代计算机。通讯技术的进步，上述装置例如在邮局、医院、图书馆已逐步被计算机传输网络所替代。而用光电、微机程序控制的正压风动送样装置系统尚在冶金业中作为快速输送试样之用。大容量、长距离的有轮容器式气力管道输送系统（PCP）在国外早已完成了开发建成中试线；此外水力式容器管道运输技术（HCP）是一门较年轻的技术，美国已建立了基础研究和中间应用技术试验线，对包括容器流输送的水动力学、新型发送泵、射入方式及控制技术进行研究以输送矿物产品和农产品。在20世纪末美国研究开发的煤棒管道运输系统（CLP）引人注目，CLP是一种使用有压水作为载体半压制成的圆柱形械棒进行长距离运输的管道输煤系统。这种系统无需回程管道和载煤容器。它是种可以行的、正进入商业化应用的新运输技术。对容器式管道输送。国外有专家预言：未来的宇宙窨会用管道来运输人和货理由是在盈盈一水上失策状态，而在这样一个环境中运用上述传输技术是最为完善和适用。图3是世界上容器管道输送技术发展经纬和发展指向。

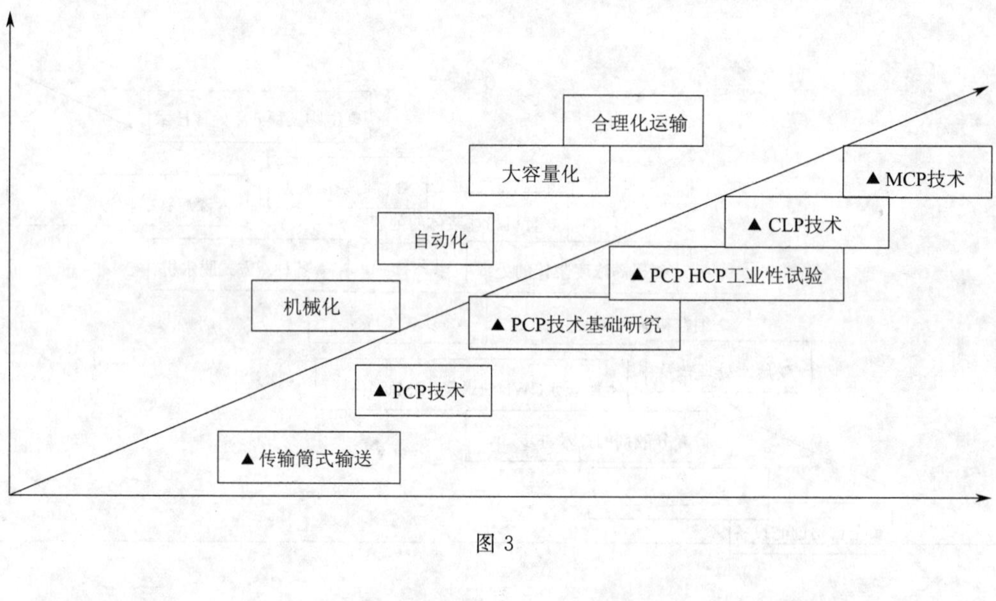

图3

除CLP在中国已进行了基础研究和建立短距离中试线阶段成果外，其余的上述技术研究开发和应用尚属空白。由于气力式容器管道输送系统具有基本投资运营费低、耗能小、占地少、输送效率高、安全可靠和密闭无污染的特点，结合我国的国情，特别是在酯开发中可考虑用中、短程的能源运输；工厂之间、车间内部的物流运输，港口码头与城市中心之间的货物运输；城市垃圾和工业废弃物的集收和处理系统以及建材和矿材的运输。此外，由于中国是世界上煤炭资源蕴藏丰富的国家之一，CLP是输煤运输的最好方式，在中国也将会有潜在的应用前景：

○PCP、HCP在我国的应用前景研究和开发。

○CLP技术与输煤运输。

○PCP技术与工业废弃物收集、处理系统技术。

○微容器管道输送技术与医用临床检测及治疗

○磁导容器管道输送技术的研究和应用

6　结　　语

值此纪念中国物流工程学会成立三十周年之

际，回顾管道物料技术专业委员会由当初筹建至今发展壮大走过的历史，有以上几点的深刻的体会：

1. 在好的大环境下，学会工作的开展要有一群热心、敬业、志同道合的理事和成员组成，他们来自产业、科研设计、教育和管理、政府等领域，同心协力、共同为学会工作的开展和开拓作出努力。

气力输送技术涉及到机械粮食、轻纺、化工、港口、能源、冶金、军工、环保等行业。管道物料输送更将领域推宽到煤炭、矿业、有色冶金、城市建设、地下工程、海洋、再生资源利用等领域。我们的理事会虽已由当初的十余名成员增加到数十名理事，随着改革开放以来，机制的转变，我们的理事中又增加了许多产业中的技术管理精英。在新的发展阶段，我们要进一步明确科技发展的着力点，学会要围绕上述关键技术的应用技术、基础理论等大力开展学会活动，将更多的各方面的人才吸引、吸收到学会中来，将我国的管道物料输送技术提高到一个新的高度。

2. 开放是将我们引向国际化与国际接轨，走向世界。我们从与国外的交流合作中可以获得更多的新的科技新的信息，新技术和新方法。通过学术和人才交流，可以为学会培养更多的高层次的人才。自20世纪80年代改革开放以来我们曾开展一系列请进来学术交流活动，例如1986年在新安江的日本狩野武森川敬信教授作气力输送讲学交流；之后在南京为化工系统邀请安口正之粉体工程专家作筒仓技术交流；来自美国的Henry Liu作有关PCP、CLP讲学交流，裕教授有关气力输送流模及仿真技术讲学；WYPHCH教授的气力输送工业技术讲学等等，我们结识了国外的同行，我们也让世界了解了中国，于是我们继续努力，继续奋进直追，创新向前。在世界上一些先进工业国和发展中国家，如：美、日、加、俄、德、英、印等到我们都有了很多的朋友，保持了持续的联系，我们将继续发展和促进中国和所有的国家友好的交流和合作。

3. 要紧密联系产业界、为各产业界解决目前在使用中存在的有碍于可靠、效率、经济性、环卫等各种问题，我们学会的各个阶段，结合产业应用中存在的问题，针对产业、针对输送对象，开展学术活动，将会取得更好的效果。

4. 发挥学会优势，培训产业急需的专业人才。组织成员单位进行国际交流和考察活动，会受到会员单位的欢迎，让更多的企业走出去，更新思想和观念，吸收国外先进的科学技术和企业管理经验，建立与境外企业和组织的交流和合作渠道，加强彼此之间的联系和往来，适应企业国际化进程的新形势，也为管道物料输送设备的制造行业及制造行业技术质量的提高，企业打入国际市场创造条件。同时也要搭建平台来增进学会中各成员在研发、运用和管理方面的经验。

5. 管道物料输送技术和设备产业和设备产业的发展要重视产品的标准化、系列化工作，要重视知识产权的保护，在这方面学会也有条件帮助企业开展教育、培训工作。

2010年将是启动我国“十二五”规划承上启下的一年。

胡锦涛同志在十七大报告中指出：“在新的发展阶段，继续全面建议小康社会，发展中国特色社会主义，必须坚持邓小平理论和‘三个代表’重要思想为指导、深入贯彻落实科学发展观”。科学技术是引领社会发展的主导力量，科技创新是解决我国发展中面临的新课题、新矛盾的根本途径。我们管道物料输送技术专业委员会在新的历史时期，高举中国特色社会主义伟大旗帜，深入纲、贯彻落实科学发展观，努力进取、积极开拓、围绕中心，突出重点，齐心协力、务实求进必将中国的管道物料输送技术推向一个新的高度，再创新的辉煌。

中国机械工程学会物流工程分会　荣誉理事
陈宏勋　中国机械工程学会物流工程分会　第六、第七届　副理事长
交通部水运科学研究院　研究员

中国工业车辆十年发展之路

北京起重运输机械设计研究院　张　洁

过去的十年,我国经济取得了快速的发展,物流作为国民经济的重要基础之一,是一种先进的组织方式和管理技术,被广泛认为是企业在降低物资消耗,提高劳动生产率以外的重要的利润源泉,在国民经济和社会发展中发挥着重要作用。工业车辆作为物流装备中使用最广泛的产品之一被应用于港口、车站、货场、车间、仓库、油田及机场等领域,扮演着非常重要的角色。企业为节约成本,改善物流条件,节约空间,提高效率,增强竞争力,加大了物流装备的使用数量和范围,这就为工业车辆的发展提供了良好的机遇。

按照世界工业车辆统计协会的分类,工业车辆分为机动工业车辆和非机动工业车辆。机动工业车辆又分为五大类,分别是:电动平衡重乘驾式叉车;电动乘驾式仓储叉车;电动步行乘驾式叉车;内燃平衡重式叉车(实芯轮胎);内燃平衡重式叉车(充气轮胎)。

在2000年我国机动工业车辆生产企业销售机动工业车辆22,348台,而2009年在全球遭遇金融危机之时,共销售138,908台,2010年预计销售20万台,尤其是2009年,中国已超过美国成为世界第一大工业车辆使用市场。回顾中国工业车辆行业自1953年开始起步以来,从引进国外技术到现在已成为工业车辆生产和使用大国,我们可以清晰地看到中国工业车辆的发展之路,下面我们从几个方面具体看看中国工业车辆的发展情况。

1　行业主要企业发展情况

伴随着中国经济的良好发展和中国加入WTO,国内外企业纷纷看好中国市场,世界知名主机制造商和零配套件供应商纷纷进入中国,他们不仅带来了先进的技术,同时也将管理、服务等理念带入中国,同时,国内企业在学习国外技术的同时,加大了自身技术研发和科技创新,使得我国工业车辆产品质量得到提高、品种得到拓宽,行业内我们既可以看到象安徽合力、杭州叉车、大连叉车、浙江诺力、宁波如意等这些民族品牌的成长、壮大,也可以看到林德、永恒力、丰田、TCM、力至优、北京现代、斗山等等外资和合资的世界知名品牌在中国市场的表现。近年来,国内一些著名的工程机械生产企业也大举进入叉车行业,他们以雄厚的技术、资金实力为行业注入了新鲜血液,象龙工、柳工、山推、山河智能等,在行业中已发挥重要作用。另外,象江浙、安徽的一些民营企业经过市场调研并利用自身先进的生产、管理模式在行业中表现突出,象力达、美科斯、友高等等。到目前为止,我国从事工业车辆生产制造的企业超过100家,其中合资、外国独资企业18家。在世界工业车辆制造企业前20名排名中亦出现了合力、杭叉的名字,而且中国企业的排名每年都有所提高。

2　市场销售情况

下面我们用具体的数字看一下这十年来中国工业车辆的发展状况,图1、图2是2000～2009年中国机动工业车辆和非机动工业车辆的销售情况:从上面两个图中我们可以看出2000年到2009年是我国工业车辆快速发展的十年,除去2008年下半年和2009年的全球金融危机影响,使得国内外市场需求大幅减少,其余几年我国工业车辆每年都是在以两位数的速度增长,这在亚洲乃至世界各国的叉车发展史上是前所未有的。

3　出口情况

工业车辆产品出口数量在过去的十年也取得了巨大的进步,中国产品良好的性价比、越来越稳定的质量和与世界知名品牌的差距越来越小使得中国制造的工业车辆不仅得到了发展中国家的青睐,在欧洲、美国、俄罗斯等国家的销量也是逐年上升。从出口流向上看,欧洲、亚洲、美洲占据了主要市场份额,到目前为止,我国机动工业车辆已出口到180多个国家和地区,表1为我国近年来外贸出口叉车及装有升降或搬运装置的工业车辆的出口情况:

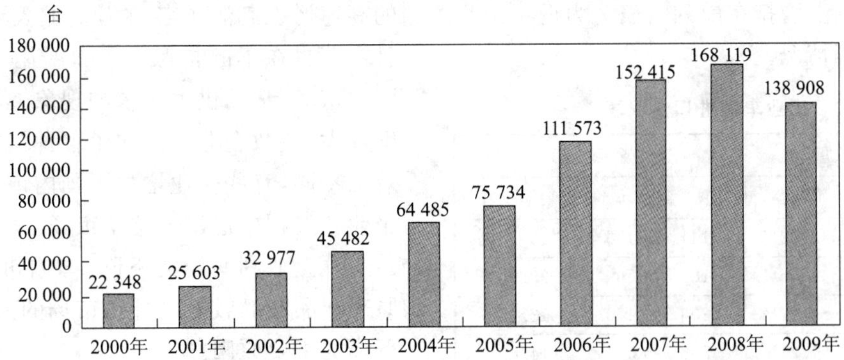

图 1　2000～2009 年机动工业车辆销售情况

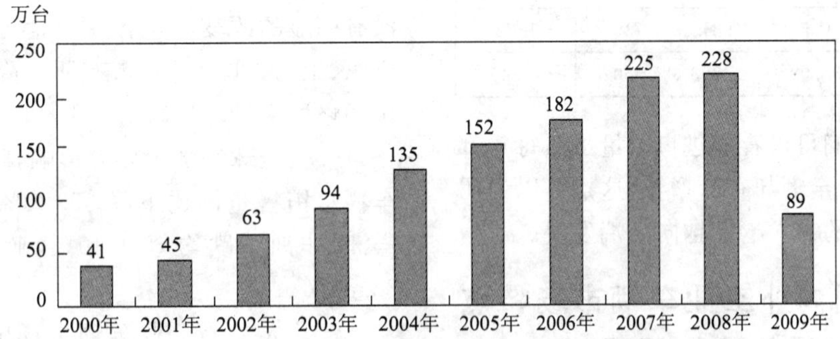

图 2　2000～2009 年非机动工业车辆销售情况

表　1

年度	出口数量		出口金额(美元)	
	台数	同比±	金额	同比±
2000	154 473		47 827 980	
2001	262 019	69.62%	76 655 282	60.27%
2002	394 826	50.69%	89 622 741	16.92%
2003	554 507	40.44%	119 128 265	32.92%
2004	831 919	50.03%	202 987 162	70.39%
2005	913 835	9.85%	295 980 207	45.81%
2006	1 252 382	37.05%	459 960 810	55.40%
2007	1 710 729	36.60%	789 904 667	71.73%
2008	1 666 411	−2.59%	1 032 741 549	30.74%
2009	942 242	−43.46%	466 315 333	−54.85%

其中机动工业车辆出口也是连年快速增长，尤其是2004～2008 年每年均有 40%以上的增长。2009 年因金融危机对全球经济的影响，订单量明显下降，造成全球工业车辆行业整体需求大幅减少，我国工业车辆企业出口量出现大的跌幅。图 3 为 2000～2009 年机动工业车辆出口情况：

4　进口情况

十年来我国工业车辆进口保持相对稳定，高起升电动仓储叉车和大型叉车国内技术力量还不足，主要依赖进口。这些进口叉车主要来自 23 个国家和地区，其中日本、德国、美国等国家从销售

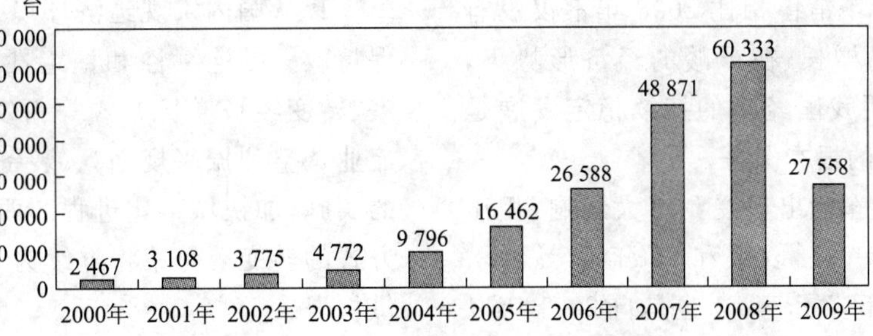

图 3　2000～2009 年机动工业车辆出口情况

数量和销售金额上看排在前列。表2为近年来我国进口工业车辆情况。

表2　工业车辆进口情况表

年度	进口数量		进口金额(美元)	
	台数	同比	金额	同比
2002	17 128	-1.09%	141 886 156	13.78%
2003	15 630	-8.75%	183 873 569	29.59%
2004	15 103	-3.37%	208 570 176	13.43%
2005	14 920	-1.21%	238 796 519	14.49%
2006	14 938	0.12%	285 835 052	19.70%
2007	16 549	10.78%	347 486 220	21.57%
2008	13 807	-16.57%	343 233 710	-1.22%
2009	9 652	-30.09%	293 627 560	-14.45%

从上表中我们可以看出进口数量虽然每年都有所下降，但进口金额却有所增长，这点可以说明国内对进口叉车的需求越来越向高端发展。

5　2009年国内外工业车辆市场特点及2010年需关注的问题

最后我们来回顾一下2009年行业的情况以及2010年行业面临的关键问题。过去的一年，全球经受了金融危机的考验，在持续低迷、需求大幅减少的市场环境中，各行业都受到很大影响，工业车辆行业也不例外。值得庆幸的是在我们国家一系列政策推动下，中国率先迎来了经济复苏的春天。我们工业车辆行业企业抓住机遇，迎难而上，走出了止跌回稳，逐步上升的市场走势。

与前几年的高速增长相比，2009年国内外工业车辆市场体现出一些新的特点，主要表现在：

1.在全球金融危机影响下，需求明显下降，国内工业车辆市场销售量在2009年1月达到最低点。随后在国家宏观经济调控和扩内需、保增长等一系列政策影响下，市场形势逐渐好转，全年国内机动工业车辆市场销售相比2008年不仅没有下跌，还有3.6%的增长，在严峻的经济形势下，实现小幅增长，说明我国经济的持续稳定发展是推动物流装备需求的根本保证。

2.2009年工业车辆出口受到巨大影响，相比2005～2007年每年60%以上和08年23%的增长，09年出口同比下降了54%，也是自2001年以来首次出现出口的负增长。

3.市场销售竞争激烈，前些年工业车辆销售的高速增长刺激了各方力量加入到行业中来，并且产能也在不断扩张。出口受阻，很多企业转战国内市场，从而供大于求的现象逐渐加剧，销售难度加大，多数企业均采取了各种措施积极应对，但效果不同，有些企业增加了国内市场的份额，有些企业在过程中退出了这个市场。

4.企业利润同比下降，国内市场竞争激烈和原来产品利润较好的外销市场的大幅下降是利润下降的主要原因。

5.从产品类型上看，内燃叉车与电动叉车的比例基本维持了前几年各占75%和25%的状况，没有明显的改变。从各省市销售市场份额来看，广东、上海、北京等省市有所下降，而中西部省市份额略所上升。

6.受全球经济大环境影响，2009年世界工业车辆总销售量同比下降39.21%，欧洲、美洲、大洋洲、非洲下跌均超过40%，亚洲下降最少，为22.55%。

7.几大主要工业车辆市场中美国、德国、法国、日本等国家跌幅均超过30%，俄罗斯跌幅最大，达到84%。

8.中国在2009年首次超过美国成为世界第一大机动工业车辆销售市场。在世界各国中，中国市场恢复得最快、最好。

2010年既是“十一五”计划的完成之年，也是规划“十二五”发展方向之年，对工业车辆行业来说也将是充满机遇与挑战的一年。去年我们在说：冬天来了，春天还会远吗？现在我们需要去思考春天来了怎么办，到了春天我们有什么样的机会，我们是否做好了各方面的准备，我们需要如何调整，才能在即将到来的春天中得到更大的发展和进步。

我们认为2010年工业车辆行业发展应注意的问题：

1.从国内宏观经济环境来看，2010年在国家保持政策的连续性和稳定性的基调下，在科学发展、转变经济增长方式等新发展思路主导下，《物流业调整和振兴规划》、《装备制造业的振兴规划》的实施，加快城市化进程、“西移战略”和经济发展方式的转变等政策将继续为工业车辆行业发展提供机遇。

2.关注产品类型调整和技术储备，要紧跟市场发展需求又要符合国家发展战略和国际未来发展趋势的要求，密切结合节能、减排对各行业的要求，及时调整产品结构，适合未来市场的需求。

3.全行业需清醒地认识和分析行业发展特点，努力在产品技术创新、质量可靠性、优质高效服务、科学管理等方面下工夫，提升企业综合竞争力。世界经济一体化、全球化是大势所趋，中国作为世界工业车辆消费的主要市场，国内工业车辆制造商通过不断的努力和发展，会进入世界主要制造商排名中，并在世界工业车辆行业发挥越来越重要的作用。

4.随着更加激烈的市场竞争和行业的逐渐规范，行业洗牌时代会逐步来临，发展需要一个逐步整合、逐步淘汰的过程，每一个企业都肩负着梳理行业、造福社会的责任，既要有顺势而为、发展自己、一统河山的激情，更要客观地看待市场现状，找准出路，少几分浮躁，多几分沉稳！同时密切把握行业走向，踏准市场的节拍，打出自己的节奏。务实进取，方能在变革中取胜！

5.在做好出口工作中，一方面要积极扩大关注欧盟、美国等主要工业车辆市场的恢复情况，另一方面也要关注新兴市场和与中国签订自由贸易协定的国家，利用这些市场的发展机遇和关税减免的优惠，扩大出口，努力弥补欧、美市场恢复前失去的份额。

6.2010 年还要重点关注贸易摩擦，2009 年这种现象已经呈明显上升状况，2010 年很可能通过更多的方式表现出来。这就要求全行业共同关心，共同应对。

张　洁　中国工程机械工业协会　工业车辆分会　秘书长
北京起重运输机械设计研究院　处长、高级工程师

电气技术在物流装备中的作用和地位

西门子工厂自动化工程有限公司 傅德源

摘 要:回顾20世纪60～70年代,我国的起重机大都是使用交流绕线电机转子串电阻完成起动、制动、运行等作业。起重机作业既要求具有高的生产效率,又要求停放位置准确停车。为了获得较高的生产效率,往往将各机构的速度设计得较高,吊运的重物到位的准确性就很差,司机为了能准确到位,往往采用点动的办法使重物一点、一点的移动。这样对起重机的机械、结构和电气设备带来十分有害的冲击。

一些要求较高的的场合,往往采用性能较低的调速方案,如:自激能耗制动、涡流制动器、定子调压调速方案等,它们不同程度存在能耗高、调速性能差、污染电网等的缺点。

对于大容量高性能的起重机如:港口起重机、铸造起重机大都采用直流调速系统。由于直流电动机难以承受起重机恶劣的使用环境,在使用上受到一定的限制。

大多数的起重机采用继电、接触器控制、对于小容量的起重机采用凸轮控制器直接切断主回路。对于大容量高性能的起重机采用 PLC 控制。

当时起重机电气技术水平,使起重机难于摆脱能耗高、生产效率低、工人劳动强度大的状况;并且制约了大容量、高性能的起重机的发展。

近20年来,随着微电子技术、大功率的可控电力、电子器件的迅猛的发展,交流调速技术、特别是变频调速技术的日趋成熟,全数字交流调速装置广泛应用于各种物流机械设备;PLC 控制技术、网络技术、光纤通讯、无线通讯技术、检测技术的飞速发展,这些技术的应用大大地推动了起重机械、港口机械的发展。本文简要的叙述物流装备的发展对电气技术的要求以及现代控制(驱动)技术在起重机的应用和今后发展的方向。

1 物流装备的发展对电气技术的要求

随着我国钢铁工业、港口运输、造船工业、水力发电、风力发电的飞速发展的要求,大型、超大型的工业起重机设备、高性能、高可靠性的物流装备具有很大的需求。它们的主要特点如下:

(1)起重量大、驱动功率大

例如:三峡大坝的安装起重机,起重量:1 200 t;马鞍山铸造起重机,起重量:480 t、电动机:2×780 kW、变频装置:2×1 200 kW;巨型浮式起重机,起重量:7 500 t

(2)高速化

为了满足港口集装箱的高效作业,20 世纪 90 年代的一些集装箱岸桥起重机的速度:小车速度 152.4 m/min,大车速度 45.7 m/min,起升速度 53.3 m/min。109.7 m/min(重载/轻载)

(3)跨度大、机构结构复杂、机构繁多

例如:江都造船门机行走机构的跨度为:239 m。

如上所述,大型、超大型的工业起重机设备,必须有相应的电气控制设备和系统与之相配套。综合它们对现代控制(驱动)设备及系统的要求如下:

(1)全数字化、大功率变频装置;

(2)高性能的完善的监控网络系统;

(3)高性能的安全保护设备;

(4)节能、环保、减少避免谐波对电网的污染;

(5)机构和多电动机的速度(位置)同步运行控制;

(6)高性能、高抗干扰的检测装置、称量装置;

(7)无线传输装置和系统;

(8)专有功能技术的应用。

2 现代控制(驱动)技术在物流装备的作用

2.1 全数字变频调速系统

全数字变频调速装置是以微处理器为核心的数字控制器、大功率的可控电力、电子器件组成的调速系统。通过微处理器控制大功率的可控电力、电子器件的开通、关断实现矢量控制或直接转矩控制。获得高性能的静态、动态性能的调速系统。其主要特点:控制精度高、不受温度的影响、具有微处理器的接口、通讯功能、采用软件设置系统功能实现各种功能。

近十年来,变频调速装置在各类起重机得到极其广泛的应用。它取代直流调速装置。在大型、超大型的工业起重机设备上几乎全部使用变频调速装置。在通用调速起重机上大部分采用变频调速装置。

变频调速装置的应用,提高了起重机整机的技术水平,主要有以下几点:

(1)通过软件(参数)设置能得到不同的起动、制动曲线,获得主机所要求的平稳的起动、制动特性。得到稳定的低速。这样有效地解决了起重机作业高生产率和准确定位的矛盾。

(2)有效地控制起重机起动瞬间、制动停车时的重物下滑。变频器可以通过检测起动过程电动机转矩的建立自动调整机械制动器的释放时间,确保起动过程不会发生重物下滑;斜坡制动过程中,通过调节机械制动器的闭合时间,并且在机械制动器完全闭合前一直保持变频器的电流,确保制动过程不会发生重物下滑。

一些性能好的变频器具有零速保持功能。也就是说,当起重机的速度为零时,调速系统能够输出额定转矩。这样我们可以控制制动过程是完全由系统的电制动到零速才闭合机械制动器。

(3)根据上述两点特性,可以有效的减少起重机的机械冲击,减少对制动器的磨损。大大提高整机的可靠性和寿命。

(4)随着大功率高效电动葫芦以及变频电动葫芦的应用,轻小型起重机的应用范围扩大,其起重量可达 80 t。一些用通用起重机的用户,可以用轻小型起重机。这样,减少整机的高度、自重。大大地节省土建、设备的造价。

(5)矢量调速(直接转矩控制)的闭环系统可以实现各种起重机要求的专用功能。如:多电机驱动刚性连接同步功能、多电机驱动非刚性连接位置同步功能、纠偏控制功能、防摇控制功能、轨迹控制功能、抓斗控制功能等。

(6)变频装置具有网络通讯功能,可以和PLC 组成全网络化的系统。

2.2　完善的监控网络系统

以 PLC 为核心的网络控制系统已广泛应用于大型工业起重机设备。我们以马鞍山 480T 铸造起重机为例,见图 1,该系统是以西门子 S7-414－2DP 为主站,分别有两路 PRFIBUS 网络,其中:PRFIBUS1 连接 ET200 子站和司机室内的 HMI(MP370);PRFIBUS2 连接 AFE 整流装置、各机构的逆变器、编码器。S7-414－2DP 通过以态网和上位监控机 PC670 相连接。这样,组成一个全网络化的控制系统。

司机通过 ET200 将运行指令发送给 CPU414,经过软件处理驱动相应的机构的逆变器。与此同时,所有的连锁信号、保护信号通过由 CPU414 采集,由软件处理控制各机构。整个控制系统全部用网络交换信号。(除急停连锁而外)

全网络化的控制系统提高起重机整机的自动化水平,主要优点是:

(1)提高安全可靠性,便于维修,系统不用控制线,大大减少整机的故障点;CPU 实时监控 PROFIBUS 通讯,通讯发生故障时,CPU 发出指令,停止机构的运行。容易检查故障、排除故障。

(2)实现工艺要求的各种自动化作业。例如:钢厂的干熄焦起重机、垃圾吊;它们能够自动完成工艺规定的作业。

(3)能够显示系统各部分的工作状态、故障状态。

2.3　无线传输装置和系统

无线遥控装置是由地面发送机将指令通过无线传输,把指令传到起重机的接收机及控制系统,控制设备的运行。操作方便,视野扩大、更能看清被吊重物的位置。司机操作环境改善。(避开高温、高粉尘、高污染)

近年来,发达工业的国家推出一种工业无线局域网的无线通讯系统。用工业以太网传输数据。数据的传输速率可高达 54 Mbit/s,传输数据量大。适合应用于高架立体库、各种输送线、港口装备。图 2 是露天矿斗轮挖掘机的例子。

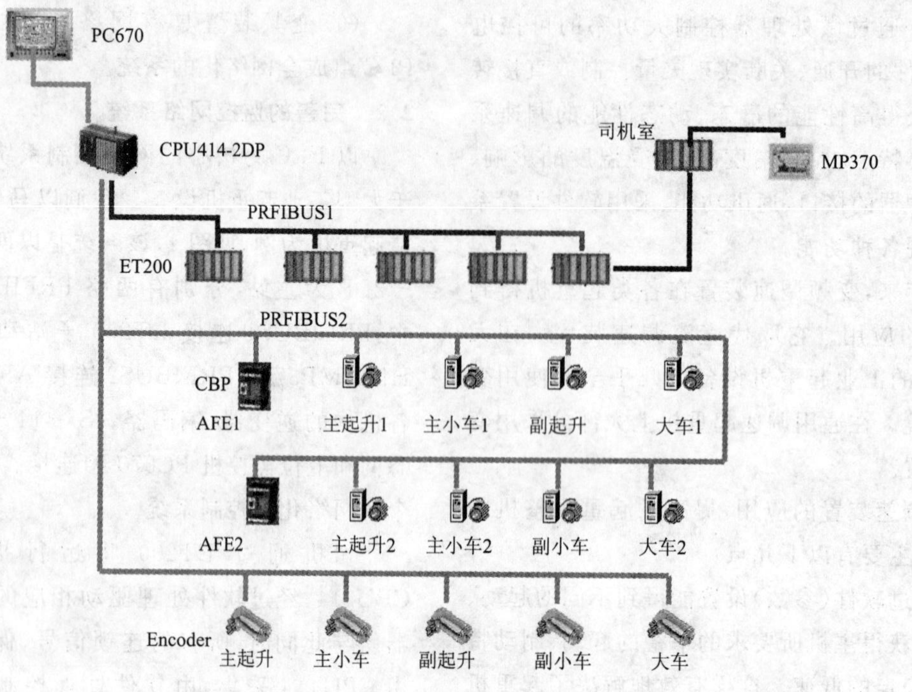

图 1　全网络化的控制系统

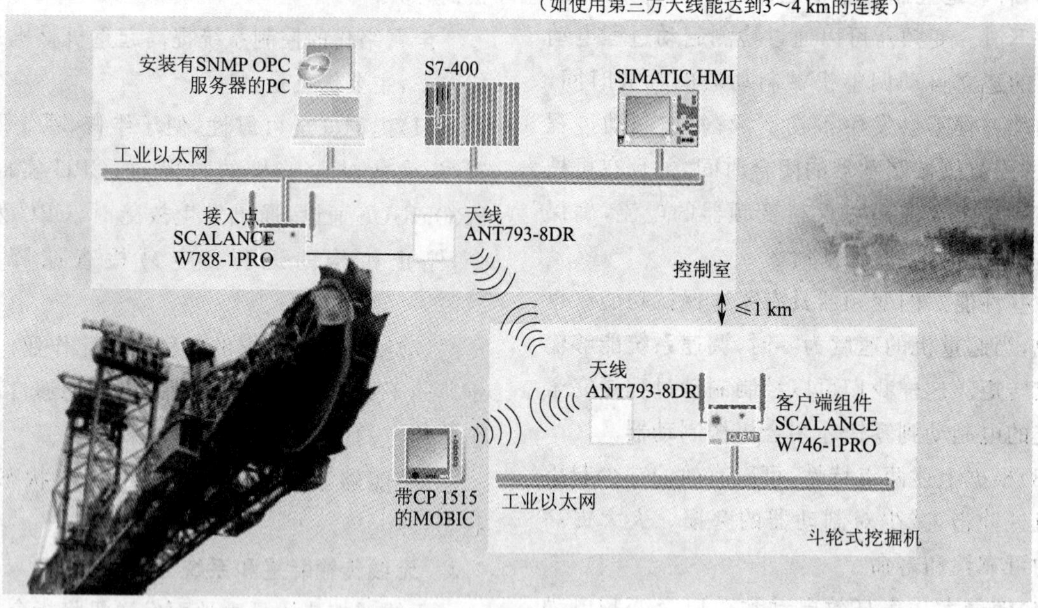

图 2　工业无线局域网实例

工业无线局域网的无线通讯系统的应用为全自动料场提供了很好的通讯方案。

2.4　高性能安全设计

如前所述，大型工业起重机起重量大、速度高、操作频繁，它对安全性提出更高的要求。近年来，发达工业的国家在大型工业起重机的装备上提供了高性能的安全设备。主要有：

(1)安全继电器

选用符合安全标准(欧洲标准)安全继电器，它的主要特点：实时的监控能力；开关频率高；使用寿命长；安全回路电缆长度最大为 2 000 m。

安全回路是将：急停按钮、超速、超行程及制动器故障送到安全继电器。当发生故障时，安全回路断开，安全继电器动作，切断主电源；故障解除后，必须人为在复位回路复位后才能重新工作，如图 3。

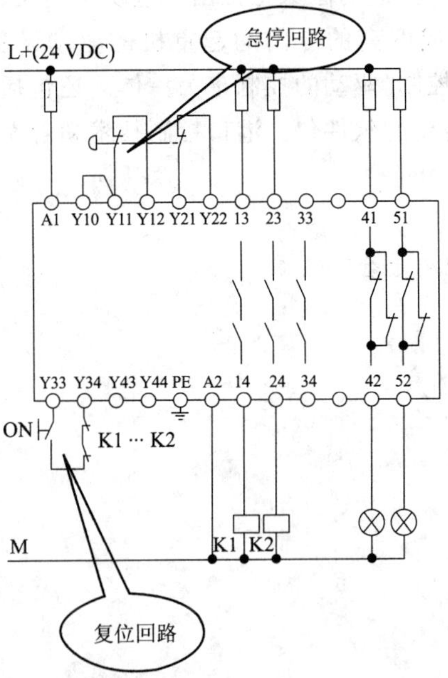

图 3　安全继电器

(2)逆变器安全停车功能

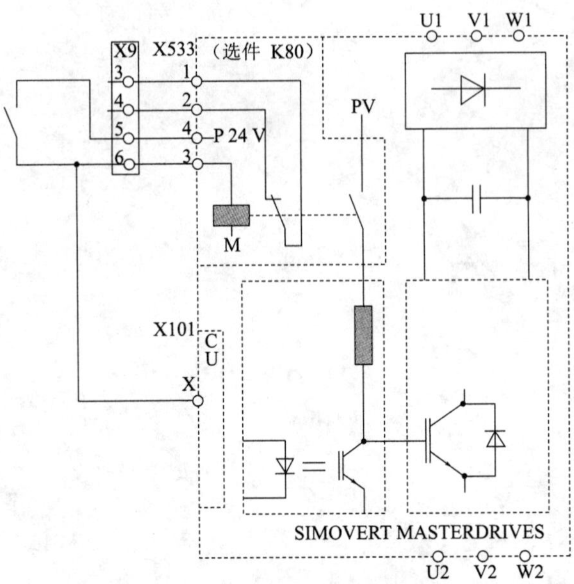

图 4　安全停车电路

逆变器安全停车功能是在逆变器内部设置安全停车继电器，当紧急故障发生时，可以通过外部激活安全停车继电器，封锁触发脉冲，切断逆变器的输出，如图 4。

(3)冗余系统的设计

对于安全要求很高的起重机，(如铸造起重机、冶金起重机)可以按照冗余系统的设计方案：选用冗余 PLC 装置以及故障状态的冗余逆变器。在故障状态保证设备能按故障状态运行。

综上所述，这将提高整机的安全性。

3　今后发展的方向

今后的物流装备应适应国民经济发展的要求，发展大型、超大型的工业起重机，它们应该是高效、高可靠性、低污染、节能的装备。必须配备大型节能环保的驱动装置；先进、自动化程度高的控制系统。对于通用的起重机应该更多地采用节能、低污染的电气装备，减少对机械的冲击、提高整机的技术水平。物流装备的电气系统的发展应该注意以下几方面：

3.1　谐波治理

起重机使用的都是交-直-交电压型变频调速装置，首先将交流电整流为直流然后将直流逆变为频率可变的交流。大多数的整流器是 6 波头的，它将含有高次谐波电流注入电网，污染电网。

对于整机变频装置功率(超过 200 KW)设计上必须考虑谐波的治理，减少、避免高次谐波对电网的污染。谐波的治理的方法主要有：选用 PWH 整流装置(前端主动 AFE)它的总的谐波分量小于 1%，功率因数为 98%以上；选用合理的滤波器；采用 12 脉冲的整流装置。

3.2　高效、安全、节能的物流设备

我国起重机在电气技术的应用上是不平衡的。对于高端的大型工业起重机采用了高端的电气控制技术。大多数的通用起重机正在逐步使用调速起重机。变频调速正在逐步推广。今后发展的方向有以下几点：

(1)使用调速起重机，这样可以解决起重机高效运行和准确停车的矛盾；可以获得平稳的起动、制动特性；有效地解决重物溜钩；减少对机械设备的冲击。使用网路化的 PLC 控制方案，将使整机具有更高的可靠性、可维修性。

(2)中、小型的调速起重机在采用变频调速装置时，往往是使用制动单元和制动电阻能耗制动的方式，释放制动过程和重物下降时的能量。建议尽可能选用公共直流母线的整流方式。在制动过程和重物下降时将部分能量存贮在直流母线上，待下一次其它机构运行时，直流

母线将这部分能量释放出来。起重机往往两机构同时运行时，可以将重物下放时的能量通过直流母线送给平移机构。

(3)提高设计技术，当今起重机的电控设计已和传统的设计有较大的差别，方案的优化、考虑EMC(电磁兼容)设计、注意接地系统、电缆敷设都十分重要。在整机使用了大容量的调速装置时，必须考虑电气室内的散热、降温。计算调速装置的发热量，配备相应空调设备。

(4)国外先进的国家正推出一些功率更大、功能更强、集成度高的专门的起重机的驱动设备。它将监控、控制、驱动的控制集为一体。还包括各种起重机需要的软件包。港口控制技术朝着无人化方向发展。

傅德源　中国机械工程学会物流工程分会　电气自动化专业委员会　委员
西门子工厂自动化工程有限公司　顾问

循环物流概念的比较研究

北京交通大学　郑　凯　汝宜红

1　引　　言

长期以来，人类社会采用了“大量生产——大量消费——大量废弃”的线性经济发展模式和社会生活方式，造成了全球规模的资源短缺与环境污染问题。遵循循环经济思想，建设“低开采、高利用、低排放”的、兼顾经济效益、环境效益、社会效益的循环型社会，已经成为目前国家和各级政府的重要议题。实践表明，当前制约循环型社会建设的重大难题是：承载资源实体流动的物流系统不能有效地促进和支撑资源循环。因此，循环物流的概念随之应运而生。

循环物流是中国学者根据循环型社会、循环经济等理念提出的研究领域。当前，尽管我国的循环物流研究取得了一定进展，但是循环物流的概念尚未统一，对循环物流概念的内涵与外延的界定尚不够科学，同绿色物流、逆向物流、闭环供应链等相关概念的区分也不甚明确，因此有必要对循环物流的概念进行科学研究。为此，为此，本文首先综合多学科理论，借鉴其他学科对“循环”的认识，进而对既有的各种循环物流的定义进行纵向比较，确定循环物流的内涵，在此基础上通过同绿色物流、逆向物流、闭环供应链等相关概念进行横向比较，确定了循环物流的外延。

2　不同学科对“循环”的认识

“循环”是循环物流概念的核心组成部分，集中体现了概念的特点。因此，在探讨循环物流的概念之前，首先需要对“循环”的含义进行科学界定。

2.1　循环的语言学含义

汉语中，《辞海》(合订本)对“循环”的释义为：“环行旋绕不绝，因谓凡往复相承旋绕不绝者曰循环。”《辞源》的释义为：“往复旋绕也”。《现代汉语词典》(2002年增补本)的释义为：“事物周而复始地运动或变化”。可见，在汉语中，“循环”可以作为名词或动词，表示事物的运动具有“周而复始”的特征或事物处于“周而复始”的运动。

英语中，与循环相近的词汇是“cycle”和“circular”。其中，“cycle”用作名词或动词，表示“按照同一次序重复多次的一系列事件(名词)”，或“促使事物形成重复运动的状态(动词)”。“circular”用作名词或动词，表示“事物具有往复、环绕的运动状态(名词)”或“事物处于往复、环绕的运动过程中”。可见，从语义的角度看，“循环”可以表示两种含义：一种是描述事物具有“周而复始”的运动特征(为名词)，一种是促使事物的运动呈现“周而复始”的形式。

2.2　循环的哲学含义

形而上学的循环论认为，“循环”现象表明事物的发展只有量的变化，而没有质的飞跃，象走马灯式地从一点出发，周而复始地回到原来的出发点。而马克思主义哲学认为，循环是指普遍存在的往复流动，周而复始的现象，是运动过程的可逆性与不可逆性的统一，不可逆过程体现了物质系统循环运动的前进性特征，可逆过程反映了这种运动的复归性特征。马克思主义哲学的论断表明，“周而复始”只是事物“循环”运动的外在特征，是事物内部由简单到复杂的螺旋形上升运动的外在表现。因此，研究“循环”，不仅要研究其“周而复始”的外在特征，还应深入探讨其内部运动的本质规律。

2.3　循环的物理学含义

物理学，尤其是热力学认为，“循环”是“系统从某一状态出发，经历一系列过程后又回到初态的全过程”。通过循环过程，系统同外界进行能量交换，或从外界吸收能量，或者对外界做功。物理学对“循环”的理解表明，具有“循环”特征的系统应是开放系统，与外界的能量交换是实现“循环”的动力。

2.4　循环的经济学含义

经济学中的“循环”，主要指资本循环(或资金循环)，即产业资本依次经过三个阶段，相应采取三种职能形式，使其价值得以增殖并回到原来出发点的运动过程。马克思关于资本循环的总公式为：G—W…P…W′—G′。按照总公式，资本循环可分为三个阶段。在第一阶段，货币资本转化为生产资本是第二阶段即生产资本阶段的先导和先行阶段。在第二阶段，资本流通被中断，而资本循环仍在继续。资本从商品流通领域进入生产领域，通过劳动力和生产资料的结合，生产出包含剩余价值的新商品。在第三阶段，“商品，作为已经增值的资本价值的直接由生产过程本身产生的职能存在形式，成为商品资本”，资本家通过在市场上出售商品，获取生产资料价值和再生产的劳动力价值以及剩余价值，商品资本转化为货币资本。

2.5 循环的生态学含义

生态学中的“循环”，指的是物质循环，即生态系统中，植物、动物、微生物和非生物成分，借助能量的不停流动，一方面不断地从自然界摄取并合成新的物质，另一方面又随时分解为原来的简单物质，即所谓“再生”，重新被植物所吸收，进行着不停顿的物质循环。在人工生态系统中，物质循环表现为“物质资源循环”，即资源的不同形态之间的循环转化过程，如图1所示。狭义的“资源”，仅指自然资源，广义的“资源”，则不仅包括自然资源，还包括产品资源、废弃物和再生资源。

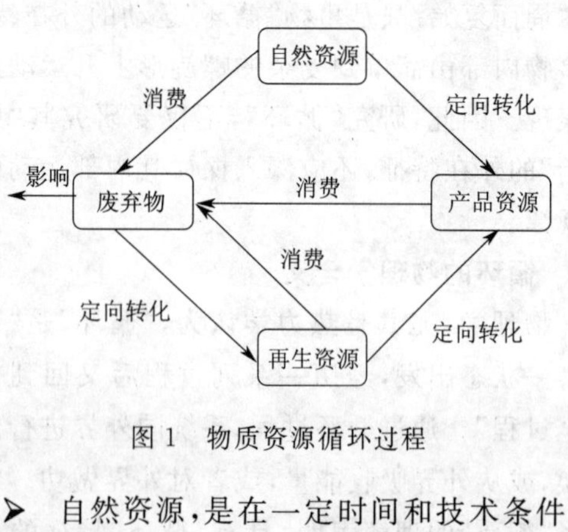

图1 物质资源循环过程

➢ 自然资源，是在一定时间和技术条件下，能够产生经济价值、提高人类当前和未来福利的自然环境因素的总称。

➢ 产品资源，是人类为了满足生产或生活活动的需要，通过一定的技术手段与设施，利用物质资源加工后形成的半成品或成品。

➢ 废弃物，是人类生存和发展过程中产生的，对持有者没有继续保存和利用价值的物质。

➢ 再生资源，是在一定经济、技术条件下，对废弃物通过无害加工而重新形成的，能够在一定程度上替代原生资源再次进入社会活动中资源。

通过上述分析可知，循环是指事物呈现周而复始的运动状态，而且这种状态不是简单的重复，而是事物不断发展的体现。将各学科对循环的理解借鉴到循环物流的概念上，则是通过物流活动呈现周而复始的运动状态，实现循环型社会的发展目标，一方面是资源的循环利用，即实现环境效益增值；另一方面是资本的循环流通，及实现经济效益增值。

2 “循环物流”概念辨析

目前，循环物流的定义主要可以分为以下几种类型：

2.1 将循环物流定义为“绿色物流”

黄贤金认为，循环物流即是“绿色物流”，是从节约资源、保护环境的角度对物流体系进行改进，形成资源循环，环境共生、生态友好型的物流系统。

这种定义的合理之处在于明确指出了循环物流系统的目的，如资源循环，环境共生、生态友好。然而，这种定义的侧重点只是物流系统自身对生态环境的影响，其具体目标是通过各种手段，促进物流系统自身的资源循环，消除物流系统自身的环境污染，降低物流系统自身的环境影响，如包装物的回收利用、货运汽车尾气排放减量等。这种定义没有强调物流物流活动呈现周而复始的运动状态，也没能体现出物流系统在循环型社会中支撑资源循环的重要作用，如果这样定义循环物流，其结果只能局限在物流系统的自身调节与完善，而不能反映出支撑资源循环的“主动性”。

2.2 将循环物流定义为“闭环供应链”

宋耀华认为，“循环物流系统是指物及其物流衍生物发生的空间和时间的位置移动的循环系统，是由正向物流与逆向物流相互联系构成的物流系统”；张敏认为，“循环物流（Circular Logistics）是指产品及其废弃物物质实体双向闭环流动的物流形态”；谌国栋认为，“循环物流不仅指废弃物的循环利用，而是作为联系生态系统与经济系统桥梁的物流系统，它既包括正向物流系统，也包括逆向物流系统”；何远成认为，“循环物流在重视正向物流的同时又强调逆向物流，并把二者有机统一起来，形成资源反复利用的闭合通道”；李兹强等认为，“循环物流系统是指物品及其物流衍生物发生的空间和时间的位置移动的循环系统，是由正向物流与逆向物流相互联系并且联接供应链各个环节以及环境而构成的物流系统”。

这种定义，其合理之处在于“对正向物流与逆向物流进行有机结合”，使物流系统在形式上具有了“闭合循环”的特征。但是仍存在以下缺陷：

首先，如前所述，闭环供应链的概念侧重点，是基于“生产者责任制”，强调以生产者为主导，构建形态上闭合循环的物流网络，其首要目标是生产者的回收率最大，而不是资源循环利用率最大。如果以这种定义指导循环物流系统的构建，则会导致用“闭环”代替“循环”，以“回收”代替“资源化”，从而不能真正地实现资源循环利用率最大，起到支撑资源循环的作用。

再次，正向物流与逆向物流的概念具有模糊性，对于由多类型主体参与的物流系统，难以准确、清晰地说明何为“正向”，何为“逆向”，如果以这种定义指导循环物流系统的构建，会给系统界定带来困难。

2.3　将循环物流定义为循环经济的子系统

朱煜认为，循环物流系统是循环经济系统的子系统，是为满足循环经济发展模式的物流服务需求，由物流服务需求方、物流服务提供方及其他相关机构形成的一个包含所需物流运作要素的网络。

魏际刚认为，循环经济对物流领域的未来发展产生深刻的影响，即物流活动和物流管理符合循环经济要求，向资源节约型、环境友好型的循环物流转变，改变原来经济发展与物流、消费生活与物流的单向作用关系，在抑制物流对环境造成危害的同时，形成能促进经济和消费生活健康发展的物流系统。

通过对既有循环物流定义的辨析，结合前述对“循环”的理解，则可以提出一个更加科学、准确、实用的循环物流的定义：循环物流是满足循环经济发展模式的物流服务需求，将产品物流与废弃物物流进行有机整合的资源节约型、环境友好型的物流过程。

对于这个概念，可以进行如下理解：

- 循环物流的主体范围是由参与资源循环过程而连接起来的供应链；
- 资源节约与环境友好是循环物流的本质属性，促进源循环最大化是循环物流的总体目标，以减少自然资源的消耗量和最终固体废物的处置量；
- “将产品物流与废弃物物流进行有机整合”，改造与重构物流系统，使其呈现周而复始的运动状态，是实现资源节约与环境友好的根本途径；
- “整合”并非是产品物流与废弃物物流的简单相加，而是将原本互相割裂、独立运行的两个物流过程进行改造与重构，使其合为一体，促进资源循环最大化；
- “整合”也不仅仅是“正向物流”与“逆向物流”的整合，而是依据资源循环的不同需要，存在多种类型的整合方式。

3　循环物流与相关概念比较

根据上述提出的循环物流的定义，可以与绿色物流、逆向物流、闭环供应链等相关概念进行比较，如表1所示。

表1　循环物流与相关概念的比较

	循环物流	逆向物流	闭环供应链	绿色物流
提出时间	20世纪90年代期	20世纪90年代	20世纪90年代期	20世纪90年代
概念内涵	满足循环经济发展模式的物流服务需求，资源节约型、环境友好型的物流过程	原材料、加工库存品、产成品以及相关信息从消费地到起始地的高效率、低成本的流动过程	将正向供应链与也逆向供应链相连接，两条链上的物品从源到汇、再由汇到源的闭环流动过程	认识物流过程产生的生态环境影响并使其最小化的过程

续上表

共同点	均将降低污染物排放、废弃物回收与循环利用等资源与环境问题纳入物流的研究范畴，在研究目标上强调经济利益与环境影响的统一与协调			
侧重点	从改造承载资源流动的物流系统切入，以资源循环利用率最大为首要目标，通过整合产品物流与废弃物物流实现资源循环	主要强调废弃物回收与处理过程的规划、实施和控制等管理过程，仍然以经济效益为首要目标，而且甚少考虑与产品物流进行整合	强调以生产者为主导，构建形态上闭合循环的物流网络，其首要目标是生产者的回收率最大	强调抑制物流过程自身对环境造成危害，以环境污染最小为首要目标，而不是资源循环利用率最大

4 结 论

在建设循环型社会的大背景下，循环物流的概念应运而生。同绿色物流、逆向物流、闭环供应链等相关概念相比，循环物流强调从改造承载资源流动的物流系统切入，以资源循环利用最大为首要目标，通过整合产品物流与废弃物物流实现资源循环。科学界定循环物流的概念，对于拓展物流学研究视野，具有重要的学术意义与应用价值。

参考文献

[1] 汝宜红. 在实现循环型社会的过程中物资流通业的特殊作用. 中国铁道物资科学管理. 1993(5). p8-11
[2] 汝宜红. 资源管理学. 中国铁道出版社，2001
[3] ZhuYu, Research On Cycle Logistics System Of The Construction Industry In Beijing, Proceedings of the 5th International Conference on Material Handling, Chongqing, 2005
[4] 朱煜. 论循环物流系统的内涵. 北京交通大学学报(社会科学版). 2005(4). p13-19
[5] 李振. 从可持续发展的战略高度认识和加强物资管理. 铁道物资科学管理. 1998(1). p9
[6] 曹凤中. 推行循环经济要全力发展环境保护信息服务业和物流产业. 陕西环境. 2003. 10(4). p8-10
[7] 宋耀华. 循环物流系统的结构和优化策略. 光明日报. 2003.8
[8] 张敏. 现代物流与可持续发展[学位论文]. 国家图书馆. 山东农业大学. 2004.. p16-34.
[9] 谌国栋. 走可持续发展之路、发展循环物流. 上海港科技. 2004(5). p10-12
[10] 李兹强等. 循环物流成本初探. 特区经济. 2006(2). p326-326
[11] 黄贤金. 循环经济：产业模式与政策体系. 第1版. 天津. 南开大学出版社. 2004. p113-195
[12] 章寿荣、蒋小兴. 循环型物流的国际趋势与发展对策. 世界经济与政治论坛，2004.1
[13] 张敏，现代物流——经济系统与生态系统的“桥”. 物流论坛. 2004(11). P19-21
[14] 何远成. 节约型社会与循环物流. 中国资源综合利用. 2005(12). p21-23
[15] 朱煜. 循环物流系统的概念分析. 北京交通大学学报(社会科学版)2006(4). p129-32
[16] 魏际刚. 物流系统分析——发展的视角. 第1版. 北京. 人民交通出版社. 2005. p176-179
[17] 汝宜红. 物流学. 第2版. 北京. 中国铁道出版社. 2006. p120-130
[18] 王之泰. 新编现代物流学. 第1版. 北京. 首都经济贸易大学出版社. 2005. p13-23
[19] 何明珂. 物流系统论. 第1版. 高等教育出版社. 2005. p3-29
[20] 王国华等. 中国现代物流大全(第四卷). 第1版. 中国铁道出版社. 2006. p56-67
[21] 曹凑贵. 生态学概论，高等教育出版社，20022

郑 凯 北京交通大学 博士后

汝宜红 中国机械工程学会物流工程分会 常务理事
北京交通大学 教授

第二篇

技术创新推进企业发展与壮大

追求卓越　共铸辉煌

北京起重运输机械设计研究院(原北京起重运输机械研究所)成立于1958年10月,经过50余年的发展,从原机械工业部直属的国家一类研究所发展成为我国物料搬运机械行业技术领先的科技型企业,隶属于中国机械工业集团有限公司。北起院现有职工500余人,其中教授级高工36人,高级工程师175人,享受政府特殊津贴的专家11人。

北起院在作为国家部属研究所期间,是我国起重运输机械行业的技术归口单位,主要承担我国起重运输机械技术体系建立、产品开发与确定、重大研究项目开展、标准体系建立与产品标准制定等有关行业技术研究工作。转制以来,北起院根据自身的技术优势及市场竞争力,将自身发展定位在物料搬运技术开发与应用、物料搬运系统及其机电设备研究设计、集成及工程承包,保持北起院在我国物料搬运机械行业的技术领先地位。

北起院主要业务领域有:

- 自动化物流仓储领域

北起院是国内最早开发研制自动化物流设备的科研院所,从1973年开始至今有30多年的历史,是行业排头兵。到目前为止,北起院累计向客户提供了200多座自动化立体仓库及物流配送中心,广泛应用于汽车制造、家用电器、机械电子、食品医药、石油化工、冶金等行业。近几年北起院以集成优势进军大型自动化物流配送中心建设领域,取得丰硕成果,如图1。

图1

- 客运索道领域

北起院在60年代组织完成了中国货运索道机电设备系列标准化设计,70年代又进行了客运索道工程的开发、研制、建设及技术引进工作。经过半个世纪的逐渐发展壮大,已经具备了自主设计研发、制造客运索道的能力,市场占有率和技术水平在国内处于索道行业的领先地位,如图2。

图2

- 物料输送领域

主要承担大型露天矿、港口、料场和工厂企业内的物料输送系统设计;承接各类物料搬运系统成套设备的集成项目;各种非标设备的设计及制造;各种专用设备的开发与研制,具有良好业绩和信誉,确保向广大用户提供优质的产品和服务,如图3。

图3

- 起重机械领域

北起院研制出的各种起重机及关键零部件，多次填补我国起重行业的空白，是行业系列设计的龙头单位。近年来，北起院先后开发了自动控制垃圾搬运起重机、自动化秸秆搬运起重机等特种起重机，国内市场占有率稳居第一，如图 4。

图 4

- 检验检测领域

北起院有三个国家级检测中心。国家起重运输机械质量监督检验中心是首批国家级检测中心，已获得中国国家进出口商品检验实验室认可委员会的认可、中国实验室国家认可委员会的认可及中国国家认证认可监督管理委员会对国家级中心的授权、计量认证的批准。国家客运架空索道安全监督检验中心是目前国内唯一负责客运索道安全监督检验、设计审查、产品型式试验和制造、安装、改造、维修许可鉴定评审的国家级检验机构。国家安全生产北京矿用起重运输设备检测检验中心的业务范围包括刮板输送机、煤矿用带式输送机托辊、煤矿井下用带式输送机、煤矿井下用转载带式输送机、防爆钢丝绳电动葫芦的检验。

- 行业技术管理与服务

北起院从 60 年代起一直是全国起重运输机械标准化的技术归口单位，归口的起重运输机械产品包括起重机械、连续搬运机械、工业车辆和物流仓储设备。目前，北起院有四个全国标准化技术委员会和一个分委员会，历年来共起草国家标准和行业标准近 300 项。北起院主办并编辑出版《起重运输机械》月刊，经过几十年的不断努力，已经成为中国期刊方阵双百期刊、中文机械仪表类核心期刊、国家科委科技论文统计源用刊、学位与研究生教育指定中文重要期刊。

在主要业务领域内，北起院先后承担了数百项国家科研项目，主持开发设计我国起重运输机械行业标准系列产品 100 余项，完成物流仓储系统工程 200 多项、客运索道系统工程 200 多项，物料输送系统工程 100 余项，起重机械系统工程 100 余项。北起院荣获 200 多项国家及省部级科技成果奖，在我国物料搬运机械行业中具有特殊地位，发挥着独特的影响。

成绩只是过去，创新引领未来，技术创新是企业的生命线，对于从研究所转制的科技型企业，更是重中之重。高新技术产品开发与生产是带动北起院主体产业腾飞的重要任务。北起院坚持“技术创新，支撑发展，重点跨越，引领市场”的科技创新指导思想，建立北起院科技创新体系，推出一批有影响的科技成果、学术论文和技术专利，涌现一批在行业中有影响的专家和学科带头人。北起院是“北京市科技研究开发机构”，建设了“机械工业物料搬运工程技术研究中心”和“机械工业起重机械轻量化技术重点实验室”，被认定为国家级高新技术企业、中关村国家自主创新示范区高新技术企业。

积极开展科技创新活动，从 2006 年至 2009 年，北起院共立项科研开发项目 18 项，其中 13 项列为科技部、国机集团和北京市的科技计划，实现了成果转化。重视知识产权工作，2009 年申报专利和软件著作权几十项。从 2006 年至 2009 年，北起院共获“中国机械工业集团科学技术奖”和“中国机械工业科学技术奖”12 项，在国机集团、中国机械工业联合会、北京市获奖科技人员百余人次，院内获科技进步奖 200 余人次。获奖技术全部应用于工程项目，成功地转化为生产力。

北起院与我国起重运输机械行业共同发展壮大，拥有几十年积累的雄厚技术、在起重运输机械行业中得天独厚的行业地位、行业内诸多学科带头人云集的人才优势、传统项目在市场上的领先局面等有利条件。我们将继续脚踏实地，一如既往地通过创新管理和外部竞争，占据国内物料搬运装备行业的突出位置，力争把北京起重运输机械设计研究院打造成我国物料搬运装备行业的一流企业，推动我国物料搬运技术的发展，与行业同仁共铸辉煌！

撰 稿 人：张喜军
工作单位：北京起重运输机械设计研究院
联系电话：010－64031881
地　　址：北京市雍和宫大街 52 号　100007

挺起民族工业的脊梁

上海振华重工(集团)股份有限公司(ZPMC)是重型装备制造行业的知名企业,国有控股A、B股上市公司,控股方为世界500强之一的中国交通建设公司。

公司总部设在上海,在上海本地和南通、江阴等地设有8个生产基地,占地总面积1万亩,总岸线10 km,特别是长江口的长兴基地有深水岸线5 km,承重码头3.7 km,是全国也是世界上最大的重型装备制造厂。公司拥有26艘6万~10万t级整机运输船,可将大型产品跨海越洋运往全世界。

公司厉行"自主创新",自主完成的"新一代港口集装箱起重机关键技术研发与应用"项目,获得2005年度国家科技进步奖一等奖。公司建有国家级企业技术中心和博士后工作站。现有2000名从事机、电、液设计研发的工程技术人员,获得国家、部委和市级科技成果奖50余项。

振华重工的主产品分为三大类:

1.港口用大型集装箱机械和矿石煤炭等散货装卸机械。遍布全世界73个国家主要集装箱码头的岸桥、场桥,产量已占世界市场75%以上份额,如图1、图2。

公司开发的用于常规码头的双小车岸边集装箱起重机,其特点是生产率高。它虽诞生于自动化码头,但也可在常规码头应用。双40英尺集装箱岸桥是公司为适应船舶大型化要求快装快卸而开发的产品,在阿联酋迪拜港创造了每小时装卸104TEU的世界纪录(常规起重机一般为30—40TEU/h)。如果码头接卸工艺作相应改进,它可以提高生产率至少50%。双40英尺箱双小车起重机综合了双40英尺箱起重机和双小车起重机的优点,是当代最完美最高效的起重机。ZPMC创造出双小车双40英尺起重机,理论上每小时可卸80~100个40英尺箱,堪称世界最快的起重机。

图1　集装箱岸桥

图2　运行在澳大利亚EPA码头的散货集装箱两用机

振华重工生产的散货装卸设备如装卸船机、斗轮堆取料机、翻车机、散货集装箱两用机及环保型链斗卸船机等也居本行业前列,并远销到欧美等国家和地区,同时,还具有系统设备总承包的能力和业绩。

2.大型钢构钢桥梁。具有年生产40万t的能力,正在建造被世界桥梁界视为高难项目的美国旧金山新海湾大桥,如图3,大桥主航道桥跨径为565 m,钢塔总高约160 m,能确保每天30万辆汽车通过。美国旧金山新海湾大桥于2006年5月授标予公司,是加州历史上最大的市政工程合同,也是世界第一单塔自锚抗震悬索钢结构桥梁,其设计和制造难度在世界桥梁发展史上前所未有。2010 年 6 月 18 日，第一批钢塔钢结构如期在长兴基地成功发运，加州交通部及总包方 AB/Flour 公司对公司在该项目中付出的努力和取得的成绩给予了充分肯定。振华重工成功挑战了世界桥梁发展史最为尖端的质量考核，并成功培养了一批堪当重任的世界一流的钢结构技术人才，发展成为有能力挑战世界更高端钢结构市场的企业。

3. 海工产品。如巨型浮吊、铺管船和各种工程船、各种平台以及动力定位装置和齿条提升装置等。振华重工开发生产的浮吊产品已远销美国、新加坡、利比里亚、马来西亚、伊朗、西班牙、韩国和中国等地。振华重工至今已投产的单吊起重量世界第一的全回转浮吊“蓝鲸号”，如图 4，其最大载荷为 7 500 t，具有 4 000 t 全回转能力，主要用于重型桥梁安装工程及海洋工程和重件吊装等，可航行于无限航区，并可在指定区域作业。在世界海工高端市场，振华重工正在为满足开发海洋油气田和深海打捞工程需要，研发可吊 12 000 t的全回转自航的重型起重船。

图 3 美国旧金山新海湾大桥效果图

图 4 “蓝鲸号”7 500 t 浮吊

单　　位：上海振华重工（集团）股份有限公司
联系电话：021－58396666
地　　址：上海市浦东南路 3470 号 200125

依靠自主创新 促进企业发展

1 太原重工基本情况

太原重工股份有限公司，其前身太原重型机器厂，始建于1950年，是新中国自行设计建造的第一座重型机械制造企业。是中国最大500家工业企业之一，中国机械行业最大50家工业企业之一。属国家特大型重点骨干企业。

太原重工1998年成为中国重型机械行业第一家上市企业。太原重工是中国最著名的重型机械设备制造商之一，是中国最大的起重设备生产基地、最大的挖掘设备生产基地、最大的航天发射装置生产基地、最大的大型轧机油膜轴承生产基地、最大的矫直机生产基地、最大的多功能旋转舞台生产基地、唯一的管轧机定点生产基地、唯一的火车轮对生产基地、国内品种最全的锻压设备生产基地。

太原重工设计、制造生产的产品广泛用于冶金、矿山、水电、火电、核电、能源、交通、航空、航天、化工、铁路、造船、环保、交通运输设备等行业。

太原重工在追求卓越、创建世界太重的过程中，以产品第一、素质第一、服务一流得到用户的认可和信赖。在自立图强、求实创新、团结奉献的企业精神指引下不断创新、与时俱进，在做好国内市场的同时，积极开拓国际市场，正在以优质的产品、优良的服务，努力实现创建世界太重的目标。

2 企业综合实力

2.1 太原重工股份有限公司主导产品

太原重工主营起重设备、轧钢设备、锻压设备、挖焦设备、焦炉设备、煤化工设备、风力发电设备、油膜轴承、齿轮传动、铁路轮轴、铸锻件等产品，同时可实现工程项目的总承包和现场安装、咨询服务。

太原重工具有较强的自主研发能力，设计、制造的多项产品填补国家空白，许多产品荣获国优金奖，创造了300余项中国和世界第一，被誉为“国之瑰宝”和“国民经济的开路先锋”。机器产品出口到世界20多个国家和地区。

2.2 自主创新使企业市场竞争力大幅提高

太重在大型起重机设计制造上创造了全球最佳业绩，国内300 t以上大型冶金起重机市场占有率达到90%以上，其中480 t铸造起重机是国

图1 480 t铸造起重机 是国内起重量最大的冶金起重机，主钩最大起重量480t，起升速度9～12 m/min，跨度27 m，用户马钢、首钢，四梁六轨、单减速机、上下小车结构，获国家专利。

内起重量最大的冶金起重机，如图1；世界最大的三峡6台1 200 t桥式起重机是太重原始创新的

图2 1 200 t桥式起重机为三峡水利枢纽工程开发研制，是目前世界上单钩起重量最大的厂房桥式起重机。最大起重量1 200 t，跨度33.6 m，使用在三峡左、右岸和地下厂房，获国家科技进步二等奖。

精品，如图2，并荣获了国家科技进步二等奖；900 t过隧洞专用架桥机是国内同类型产品起重量最大的架桥机；380 t核电站环形起重机是国内同类在用最大起重量环形起重机，如图3；75 t干

熄焦专用提升机是配套 7.63 m 焦炉的专用提升设备和关键运行设备，其中“干熄焦引进技术消化吸收一条龙开发和应用”项目获国家科技进步二等奖。2005 年太重自主开发的 20 m^3 挖掘机成功投用，标志着我国自行设计、开发的第一台大型矿用挖掘机产品取得了圆满成功，摆脱了国内大型矿用挖掘机长期依赖进口的局面。太重已发展成全球最大的油膜轴承生产制造基地，在国际市场形成了与美国摩根相媲美的格局。航天发射装置一次次托起了神舟号系列宇宙飞船，为中国的航天事业发展作出了贡献。

图 3 应用于秦山二期扩建工程的 380 t 核电站环形起重机，最大起重 190 t+190 t，环轨直径 35.4 m。

3 企业自主创新工作开展情况

3.1 完善自主创新体系

太重技术创新体系的建设与运行紧紧围绕提高自主创新能力展开，目前已形成以技术中心为核心，延伸各分公司研究所、技术科，扩展国内院校建立的联合研究室、博士后科研工作站，形成一个集产品开发、科研攻关、试验试制、推广应用为一体的技术创新体系，建立了一个稳定的自主创新基础平台。

作为集团公司的技术核心部门，太重技术中心于 1997 年由公司设计研究院、工艺研究院(由工艺研究所、锻冶处、焊接处组成)和总师办组建成立，2001 年被批准为国家认定企业技术中心；2003 年技术中心由以往的工艺专业化，改为产品专业化，组成机、电、液、传为一体的产品专业化研究所。显示出扁平式组织结构。这样从组织上形成了以技术中心主产所为主体的产品开发的支撑体系，为加快研发步伐奠定了组织基础。2009 年，太重技术中心在 575 家国家认定企业技术中心评价中脱颖而出，排名跃升到第 13 位。

3.2 不断加大研发投入

在科技开发投入上太重公司长期高度重视，逐年增加，现年度科技开发经费总支出已超过 10 亿元，达到销售收入的 7%以上。同时，公司不断加大技术改造力度，在科研设备和产品开发手段上保持了较大的投入，科研设备和仪器等固定资产原值已达到 2 亿元以上，具备了产品研发、中间试验及相关科研、工艺技术攻关的基本条件。

4 社会责任与贡献

4.1 太重企业文化

太重企业文化的建塑，继承和发扬了太重六十年文化的积淀，强化了“自立图强、求实创新、团结奉献”的企业精神；以诚立企，以信治企，提出了“把真诚献给社会、以信义广交朋友”的核心理念和“诚信开拓市场、质量创造品牌”的经营理念；强化发展意识、增强发展的紧迫感，树立了“慢进则退”的发展理念；放眼全球、着力打造企业核心竞争力，确立了“集中力量、追求卓越、创建世界太重”的发展战略和“质量第一、信誉第一、效率第一”的战略方针。

太重人秉承晋商遗韵，以诚立企，以信治企，把真诚守信作为企业参与市场竞争的底线。太重人的诚信源于优秀品质和卓越精神。诚，以忠于理想而奋斗！信，以恪守诺言为准则！

4.2 抗震救灾

2010 年 4 月 14 日，青海省玉树县发生 7.1 级地震的一刹那，玉树的名字便深深刻入每个太重人的心里。4 月 23 日，公司机关人员爱心捐款正在这里举行。集团公司助理以上领导带头捐款，都送上了自己的浓浓爱心，也送上太重人对玉树人民的深切牵挂之情。爱心在整个太重涌动。截至到 23 日下午，集团公司共筹得善款 589 911.7元。在 2008 年太重为汶川地震捐款到达 300 多万元。

5 企业未来发展

受国际金融危机中钢铁等冶金行业价格剧烈波动影响，太重具有优势的冶金机械制造等领域受到前所未有的冲击。太重人提前布局，并提出了“提高四种能力、实现四个转变”的发展思路。“四种能力”，是指“自主创新能力、精细化管理能力、风险控制能力、和谐建设能力”。“四个转变”是指“以传统领域为主向产品多元化转变，由国内市场为主向国际国内市场并重转变，由传统的生产型制造商向新型服务型制造商转变，由规模拉动型向创新驱动型增长转变”。“自主创新”和“产品多元化”均被提到首要位置。

在经受住国际金融危机对传统机械制造业的冲击后，一个抢占战略性新兴产业发展制高点的潮流正在太重涌动。集团公司由重型机械制造领域加速向清洁能源、洁净煤、轨道交通、港口机械、工程机械等五大新领域拓展，太原重工对钢铁行业的订货比重已经从高峰时的70%以上下降到目前的50%以下。

没有任何风电整机制造经验，也没有购买外来的生产技术，太重从2009年初开始1.5 MW风电整机的研发，如图4。当年年底，风机就实现并网发电。太重人以自己的实际行动书写了我国乃至世界风机制造史上的“太重奇迹”。此外，公司在核电环行起重机、货场起重机、造船门机、磨机减速器等高新技术产品上，不但实现了快速研制，而且均已打入全国市场。在科技创新的支撑下，公司新能源、矿山机械、有色金属挤压设备等产品的销售实现了一倍以上的增长，成为支撑公司规模增长的主要力量。

图4　太重1.5 MW风力发电机

目前，太重集团公司正在加快天津临港基地、万吨压机、钢轮新园区建设，加快向港口机械、工程机械、轨道交通等领域的产业拓展速度；努力实现太原重工大型挖掘机、风电产品、核电产品以及太重煤机洗选设备等相对独立生产，用专业化驱动产品板块迅速做强做大。“十二五”末，太重集团要实现销售收入300亿元的战略目标。国际金融危机更加坚定了太重人的国际化战略：只有融入国际市场，吸收利用国际先进的理念、技术和管理经验，才能全方位与世界接轨，打造国际企业集团。而今，在印度、越南、巴西、智利、秘鲁等新兴发展中国家，“太重”品牌的冶金、矿山机械等产品已经具备较强竞争力。亚洲、非洲、南美洲等大洲的新兴发展中国家，将成为太重人建设“世界太重”的主战场。

太重，这艘装备制造业的旗舰，正以其厚重的企业文化的巨大引擎，开足马力，向着“打造百亿太重，构建和谐太重，创建世界太重”的光辉彼岸，破浪前行！

撰 稿 人：王首成
单　　位：太原重工股份有限公司
联系电话：0351－6366048
地　　址：山西省太原市玉河街53号　030024

技术创新为企业插上了腾飞的翅膀

大连重工·起重集团有限公司是国家装备制造业重点骨干企业，被命名为国家创新型企业、辽宁省技术创新示范企业，在全国重机行业率先进入中国企业500强和世界机械500强。

企业现有员工5 708人，总资产264.4亿元，占地2.22 km^2，建有五大制造基地：即泉水临海现代化重大装备研制及总装发运基地；中革风电和热加工及重大装备核心部件研制基地；旅顺开发区起重机等专项产品专业化、批量化生产和出口基地；双D港风电偏航、变桨驱动器等高精部件专业化制造基地；瓦房店西郊工业园区风电大型球铁件、船用螺旋桨等铸件制造和风电机组总装基地。企业拥有得天独厚的临海临港优势，建有2个5 000 t级自用码头和22.9万 m^2 的大型临海产品露天总装场地，具有超大型装备加工、总装和发运能力。

产品主要服务于冶金、港口、能源、航空航天等国民经济基础产业，拥有散料装卸机械、冶金机械、起重机械、港口机械四大类传统主导产品和风力发电设备、大型船用曲轴、TBM/盾构机、核电设备、高端铸锻件等新拓展成长型产品。拥有重大技术装备自主研发和机电液一体化设计、制造、安装、调试及工程成套总承包能力，先后承建了莱钢1 500 mm热连轧成套设备等50多项工程总承包项目，为宝钢、秦皇岛港、三峡工程以及神州飞船发射等国家重点工程提供了400多万t重大成套技术装备，产品远销全球46个国家和地区。拥有15个国家、省市名牌产品，授权专利292项(其中，发明专利23项，国际专利2项)。

企业经营总量连年大幅攀升，主要经济指标在国内同行业持续领先，销售收入、上缴利税、全员劳动生产率等综合指标在国内重机行业连续多年排名第一，年商品产值从2002年搬迁重组第一年的16.3亿元，增长到2009年的212亿元，在国内重机行业企业率先突破了200亿元大关，7年间增长了13倍。

大连重工·起重建有国家认定企业技术中心和省级企业工程技术研究中心，建有1个设计研究院、5个专业技术研究所、3个专项实验室和博士后工作站。构建了以公司设计研究院为主体，辅以机械传动实验室、电气自动化实验室、液压传动实验室、焊接技术研究所、齿轮箱技术研究所、热工技术研究所、硬面技术研究所、热处理技术研究所及博士后工作站为试验研究基地，冷热加工技术并举，特种焊接、数控等专项技术做支持，辐射全公司的技术创新体系和运行机制。企业技术中心2004年、2009年两次荣获“国家认定企业技术中心成就奖”，成为全国重机行业和辽宁省唯一连续两次获此殊荣的企业技术中心。

图1 20 000 t×125 m多吊点桥式起重机

图2 6 000 t/h斗轮堆取料机

大连重工·起重是国家高技能人才培养示范基地。企业现有工程技术人员1424人，其中高级职称372人，中级职称642人，博士2人，享受政府津贴专家24人，拥有一支专业齐全、门类广泛、具有较高创新研发能力的技术创新团队。人才队伍建设坚持采取“外引内培”两条腿走路与激励机制并举的方针。一方面结合重大装备新产品开发、新产业拓展引进高水平国内外专家人才，通过高起点引人、引智创新，快速实现技术与市场的突破，达到了引进一个人(或一项技术)，搭建一个平台、开发一个产业，带出一支队伍的效果。另一方面建立起企业内部人才培养的长效机制，每年通过导师制、名师带高徒、百名骨干培训、三年成才规划、横向挂职锻炼，以及外派 MBA、EMBA 培养等多种有效形式，有针对性的全面加强企业内部各类专家、技术骨干及青年技术人员各层次人员的培训，加速了创新人才的成长。企业建立了内部专家评聘机制，目前评聘有特级、一级、二级、三级专家共 400 余人。各级专家已成为企业技术创新的中坚力量。

科技投入力度不断加大，技术研发经费支出占产品销售收入的比例逐年增加，2009 年达到了 5.09%。逐年稳定增长的技术开发投入为企业技术发展提供了研发资金保障。

在持续多年快速发展过程中，大连重工·起重坚持以科学发展观为指导，不断解放思想，勇于探索，走出了一条以引人创新、引智创新和集成创新“三个创新”为主要创新方式，引进消化吸收再创新为主要创新内容，最终形成自主创新能力的符合企业自身特点的技术创新之路。遵循这一新的创新理念，企业技术发展步入了“引进、消化、提高、再创新”的良性循环轨道。

近年来，大连重工·起重以重大装备国产化为己任，先后为国家承担并成功破解了兆瓦级风力发电设备、大型半组合式船用柴油机曲轴、大断面隧道掘进机、百万千瓦级核电站用环行起重机、大型电站机组核心铸件等重大装备国产化研制课题，被国家确定为国家兆瓦级风电机组生产研制基地、国家大型船用曲轴生产研制基地、国家大型电站核心铸钢件研制基地、第三代核电关键设备(核环吊)国产化研制基地和国家新能源装备行业重点骨干企业。企业以市场为导向，技术为先导，相继开发出了起重量、跨度、起升高度均居世界之最的超大型 2 万 t 多吊点桥式起重机(如图 1)；当代国际先进的 1.5～3MW 风电机组及增速机等核心部件(如图 3)、50－90 型大型船用曲轴(如图 4)；国内首套最大规格的 7.63 m 大容积环保型焦炉机械成套设备；国内首台具有自主知识产权的百万千瓦核电站用环行起重机、可解列及不可解列翻车机卸车系统、三车翻车机卸车系统、6 000 t/h 大型斗轮堆取料机(如图 2)、5.5 m捣固焦炉机械成套设备；国内首次机、电、液系统自主集成的 1 500 mm 热连轧成套设备；国内首家独立成功制造的三峡 70 万 kw 水轮机上冠、下环、叶片等一批国内领先、填补国内外空白的重大装备新产品。兆瓦级风电机组装机容量 2007 年、2008 年连续两年居全国第一、世界第七，2009 年居全国第一、世界第三。新能源风电产业已成为支撑企业当前及未来发展的支柱型产业。

图 3　1.5 MW 风力发电机组(现场)

图 4　90 型船用曲轴

技术创新为大连重工·起重插上了腾飞的翅膀，企业传统主导产品技术水平不断优化提升，新产品、新产业不断拓展，自主创新能力不断增强，市场优势不断巩固扩大。以技术创新为强力支持，推动企业实现了持续快速发展，走在了东北老工业基地振兴的前列，成为国家振兴和发展重大装备制造业的重要力量。

“十二五”期间，大连重工·起重将继续以重大装备国产化为己任，“中国第一”、“世界一流”为目标，加快“两变革”(经营理念变革、发展模式变革)、力推“三创新”(技术创新、管理创新、体制创新)、实施“四举措”(科技主导、全球经营、结构优化、人才积聚)、坚持“五并举”(冷、热加工并举,软、硬件投入并举,新、老产品拓展并举,产品经营、资本运营并举,国内、国外市场并举),走“专、精、特、新”差异化发展之路,转变发展方式,实现持续科学发展。到“十二五”末期,企业经营额在2010年的基础上再翻一番,成为我国重大装备国产化的重要研制基地,进入国际知名重工企业行列。

撰 稿 人:大连重工—大起集团有限公司
联系电话:0411－86852077
地　　址:辽宁省大连市西岗区八一路169号 116013

科技引领　打造先进

上海科大重工集团有限公司成立于1993年，是一家专业生产带式输送机的大型机械制造企业，注册资金人民币1亿元，公司现有员工485名，其中，中、高级技术人员57名。公司位于上海青浦工业园区华青路815号，占地面积83 500 m^2，厂房面积52 600 m^2，公司曾荣获全国“重合同守信用”企业，上海市“百强私营”企业，上海“高新技术”企业，上海市“科技小巨人”企业，上海市“AAA”合同信誉单位，上海市“职工最满意”企业，上海市“用户满意产品”等。生产的带式输送机产品曾经被评为上海市“名牌产品”和上海市“著名商标”。2009年完成产值人民币6.75亿元，完成带式输送机总长度132 km，上交国家税收达2 500万元。近几年科大注重科技研发，成功开发了一些新产品，获取发明专利、实用专利高达56项。成为带式输送机行业的骨干企业。

图1

图2

上海科大重工集团有限公司注重科技领先，引进了一批业内高级人才，研制开发了国内最大运量的特大型带式输送机，该机输送的物料为铁矿石，输送量达到20 000 t/h，带宽2 200 mm，带速4.2 m/s，最长单机长度1 230 m，输送机总长3 524 m，大大超越了国内目前带式输送机最高运量，将国内最大的输送量整整提高了一倍，输送量与国际上最大输送量持平。开创了国内带式输送机向特大型输送机发展的先河。

公司为贵州雍城电厂研发生产了单机长度达7 102 m的世界第二，亚洲地区第一长的GD400×7 100 m智能化、环保型、节约型管状带式输送机，在国内属首创，改变了煤电厂的燃煤依靠汽车运输而造成的大排污、大耗油、大污染及交通事故高发的情况。目前，该机正紧张有序制造和安装，该机投入使用后，将对我国的煤电厂环保运输带来不可估量的示范带动作用。真正称得上是我国煤电厂运输的一次革命。

公司不但研发了长距离、大运量管状带式输送机，同时研发了双向运行的管状带式输送机。该双向运行管状带式机的应用，从根本上解决了钢厂技术改造中因历史条件有限，工艺复杂，施工难度大等一些普通胶带机无法解决的问题。从理论上、实践上一次性将两种不同成份物料从两个方向，向各自所达到的位置一次性输送，真正体现了节约土地、减少能耗、环保、安全诸多的优点。该机已投入使用二年多，环保节能性已充分体现出来，被评为2009年机械工业“科技二等奖”。

图3

上海科大重工集团有限公司作为一家成功的民营企业，积极参与各项社会活动中，热心社会公益事业，公司出资资助了一大批贫困学生，出资援建了两所希望小学。真正践行“致富思源，富而思进”，公司董事长李平先后被评为2004～2006年“上海市劳动模范”，上海市第二届中国特色优秀社会主义建设者，2010年被光荣的评为2005～2010年“全国劳动模范”。

图4

上海科大重工集团有限公司经过近二十年的拼搏，已经从一个生产一般输送设备的企业向科技型、大型化的高难度特大型输送机械产品方面发展，争取再用5～10年时间打造一家生产高端输送机械和出口产量占有一定份额的大型输送机械专业制造公司。为我国带式输送机走向国际市场，打造先进制造业，整体提升带式输送机行业水平做出更大的贡献。

撰稿人：郁丽芳
单　　位：上海科大重工集团有限公司
联系电话：021－69212608
地　　址：上海市青浦工业园区华青路815号　201780

科技创新促卫华事业腾飞

卫华集团有限公司始建于1988年6月，经过22年的奋勇拼搏，已发展成为集起重机械研发、设计、制造、销售、安装、服务、进出口业务为一体的大型企业集团，形成了强大的综合技术创新体系，具备机械加工、热处理、焊接、装配、检测计量和包装发运等配套齐全的先进生产装备和大规模生产能力。集团现拥有15家控股子公司，总资产22亿元，占地面积逾100 m^2。主要产品有桥、门式起重机、港口机械、电动葫芦等九大系列200多个品种。产品行销全国各地，广泛应用于宝钢、鞍钢、首钢、武钢、一重、一汽、航天科工、中煤神华、海口港、合肥港、福州港等国内特大型企业和南水北调、西气东输、三峡水电、奥运配套工程、世界最大铸锻钢基地等国家重点工程，还远销到印度、英国、俄罗斯、巴西等多个国家和地区。2009年销售收入31.2亿元，创历史新高。

公司先后荣获"中国机械500强"、"中国民营企业500强"、"中国装备制造业100强"、"全国守合同重信用企业"等近300多项殊荣。卫华牌桥、门式起重机获得"中国名牌产品"称号，"卫华牌"商标被评为"中国驰名商标"。

1　技术研发是企业发展之魂

近几年来，卫华集团不断加大企业的技术创新研发投入力度，2009年集团研发投入资金达到15 000余万元，研发投入占销售收入的比例几年来一直维持在5%以上，新产品销售收入占总销售收入的60%～80%。通过加大投入力度，开拓创新思维，集团技术创新能力不断增强，企业核心竞争力不断提升，集团综合实力已位居全国同行业前列。

一是具有一支优秀的研发创新队伍。卫华集团现有各类工程技术人员及专业管理人员1 000多人，科研人员600多人，各类中高级技术人员200多人，享受国家政府津贴高级工程师8人，教授级高级工程师4人，高级职称专家38人，外部专家5人，硕士研究生65人，博士研究生5人，技术实力雄厚，具有强大的产品开发能力。截至目前，公司申报专利103项，包括发明专利21项，实用新型专利77项。其中已获国家专利76项，位于国内桥门式起重机行业首位。2008年集团被评为"河南省创新型试点企业"和"河南省知识产权优势企业"。2009年，被评为"全国企事业知识产权试点单位"。

二是具有完善的产品开发平台。卫华集团设有河南省起重机械装备工程技术研究中心和省级企业技术中心，设立了上海设计研究院、力学分析室、新产品开发室、港机室等。以AutoCAD、PRO/E、Solidworks等软件进行产品设计二维和三维制图，采用国际先进的有限元设计手段，进行新产品性能的优化设计。

公司自主研发了起重机设计计算程序、主梁及卷筒的CAD自动制图程序，提高设计效率，保证了设计质量。

三是具有完善的激励机制。卫华集团通过建立《专利管理制度》、《科技项目管理制度》、《卫华集团专项奖励管理办法》等，每年奖励技术人员专项奖金总额300万以上。同时，在采取给优秀员工配套房措施之后，再推多项措施激励员工队伍，如实施虚拟股份奖励、汽车福利、免费就餐、免费班车等。

四是具有先进的技术开发硬件。集团高度重视产品质量，拥有先进的产品质量检测手段，建立了科学的质量保障体系。1999年在同行业率先通过了ISO9001质量管理体系认证，并于2005年通过质量、环境、职业健康安全管理三体系整合认证。

通过了国家实验室认可的"卫华集团有限公司技术检验测试中心"拥有100t电动葫芦试验台、300t单双梁试验台、HGA－3B锰磷硅微机数显高速分析仪、XJL－03金相显微镜、WEW－300C微机屏显液压万能材料试验机、投影1 m测长机等60多台套先进的检测试验仪器，具有较强的检验测试能力。

五是具有完善的技术标准体系。技术标准体

系能促进科技成果迅速转化为现实生产力，可以引导技术人员集中力量突破技术难关，加快生产技术的更新速度，缩短新产品试制周期和生产准备周期，加速产品的更新换代。由此，根据《企业标准体系》、《企业标准体系评价与改进》等要求，集团对技术标准体系进行不断改进和完善。公司拥有国际、国家、行业标准 2000 余项，制修订了企业技术标准 300 余项，并且参与制（修）订国家标准、行业标准 25 次 20 项。

六是具有广阔的国内合作与交流平台。卫华集团是中国重型机械协会副理事长单位、中国重型机械协会桥式起重机分会副理事长单位和中国机械工程学会物流工程分会理事单位。公司拥有参与制订国家起重机行业技术标准的专家 1 名，通过参加各种学术研讨会、标准制修订，通过加强技术信息的收集，使公司技术人员能第一时间了解大部分行业相关新知识。通过学术交流、校企合作和国内顶级专家的指导，公司技术研发能力不断增强。还聘请了杨叔子院士为卫华集团高级顾问，带动了集团科技创新能力和研发能力的不断提高，推动集团加快科技人才的培养和全员素质的提升。

2　技术创新实现产品升级

通过不断加大企业的技术创新投资，不断优化方案设计，改进工艺、提高产品质量，充分发挥河南省起重机械装备工程技术研究中心、国家级实验室等机构的作用，通过引进先进技术与消化吸收并举，注重自身科技人员参与开发，提高自主创新能力，卫华集团起重机械研发水平实现了质的飞跃，产品不断升级换代。公司在全自动垃圾吊、冶金起重机、水工起重机、港口机械等特种起重机的制造领域实现了重大突破。公司产品在大吨位、高起升、低耗能等起重设备设计、制造方面具备了较强的实力，为一大批国家重点工程，重点项目及国外大型工程提供了大批优质的起重设备。

一、自主研发了世界上首创的“GLQ40 双驱动交流变频港口轮胎起重机”，核心技术申报了 2 项发明专利和 2 项实用新型专利。此项目进行了国内外科技查新，为国内外首创。该项目的成功，为我国起重机的科学技术含量走在世界前列做出了贡献。该产品 2008 年荣获新乡市科技进步奖一等奖，被列入河南省重大科技攻关计划项目，2008～2009 年国家火炬计划；2009 年被列入河南省科技成果转化项目，荣获中国机械工业科学技术奖三等奖。

图 1

图 2

二、水利工程用起升高度 400 m 的 40/5 t 门式起重机是用于北京奥运会配套工程——张河湾抽水蓄能电站，该电站上、下水库落差400 m。本项目创新地解决了超大起升高度造成的钢绳大储绳量、无序排列、爬绳、翻绳、吊点不同步、钢绳相互缠绕等技术难题。核心技术申报了 4 项专利。该项目的成功，为我国起重机在解决超大起升高度的技术难题方面走在世界前列做出了贡献。该项目被列入新乡市科技成果转化项目，荣获新乡市科技进步奖一等奖，国家机械工业科学技术三等奖，并被评为中国企业新纪录，其起升高度 400 m，创门式起重机起升高度最高世界纪录。

三、自主研发了“旋转电磁自翻转 C 形钩组合吊具”。该吊具结合了电磁吊具和 C 型机械吊具的优点，可以方便的搬运初轧坯、转运冷钢坯，能够适应钢厂新的工艺流程生产线，既降低了使用成本又方便了用户使用。该吊具核心技术申报了2项发明专利和2项实用新型专利。从我国目前资料上来看，该产品的研发成功，填补了此类多功能吊具设备的空白。

图 3

四、BB8T(BX8T)、BB12T(BX12T)壁式悬臂起重机。该项目完成的壁式悬臂起重机是目前我国起重量最大、悬臂最长的壁行式悬臂起重机。通过采用具有自主知识产权的“壁行式悬臂起重机上的起升机构”和“可调式平衡臂防卡轨装置”等专利技术，成功地解决了大吨位长悬臂带来的起重机水平轮压增大以及厂房成本显著加大等问题。在壁行式悬臂起重机起升机构及车轮减压技术方面实现了集成创新，达到了国际同类产品先进水平。该项目2009年被列入省院合作项目。

图 4

每一次浪潮都意味着新的机遇，每一次突破都预示着新的跨越。卫华集团将继续坚持科学发展观，着力提升研发水平，抢占技术制高点，迅速增强品牌的核心竞争力，争取未来5～10年内，实现做大做强，力争成为中国最具竞争力的起重运输设备制造商，并成为世界范围内最具影响力的大型起重设备制造集团之一。

撰 稿 人：秦英奕
单　　位：卫华集团有限公司
联系电话：0373－8887697
地　　址：河南省长垣县博爱南路6号　453400

技术为本、创新为先，博瑞重工踏实前行

大连博瑞重工有限公司，是国家认定的高新技术企业，公司技术中心为大连市认定的企业技术中心。公司成立8年来，始终坚持技术为本、创新为先的经营理念，踏实前行，创造了一个又一个奇迹：他们向市场贡献了国内幅度最大的门座起重机、世界功能最多的卸船机、世界跨度最大的造船门式起重机、国内第一台核电站反应堆厂房闸门提升机、国内第一台小开度钢卷夹钳、国内第一台小开度钢板提升机。

图1 900 t×224 m造船门式起重机

博瑞重工是以起重、运输、装卸机械为主，以其它机械产品为辅，向用户提供产品设计、开发、制造、安装、维修、服务的民营企业。公司以较强的技术创新能力和新产品开发能力在本行业享有较高的声誉，以技术新、质量优、交货快、服务好为特色独树一帜。他们用高新技术改造传统产业，使得高新技术产品占销售额的95%以上。从博瑞重工主导产品的品种，体现了公司的技术实力：新型门座起重机系列、多功能岸边装卸船起重机系列、大型造船门式起重机系列、低净空吊钩桥式起重机系列、多功能电磁挂梁起重机系列、铸造起重机模块化系列、核电站设备闸门提升机和翻转平台卷扬机系列、多功能轨道式集装箱门式起重机系列。

博瑞重工拥有诸多专利技术和产品的自主知识产权，拥有现代化的生产基地和配套齐全的焊接、加工、检验、试验设备和厂房，向国内外众多用户提供了大批高技术含量、高性价比、高质量的产品，并以诚实守信赢得了用户的信任。

市场的竞争，归根到底是人才的竞争。博瑞重工凭借严谨的技术风格、忠厚的企业形象和企业领导者的人格魅力，吸引了本行业众多的优秀人才。

公司董事长兼总经理田东风，国务院政府特殊津贴获得者，辽宁省优秀专家、教授级高级工程师、MBA、太原科技大学兼职教授、中国机械工程学会物流工程分会理事。他有强烈的创新意识和突出的开拓能力，始终站在本行业的技术前沿，带领着公司的研发团队不断创新，引导着技术发展的方向。

图2 60 t多功能装卸桥

博瑞重工现有研发人员40人，其中教授级高工4人、高级工程师6人，博士学位者3人、硕士学位者8人。

为了培养后备力量，公司建立了有效的人才培养机制，定期选派优秀青年研发人员到国内知名院校在职深造。

现代信息技术和先进的研发设备是技术创新的重要条件，公司为技术中心配备了50台微机，产品研发人员的微机全部采用双屏幕显示。还配备了激光绘图仪、大型喷墨绘图仪。采用Autodesk的正版inventor软件和国产CAXA软件进行产品开发。采用CAE技术，对产品进行结构分析、风振分析、抗地震计算、热影响分析、动态模拟等等。技术中心还配备了变频调速试验台，用于起重机变频调速特性的试验研究；建设了起

重机试验台，用于新产品的整机试验；建设了理化试验室，用于材料的物理化学性能检验和焊接试验结果的评定。

博瑞重工大力发展产、学、研相结合的产品开发模式，与大连理工大学、武汉理工大学、太原科技大学、北京起重运输机械研究院、郑州机械研究所等高校和科研院所有良好的合作伙伴关系，共同科研攻关、开发新产品、开展教学活动，先后开发出新型门座起重机系列、高速铁路900 t架桥机等创新产品，培养出多名博士、硕士研究生和数十名本科生。

公司每年都要投入不低于年销售收入4%的资金用于研发，2009年投入的研发资金，占全年销售收入的5.5%。

博瑞重工的技术创新主要体现在两个方面：一方面是开发有核心专利技术和自主知识产权、利用新传动原理、新机械结构和新加工工艺的新型起重机。另一方面是开发采用数字化、信息化技术，提高设备性能及自动化水平的技术。这就需要有设计理论和设计方法创新、传动原理的创新、机械结构的创新以及设计过程中高新技术的应用。博瑞重工创立了起重机起升机构的可靠性分析理论、铸造起重机主起升电动机的选择方法、起重机起升机构变频电动机的选择方法等创新理论与方法，指导自己的技术创新实践。

原创性的技术创新是企业的核心竞争力，博瑞重工用专利权来保护自己的原创性技术创新，现已拥有钢丝绳换向缠绕装置、机械式挂梁防摆装置等发明专利和实用新型专利数十项。

博瑞重工把专利技术应用到产品当中，实现了科技成果的快速转化，也提升了产品的技术含量和竞争力。

博瑞重工从成立到现在的不到八年的时间里，已经以工程总承包(交钥匙)的方式向太钢、杭钢、舞钢等大型钢铁企业提供了吊运钢水用的140 t、160 t、170 t铸造起重机和宽厚板轧机用的50 t多功能电磁挂梁起重机和多种专利吊具。向STX(大连)、大连造船重工、大连今冈船务、山海关造船重工、山东新船重工、黄海船厂、广州航通等大型造船企业提供了吊运船体分段用的900 t、400 t、230 t大型造船龙门起重机，40 t×70 m、100 t×40 m、50 t×100 m等新型门座起重机，60 t岸边多功能装卸船机，65 t×35 m回转伸缩多功能电磁挂梁门式起重机，250 t×40 m低净空桥式起重机。向营口港、石岛新港等港口码头提供了41t×40 m、41 t×50 m轨道式集装箱龙门起重机和35 t岸边集装箱起重机，向广东岭澳、辽宁红沿河、福建宁德、广东阳江、广东秦山方家山、福建福清等核电站提供了反应堆厂房安全壳上的设备闸门起吊装置和翻转平台卷扬机等创新型产品。向日本出口了65 t×35 m回转伸缩电磁挂梁门式起重机，向韩国出口了40 t×35 m四连杆门座起重机。开发了核电站专用的起重设备、高辐射核废料处理专用机器人、垃圾处理专用起重设备、高速铁路架桥机等专用设备。除此之外，还设计、生产了各种类型的起重机达300多台，产品性能、质量、交货期和售后服务都得到用户的好评。

图3　40 t×70 m门座起重机

博瑞重工在董事长田东风的领导下，始终牢记党的宗旨、不忘社会责任，坚持以毛泽东思想、邓小平理论、三个代表重要思想和科学发展观作为企业的灵魂。他自觉接受党的领导，成立了党支部，努力探索民营企业党的建设的理论和方法，充分发挥党员的模范带头作用。

全体员工共同努力构建和谐社会，积极踊跃为灾区捐款。公司还捐款12万元为公司所在的大八里街道修路、改造自来水管线，每年出资2万元帮助困难学生、慰问孤寡老人，还向社会捐助善款15万元。

2009年，面对金融危机，博瑞重工庄重承诺不裁员，公司上下齐心协力共度难关。

大家的努力得到了社会的认可，博瑞重工被列为大连市重点扶持的民营企业之一，被评为大连市创业成长型企业、市2006～2007年度先进集体、旅顺口区模范劳动关系和谐企业。公司党支部被评为大连市2009年先进党支部。田东风被评为2006～2007年度旅顺口区劳动模范，2008～2009年度旅顺口区优秀人大代表，2008～2009年度大连市劳动模范。

博瑞重工在成绩和荣誉面前始终保持清醒的头脑，继续向着更高的目标迈进。

博瑞重工的近期发展目标是：在不断完善现有生产基地相关设施的基础上，到2012年在大连地区所辖的海岸线上建立一个港口设备制造基地和出海口，年销售额达到10亿元，把公司建成国内物流装备制造业的知名企业。到2015年，实现产品全面进入国际市场、参与国际竞争。

博瑞重工的远期发展目标是：以研究开发设计高起点、高技术、高附加值、多应用领域的起重运输机械为产品发展的主要方向，以产品开发和市场开发为依托，加大产品开发力度，形成雄厚的技术储备，以满足国内、国外起重机市场的需求，使自己逐步成为国内最具竞争实力的，具有从研究开发到设计制造，直至售后服务的起重运输机械成套设备总承包能力的企业集团，形成多个领域的稳固的产品优势和国内外市场优势，从而使公司发展成为高科技、外向型、具备相当规模的集约化的大型企业集团。最终使自己的产品达到国际一流的水平，把公司建成国际一流的跨国集团。

撰 稿 人：刘元利
单　　位：大连博瑞重工有限公司
联系电话：0411－39362102
地　　址：辽宁省大连市旅顺中区旅顺中路109号　116051

技术创新是企业发展的第一驱动力

——株洲天桥起重机股份有限公司

株洲天桥起重机有限公司成立于1999年，2007年整体变更为股份公司，是一家专业从事起重设备研发、制造、销售业务的高新技术企业，注册资本1.2亿元，总资产6.8亿元，销售收入5.6亿元。公司在株洲市田心高新工业园区和龙头铺镇兴隆工业园区建有两处现代化生产基地，拥有土地使用权18万多m^2，生产及办公房屋建筑面积近7万m^2，职工900余人，并投资设立了一家专业从事起重设备核心零部件制造业务的子公司——株洲天桥起重配件制造有限公司（如图1）。

图1

公司产品主要属于桥、门式起重机，包括通用桥、门式起重机、电解铝多功能机组、阳极焙烧炉用多功能机组、阳极炭块堆垛机组、铝电解槽集中大修转运系统、铸造起重机、夹钳起重机、电磁挂梁起重机、核电起重机、提梁机、港口门座式起重机、公路架桥设备等。公司注重引进、吸收国内外先进技术，加强与科研院所和跨国公司的交流合作，技术不断创新，研制成功了一大批新产品、新技术，极大的增强了市场竞争力，目前公司产品销售网络覆盖全国30个省、市、自治区，并出口德国、阿曼、俄罗斯、越南、赞比亚、印度等诸多国家。

公司秉承“诚信、敬业、自强、卓越”的企业精神，奉行“天道酬勤”的核心价值观，“立足起重行业，耕耘起重行业”，以“服务社会和国家经济的和谐发展、致力客户和企业价值的稳定提升、立足员工和股东利益的持续实现”为宗旨而不懈努力，多年来得到了社会各界的认可，先后荣获了“安全质量标准化机械制造企业”、“全省机械工业先进集体”、“湖南质量功勋企业”、“湖南省质量信用A级企业”等诸多荣誉，“天桥牌”商标被评为湖南省著名商标。

图2

近三年来，公司经营业绩得到了快速增长，主营业务收入年复合增长率达到35%，净利润年复合增长率达到60%。持续稳定的业绩增长，不仅得益于经营机制的改革和基础管理水平的提升，更得益于技术创新这一企业发展的关键驱动力。

勇于变革，持续增强技术力量

一是优化科研条件。公司新建成研发大楼，整体构建安全、稳定、高速的局域网，为每位技术人员配备工作电脑；公司采用PDM系统整合浩如烟海的技术资料，提供最新的CAD、CAE、CAPP、PRO/E、Solidworks等研发设计程序，并采用有限元分析优化产品设计；公司建设企业图书馆，收藏大量科技书籍和资料，帮助技术人员学习提升；此外，公司还为员工提供单身宿舍、食堂、篮球场、乒乓球场等生活、娱乐设施，积极提高员工福利待遇。

二是健全激励机制。公司制定了《技术中心绩效考核制度》、《科技成果奖励办法》、《知识产权管理规定》等一系列的规章制度，通过各项奖惩措施提高技术人员积极性；同时，公司实施了股权激励措施，让核心技术人员持有公司股份，加强激励与约束作用。

图 3

三是加大研发投入。公司近三年来共投入研发费用 6 200 多万元，开展了铁路快运专线架桥设备、电解槽集中大修转运系统、新型铝电解多功能机组、新型焙烧炉用多功能机组、铅电解多功能机组等一大批研发项目，成功研制出一批新产品、新技术，有效的提高了公司市场竞争力，并为公司将来的发展储备技术成果。

四是完善管理制度。公司系统制定了各项设计开发控制程序，完善了设计质量监检机制，规范了技术资料管理制度，并结合信息化流程控制手段确保各项规章制度的严格执行。2010 年，公司通过了 ISO9001:2008 质量管理体系认证，严格规范了设计阶段的质量控制程序，加强了设计过程的可追溯性，在设计阶段确保产品质量。

五是加强合作交流。公司是中国重型机械工业协会常务理事单位、物料搬运专业委员会副理事长单位和桥式起重机专业委员会副理事长单位，积极参加各类协会技术研讨会议，参与制定了多项行业标准；公司注重引进、吸收国内外先进技术，进行“产、学、研”联合技术开发，与北京起重运输机械研究院、北京钢铁设计研究院、武汉钢铁设计研究院、沈阳铝镁设计研究院、贵阳铝镁设计研究院、长沙有色设计研究院、中铁武汉工程机械研究设计院、中南大学、湖南大学等各科研院所、大专院校开展了广泛合作，提升了公司技术水平，加快了科研成果产业化进程。

最后，建设优秀的技术队伍是增强技术力量的关键。公司设有省级企业技术中心，专职技术研发人员近 100 名，外部专家 5 名，教授级高级工程师 1 名，享受国务院特殊津贴专家 1 名，近三年来完成了一大批研发项目，每年均有项目被列入“湖南省创新指导计划”，获得了“中国机械工业科学技术进步奖”、“湖南省科学技术进步奖”等诸多荣誉，并申报了专利 15 项，已经取得了 7 项。2008 年，公司在湖南省第一批通过高新技术企业认证。

勤于创新，不断加大研发力度

公司坚持起重设备专用化技术发展路线，不断深入了解应用领域的生产工艺与作业流程，注重自有知识产权的创新开发，加强与各科研院所、大专院校的合作，在专用化起重设备领域——特别是铝冶炼专用起重设备方面——取得了诸多创新成果，成功研发出了一大批新产品，为客户提供了专用化、大型化、高效化的多功能作业平台，为国家工业技术升级做出了贡献。

一、新型三梁铝电解多功能机组。目前，我国电解铝行业节能减排的压力日益增强，而采用大型预焙槽生产工艺是最有效地降低电解铝生产过程中的能耗和污染的途径，新型三梁铝电解多功能机组即是为配套大型预焙槽生产工艺而自主创新研发成功的。该机组大车采用了三主梁结构，能够有效承载大吨位出铝小车，同时集成了计算机技术，PLC 编程控制技术，无线摇控技术、电机变频调速技术、故障自诊断技术，是集机、电、液、气及计算机技术为一体的新一代电解铝生产多功能工作平台。该产品技术水平经湖南省科学技术厅鉴定为国内领先，荣获了中国机械工业联合会、中国机械工程学会联合授予的“中国机械工业科学技术进步奖”，湖南省人民政府授予的“湖南省科学技术进步奖”等诸多荣誉。

图 4

二、电解槽集中大修转运系统。电解槽大修技术有两种基本方式，就地大修和集中大修。相对于就地大修，集中大修具有大修时间短、安全系数大、环境污染小、修理质量高等诸多优点，但是由于集中大修设备从国外进口价格高昂等原因，国内电解铝厂基本采用就地大修的方式。电解槽集中大修转运系统的成功研制，填补了国内这一空白，实现了电解铝集中大修设备国产化，能够有效提升我国电解铝行业装备水平。该研制项目被列入"湖南省创新指导计划"，产品技术水平经中国有色金属工业协会鉴定为国际先进。

三、450 t 提梁机。近年来，随着国民经济的稳步增长，我国高速铁路建设投入力度持续加大，而提梁机即是铺架"高铁"的必需装备。为了实现铁路铺架装备国产化，公司与中铁武汉工程机械研究设计院开展合作，共同完成了 450 t 提梁机的研制工作。该产品采用 2 台 450 t 提梁机联合吊运的工作方式，搬运 900 t 的箱梁。该研制项目被列入"湖南省创新指导计划"。

图 5

未来五年，公司将以市场需求为导向，优化产品结构，形成具有自主知识产权和创新技术特点的"大"、"特"、"专"、"精"的产品和服务。以再创新为动力，更加重视自有技术的创新开发，向知识经济方向逐步发展，在专用化起重设备领域逐渐形成核心竞争力，综合实力跻身全国同行业前列，并具备较强国际竞争力，为我国工业化发展中起重设备技术水平的提升做出自己的贡献。

撰 稿 人：黄文斌

单　　位：株洲天桥起重机股份有限公司

联系电话：0731－22337000－8022

地　　址：湖南省株洲市石峰区田心北厂 412001

凭精细做强胜

——广起三十年成就辉煌

广州起重机械有限公司(简称广起)成立于1956年,历经半个多世纪的磨砺,经受30多年改革开放的洗礼,广起已发展成为广东最大的起重机专业制造和服务企业,成为技术融汇中外,产品门类齐全的最具特色的物流装备制造企业之一。

图 1

广起总部设在广州市广园中路,占地4万 m^2;生产基地设在广州花都区,毗邻广州白云国际机场,占地面积5万 m^2;粤西生产基地设在广东省云浮市西江边,占地面积13万 m^2。现有员工近400人,其中高、中级工程技术人员占15%,技术工人占50%。拥有德国梅塞尔数控切割机、日本松下和美国林肯自动焊接设备、端梁数控加工中心和引进科尼起重机结构件拼装设备等先进设备共130台套。

广起具有A级特种设备制造许可证和A级特种设备安装改造维修许可证,具有年产各类起重机1 000台的能力,具有维修改造各类中外品牌起重机的业绩和丰富的经验。具有最大吨位参数320 t门式、260 t通用桥式、160 t葫芦桥式、160 t造船门式、100 t冶金桥式、40.5 t集装箱门式、16 t门座式,12 t梁式、10 t梁式防爆等起重机的制造许可证,同时生产液压升降台、欧式端梁总成等产品,并为起重机配套专用吊、夹具。产品广泛应用于全国机械、冶金、港口码头、造纸、汽车、石化、造船、电力、环保、物流等行业,出口东南亚和南美国家。2003年广起与世界著名的芬兰科尼起重机公司合资组建广起控股的广州泰克力起重机有限公司,融合广起的资源优势和科尼的技术优势,为客户提供国际一流的起重设备和优质高效的服务。

从2000年起,广起连续10年销售产值年均递增20%,2009年销售产值近3亿元。每年推出新产品占当年销售产值的40%以上。广起一贯秉承诚信经营的理念,近三年来,每年向政府纳税千万元以上,成为地区纳税重点企业。广起按照ISO9001标准建立了质量保证体系,制定了"持续改进,顾客满意"的质量方针,逐步推行"全员都争取做到让客户满意"的企业文化。以"质量第一、技术进步、优质服务"为主要的竞争手段,推进产品结构调整。为客户个性化服务,于细微处下功夫,赢得了广大用户的赞誉。

广起注重员工招聘本地化,主要吸纳当地技校毕业生进企业就业,为所在地经济发展负起应有的责任和贡献。企业和职工积极为白云戒毒所、孤寡老人、贫困地区、四川、玉树等地灾区捐物捐款,支持贫困地区教育发展,共捐款百万以上。重视安全生产、环保卫生,配合政府综合治理,成为地区劳动关系和谐A级企业。

图 2

广起是中国重型机械行业协会常务理事单位,全国桥式起重机协会副理事长单位,广东省广州市特种设备协会副会长单位,广东经济投资促进会常务理事单位,有较高的行业地位和市场影响力。近年来，广起相继获得“质量信誉双保障单位”、“全国质量信用企业”、“中国质量信用企业AAA+级单位”、“全国质量合格评定用户满意十佳品牌”、“广东省优秀企业”、“广东省著名商标”、“广东省名牌产品”等称号。

近年来，企业加大了新产品开发创新的投入，建立了CAD、CAPP、产品数据管理系统PDM、三维设计、针对结构的有限元分析等设计手段，不断进行产品结构的优化，不断向用户提供个性化的设计和产品，拓展了起重机的规格、种类和产品线。从通用桥门式起重机拓展到垃圾焚烧用抓斗起重机、纸厂专用起重机、全自动氧化吊等特种起重机；电磁挂梁起重机、旋转钢卷夹钳起重机、铸造起重机等冶金起重机；轨道式集装箱门吊、门座式起重机等港口类起重机；以及地铁施工专用门式起重机、造船门式起重机等大型门式起重机。为造船行业研制开发的80 m跨大型造船门式起重机，采用了先进的PLC自动控制和纠偏监控系统，提高了设备的安全可靠性。在城市轨道交通建设领域中，创新性地使用带自动液压翻转地铁盾构工程专用门式起重机，在城市有限的施工空间内，解决了地铁隧道盾构施工自动倒渣的问题，大大提高了工作效率和减少占地面积。通过技术消化和优化设计，开发出独有的更紧凑、更节能的LDB、LHG、QDG、MGA等桥门式起重机产品系列。起重机产品向大型化、专业化、自动化和节能方向发展。

不断应用新的配套和新技术，包括硬齿面减速器、三合一驱动、变频调速、定子调压调速、遥控、PLC、接近开关、磁开关、总线控制、人机界面等业内的先进技术和配套。应用新的电气控制技术，适应各类客户和工况的要求，使产品的控制灵活可靠。从反接制动调速、单相制动调速、涡流制动调速，到动力制动调速、串级调速，直到定子调压调速、变频调速等各种调速方式都在我们的产品上得到实际应用。起重机起升机构、平移机构的同步运行，电气纠偏装置，全自动控制系统等已得到实施。蓝牙通讯、无线网络通讯系统、全自动定位系统和防摇摆系统等技术也将逐步在产品上得到应用。

广起自行开发的四头CO_2自动焊接工装、大轨距车轮45°剖分镗孔装备、门座起重机臂架镗孔专机、门座起重机回转平面加工专机、小车架钻孔专机、陶瓷衬垫单面焊双面成型工艺装备，机械式箱型梁拼装工装等，提高了企业的工艺水平，大幅提高生产效率和产品质量。

图 3

几十年来，广起坚持科技创新，专心培养技术人才，充分研究学习国内外先进技术，走产一学一研结合的开发道路，先后获得部、市、局级的多项技术进步奖。2004年以来，每年通过公司评审奖励的“优质设计”、“优化设计”、“技术革新”等项目共30项，推动了技术人员技术创新的积极性。

广起是全国起重机技术专业委员会和金属结构专业委员会的成员，全国桥式起重机标准委员会成员，在新一轮的起重机技术标准制修订工作中，参与起重机设计规范等十几项技术标准的制修订，积极参加行业技术活动，为行业的技术进步和起重机技术的发展作出了积极的贡献。

企业的未来在于不断地进行技术、产品、管理的创新。积极开拓国内外市场，消化吸收先进技术，提高产品质量，应用新材料、提高起重机功能、提高起重机运行效率，将是未来一个五年广起最重要的发展战略之一。“十二五”期间，随着国家经济发展和客户需求的提高，新技术对行业发展的拉动效应愈发明显，技术创新更为重要。而全球背景下的市场竞争也日益剧烈，结构调整和产业升级势在必行。广起将从广州出发，向粤西转移，拓展两广西江流域内河港口起重机市场，实现大参数和特种起重机产品辐射全国，走向世界。广起有信心在技术进步和市场竞争中，于云山秀丽、珠水长流的南国打造一个制造物流装备的具有强大核心竞争力的企业。

撰 稿 人：庄炳春

单　　位：广州起重机械有限公司

联系电话：86—20—86796188

地　　址：广东省广州市花都区花东镇北兴老都大道北28号，501897

引领行业技术进步 推动民族工业发展

大连益利亚工程机械有限公司暨大连理工大学工程机械研究中心是面向我国工程机械产业的公共服务平台，旨在搭建面向工程机械行业的人才培养基地和技术服务集群。公司的主营业务为工程起重机系列产品设计、高空作业车系列产品设计、桥门式起重机及港口起重机产品设计、起重机寿命评估和维修服务、工程起重机械结构、液压与电气专业技术研发、行业应用软件开发等业务。公司地址位于大连市高新园区汇贤园腾飞园区。

“培养一支高素质的研发团队”是益利亚的首要目标。公司现有4个研究所，员工及学生总数300余人，其中，副高级以上职称8人，导师团队18人，博士团队12人，硕士生团队150余人；截止2009年底，已为20余家行业企业培养专业技术工程师500余人次。大连益利亚工程机械有限公司把人才培养作为一项长期重点工程提升到战略高度，不断吸引国内外工程机械行业的高层次人才共同参与项目研发，使公司拥有一支良性动态而又相对稳定、视野广阔、学术思想活跃、研究实力雄厚的人才队伍。通过自身不懈的努力，先后与华南理工大学、同济大学、太原科技大学等高等院校联合开展硕、博士生培养，为地方经济和工程机械行业的发展作出了突出的贡献。组建博士后科研基地是公司在博士后管理工作上迈出新的一步，是进一步推动产学研合作，开拓多样化和专业化的服务内容，建成高层次的科研人才体系，满足行业科研创新过程中对高端人才的迫切需要，是把益利亚工程公司建设成为全国博士后中青年人才的聚集地、创业的宝鼎和科研成果转化基地的重要举措。大连益利亚工程机械有限公司技术中心2009年被大连市科技局认定为市级工程机械工程技术研究中心，同年益利亚与大连理工大学、大连重工·起重集团有限公司联合组建并被批准为辽宁省起重机械工程技术研究中心，构成了完善的产学研一体化态势。技术中心拥有一支技术一流、多学科交叉、层次合理、高学历和年轻化的创新型研究开发人才梯队。为推动工程机械行业快速发展，解决产品进入全球化采购和销售的技术壁垒问题，益利亚技术研发团队从国际标准、国家标准、行业标准和企业标准四个层次建立标准化和技术法规体系，主持“十五”国家863计划项目“工程机械标准化研究”，明确了国内道路施工机械的标准化方向。修订了智能振动压路机（国家标准）、智能沥青混凝土摊铺机的机群化术语标准（国家标准）、履带式起重机标准（企业标准）等，规范我国工程机械产品。正在主编6种语言的《工程机械双向词典》，加速了我国工程机械与国际接轨的步伐。

“培植一批高利润的创新产品”是益利亚的价值体现。公司坚持“合作共赢”的发展理念，先后与徐工集团徐州重型机械有限公司、中联重工科技发展股份有限公司、北京京城重工机械有限责任公司、福田雷沃国际重工股份有限公司、柳工集团、大连船舶重工集团有限公司、大连重工·起重集团有限公司、中国石化集团、中国石油天然气股份有限公司、海洋石油工程有限公司等60余家行业知名企业建立了稳定的战略合作关系。累计开发了10大系列35个型号共计70余种新产品，填补了11项国内空白，获得30多项专利和2项软件著作权，多项成果获得省市科技进步奖。

大连益利亚工程机械有限公司暨大连理工大学工程机械研究中心从1994年开始进行履带起重机的研究，1998年与徐工集团徐州重型机械有限公司合作开发当时国内最大的自主知识产权的150 t履带起重机，随后又合作开发了220 t、260 t、350 t、450 t、650 t、1 000 t产品，目前正在研发2 000 t以上系列产品。2002年由于中联重科工程起重机分公司合作开发200 t履带起重机，随后又合作开发了70 t、160 t、300 t、400 t、600 t、1 000 t等产品。从2006年开始与山东奥奇重工有限公司、福田雷沃国际重工股份有限公司、浙江虎霸建机有限公司等多家行业内企业建立了合作关系，共同开发履带起重机，并在此基础上与湖南山河智能股份有限公司等国内知名企业合作研发伸缩臂履带起重机等产品。到目前为止，已建立成熟的设计体系，建立一支完善的设计队伍。公司

图 1　奥奇 350 t 履带式起重机

图 2　福田 360 t 履带式起重

图 3　中联 QUY1000 履带式起重机

图 4　徐工 450 t 履带起重机

图5　GTBZ 系列高空作业车

图 6　DG68 型登高平台消防车

与合肥神马科技有限公司、重庆大江工业(集团)有限责任公司、中国重汽集团泰安五岳专用汽车有限公司等 17 家国内知名企业合作,研发的 7 个吨位 16 种型号汽车起重机累计创造产值超过 10 亿元;解放牌 16/25/30/35/55 t 系列汽车起重机底盘获得 2007 年度长春市科学技术进步奖一等奖;BQZ5242JQZ16D 型汽车起重机获得 2002 年度安徽省科学技术研究成果奖和 2003 年度安徽省科学进步奖三等奖;QY－DL 系列全液压汽车起重机获海南特区科技成果名优新产品展销交流会金奖和大连市第二届新技术新产品交易会金奖。

与北京京城重工机械有限公司合作研发的自行式高空作业平台获 2007 年度东莞杯国际工业设计大奖赛铜奖;GTBZ 系列高空作业车获 5 项专利;GTBZ26/30 自行式高空作业车作为国庆 60 周年庆典保障用车,为国庆彩车的搭建、航天彩车的国庆庆典活动提供了有力保障。与徐工集团徐州重型机械有限公司合作研发的 DG68 型登高平台消防车,是国内首台具有自主知识产权的大型举高消防车,集消防灭火、应急救援、高空喷洒、喷射和高空工程作业等功能于一身,广泛应用于城市、矿山、油田等高层建筑的消防、救援和高空工程作业等场所。

与长沙中联重工科技发展股份有限公司联合开发了 TCR6055－32 型动臂塔式起重机。该起重机具有起重量大、占地控件小、能够在狭窄空间施工、使用灵活等优点,该产品填补了国内特大型动臂式塔机的空白。公司还为大连船舶重工集团有限公司设计了系列桥(门)式起重机、吊钩桥式起重机；为郑州市华中建机有限公司设计开发了两台造船龙门起重机；为大连船舶重工集团有限公司和渤海船舶重工有限公司设计了多种型号的移动式风雨棚，最大跨度达 88 m。

图 7　移动式风雨棚

“培育一方高增长的科技市场”是益利亚的产业愿景。依托大连理工大学工程研究中心的科研力量，益利亚在对我国工程机械领域前瞻性技术研究、关键共性技术开发和重大产品集成创新等方面取得了多项开拓性业绩，形成了一批前沿性科技产品，引领行业企业实现跨越式发展，为我国工程起重机械逐步实现替代进口，并开拓国际市场作出了贡献。

在“引领行业技术进步、推动民族工业发展”产业发展使命的引导下，益利亚心系行业，放眼全球，致力于服务中国工程机械行业技术进步和产业升级，于 2008 年发起并建成“中国工程起重机械行业企业技术服务集群”，2009 年 5 月启动建设“中国工程机械工业协会（大连）培训基地”，2009 年 6 月发起并建设“中国工程起重机械配套技术服务集群”，建设这一公共服务平台的目的在于整合行业优势资源，构建行业技术创新体系。公司计划再用 8～10 年的时间，发展成为集行业关键技术研究、新产品开发、专业人才培养、行业标准制定于一体的国际化一流企业。

撰 稿 人：郑亚辉

单　　位：大连益利亚工程机械有限公司

联系电话：0411－39775000

地　　址：辽宁省大连市高新园区江贤园 1 号 10 层　116025

朔造中国起重机新形象

——奥力通起重机创新历程

2005年，有一批中国起重机行业精英们聚集在北京，他们凭着在国内起重机行业多年从业经验，以及对起重机技术执着的追求，默默地开始关注中国乃至于世界起重机格局、开始潜心研究世界先进水平的欧洲起重机、开始萌发重塑中国起重机行业新形象的信念，这就是奥力通起重机的萌生，奥力通的成立标志着中国起重机行业的革新之路就此拉开了序幕。

奥力通起重机从开始起步就立足世界先进、高端产品的发展战略，坚持走自主研发和国际合作双通道齐头并进模式，并通过多元化学习，主动引进欧洲先进技术和管理理念，大胆创新，招贤纳士，创建以人为本的“尊重”文化，迅速搭建起一支优秀的创业队伍。

截止2010年5月30日，奥力通已经发展为总部位于北京，在国内有19家办事处、国外有2家办事处，共有260多名员工的高端起重机先进企业，奥力通的服务网络遍布全国，已建立了国内2 h快速服务圈，北京总部5万多m^2生产工厂已经全面投产，工艺先进、专业化、流水线布局的欧式起重机生产基地成为中国起重机行业的佼佼者。

奥力通年产欧式起重机超过1 000台，产值3亿多元，产品有双梁桥式起重机、门式起重机、轻型起重机、专用起重机、各种吊具等，已成功供货的最大吨位为300 t欧式起重机。

短短5年拼搏，奥力通队伍表现出超群的技术实力和市场开拓能力，成功研制出中国人自主品牌、世界一流的欧式起重机，高度矮、自重轻、低碳节能、安全环保的创新产品已成为中国起重机民族工业的技术先锋。

奥力通起重机采用先进的矢量变频技术，实现大车、小车无级调速，使起重机的启动、运行、制动都非常平稳，改变了原有起重机惯性大、吊钩晃动剧烈等现象。良好的无级变速系统可以使吊钩的位移达到肉眼无法察觉的细微程度，尤其在精密部件装配车间、贵重物品的装卸场合、或者重要工件翻转工段，创新的奥力通起重机无不成为吊装稳定性的保障。

体积小、噪音低、密封好、免维护的硬齿面减速机彻底淘汰了原有笨重、漏油的软齿面减速机。奥力通起重机所有驱动机构均采用硬齿面减速机，奥力通有自信向所有用户承诺“绝对不漏油”。

奥力通起重机通过多项实验，优选出高强、镀锌免维护钢丝绳，异型丝破断力2 160 N/mm^2比常规钢丝绳高出50%，钢丝绳寿命延长3～5年，而镀锌又增加了防锈功能，无需涂防锈油，创新的奥力通起重机钢丝绳真正做到安全、长寿、免维护。

常规液力推杆制动器体积大、精度差、维护难，奥力通起重机采用先进的电磁盘式制动器，带有刹车片间隙自动补偿功能，免除了大量的维护工作，安全可靠的调运已在奥力通起重机上正在实现。

奥力通为起重机专门研制出电子防摇系统，该系统采用电子控制方式，当起重机得到水平移动的指令后，电子防摇系统能自动、实时、精确地反馈吊钩惯性摇摆位移量，并通过专用程序计算出抑制吊钩摇晃的起重机水平运动补偿速度，及时修正起重机水平位移变量，有效遏制了起重机吊运过程中的摇摆问题。

奥力通还投入大量研发力量，紧跟网络化电子技术发展步伐，研发成功起重机远程控制系统，通过无线网络途径，在远程 HMI 人机交互式触摸屏上，可以轻松操作远程起重机，读取监控数据，制定维修作业计划等等。

起重机自动控制一直是行业难题，奥力通起重机经过不断改进和测试，已成功为中国、美国、德国等客户提供了世界上高可靠、高自动化智能水平的起重机，奥力通起重机的自动化控制系统已广泛应用于航空、航天、工业等领域，比如飞机发动机上部运输系统。

奥力通起重机的革新还促进了建筑行业的发展，比如，奥力通专利技术“网架式屋顶悬挂起重机柔性吊点”，使起重机对网架球结点的变形量适应性由 10 mm 提高到 120 mm，有效改善了起重机对网架屋顶变形的自调能力，提高起重机运行平稳性，降低了建筑成本，攻克了网架屋顶在不同气候下变形差异大，影响起重机运行的世界级难题。这一专利已成功应用于首都机场 A380 机库，奥力通已成为世界上拥有网架屋顶柔性吊点设计专利和实际供货业绩的领军企业之一。

欧式起重机改变了中国传统起重机笨重、高大的设计理念，通过优化设计，降低了起重机自身高度，为用户降低厂房高度创造了条件，比如 32 t 起重机，奥力通的欧式设计比传统起重机低1.5 m，也就是说，厂房高度也可以相应降低 1.5 m，这是带给用户最大的节约，也是地球资源的节约。

奥力通起重机的设计已充分融入节能、低碳、环保概念，以 50 t 起重机为例，奥力通起重机凭借非凡的高驱动效率，可以比传统起重机有效降低电机功率 30 kW 以上，按 20 年使用计算，可以有效节约用电 720 000 kW，折合电费大概节约 70 多万元，与传统起重机相比，奥力通起重机已经真正步入低碳时代；石棉物质容易污染环境，传统起重机石棉刹车匝瓦至今还在继续延用，石棉材料的粉尘污染对在厂房内长期作业的人员有危害，奥力通起重机刹车盘已经废止了石棉原料，不污染环境，比传统起重机的要环保。

奥力通起重机的创新是非常系统的，从高强螺栓选择、滑电系统开发、轨道选型改进，到材料表面处理、自动焊接工艺、涂装技术改良等等，无不体现着创新的细微与严谨。

奥力通起重机引领的高端产品已遍步全国，如中铝集团、东气集团、中国兵器、中国石油、中国电力、中船重工、航天一院、航天二院、航天三院、航天四院、航天五院、沈阳机床、沈阳鼓风、陕西鼓风、天津大无缝、济南柴油机、唐山钢铁、秦川机床、普力森机床、中材风电、浙江运达风电、宝鸡钛业、天冶、北车集团、首都机场、浦东机场、南京变压器、济南变压器、新华都变压器、长庆石油、一汽、四川汽车、新疆中泰、哈尔滨博实、荣信电子等国内知名企业，以及 ABB、Simens、SEW、意大利达涅利冶金公司、美国久亿矿业、德国 DBT、利乐包装、林德、汉森等跨国集团，奥力通起重机已成为中国起重机行业的换代产品。

奥力通起重机已经走过了创新的历程，无疑这是非常成功的开端，未来的奥力通将沿着自主创新的路子，继续研发起重机专用技术，打造世界级起重机供应商。

撰 稿 人：郭 琳
单 位：奥力通起重机(北京)有限公司
联系电话：010－51260666
地 址：北京市通州开发区南区(张家湾枣林庄南口) 101103

领跑行业　郑州新大方

郑州新大方重工科技有限公司始建于1984年，是集研发设计、制造销售、安装服务、设备租赁为一体的以研制特种工程施工机械及装备为主的高新技术企业。

立志持续成为特种施工装备行业的领跑者，郑州新大方以“诚实守信、不断创新”作为经营理念，以技术创新作为提高企业核心竞争力的发展战略，以研发为突破口，公司始终把“填补国内空白和打破国外垄断”作为技术创新的基本原则，坚持产、学、研联合研发模式，组建了院士工作站，不断推出新产品，开拓新领域，实现了产品多元化、市场国际化的跨越，成为特种重大施工装备研制行业的领军企业。近年来，公司主持、参与了多项国家和行业标准、规范制定，承担并完成了国家863计划和火炬计划等重大科研项目，相继完成了涉及高速公路、高速铁路、城市轨道、船舶制造、磁悬浮、水利工程、冶金和军事工程、风电安装等一系列拥有自主知识产权的重大施工装备的研制，荣获中国机械工业科学技术一等奖等奖项，获得了30余项国家发明专利和实用新型专利、创造了10多项中国第一、填补了20余项国内空白，被授予国家企业技术中心、高新技术企业、中国架桥机行业十强企业、中国质量500强、河南省创新型试点企业、郑州市十大创新型企业等诸多荣誉称号，形成了系列化架桥机、造槽机、提梁机、运梁机、移动模架、铺轨机、搬运机、平板运输车、框架运输车、风电吊机、门式起重机旋挖钻机等系列主导产品。在获得银行授信30 000万元的同时，郑州新大方不断提升服务意识和质量意识，让研发技术取得的成果转化成产品、转化成效益，形成了满足不同领域、不同工况需求的系列化产品，实现了由研发向生产的转换，产品除在国家500多个重点工程中得到价值提升外，部分产品远销韩国、马来西亚、新加坡、泰国、越南、香港等17个国家和地区。

创造十余项国内第一：

研制成功我国第一台斜缆式架桥机，用于当时亚洲第一、世界第三的江阴长江大桥；

研制成功我国第一台1 000 t移动模架造桥机，用于厦门海沧大桥；

研制成功我国第一台450 t轮胎式运梁车和第一台450 t铁路架桥机，用于秦(皇岛)沈(阳)客运专线；

研制成功我国第一台450 t节段拼装式架桥机，用于上海浏河大桥；

研制成功我国第一台500 t水利渡槽造槽机，用于东(江)深(圳)供水工程；

研制成功我国第一台200 t轮胎式提梁机，用于上海磁悬浮工程；

研制成功我国第一台100 t独立转向动力平板运输车，用于浙江造船厂。

研制成功我国第一台900 t轮胎式运梁车和架桥机，用于铁路客运专线。

研制成功我国第一台900 t轮胎式提梁机，用于铁路客运专线工程；

研制成功我国第一台DPG500型高速铁路自动化铺轨机组，用于铁路客运专线；

研制成功我国第一台2 500 t轮胎式液压动力平板运输车，用于特大型构件运输；

研制成功我国第一台冶金用125 t自动升降型框架车，用于沙钢集团。

研制成功我国第一台900 t自行式全液压动力平板运输车，彻底改变该产品依赖进口的局面，处于国内领先水平。

首创的QLY100型轮胎动臂风电安装专用吊机被列为河南省“双百”工程及河南省、郑州市重大科技专项，属国内首创，技术水平居国际领先。

承担并完成的主要重大科研项目：

承担的“国家863计划和火炬计划项目—DCY900型轮胎式运梁车”，填补了国内空白，使我国成为继德国和意大利之后，第三个掌握该技术和拥有该产品的国家，技术水平居国际领先、产品标准也被升为国家标准。

图 1　DCY900 型轮胎式运梁车

图 2　DFⅢ型架桥机

承担的国家十五重大技术装备研制项目“南水北调大型水利渡槽施工成套技术和装备的研制”使我国成为目前国内、外首次将桥梁技术和工艺引入水利渡槽施工的国家。承担的铁道部科技攻关项目“DPG500 型铺轨机组”，填补了国内空白，使我国成为继美国、瑞典和奥地利之后，第四个掌握该技术和拥有该产品的国家。

图 3　DP1000 型铺轨机组

承担的国家科技支撑计划项目“高大空间建筑工程安装维护设备技术与产业化开发”填补了国内空白，成功突破自行式高空作业车关键技术，技术成果具国际领先，设备综合性能指标达到国际同类产品的先进水平。

承担的郑州市重大科技攻关计划项目“DF900 t 级高速铁路架设和搬运设备研制”填补了国内空白，技术具国际先进水平。

主持、参与多项国家和行业标准、规范制定：

主持起草了《动力平板运输车通用技术条件》国家标准；

参与起草了《京沪高速铁路运架设备研制技术条件》、《京沪高速铁路铺轨机组研制技术条件》、《桥式起重机安全技术规程》、《悬臂式起重机安全技术规程》、《机群化施工机械术语》、《机群化施工机械信息交换》、《架桥机安全规范》和《架桥机通用技术条件》等。

获得的主要专利：

高频附着式振动器 ZL95220055.4

轻便架桥机 ZL95227155.9

入场煤自动采制煤样机 ZL95319597.X

用于入场煤采样设备的采头 ZL95227154.0

一种架桥机 ZL99237266.6

楔块式步进液压收放机 ZL99238141.X

用于双线整孔箱梁架设的高速铁路架桥机 ZL992 45110.8

磁悬浮列车轨道梁架设精确导向定位架 ZL 00 2 55953.6

磁悬浮列车轨道梁运架工程车 ZL 01 2 12223.8

变幅动力平板运输车 ZL 01 2 40166.8

磁悬浮列车轨道运吊机 ZL 01 2 12222.X

凹腹式架桥机承重主梁 ZL 02 2 79044.6

履带式吊运一体机 ZL 03 2 35450.9

运送预制梁过孔及负重的承载主导梁 ZL 03 2 35336.7

双管路安全阀 ZL 03 2 54678.5

一跨式架桥机 ZL 03 2 37418.6

导梁式定点起吊架 ZL 2005 2 0143695.5

轮胎式搬运机 ZL 2006 2 0130084.1

上行自行式移动模架 ZL 2007 2 0089445.7

轮轨式提梁机 ZL 2007 2 0090211.4

由发电机组和液压泵站为动力的多模式转向平板车 ZL 2007 2 0175185.5

适用于为多模式转向移动设备上的编码器降温的制冷装置 ZL 2007 2 0175184.0

大型动力平板运输车的独立转向悬挂机构 ZL 2006 1 0081561.4

轮胎动臂风电安装专用吊机 ZL 200820149025.8

图 4 QLY100 型轮胎动臂风电安装专用吊机

获得的主要称号：

国家企业技术中心

中国架桥机行业十强企业

中国质量 500 强

国家火炬计划重点高新技术企业

河南省高新技术企业

河南省创新型试点企业

河南省企业技术中心

河南省重型转运装备工程研究中心

获得的主要奖项：

重型起吊与搬运机械关键技术研究及装备开发和典型工程应用项目荣获中国机械工业科学技术一等奖。

大型起重运输机械网络化电液比例控制关键技术及其系列产品应用荣获中国机械工业科学技术二等奖。

DF450 型架桥机项目获得河南省科技进步奖三等奖。

DLT900 型轮胎式动力平板运输车项目荣获郑州市科技进步奖一等奖和河南省科技进步奖二等奖。

DLT900 型搬运机项目荣获郑州市科技进步奖一等奖。

DF900 型定点起吊架桥机项目荣获郑州市科技进步奖一等奖。

主导产品：

DF50/200 系列公路架桥机，用于高速公路桥梁施工

DLT900 型轮胎式提梁机，用于铁路客运专线桥梁施工

900 t 轮轨式提梁机，用于铁路客运专线桥梁施工

DCY900 型轮胎式运梁车，用于铁路客运专线桥梁施工

DF900 型架桥机，用于铁路客运专线桥梁施工

DZ 系列移动模架造桥机，用于铁路客运专线桥梁施工

DPG500 型铺轨机组，用于铁路客运专线桥梁施工

DCY 系列平板运输车（50～430 t），用于大型构件的转运

大型门式起重机

DSG 系列高空作业车

QLY100 型系列轮胎动臂风电安装专用吊机

撰 稿 人：徐安卫

单　　位：郑州新大方重工科技有限公司

联系电话：0371－86031927

地　　址：河南省郑州市二七区马案工业园区明晖路 1 号　450064

2

创新增强核心竞争力

1　公司概述

中国中元国际工程公司是以中元国际工程设计研究院(原机械工业部设计研究总院)为核心,与中国机械工业电脑应用技术开发公司、机械工业规划研究院联合重组的集工程咨询、工程设计、工程总承包、项目管理、设备成套和技工贸为一体的工程公司。公司的核心企业始建于1953年,是国家工程建设行业的核心骨干企业。具有甲级工程设计综合资质,可以承接全行业、各等级的工程设计业务和从事工程设计资质标准划分的建筑、机械、医药、船舶、兵器、市政、商业、化工、能源、建材、轻工等21个行业的工程总承包、项目管理等业务。具有城市规划、工程总承包、建设监理、工程咨询、工程造价甲级资质;压力管道、压力容器设计资格;有独立的进出口经营贸易权、对外经济合作资格证书、进出口企业资格证书、自理报关单位注册登记证书、招投标管理单位资质、施工图设计文件审查许可证和质量、环境、职业健康安全管理体系认证证书,是全国勘察设计综合实力百强单位之一。

公司现拥有30多个专业类别的工程技术人员1300多人,全国设计大师4人,各学科博士、硕士等二百余人,各类注册工程师400余人。公司的组织机构设置有11个所属单位,7个职能管理部门,在海南、厦门、上海、成都、天津、深圳等地设有分支机构。秉承"质量是生命,精心设计、创优工程、诚信服务,保护环境、珍爱生命,是我们对顾客、社会、员工始终不渝的承诺"的管理方针,我公司的质量、环境、职业健康安全管理体系健全,数十年来一直跻身于全国勘察设计综合实力、工程承包和项目管理百强单位的行列,自2005年连续3年被亚洲建筑师协会评为中国十大建筑设计企业之一。

中国中元国际工程公司是中国最早的物流系统设计和研究的单位之一,80年代初引进先进的物流技术与理念,服务于制造业内的仓储物流系统工程,完成多个机场货运、医药、商业配送等行业的物流系统与工程设计。90年代后期开展机场行李系统的研究与设计,90年代后期承担国内首个航空货运自动化系统的设计承包,20世纪后着力于发展机场物流系统设计,业务范围涵盖了航空货运、航空物流园区、航空配餐工程、行李处理系统、保税物流中心、配送中心等多个领域的工程设计与技术咨询,同时还致力于航空货运计算机管理系统的开发,以及各类相关科研项目的研究工作,成为极具技术实力、竞争力的设计单位。

目前已完成的项目中有多项获得了国家、省、部级奖项:

➢ 广州白云国际机场南航基地货运站工程设计——全国优秀工程设计金奖、机械工业优秀工程设计一等奖;

➢ 上海浦东机场西货运区工程设计——机械工业优秀工程设计奖;

➢ 上海浦东机场T2航站楼行李系统设计——中国机械工业科学技术科技一等奖、机械工业优秀工程设计一等奖;

➢ 广州白云国际机场南航基地配餐楼工程设计——机械优秀勘察设计三等奖;

➢ 物流系统计算机动态仿真软件——国家工程软件金奖。

经过数十年的市场开拓,中国中元形成了以研究、设计、工程承包"三位一体"以及工业工程与民用建筑相结合的多元化经营模式,形成了一个以物流系统工程设计为龙头、以民用建筑设计为依托、不断发展工程承包和项目管理的更加全面的多种经营模式。业务范围已经覆盖了全国30个省市自治区并逐步向境外扩展,已与5个国家和地区展开了广泛的合作。项目涵盖了包括北京、上海、广州、昆明等国内四大机场在内的全国数十个民用机场的航空货运、行李以及航空配餐等重大项目的设计工作,已完成实施物流系统工程项目150余项。

2　公司业务领域

2.1　航空货运站设计领域

经过长期的发展,中国中元物流在大型航空货运站设计中形成了独特的技术优势。特别是自主研制开发、国内首创的“物流系统计算机动态仿真”通用软件，为工程设计建设单位提供出经济合理的系统配置方案，辅助决策及生长管理，先后应用到北京首都机场、上海浦东国际机场、虹桥机场、广州新白云国际机场等项目的总体和单体设计中，使项目具有先进的设计理念和科技含量。在国内航空货运工程设计市场占有率超过90%以上。其中包括：

➢ 亚洲最大占地面积的货运站，浦东机场西货运区公共货运站：建筑面积24万m^2，年处理能力180万t。

➢ 美国联邦快递亚太枢纽广州转运中心（如图1）：建筑面积10万m^2，成为联邦快递在美国本土之外最大规模的枢纽级分拣中心。

图1　美国联邦快递亚太枢纽广州转运中心

2.2　航空物流园区规划领域

中国中元还积极拓展航空物流园区的规划项目，利用空港资源优势，按照物流园区功能定位及可持续发展需求，分级控制物流园区用地，规划设计各功能区域，优先发展临空港产业。先后承接了上海浦东国际机场西货运区规划（237万m^2）、首都机场货运用地总体规划货运区（140万m^2）、深圳国际机场货运区规划（117万m^2）、成都航空物流园区规划（100万m^2）、重庆江北国际机场航空物流园区规划（245万m^2）（如图2）。

图2　重庆航空物流园区规划

2.3　航空食品配餐工程设计领域

在航空食品配餐工程设计方面，我们针对不同的项目，严格执行国际航空食品卫生标准，充分考虑合理、顺畅的流程组织和功能分区，拥有独特的航空食品配餐工艺设计技术，是国内航空食品配餐工程设计最具竞争力的单位。北京首都机场、上海浦东机场航空食品配餐楼、广州新白云机场南航配餐楼、海航首都国际机场配餐楼等工程的设计均具有广泛的影响力。

2.4　行李处理系统设计领域

近十几年来，行李处理系统一直是航站楼中最复杂的机电系统，以其占用空间大，与其它系统的接口多，自动化程度高，可靠性要求高，必须由专业的设计单位承担设计并与建筑设计院进行各专业设计协调。中国中元是国内唯一具备机场行李和安检工艺系统设计能力的服务团队，完成了多项国内大中型机场行李和安检系统设计（如图3）；中国中元也是国内唯一一家专业的行李处理系统从设计、咨询、项目管理、监理的单位。我们在行李及安检系统设计领域打破了国外公司在国内大型枢纽机场在行李设计系统的垄断，形成了拥有自主知识产权的设计理论和方法。

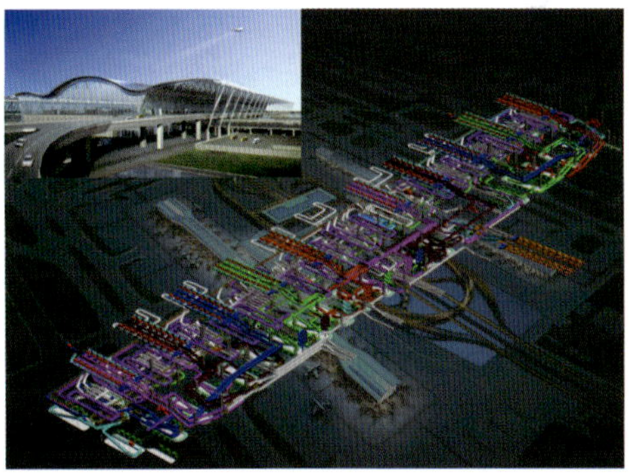

图3　上海浦东国际机场T2航站楼行李处理系统

2.5　信息系统平台建设领域

在强化工艺设计水平的同时，我们还加快物流项目信息系统的建设，建立了一套航空货运公共数据平台，有利于提高货运站设备监控系统功能。航空货运公共数据平台可以将各货运代理商、承运商统一在同一个数据平台上，从而使各个企业的物流信息透明化，为平台上各物流企业实现单证流、资金流、信息流的高效顺畅运转，实现资源共享；为提高生产效率提供了有力保障，为平台上各个物流企业实现货物全程跟踪，杜绝作业差错，提高服务质量提供有力保障，为平台上各个物流企业优质的信息服务，提供统一的对外接口，从而降低各企业的信息建设及运营成本。

2.6 工程承包及项目管理领域

在保持和发展物流系统工程设计的专业特点和市场优势项目的同时，中国中元还积极开展多元化经营，对物流系统工程承包进行了积极深入探索，并在物流工程项目承包和项目管理方面开始起步并取得初步进展。早在20世纪90年代，我司就进行了首都机场国航货站的管理系统的承包项目，在以后的十几年内，先后承担并完成了国内另外的两大机场，广州新白云机场和上海浦东机场货运站的管理、监控系统的承包项目。2003年，承接了常德卷烟厂成品库的电控计算机系统承包项目，项目涉及管理、网络及PLC控制系统，该项目是从设计开始的交钥匙工程。随后，又先后承接了广州FedEx亚太转运中心、NIKE中国(体育)物流中心、米其林(沈阳)物流中心的电控承包项目。这些项目均与国际知名的物流设备公司合作，取得了国际同行的高度赞扬和认可。同时我们又积极开拓物流系统的项目管理及咨询等高端市场，于2009年底，受上海机场指挥部委托，承接了上海虹桥机场行李处理系统的第三方检测工作，并获得了民航总局的认可。

2.7 业务的拓展

目前中国中元在机场的航空物流、快件分拣、保税物流、航空行李、配餐的基础上，物流业务已经向邮政、医药、烟草、飞行员模拟中心、机库、机场能源中心以及物流园区的新的业务领域拓展，并取得了初步成效。

图4

3 公司未来发展

众多项目的技术积累和工程实践经验为中国中元的"物流品牌"赢得了良好的口碑和赞誉，在国内外的物流行业中占有重要地位。我们将利用国家积极支持大力发展民用机场和物流业的政策，抓住这一难得的历史机遇，发挥我们的技术优势和优秀的服务团队，转变观念，团结进取，始终坚持发展的眼光，不断寻找新的发展点。注重培养科技带头人，保持技术上的优势，同时注重青年人才的培养，保持技术的继承实践与调研相结合，坚持"引进来、走出去"，追求不断创新把中国中元物流这块品牌做大、做强、做久，真正成为中国第一家物流建设全方位服务供应商而努力。

撰 稿 人：师清木

单　　位：中国中元国际工程公司物流系统工程研究所

联系电话：010－68732798

地　　址：北京市西三环北路5号　100089

航空品质　精准物流

——沈飞物流装备发展创新之路

中航工业沈阳飞机工业(集团)公司是我国设计、研制、生产歼击机的基地,中国最大500家企业和100家知名企业之一,被誉为中国歼击机的摇篮。

改革开放以来,沈阳飞机工业集团大力实施技术创新、管理创新战略,充分利用军工生产的技术优势,成功走出了军地结合,内外兼顾的发展之路,1996年沈阳飞机工业集团抓住市场契机,锐意进取,高速发展,这一年沈阳飞机工业集团物流装备公司适应市场需要应运而生。

沈阳飞机工业集团物流装备公司注册资金4 327万元,厂房占地面积5万多m^2,员工185人。自主核心技术是高新技术企业持续健康发展的基础,沈阳飞机工业集团物流装备公司始终坚持科技创新,产品创新,逐步完善了科研创新体系,目前公司拥有研发设计人员58人,其中高级科研人员30多人,具有数字化CAD、PRO/E设计、Jetcarm自动编程软件设计能力,拥有芬兰FINE－POWER、美国AFM、比利时LVD意大利Salvagnini、瑞士金马等公司生产的多种国际领先的大型加工设备,并通过ISO9001质量体系认证,是集物流规划设计、物流系统集成、物流软件开发、物流装备制造安装、调试为一体专业化公司,是目前国内最大的物流装备制造企业之一。

目前公司主导产品包括数控回转库、数控升降库为代表的单元产品业务,自动化立体仓库、电动密集库为代表的系统工程业务。同时生产自动化板材库、工位器具、非标准设备、钣金制品等。

沈飞在20世纪80年代即开始了数控回转库的研发工作,并成功研制了中国第一台垂直数控回转库,于1993年申请国家级实用新型专利(专利号:ZL93.2.45671.5)。并逐渐形成产品规范化、系列化,目前已经拥有14个系列200多种标准型号。2000年公司成功研制水平回转库并投入使用,目前沈阳飞机工业集团物流装备公司是国内唯一具备水平回转库研发和制造能力的供应商。技术创新是沈飞的优势,为满足市场上用户的个性化需求,沈阳飞机工业集团物流装备公司充分发挥研发能力强的优势,先后研制成功了用于存放新型文档、布匹、挂具、板材、棒材等物品的异型回转库及超高型垂直数控回转库,为客户现代化存储管理提供了最优解决方案。

图1　沈飞数控垂直回转库

图2　沈飞水平回转库

与此同时投入精力研发垂直数控升降库,在1997年研制成功,投入市场。并在此基础上于2005年研制成功齿轮齿条垂直升降库,为形状不规则、大承载的物品提供高速、高效存储管理。该设备升降系统采用齿条－齿轮传动系统,其具有以下的技术优点:

1. 克服了链条或同步带等传动在大载荷下的拉伸变形问题，解决了满载托盘上下车时的沉降问题。

2. 克服了链条或同步带由于长期运行磨损或自身缺陷而引起的断裂危险

3. 克服了在超高库体中，托车运行中而引起的链条和同步带震动问题

4. 齿条齿轮系统同其它传动形式相比有较高的强度和可靠性，及超长使用寿命。

经过 20 余年的积累，沈阳飞机工业集团物流装备有限公司奠定了智能化货柜领域国内领先地位，具有航空工业知名品牌、深入的行业客户背景、智能化货柜产品的核心技术、完善的销售网络等。“沈飞”的品牌和智能化货柜的技术优势，使公司长期在国内智能化货柜行业保持领先地位，目前已经累计向各行业客户提供智能货柜 2000 余台，连续多年销售额为国内市场第一，成为国内市场智能货柜产品首选供应商。

系统工程业务以自动化立体库、电动密集库等业务为主。

在 20 世纪 90 年代初，沈飞公司已经具备自动化立体仓库的研发和制造能力，并在本企业内部开始投入使用，随后研制成功电动密集库并获国家专利。至今沈阳飞机工业集团物流装备公司先后研制成功了推拉存取密集存放堆垛机、U 型轨道堆垛机、超大承载堆垛机、单巷道多规格托盘堆垛机、高速（200 m/min）托盘堆垛机和高速（160 m/min）RGV。经过 20 多年的创新发展和不断进步，沈阳飞机工业集团物流装备公司形成物流装备工程业务的系统能力，成为优秀的自动化立体仓库集成制造商及专业的物流系统规划集成商。先后承接了各类大型仓储物流设备工程 100 多项，各项指标都达到了国内同类产品领先水平，获得用户高度评价。

2002～2006 年，沈阳飞机工业集团物流装备公司在中国人民解放军某部物流系统建设中，投入大量科研力量，通过应用垂直回转库、电动密集库、自动化立体仓库、水平回转库等设备，提供分别包括小件、中件、大件的存储、拣选、配送等功能的物流系统，其中轮胎专用自动化立体仓库的关键设备轮胎翻转机获得国家专利，并通过库区网络连接到各功能仓库，实现整个库区 WMS 的集成应用。该项目获得中国人民解放军总参系统科学进步二等奖。

附沈飞物流装备公司企业技术创新成就：

1993 年，垂直回转库研制成功，获得国家专利；

1997 年，垂直升降库研制成功，获得国家专利；

1998 年，电动密集库研制成功；获得国家专利；

1999 年，板材库研制成功并应用；

2000 年，水平回转库研制成功并应用；

2001 年，推拉存取密集存放堆垛机研制成功，获得国家专利；

2001 年，U 型轨道堆垛机研制成功；

2002 年，12 m 重型超高垂直回转库研制成功；

2003 年，4 000 mm×1 200 mm 货位，3 000 kg堆垛机研制成功并应用；

2003 年，单巷道多规格托盘堆垛机研制并应用；

2004 年，13 m 高升降库研制成功；

图 3 沈飞电动密集库

图 4 沈飞自动化立体仓库

2005年，齿轮齿条新型垂直升降库研制成功并应用；

2005年，轮胎专用自动化立体仓库研制成功并投入使用，其中的关键设备轮胎翻转机获得国家专利；

2005年，10 m高电动密集库研制成功并应用；

2006年，承载1 000 kg，水平速度80 m/min RGV研制成功并应用；

2006年，存放棒材及板材立体库成功应用；

2008年，新型板材库研制成功并应用；

2009年，1 000 kg，水平速度200 m/min托盘堆垛机试车成功；

2010年，水平速度160 m/min RGV研制成功；

目前公司拥有专职营销人员20多人，销售网络覆盖全国各地，并在国内建立了8个代理销售商，沈飞物流产品销售全国20多个省、市、自治区，同时扬威国际市场，远销美国、韩国、新加坡等海外地区。产品广泛应用于航空航天、军队、烟草、医药、汽车、轨道交通、电子等各行各业。

公司以打造经典品牌、数字化、信息化、规模化、国际化企业为目标，以一流的环境、一流的员工队伍、一流的物流产品、一流的销售服务、一流的企业形象跻身世界物流企业之林。沈阳飞机工业集团物流装备公司的追求就在物流系统领域实现客户的梦想。依靠沈飞人契而不舍的孜孜追求和志存高远服务社会的价值理念，沈阳飞机工业集团物流装备公司必将成为物流装备制造业的世界级企业。

撰 稿 人：谭延斌

单　　位：沈阳飞机组集团物流装备有限公司

联系电话：024－86598228

地　　址：辽宁省沈阳市皇姑区松山路11号 110034

2

物道自然 睿济天下

——天睿咨询，生产企业物流咨询的常青树

物流咨询行业在中国可谓绝对的新兴行业，从初显发展端倪至今仅近十年时间。十年中行业内风起云涌，各种物流设备公司、第三方物流公司、管理咨询公司等纷纷以物流咨询的名义杀入，市场细分不断。然市场竞争如大浪淘沙，短短十年，许多物流咨询公司就经历了从开始到结束的一个轮回，能始终活跃于市场的已屈指可数。在这风云变幻的十年里，天睿咨询以其专业的服务、严谨的态度、鲜明的个性、明确的市场领域屹立于物流咨询行业，他们兢兢业业、一丝不苟，不张扬、不浮夸、不激进，一步一步发展壮大成为生产企业物流咨询的姣姣者，成为专注于行业的常青之树。

1 公司概况

上海天睿物流咨询有限公司成立于2001年，是面向生产企业物流规划与供应链咨询的国内权威咨询公司，公司始终坚持以现代化理念、中国式手法来发展企业的物流，运用具有中国特色的物流管理方法，为企业提供"降低成本、提高效率、提高抗风险能力、提升企业核心竞争能力"的个性化解决方案，把"LOGIWIS天睿咨询"的物流咨询服务品牌推向市场。

本着"以解决客户的问题为宗旨、以严谨的工作规范服务客户、以团队合作的方式解决问题、以客观的思维为客户选择最优方案、尊重客户的文化特性和管理"的咨询风格和特色，以及"成就卓越的专家，建立卓越的团队，提供卓越的服务，打造卓越的品牌，实现卓越的客户成功"的企业愿景，天睿咨询与许多知名企业建立了长期合作的战略伙伴关系，树立了众口一词的咨询与培训口碑。

2 公司理念及社会责任

"物道自然"：物流改善之道，重在"以物为本"，遵从一体化物流和精益物流的自然规律和法则，消除人为因素造成的障碍，自然能够顺畅其流、消除浪费。此为公司的方法论。

"睿济天下"：公司以高度的社会责任感，将先进的物流理念和方法论引入企业，为其提供个性化的物流解决方案，引领客户价值再造。此为公司成立之根本。

天睿咨询的专家们在经过5 000多家企业的走访、200多个企业的咨询和辅导，深谙物流改善之道，希望能够将公司的智慧和方法论贡献给立志发展物流事业的企业，在促进企业的良性与健康发展、提升和凸现中国制造的精益化管理和核心竞争能力的道路上，天睿咨询将时刻与客户同行，帮助客户运筹帷幄、排忧解难，共同发展进步，天睿咨询将以切实的责任感和专业度贡献出智慧与经验。"达则兼济天下"，此为公司的社会责任。

3 服务领域与核心能力

作为专业的物流与供应链咨询服务提供商，我们在实践中积累了丰富的技术经验和解决企业复杂供应链与物流问题的能力。目前，公司咨询服务范围主要专于三大领域，即汽车行业（汽车及装备等行业及其零部件制造商），家电行业（家电、电子等行业），和快速消费品行业（乳业、食品、饮料、成衣、日化、医药等行业）。

主要为企业提供以几个方面的咨询服务：

- 物流和供应链管理体系建设
- 物流咨询与规划
- 精益生产与精益物流达成
- 配送中心布局与规划
- 新工厂及物流园区规划
- 运输规划和第三方物流策略
- 物流设备设计、配置与管理
- 企业物流信息技术与管理

作为专业的物流与供应链咨询服务提供商，我们在实践中积累了丰富的技术经验和解决企业复杂物流与供应链问题的能力，我们知道如何识别企业的存储、搬运、运输和配送等过程中的瓶颈，并且通过瓶颈的改善和优化使其达到系统最优，创造空前的价值和利润；知道如

何节省场地、人力、时间，提升系统有效产出；知道如何识别企业物流与供应链运作过程中的潜在风险，并且通过具有前瞻性的中长期规划得以降低和消除……

作为企业的“医生”，我们把企业生产物流的健康运作、企业物流管理团队战斗力的有效发挥作为己任。我们一贯杜绝拍脑袋的方案制作方法，而是要求进入企业，进行现场调查与观察，根据我们的智慧与经验，实地做出符合企业物流发展需要的个性化解决方案。

更为重要的是，我们将在方案的实施辅导过程中全力辅助，对方案的实施辅导进行过程监控和阶段性的总结，确保方案在预定期限内达到既定的实施效果。

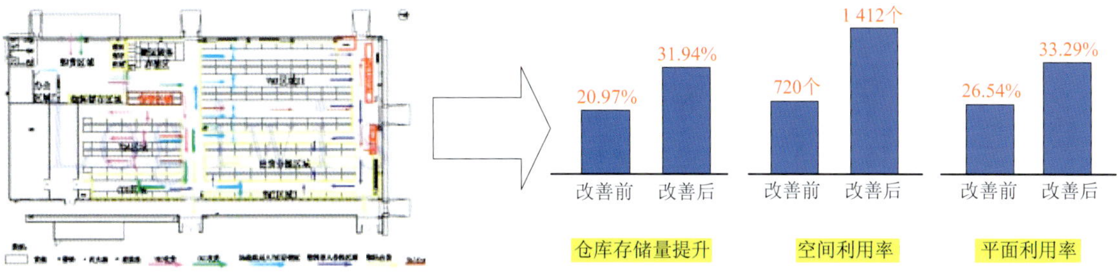

图 1

4　典型客户及案例

汽车行业（汽车及装备等行业及其零部件制造商）：通用汽车、重庆利时德、郑州宇通客车、华晨汽车、博泽汽车部件、普茨迈斯特工程设备、无锡叶片厂、西门子、中国南车、中联重科、三一集团、庞巴迪等。

图 2

图 3

家电行业（家电、电子等行业）：青岛海尔集团、美的制冷集团、海信集团、日立（深圳）环球存储器、无锡小天鹅、格力集团、格兰仕集团等快速

图 4

图 5

消耗品（乳业、食品、饮料、成衣、日化、医药等行业）：蒙牛乳业、贝因美集团、九鑫（满婷）集团、蓝月亮、中萃食品、龙凤食品、隆力奇集团等。

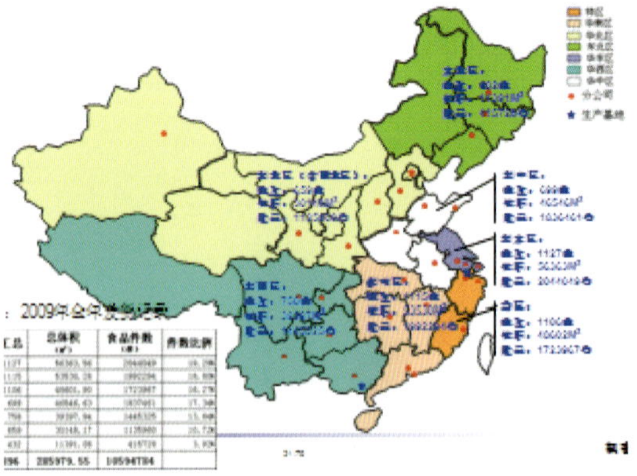

图 6

图 7

撰 稿 人：邱伏生
单　　位：上海天睿物流咨询有限公司
联系电话：021－54500708
地　　址：上海虹漕南路 718 弄 A 栋 8D 室，200233

做世界最强叉车企业

——浙江杭叉工程机械集团股份有限公司

浙江杭叉工程机械集团股份有限公司是中国叉车行业的排头兵企业，浙江省高新技术企业，浙江省装备制造业重点培育企业，2008年世界物料搬运设备制造企业第14位，2009年中国最大1000强大企业集团之一、2009年中国大企业集团竞争力500强中排名第35位。

杭叉集团实施“两头强、中间精”的发展模式，拥有高新技术研发中心、省级技术中心，拥有一支实力雄厚的全球供应商队伍，一套精益高效的生产支持系统和一支强大的国内外营销网络队伍。目前杭叉集团生产1—25吨内燃叉车、1—5吨电瓶叉车、各行业专用的特殊配置叉车，以及各仓储物流设备、牵引车等全系列、多品种产品。国内市场占有率达到30%左右，出口占到国内机动叉车出口量的1/3，是中国目前最大的叉车出口基地之一。

图1

杭叉工业园是杭叉集团为进一步实现做强做大目标而打造的一个新的产业平台，位于浙江省临安经济开发区，坐落于杭州西郊，美丽的青山湖畔，园区一期占地517.2亩，总投资15亿元，于2009年7月1日正式投入运营。二期123亩将新建重装叉车制造基地和试验检测中心等，工业园区入驻9个生产型子公司，年生产能力达到8万台，是世界一流的现代叉车生产研发基地。

营销优势

杭叉集团以“诚信经营，提升服务、健全网络，共同发展”的营销理念，经过多年的精耕细作，形成了一个由60多家销售服务子公司、140多家专业经销商队伍组成的覆盖国内大中型城市的强大营销网络。

利用强大的网络优势，开展整机销售、维修服务、配件供应、信息反馈于一体的4S服务。以“您的满意、我的追求”为宗旨，实现服务的“专业”、“主动”和“高效”。实行三包期内主动强制保养服务和限时服务到位制度。

凭借优质的产品和良好的营销服务，杭叉产品已经深入物流、部队、航空、铁路、港口码头、石化、铝业、钢铁、汽车、造船、饮料食品、造纸等等各个领域，拥有了一大批稳定的、有实力的客户群，树立了良好的品牌形象。

图2

技术领先

杭叉集团积极发挥30多年来叉车设计和制造的技术优势、通过引进和自主创新加快产品的开发和升级换代，为开拓国内外市场提供了强大的技术后盾。杭叉集团拥有9个专业研究所，拥有浙江省企业技术中心、浙江省高新技术研发中心。公司成功开发了新一代H系列、R系列和XF系列内燃叉车，新一代H系列、J系列电动叉车和新一代防爆叉车、电动牵引车、内燃牵引车、前移式叉车、电动托盘堆垛车、电动托盘搬运车等系列产品。每年新产品产值率均达到30%以上，已获得国家专利40多项，参与国家、行业标准的制订14项，具有自主知识产权的新产品获得国家及省、市科技进步奖23项。并且与浙江大学、浙江工业大学、浙江科技学院等高校建立合作关系，与日本尼桑、五十铃、洋马及美国康明斯、法国曼尼通等公司开展国际技术交流与合作。

品质保障

杭叉集团现有五条叉车总装线、四条整机检测线、三条门架装配线、两条桥箱装配线和四条部套件及整机油漆涂装线。

拥有数控板材加工中心、数控火焰切割机、数控激光切割机、数控折弯机等成套生产设备，拥有万能材料试验机、三坐标仪、油漆清洁度分析仪、盐雾试验仪等测试设备和发动机性能试验台、叉车电机试验台、门架可靠性试验台、叉车多路阀综合性能试验台架等部件试验设备，以及叉车整机倾翻试验台，叉车整机可靠性试验场等。严格按照ISO9001、14001质量管理体系和环境管理体系标准组织生产，产品工艺达到世界领先水平。

图3

杭叉集团以"做世界最强叉车企业"为努力方向，专业于物料搬运，致力于品质进步，积极实施"专业化生产、品牌化经营、集团化运作、全球化整合"的公司战略，以"进取、务实、创新、和谐"的企业精神，创造价值，回报社会。

撰 稿 人：徐江涛
单　　位：浙江杭叉工程机械集团股份有限公司
联系电话：0571－88926696
地　　址：浙江省杭州市临安经济开发区东环路88号　311205

十三载历程艰苦创业，十三年服务春华秋实

——技术创新是盛运发展的永恒主题

安徽盛运机械股份有限公司简称“盛运股份”，创建于1997年，经过13年的艰苦创业、创新发展，现成为集研发、制造、销售、安装、服务垃圾焚烧发电尾气净化处理专用设备、干法脱硫除尘一体化新型环保设备和各类工程输送机械产品为一体的股份制公司，主要产品有固定式带式输送机、矿用型带式输送机、DJ型挡边带式输送机、移动式胶带输送机、斗式提升机、链斗输送机、刮板输送机、螺旋输送机、袋式除尘器、干法脱硫除尘一一体化设备、医疗垃圾焚烧、生活垃圾焚烧发电设备、污泥干化焚烧设备等。公司先后荣获“全国环境工程50强重点推荐企业”、“全国重点环保产品定点生产企业”、中国重型机械协会带式输送机分会行业前“十强”企业、安徽省“守信用重合同先进单位”、安徽省“首批银行诚信客户”等荣誉。“盛运”牌商标被认定为“中国驰名商标”称号。

1　捷报传来是喜讯，盛运欢歌庆上市

2010年6月25日，安徽盛运机械股份有限公司在深圳证券交易所敲响开市宝钟，成为安庆市第二家上市企业，盛运机械股份有限公司在短短13年间，年年有创新，步步上台阶，赢得了进军资本市场的实力和先机。13年弹指一挥间，安徽盛运机械股份有限公司从作坊式小厂发展为上市公司，其发展速度和辉煌业绩令人瞩目，此次公司股票发行上市，具有里程碑式的意义，盛运股份将积极推行品牌建设、技术创新、产品升级、生产精益化、管理程序化的经营理念。同时，也将进一步增强盈利能力，增强全面竞争能力，并为投资者带来丰厚的持续回报。

2　技术创造未来，实力证明一切

盛运股份不断提高核心竞争力、加强技术创新，2009年实现营业收入3.67亿元，创历史新高。至今拥有总资产12.8亿元，占地35万m^2，下设三个子公司及一个省级研发中心，即：安徽盛运环保设备有限公司、安徽盛运科技工程有限公司、北京欧特顿兰源环保有限公司及安徽盛运技术研发中心。企业现有各类技术人员370人，拥有发明专利4项，实用新型专利17项，非标技术成果11项。公司2004年投资390万元成立了研发中心，专门从事大气污染和尾气干法净化的技术研究，该中心现已是安徽省“省级研发中心”。该技术中心共有各类先进的检测实验设备117余套，高、中级技术职称18人，初级职称25人；学历本科及以上22人，大专16人，中专技校19人，其中拥有博士8人，硕士5人。专业涉及机械制造、环境保护、化工、工业自动化等，形成了环保机械等研究、开发方面具有较强的理论功底和较为丰富的开发经验的团队。

公司研发人员通过技术引进消化吸收再创新等方式，改造传统输送机械产品，研发生产新型输送机械产品，公司DT型、DX型、SDJ型、SSJ型带式输送机械被安徽省科技厅认定为高新技术产品，先后获得《全国工业产品生产许可证》、《全国环境保护产品认证》、全国电力工程200 MW、300 MW、600 MW火电机组主要辅助设备推荐厂商《电力入网证》、《煤炭安全标志认证》、《环境工程专项设计认证》和《环境工程施工许可证》。公司是国内为数不多的能生产带宽2米以上，大运量、长距离、高带速的大型带式输送机的企业之一。公司研发人员通过研发创新，已获得了九项输送机械产品或技术的专利受理通知(其中发明专利一项)。

带式输送机生产技术主要体现在托辊、滚筒、驱动装置及张紧技术上，行业主要技术特征如下：托辊组一般采用35°槽型前倾式结构，托辊一般采用冲压轴承座，大游隙轴承和双层迷宫式密封，提高使用寿命，降低旋转阻力和模拟摩擦系数；滚筒一般采用新型结构和无键连接，提高承载能力和使用寿命；驱动单元一般采用专用液力偶合器和渗碳、淬火、磨齿的硬齿面圆锥圆柱齿轮减速器，改善起动性能，提高了传动效率；在张紧技术

上，可根据客户需求采用螺旋拉紧、重锤垂直拉紧、重锤车式拉紧、自动绞车式拉紧等技术。

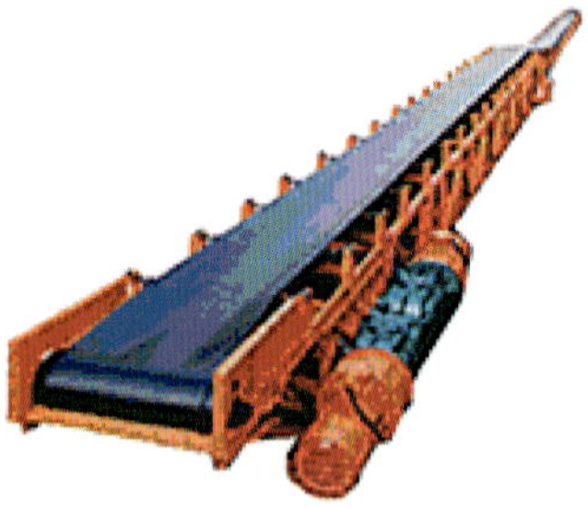

图 1　矿用型带式输送机

图 2　DJ 型波状拦边带式输送机

输送机械产品的方案设计是输送机械厂商竞争的重点，公司研发人员根据客户对产品的具体要求，即一般需求和特别需求，针对性地完成设计方案。公司主要研发人员平均具有 10 余年的设计研发经验，多次凭借优异的设计方案及公司综合优势在大型的招投中夺标，近三年来，公司产品保持着 70%以上的中标率。公司输送机械产品先后被印度 JSW 钢铁公司建设工程、巴基斯坦 BESTWA5350t/d 熟料水泥生产线工程、印度尼西亚 JAVAPOS 集团 1×25MW 机组工程、印度 JSW 公司原料输送系统工程、日本 ASAHIKISOU 公司(栈桥式输送机)及苏丹、埃及、约旦、老挝、越南等国家重大工程采用。

此外，公司研发人员紧跟市场需求，研发生产了多种输送机械及其相关产品，如双滚筒和一体化物料给料破碎装置、顺槽伸缩式输送机胶带收放带装置、囤料式板链电动行走喂料机等，其中囤料式板链电动行走喂料机具有间隙囤料、连续喂料、自动化控制等多种特征，产品性能优越、技术优势明显，在大型露天煤矿、港口码头等领域具有较大的市场空间，目前已申报发明专利。

图 3

2008 年，公司成为首批国家级高新技术企业，2010 年被评为安徽省创新型试点企业。另外公司研发的新型环保产品—干法脱硫除尘一体化设备及垃圾焚烧尾气净化处理设备系统装置和新型输送机械产品，荣获省级和国家级科技进步二等奖、科技型中小企业创新基金重点项目、科技攻关重点项目和星火计划及火炬计划重大备选项目、环境保护部科学技术二等奖、全国重点环境保护实用技术推荐项目、省“861”行动计划重点建设项目和省装备制造业备选项目。

图 4

公司研发的垃圾焚烧炉尾气、废渣一体化处理设备的开发技术与设备项目采用了完全雾化急冷反应塔＋吸收剂和助剂喷射＋涂层袋式反应器的干法尾气处理技术、完全雾化急冷反应塔技术、消石灰和反应助剂的喷射技术、涂层式袋除尘器技术、DCS 自动化控制技术、监控技术，各项技术先进，工程主要应用于江苏徐州生活各项指标达到标准。企业通过了垃圾焚烧发电尾气处理项目、江苏泰安生活垃圾焚烧发电项目等，用户反应良好，ISO9001:2000质量管理体系认证，项目获得《科技成果鉴定证书》。

3　风物长宜放眼量，直挂云帆济沧海

盛运股份始终坚持“完善质量体系、强化过程管理、坚持持续改进、增强顾客满意”的质量方针，形成了输送机械产品和新型环保产品的研发设计、制造、销售、安装服务一整套质量运行保证体系，并以雄厚的技术力量及规模实力和辉煌的销售业绩，在国内外的电力、矿山、冶金、建材、化工、交通运输路桥工程、港口码头、轻工、城市垃圾焚烧发电工程、市政环保工程等行业客户中，享有一定的知名度和影响力的盛誉优势。公司一贯秉承“至诚团结、拼搏进取、求精创新、追求一流”的盛运精神，努力提高员工的专业技能和职业道德品质素质，强化内部管理，立足技术创新，着力实施品牌发展战略。以诚信为根本，以市场为导向，不断扩张规模赢市场，全力推进盛运股份持续、快速、健康发展。

未来的盛运股份将继续以技术、营销、管理创新为动力，努力发展成为国内垃圾焚烧发电和火电厂、钢铁厂、水泥厂、石油化工厂、港口码头、交通运输路桥工程、市政环保工程等行业前十强的大型设备供应商，争创行业一流。

撰 稿 人：占宏标
单　　位：安徽盛运机械股份有限公司
联系电话：0556－6208748
地　　址：安徽省桐城市同安路265号
231400

2

天隆输送

——让一切轻松而至

河南天隆输送装备有限公司成立于2001年，是以生产大型物流输送装备为主，集研发、生产、销售为一体的国家级高新技术企业，是河南省百强工业企业——河南科隆集团的核心产业公司；是中国重型机械协会和物流搬运分会理事单位；是中国带式输送机协会会员单位。河南省高新技术企业。

公司自成立以来，始终坚持以“高科技、高起点、大科研、大市场”为发展战略；以强化国际国内科研合作为平台，通过技术创新、新产品开发，不断扩大市场占有率，拓宽产品覆盖领域，从而大大提高了企业的综合竞争能力，从一个输送行业的新兵，成长为年产值3亿元、产品覆盖物流工程大多领域的国内输送机行业知名企业。

公司位于河南省新乡市，占地约33万m^2，厂房建筑面积6万m^2。公司注册资金5 000万元，现有职工450多人，其中工程技术人员80多人，拥有一支国内高素质、高水平的专家技术团队，逐步形成了以托辊、气垫及圆管三大系列为主题、40多个规格品种的输送机产业制造规模，产品广泛应用于港口、矿山、有色金属、水泥、钢铁、电力、粮食及大型化工等行业，特别是在港口散粮仓储输送工程中设备占具半壁江山。

公司特别注重人才的培养和引进，通过十年的发展，企业具有了一大批输送机专业的工程技术人才，建立了输送机设计研究所，每年企业投入的技术研发经费均有大幅度增长。在气垫和圆管输送机产品上，拥有国内先进的设计力量，使得产品的技术创新不断得到发展进步，获得国家专利30多项。

公司的主导产品是气垫带式输送机、托辊带式输送机和圆管带式输送机。第二代新型气垫带式输送机于2004年12月通过国家新产品鉴定，取得实用新型专利证书，已被列为国家级火炬计划项目，在全国连续输送机械“三新”展评会获得唯一的二等奖等殊荣。环保圆管带式输送机2009年获得河南省科学技术成果奖。为确保产品的高质量，我公司建立了国内领先水平的第二代气垫机生产线和托辊带式输送机生产线。气垫带式输送机生产线主要由数控剪板机、数控折弯机、数控步冲机、三辊式卷圆机、上盘槽组合工装、气箱组装工装、直线型半自动焊接机等专用设备、专用工装、专用焊接设备组成，从原材料进厂经过专用设备的加工到气箱组装完成形成一条完整的现代化生产线，托辊生产线属国内先进水平，主要有自动切管机、自动倒角机、自动压装机、自动焊接机等先进设备组成国内先进水平面的托辊生产线。从硬件设施方面为提高产品质量奠定了坚实的基础。销售额以年30%以上的增长速度不断提高，2010年将达到3亿元。

自2002年以来我公司研制的第二代气垫带式输送机广泛应用于港口的散粮工程中，如山东日照港、岚山港、广东湛江港、东莞直属粮库、辽宁鲅鱼圈散粮码头、辽宁锦州港、福建厦门港、辽宁丹东港等港口的散粮工程，港口市场占有率为75%左右。同时在铝镁行业的气垫输送

机应用上占有主导地位。工程应用有中铝集团山西铝业、中州铝业、连城铝业，山东信发集团新疆铝业，东方希望集团渑池铝业及国外的铝业集团。

第二代气垫带式输送机的主要创新技术有如下几个方面：

(1)设计理论的创新——以先进的水波纹气流流向理论取代了有较大局限性的扇形气流流向理论，气流的动静压转化更为科学合理，大大提高了气垫的均匀稳定性。

(2)节流孔布置的创新——以五点式节流孔布置法取代了一代产品的平行布置法，提高了气垫层的承载能力和超载能力，拓宽了气垫输送机的应用范围。

(3)设计方法的创新——以二次槽角设计法取代了一次槽角设计法，气箱结构更为科学合理。

(4)气箱结构的创新——以组合式气箱取代了整体式气箱，以科学合理的气箱断面取代了矩形断面，大大减少了气箱内的气旋涡流，提高了稳压效果。

(5)风源装置的创新——研制成功了科学匹配风量风压的数学模型，依据物料的性质、粒度、输送量、输送速度、工作环境等因素，建立了成熟的计算程序，较为准确的匹配风量和风压。研制成功了与气垫带式输送机特性匹配良好的等新型风机，从而大大提高了气垫带式输送机的技术性能。

(6)清料装置的创新——增设护板，防止了细碎物料从外部进入气垫层中；采用新型清扫器或将弹簧清扫器与重锤式刮板清扫器配对使用，或多增设几组空段清扫器，提高清扫效果，防止细碎物料被运行的胶带带入气垫层中。

正是有了上述技术创新成果，第二代气垫带式输送机在技术性能、气垫均匀稳定性、节能效果、运行的平稳可靠性、设备使用寿命、综合经济效益等方面，比托辊带式输送机和第一代气垫带式输送机有了大幅度提高，经专家组鉴定确认，该国家级新产品居国内领先水平，其技术性能可与国际先进水平媲美，沿程阻力损失指标超过国外先进水平，因此近十年来第二代气垫带式输送机在我国沿海港口和内河港口散粮工程的输送系统中得到了广泛地应用，迈进了气垫带式输送机发展的新阶段。

随着集团不断发展壮大，在履行社会责任、回报社会方面也做出了突出贡献：向四川汶川灾区、青海玉树灾区捐款捐物，并派出50人的安装队伍到灾区援建，为新乡市城市文明建设做贡献等等，受到了社会各界的好评。

2

天隆公司立足自身优势，在《国务院关于加快振兴装备制造业的若干意见》产业政策的引导下，利用建设全国最大非标产业园的大好机遇，瞄准国内国际市场需求，与国际知名品牌进行联合，以发展壮大大型装备产业、改善提升传统输送装备产业为主攻方向；以市场调控、资源

优化配置为主要手段；强化国际国内技术科研合作，带动振动、风机环保等非标产业发展，规划在五年内建设年产 3 万米大型矿用带式输送机生产线和年产 5 万吨重型带式输送机扩产工程。主要生产大型托辊带式输送机和环保型散料输送管带式输送机，并逐步提升散料输送装备链成套装备集成能力。年实现销售收 12 亿元，利税 1.64 亿元。实现企业跨越式进步。确保国内气垫输送行业处于领先地位，打造科隆知名品牌。

撰 稿 人：刘新代
单　　位：河南天隆输送装备有限公司
联系电话：0373－50 66559
地　　址：河南省新乡市高新技术开发区 453000

积硅步而致千里

——前进创新的鑫恒

焦作鑫恒起重运输机械有限公司位于河南省焦作市，是区里的重点企业之一，专业生产带式输送机。注册资金 2 565 万元，公司占地面积80 000 m^2，其中建筑面积为 26 000 m^2。现职工人数 380 余人，其中各类专业技术人员 37 人，具有高级职称 3 人，中级职称 15 人。现有各类生产设备 150 余台，公司以专业化生产设备，保证先进工艺的实施，拥有托辊、滚筒专用生产流水线，同时还根据加工中特殊的工艺要求，独立自主研究一些专用设备。年生产各种带式输送机能力 16 万 m 以上，工业总产值 25 000 多万元。

作为从事带式输送机生产的专业厂家，公司根据 ISO9001:2000《设计、生产、安装和服务的质量保证模式》，编写了《质量保证手册》，进行了有效的实施，并通过了质量认证、电力认证、煤安认证，从而确保我公司制造的产品在使用中技术先进、性能可靠、用户满意。我公司培养了一批具有丰富经验的设计、科研、工艺、制造等方面的专业技术人员，可根据客户要求进行带式输送机系列设计，为客户提供专业设计方案，以满足客户个性化设计要求，并为客户提供技术改造。我公司拥有一套完整的质量检测系统，严格的管理程序。公司立足于带式输送机的研究、开发、制造，在产品性能、质量和服务方面倍受广大用户信赖与好评。公司凭借专业化的制造设备，努力打造卓越品牌，同时承接各类机械产品的加工与制造。

图 1

我公司通过不断创新和研发，致力于为客户的整套输送和筛分系统需求提供解决方案。我公司的输送系统产品广泛用于电厂、冶金、煤矿码头、粮仓、化工、矿山、食品、轻工等领域。主要产品包括：TD75 型通用固定式带式输送机 B＝500～1 400 mm采用普通运输带，带强 56 kg/cm. 层；DX 型钢绳芯带式输送机 B＝800～2 200 mm 采用钢绳芯运输带，带强 650～4 000 kg/cm. 层；强力型带式输送机 B＝500～2 200 mm 采用尼龙芯运输带，带强 150～300 kg/cm. 层；DTⅡ、DTⅡA 型带式输送机 B＝500～1 400 mm；各种煤矿井下专用输送机 DTL－120、DTL－100、DTL－80、DTL－65、DSJ－120、DSJ－100、DSJ－80、DSJ－65 等系列；斗式提升机及螺旋输送机；大倾角带式输送机 B＝500～1 200 mm；DY 移动式带式输送机 B＝500～800 mm；圆管带式输送机 D＝100～850 mm；振动筛分设备及带式输送机相关备件。

图 2

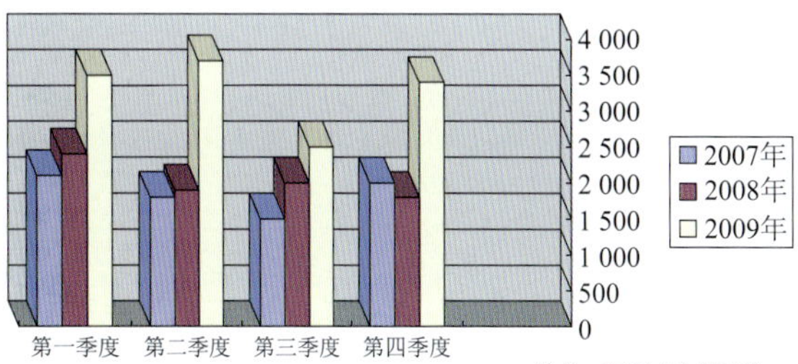

单位：万元（人民币）

图 3

在公司全体员工的努力下销售额逐年增涨2009年度突破1亿人民币。

在济南钢铁有限公司、邯郸钢铁公司、武钢集团鄂城钢铁有限责任公司、唐山钢铁公司、日照钢铁公司、北京首钢国际工程技术有限公司、陕西龙门钢铁有限责任公司、新余钢铁股份有限公司、山西海鑫钢铁公司、广西柳州钢铁有限公司、链源钢铁公司、山西晋城煤业集团有限公司、潞安煤业集团有限责任公司、山西李家楼煤业集团有限公司、焦作煤业集团有限公司、江西景德镇发电厂、河北黄骅电厂、华能河北邯峰电厂、山西和信武乡电厂、江西分宜电厂、山西蒲光电厂、山西耀光电厂、开封火电厂、宁夏石嘴山发电有限公司、中国铝业股份有限公司中州公公司、甘肃银光公司、东方希望铝业有限公司、大连大重公司、长沙重型机械公司、等多项重大工程均选用了我公司生产的带式输送机及其配件。

图4

公司秉承"质量第一，诚信为本，服务完美"的经营宗旨，以优质产品、优良服务、优惠价格和保按时供货、保数量不缺、保证供应配件的"三优"、"三保"为经营方针，真诚面对每一个客户，诚恳听取每一个建议，认真处理每一个细节，立志开拓，诚信经营，持续学习，勇于创新，积极承担对价值链伙伴、环境和社会的责任；给员工提供没有天花板的舞台，成就客户，与合作伙伴共赢，为不断满足客户需求及潜在需求而努力。保护环境，回馈社会。

无论我们的业务拓展到哪里，包括新兴市场，我们都将坚持最严格的标准，采用最佳的方案。我们将努力成为可供其他公司学习的榜样。我司倡导诚信，言行如一，坚持决策透明；我们将秉承高效与便捷的理念；高度重视利益相关方和客户的意见，并对他们的需求及时做出反应。并以严格的管理体制，雄厚的技术力量、优良的加工设备和丰富的生产制造经验为基础，不断提升产品性能，以质量可靠、品质优越为目标，为广大客户真诚服务。

撰 稿 人：谢发文

单　　位：焦作鑫博起重运输机械有限公司

联系电话：0391－3955001

地　　址：河南省焦作市解放东路827号

454003

科技创新是企业强身之本

东莞市奥能实业有限公司前身是广东省东莞煤矿机械厂，始建于1956年，是原煤炭部制造局36家重点企业之一，也是国家重工业协会带式输送机分会理事单位。

公司坐落在广东省珠江三角洲东莞市区，南连深圳，北接广州，毗邻港澳，电讯发达，交通便利，发货快捷，地理条件优越，拥有得天独厚的优势。生产井下带式输送机距今有30多年的历史，产品遍及全国各地：北起东北、河北、山西，内蒙；西部的青海、陕甘宁到云贵川；东部的山东、江苏、安徽，还有河南、江西等地都是我们的长期用户。

公司现有员工500多人，其中中高级职称人数占员工总数的16%。拥有先进的技术装备和完全自主研发各类带式输送机的设计、制造、安装、调试等科研能力；拥有金属切割、锻压、冲剪、铆焊、机加工等设备326台，计量及检测仪器、设备共76台。公司科研技术力量雄厚，生产设备齐全、工艺先进、检测手段完善，年生产能力达2亿元，是集科研、开发、生产于一体的股份制企业。

1989年我公司为大同雁崖矿生产的长度为2.52 km的带式输送机，是当时国内最长的井下带式输送机，也是井下第一条采用多点驱动的带式输送机；1992年为大同云冈矿生产的1.2 m带宽的顺槽机是当时国内最大的顺槽机；1993年为甘肃新窑煤矿生产的28°大倾角带式输送机是当时井下倾角最大的带式输送机。近年来又成功研制了带宽1.4 m、1.6 m煤矿井下顺槽机，输送3 000 t/h，具有国内同类产品的先进水平。在持续多年的历程发展中，奥能实业一贯坚持“科学管理，质量为本，持续改进，满足顾客需要”的质量方针，长期秉承“以质量求生存，以品种求发展”的企业创新理念，致力于长距离、30°大倾角、大运量、可拐弯、大跨度皮带机廊道（栈桥）、管状带式输送机等的开发、研制，并成功投产，已广泛应用。我公司很早就采用了CST、变频器及动态分析技术，技术日趋成熟，企业不断发展壮大，在同行业中率先通过了ISO9001：2008《质量管理体系认证》；并已领取带式输送机煤安标志证书200多个型号。

图1　1 600 MM带宽井下顺槽机

图2　强力皮带机驱动装置

公司于2002年改制后成立至今，已取得生产带式输送机已突破2000余台，总输送距离达到380多km的卓越成就。产品遍及煤炭、港口、码头、冶金、电力、纺织、造纸、水泥、建材等行业，产品质量、信誉、荣誉深得用户好评和肯定，并于2009年11月与淮北矿业集团成功签署了双方《战略合作协议》。

图3　日产5000吨水泥厂皮带机

图4　长距离拐弯皮带机

“胜不骄，败不馁”是奥能人的风格，几十年来的风雨历程正是奥能人这种执着的精神铸造了今天的喜悦。放眼未来，公司依然任重道远，坚持科学发展观，与时俱进，开拓创新，实现把企业做大做强成为国家乃至走向世界极具影响力的重要生产基地，继往开来谱写新的辉煌。

撰 稿 人：邓豪俊

单　　位：东莞市实能实业有限公司

联系电话：0769－88560099

地　　址：东莞市望牛墩镇洲涡工业区 523206

创新 WLAN 技术在自动化立体仓库的应用

1 简　　介

菲尼克斯电气中国公司隶属于德国菲尼克斯电气集团。1928 年，菲尼克斯电气发明了世界上第一片组合式接线端子，提出并创造了电气连接的新概念和新技术，成为全球电气连接技术的领头军和行业标准。此后，菲尼克斯电气不断激情创新，各种新产品新技术层出不穷。1985 年推出了全球第一条现场总线 INTERBUS，革新了自动化控制系统的理念和技术。菲尼克斯电气在德国是工业自动化的行业标准，并积极将新技术和新产品引入中国，2006 年在国内完成第一个 PRONFINET 电气自动化产品在生产线的应用。菲尼克斯电气中国始终致力于各种技术的开发，逐渐形成了完善的电气接口技术体系以及电气自动化系统产品，其中很多产品系列已经成为行业的应用标准。

1993 年起，菲尼克斯电气在中国积极组建销售网络、生产基地和研发中心。公司在全国设有 4 个子公司，23 个办事处和 100 多家分销机构，形成了完善的销售网络；公司引进、自行开发了自动化生产流水线，拥有自己的模具车间和实验室，始终保持与德国总部等同的设计制造品质；2004 年集团公司决定加大在华的投资，建立独立的研发与技术中心，加速研发的本地化进程，提供更符合中国市场的产品和技术。

菲尼克斯电气中国公司注重引进世界先进的技术和管理经验，培养和发展自身的核心竞争力，实现了 100％本土员工，100％本土管理，宣传了中国的改革开放，长了中国人的志气，并促进了国内工业的升级换代。

菲尼克斯电气中国公司植根中国大地，努力开拓自己的业务。如今中国公司的业务发展迅速，已经成为整个集团全球业务的重要基石。2004 年集团提出了新的战略，中国公司与德国、美国公司一起成为集团的核心竞争力中心，技术支持和管理范围拓展到亚洲太平洋地区。

2 前　　言

在自动化立体仓库中，信息数据的通讯技术是关键技术之一。通讯技术关系到整个自动化立体仓库控制系统、底层控制系统和上位管理系统之间的数据传输的可靠性。

菲尼克斯电气有限公司是电气连接和电气接口、工业自动化领域的领先制造商。产品范围涉及多个应用领域的高级组件、系统和服务。包括从组合接线端子到接口技术，从 PCB 连接技术到工业系统自动化硬件和软件的解决方案。

菲尼克斯电气产品为物流行业的控制系统提供全面的、可靠的解决方案。应用涉及汽车、烟草、食品制造、制药、港口等众多行业的物流工艺系统。

3 应用需求描述

自动化立体仓库是现代物流系统快速发展的一个标志。立体仓库一般由巷道堆垛起重机，高层货架，入出库输送机系统，自动控制系统，周边设备和计算机仓库管理系统等组成。

其中有非常多的移动设备，例如直线往复穿梭车、环形穿梭车、巷道堆垛机、悬挂式输送机、AGV 小车等。当前这些移动设备的控制方式多为拖缆式、滑触线、红外线串口方式等几种通讯方式。以上几种方式均存在以下问题：

拖缆式：施工复杂；维护成本高；不安全，影响生产；

滑触线：施工复杂；成本高，信号线缆受限；

红外线传输方式：只能直线传输，无法解决转弯及环形设备通讯。

因此自动化立体仓库控制系统中需要新的通讯方式，来解决以上问题，提供安全、可靠、方便维护安装、适用于整个控制系统的网络形式。

4 解决方案

无线以太网技术作为新一代的通讯传输方式，已经广泛的应用于各个领域。它具有网络安装简单、降低安装成本、网络维护简单灵活等特点。

无线以太网的无线基础设备主要包括：无线接入点（AP）、网桥和终端（EC）。

根据现场应用需求，确定整体网络结构采用无线通讯方式。

立库的巷道堆垛车控制系统 WLAN 结构图如图 1。

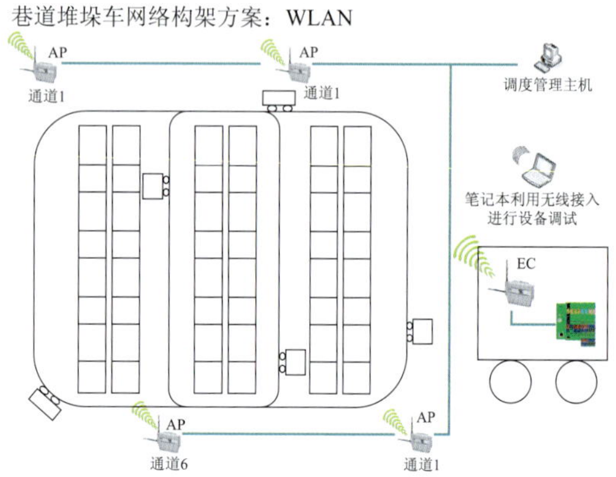

图 1

方案说明：

1. 在巷道的两端分别布置 WLAN 接入点（FL WLAN 24 AP 802－11），相邻接入点采用不同的通讯通道。避免通讯信号的干扰。控制系统通过以太网接入无线网络。

2. 在堆垛车上，将控制系统通过以太网方式接入 WLAN 终端设备（FL WLAN 24 EC 802－11）。控制系统或分布式远程子站通过以太网接入无线网络。

由于立库货架的影响，当货物堆放较多时会对无线信号有遮挡和减弱。因此在每一个巷道均布置一个接入点，解决堆垛车在巷道内的通讯。巷道之间采用"Z"形分布，避免无线信号之间的干扰。具体施工布置方案可根据现场实际应用情况进行调整。

穿梭车控制系统解决方案，结构图如图 2。

方案说明：

1. 在控制系统的地面控制中心布置 WLAN 接入点（FL WLAN 24 AP 802－11），控制系统及数据采集处理系统均通过以太网接入无线网络。

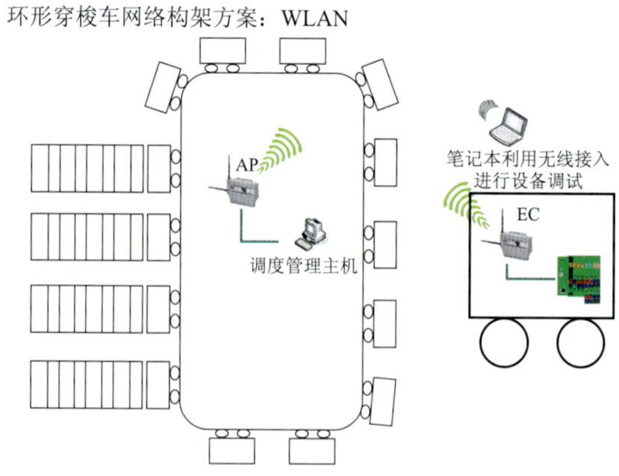

图 2

2. 每台穿梭车上布置 WLAN 终端（FL WLAN 24 EC 802－11），控制系统或分布式远程子站通过以太网接入无线网络。

地面控制中心的 WLAN 接入点信号需要覆盖穿梭车活动区域，如穿梭车活动范围超出覆盖，可布置 WLAN 接入点进行漫游，完成无线信号的全部覆盖，如图 4。

5 与传统通讯方式的对比

早期的通讯方式多采用拖缆设备与设备一起高速运行，施工工作量大，线缆拉扯折叠容易发生安全故障。信号也容易受到周边设备的干扰。红外线通讯方式只能采取直线点对点的安装形式，无法灵活的改变和扩展系统功能。

无线网络通讯技术的发展应用，使工业控制现场不再局限于点对点的直线通讯方式。在无线网络通讯中，根据需要的覆盖面积，选择相应的 WLAN 接入点的数量及位置。然后无线通讯设备和 WLAN 终端在覆盖范围内，可灵活变动安装位置，移动设备在高速移动工作中仍可以保持可靠稳定的网络连接。另外，现场的调试维护人员也可方便的通过手持移动设备，在现场的任何位置对设备进行调试、监控等工作，如图 4。

6 方案主要产品介绍

菲尼克斯电气 IP65 的 WLAN 产品特为恶劣环境中的应用而设计。模块拥有结实的外壳，符合 IP65 防护等级，可抵抗剧烈震动和冲击，有效防止 EMC 干扰，工作温度范围宽广。另外该产品还包括如下卓越性能：

图 3

图 4

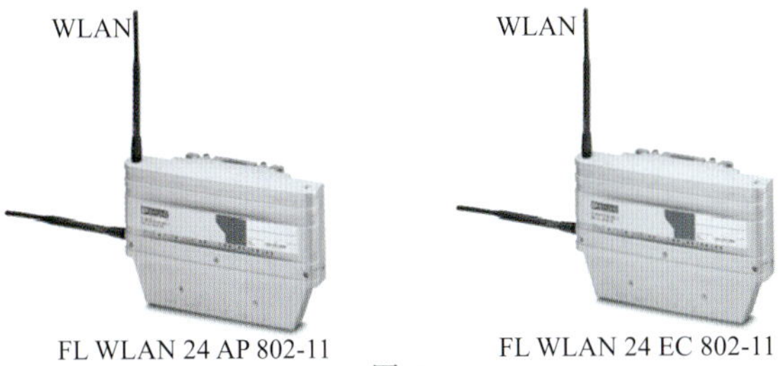

图 5

- 双波段接收器：802.11 b/g（2.4GHz 波段）和 802.11 a/h（5GHz 波段）
- 支持当前最高的安全标准 IEEE 802.11i，具有最高的安全等级
- 可显示接受和噪音级别，以及用于确定天线最佳方向的数据，具有强大的诊断功能
- 通过客户设定的优先规则区分网路流量优先级，为具有高优先级的数据保证最大的数据吞吐量
- 接入点（AP）监控与终端（EC）的链接，当链接断开时，向可视化系统发送消息，具有高可靠性
- 支持 802.11d 生成树协议
- 可通过标准网络浏览器的 HTTP 访问
- 天线可更换，品种多样化，在反射环境下确保可靠的无线传输

WLAN IP20 接入点：

- 双波段接收器：802.11 a/b/g(2.4GHz 和 5GHz)
- 可更换式天线(MCX一孔式)
- 温度范围：0℃～+65℃
- IP20 防护等级
- 控制柜内安装设计紧凑
- 具有接入点(AP)、多点桥接和终端(EC)适配器 3 种工作模式
- 中继器模式可扩展范围

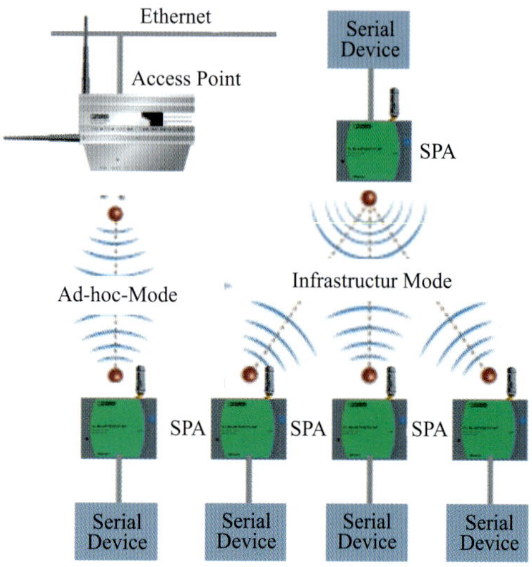

图 6

特别介绍菲尼克斯无线串口适配器：

- WLAN 802.11 b/g (2,4 GHz)
- 串口服务器
- Add一hoc 工作模式和点对点模式
- RS一232/422/485
- 高安全性 IEEE802.11i/WPA2，AES encryption
- 通过 AT 工具软件配置

通过无线串口适配器可以将生产现场串口设备接入无线网络。这样统一了现场的网络结构，使更多的普通带串口设备接入 EtherNet 网络。另外，菲尼克斯电气还提供多种网络通讯方式。Bluetooth(蓝牙)无线通讯产品、无线 I/O 等。产品的多样性，保证了菲尼克斯电气可以为客户提供多种多样的满足现场应用的最适合的解决方案。

WLAN IP20

FL WLAN 24 AP 802-11 XDB

图 7

7 总　　结

经过多个项目的实践应用，无线网络技术可以有效的提高物流行业自动化立体仓库的通讯连接可靠性。无线方案具有安装简单方便，维护方式灵活，信息交互高速等优点。菲尼克斯电气为物流行业提供了又一个可靠、稳定、高效的工业生产现场的应用解决方案。

撰 稿 人：杨　斌　姜俊锋
单　　位：南京菲尼克斯电气有限公司
联系电话：025一52121888
地　　址：江苏省南京市江宁区菲尼克斯路 36 号

图 3

图 4

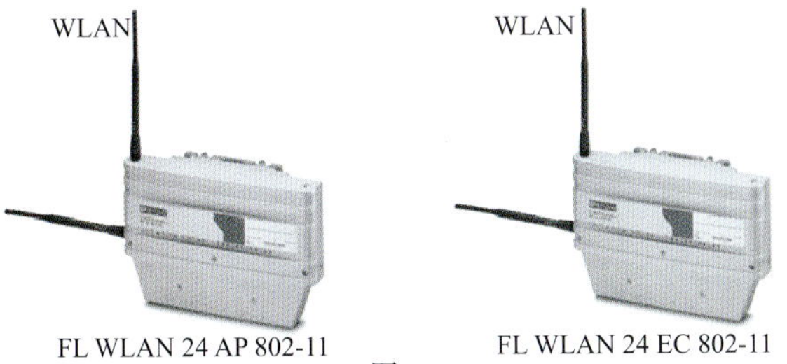

图 5

- 双波段接收器：802.11 b/g(2.4GHz 波段)和 802.11 a/h(5GHz 波段)
- 支持当前最高的安全标准 IEEE 802.11i，具有最高的安全等级
- 可显示接受和噪音级别，以及用于确定天线最佳方向的数据，具有强大的诊断功能
- 通过客户设定的优先规则区分网络流量优先级，为具有高优先级的数据保证最大的数据吞吐量
- 接入点(AP)监控与终端(EC)的链接，当链接断开时，向可视化系统发送消息，具有高可靠性
- 支持 802.11d 生成树协议
- 可通过标准网络浏览器的 HTTP 访问
- 天线可更换，品种多样化，在反射环境下确保可靠的无线传输

WLAN IP20 接入点：

- 双波段接收器：802.11 a/b/g(2.4GHz 和 5GHz)
- 可更换式天线(MCX－孔式)
- 温度范围：0℃～＋65℃
- IP20 防护等级
- 控制柜内安装设计紧凑
- 具有接入点(AP)、多点桥接和终端(EC)适配器 3 种工作模式
- 中继器模式可扩展范围

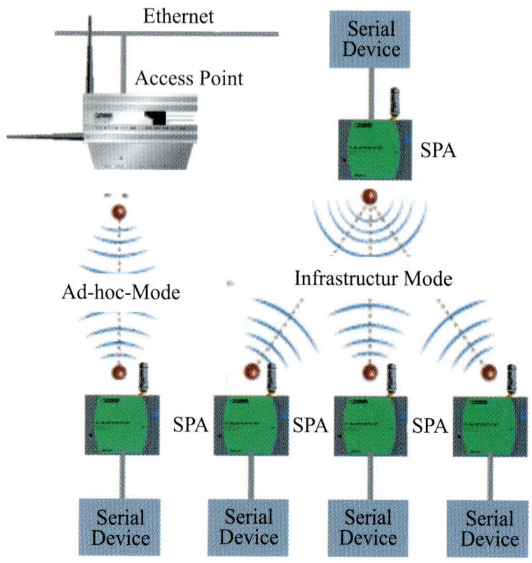

图 6

特别介绍菲尼克斯无线串口适配器：

- WLAN 802.11 b/g (2,4 GHz)
- 串口服务器
- Add－hoc 工作模式和点对点模式
- RS－232/422/485
- 高安全性 IEEE802.11i/WPA2，AES encryption
- 通过 AT 工具软件配置

通过无线串口适配器可以将生产现场串口设备接入无线网络。这样统一了现场的网络结构，使更多的普通带串口设备接入 EtherNet 网络。另外，菲尼克斯电气还提供多种网络通讯方式。Bluetooth(蓝牙)无线通讯产品、无线 I/O 等。产品的多样性，保证了菲尼克斯电气可以为客户提供多种多样的满足现场应用的最适合的解决方案。

图 7

7 总　　结

经过多个项目的实践应用，无线网络技术可以有效的提高物流行业自动化立体仓库的通讯连接可靠性。无线方案具有安装简单方便，维护方式灵活，信息交互高速等优点。菲尼克斯电气为物流行业提供了又一个可靠、稳定、高效的工业生产现场的应用解决方案。

撰 稿 人：杨　斌　姜俊锋
单　　位：南京菲尼克斯电气有限公司
联系电话：025－52121888
地　　址：江苏省南京市江宁区菲尼克斯路 36 号

创立工业制动器民族品牌的光辉历程

江西华伍制动器股份有限公司是目前国内具备较强自主创新能力的工业制动器专业生产商和工业制动系统解决方案提供商，是国家“高新技术企业”，也是我国工业制动器制造行业中目前唯一上市的企业。公司设有省级研发中心——“江西省工业制动器工程技术研究中心”，同时还设有摩擦材料工程技术研究中心。在研发能力、制造水平、技术积累和品牌影响力等方面处于行业领先地位。2009 年销售收入已达到 331 88 万元，市场占有率居行业首位。在国内外工业制动器行业中具有重大影响。

2005 年公司组建了“江西省工业制动器工程技术研究中心”。研究中心目前拥有中高级技术人员 49 名(其中教授级高级工程师 1 名、高级工程师 8 名，工程师 16 名，助理工程师 20 名，兼职教授 4 名)；首席专家聂春华先生是我国工业制动行业的学术带头人、教授级高级工程师、江西省 2005 年度劳模、享受国务院政府特殊津贴的知名专家。

经过多年的发展，公司形成了一套以技术专家为主，让市场研究、成本核算、生产管理等部门专业人员参与的技术研发、创新的决策机制，并形成了调研→开发→转化→储备的创新运行机制；通过设置“成果奖”、“效益奖”、“项目建议奖”、“科技成果特别贡献奖”、“专利奖”等众多奖项以激励研发、技术人员进行技术创新；公司注重内部研发、创新的研讨、交流、学习和培训，并通过引进相关专业人才，充实研发、技术队伍；通过与高等院校、科研院所及其他相关企业技术交流与合作，构建产学研相结合的创新体系，以确保公司产品处于行业内领先地位。

公司拥有的研发与试制设备、计量与检测仪器、试验装置种类齐全、性能先进，共计 120 余台套。其中包括可生产新型摩擦材料的真空感应化学气相沉积炉和真空感应浸渗反应炉、性能领先的由计算机控制的 IBT90－500 大型制动器动态模拟及综合性能试验台、大型防风装置液压模拟试验台、风电制动器试验设备等相关试验设备；三坐标测量仪、斯派克直读光谱仪、直读式化学分析仪、机械性能测试设备和低温冲击试验机等计量设备。

公司始终坚持科技兴企强企的理念，每年都投入大量的经费用于展开科研工作和购制科研设备仪器，仅 2008 年～2009 年就投入 2 200 余万元，从经费方面保障科技兴企强企理念的顺利实施。

公司在 20 世纪 90 年代初进入工业制动器领域后，董事长聂景华先生和首席专家聂春华先生综合分析了当时工业制动器现状和市场需求，制定了开发高端工业制动器的战略。在他们的带领下，通过精心研究，在几大系列产品上大胆创新，通过采用弓型制动臂改善受力、采用退距自动均等装置和瓦块自动随位装置实现免调整维护的先进功能、采用衬垫磨损自动补偿装置使制动衬垫使用磨损后能实现自动补偿从而保持制动力矩恒定等措施，极大提高了工业制动器产品的工作可靠性，部分产品则实现了与配套主机构部件同寿命，终端用户日常只需定期更换摩擦衬垫，大大降低了使用成本。

华伍公司是国内首家实现自主研发摩擦材料配方及生产的工业制动器生产企业，公司能根据客户主机应用环境及工况需要，调整摩擦材料的原料配方，并通过特殊成型工艺，生产具备相应摩擦系数、强度以及耐高温的摩擦衬垫。目前，公司在摩擦材料方面的研发实力和技术成果在国内工业制动器生产企业中均处于领先地位，本公司“陶瓷基复合摩擦材料及应用高技术产业化项目”于 2009 年 9 月 3 日被国家发改委纳入国家高技术产业发展项目计划备选项目。

华伍公司不断进行工业制动技术的理论研究，并有十多篇学术论文在权威杂志上发表，2005 年，公司完成全国起重机械标准化技术委员会下达的工业制动行业标准的制修订计划(本公司为第一起草单位)5 项，并且公司目前正负责修订机械行业标准。公司共完成 20 多个系列新产品开发，其中获国家级重点新产品 2 项、江西省优秀新产品 6 项、江西省科技进步一等奖 1 项、三等奖 3 项。

通过多年的发展和持续创新，公司已形成系列化的工业制动器的中、高端产品包括：高速轴制动器（电力液压鼓式及盘式制动器、电磁鼓式及盘式制动器等）、低速轴制动器（安全制动器）、防风制动装置（夹轮器、夹轨器、顶轨器等）和工业制动摩擦材料。其中：全自动免维护电力液压块式制动器：国家级火炬计划项目和国家重点新产品。该产品具有退距自动均等、磨损自动补偿、瓦块自动随位及各种联锁与检测信号自动反馈等先进功能。安装时一次调定后工作中免维护，动作灵敏、寿命长。

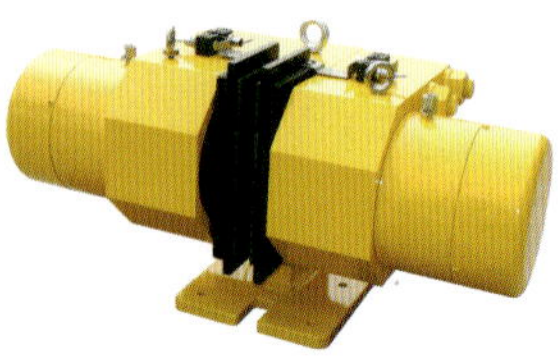

图 1 液压钳盘式制动器

图 2 YWZ5 系列制动器

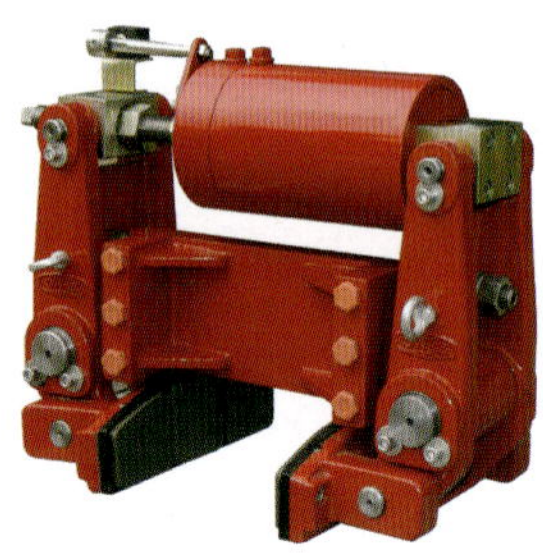

图 3 YLZ 液压式轮边制动器

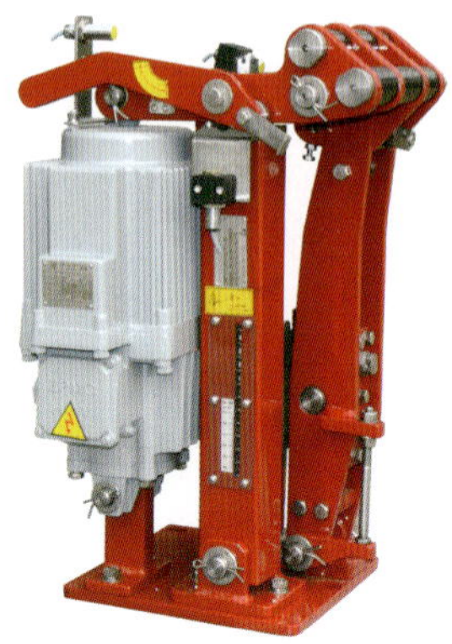

图 4 YP 系列电力液压盘式制动器

变频调速液压盘式制动器：国家重点新产品。该制动器利用变频技术，按照设定要求，通过改变电机转速从而控制作为该制动器动力单元的电力液压推动器的推力与运行速度，从而达到既可使制动器“制而不死”，也可迅速制动的目的。该制动器可以大大降低传动系统特别是大力矩传动系统在制动时所产生的冲击危害。

MS 系列电磁制动器：江西省重点新产品和江西省自主创新产品，是一种中大型特种制动装置。江西省科技厅组织有关专家鉴定后认为“总体技术水平达到国际同类产品的先进水平”。

YP 型大力矩电力液压盘式制动器：江西省自主创新产品和江西省重点新产品，填补了国内空白。江西省科技厅组织有关专家鉴定后认为“总体技术水平达到国际同类产品的先进水平”。

Ed 型大推力电力液压推动器：江西省重点新产品和江西省名牌产品，是一种注入了多种新技术和新工艺的可为多种类型机构提供简便可靠的驱动单元。江西省科技厅组织有关专家鉴定后认为“总体技术水平达到国际同类产品的先进水平”。

上述高新产品获得广泛而成功的应用。洋山港二期工程、篮鲸号和华天龙号等特大型浮吊、大亚弯核电站设备改造、南水北调中线水源工程丹江口 300 t 升船机等项目，全面采用华伍公司的工作制动器、安全制动器、防风装置及配套液压控制系统。华伍公司产品还配套港口机械产品出口到全球 70 多个国家和地区的大型港口，获得了终端用户的广泛认可。

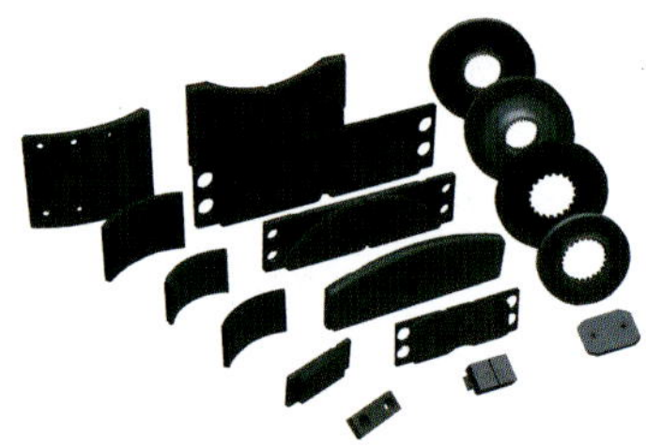

图 5 衬垫

我国的装备制造业正在从“中国制造”向“中国创造”转变。为促进这一转变，本公司以追踪制动技术研究前沿、赶超国际先进水平为己任，正推动工业制动系统向着工作可靠性高、环境与工况适应性强、智能化水平高、使用寿命长、占用空间小的方向发展，使其成为集机械、电气、材料技术、智能控制、远程监测于一体的高性能设备。公司正在稳步而有力地推动“精心打造中国制动精品，全力塑造世界制动品牌”战略的实现。

公司上市的募集资金将投向工业制动器技术升级及产业化扩建项目、风电设备制动装置产业化建设项目和制动系统及摩擦材料应用工程研究中心建设项目。这些项目的实施完成，将全面提升公司的核心竞争力和持续发展能力。

华伍人有能力有信心，走自主科技创新之路，继续引领我国工业制动器行业冲出国门，走向世界，为振兴中国民族工业做出更大的贡献！

撰 稿 人：熊银辉
单　　位：江西华伍制动器股份有限公司
联系电话：0795－6201884
地　　址：江西省丰城市剑邑大道 779 号 331100

采用先进技术抢占发展先机

——浅谈萨澳 H1AC 泵及其在工程机械领域的应用

自第一台液压泵被用在工程机械车辆上之后，这个建立在帕斯卡原理、流体动力学等经典理论基础之上的“铁疙瘩”，便注定牵动着工程机械行业的发展。鉴于液压传动的诸多优势以及液压元件的发展进步，越来越多的工程车辆开始使用液压传动技术，并必不可少的装备了液压的“心脏”——高效、可靠、强劲的液压泵。目前国内高端市场上，仍以外资品牌的液压泵为主，如萨澳一丹佛斯、博世力士乐、派克、伊顿等。这些厂家所生产的液压泵，各有所长，比如博世力士乐的液压泵应用面较广，而萨澳一丹佛斯的液压泵则在闭式应用领域有着数一数二的竞争实力。

随着各种工程施工越来越复杂，客户对于工程机械的要求也越来越多、越来越苛刻，传统的液压泵、马达等产品可能将无法满足要求，客户需要一台更聪明的泵，不仅能够实现“液压心脏”的功能，甚至在某些情况下，还要起到“液压大脑”的作用。而实际上，早在市场上出现此类大规模需求之前，萨澳一丹佛斯的工程师们便在着手研发这类兼具“心脏”和“大脑”功能的液压泵。借助先进的电子技术以及 40 多年的行业经验，萨澳一丹佛斯代表未来方向的 H1 系列 AC 泵应运而生。

图 1　集成控制器的萨澳一丹佛斯 H1 系列 AC 泵

1　关于萨澳一丹佛斯 H1 系列 AC 泵

H1 系列泵，是萨澳一丹佛斯公司建立在新一代设计理念基础上的闭式液压泵。AC 泵是其中的一种。所谓 AC(AutomotiveControl)，意知集成式与发动机转速相关控制。简而言之，这是一台自带控制器—液压大脑—的液压泵(如图 1)。

2　H1 系列 AC 泵功能简介

萨澳一丹佛斯 H1 系列与发动机转速相关控制(以下简称 H1 AC)为非公路车辆提供了一种与公路车辆驱动特性类似的车辆行走驱动系统，实现车辆自动变档，无级自由调速。对于单泵单马达闭式驱动系统，集成于 H1 泵上的电子控制器能灵活设定控制逻辑，提高了车辆的操控性能。控制器根据预先设定的与发动机转速相关控制曲线，将操作人员的直接指令或发动机转速信号转化为变量柱塞泵的控制信号。同时此集成控制器可用来控制一个双位或电比例变量马达，以及其他与车辆行走驱动系统有关的输入/输出信号。由于容易调整相应的控制参数，可根据客户个性化的要求定制机器性能。

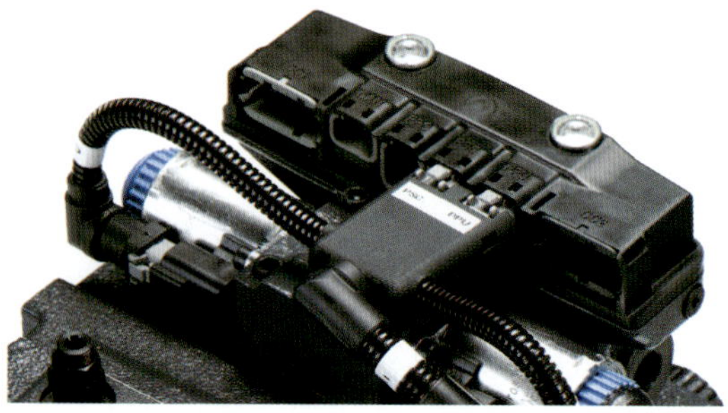

图 2　集成式 AC 控制器

H1 AC 控制集成了电比例无反馈 NFPE (Non－Feedback Propotional Electric Control)

泵控制特性。灵活的系统配置允许将电控脚踏板,控制手柄,马达或其他公司的产品结合在一起进行控制。

配合其他相关元件,H1 AC 泵可实现的主要驱动功能可以简述如下:

- 4 种可选的驱动模式,可以通过模式开关来切换。
- 独立设定的前进后退驱动曲线(4 * 2 共 8 条曲线)。
- 可以在与发动机转速相关控制和与发动机转速无关模式间切换。
- 与发动机转速无关控制控制应用场合,包括扫路车,扫雪车等。
- 与负载无关的工程机械驱动模式,应用场合包括压路机和林业机械。
- 通过泵变量斜盘的转角传感器实现与负载无关的驱动模式,可以达到与电比例排量控制的相同控制效果。
- 与发动机转速相关驱动曲线比例衰减的 AC 控制模式,包括:轮胎防打滑,开沟作业等)。
- 恒速模式,如扫路车,吹雪车等。
- 集成车速限制功能。

根据 IEC61508 标准,H1 的 AC 控制器已经得到 TüV SIL 2 级安全认证。有了这个认证能够大大减少 OEM 取得 MachineryDirective 2006/42/EC 车辆认证所要花费的时间和费用。2009 年 12 月以后,所有欧盟国家生产的以及销售到欧盟国家的车辆必须通过 Machinery Directive 2006/42/EC 认证。

3 H1 系列 AC 泵应用示例

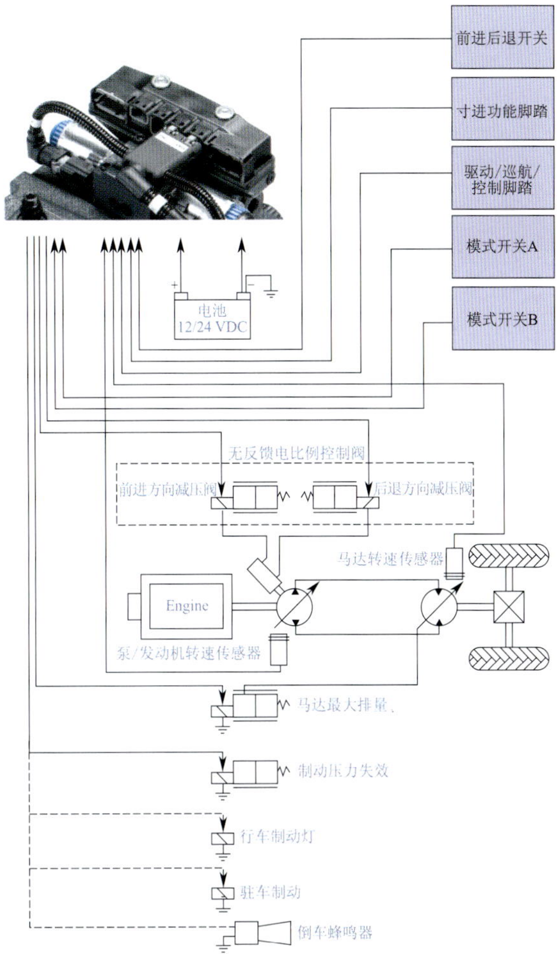

图 3 H1AC 应用示例图

4 小 结

基于尖端的集成数字电子控制技术及萨澳—丹佛斯成熟的柱塞泵技术,H1AC 兼具"液压心脏"和"液压大脑"功能,为客户提供了一个更为广阔的应用平台,帮助客户抢占发展先机。

撰 稿 人:曾 斌
单 位:萨澳行走液压(上海)有限公司
联系电话:021－64950505
地 址:上海市桂平路 418 号兴园科技广场 309 室 200233

创新引领未来

——宁波江北宇洲液压设备厂

宁波江北宇洲液压设备厂(原宁波大学宇洲液压件厂,始建于1995年),位于宁波江北甬江工业园内,是一家集工程机械液压元件与液压系统研发、生产、销售为一体的现代化科技型企业。企业经过短短的15载风雨春秋,通过自主创新,现在已成为中国工程机械行业液压阀产品的龙头企业和行业翘楚。

企业产品广泛的应用于起重机械、土方机械、混凝土机械、矿山机械、搬运机械、挖掘机械等工程机械上,是国家工程机械龙头企业重点供应商,企业的客户有徐工集团、中联重科、三一重工、四川长起、安徽柳工、北起多田野、东岳重工、抚挖锦重、京城重工等,国内市场占有率已达75%。

图1

企业先后获得浙江省级高新技术企业、宁波市专利示范企业、浙江省重合同守信用AA级企业、资信等级AAA级企业、区级工业三十强企业、十佳工业企业、宁波市技术创新示范企业、宁波市名牌产品等荣誉称号。

1 精心制造,优质服务

宇洲一贯坚持精益求精的生产目标,通过制度化管理的培训与实践,结合SO9001质量管理体系,导入欧盟的安全品质认证,通过完整的品质保证体系,全面贯彻5S、精益等品质管理制度,秉承“不制造缺陷,不传递缺陷”的质量理念,使得企业的每一个管理动作都既有效又具备高度的发展力!

企业坚持以先进的生产技术及设备来制造产品,使产品达到最完美的品质要求,致力于为客户提供最佳的品质保证,引进具备国际、国内先进水平的进口加工中心机、数控车床、高精度进口珩磨机、三座标测量仪、连续通过式清洗机、喷烤漆流水线、集数据采集系统为一体的液压测试台等先进加工、检测设备。在制造过程中采用多项先进的工艺,铸就了国内工程机械液压元件行业最具研发制造实力的企业之一。多年来,公司的产品因卓越的品质和优质的服务而深受客户的青睐和推崇。企业年综合生产能力已达30万台、销售能力达3亿元。

图2 CCBH系列平衡阀

图3 XH10Z系列回转缓冲阀

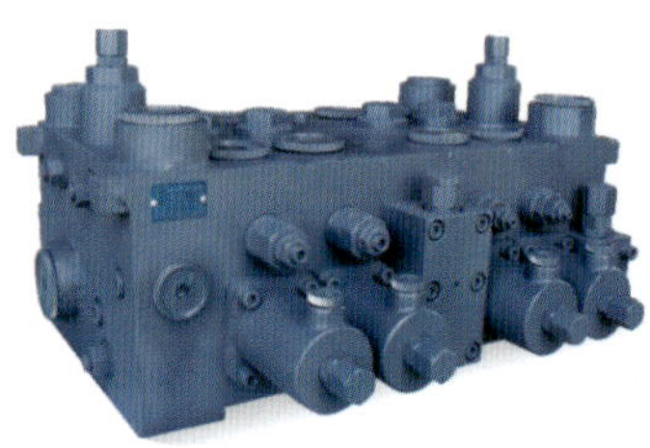

图4 M系列操纵阀组

在此基础上,我们依然保持敏锐的市场嗅觉,通过慧聪网我们开展了广泛的市场调查,积极地了解客户的真正需求,为客户提供最优质的产品和最上乘的服务。企业市场部每半年开展一次顾客满意度调查，通过汇总统计可以看出，顾客对产品性能指标、参数及安全性的满意度高达100%，而其他方面如售后服务的及时性、产品的性价比等方面都达到了95%以上。

2 锐意创新，开创未来

2006年，企业成功组建了工程技术研发中心——宁波宇洲高压液压工程(技术)中心。中心配备了完善先进的研发设施，拥有一支理论功底深厚、实践经验丰富、结构合理又极富创新精神的研发团队。截止2009年底，企业职工总数160人，大专以上科技人员55人，占职工总数的34%，从事技术研发的人员28人，占企业职工总数的18%，研发人员中工程师、高级工程师等中高级人才16人。工程中心配备了完善的设计研发设施设备，积极研究开发具有自主知识产权的核心技术，通过高端液压元件的新技术、新工艺、新产品的开发，提高了企业的自主创新能力，加快了产品的优化升级步伐，对企业的发展发挥了核心的推动作用。企业至今已累计申请国家各类专利38项，截止到2010年6月已累计获得8项发明、6项实用、7项外观专利的授权。

2009年企业与浙江大学牵手合作成立“液压元件检测试验室”，目前，检测试验室已进入试运行阶段，并能有效的采集压力、流量、温度等10多项关键数据。投入使用后则能大大提高和稳定现有产品质量，预计可提高经济效益20%以上，届时也可为宁波市乃至国内同行提供测试技术的服务和合作。

同年，企业入驻大连理工大学工程机械研究中心，与中心牵手成立“江北宇洲技术研发中心”。研发中心的成立，是企业引进技术，加强研发力量的最新的举措，为企业不断提升液压元件的各项性能，助力企业发展打下夯实的基础！

2009年12月，与机械科学研究院工程机械军用改装车试验场合作成立“宁波试验基地”，并举行了盛大的揭牌仪式，经慧聪网等多家媒体进行了专题报道，这是企业发展史上的一个重要的里程碑，工程机械行业发展的一件盛事！试验基地的建成，将有效地整合宁波与试验场的资源优势，为企业乃至整个行业的发展做出巨大的贡献！

企业经过15年的快速发展，产品规格系列日益丰富，目前已有平衡阀、缓冲阀、组合阀、小挖液控、辅助阀五大系列60余种规格的产品成功开发，90%的产品技术填补国内空白。其中“4HPCV160/320－25带负荷敏感型液控多路比例操纵阀”项目于2006年正式通过宁波市科技局的科学技术成果鉴定，并获得2006年度国家中小企业创新基金无偿资助项目的立项支持；2008年“带负荷敏感型液控多路比例操纵阀”项目被列入国家火炬计划项目；自2004年至今已成功申报30余项各级各类的科技攻关、新产品等项目，获得立项资金支持的已达20余项；多项成果通过成功转化实现产业化发展，获得多项区市级科技进步奖，2008年“汽车起重机上车液压操纵阀组的研发及产业化”项目获得了浙江省科技进步二等奖的荣誉。

图5 5HPCV160/320/60－25
5SPCV160/320/60－25
带负荷敏感型多路比例操纵阀组

图6 8HDCV35 / 3×70
小挖液控多路操纵阀组

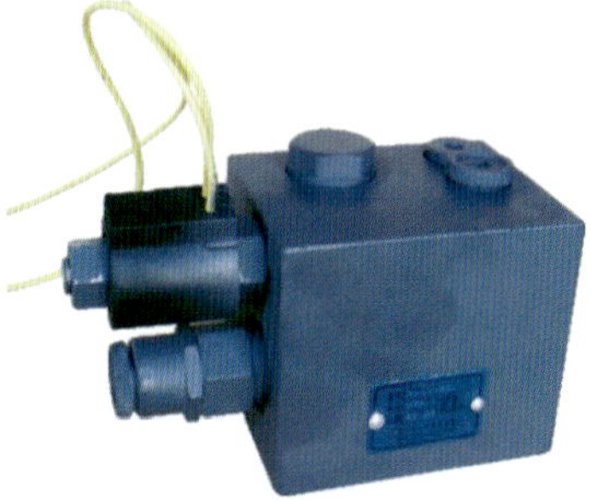

图7 BJY系列回转制动器控制阀

3 文化宇洲，和谐发展

为了丰富员工的文化生活，企业内设乒乓室、篮球场、阅览室和“宇洲之家”，为员工开创了良好的学习、健身的空间，组织开展运动会、旅游等丰富多彩的文体活动，还制订与颁布了《员工手册》，定期召开职工代表大会,每年向职工通报企业管理、质量管理、文化建设等工作思路,每年董事长还为“宇洲之星”和“宇洲新星”的颁奖,这一切活动都充分体现了企业对员工辛勤工作的肯定和鼓励。

宇洲的文化是宇洲成功的源泉。宇洲的成功,源于企业专业技术的实力,管理的实力,源于企业精神的强健,文化的独特。

企业宗旨:成就顾客利益、实现员工价值、承担社会责任、铸造企业辉煌

企业理念:企业的品格,源于员工的人格。理念支配行动,行动成就未来。被动远离成功,主动实现目标。不制造缺陷,不传递缺陷。

企业文化:做人以诚为怀,做事以法为度;主动实现目标,共谋和谐发展。

质量方针:以科研为先导,以技术为支撑,以管理为基础,精心制造,优质服务,持续满足和超越顾客期望。

行为准则:立足本职、恪尽职守,令行禁止、团结互助;提高技能、发挥才干,进言献策、争创优秀。

企业在注重自身文化建设的同时,积极承担社会责任,用实实在在的行动诠释企业的社会责任,在大连理工大学,宁波理工大学设立“宇洲奖学金”,积极参加“慈善一日捐”等公益活动,在汶川地震、玉树地震等同胞遇难之际,自发组织捐款活动,每一位宇洲人悲同胞之所悲,想同胞之所需,展现宇洲大爱。

4 矢志耕耘,潜心未来

回首过去,宇洲人始终以超前的理念和行动去迎接市场经济的浪潮;展望未来,宇洲人将以工程机械起重机市场为主导,采取纵横战略拓展市场。

履带起重机、汽车起重机、随车吊起重机、挖掘机、装载机、搬运机,在这些力大无边的工程机械中,都倾注了宇洲人的创业激情,敬业精神和更深的社会责任!

宇洲人深知,市场上充满了无限的机遇和挑战,唯有拥有精密制造技术、强盛产品研发能力和睿智的品牌策略,才能在竞争中脱颖而出,才能获取更大的市场,开创永续经营的企业!

企业秉承:“成就顾客利益、实现员工价值、承担社会责任、铸造企业辉煌”企业宗旨,有效地实施创新战略,坚持自主创新,增强企业的研发创新能力,建立创新机制,完善创新管理体系,为实现企业“工程机械行业液压阀产品的一流制造商和供应商”的愿景而持续努力。

撰 稿 人:刘桂芳
单　　位:宁波江北宇洲液压设备厂
联系电话:0574－87604960
地　　址:浙江省宁波市江北区兴角路98号 315021

施行品牌战略　谋求国际化发展

1　企业简介

杰牌控股集团有限公司座落于以钱江潮而闻名于世的钱塘江南岸，毗邻杭州萧山国际机场和沪杭甬高速公路，距上海、宁波组合港仅 200 km。公司始创于 1988 年，以 8 000 元人民币起步，秉承“一流、专业、联盟”的经营理念，走过了“做产品、做品牌、做标准”的发展历程，通过持续不断的科技创新、管理创新和品牌经营，现已发展成为占地面积 20 万 m^2、建筑面积 15 万 m^2、产业涉足传动设备和建设机械两大领域的现代企业集团，现拥有杭州万杰减速机有限公司一蜗杆减速机、杭州杰牌传动科技有限公司一齿轮减速机、杭州科曼萨杰牌建设机械有限公司一塔式起重机等具有世界一流技术的三大主导产品，杰牌产品和商标先后获得“中国驰名商标”、“浙江名牌产品”等称号，企业先后被评为“中国齿轮行业优秀企业”、“浙江高新技术企业”、“浙江省诚信企业”，并通过了 ISO90001 国际质量体系认证、ISO14000 环境体系认证、测量管理体系认证、AAA 级标准化良好行为确认，积累了独特的品牌内涵，为杰牌永续经营奠定了扎实的基础。

图 1　杰牌工业园

2　生产检测

杰牌传动遵循模块化和低碳经济设计理念，致力于打造中国一流的“精密传动”和“驱动模块”制造基地，公司全套引进欧美技术，并施行国际采购、国际配套的供应链模式，产品配置采用国际著名品牌的轴承、油封。产品替代进口，出口欧美，广泛应用于各大工业领域，专为中高端用户提供专业化产品和服务，杰牌传动研究院建有蜗杆传动研究室、齿轮传动研究室、电气传动研究室，检测中心建有计量室、理化室、金相室、精测室、试验室，为确保产品高技术和高品质提供了有力保障。

图 2　杰牌传动生产车间一览

3　主导产品

杰牌传动以专业生产 WP 系列蜗杆减速机、JRST 系列多置式蜗杆减速机、JRT 系列斜齿轮减速电机、JRH 系列标准齿轮箱系列产品而著称，并形成了 JRSS 系列蜗杆丝杆升降机、JRTM 系列螺旋伞齿轮转角器、JRPH 系列行星齿轮减速机、JEC 系列节能扶梯减速机、JRT04 系列工程专用减速机及其它专用产品共 10 大系列产品。时光无声，却总能在每个地方留下烙印…..杰牌以振兴民族工业为己任，产品广泛服务于水务工程、食品包装、橡塑机械、起重物流、木工机械、扶梯电梯、纺织印染、舞台机械、建材机械、环保机械、冶金机械、石油化工等多个领域，服务对于组织而言是团队协作和凝聚力的体现，对于个体而言是文明程度和综合素质的体现，为此，杰牌不仅提供一流的产品，更以专业的服务贯穿于售前、售中、售后的全过程中，杰牌人以专业的产品和一流的服务为根本，全方位体现“因专业 而杰出”的服务特色，专业的团队和遍布全国及世界各地的销售服务中心，使杰牌用户在品牌联合中获得了更高的有形和无形的价值。

图 3　厂房

图 4　主导产品

4　科技创新

科技创新是我们实施品牌战略的源动力，公司拥有国际一流的科研装备和专家团队，2009年，杰牌全面启动“二院一中心”项目，杰牌传动研究院建有蜗杆传动研究室、齿轮传动研究室、电气传动研究室，同时建有政府认定的省级企业技术中心，减速机检测中心和中国齿轮行业工业减速机(杭州)实验室，中国机械工业减速机工程技术研究中心。组织参与行业标准起草，并应用CAD/CAE/CAM/CAPP/PDM等计算机辅助设计和产品数据管理软件，坚持产品研究、工艺研究、质量研究，通过自主创新和国际合作致力于传动设备、建设机械的研究开发和设计制造，使杰牌的研发能力达到国际领先水平，以满足企业转型升级和低碳经济的发展要求。

图5　筹建中的杰牌传动研究院

图6　中国齿轮专业协会工业减速机(杭州)实验室

5　杰牌愿景

过去20年我们做专，未来20年我们做强，在未来的发展中，杰牌将全力实施“二院一中心”项目，坚持以人为本、解放人、发展人，通过持续创新“打造产业联盟、实现永续经营”并孜孜不断的追求品牌之道，不做“种草人”勇做“种树人”，争创中国名牌和世界名牌，并积极探索和实践“杰牌传动研究院、杰牌管理学院、杰牌销售服务中心”建设之路，做专做强主业。努力打造现代制造服务业领先企业，在国际化远航的路上，杰牌人，正意气风发……

杰牌控股集团有限公司
杭州万杰减速机有限公司
杭州杰牌传动科技有限公司

地　　址：中国杭州空港新城(萧山靖江)
热　　线：400－114－1111
总　　机：0571－8299222
传　　真：0571－8299333
网　　址：www.jie.com.cn
邮　　件：jie@jie.com.cn

2

第三篇

国际物流发展与交流

国外物流技术发展综述

同济大学　周奇才

物流(logistics)这一概念是美国人在20世纪初提出的,当时这个概念主要指的是实物配送。自从全世界认同物流这个概念之后,“物流”就受到了理论界和实业界的重视,并逐渐发展成为物流产业。近30年,现代物流逐步建立,它不仅包括物的流通,还包括信息的交流和资金的流转,在现代经济社会发展中起着越来越重要的作用,因此现代物流在世界各国都得到重视和发展,尤其是美国、日本和欧洲诸国,现代物流及物流技术的发展水平引领世界。按中国《国家标准》定义,“物流技术”是指“物流活动中所采用的自然科学与社会科学方面的理论、方法,以及设施、设备、装置与工艺的总称”。本文探讨国外物流技术的发展趋势,只侧重于物流技术装备,因为它贯穿于整个物流系统的全过程,深入到每一个环节,是实现物流各项作业功能的技术基础。高速发展的物流技术装备水平是现代物流的主要标志,它对提高物流系统能力和效率、降低物流成本、保证服务质量等方面都有着十分重要的影响。从总体来看,国际物流技术装备的发展趋向是:信息化、自动化、网络化、智能化、绿色化等。下面主要从物流运输技术、仓储技术、装卸搬运技术、分拣包装技术和信息技术等方面阐述国外物流技术的发展趋势。

1　物流运输技术的发展趋势

运输功能是物流的核心业务之一,是实现物流合理化的关键,也是“第三个利润源”的主要源泉。它是实现物在空间上流动的主要手段,物流运输技术的发展主要体现在运输工具、运输路线等方面。

运输工具是物流运输的基础性设施之一,因为运输货物的种类、尺寸和重量的不同以及客户对运输实时性的不同要求,物流运输也必须采用不同的运输工具以实现在满足客户要求的前提下的效益最大化。现代物流运输工具将向多样化、大型化、高速化、节能化、环保化等方向发展。根据采用的运输工具和路径的不同,公路运输、铁路运输、水路运输和空中运输等方式,根据中转形式的不同有联合运输、直达运输、集装运输、整车运输、国际多联运输等。为了提高运输的效率,物流运输设备的规模、运输能力和运输速度也越来越大,现代工程物流技术的发展使现代物流运输能力有了一次又一次的突破,而目前国外也有了试验时速超过500 km的运输工具。为了满足现代节约能源减少污染的生产和消费理念,物流运输工具也正在向使用绿色能源驱动的方向发展。

现代物流运输线路规划的发展趋势是建成一个由各种运输方式组成的四通八达、畅行无阻、结构合理、技术先进的现代化综合交通运输体系。随着现代企业对物流系统的要求越来越高和现代管理技术的快速发展,在物流路线规划中形成了基于“精益物流”思想的路线规划方法和基于DRP(分销需求计划)原理的路线规划技术以及“节约法”路径规划技术,同时GPRS(Global Positioning Systems)和GIS(Geographical Information System)技术在物流系统中的应用使得管理人员可以轻松地设计出最佳行驶路线,并且可以实现三维导航功能,从而实现物流运输的合理调度和管理。

2　物流仓储技术的发展趋势

仓储技术是物流技术的重要组成部分,物流技术的现代化离不开仓储技术的现代化,现代仓储技术的发展也必然会推动现代物流技术的发展。物流仓储技术的发展主要体现在仓库技术的发展,它的发展将主要趋向于高层自动的货架系统,在现代物流系统中这主要体现在自动化立体仓库(Automated Storage and Retrieval System—AS/RS)上。

AS/RS是现代物流仓储的主体,它不仅强调仓储系统对仓库可用空间的利用率,而且注重仓储系统的高效化、自动化和智能化程度。AS/RS的效率主要是指完成指定存取任务所用的时间,这是由仓储系统的货架形式和位置、存取设备的效率和准确性以及管理方案的合理和高效性决定的。在现代自动化立体仓库系统中,提高仓库的

3

空间利用率是提高仓库容量的主要手段，美国物流设备公司已提出一种新型的仓库系统，它被称为 AutoStore，与传统仓库相比，这种仓库的仓储能力将提高一倍，而且易于建立和扩展。目前，AS/RS 系统中的主要存取设备仍然是堆垛机，随着现代调速、定位、通信等技术的快速发展，堆垛机的容量、速度和定位的精确性在不断的提高，而无线射频识别技术（RFID）的快速发展将大大提高堆垛机的认址和寻址能力，这些技术的发展都将促进自动化立体仓库存取系统的完全自动化和智能化。在日本，仓储系统中堆垛机性能的提高大大地提高了仓库的存取能力。自动化立体仓库的控制管理系统是整个仓库的核心，随着现代管理技术和计算机网络技术的快速发展，仓库的控制和管理系统也越来越趋向去智能化。在现代化市场竞争中，具有自主控制能力的物流系统是一种潜在的发展趋势，在物流仓储系统中主要体现在能够自动处理物流信息并自动完成对物流对象（如指令、托盘、存取机械等）的控制操作等，这种系统能够灵活有效地面对物流系统中逐渐增加的动态性复杂性。此外，为了满足不同地域的地理特性，AS/RS 系统有时还得考虑抗震性能；为了满足特定的仓储目的，AS/RS 系统有时还得向低温的方面发展等等。

3 装卸搬运技术的发展趋势

装卸搬运是随运输和仓储而产生的必要物流活动，是对运输、保管、包装、流通加工等物流活动进行衔接的中间环节，它在现代物流企业中也越来越受到重视。美国物流部门的相关调查显示：2010 年有 31％的企业已对装卸搬运系统加大投资，而有 58％的企业表示将在两到三年内加大该方面的投资，这正说明随着物流系统的越来越庞大越来越复杂，装卸搬运系统在整个物流系统中的作用也表现得越来越明显。装卸搬运系统在整个物流系统中是不可或缺的一部分，现代物流系统的高速发展也要求装卸搬运系统向更高的自动化和高效化方向发展。

从 2008 年以来，美国的大部分物流企业都采取加大投资来实现物料搬运装卸的自动化，在这些装卸搬运设备和系统中，最大的技术投资是无线射频识别（RFID）技术，RFID 技术大大提高了搬运系统的自动化程度，并且减少了差错率，这也正是现代大型物流企业所需的，例如，沃尔玛公司的物资装卸搬运系统中就大量使用了 RFID 技术，这提高了其庞大的物流系统的运作效率；除了 RFID 技术，自动化立体仓库和条形码技术的快速发展也将促进搬运系统向自动化智能化方向发展，自动化立体仓库的发展必然要求其装卸搬运系统向着自动化方向发展，而条形码技术也正是实现该系统自动化发展的重要技术。在装卸搬运系统上的大量资金和技术投资必然会推动该系统的自动化进程，自动导向搬运车（AGV）、自动码垛机等自动化程度很高的机械设备正是这种发展趋势的体现。在日本，机器人正在慢慢成为物流搬运装卸的主要载体，其高度的自动化、集成化和完美的机械结构设计使机器人在物流装卸搬运系统能够得以灵活的应用。而随着视觉传感器技术和 3D 成像技术的快速发展，视觉机器人可能会在将来的物流系统中得到广泛的应用，现在已经有很有企业和军事科研机构对其展开了研究并得到了令人振奋的成果，往年在上海举行的 International Assembly & Handling Technology Exhibition（AHTE）也展出了类似的装卸搬运设备，它不再需要磁条或者激光等导引介质，而是根据周围的环境来自我决策路径，这不仅提高了搬运的安全性也大大提高了设备的灵活性和系统的自组织能力。

4 物流分拣包装技术的发展趋势

日本、德国的物流分拣技术在物流工程技术中占有很重要的地位，而且它们都在向着完全自动化、智能化和零差错的方向发展和努力。德国的条形码识别技术比较先进，德国运输与物流研究所自 1989 年就开始研究开发模拟软件。目前，这套模拟软件技术已成熟，被世界上多家港口所采用。日本日通公司为了提高分拣速度、配送质量和降低分拣的差错率，使用了当今最先进的自动分拣和配送技术。日通公司的东京琦玉支社为伊藤洋花专门设计的服装分拣和配送系统更加先进，该系统由多个相对独立又有自动衔接接口的子系统组成，每个子系统能各自独立地完成某个分拣工序，再通过接口进出整体分拣系统，就连手推车也装上自动记数和秤重仪器，以作为分拣后的防错检测，每天为伊藤洋花、天都便卖和秀和坊三家超市分拣的商品约 50 万件，每年配送的物品在 1 100 万箱以上，而配送差错一般不超过 20 件商品，先进的分拣和配送系统不仅大大提高了作业效率。

物流包装技术将向具有便于运输、装卸、存储，并具有一定促进销售的方向发展，同时使用的包装材料还应能够回收或者废弃处理不污染环境等特性。在美国，包装机械的自动化、高效率化和节能化受到了包装公司的大力关注，现代科技的发展也将各种新技术应用到现代物流包装技术中。正如美国包装机械制造协会会长查尔斯．尤斯卡先生所说："我们正进入一个机电一体化、激光扫描、无线电射频技术、纳米技术和系统简化的包装新世界。"这正说明了现代化的包装技术的发展趋势，也是物流包装技术的发展趋势。现代物流包装技术中最值得一提的应该是集装单元化技术，它的快速发展加速了世界经济的全球化进程，集装箱的成功标准化使全球物流系统成为可能，《经济学家》里有这样一句话："没有集装箱，就没有全球化"，这也正是这种观点的体现。未来集装单元化技术的发展趋势可能有：(1)集装箱的运输量将继续增长，而且有可能成为现代物流运输的主要形式。近十年来，世界集装箱港口吞吐量以每年 9%的速度增长，集装箱在整个运输中承担越来越大的市场份额，根据有关部门预测，在今后几年内，全球商品集装箱运输和集装箱生产量将有更大的发展。(2)集装箱的智能化。美国 9.11 事件之后，出于反恐需要的智能化集装箱被提上日程，但其对世界的影响还远不止于反恐，基于 RFID 技术、信息技术等应用的智能集装箱，将会带来现代物流的一场革命，集装箱运行效率将大幅提高，资源的消耗将极大降低。总之，随着经济全球化的发展，集装箱的应用将越来越广泛，集装箱的应用也必将促进现代经济的全球化发展。

5　物流信息技术的发展趋势

现代经济的全球化发展要求现代物流向着大范围、多流程、高时效、低成本的方向发展，现代信息技术和网络技术的应用为物流服务满足这样的需求成为可能，并提供了实时控制和优化决策的能力，从而奠定了信息技术在物流服务中处于核心竞争力的地位。通过上面几个方面的阐述，我们能够清楚地认识到信息技术对物流系统的重大作用，从基于因特网的 EDI(Electronic data interchange)到基于 XML 技术的物流信息处理技术，从 RFID 无线射频识别技术到 GPS 定位导航技术，从 SCM(Supply chain management)到 ALIS(Autonomic Logistics Information System)，从 ERP(Enterprise Resource Planning)到三方物流(3PL)和四方物流(4PL)等等，它们无一不与物流信息技术和网络技术息息相关，现代信息技术和网络技术的发展正在改变现代物流企业运营的形式。

纵观现在物流信息技术的发展我们可以得出：(1)无线射频技术(RFID)将成为未来物流领域的关键技术。作为世界物流业百强之一美国 Megatrux 公司，主要为众多零售商提供一步到位式的供应链服务。目前，该公司应用的摩托罗拉 RFID 方案，收到了明显的效果：提升了客户服务水平，降低了仓库成本。从全球发展趋势来看，随着 RFID 相关技术的不断完善和成熟，RFID 产业将成为一个新兴的高技术产业群，成为国民经济新的增长点。因此，RFID 技术有望成为推动现代物流加速发展的新品润滑剂。(2)物流管理系统化。现代物流企业将物流的各方面信息都集成到同一个管理系统中，这样可以对物流的各方面功能进行统一调度和统一管理，以提高物流系统的运作效率。现在，ALIS(Autonomic Logistics Information System)就集业务操作、设备维护、科学预测、供应链管理、客户服务以及技术资料等大部分重要物流信息于一个系统中，这是物流管理系统化发展的必然趋势，但同时，网络信息安全问题有成为了一个不得不谈论的话题。(3)物流信息安全技术将日益被重视。借助网络技术发展起来的物流信息技术，在享受网络飞速发展带来巨大好处的同时，也时刻饱受着可能遭受的安全危机。例如网络黑客无孔不入地恶意攻击、病毒的肆掠、信息的泄密等等。应用安全防范技术，保障企业的物流信息系统或平台安全、稳定地运行，是企业长期将面临的一项重大挑战。

经济全球化促使现代物流企业采用先进技术，降低流通成本，提高经营效率和服务质量，促进现有运输、仓储、装卸搬运、包装以及物流信息等技术向信息化、自动化、网络化、智能化、绿色化方向发展。国外物流技术对我国物流技术的发展具有很好借鉴作用，国外物流技术的发展趋势同样也是我国物流技术发展的必然趋势。国外专家说：未来世界将只有三种人：生产者、消费者、物流者。我国也有经济学家说：世界今后只有三个系统：生产系统、物流系统、技术系统。随着现代经济的发展和科学技术的进步，我国物流业的发展定会赶上世界先进水平，并在现代经济和社会生活中作出重大贡献。

参考文献

[1] Gregory C. Ohlmacher, John C. Davis. Using multiple logistic regression and GIS technology to predict landslide hazard in northeast Kansas, USA, 2003

[2] Dimitrios Bargiotas, Aphrodite Ktena. A scalable low－cost automated storage & retrieval system, 2009

[3] K Windt, T Becker. Application of a three－component evaluation system for autonomous control in logistics, 2009

[4] B. Scholz－Reiter(2), K. Windt, M. Freitag. Autonomous Logistic Processes- New Demands and First Approaches-, 2004

[5] Umussaa'dah Adam, Mohd Iskandar Illyas Tan, Mohammad Ishak Desa. Logistics and Information Technology: Previous Research and Future Research Expension, 2010

[6] Napolitano, Madia. Warehouse/DC Equipment & Technology: Materials Handling Trends and Future Spending Plans, 2010

[7] Bill Lydon. Visual Robots－Peek into the Future of Material Handling, 2009

[8] [美]Marc Levinson 著 姜文波等译. 集装箱改变世界[M]. 北京：机械工业出版社，2008

[9] [Germany] K. Kruczynski. The Future－Proof Process Warehouse[J].

[10] [UK] Jeremy Hammant, Head of Information Services, Exel Logistics, Bedford. Information technology trends in logistics, 1995

周奇才 中国机械工程学会物流工程分会常务理事
同济大学 教授 博导

物流搬运设备的发展和变迁
—现在·过去·未来—

日本物流系统机器协会　辻本　方则

（一般社团法人　日本物流系统机器协会　助言　辻本　方则（日本经营工学会　评议员））

1　前　　言

在制造业、流通业的运作现场中随处可见的是将"物品的移动和管理"效率化、自动化的物流搬运（Material Handling 以下称：MH）。近年来，如何将系统化的 MH 和 IT 灵活运用到工厂和物流中心成为了企业经营的一大课题。众多的企业将 SCM（Supply Chain Management）、物流（Logistics）等体制引入，以便更好的提高企业竞争力和收益力。

所谓的 SCM、物流，其关键之处被称为运用合理的成本，将合适的物品在准确的时间内，运到准确的位置。为了实现此关键课题，MH 是不可缺少的。

MH 可以直译为"材料搬运"，但不仅仅是搬运的意思。物品的管理、搬运本身的管理都含在其中，MH 被当作是物品处理系统。MH 的要素可以总结为①搬送、②提升、③分拣、④集中、⑤保管、⑥拣选、⑦识别、⑧电脑及相关技术。而且为了实现这些要素，经常使用 MH 设备中的叉车、输送机、自动仓库、货架、无人搬送台车、分拣系统等等。图 1 为一例。

立体自动仓库　无人搬送台车

输送线系统　分拣系统

图 1　MH 的一例

2　MH 的利用

MH 被使用在从采购到消费、回收再利用的供应链中的各个领域（图 2）。以下介绍一下制造商、批发商、店铺、再回收设施中的有关 MH 的使用的案例。

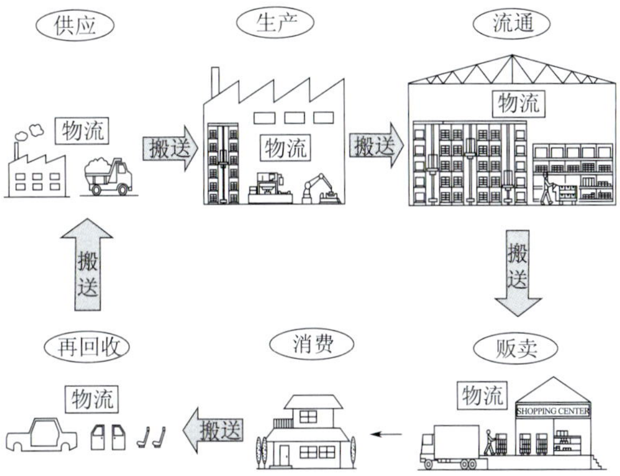

图 2　供应链的 MH 利用

2.1　制造商的配送中心

在这个案例中，工厂所生产的商品以前是保管在公司自己的仓库内的。伴随着生产量的增加，不得不使用外部的仓库。因此产生了由于保管费、运费的增加、分散保管产生的过多库存、分拣量增大导致的手工作业增大等课题。为了解决此问题，在工厂中建造了生产线和包装线直结型配送中心。

此中心最大的特点是：利用设置在 2 层的自动仓库进行高密度管理和利用最新型机器人进行从托盘到托盘分拣自动化。过去主流的箱出货系统是将托盘中箱单位物品放入料箱式自动仓库等缓冲系统中，根据出货要求以箱出荷或码跺出货。在这里，托盘自动仓库和分拣机器人组合后，实现了简单、低成本系统。将此类分拣区域配置在中央，在两侧设置自动仓库后，万一一侧系统出现故障另一侧也可以对应。

在分拣区域，新开发的混载模拟装置可瞬时决定订货商品托盘的装载方法。根据此结果，从自动仓库中将必要的托盘按顺序出库。6台高能力机器人将出库托盘中的商品分拣，根据相同的出货方进行混载堆积(图3，图4)。

导入最新的物流系统后，大幅削减了库存及物流成本，从生产到出货交货周期也与原来相比削减了一半，箱分拣的完全自动化后，最大出货能力提升到了2.6万箱/日，为物流做出了巨大贡献。

图3　混载托盘作成机器人(分拣自动化)

图4　托盘自动仓库

2.2　批发配送中心

此配送中心为了对应365日·2次/日的少量配送，导入箱及托盘自动仓库、自动分拣装置等各种物流设备，构筑了更高能力的物流中心。由于实现了业界最短的交货期，并彻底削减了店铺的负荷作业，由此大幅度提高了物流效率化。将分散商品物流集约在一处的此配送中心确立了一元化管理及总括交货，发挥了推进供应链的后方支援基地的作用。

此配送中心最大的特点是对出货分拣大规模地导入了自动仓库中(图5)。少量箱式出库品从自动仓库中分拣出必要数量的箱货，再搬送到箱式自动仓库。在箱式仓库中按店铺陈列排列顺序出库，到分拣机的分拣口的搬送中粘贴打印有位置号码的标签。

利用DPS(Digital Pick System)系统将小件出荷品集中的同时，进行发货检验，然后放入折叠式周转箱。折叠式集装箱暂时被集中在专用自动仓库后，如上述按店铺及陈列排列顺序出库，利用台车自动装载。

在此配送中心，利用最先进的MH设备，满足了顾客的高要求，并且实现了削减运营成本。如果将从前的同等规模的配送中心成本举例为100，那么现在只需92的成本就能进行运营了。

图5　分种类出库可能的箱式自动仓库

2.3　店　　铺

由配送中心向店铺商品配送时，使用笼车的较多。现在，笼车的管理还依靠于人力，不能准确地追踪，很费时费力。但是，借助技术发展潮流之势，能够以语音发声的笼车时代已经到来。把RFID设置在笼车或箱体上，就能做到准确的管理及追踪笼车的位置(图6)。

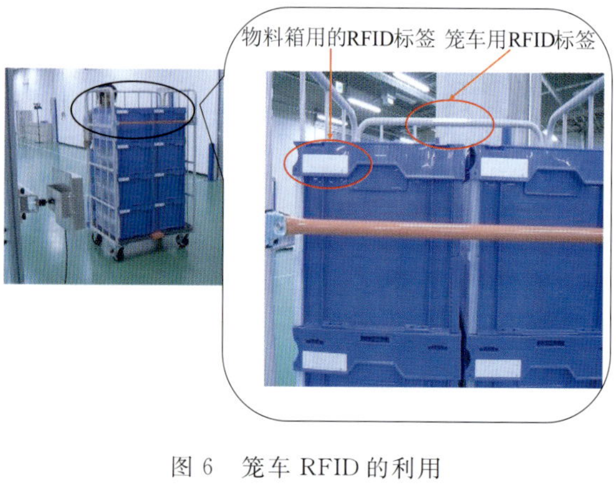

图6　笼车RFID的利用

迄今为止，店铺方面对传来的数据和配送品，都由人工进行判断的。利用RFID技术，数据和配送品都可以通过电脑进行管理。如果物（商品）和信息（数据）能够自动连接的话，可更强力地推进SCM。

2.4　垃圾回收设施

由工厂区和管理区构成的群马县太田市的垃圾回收设施，能够破碎及分选处理1市5町约28万人排放的1日73吨的不可燃烧及大型垃圾和资源垃圾。

在工厂区设置有托盘自动仓库（图7）。在收集的垃圾当中，饮料瓶、发泡容器、纸容器等资源垃圾放入集装箱，在托盘自动仓库中进行暂时保管。根据处理进度自动出库，取出难以进行手工作业的内容物后，利用压缩捆包装置进行立方体成型处理，最后交付于垃圾回收处理公司。

将原来1市5町按照区域分散回收及处理的作业协同化后，之前被焚烧的资源垃圾得到了资源再利用，同时也减少了垃圾处理量。

综上所述，即使是再回收利用的处理厂，也已经开始利用MH。在其他的汽车、家电的再回收处理厂等众多领域当中也已开始被使用。

图7　在资源再利用领域中使用的托盘自动仓库

通过上述各例，我们可以了解到MH是各产业的基石，从制造商到再回收利用的供应链中被利用的场面随处可见。

3　物流的变迁

3.1　从经营角度来看物流的变迁（图8）

20世纪60年代，在日本物流首次作为物的流通（Physical Distribution）被介绍。当时正处于日本经济的高速成长期，超市在流通业中登场。当时生产及销售被看作首位，人力装卸变得理所当然，因此减缓了装卸环节的机械化。伴随着经济成长、人手不足问题的表面化，如何节省人力提高生产力成为了MH的课题。运送、保管、分拣等在众多环节开始导入MH。当时出现了备有流水作业生产线及大型自动仓库等的配送中心。

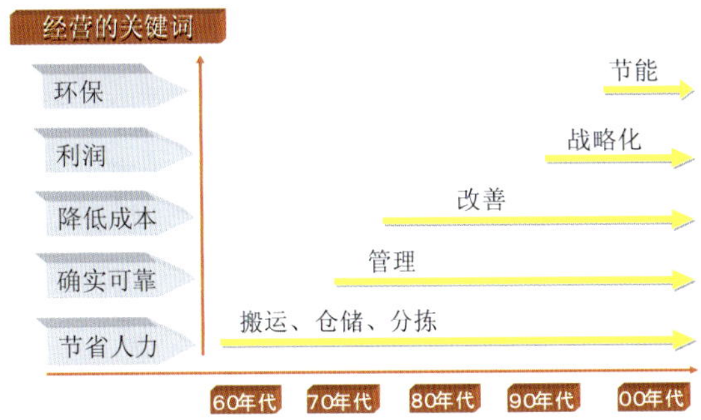

图8　从经营角度来看物流搬运的变迁

20世纪70年代，受到石油危机、浮动汇率制度实施等国际经济形势的影响，日本的高速经济成长期终止了。商业模式开始由“大量生产·大量消费”向“多品种少量”转换，管理成为难题。为了顺应变化，利用条码和电脑，在库、位置、分拣等管理实现了准确化。自动分拣机、宅急便等也在此时诞生。

因经济衰退和不景气，生产成本的削减达到了极限，此时物流作为“第三利润源”备受瞩目。计算机等IT技术被活用到MH中，准确的情报被简单的集中、分析成为可能后，改善了作业及管理，降低成本得以实现。

1990年海湾战争后，物流的概念在日本被瞩目。从“能造就能卖”的供应者主导挤压型市场转换成“仅购必需品”“仅在必要时购买”的消费者主导推进型市场。因收益力的竞争，物流作为经营战略的一个环节，出现了企业积极向高自动化大型物流中心投资的趋势。

1997年京都议定书制定以来，从各个领域中出现了削减CO_2、环保的词语。各企业在交易基准内增加了环保对应内容作为主流，并实施ISO14001认证和绿色环保购入法。

MH也必须对环境进行思考。MH的能量多半来源于电能。因此，MH被要求节能、轻量化、再生电的利用等。今后MH更有必要将节能和环保对应下去。

3.2　从技术角度来看物流的变迁（图9）

20世纪60年代在大量生产的背景下，为了对应节省人力化，日本和欧美企业进行了技术合作，将物流技术逐步引入日本。

20 世纪 70 年代电脑等 IT 技术导入到工厂、配送中心，物流突然疾驶向了无人化方向。当时，因电脑处理速度较慢，运行中改变指令时，不得不花费长时间等待，电脑的处理能力不足给无人化发展带来了阻力。

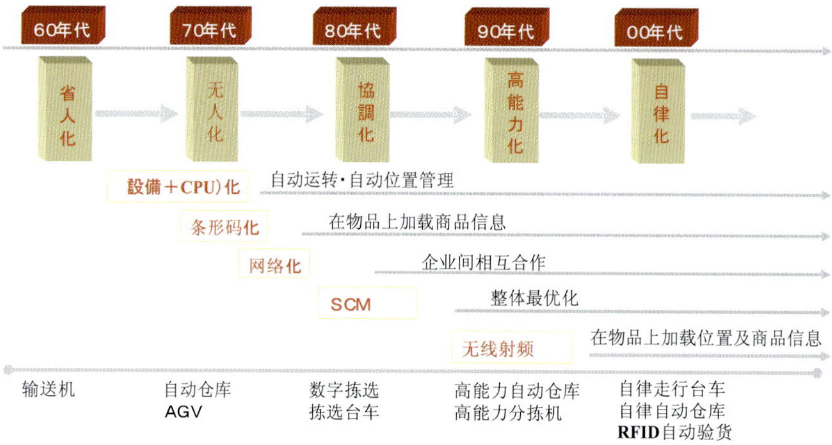

图 9　从技术角度来看物流搬送的变迁

20 世纪 80 年代为了替代无人化，在电脑不能处理之处使用人力，人、机械、电脑成为了 MH 第一线的主要元素。为了提高系统效率，人、机械、电脑的协调化被重视起来。此时，根据条形码、网络技术的活用，开发了分拣小车系统。

20 世纪 90 年代，因重视利益的经营战略 SCM 受到影响，各个公司在如何削存上下了功夫。因为削减库存关系到高周转率和高频率，所以开发了高能力的自动仓库和分拣机。

21 世纪，因为利用无线射频，智能型物流柔软对应性系统被期待。利用 RFID 的技术，产品信息、位置信息的识别、自动检货、智能自动仓库、智能行走台车等正在一步步实现。

4　MH 的开发

在社会环境的变化中，经营需求、新技术层出不穷。

为了及时对应，有必要将 MH 的开发持续下去。

4.1　高能力

对应投资的预算、节省空间等问题，高能力化是一个方法。如实现高能力化，就能够减少设备数量。例如 D 公司的自动仓库(图 10)，从 1990 年型改进为 2000 年型后，能力提高了 2 倍，从投资预算方面、空间节省方面来看也达到了节省要求。

此外高能力化后，自动仓库的用途也变得更加广泛。不仅仅是保管，在出货前的临时储存、分拣系统的补充等方面也发挥了主要的作用(图 11)。

4.2　安全・安心

近年伴随着 SCM 的发展，不论各行各业，都倾向于将库存控制在最小。因此，物流系统的故障给企业的信誉度带来巨大的影响。提供最适合的保全预防对策、物流系统的安全及安心成为了 MH 制造商的使命。因此，MH 制造商各个公司研发了远程监视服务。此服务的最大特点是，不仅只在故障早期发出通知，还可以根据预兆将故障防患于未然。不仅只对电脑系统、对自动仓库或搬送设备、无人搬送车等物流系统全体进行综合性的监视。

4.3　RFID 的应对

在产业界，除 20 年来灵活运用 RFID 的制造业以外，近年来在流通及物流领域，导入 RFID 变的更具实际意义，预测在不久的未来会实现爆炸性的普及。

RFID 即使与读取器远距离相隔，也可以从容读取。有多数的标签也可总括读取等特点。发挥了不用通过人手、实时结合内物品与信息地有限结合、迅速掌握的 MH 的优势，在中心的收发检货、位置追踪等范围可广泛灵活运用。

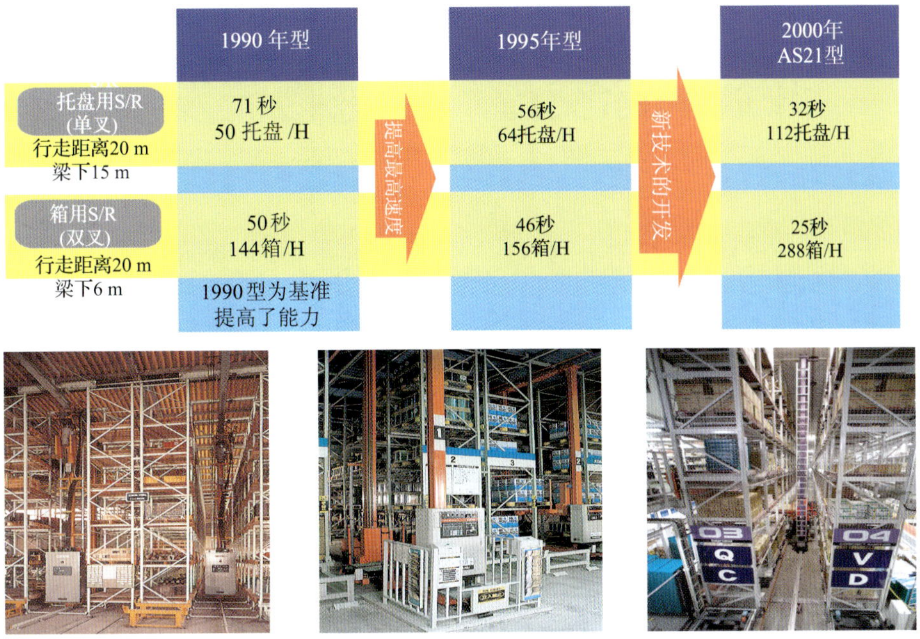

图 10　自动仓库的高能力开发

图 11　一时缓冲(上)和补充系统(下)

5　MH 的发展和动向

今后 MH 将受到少子高龄化、国际化、地球温暖化等社会问题的强烈影响，面向自动化、高能力化、效率化、节能等方向发展。

面对少子高龄化带来的人口减少，不得不思考未来型的无人化方向。将发展至今部分单元无人化部分单元进一步推进，扩展为“从工厂的入库→向店铺的出荷”全无人化系统。那才是人们说的下一代的无人化。(图 12)。期待智能型物流设备的开发，能够给工厂和物流的生产性带来飞跃性的提高。

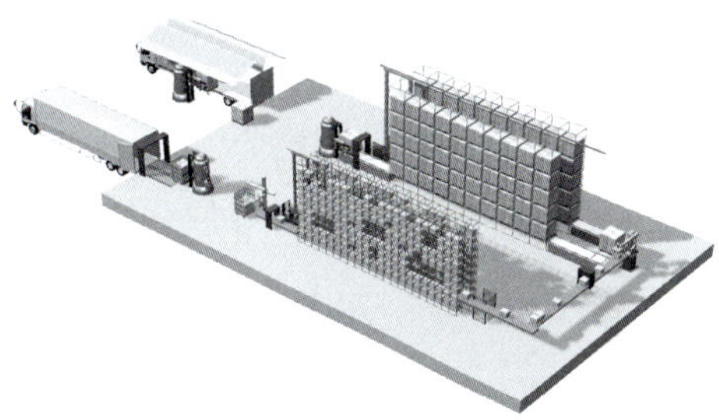

图 12　未来无人化系统示意图

伴随着海外的部件及产品的输入输出的日益增加，国际化的发展正突飞猛进。对于 MH，为提高效率的标准化将令人瞩目。例如，能够看到现在输出入使用的托盘一部分采用了可回收样式，但是大部分没有能够回收再使用，浪费了森林资源。因托盘的构造、强度等原因不能满足某些输送机搬送要求，从而对托盘进行更替或者使用双层托盘等情况，同样产生了浪费。为了保护森林资源和保障总体效率，MH 有必要进行研发。

综上，通过 MH 的概念、利用、变迁、开发和进化，介绍了近年的 MH 发展和变迁。企业今后也将 MH 的发展和变迁作为产业的基石，继续支援企业应对不断变化的社会环境。

执笔：一般社团法人　日本物流系统机器协会

助言　辻本　方則(日本经营工学会评议员)

开展国际交流 促进物流发展

中国机械工程学会物流工程分会 郑亚萍

当今世界，物流业的发展已如雨后春笋，‘物流’这一名词，随着经济的发展和产业的需求而被更多的人所关注，国家十大振兴产业规划的出台，将推动物流业更快更科学的发展！经济全球化和区域经济一体化，多边贸易谈判复杂多变的不利因素等的影响，以及物流市场呈现出由粗放物流向精益物流发展，由拼人力物力的价格战向个性化服务发展，由传统物流向信息化、现代化物流发展，由低端市场向高端市场发展，对于我国物流业的发展提出了更高的要求。物流管理、物流信息、物流技术与装备势必要在国际大环境下，求得持续的、高效的、满足市场需求并能引导市场需求良性的发展，关注并积极向国际物流先进水平学习，同时有意识的拓展市场，完善内外联动，开展国际间的有效交流，是促进国内物流更快发展的有效途径之一。

图 1

图 2

作为物流工程行业的领头羊之一，中国机械工程学会物流工程分会在促进我国与世界各国及地区间开展国际合作与相互交流，让世界了解中国的物流，并推广、宣传中国先进的物流技术与装备责无旁贷地进行了大量的工作。学会通过邀请外国专家来华讲学、举办新技术推广研讨、学术交流、组织国内同行出国考察与学习等方式，先后开展了近20次国际间的交流活动。学会通过与美国 MH 协会、美国 AMSE 协会、日本 MH 协会等多次交流活动，增进了双边的了解。通过参观和考察国外先进的物流项目，参观世界著名的汉诺威物流展、美国的物流展和日本东京物流展，了解到国外的先进水平以及发展的趋势。学会与德国物流学院共同开展的物流培训，使参加培训的成员受益匪浅。

图 3 会员参观大福公司

图 4 会员参观北美物流展

在中国机械工程学会的领导下，学会与日本物流系统机器协会（JIMH）在双方共同相关的物流工程领域内建立合作关系，并于2009年10月份在上海举办第一届中日物流市场与技术交流会，中日双方主要的物流设备生产厂家在一起探讨物流设备市场的开拓，技术发展及应用，中日双方合作的可能性，中国和日本在推进企业物流方面的成功与不足等，通过交流，增进双方了的了解和对未来合作的探索。会上，中国机械工程学会、物流工程分会与日本物流机器协会签订了合作协议，确定双方将在物流装备市场方面本着规范市场、培育市场、开拓市场的原则开展有益于双方的合作，开展与物流工程领域相关的学术会议和技术信息交流活动，在适宜的情况下，共同合作举办包括学术大会、研讨会、新技术推广及培训等活动。双方将为此做出共同努力，推动物流工程技术信息交流和技术进步等。

图5　与美国MHIA交流

图6　与日本JIMH签订合作协议

通过持续开展的国际交流与互动，行业组织理应发挥自身的优势，为企业提供帮助，架起沟通的桥梁，跟踪世界物流发展动向，促进国际间的交流，从而推进中国物流发展，缩短我国物流业与国外先进水平之间的差距。

郑亚萍　中国机械工程学会物流工程分会　秘书

CLEI 中国机械工程学会物流工程分会

Logistics Engineering Institution,CMES

中国机械工程学会物流工程分会是中国机械工程学会直属的专业学术组织，是全国从事物流工程和物料搬运专业科研、设计、生产、教学以及使用部门的科技工作者的学术性群众团体。

本会的主要任务是：开展国内外学术交流，促进物流工程和物料搬运技术及装备的开发与应用；物流中心、物流园区、配送中心等的可行性研究、规划与设计；组织国内外物流技术、物流管理、物流设施、物料搬运新产品、新工艺信息发布与交流；接受政府部门和企事业单位的委托，提供技术论证、技术咨询和技术服务；编辑出版科技书刊，组织技术培训；开展国际科技交流；物流工程师、见习物流工程师技术资格认证等。

本会成立于1980年10月。学会每年举办各种专题学术会议，新技术推广会议和信息发布会议，根据需要举办技术培训班；编辑出版了多种物流专业学术书籍。每四年召开一次大型学术年会，进行论文交流，并出版年会论文集。

目前，学会的团体会员共有400多个。这些团体会员分布在全国各地，是物流工程和物料搬运行业的主力军，有物流工程系统集成商和物料搬运设备生产厂商，最终用户，研究院所和高等院校以及从事物流业的企业。

学会根据物流工程和物料搬运技术领域内不同的学科和工作的需要设立了八个专业委员会（物流仓储技术、起重机械技术、连续输送技术、管道物料输送技术、物流设备承载结构、电气自动化技术、工业搬运车辆、供应链）和两个工作委员会以及18个省、直辖市的地方物流工程（物料搬运）专业委员会与学会保持非常紧密的业务联系。

学会还开办了北京汉鼎技术开发公司，主要从事物流工程、物流规划和物料搬运领域新技术开发、新产品推广，技术咨询和技术服务，销售各种机电设备。

学会挂靠单位是北京起重运输机械设计研究院，秘书处设在该院。

理事长：陆大明

副理事长兼秘书长：周云

地　址：北京市雍和宫大街52号

邮　编：100007

电　话：010－64002961 64033773

传　真：010－64002961

E－mail：mhi－bjhd@263.net

wuliu@cmes.org

网　址：www.lei.org.cn

■干部一览

会　长　竹内　克己　（株式会社 DAIFUKU 代表取缔役会长）
副会长　村田　大介　（村田机械株式会社　代表取缔役社长）
　　　　大庫　良一　（OKURA 输送机株式会社 代表取缔役社长）
　　　　加藤 進一郎（TOYO KANETSU SOLUTIONS K. K 顾问董事）
　　　　昼間 祐治　（株式会社 IHI　代表取缔役副会长）
理　事　大西　敏文　（株式会社丰田自动织机　常务执行董事）
　　　　長田 耕一　（株式会社冈村制作所　常务董事）
　　　　太宰 修治　（三机工业株式会社　执行董事）
　　　　田中 稔彦　（金刚株式会社　代表取缔役社长）
　　　　徳田 雅人　（社团法人　日本物流系统协会　专务理事）

■联系地址

一般社团法人 日本物流システム機器協会
〒104－0032 日本国東京都中央区八丁堀 3－3－1－202
TEL：＋81－3－6222－2001 FAX：＋81－3－6222－2005
URL：http://www.jimh.or.jp/

第四篇

人才培养迸发 行业生机勃勃

着力培养以物流工程为特色的综合型人才

北京科技大学是一所以工为主，工、理、管、文、经、法相结合的多科性全国重点大学，国家“211 工程”，现有 36 个本科专业，42 个硕士学科点（另有 MBA、EMBA、MPA 和工程硕士专业学位授予权），18 个博士学科点，5 个博士后科研流动站。学校拥有一支治学严谨的师资队伍。其中中国科学院院士 7 人，中国工程院院士 3 人，国务院学位委员会委员 1 人，国家学科评议组成员 4 人，学校先后与 19 个国家和地区的 38 所大学建立了校际合作关系，

1　物流研究所发展轨迹

北京科技大学于 1986 年组建了物流工程教研室，并于当年开始招收物流工程研究方向的硕士研究生。1989 年成立物流研究所，开始招收“物流工程”方向的博士研究生。1993 年创建国内第一个物流工程本科专业。专业主要研究对象为物流工程，旨在培养具有企业物流管理技术和工程规划设计技术的复合型人才。重点培养以物流工程为特色的综合型人才。已培养出物流博士、硕士毕业生 300 余名，本科生 800 余名。本专业培养的本科、硕士、博士毕业生目前分布在国内如宝钢、首钢、联想、神州数码、华为、海尔等著名企业和科研院所从事物流技术与管理工作。

北京科技大学物流所于 1996 年创办了《物流技术与应用》杂志，提出了“让世界物流了解中国，让中国物流走向世界”的办刊宗旨，杂志主导思想是体现现代物流技术、推动我国物流系统建设。目前发行量达到 2 万份，是国内著名的以物流工程技术为核心的技术刊物。

经过多年的发展，北京科技大学物流工程系已经形成了以物流系统（网络、设施、设备）规划、现代物流运营、物流信息系统开发、物流技术“四位一体”的完整的“物流工程”学科体系，并且基本形成了本科、硕士研究生、博士研究生三个层次相互协调的教学与人才培养体系。同时，进行了大量的教材体系建设的工作，出版了《现代工业工程》、《物流学》、《物流技术装备》、《金属资源工程》、《物料搬运机械》、《金属再生加工机械》、《企业物流系统规划》、《物流信息系统》、《配送中心系统规划》等教材、专著。国内第一部大型物流领域综合性工具书《中国现代物流大全》（五卷套，900 万字，中国铁道出版社）获得中国物流与采购联合会 2006 年科技进步一等奖（省部级）。

北京科技大学物流研究所建设有以物流系统规划、信息系统开发、RFID、GPS、物流系统仿真、柔性生产制造、AS/RS 自动化仓储系统等为主要方向的综合物流实验室。

北京科技大学物流研究所与国内外学术科研机构建立了广泛的联系。与日本流通研究社合作，设立了“平原直（日本物流之父）”物流奖，与德国国立物流科学研究院建立了合作关系，聘请其院长库恩教授担任客座教授。

4

2　科研及工程项目的研究和开发

近年来，研究所承担或参加了多项国家科技攻关课题，曾经获国家科技进步三等奖、冶金部科技进步二等奖、机械工业部科技进步二等奖、北京市科技进步二等奖，形成了以物流系统规划、物流信息系统开发为龙头的多个科研领域，包括物流系统分析与合理化研究、物流管理与控制信息系统研究、物流装备自动化关键技术研究、物流运营与管理技术研究等。

近年还承担了中国邮政物流发展总体规划、北京顺义空港物流园区发展规划、山西省物流发展规划等重大科研课题，还与企业合作开展了多项科研课题，包括国家“十五”重点工程项目“武钢二热轧三级计算机系统”及“攀钢集团北海钢管公司生产计算机管理系统”等项目的研究、设计与开发。

物流研究所的主要研究方向

- 物流系统分析与规划

利用物流系统分析技术，优化物流系统的布局，探索物流系统合理化的有效途径和方法，包括区域物流网络系统规划、企业物流系统规划以及现代物流设施（如物流园区、物流中心、配送中心、自动化仓库）规划等；

- 物流管理信息系统的开发与应用

研究优化企业物流系统的理论与方法（例如

MRP、JIT、DRP和LRP等资源配置技术在物流管理信息系统中的应用),以及开发、推广适合企业环境的物流信息管理系统,促进企业物流合理化;

- 物流系统自动化技术研究

研究现代物流系统控制与仿真技术、信息采集技术、自动分拣技术、物流设备自动控制技术等;

- 生产物流系统研究

研究生产企业内部设施布置技术、物料搬运系统设计、生产物流系统管理控制技术等。

物流研目前共有研究人员28人,其中教授6人、研究员2人,副教授7人,讲师3人。《物流技术与应用》杂志编辑部10人,同时从国内外知名的物流学术团体、研究机构、相关企业聘请了10名客座教授和客座研究员。

3 物流研究所近年来承担的主要科研项目

(1) 国家"八五"重点科技攻关项目"宝钢连铸坯热送热装技术的研究"(其中的"热轧厂板坯库存取决策专家系统"和"炼钢——连铸——热轧生产管理一体化"子课题),获国家科技进步三等奖和冶金部科技进步二等奖;

(2) 国家"七五"攻关课题"立体仓库关键技术的研究"(其中的"立体仓库的计算机总体设计和模拟"和"高层钢结构货架设计计算"子课题),获机电部科技进步二等奖;

(3) 国家"七五"攻关课题"金川冶炼厂高温镕沙输送系统的设计";

(4) 国家"十五"重点工程项目"武钢2 250 mm热轧厂生产控制系统(三级计算机系统)。

该项目将作为成功开发(制造业)生产物流控制系统的成果和经验在"2003年中国信息大会"(北京人民大会堂)做工作汇报。

4 物流研究所技术装备实力

物流实验室硬件设施

1. 自动化立体仓储和物流配送中心实验室(含立体库、物料输送、实时监控);
2. 网络实验室计算机20台;
3. PLC实验室;
4. 人因工程试验室;
5. 机械设备诊断系统:DS－2动态测试分析系统、磁带记录仪2台;
6. RFID试验室;
7. 物流系统仿真试验室;
8. GPS/GIS试验室;。

物流实验室软件设施

1. Em—Plant物流仿真软件;
2. Workplace设施布置与规划软件;
3. S7—400,300,200 PLC控制系统二套;
4. 专用数据处理和分析软件;
5. GPS/GIS系统;
6. WMS仓储系统。

其中,物流研究所出资20多万元自购仿真软件EM－plant是Tecnomatix公司开发的主要用于生产系统与生产过程的建模与仿真的软件系统。用户可在eM－Plant环境下分析和优化生产系统的各种性能指标:生产率,在制品水平,设备利用率,工人负荷平衡情况,物流顺畅程度等:

北京科技大学物流研究所主要致力于企业物流再造、物流管理信息系统开发和物流配送中心的规划与设计。在全国已经有很多的成功案例。

在企业物流方面具有较强的企业物流流程改造和物流信息系统的开发实力。业绩介绍中列举了近些年设计开发的一些系统。

另外,具有对较强的物流配送中心的规划设计能力,参也了国内的很多地区的物流中心的设计与规划。

前进中的武汉理工大学物流工程学院

1 学校概况

武汉理工大学是由原武汉工业大学、武汉交通科技大学、武汉汽车工业大学于2000年5月27日合并组建而成,是教育部直属的全国重点大学,是首批列入国家"211工程"重点建设的高校。

学校现有三个校区，占地面积 4 000 余亩，校舍总建筑面积逾 152 万平方米，图书馆藏书 366 余万册。学校现有教职工 5 900 余人，其中，教授 625 人，副教授 1 219 人，两院院士 6 人（含双聘 4 人），国家“千人计划”2 人，国家重大科技计划首席科学家、教育部“长江学者”教授、国家杰出青年科学基金获得者 12 人，国家教学名师 2 人，享有国务院政府特殊津贴、湖北省政府专项津贴人员 212 人。

学校学科涵盖工学、理学、文学、管理学、经济学、法学、哲学、史学、教育学、医学等门类。现有本科专业 79 个、一级学科国家重点学科 2 个、二级学科国家重点学科 7 个，省部级重点学科 28 个。博士学位授权一级学科 9 个、博士学位授权二级学科 62 个、硕士学位授权一级学科 18 个、硕士学位授权二级学科 135 个、博士后科研流动站 13 个。有 21 个领域的工程硕士以及 EMBA、MBA、MPA、MFA 专业硕士学位授予权和高校教师硕士学位授予权。现有普通本科生36 100余人，博士、硕士生13 900余人，外国留学生 400 余人。

学校在新材料、新能源、交通物流、机电汽车、信息技术和资源环境技术领域建有国家重点实验室、国家工程实验室及省部级重点实验室等具有国际先进水平的自主创新研发基地 24 个。2009 年，学校科技经费 5.07 亿元，学校高科技产业销售收入 12.8 亿元。

武汉理工大学传承三校历史文化，坚持“育人为本，学术至上”的办学理念，60 余载育人实践，铸就了“厚德博学，追求卓越”的大学精神，并努力争取建设成为一所国内外知名、特色鲜明的多科性研究型大学。

2 物流工程学院概况

武汉理工大学物流工程学院是在原起重运输机械专业的基础上，随着现代科学技术进步和经济社会发展需要而发展起来的，是培养物流技术与装备、物流系统规划、物流管理等物流工程领域高级专门人才，从事物流工程领域科学研究的专业学院。经过 50 余年的建设，学院已成为以先进物流装备研发、物流系统规划与管理为特色的科研基地、实验基地和人才培养基地，在国内外有重要影响。

目前学院设有“机械设计制造及其自动化”、“物流工程”和“物流管理”三个本科专业，拥有“机械设计及理论”、“机械制造及其自动化”、“机械电子工程”、“物流技术与装备”、“物流管理”5 个博士点和硕士点。目前在读本科生 1 800余人，硕士研究生 200 余人，博士研究生 30 余人。

物流工程学院下设 5 个系、1 个实验中心，学院师资力量雄厚，拥有一支由高水平学术带头人、一批年富力强的中青年学术骨干和博士研究生组成的研究创新团队。现有教职员工 116 人，其中教师 88 人。教师中教授 18 人（其中博士生导师 7 人）、副教授 36 人，有国家、省部级专家 3 人、享受国务院政府特殊津贴 4 人。

物流工程学院发挥港口的优势和特点，使我院机械设计制造及自动化、物流工程和物流管理三个新老专业优势互补，以全面为港口服务为基点快速拓展物流领域。在港口机械现代实验技术与故障诊断技术、港口机械现代设计理论与方法、物流自动化技术、物流系统规划与现代物流管理的研究领域具有独树一帜的优势和鲜明的特色。

图 1 江泽民同志在国家“七五”成果展会上饶有兴趣地观看我院承担研制的 XLJ1200 浮式悬链斗卸船机项目展览

近几年，报考学院本专业的学生踊跃，新生素质较高。社会对学院所办专业学生需求旺盛，就业率高。学院通过“211 工程”和“交通部重点学科”建设形成了独具特色的学科优势和良好的行业支持环境，培养了一大批行业急需人才。很多校友在国家港口行业的建设中取得了卓越的成绩，为学校赢得了较好的社会声誉。以港口机械为特色的专业自创建以来，为港口培养了大量优秀人才。现全国各大港口中几乎有五分之一的中层技术干部都是我院的毕业生。

图 2 我院设计开发的多用途门机在香港货柜码头的使用情况

物流工程学院取得的研究成果丰硕，多项具有创新性和先进性的研究成果获国家、省部级奖励。学院研究基地、研究条件健全，拥有“教育部港口物流技术与装备工程研究中心”、“交通部港口装卸技术重点实验室”和“国家港口机械质量监督检验测试中心”等研究基地，实验室使用面积超过 7 000 m^2，实验设备总值超过2 000万元。

3 物流工程专业人才的培养

3.1 物流工程专业本科生培养

1)业务培养目标

培养具备物硫工程学的基本理论和基本知识具有进行物流系统规划与设计、物流自动化控制系统的设计与应用以及物流设备综合管理能力，适合于交通运输和生产企事业、工商企业、政府机构等部门从事物流项目规划与工程设计、物流系统实现与管理、物流系统决策分析与营销管理等工作的高级专门人才。

2)主干课程与主要课程

主干学科：系统控制工程、交通运输工程、设备工程。

主要课程：交通运输工程概论、现代物流学、物流系统工程、物流信息系统、机电传动及控制、供应链管理、配送中心设计、物流自动化系设设计与应用、液压及气压传动、仓储技术与设备、自动识别技术、物流设施规划与设计、供应链管理、港口起重机、设备管理工程。

3.2 物流工程专业相关硕士、博士研究生培养

3.2.1 培养目标

l)培养严谨求实的科学态度和作风 创新求实精神和良好的科研道德，具有团结合作精神和坚持真理的科学品质，并具备学术带头人的全面紊质；

2)掌握本学科坚实的基础理论和系统的专门知识，基础宽、厚、实，方法精、新、活。掌握先进的物流技术与装备的理论及方法 实验技术，能热练运用计算机和信息技术，热练地掌握一门外语，基本掌握第二外语；

3)熟悉本学科的现壮和发展趋势，注重专业实践能为、创新能力和综合素质的培养和提高，具有独立从事物流技术与装备领域科学研究或担负专门技术工作的能力。

3.2.2 专业设置

(1)物流技术术与装备

本专业属于“机械工程”一级学科，主要研究方向为：

1)现代港口物流技术与装备；

2)物流系统规划与仿真；

3)物流系统自动化与智能化；

4)物流生产调度与管理。

主要专业课程：

系统工程、物流自动化系统 物流信息系统与信息技术 复杂系统分析与建模、数字化物流系统、最优化方袪 现代港口装卸机械、图论原理及Pitri 网应用、传感技术、实验设汁、面向对象编程的 C++/Es/、学科前沿。

(2)物流管理

本专业属于“交通运输工程”一级学科，主要研究方向为：

1)供应链管理；

2)物流系统模似与决策；

3)物流信息系统；

4)物漩系统规划与管理；

5)物流企业运作管理；

6)物流与区域经济发展；

7)港口物流管理；

8)区域物流及绿色物流。

主要专业课程：

RFlD 技术及系统设计、物流系统分祈与优化、供应琏系统设计与管理 管理系统模拟、项目

管理、预铡与决策、物流成本控制与绩效管理、物流解决方案设计原理、绿色物流理论与方法、港口物流系统、学科前沿。

随着经济全球化和我国国民经济的快速发展，现代物流业及物流工程领域机遇和挑战并存。武汉理工大学物流工程学院将面向国内外物流产业及港口航运等交通运输领域，积极培养应用型、复合型高层次工程技术人才和工程管理人才，促进科技、教育、经济紧密结合，为实施科教兴国和建设创新型社会的发展战略，为推进物流工程领域的技术进步而不懈努力。

撰稿人：陶德馨　武汉理工大学教授

与时俱进求创新、科学发展育人才

太原科技大学机电工程学院起重输送机械和物流工程专业介绍　徐格宁　文　豪　王全伟

1　学校概况

太原科技大学始建于1952年，原名太原重型机械学院，隶属于国家机械工业部，是全国最早面向重大技术装备行业进行人才培养和科学研究的高等院校；1998年改为省部共建共管，以省管为主；2004年更名为太原科技大学，2005年增列为博士授权单位，2006年本科教学工作被教育部评为优秀，2007年被省委、省政府授予“模范单位”称号，2008年荣获全国高校毕业生就业工作先进集体；全校学生就业率连续6年名列山西省第一，2009年荣获全国大学生就业先进单位称号；“十五”以来，学校提出了“特色立校”的办学方针，努力突出特色学科优势，进一步整合资源，优化结构，实现理工结合，多学科交叉，积极打造重大技术装备特色学科群和品牌优势，推动了学科整体实力和自主创新水平不断提升，并有效地转化为人才培养和科技研发优势；经过近60年的不解努力和近10来的跨越式发展，学校已成为一所特色鲜明的多科性大学，成为国家重型机械行业和装备制造领域人才培养、科技研发的重要基地。

2　学科建设

由于学校归属的历史原因，我校的主要学科都是围绕国家重型机械装备行业而建立并不断扩展发展的，目前已形成了一定的规模并在全国同类高校中具有一定的知名度；学校在机械类、材料类等学科群领域实力雄厚，在机械设计、材料加工工程、电气工程及自动化、系统工程等学科领域具有特色、优势突出。因此，学校的学科专业建设有两个鲜明特点，一是立足国家重型机械和装备制造行业的创新需要；二是紧密围绕国家经济社会发展和产业结构调整需要；在学校专业发展建设方针指导下，学校的骨干学科起重运输机械专业方向、起工CAD专业方向和物流工程等专业，紧密抓住重大装备和经济发展两个着力点，在创新和育人等方面与时俱进、科学发展，不断的发展壮大并在全国同类高校中具有较强的影响力和知名度。

2.1　起重运输机械专业方向和起工CAD专业方向

学校起重运输机械专业方向的历史可以追溯到20世纪60年代初国家高校专业调整，由教育部和机械部所属的大连工学院、沈阳机电学院的相关专业整合组成，经过半个世纪的艰苦奋斗，成为我校最具特色的优势专业之一。本专业是国家教育部批准建设的全国高等学校特色专业和“国家管理专业点”，省部级重点专业和山西省品牌专业。

20世纪90年代，随着计算机技术在机械工程领域的不断应用和发展，学校在起重运输机械及工程机械两个优势专业的基础上结合计算机技术创办了起重运输与工程机械计算机辅助设计（简称起工CAD）专业方向，其特色结合时代特征是其发展优势。

起重运输机械和起工CAD两个专业方向均为山西省重点学科、一级硕士学位点和二级博士学位点学科，同时具有工程硕士和高等教育硕士授予权，具备学士、硕士、博士完整的人才培养体系。具有一支力量雄厚、经验丰富、年富力强、热衷科研团队合作的教学团队，教学中精选必修课、浓缩专业课、拓宽选修课，不断改进教学方法和手段，充分利用多媒体、工程实例等来丰富教学内容，使学生知识结构合理，知识面宽广，综合能力强，培养的学生不仅具有较扎实的机械学基础知识，而且具有较宽广的专业知识和计算机应用能力，深受社会好评。学生在校期间除掌握机械学与设计工程学方面的理论和技能外，还系统学习先进制造技术、企业管理、外语、计算机及信息技术、现代设计方法、物流技术、人机理念和安全技术等知识，并接受工程师的基本训练；本专业以“厚基础、注应用、重工程、铸特色”的培养模式，为行业培养高级工程技术人才，毕业生可到机械制造和重大技术装备行业的科研院所、工业企业、政府部门和高等院校从事科学研究、技术和产品开发、经营管理或教学工作。

自上世纪末以来，我专业获得了国家“十一五”科技攻关项目、山西省自然基金、山西省青年科学基金、山西省教育厅科技基金、山西省科技攻关等资助项目30余项，完成企业委托项目45项，取得了较好的社会效益和经济效益；制定起重机、输送机相关国家标准十余项，获科研成果50余项，科技奖励10余项，发明专利3项，出版专著教材10部，并在国内外学术刊物发表论文100余篇，其中30余篇被SCI、EI、ISTP等收录。

2.2 物流工程

2004年，学校依托起重运输机械和工程机械、交通运输等专业方向为基础，结合起工CAD专业方向的计算机应用技术，同时兼顾控制技术、信息技术、物流管理等学科专业，开办了物流工程专业，在发挥物流机械设计方面传统特色与优势的基础上，力图实现从单纯机械到机电系统、从单件设备向物流装备系统、从机械工科向物流管理、控制及信息等综合性多学科领域延伸和扩展。

学校自2005年开始物流工程本科专业招生，2010年开始物流工程领域在职工程硕士招生，2010年开始物流工程全日制硕士的招生，已经建立了从本科生到硕士研究生的专业人才培养体系；本专业旨在培养适应现代物流发展需要，具备机械工程科学和管理科学的基本知识，系统掌握现代物流管理理念、专业知识与相关技能，能够把握物流及相关行业的发展方向，运用国内外先进物流技术和管理方法，在物流和物流装备制造等企业及物流相关部门从事物流系统规划、设计、维护与营运管理的高级复合型人才。

我校物流工程专业拥有一支结构合理，实力雄厚的师资队伍，现有硕士生导师17名，其中教授9人，副教授8人，其中博士学位5人。近5年来，我专业梯队主持完成山西省政府部门、企事业单位物流专项课题40多项，出版专著教材5部，多项科研成果荣获山西省优秀成果一、二等奖，获得省部级以上科技奖励10余项，在国内外发表论文40余篇，其中10余篇被SCI、EI、ISTP等收录；承担并参与了我省及其主要地区物流规划、交通运输和商贸流通规划、企业物流战略的研制与审定，为我省政府部门、产业界物流发展提供了切实可行的决策与方案；长期为国内物流领域相关企业提供技术支持，与山西省交通运输有限公司、东方物流、太原市海信物流中心、海尔物流等单位有着长期的、稳定的和良好的合作关系，实行产学研合作和人才培养，并提供现代物流发展决策咨询与培训服务。

3 专业知识体系与课程设置

3.1 起重运输机械和起工CAD专业方向知识体系与课程设置

(1)基础及专业基础课：工程制图、机械原理、机械零件、理论力学、材料力学、结构力学、电工与电子技术、可编程控制原理与应用、CAD应用技术、测试技术、计算机软件技术基础、人机工程学、电力拖动、有限元方法、可靠性设计等。

(2)专业课：起重机械、输送机械、金属结构、工业车辆、物流技术等。

(3)实践性教学环节：包括金工实习、生产实习、课程设计、毕业实习、毕业设计(论文)等，如图1。

3.2 物流工程领域工程硕士知识体系与课程设置

(1)基础及专业基础课：工程制图、机械工程基础、理论力学、材料力学、结构力学、电工与电子技术、可编程控制原理与应用、计算机辅助设计、测试技术、计算机软件技术基础、人机工程学、电力拖动、有限元方法、可靠性设计、运筹学、物流成本管理与控制、物流统计学、物流系统工程等。

(2)专业课:物流系统建模与仿真、物流设施与配送中心规划与设计、起重机械基础、装卸搬运设备、金属结构等。

(3)实践性教学环节:包括金工实习、生产实习、课程设计、毕业实习、毕业设计(论文)等,如图1。

图1　物流专业毕业实习

4　特色与优势

4.1　学科专业

起重运输机械专业方向、起工CAD专业方向为我校的特色专业,为2000年公布的国家管理的专业点,山西省品牌专业,物流工程专业也具备明显的相关特色和优势。学校拥有与三专业(方向)相关的国家实验教学示范中心"机械实验教学中心",国家级精品课程1门,山西省省级精品课程2门,山西省本科高校基础课示范实验室1个,山西省重点实验室1个;学科的师资力量雄厚,高级职称所占的比例高,具有丰富的教学、教研经验。

4.2　行业地位

学校长期担任中国重型机械工业协会常务理事、给料与输送机械专业协会副理事长、中国工程机械学会 常务、中国机械工程学会工程机械分会常务理事、中国机械工程学会物流工程分会副理事长、起重机械技术专业委员会主任单位(含秘书处)、连续输送技术专业委员会主任单位(含秘书处)、山西省机械工程学会副理事长、山西省机械工程学会物流工程分会理事长单位(含秘书处)、山西省汽车工程学会常务副理事长单位(含秘书处)、全国起重机械标准化技术委员会常务理事单位,在行业中具有较大的影响。

4.3　特色试验室建设

学校现有与三专业(方向)相关试验室有:自动化仓储物流综合试验系统(如图2),封闭散状物料储运物流装备试验系统(如图3),制动器动态制动试验系统(如图4),重大技术装备CAD/CAE实验室,机械传动、结构行为与调度管理试验系统(如图5)和结构疲劳试验室(如图6)等。所有试验室均对机械电子工程学院起工方向、CAD方向、物流工程本科生开放,完成专业课内实验;对毕业生开放,完成毕业设计实验;对研究生开放,完成研究生相关课题研究。对于提升大学生的实际工程理论水平,培养大学生的创新能力及实践能力,为国家和企业培养大量的学士、硕士和博士研究生。

图2

图 2 自动化仓储物流综合试验系统

图 3 封闭散状物料储运物流装备试验系统

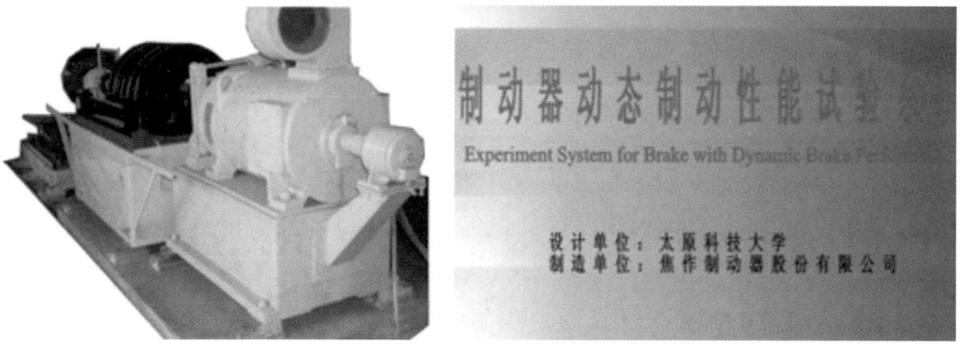

图 4 制动器动态制动试验系统

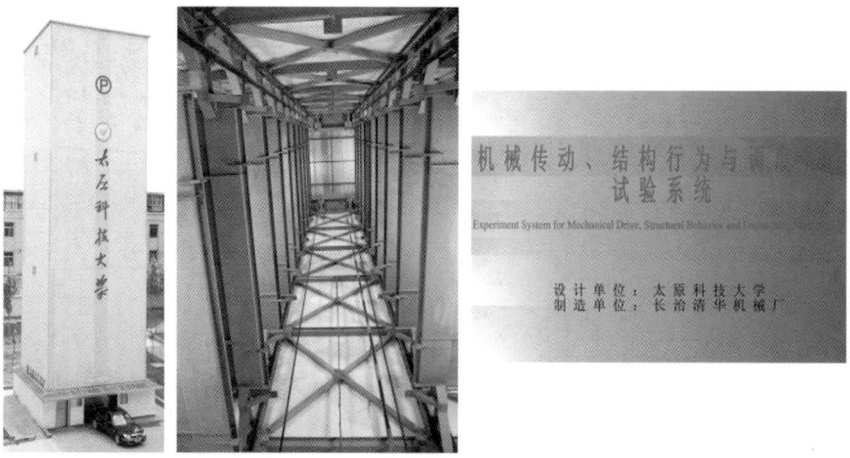

图 5 机械传动、结构行为与调度管理试验系统

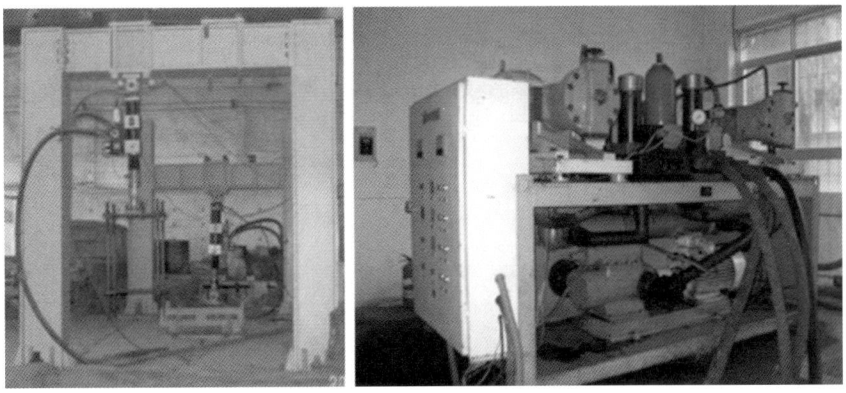

图 6　结构疲劳试验系统

面向未来，学校要认真实践科学发展观，始终坚持“与时俱进求创新、科学发展育人才”的育人理念，坚持“质量建校，特色立校，人才强校，科研兴校”办学的方针，奋发图强，锐意进取，为实现建设特色鲜明的教学研究型大学的目标而努力奋斗，成为国家重型机械行业和装备制造领域人才培养、科技研发的重要基地。

发挥自身优势、服务地方经济的物流人才培养基地

山东科技大学机电学院物流工程专业介绍

1　学校概况

山东科技大学建校于 1951 年，现已发展成为一所以工为主，矿业见长，工学、理学、管理学、文学、法学、经济学、教育学等多学科相互渗透、协调发展、特色鲜明的省属重点大学。学校在青岛、泰安、济南三地办学，总占地面积 243.16万 m^2(3 647.4亩)，建筑面积 135 万 m^2，固定资产总值 15.44 亿元、教学仪器设备总值 3.11 亿元。

物流工程专业隶属于机械电子工程学院物流与车辆工程系，机械电子工程学院是山东科技大学办学历史最悠久、规模最大的院系之一，始建于 1951 年，历经近 60 年的风雨历程，学院始终坚持以人才培养为中心，以学科建设为龙头，以科学研究为重点，以师资队伍建设为关键，以改革创新为动力。现有 6 个教学系、1 个实验中心(下设 12 个实验室)、11 个研究所。其中运输提升实验室是山东省“九五”期间重点建设的实验室，是中国机械工程学会物料搬运分会理事单位，全国连续输送技术专业委员会副理事长单位，山东省物料搬运专业委员会主任单位。

2　物流工程专业设置、培养目标

物流工程专业自 2004 年开始物流工程本科专业招生，2008 年开始物流工程领域在职工程硕士招生，2009 年开始物流工程全日制硕士的招生。

2.1　物流工程领域工程硕士的培养目标

物流工程领域工程硕士要求掌握现代管理理论和方法及各种工程领域的现代规划设计和开发使用的理论和方法。如交通运输现代化理论和方法；电子、信息及控制技术，通信工程，计算机应用等。要求掌握一门外语，有较强的笔译和口语能力。服务于政府行政管理部门、物流企业、生产企业或其他企业的物流工程高级人才。

2.2　物流工程本科专业培养

本专业培养德智体全面发展的，掌握机械工程、计算机应用技术、物流工程、管理工程等基础理论和必要的专业知识与技能，了解并重视与物流工程发展有关的人文社会知识，具备物流技术与装备的设计、物流系统的规划与设计及管理能力，能在物流装备生产企业、机械行业、港口及物流企业等部门，从事物流领域的工程规划与设计、技术研发、物流管理等工作的，具有科学的思维方

法和实践创新能力的高级专门人才。

3　物流工程专业知识体系与课程设置

3.1　物流工程领域工程硕士知识体系与课程设置

（1）基础课：科学社会主义理论、自然辩证法、外语、高等工程数学、运筹学、计算机应用等。

技术基础课：系统仿真技术、交通运输管理学、交通运输工程、规划理论、管理学概论、统计学、系统工程、管理信息系统等。

（2）专业课：物流产业规划理论与方法、物流设施规划与设计、现代物流与供应链管理、项目管理、物流机械工程、国际物流管理、物流运输管理等。

上述课程可定为学位课程和非学位课程。此外，还可以根据行业需求组合和增设其他课程。课程学习总学分不少于 28 学分。

（3）学位论文

结合所在部门的实际进行研究工作，并撰写论文。论文工作一般应包括选题、调研、开题、系统设计、系统实现、论文撰写和答辩等环节。

3.2　物流工程专业本科生知识体系与课程设置

（1）主干学科

机械工程、物流工程、系统工程、计算机应用技术。

（2）主要课程

运筹学、工程制图、机械设计基础、工程力学、电工与电子技术、数据库技术与物流软件开发、物流系统规划与设计、现代物流管理、物流设施与设备、物流信息技术、采购与库存控制等。

（3）主要实践性教学环节

包括“思政课”实践、金工实习、生产实习、课程设计、毕业实习、毕业设计（论文）等，共计 36 周。如图 1、图 2、图 3、图 4 所示。

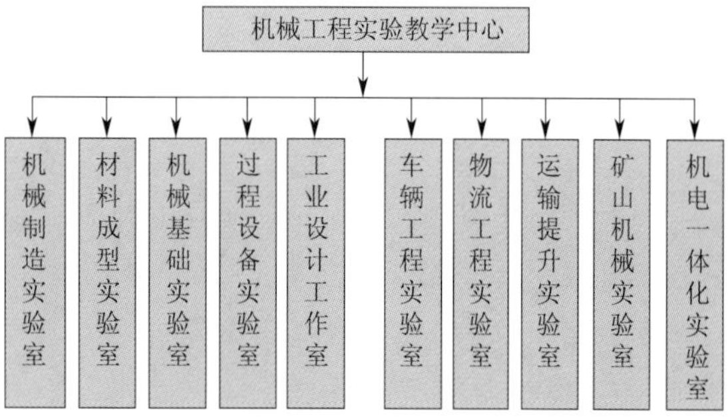

图 1　学生实验室主要组成

图 2　学生金工实习地点—工程训练中心

图 3　现代物流实验系统

图 4　学生实习单位之一：海尔物流中心

4　物流工程科研成就与社会影响力

（1）运输提升实验室是省重点实验室，自 1996 年以来，运输提升实验室取得的科研成果和通过鉴定的项目有 10 余项，其中 4 项成果达到国内领先水平，取得科研经费2 000余万元，发表学术论文 130 余篇，其中，有 4 篇被 EI 收录，有 3 篇被 ISTP 收录，出版教材和专著 8 部。这些成果创造了较大的经济效益和社会效益。

（2）积极培养物流人才。从 2004 年开始物流工程专业本科招生，已经毕业三届学生，共 126 人，约 40 人考取北京科技大学、大连海事大学、北京交通大学、武汉理工大学等高校的研究生。工程硕士毕业 5 人。目前本科在校生 120 多人，物流工程全日制工程硕士 16 人。自 2007 年以来，组织见习物流工程师与物流工程师的培训及考试工作，迄今为止，约有 200 人获得见习物流工程师证书，有 6 人获得物流工程师证书。

(3)服务地方经济，为周边企业提供技术支持。

山东科技大学位于青岛开发区，毗邻前湾港，青岛开发区有1 000多家物流企业，我们以服务地方经济为目标，积极与企业开展不同形式的合作。在青岛中储股份公司、远洋大亚物流公司、海尔物流公司、澳柯玛公司等数十家知名企业建立了产学研合作关系，为企业培训员工 200 多人，承当企业的科研项目数十项。

(4)成功举办山东省物流工程学会两次年会。

山东科技大学机电学院于 2005 年 12 月 2 日至 4 日组织召开山东省物流学会三届二次理事会暨 2005 年学术年会，于 2008 年 10 月 24 日至 26 日组织召开山东省物流工程学会三届三次理事会暨 2008 年学术年会，各出版论文集一册，对山东省物流工程理论的发展起到了积极作用，也促进了校企之间的合作。

4

面向工程 面向经济 培养物流工程专业人才

大连理工大学大学物流工程专业介绍

1　学校概况

大连理工大学是国家“211 工程”、“985 工程”重点建设大学，1949 年建校时即成立机械工程系并开始招收学生，1952 年根据教育部要求开始设立专业，建立了机械制造工艺、金属切削机床及工具专业。1956 年专业调整为机械制造工艺及设备、起重运输机械及设备专业。2000 年，将原机械设计与制造、机械制造工艺与设备、机械电子工程、起重运输及工程机械 4 个专业整合为“机械设计制造及其自动化”专业。2004 年申请获批“物流工程”专业并开始招生。

经过六十年的努力与积累，大连理工大学已面向国家重大工程、国民经济主战场和地方经济建设，为全国骨干企业培养了大批高级专门人才。

2　培养机制

物流工程专业隶属于机械工程学院，学制四年，按机械大类招生，入学前两年进行大类培养，第三学年开始进行专业培养。本专业旨在培养具备现代物流工程基础知识与应用能力，能从事物流装备开发与设计制造、物流系统设计与规划、物流管理以及与物流业相关的教学科研，科技开发，咨询和经营销售方面工作的高级专门人才。

3　课程体系

本专业以物流和机械工程紧密结合为主要特色。主要基础课程包括：高等数学、大学物理、普通化学、理论力学、材料力学、电工技术、电子技术等。主要专业基础课程和专业课程包括：画法几何与制图、机械工程材料、机械加工基础、机械原理、机械精度设计与检测技术、结构力学、流体力学与液压传动、机械设计、物流系统工程、机械制造技术基础、微机原理与控制技术 、工程热力学、现代工程设计与分析软件、金属结构、电力拖动、工程结构有限元、物流装备设计、计算机物流仿真分析与应用等。

4　科研成就

大连理工大学工程机械研究所秉承本校起重机专业的悠久历史和传统，依托大连理工大学机械工程学院雄厚的科研力量，在工程起重运输机方面的新技术研究、新产品开发等方面取得了突出成绩，在结构设计、智能控制、液压传动、虚拟仿真技术、计算机辅助工程等多个技术领域具备深厚的科研实力和技术功底，整体水平居国内同行业领先地位。近年来，研究所加强与生产企业的密切合作，成功联合开发了数十个具有自主知识产权的产品，其中以履带起重机为代表的系列产品一举打破了国外企业对大吨位产品的垄断，向企业转移的技术成果达60余项，获得各类奖励十余项，为国家节省了大量外汇，为企业创造了可观的经济效益。

大连理工大学从1994年开始进行履带起重机的研究，1998年与徐工集团徐州重型机械有限公司合作开发当时国内最大的自主知识产权的150 t履带起重机，随后又合作开发了220 t、260 t、350 t、450 t、650 t、1 000 t产品，目前正在研发2 000 t以上系列产品。2002年由于中联重科工程起重机分公司合作开发200 t履带起重机，随后又合作开发了70 t、160 t、300 t、400 t、600 t、1 000 t等产品。从2006年开始与山东奥奇重工有限公司、福田雷沃国际重工股份有限公司、浙江虎霸建机有限公司等多家行业内企业建立了合作关系，共同开发履带起重机，并在此基础上与湖南山河智能股份有限公司等国内知名企业合作研发伸缩臂履带起重机等产品。到目前为止，已建立成熟的设计体系，建立一支完善的设计队伍。

大连理工大学与与合肥神马科技有限公司、重庆大江工业（集团）有限责任公司、中国重汽集团泰安五岳专用汽车有限公司等17家国内知名企业合作，研发的7个吨位16种型号汽车起重机累计创造产值超过10亿元；解放牌16/25/30/35/55 t系列汽车起重机底盘获得2007年度长春市科学技术进步奖一等奖；BQZ5242JQZ16D型汽车起重机获得2002年度安徽省科学技术研究成果奖和2003年度安徽省科学进步奖三等奖；QY－DL系列全液压汽车起重机获海南特区科技成果名优新产品展销交流会金奖和大连市第二届新技术新产品交易会金奖。与北京京城重工机械有限公司合作研发的自行式高空作业平台获2007年度东莞杯国际工业设计大奖赛铜奖；GT-BZ系列高空作业车获5项专利；GTBZ26/30自行式高空作业车作为国庆60周年庆典保障用车，为国庆彩车的搭建、航天彩车的国庆庆典活动提供了有力保障。与徐工集团徐州重型机械有限公司合作研发的DG68型登高平台消防车，是国内首台具有自主知识产权的大型举高消防车，集消防灭火、应急救援、高空喷洒、喷射和高空工程作业等功能于一身，广泛应用于城市、矿山、油田等高层建筑的消防、救援和高空工程作业等场所。和长沙中联重工科技发展股份有限公司联合开发了TCR6055－32型动臂塔式起重机。该起重机具有起重量大、占地控件小、能够在狭窄空间施工、使用灵活等优点，该产品填补了国内特大型动臂式塔机的空白。

大连理工大学还为大连船舶重工集团有限公司设计了系列桥（门）式起重机、吊钩桥式起重机；为郑州市华中建机有限公司设计开发了两台造船龙门起重机；为大连船舶重工集团有限公司和渤海船舶重工有限公司设计了多种型号的移动式风雨棚，最大跨度达88 m。

作为中国机械工程学会物流工程分会的副理事长单位，中国工程机械学会工程起重机械分会理事长单位，大连理工大学肩负着“引领行业技术进步，推动民族工业发展”的重任，必将为我国物流行业的发展做出应有的贡献。

西南交通大学与时俱进培养物流工程领域专业人才

西南交通大学坐落于“天府之国”四川成都，具有114年的办学历史，先后培养出茅以升、竺可桢等杰出人物和40多位中国科学院、工程院院士。学校是教育部属重点大学、首批进入国家“211工程”的大学，现正以“轨道交通国家实验室”和“轨道交通运输工程优势学科创新平台项目”的建设为契机，努力建设交通特色的多学科协调发展的高水平研究型大学。

西南交通大学物流工程领域专业人才培养具有悠久的历史，于20个世纪50年代应铁道部铁路货物装卸机械化的需要而建立了起重运输机械专业，从1956年招收第一班学生入学算起，至今度过了五十四个春秋。应教育改革需要，专业名称经历了装卸机械专业、起重运输机械专业、起重运输与工程机械专业、机械设计及自动化专业（起重运输机械方向）等变化。西南交通大学机械设计制造及自动化专业具有明显的学科优势，是国家本科高校特色专业，所在机械工程是国家一级重点学科，在西南地区乃至全国有较强的影响力，并于 2009 年以优异的成绩通过了教育部的专业认证。

机械工程研究所是在起重运输机械教研室的基础上于 1986 年成立的，现挂靠在机械工程学院。研究所主要从事起重运输机械、物流技术与装备以及工业工程等方面的基础理论研究、学科建设、人才培养、新产品设计和应用软件开发等，设有起重运输机械教研室、工业工程教研室、物料搬运机械省重点实验室和金质高新技术开发公司，是四川省物流工程专委会的挂靠单位。目前，研究所拥有一支研究方向稳定、知识结构合理、综合素质较好、老中青相结合的教学和科研梯队。

2　学科建设

起重运输机械专业成立伊始，即遵循立足铁路、面向全国、教学科研服务于国家建设的原则，在教学、科研、人才培养诸方面取得了可喜的成绩。

2.1　人才培养

五十多年来，专业为国家培养了 2 000 多名包括学士、硕士、博士及博士后在内的专门人才。他们分布在全国各个部门，从事技术和管理工作，发挥领导和骨干作用。在教学方面，秉承了百年名校重视教学的优良传统，2009 年起重运输机械专业的核心课程《起重机金属结构》被评为国家精品课程，该课程是我国起重机械行业首门国家精品课程；也是西南交通大学半个世纪起重专业建设的结晶。

2.2　学术研究

专业师生积极开展基础理论和设计方法研究，目前开设的主要研究方向有：起重运输与工程机械设计理论、机械结构强度与 CAD、现代设计方法理论与应用、机械可靠性工程、机械与结构系统动态仿真、模糊理论与神经网络技术、虚拟现实技术及其应用、物流技术与装备、数字物流与信息系统、物流装备与自动化、工业工程等。通过不断研究，取得了较好的成绩，先后在国内外科技期刊和学术会议上发表和宣读的论文累计近千余篇。正式出版的高校教材和科技译著 10 多部，其中"起重运输机械金属结构"获 1984 年全国优秀教材奖和全国优秀图书奖，在改编后又获 2005 年西南交通大学优秀教材一等奖。新的起重机设计规范 GB3811－2008 颁布后，我们开始了本教材第 3 版的编写工作。另外，本教学团队目前也承担了国家级规划教材《起重运输机械》的编写工作。专业在国内具有较高的知名度和较大的影响。由我校主持编写 1998 年出版的《起重机设计手册》，得到全国同行专家的好评。

2.3　科研成果和产品开发

专业历来重视应用研究和自主创新开发研究，并在产学研结合上不断探索新路，为我国铁路货物装卸机械化和起重运输机械技术发展作出了自己的贡献。早在 20 世纪 70 年代，由我校主持设计的 100tO 型龙门起重机获全国科学大会奖；在 1987 年 9 月 3 日《人民日报》对我校起重方向的"产学研"思路作了特别报道，参加西南交通大学起重机教学科研生产联合体的，涉及 15 个省、直辖市、自治区的 25 家工厂。联合体成立不到两年，就完成 192 个品种的系列起重机设计、试验和制造任务，为社会和相关企业做出了重要贡献。

4

20 世纪 80 年代以来，新产品研发不断，获奖喜讯频传。专业师生在产品开发和科学研究的主要成果有：铁路货场的主型装卸机械 U 型的通用龙门起重机、使用范围遍及全国的 EOTC 全系列桥式起重机、轨行式集装箱龙门起重机、轮胎式集装箱吊运机。80 年代末至 90 年代由我校主持设计的起重量 100 t 液压伸缩臂式铁路起重机以及起重量 160 t 定长臂式和液压伸缩臂式铁路起重机为铁路提供了现代化救援设备，在列车出轨和倾覆事故中展现了出色的救援能力，产品出口到台湾、巴基斯坦和非洲等。90 年代末由我校提出的 20 tU 型门式起重机增吨改造技术方案在成都局、济南局、乌鲁木齐局、昆明局和广铁公司等站场的近百余台门吊上推广实施，为铁路安全装卸作业作出了重要贡献。近几年来，专业师生又在铁路集装箱中心站用全回转防摇集装箱专用门式起重机、高速铁路焊轨基地 500 m 长轨联动群吊系统、水电站启闭设备的开发设计方面取得了较大成绩，为我国的铁路建设和水电开发作出了重要贡献。

在理论和试验研究方面完成的工作有：起重机金属结构理论及实践、工程机械金属结构应用基础研究、125 t 汽车起重机箱形吊臂结构及试验研究、叉车总体及门架计算理论和试验研究、起重机可靠性、电力机车机械走行部分可靠性、人——机系统可靠性、系统动态仿真应用研究等。

到目前为止，专业师生承担了国家攻关、国家自然科学基金和省部级课题 30 余项，取得了一系列达到国际领先和国际先进水平的科研成果，获包括国家科技进步二等奖在内的国家和省部级科技进步奖 27 项，实用新型专利 15 项，并成功开发了一系列生产急需的高新技术产品，获得了显著的经济和社会效益。

图 1　QTJ160 定长臂铁路救援起重机
（国家级二等奖、铁道部二等奖）

图 2　N1004 伸缩臂铁路救援起重机
（国家级三等奖、铁道部一等奖）

图 3　全回转防摇铁路集装箱专用门式起重机

图 4　高速铁路焊轨基地 500 m 长轨联动群吊系统

2.4　其他方面

机械工程研究所下属的物料搬运机械省重点实验室，在为我校起重运输机械、工业工程、工程机械等专业方向本科实验教学提供实验保障的基础上，承担国家、四川省重大科技攻关项目的研究与实验，加强科学与技术研究，产品开发与生产实验，为国家、四川省的经济建设和社会发展服务。实验室现有建筑面积 800 m^2，固定资产约 500 余万元，实验室可提供研究型实验，如四通道液压伺服加载系统，既可进行结构强度、刚度等方面的实验，还可进行结构疲劳寿命和可靠性方面的研究。现正积极多方筹集资金加强实验室建设，已获得了国家 211 第 3 期建设和国家教育部修购计划资助。

专业与路内外企业一直保持良好的关系，厂校结合建立教学生产基地，为现场培训技术人员，帮助解决生产技术问题，开办新技术讲习班，组织新产品联合设计，从技术上支持和扶助中小企业，专业老师因此获得四川机械工程学会颁予的“扶助中小企业先进工作者”称号。

专业老师热心行业社会活动，获得同行专家的信任，在各种学术性和专家组织中出任领导职务：全国和四川省安全生产委员会委员、全国物流工程学会主任委员及设备结构专委会副主任委员、四川省机械工程学会副理事长和理事长、四川省机械工程学会物流工程学会主任委员、成都市机械工程学会副理事长、成都市金牛区科技顾问及重大行政决策咨询专家、四川省评标专家、“起重运输机械”杂志编委会副主任委员等。同时专业老师还获得了各种荣誉：四川省学术和技术带头人和后备人选、国家级有突出贡献的中青年专家、国家特殊津贴获得者、铁道部优秀教师、劳动模范、全国铁路标兵、全国高校先进科技工作者、四川省先进科技工作者、四川省有突出贡献的优秀专家、铁道部有突出贡献的中青年专家、詹天佑铁道科技发展青年基金获得者等。

图 5　四通道液压伺服加载系统

图 6　FMS 柔性制造实验系统

同济大学的现代物流教学与研究

1　同济概况

同济大学是教育部直属重点大学。她创建于 1907 年，早期为德国医生在上海创办的德文医学堂，取名“同济”意蕴合作共济。1912 年增设工学堂，1923 年被批准改名为大学，1927 年正式定为国立同济大学。抗战期间曾内迁经浙、赣、滇入川，1946 年回迁上海并发展为以拥有理、工、医、文、法五大学院著称海内外的综合性大学。1952 年院系调整后，同济大学成为国内土木建筑领域最大、专业最全的工科大学。1978 年经中央批准恢复对德交流，在中科院学部委员李国豪校长领导下实行“两个转变”，即由土木为主的理工科大学向理工为主的多科性大学转变，由国内普通高校向作为中外文化交流“窗口”之一的国际性大学转变，从而迅速恢复和发展成为一所以工为主、理工结合，经、管、文、法各具特色的多科性大学。1995 年实现由教育部和上海市“共建”，1996 年并入了原上海城市建设学院和上海建筑材料工业学院，被国务院领导赞为高校体制改革中的“同济模式”。2000 年 4 月又与上海铁道大学合并，组建成新的同济大学。目前是一所拥有理、工、医、文、法、哲、经济、管理、教育 9 大学科门类的综合性大学。作为研究型大学，学校是首批被国务院批准成立研究生院的高校之一；作为全国重点大学，学校被列入国家财政立项资助的“211 工程”和国家教育振兴行动计划“985 工程”与地方重点共建的高水平大学行列。

同济大学在长期办学中形成了以“严谨、求实、团结、创新”为校训和“同舟共济、自强不息”的同济精神，逐步形成自身的五大办学优势：历史悠久、学风严谨、师资实力雄厚的传统优势；建筑、土木、海洋、环境、车辆、交通等水平居先的学科优势；博采众长，对德（欧）交往窗口的国际交流优势；立足上海、紧密结合国际化大都市发展的地域优势；直属中央、服务于全国经济建设主战场的建

制优势。

2 同济大学物流工程

同济大学物流工程专业实力雄厚，横跨三大学院建立起从宏观到微观的物流工程学科体系。它们分别是经济管理学院的物流管理专业，交通运输学院的物流工程专业，机械学院机械电子工程研究所的现代物流设备及自动化方向。

1)物流管理

同济大学物流管理专业是教育部首批被批准的本科专业，依托于原来管理科学与工程系信息管理与管理信息系统专业的物流管理信息系统方向。2002年以前该专业未开设本科，但在研究生层次有物流管理的研究方向，有着较好的学科依托基础。在物流管理信息系统方面，我们有着很好的科研基础，完成了多项物流信息系统的相关项目。

物流管理专业是为适应我国加入WTO以后物流产业的迅速发展而设置的本科专业。该专业培养具备管理学、经济学和信息技术基础知识，熟悉相关法规，掌握现代物流管理理论，能综合运用物流管理理论和信息管理与信息系统方法，在物流管理领域从事全过程策划以及物流信息化管理工作的高级复合型人才。要求学生具备工科的基础知识，掌握现代物流管理理论，熟悉社会物流和企业物流系统的基本活动，能进行物流战略的规划，物流业务模式和物流信息系统的分析和设计，并具有实际运作与应用能力。开设的主干课程有：管理学原理、西方经济学、运筹学、现代物流管理、生产运作管理、供应链与客户关系管理、电子商务、现代仓储管理、管理建模与仿真、运输组织学、计算机网络与Web技术、数据库原理及应用、管理信息系统、国际贸易、市场营销理论与实务等。

该专业十分强调科研为经济建设服务。近些年来，学院教师承担了国家自然科学基金、哲学、社会科学基金、国家863科研项目、上海市政府科技公关项目及各类咨询项目等，科技成果直接服务于上海以及全国各地的企事业单位。学院还积极为全国各地的企事业单位进行管理咨询、策划与培训，用自己的知识直接为国家经济建设作出贡献。同时，积极探索多种国际合作办学模式，与法国escp－eap、ESSEC、南特等商学院签订了双向交换培养本科生和研究生项目协议、与美国UCBERKLEY合作培养EMBA项目、与法国ENPC合作的SIMBA(上海国际工商管理硕士)项目、与美国UTA联合培养国际EMBA项目等。同时，与德国、法国、英国、美国、加拿大、新加坡、澳大利亚、日本等国家以及港、澳、台地区建立了广泛的合作与学术交流。

2)物流工程

同济大学物流工程专业为国家教委2003年批准全国第一批招本科生的新专业之一，同专业排名中名列前茅。该专业有多位教授是国内物流界知名人士，主要专业课任课教师中，有3位教授(博导)、7位副教授(博士)。配有国内领先的教学计划，主要专业课教材基本自编出版已出版物流工程专业教学丛书五种，如《现代物流导论》、《现代物流管理技术》、《国际物流管理》、《物流项目管理》、《物流系统规划与设计》等。并参与《交通大辞典》、《现代物流基础与实物教程》、《现代物流管理教程》等相关著作与教材编写。该专业与国际学术交流十分频繁，如与法国路桥大学、柏林工业大学等著名院校共同培养研究生和学术交流；与国外、港台地区的知名物流企业也有广泛的交流合作。在国内交流方面，注重与政府、企业的合作，讲求实效。承担了多项国家及各级地方政府项目。与多家企业签订了合作协议，由知名物流企业提供奖学金、实习基地、研究发展基地等。该专业设有物流工程仿真实验室，配有多个国内外先进的物流系统规划设计与作业管理仿真软件，如美国Citilab公司的Cube Cargo物流规划仿真系统、日本RaLC－Pro物流配送中心作业仿真系统、国际货运代理模拟教学软件等。并自行开发多个物流系统优化管理软件，如仓库信息管理系统、物流配送中心配送计划优化编制系统、物流园区停车场智能管理系统、公路货运优化配载交易系统等。

物流工程专业以培养社会物流系统规划设计与经营管理高级人才为目标，以交通运输学科交通运输规划与管理专业为主要依托，与其它学科专业综合交叉，讲求专业技术与信息化技术结合，追求国际化与社会化特征相结合，力求理论学习与实践研究能力同学共长。本专业主要开设课程有：建模基础、系统仿真基础、运输组织、机械原理、管理学、现代物理课导论、物流系统规划与设计、物流信息系统、现代物流技术、物流市场营销、国际物流、供应链管理等。

近年来在物流系统规划与物流工程管理相关研究项目中取得多项科研成果，并已被实践效果证明其科学性前瞻性实用性。主要有：多个省市级物流发展规划：国内第一个城市物流发展规划——深圳市，以及苏州、南京、宁波、湖州、防城港等省市；多个物流园区、物流中心规划设计：国内第一个现代综合型物流园区规划——上海西北综合物流园区规划。以及宁波市物流中心规划、长沙星沙国际物流园规划、上海闵虹空港国际物流基地、上海空港国际物流村、石家庄商业物流中心、上海名特农产品国际物流基地可行性研究、宁波镇海区物流发展战略规划等近 20 项规划设计项目，同时为其设计社会物流信息管理平台；多个物流企业发展规划与设计：如国储 837 处发展物流规划、上海经纬化工公司发展现代物流战略规划、青岛流亭机场货运站改造方案与物流发展战略等；多个物流标准编制：如物流园区分类与基本要求、物流集聚区服务规范等；多个物流相关的规划与设计项目：中国工程院前沿理论研究“交通运输网络研究”、上海交通运输十一五发展战略研究、上海洋山港铁海联运对策研究、上海铁路枢纽货运站布局调整方案及物流发展研究等。

3）现代物流装备及自动化

物流装备及自动化属于机械电子工程的研究方向之一，也是同济大学机械学院最具特色专长的专业方向之一。主要依托“机械设计及理论”国家重点学科和“机械电子工程”上海市重点学科，“重大工程施工技术与装备教育部工程中心”以及上海市“建设机器人工程中心”等学科平台。本专业方向是机电液相结合重大工程施工提供关键技术的新型学科。拥有硕士和博士授予权，并可接受博士后的培养，是国家 211 工程、985 工程和上海市重点学科建设学科之一。机电所现有教师 16 人，教授 8 名，其中博士生导师 8 人，副教授 4 人，具有博士学位的教师 14 人。

现代物流装备及自动化方向旨在：使学生熟悉和掌握机械设计、制造、电控、液压的基本理论和技术基础上，学习物流运输设备的实际应用、结构特点以及基本设计计算，了解和掌握现代企业物流生产的自动化技术及物流自动化设备的新技术、新方法。主要开设课程有：理论力学、材料力学、机械制图、机械设计、液压与气动、电工学、电子学、传感器与执行器、计算机硬件技术基础、数据库技术与应用、系统开发与仿真、自控原理、液压伺服控制系统、机电一体化系统设计、现代物流技术、质量管理与企业管理等。

近几年，在基础理论研究的基础上，结合国民经济发展实际，开展大量应用性课题研究，在大型构件液压同步提升技术，非开挖地下施工技术及装备研究，液压电梯研究，叉车和液压油抗磨性研究等方面取得显著成绩，并将研究成果成功用于多次国家重点工程，研究水平在国内处于领先地位，有的研究成果已接近国际水平。结合 211 工程建设、985 工程建设和上海市重点学科建设，新建高性能 200 kw 综合性液压试验台、30 kw 液压伺服试验台、地铁盾构综合性能研究试验平台，大大增强本学科的科研能力。目前本学科发展趋势很好，除承担企业课题外，还承担了国家 863 高科

4

技计划和省部级项目多项，先后获得国家科技进步奖和省部级科技进步奖多项。超大型构件液压同步提升技术曾获得“国家科技进步二等奖、三等奖”，“机械部科技进步一等奖”，“国家教委科技成果一等奖”。液压同步提升技术从20世纪80年代末开始，先后应用于上海石库口电厂和外高桥电厂六座240 m钢烟囱顶升，上海东方明珠广播电视塔450 t钢天线桅杆整体提升，北京西客站主站房1 800 t钢门楼整体提升，北京首都机场四机位库和乌鲁木齐机场二机位库大型钢屋架提升以及上海大剧院6 075 t钢屋架整体提升等一系列重大建设工程，获得了巨大成功，取得了显著的经济效益和社会效益。

中南林业科技大学物流工程专业发展之路

中南林业科技大学于2004年以森林工程、交通运输工程、机械设计制造及其自动化、电子信息工程、国际经济与贸易、市场营销专业为依托，申办物流工程本科专业，至今已有6年办学历史。6年来，经过全校的共同努力，本专业的办学条件不断完善，办学水平不断提高，物流工程专业具备一定的特色和水平。

1 定位与规划

1.1 专业定位与规划

物流工程专业是近年来随着物流产业的快速发展而产生的新兴交叉学科专业，也是我国当前正在大力发展的学科专业，并且是当前市场十大紧缺人才的学科专业之一。

我校的物流工程专业源于森林工程学科。森林工程本科专业由原中南林学院设立于建校之初的1958年，专业原名森林采伐运输机械化，1998年改为现名。传统的森林工程学科，是关于森林资源开发的一门综合性学科，包括木材采伐规划、木材集运、装卸、贮木场(保管、分装、配送与贮存等)、运输(公路、铁路、水道、架空索道等)、以及信息化管理等，从现代物流的角度看，其实质就是林区特定条件下的林业物流。随着国家林业产业政策的调整，传统的森林工程学科已不能适应社会经济发展的需要，中南林业科技大学根据教育部关于加强传统学科专业改造的指示精神，从1998年开始对森林工程学科专业进行改造提升，在森林工程学科专业中设立了物流工程专业方向，2004年正式设立物流工程专业。经过多年的发展，积累了较为丰富的教学科研经验，基本建起了较为完备的物流工程专业办学条件。物流工程专业自2004年起正式面向全国招收四年制本科学生。2004年招生75人，2005年招生77人，2006年招生86人，2007年招生125人，2008年124，2009年110，在校人数达445人。

(1)本专业定位为：面向生产企业、商贸流通企业、设计单位以及政府管理部门，培养德、智、体、美全面发展的，适应全球经济一体化和我国经济对外开放要求的，系统掌握现代物流工程基础理论知识和基本原理的，具有综合运用现代物流技术、信息技术和管理技术解决生产企业和流通企业中复杂物流问题的能力的，能够胜任物流系统规划与设计、物流类工程项目策划、预测、设计和实施，物流装备设计与开发，物流系统的信息化处理、以及企业物流运作与管理等工作的高级复合型人才。

(2)根据我校“十五”计划、“十一五”计划，结合本专业自身特点，制定了具体的专业建设规划和分期建设目标。近期目标主要有三个：切实抓好本科教学工作，培养一批基础理论扎实、知识结构合理、适应性好、实践能力较强、综合素质高、具有创新精神并受社会欢迎的本科毕业生；在提高教学水平和毕业生质量的基础上，根据社会经济发展需求，改革人才培养模式和培养目标，构建经济社会发展需要的课程体系，进一步提高毕业生的综合素质和创新能力；加强物流及相关产业和领域发展趋势及其人才需求研究，改革实践教学，推进人才培养与生产劳动和社会实践相结合，培养一批符合现代物流行业发展急需的人才。中长期目标是力争通过10年的时间，将中南林业科技大学物流工程专业建设成为国内同类院校中有一定影响力的专业。

1.2　培养方案

本专业的培养目标是培养适应21世纪社会经济发展需要，系统掌握现代物流工程基础理论知识和基本原理，掌握物流专业知识和技能，具备综合运用现代物流技术、信息技术和管理技术解决生产企业和流通企业中物流问题的能力，能够从事物流系统的规划与设计、企业物流方案设计与实施、物流装备设计与运用、企业物流管理、国际物流管理以及电子商务与企业信息化方面工作的复合型人才。

本专业培养目标符合学校定位，并具体体现在本专业的人才培养方案中。办学过程中，我们坚持课程设置稳定与更新的动态统一，坚持课程设置计划与教学改革的统一，坚持能力培养和特色培养的统一。为此，我们根据物流产业的现状和发展趋势，在借鉴国内外相关兄弟院校的成熟办学经验的基础上，结合我校的实际情况，对本专业人才培养进行了较为合理的定位。

1.进一步完善课程体系，适应学分制的需要，搭建了校级公共基础课和院级学科基础课两个平台，增加专业基础课程的内容，调整专业课程与选修课程的比例与内容，达到完善学生知识结构，激发学生的学习热情和创新能力，增强学生综合素质和今后工作适应能力的目的。

2.进一步突出学校的传统优势、培养特色，通过细分社会需要，注重林业院校特色，加强学科交叉，优化教学内容，加强复合型人才培养，加强学生交流能力的培养，利用中国物流与采购联合会这个平台大力开展一些有利于提高学生素质的课外活动，如参加全国大学生物流大赛，同时组织学生进行相关资格证的培训和报考，以增强学生的就业竞争力。

图1　参加大赛

3.改革传统的课堂教育模式，变应试教育为知识型、技能型素质教育。在课堂教学方法和手段上，基本普及多媒体、投影、视听等教学手段，同时根据不同的课程和内容有针对性地综合运用课堂讲授、学生讨论、案例分析和模拟教学等多种教学方法，加大教学的信息量，提高学习效果。

图2　讨论

4.构建理论与实践相结合的教学体系，加强实践能力培养。对于一些专业性和实践性较强的课程，在课堂讨论和模拟教学的基础上，结合课程安排与教学进度，更多地采用课程实验、课程实习和现场参观等实践教学方式，如在实验室进行计算机物流仿真实验，组织学生到定点实习基地进行认知学习、专业实习、邀请有丰富实践经验的专家讲座、参与有关科研课题的研究等，增强学生理论联系实际以及运用所学知识分析问题和解决问题的能力，达到巩固知识、强化能力和提高综合素质的目的。

2　师资队伍与学科水平

2.1　整体结构

学校高度重视师资队伍建设。本专业14名专任教师中拥有博士学位3人，所占比例为21.5%；拥有硕士学位的有9人，所占比例为62.3%；在读博士5人，所占比例为35.7%；9名青年教师全部具有硕士学位，形成了一支职称、学历、年龄结构基本合理的师资队伍。本专业形成了以王忠伟教授为本学科专业带头人，以吴迎学、郑哲文、李翔晟等教授、庞燕、黄昊舒、汪斌、朱洪前等副教授为教学骨干，以年轻教师为第二梯队的教学、科研队伍。本专业教师队伍整体结构合理,能满足教学的需要。

教师队伍结构分析

<table>
<tr><td>职称情况</td><td>正高</td><td>副高</td><td>中级</td><td>初级</td><td>其它</td><td>合计</td></tr>
<tr><td>(人)</td><td>4</td><td>4</td><td>4</td><td>2</td><td>0</td><td>14</td></tr>
<tr><td rowspan="2">学历情况
(人)</td><td>博士</td><td>硕士</td><td>本科</td><td>专科</td><td>其它</td><td>合计</td></tr>
<tr><td>3</td><td>9</td><td>2</td><td>0</td><td>0</td><td>14</td></tr>
<tr><td rowspan="2">年龄情况
(人)</td><td colspan="2">45 岁以上</td><td colspan="2">35—45 岁</td><td>35 岁以下</td><td>合计</td></tr>
<tr><td colspan="2">2</td><td colspan="2">5</td><td>7</td><td>14</td></tr>
<tr><td colspan="4">符合岗位资格的教师人数(人)</td><td colspan="3">14</td></tr>
<tr><td colspan="4">教授、副教授为本科生上课情况(%)</td><td colspan="3">100%</td></tr>
</table>

2.2 学科水平

自 2004 年以来,专业教师在圆满完成教学任务的同时,还承担了一系列不同层次的科研项目。目前正在主持和参加的科研项目和教改项目共 34 项,教师参与科研率达 100%。其中国家、省、部级纵向课题 24 项,校青年科学基金等项目 7 项,科学研究工作取得了一定的成果,并得到了项目相关单位及主管部门的一致肯定。其科研项目总经费 125.6 万元。

本专业教师 4 年来在各级刊物以第一作者发表相关学术论文共 88 篇,年人均 1.57 篇,其中在核心期刊共发表 50 篇,年人均 0.89 篇;编写教材、出版专著 11 部。形成了良好的学术氛围,教师具有浓厚的教学科研兴趣,科研成果数量和质量呈逐年上升趋势。

3 教学条件与教学管理

3.1 实验室建设

2007 年 9 月物流工程学科专业组成功申报了"2007～2010 年中央与地方共建高校特色优势学科实验室建设项目",项目分三期建设,预计总投资1 400万元。一期工程投资 200 万建立物流仿真实验室、供应链一体化实验室,将形成一个工学类与管理学类相结合的、对全校开放的现代物流实验中心。该实验中心不仅可以满足本学科专业的实验教学,还可以承担其它学院、其它专业的实验教学任务。如物流工程、交通运输规划、数据库原理、物流系统建模与仿真、物流设施规划与设计、物流配送、仿真技术与应用等专业课的实验教学。覆盖我校的物流工程、物流管理、森林工程、交通运输工程等 4 个本科专业,涉及了交通运输工程学院、商学院、国际学院、涉外学院的学生有 400 多人/年。

实验室不仅有 AGV 小车、工业搬运机器人、巷道堆垛机、AS/RS 货架、电动液压托盘堆垛车、辊筒输送链等涉及供应链一体化运作所需的大型设备,还有 2 台服务器,144 台学生用计算机、和 1 台教师机和 20 余种的软件,能够按照教学大纲开出各种实验,实验开出率达到 95%,而且综合性、设计性实验的课程占总实验课程的比例为 60%。

我们不仅重视实验室硬件建设,更注重的是实验教学队伍和实验室制度建设。实验中心已配备专门的实验教师,与专业课教师一道指导学生实验。本专业严格遵守学校实验规章制度,对所有实验都要求教师制定出实验教学大纲和详细的实验指导书,实验之前要求学生进行预习,实验中鼓励学生创新,实验后撰写实验报告交老师批阅,使学生通过实验真正能够提升动手能力和创新能力。

3.2 实习基地建设

本专业非常重视实践教学环节,与广东鱼珠物流基地、广东宝供物流企业集团、中国安得物流有限公司、湖南全洲医药食品物流港、长沙星沙国际物流中心、中铁湖南分公司等大型物流企业建立了长期校外实习及科研合作基地。一方面通过增加实践教学环节的比重,让学生在实习中提高实践能力和创新能力;另一方面,发挥实习基地的特长,聘请实习基地的研究员和高工担任实习老师,确保实习教学效果。同时,为了巩固学校与实习基地的关系,我们发挥本专业教师技术力量雄厚的优势,帮助有关企业解决技术难题,达到优势互补,合作双赢的目的。

前进中的长沙学院物流专业

1　学校简介

长沙学院位于历史文化名城—湖南省省会长沙市，是经教育部批准，在原长沙大学(专科)基础上组建的一所公办本科层次的普通高等学校。学校现有 15 个教学系部，学科专业涵盖文学、理学、工学、法学、管理学等 5 大学科门类，全日制本科专业 30 个，全日制在校学生12 000余人。师资力量雄厚，办学条件优良。学校现有教职工近1 000人，专任教师 617 人，其中教授 101 人、副教授 200 余人，博士 100 余人。近年来学校承担国家自然科学基金和国家社会科学基金等国家级项目 200 余项、省部级项目 300 余项，获得省部级奖励 10 余项，出版各类专著和教材 200 余部。

学校占地面积 2000 余亩，校舍建筑总面积 30 多万平方米，教学仪器设备总值 5600 余万元。学校教学设施先进，现代化的教学楼、科技楼、艺术楼、图书馆、实验楼、标准体育场以及功能齐全的学生公寓鳞次栉比。校园湖光山色，交相辉映，绿树繁花，风光秀丽，是读书治学的理想园地。

2　物流管理专业(物流工程方向)

长沙学院物流管理专业的突出特色在于其培养方案的定位明确。基于对物流管理专业学科的本质规律的认识，物流的源头在企业尤其是生产制造企业，我校物流管理专业定位于面向企业物流管理，这一方面可以充分发挥我校的工管结合的背景优势，另一方面充分发挥工商管理系形成的物流管理与物流流程运作管理有机融合优势，强化企业物流工程管理领域课程，包括企业物流管理基础、生产运作管理、物流工程管理、成本管理、质量管理等。

2.1　培养目标

本专业主要培养适应地方经济社会发展需要，具备扎实的管理学、经济学和现代物流理论功底，熟悉现代物流业务，能运用现代物流管理理论与技术，从事物流规划、物流系统设计和物流经营管理工作的高级应用型人才。

2.2　专业知识体系及课程设置情况

(1)主干学科、主要课程

管理学、经济学。

(2)主要课程

物流管理学、企业物流工程、运筹学、供应链管理、生产运作与管理、物流战略与规划、AutoCAD、物流系统建模与仿真、物流系统工程、企业物流管理、物流成本管理、物流管理信息系统、质量管理、物流战略与规划、物流设备管理等。

(3)主要实践教学环节

物流信息技术实习、模拟物流业务、专业实习、社会实践、毕业实习、毕业设计(论文)。

3　科研情况统计及社会影响力

长沙学院物流专业拥有一支年龄、学历、职称与学缘结构合理的师资队伍。现有专任教师 12 人，其中教授 2 人，副教授 5 人，讲师 5 人；有博士学位者 6 人。

近年来承担与完成国家发改委和国家旅游局重点项目子项目 1 项、湖南省社科基金重大招标项目 1 项、湖南省科技厅重点项目 2 项和湖南省社科基金项目等纵向研究课题 20 多项，科研成果获得湖南省科技进步三等奖 1 项和其他优秀论文奖 6 项；出版专著和教材 5 部，在重要期刊上和国际学术会议发表学术论文 80 多篇，其中 EI、SCI 收录论文 20 余篇。

物流工程师资格认证 — 物流工程人才评价

中国机械工程学会物流工程分会

根据中央人才工作会议的精神，为加快推进我国工程师制度改革，2004 年由国家人事部牵头组建成立了包括教育部、中国工程院、中国科协等十几个部委和协会在内的“全国工程师制度改革协调小组”。该小组的主要工作目标是通过对我国现行工程师制度的利弊研究，提出适应我国经济建设发展需要的工程师制度改革方案，逐步实现技术资格认证从政府主管部门负责到由中介学术组织承担和从国内认证到国际互认的转变。

经过几年来的研究表明：开展工程师资格认证是一项面向企业自主创新需要、面向工程技术队伍建设需要的复杂的系统工程。中国机械工程学会作为开展工程师资格认证工作的首批试点单位，在中国科协的直接领导下，把开展工程师继续教育和工程专业资格认证作为学会服务于社会的有效形式，开展了卓有成效的工作。

2002 年以来，中国机械工程学会逐步开始了机械工程师、物流工程师资格认证的筹划工作。组织起草了包括《机械工程师技能要求》、《机械工程师知识体系》、《机械工程师职业道德规范》、《机械工程师资格认证工作暂行办法》、《机械工程师考核大纲》、《物流工程师资格认证考试实施细则》、《物流工程师资格考试大纲》等一系列文件。编写了《机械工程类专业技术人员继续教育规划》、《机械工程类专业技术人员继续教育科目指南》和《物流工程师资格认证考试培训教材》等资格考试指导书。

2003 年 2 月中国科协正式批准中国机械工程学会作为试点单位，在全国率先组织开展机械工程师、物流工程师资格认证工作。

2004 年 4 月 2 日与中国科协和教育部考试中心在北京科技会堂联合召开了新闻发布会，向社会宣布正式在全国启动机械工程师、物流工程师资格认证的实施工作。中央电视台、中央人民广播电台、人民日报、科技报、工人日报、中国工业报、机电商报以及北京青年报、海南日报、上海科技报、湖北日报等多家媒体同时发布了这条消息。

为了确保试点工作的正常运行，中国机械工程学会组建成立了由学会教育工作委员会直接领导的中国机械工程师资格认证中心（China Accreditation & Certification Center for Mechanical Engineers；CCME），目前已在全国 26 个省（自治区、直辖市）成立了分中心和工作站和物流工程等 4 个专业分会的专业资格认证机构。

中国机械工程师、物流工程师资格认证工作始终坚持为广大科技工作者和会员服务、为经济社会全面协调和可持续发展服务，为提高公众科学文化素质服务，为开展工程师资格国际间双边、多边互认工作做准备的基本指导思想。面向全国各行业机械工程类专业技术人员，实行公平、公开、公正原则。坚持资格认证与职业发展教育和继续教育紧密结合的原则，以满足广大专业技术人员接受终身教育，不断增加新知识、新技能，谋求新发展的要求。实行“培训—考试—认证”三分立的工作机制；在实践中积极探索资格考试、业绩考核和同行评议相结合的专业技术人才评价方法。在职业发展教育和继续教育工作中，采取学校教育培养、企业岗位培训、个人自学提高等相结合的方式，培养专业技术人员的学习能力、实践能力和创新能力，进而实现专业技术队伍整体素质的不断提高。

物流工程师资格认证考试工作始于 2005 年，当年 10 月在杭州和包头试点，以后每年上、下半年和一次。截止 2009 年，已有 1 080 人参加了见习物流工程师资格考试，810 人取得了见习物流工程师资格证书；92 人参加了物流工程师资格考试，72 人取得了物流工程师资格证书。

实践证明，中国机械工程学会开展的机械工程师、物流工程师资格认证工作是贯彻落实《中共中央、国务院关于进一步加强人才工作的决定》精神，在政府宏观指导下，适应我国经济发展和工程师制度改革的需要，推动并进而实现对专业技术人才的评价重在社会和业内认可，以及专业技术资格的国际间双边或多边互认。

多方面信息还表明：中国机械工程学会通过以工程师资格认证为载体，有效地推动了从事机械工程、物流工程专业技术人员的职业发展和继续教育，向通过认证人员颁发资格证书，为用人单位聘任相应职务提供依据，也满足了通过认证的本人不断增加新知识、谋求新发展的需求。

我们坚信：随着时间的推移，机械工程师、物流工程师资格认证一定会深受广大会员、机械工程、物流工程专业技术人员和企业领域内的广泛赞同，在社会上产生广泛的深刻影响。

4

第五篇

物流工程理论及实用技术研究与探讨

一、物流系统与管理研究

大规模定制下供应链延迟生产模式的研究

张　敏,程文明,林炳焜

(西南交通大学机械工程研究所,四川　成都　610031)

摘　要:根据大规模定制环境下供应链延迟生产的特点,从延迟的定义与分类、延迟生产的各种建模建立分析、延迟的实施研究等几个方面综述供应链中延迟生产的主要研究成果。同时归纳了延迟生产研究中的关键问题,并提出了供应链延迟生产应从多目标集成化研究、仿真技术和产品数据管理相关的研究方向展开。

关键词:大规模定制;供应链;延迟生产

1 引　　言

随着日益增长的客户个性化需求,大规模定制逐渐成为21世纪新的生产方式。其能有效地解决产品满足客户个性化的要求,又能使产品的成本和交货期与大批量生产的产品相接近,而延迟生产作为成功实施大规模定制的一种有效生产策略也成为国内外学者研究的焦点问题。

延迟最早由Alderson[1]在营销文献中提出,到20个世纪90年代左右,延迟成为一个集营销、制造和物流等的概念,受到研究者关注并产生了很多研究成果。同时随着经济活动全球化的发展,对企业间运作模式提出了更高的要求,供应链延迟生产逐渐成为全球研究者关注的焦点。本文从供应链延迟生产的理论研究、建模方法研究、案例分析研究三个主要方面来介绍延迟生产的发展及最新进展,并对供应链延迟生产研究进行简要评论。

Bucklin等[2~5]将延迟定义为:在供应链上延迟制造、包装、发货等活动,直到获得确定的顾客订单或者得到顾客承诺。从大规模定制生产方式来看,供应链延迟生产的主要思想是将供应链上的定制活动推迟,直至接到确定的订单或者更为准确的信息,使产品和服务与顾客的需求实现无缝连接,提高企业的柔性与敏捷度的生产策略。对单个企业而言,可以根据下一级客户的需求大批量生产产品,对客户而言,所得的产品是个性化,定制的产品,从而使整个供应链高效运转。

早在1988年Zinn和Bowersox[6]就提出了五种延迟类型:标签延迟、包装延迟、组装延迟、制造延迟与时间延迟。后来的Bowersox和Closs[7]以比较简单的方式对延迟做了分类,他们把延迟分为时间(Time)延迟、位置(Place)延迟与形式(Form)延迟,时间延迟与位置延迟又合称为物流延迟。当形式延迟与运筹延迟互相结合之后,就产生所谓的延迟制造。而Waller[8]增加了供应链"上游延迟"和供应链"下游延迟"。Howard[9]对延迟与非延迟情况比较提出混合延迟。

资助项目:高等学校博士学科点资助项目(200806131014);西南交通大学科技发展基金(2007A13);中央高校基本科研业务费专项资金专题研究项目(2010ZT03)

作者简介:张敏(1986—),女,机械电子工程专业,博士研究生,研究方向为工业工程,供应链及物流管理,电话:13880771369,E-mail:zhmzhangmin16@126.com

混合延迟是指一部分产品处于成品状态，另一部分产品处于半成品状态，企业根据实际情况进行有效分配，以降低成本。我国著名供应链管理权威专家马士华教授和王海军教授[10]认为由于客户订单分离点(CODP)可以发生在供应链中任何两个相邻节点企业间，因此延迟也可以发生在供应链上的不同位置。根据 CODP 在供应链中的不同位置，延迟制造可以分为供应延迟、制造延迟、交付延迟和服务延迟。

2　供应链延迟生产的建模方法研究

2.1　基于确定客户定单分离点(CODP)的延迟

CODP 是指企业生产活动中由基于预测的库存生产，转向响应客户需求的定制生产的转换点。确定客户定单分离点其本质就是确定产品“共性化”与“个性化”生产的转折点，从成本、客户满意度以及提前期等方面确定最优的 CODP 点。

Hau Lee 等[11]研究了单个产品 CODP 的延迟问题。Amit Garg 等[12]研究了具有两个产品 CODP 的产品族的延迟问题。Rachel 和 Dnenis R[13]认为物流中所暴露出来的大部分问题都是由于市场销售信息在向供应链上游的传递过程中扭曲而导致的。季建华等[14]根据大规模定制的特点，建立了考虑交货提前期约束及生产能力约束的总成本最小化 CODP 定位模型，其模型如式(1)所示：

$$\text{Min } Z(k,b)=h(k)I(k,b)+c(k) \tag{1}$$

$$\text{s.t } F(k,b)\leqslant\alpha \tag{2}$$

$$k\leqslant K \tag{3}$$

$$k,b\geqslant 0 \tag{4}$$

目标函数(1)表示的是在半成品缓冲库存基本库存水平设为 b 时，CODP 设在 k 工序时实施大规模定制生产的成本最小化，k 和 b 是自变量。约束条件(2)中 $F(k,b)\leqslant\alpha$ 表示如果 CODP 定位在工序 k 后面，当基本库存水平为 b 时，完成订单的延期时间的平均时间必须小于客户服务水平的衡量标准 α。α 是对于完成订单的延期时间时间的约束，是对于客户服务水平的衡量标准。α 越小，说明系统的服务水平越高，说明厂商能够很快地把定制产品送到客户手中，顾客的满意度较高.约束条件(3)、(4)表示参数的取值范围

邵晓峰等[15]认为，CODP 的延迟问题是大规模定制生产模式中的一个关键问题。他们建立了大规模定制中具有多个 CODP 的集中型与分散型延迟模型，分析了延迟策略对供应链库存的影响，接着指出在后一 CODP 采用延迟策略优于前一 CODP 的条件，从而确定多个 CODP 点。王海军等[16]探讨了如何用多级供应控制实现供应延迟，分析了将 CODP 前移到供应商内部流程的优势，并深入分析多级供应控制模式下供应商的生产计划问题，最后研究了通过多级供应控制实现供应延迟的产品动态物料清单(BOM)。还有王玉梅[17]等利用多目标规划，以企业利润和客户满意度为目标，研究了基于价值链的 CODP 定位决策模型。

按照客户需求对企业生产活动影响程度的不同，确定最佳的 CODP 点。根据 CODP 点在企业生产过程中的位置，可分为按定单销售(STO)，按定单装配(ATO)、按定单制造(MTO)、按定单设计(ETO)，从而根据企业的实际情况制定适合企业的生产方式。随着客户化需求的日渐增加，动态、多 CODP 点、多目标的客户订单分离问题将成为供应链延迟生产的研究热点之一。

2.2　基于建模对比研究的延迟生产分析

对比分析方法最早被用来讨论是否采用延迟策略问题。Bucklin[2]认为延迟问题研究的出发点是总成本的变化，包括规模经济、生产、分拣、运输、库存以及缺货成本的变化，而非单个生产或者营销职能成本的变化。Lee，Lee 和 Tang 等[18~20]最早采用库存理论与方法研究延迟产品区分问题并建立了模型描述了延迟产品区分点在 k 点时的总成本 Z(k)，同时还根据订货型与备货型生产的不同，分析了延迟在两种不同情形的应用。其模型如式(5)所示：

$$Z(k)=\sum_{i=1}^{k}S_i+\sum_{i=1}^{N}p_i(k)(\mu_1+\mu_2)+\sum_{i=1}^{N}H_i(k)\times[n_i(k)(\mu_1+\mu_2)]+\sum_{i=1}^{N}\left[(\mu_1+\mu_2)/2+z\sigma_{12}\sqrt{n_i(k)+1}\right]+\sum_{i=k+1}^{N}h_i(k)\left[(\mu_1+\mu_2)/2+z(\sigma_1+\sigma_2)\sqrt{n_i(k)+1}\right] \tag{5}$$

等式(1)右边第一项是每期投资成本、第二项是加工成本、第三项是在制品库存成本、第四和第

五项是缓冲库存成本。比较 $Z(k)$ 与 $Z(k+1)$ 能够分析得到延迟产品区分的收益与成本。

Jack C. P 等[21]利用排队理论建立时间延迟 TP(即 MTO)和形式延迟 FP 的等待时间 EP 和供应链总成本模型，分析在客户定制化要求高、过程时间变化、产品数量增加等情况下两种形式的成本变化，并得出企业在实行形式延迟 FP 情况下更能满足客户化需求的结论。

Jian Li 等[22]建立基于经济生产批量的模型，并结合计划缺货成本的不同，用比较非延迟与延迟下产品的单位成本，通过定量分析，说明在一定条件下，延迟有利于降低平均成本。通过 $Z*=TCP*-TC*$，分析 Z 在四种不同的下的成本变化，研究表明延迟生产策略在订单不确定的情况下单位成本更低，更能适应企业生产的需求。

成品的平均成本：

$$C(q_i,v_i)=c\lambda_i+\frac{k\lambda_i}{q_i}+\frac{h(\rho_i q_i+v_i)^2}{2\rho_i q_i}+\frac{b_i v_i^2}{2\rho_i q_i} \tag{6}$$

式中第一项为变量生产成本，第二项为固定生产成本，第三项为平均库存持有成本，最后项为平均缺货成本。其中 $\rho_i=1-\lambda_1/\mu_i$，q_i，为生产批量，v_i 为缺货数量。

非延迟生产成本：

$$TC^*=\sum_{i=1}^{n}C(v_i^*,q_i^*)=c\sum_{i=1}^{n}\lambda_i+\sum_{i=1}^{n}\sqrt{\frac{2kh\lambda_i b_i\rho_i}{b_i+h}} \tag{7}$$

延迟生产成本：$TCP^*=c\lambda+\sqrt{\dfrac{2kh\lambda B\rho}{B+h}}$　(8)

通过模型的对比研究能直观的分析出生产方式的优劣，能有效地解决在复杂环境下产品在过程变化、客户要求、产品数量等条件变化下，成本、交货期和客户满意度等在利用延迟生产方式和非延迟生产情况下的变化情况，为企业的决策提供有效地策略。

2.3　基于部分延迟策略的延迟生产分析

企业在实际应用延迟生产战略时，并不是所有的产品都实行，更多的企业把备货生产方式与延迟策略相结合组织生产，这种运作模式称为部分延迟策略。企业一般使一部分产品处于成品状态，另一部分产品处于半成品状态，再根据实际情况进行有效分配，以降低成本。

Krupp 等[23]认为每种产品有多种封装，应该将包装尽可能推迟到接到客户的订单，提出可以采取部分延迟策略来平衡客户的需求与库存成本问题。Dong and Lee[24]提出应采用专用件和普通件相结合的库存策略以取代纯通用件的库存方法，这种优化的库存策略有利于减少缺货成本和补救成本。Minner[25]介绍了在快餐业利用部分延迟策略，其有效地提高等待时间和提高客户的满意度。

Gregory A. Graman[26]通过确定成品库存和半成品库存的部分延迟情况来建立单周期多产品的成本模型，并使用非线性规划的方法确定最合适的成品库存和延迟能力。模型考虑产品的生产成本，库存成本、持有成本以及延迟产生的成本。

建立部分延迟的期望成本模型为：$E[TC_{PP}]=$

$$\begin{pmatrix}+(m+d)\cdot(S_1+S_2)\\+(m+w+h_p)\cdot C\\+(d-h_p)\cdot E(P_1+P_2)\\+h_F\cdot E[(S_1-x_1)^++(S_2*-x_2)^+]\end{pmatrix} \tag{9}$$

非延迟的期望成本模型为：$E[TC_{NON}]=$

$$\begin{pmatrix}+(m+d)\cdot(S_1+S_2)\\+h_F\cdot E[(S_1-x_1)^++(S_2-x_2)^x]\end{pmatrix} \tag{10}$$

Stephen C. H. Leung[27]等通过对时节性产品在考虑成本、库存、生产能力水平、超时工资、转包、生产率的变化、设备数量、设备/人员的空闲时间、最大利润、客户服务水平等多目标情况下，通过建立抢先目标优化模型，来确定三种生产{直接生产(原料一成品)、主生产(原料一半成品)、组装生产(半成品一成品)}的数量配置，使能最优的方式生产满足客户动态的要求。其优化模型如下所示：

$$\mathrm{Min}\{d_{OC}^+,d_{IC}^+,d_{HC}^+\} \tag{11}$$

目标 1：生产成本

$$\sum_{t=1}^{T}\sum_{i=1}^{n}(CK_i^dK_{it}^d+CK_i^mK_{it}^m+CK_i^fK_{it}^f+\sum_{t=1}^{T}\sum_{i=1}^{n}(CP_i^dP_{it}^d+CP_i^mP_{it}^m+CP_i^fP_{it}^f)$$
$$+\sum_{t=1}^{T}\sum_{i=1}^{n}(CO_i^dO_{it}^d+CO_i^mO_{it}^m+CO_i^fO_{it}^f)+\sum_{i=1}^{T}CW_tW_t-d^{OC}++d_{OC}^-=b_{OC} \tag{12}$$

式中第一项是生产准备成本，第二项是正常时间的生产成本，第三项是超时生产的成本，第四项是工人劳力成本。

目标 2:库存成本

$$\sum_{t=1}^{T}\sum_{i=1}^{n}(CC_i^F I_{it}^F + CC_i^S I_{it}^S) + \sum_{t=1}^{T}\sum_{i=1}^{n} CB_i B_{it} - d_{IC}^{+} + d_{IC}^{-} = b_{IC} \tag{13}$$

第一项是成品和半成品库存成本,第二项是延迟交付成本

目标 3:雇佣成本和解雇成本

$$\sum_{t=1}^{T}(CH_i H_t + CL_T L_T) - d_{HC}^{+} + d_{HC}^{-} = b_{HC} \tag{14}$$

企业在实际实施延迟生产战略时,更多是把备货生产方式与延迟策略相结合组织生产,通过部分延迟策略达到成本与满足客户要求。部分延迟生产对于企业实施大规模定制有着重要的实际意义,如何确定延迟生产的比例,即延迟生产完成的订单量占总订单量的比例以及影响部分延迟策略的主要因素等问题成为延迟生产的研究重点。

3　基于企业案例分析的延迟生产分析

电子行业是实施延迟的标杆行业,惠普公司如何通过产品当地化设计(design for localization)每年节省了几百万美元的库存开支[28]。康柏、戴尔公司也在延迟应用和供应链管理方面取得巨大成功。Brown 等[29]研究了 Xilinx 半导体公司如何成功实现产品延迟和过程延迟。意大利 FMCG[30]在供应链管理中应用延迟方法,摩托罗拉公司[31]与物流提供商 UPS 联合,应用物流延迟策略都取得了成功。IBM 公司以"香草盒"——如硬盘与处理器、处理器与软驱等事先完成的半成品,替代最终产品存储[32]。

美国物流管理委员会(CLM)[33]在 20 世纪 90 年代中期调查了 3693 家公司,发现延迟应用在整个国际商业界有增加的趋势,在北美有超过 40%,欧洲接近 50%的企业比以前更多地运用延迟方法。Alessandro Brun, Marta Zorzini[34]利用对意大利某一区域的工厂进行调查并对 30 家公司的相关资料进行量化,根据产品过程的客户化要求和产品过程的复杂性来确定企业的四种生产策略:储存式生产、延迟生产、模块化生产和柔性生产。其结果显示大部分企业较适合延迟生产和模块化生产,并有效地帮助企业寻找最适合的生产方式。但目前为止我国还普遍缺乏对延迟实际应用的调研案例研究。

4　供应链延迟生产研究总结

20 世纪 80 年代以来,各国科学家 Zinn、Bowersox、Lee、Gupta、马士华和邵晓峰等对供应链延迟问题做了大量开拓性工作,总结和归纳了延迟生产的理论研究,提出了许多延迟策略模型并成功地应用到各相关企业。但随着日益增长的客户化需求,供应链延迟生产研究应注重供应链的整体研究,通过对各企业间的紧密合作达到成本的最小。在最新的研究基础上,本人认为有以下几个方向值得重视:

1)随着全球经济一体化的趋势,供应链延迟生产的多目标集成化成为研究的热点。应从供应链的角度对生产成本、客户化需求以及客户满意度等因素综合考虑,建立多目标延迟模型,以产品数量、种类、延迟应用水平等因素为自变量,研究因变量随自变量变化的规律。

2)将仿真分析法应用于延迟生产研究中,将模型研究与计算机仿真技术相结合,制作仿真软件在计算机上运行,模拟供应链的运作过程,能够将抽象的过程直观化,以图的形式形象地展示延迟策略的应用过程。通过改变因变量的值,可以模拟不同的供应链环境,可以方便的发现延迟应用水平对企业经营的影响,同时为企业提供直观的生产意见。

3)将产品数据管理的方法与延迟生产相结合。根据产品最原始的用户需求,通过需求－功能映射转换,功能－原理的映射转化,原理－结构的实现,每一步都充分融合了客户导向的基本思想,进而实现资源的最佳利用。

4)延迟策略在电子行业、汽车行业、流通加工行业等行业取得了许多成功案例,但在其它行业并未取得预期的普遍应用,未来的研究更需要从企业应用角度出发,运用案例分析或计量统计分析等方法深入探讨阻碍延迟应用的主要障碍,分析克服这些障碍的方法,促进供应链延迟的应用。

参 考 文 献

[1]　Alderson W. Marketing efficiency and the principle of post-

ponement [J]. Cost and profit outlook,1950,9:15～18.

[2] Bucklin L. P. Postponement, speculation and the structure of distribution channels [J]. Journal of Marketing Research, 1965 , 2 : 26～31.

[3] Van Hoek R. The rediscovery of postponement: a literature review and directions for research [J] . Journal of Operations Management,2001 ,19 : 161～184.

[4] Pagh J. Cooper M. Supply chain postponement and speculation strategies : how to choose the right strategy[J]. Journal of Business Logistics,1988,19 (2): 13～33.

[5] Yang B. Burns N. A. Conceptual framework of postponed manufacturing and its impact on global competitive performance. Working paper, Loughborough University, 2002. 177～185.

[6] Zinn W. Bowersox D. Planning physical distribution with the principle of postponement [J]. Journal of Business Logistics, 1988 ,19 (2): 117～136.

[7] Bowersox D. J. , Closs D. J. Logistical Management, The Integrated Supply Chain Process. McGraw-Hill. 1996, New York.

[8] Waller M. Dabholkar P. G entry J. Postponement , product customization, and market-oriented supply chain management[J] . Journal of Business Logistics, 2000,21(2): 133～159.

[9] Howard K. A. Postponement of packaging and product differentiation for lower logistics costs [J]. Journal of Electronics Manufacturing ,1994,4 (2): 65～69.

[10] 王海军,马士华,赵勇.大量定制环境下基于延迟制造的多级供应控制模型研究. 管理工程学报,2005(1):6～9.

[11] Han. L. , Christopher Tallg. Modeling the costs and benefits of delay product differentiation [J]. Management Science, 1997, 43(l):40～53.

[12] Am it Garg,Christopher Tang. On postponement strategies for Product families with multiple Points of differentiation [J]. IIE Transaetion,1997,29(8):641～ 650.

[13] Rachel Mason Jones,Denis R. ,and Towill. Using the information decoupling Point to Improve supply chain performance [J]. International Journal of Logistics Management,1999 10(2):13～26.

[14] 季建华, 祁莉丽, 顾巧论. 流程工业大规模定制的 CODP 定位[J],系统工程理论与实践,2007,12(12): 151～157.

[15] 邵晓峰,汪蓉,黄培清,季建华.大规模定制中多个产品区分点延迟问题的研究[J],系统工程理论方法应用,2001, 10(4):332～341.

[16] 王海军,马士华,赵勇.基于客户订单分离点的多级供应控制与延迟制造[J].工业程与管理,2003(5):26～29.

[17] 王玉梅,陈昆昌,李仁旺,莫灿林 刘海霞. 大批量定制中的定制切入点的研究[J],中国机械工程,2006 ,17(增刊) : 2006,8(17):192～196.

[18] Lee H. L. Tang C. Modeling the costs and benefits of delayed product differentiation [J]. Management Science, 1997, 43 (1) : 40～53.

[19] Lee H. L. E ffective inventory and service management through product and process redesign[J]. Operations Research , 1996 ,44 (1) : 151～159.

[20] Lee H. L. Billington C. Carter B. Hewlett-packard gains control of inventory and service through design for localization [J] . Inter faces , 1993 ,23 (4) :1～11.

[21] Jack C. P. Sua,Yih-Long Changb, Mark Ferguson. Evaluation of postponement structures to accommodate mass customization[J]. Journal of Operations Management 23 (2005): 305～318.

[22] Jian Li. ShouyangWang, T. C. Edwin Chengb, Analysis of postponement strategy by EPQ-based models with planned backorders. The International Journal of Management Science. 2008 (36) 777～788.

[23] Krupp, J. A. , 1999. Pack to order: an antidote for brand multiplicity. Production and Inventory Management Journal 40 (3), 16～20.

[24] Dong, L. , Lee, H. , 2000. Aligning supply chain incentives in a build-to-order systemwith component commonality. Working paper. Olin School of Business,Washington University.

[25] Silver, E. A. , Minner, S. , 2005. A replenishment decision involving partial postponement. OR Spectrum 27, 1～19.

[26] Gregory A. Graman. A partial-postponement decision cost model, European Journal of Operational Research, 2009. 03. 001

[27] Stephen C. H. Leung, Wan-lung Ng. A goal programming model for production planning of perishable products with postponement[J]. Computers & Industrial Engineering, 53 (2007) 531～541.

[28] Lee H. L. Billington C. Managing supply chain inventory: pitfall and opportunities [J] . Sloan Management Review, 1992, Spring:65～73.

[29] Brown A. O. Lee H. L. and Petrakian, R. Xilinx improves its semiconductor supply chain using product and process postponement[J]. Inter faces, 2000, 30 (4):65～80.

[30] Battezzati L. Magnani R. Supply chain for FMCG and industrial products in I taly : practices and the advantages of postponement [J]. International Journal of Physical Distribution &Logistics Management, 2000, 30 (5): 413～424.

[31] Bhatnagar R. and Viswanathan S. Re2engineering global supply chains: allians between manu facturing firms and global logistics services providers[J] . International Journal of Physical Distribution & Logistics Management, 2000 ,30 (1) : 13～34.

[32] 纪雪洪, 陈荣秋, 唐中君. 供应链中延迟研究的发展与展望[J],管理工程学报,2007,21(4): 61～66.

[33] Council of logistics management, world class logistics :

5

the challenge of managing continuous change. Oak Brook. C LM, 1995.

[34] Alessandro Brun, Marta Zorzini, Evaluation of product customization strategies through modularization and postponement [J]. International Journal Production Economics, 2009 (120) 205～220

求解具有恶化工件单机调度问题的一种改进遗传算法

郭　鹏，程文明

（西南交通大学机械工程研究所，四川　成都　610031）

摘　要：通过研究加工时间为阶梯恶化函数单机调度模型，寻找一个最佳排序使得最大完工时间达到最小化。结合提出的工件排序规则，提出一种顺序交叉和新型变异操作的改进遗传算法，以求提高遗传算法的局部搜索能力。通过对单机调度问题进行仿真研究，并与模拟退火算法进行对比，结果表明该算法能够找到问题的最优解，具有良好搜索和收敛性能。

关键词：单机调度；恶化工件；改进遗传算法；最大完工时间

1　引　言

在一般传统的生产调度排序研究中，较偏重于探讨工件的加工时间为已知常量的情况。但在很多实际的生产环境中，预定工件的加工时间会随着其等待作业时间的变长而相应变长，而有关于此诸多的排序问题，一般被称为恶化排序（deteriorating job scheduling problem）。对于工件加工时间是其开工时间的一类问题，在钢铁行业、塑料加工及医疗等方面有普遍的应用[1,2]。对于单机排序问题，Bachman 和 Janiak[3,4]研究了具有一般非减线性恶化函数的极小化最大延迟和总加权完工时间问题，并指出此类问题是 NP－难的。Wu 等[5]结合问题的特性提出了 3 种启发式算法，用于研究线性递增的恶化函数。同时，极小化诸如完工时间、最大延迟、最大成本、总拖期工件数以及完工时间的绝对偏差、总的加权提前惩罚等一类的调度性能指标[6～8]，也得到了不少学者的关注。Gawiejnowicz 和 Lin[9]考虑了部分工件具有非减线性恶化函数的混合调度问题。Wang 等[10]将成组技术和恶化工件相结合，讨论了组间调整时间和工件加工时间均为恶化函数的问题。

Lee 等[11]运用分支定界法研究了具有阻塞的两机 flowshop 排序问题，同时提出了一些求解近似最优解的启发式算法。Mazdeh 等[12]讨论了恶化系统中并行机的排序与调度问题，并提出了一种基于禁忌搜索机制的元启发式算法，用以求解最小化总拖期时间与机器恶化成本的近似最优解。上述文献提到的启发式算法与分支定界法在对于求解工件数较多的问题，存在计算量大和求解偏差大的问题。遗传算法作为当前应用最为广泛的优化算法，具有隐含并行性和全局解空间搜索的特点，但在具有恶化工件的排序问题中却应用较少。

在炼钢生产中，连铸件的轧制加工有温度要求。在满足温度要求的情况下，工件的加工时间为固定常数，如果铸件在加工前有等待时间，将引起工件温度的下降，在加热炉中进行加热的处理时间将会增加。在此条件下，工件的实际加工时间通常包含固定加工时间与因等待产生的可变加工时间两部分。本文针对上述情况讨论具有阶梯恶化函数的单机调度问题，同时结合恶化工件的排序规则，提出一种改进的遗传算法（Improved Genetic algorithm，IGA），进一步提高对最优解的搜索能力，并通过求解实例验证算法的有效性。

2　问题描述

以下符号将会在全文中用到：

n——工件数；

J_i——第 i 个工件，$i=1,2\cdots,n$；

a_i——工件 J_i 在机器 M 上的基本加工时间；

b_i——工件 J_i 的恶化率；

d_i——工件 J_i 的规定开工时间；

t_i——工件 J_i 的实际开工时间；

p_i——工件 J_i 的实际加工时间；

S——工件的排序方案；

π_n——工件的全部排序方案；

$J_{[i]}$——排序 S 中的第 i 个工件；

$C_{[i]}(S)$——排序 S 中的第 i 个工件的完工时间；

$C_{\max}(S)$——排序 S 的最大完工时间。

首先给出问题的一般描述：设有 n 个工件 $J_1, J_2, \cdots, J_n$ 要在一台机器上加工，机器一次只能加工一个工件，且加工过程中工件不可中断。各工件的基本处理时间 a_i 与起始加工日期 d_i 为已知且固定。同时，在考虑有恶化率 b_i 的情况下，工件 J_i 的实际加工时间将会是其开工时间的函数，其实际加工时间为

$$p_i=\begin{cases}a_i & (t_i\leqslant d_i)\\ a_i+b_i(t_i-d_i) & (t_i>d_i)\end{cases}$$

本文的目的是找到一个最优的排序，使得全部工件的最大生产完工时间为最小，其形式如下：

$$\min_{S\in\pi_n}\{C_{\max}(S)\}$$

由问题知 $C_{\max}(S)=C_{[n]}(S)$，用三元表示法将问题极为 $1|p_i|C_{\max}$。

$J_{[1]}$表示此工件位于排序 S 中的第一个位置，其完工时间为：

$$C_1(S)=a_1+b_1\max\{C_{[0]}(S)-d_{[0]},0\} \quad (1)$$

排序 S 中在第 i 个位置的工件，其完工时间为：

$$C_{[i]}(S)=C_{[i-1]}(S)+a_{[i]}+b_{[i]}+\max\{C_{[i-1]}(S)-d_{[i]},0\} \quad (2)$$

在此做一定义：如果排序方案 S_1 和 S_2 满足 $C_{\max}(S_1)<C_{\max}(S_2)$，则称 S_1 优于 S_2，同时若某一排序方案 S 没有其他方案优于它，则为最佳排序。

3　工件的排序性质

为了能够加速得到排序问题的最优解，须考虑如何决定未排入工件的性质[13]。设(π_c,π_u)为工件的排序方案 S，其中 π_c 表示已决定工件顺序的部分，π_u 表示工件未排序部分，同时假定另一排序方案 $S^*=(\pi_c,\pi_u^*$，其中 π_u^* 部分为工件按$(a_i-b_id_i)/b_i$ 以递增方式排序。另，A 为排序 π_c 中最后一个工件的完成时间。于是，有如下性质：

定理：若 $A\geqslant d_{\max}=\max\{d_j, j\in\pi_c\}$，则排序方案$(\pi_c,\pi_u^*)$优于方案$(\pi_c,\pi_u)$。

证明：由 $\max\{d_i,d_j\}\leqslant A$，可得排序方案 S 与 S^* 中，工件 i 和工件 j 的完工时间分别为

$C_i(S)=A+a_i+b_i(A-d_i)=A(1+b_i)+a_i-b_id_i$ 和 $C_j(S^*)=A(1+b_j)+a_j-b_jd_j$。

亦可推出后续工件与的完工时间分别为

$C_j(S)=[A(1+b_i)+a_i-b_id_i](1+b_j)+a_j-b_jd_j$，

$C_i(S^*)=[A(1+b_j)+a_j-b_jd_j](1+b_i)+a_i-b_id_i$。

依据$(a_i-b_id_i)/b_i<(a_j-b_jd_j)/b_j$，可得 $C_j(S)\leqslant C_i(S^*)$。

因此，排序方 S 案优于 S^*。

4　改进遗传算法的实现

4.1　染色体编码方式

采用基于工件的编码方式来表示染色体，每一个基因位上的基因值为某一工件的工件号，且不同的基因位具有不同的基因值。如染色体 $V=$[4657132]表示在单机上首先加工工件 J_4，然后加工工件 J_6，依次类推。

4.2　种群初始化

初始化种群作为遗传算法搜索过程的起点，其能够通过随机方法或结合问题的特定启发式规则生成，在此以一种随机置换序列的形式产生初始化种群。

4.3　交叉操作

顺序交叉(Order Crossover，ODX)是广泛应用在生产排序的遗传算法优化问题中，在此利用 Cheng 等[14]提出的 ODX 构建一种基于工件编码的交叉算子，具体步骤为：

步骤 1　随机从染色体编码串中选择一个交叉区域，如两个父代 Parent1 和 Parent2 选定为

Parent1＝1 2|4 6 7|5 3，Parent2＝6 3|1 4 5|7 2；

步骤 2　将 Parent2 的交叉区域加到 Parent1 的前面，Parent1 的交叉区域加到 Parent2 的前面，就有　Parent12＝1 4 5|1 2 4 6 7 5 3，Parent21＝4 6 7|6 3 1 4 5 7 2；

步骤 3　对 Parent12，Parent21 自交叉区域后依次删除与交叉区域相同的工件编码，得到交叉操作后的两个子个体串　Child1＝1 4 5 2 6 7 3，Child2＝4 6 7 3 1 5 2；

4.4　变异操作

本文结合第 3 节提出的理论性质提出一种具

5

有邻域优化的新型变异算子，它在局部范围内搜索改善子代的性能，具体步骤为：

步骤 1. 设 $i=0$；

步骤 2. 判断 $i \leqslant pop\_size \times p_m$ 是否成立（p_m 为变异概率），如果成立，转步骤 3，否则转步骤 6。

步骤 3. 随机选取变异染色体上的 τ 个不同的基因，判断各个选取的基因代表的工件的实际开工时间是否大于规定开工时间，如果是，将 τ 个按照 $(a_i-b_id_i)/b_i$ 以递增的序列排好，将其作为当前的变异个体传递到下一代；

步骤 4. $i=i+1$；

步骤 5. 结束。

4.5 具有恶化工件单机调度问题改进遗传算法设计

考虑问题的排序规则，在遗传操作中加入邻域搜索的新型变异算子，能够加速算法收敛到一个更好的解空间。本文提出的 *IGA* 求解流程如下：

步骤 1. 初始化产生 pop_size 个可行解，pop_size 为种群规模；

步骤 2. 计算个体适应度，并评价个体适应度值；

步骤 3. 判断是否达到终止条件，若符合取最优个体为问题的解，结束算法；否则转到步骤 4；

步骤 4. 按轮盘赌选择策略选择下一代种群 $newpop\_size$；

步骤 5. 按交叉概率 p_c 和 ODX 交叉 n 次，从最优父代和所有后代中选择 $p_c \times n$ 个最优染色体作为下一代的一部分；

步骤 6. 按变异概率 p_m 和基于邻域搜索的新型变异算子，生成新子代个体；

步骤 7. 重复步骤 4～6，直到终止条件是被满足。

5 案例分析

本文采用资料模拟方式，认为每一个工件的基本处理时间、恶化率及开工时间均服从离散型的均匀分布，具体为：

(1)基本加工时间服从:$U\sim(1,60)$；

(2)恶化率服从:$U\sim(0,1)$；

(3)规定起始加工时间服从:$30\times n\times\lambda\times U\sim(0,1)$。

为决定起始加工时间的参数。由起始加工时间分配情况可以看出，在 λ 愈小时，其起始加工时间将愈小，工件未能在起始加工时间之前完成的情况就愈容易发生，而 λ 愈大，其起始加工时间的范围就愈大。

表 1 两类算法在不同工件数及变化参数下的性能结果比较

工件数	初始加工时间变化参数	IGA			SA			平均运行时间(s)	
		Best Cmax	Avg. Cmax	Wrost Cmax	Best Cmax	Avg. Cmax	Wrost Cmax	IGA	SA
10	0.2	744.22	744.22	744.22	744.65	828.42	992.83	1.0930	0.0631
	0.4	450.68	450.68	450.68	458.70	534.24	621.08	1.0953	0.0652
	0.8	406.62	406.62	406.62	408.77	517.74	605.99	1.1008	0.0693
20	0.2	6784.07	6799.38	6920.54	8509.93	17772.67	28913.09	9.3843	0.0632
	0.4	2051.24	2304.41	2435.41	2660.85	3937.87	6459.89	9.3972	0.0689
	0.8	865.57	891.02	1028.59	1468.89	2162.57	3210.49	9.5611	0.0647
30	0.2	22237.68	31357.32	46261.93	66985.29	126769.82	234397.20	20.5438	0.0676
	0.4	1016.57	1202.77	1373.77	3595.02	7362.10	17807.71	20.5962	0.0681
	0.8	917.19	953.91	1040.64	1843.65	2904.52	6682.98	20.3357	0.0681
50	0.2	5002475.08	8041779.06	14532244.44	37781419.86	272220649	701227642.5	63.3862	0.0681
	0.4	192962.06	394312.61	756929.29	4495742.24	22045201.8	86734853.91	64.5314	0.0681
	0.8	13650.68	24803.76	34845.87	599377.96	2643003.92	8715729.25	60.8977	0.0669

本文考虑工件数 n 为 10,20,30,50 等四种情况，它们分别对应的 λ 值设为 0.2,0.4,0.8。本

文介绍的改进遗传算法参数设置如下：交叉概率$P_c=0.8$，变异概率$P_m=0.02$，种群规模$pop_size=80$，最大代数100。采用Matlab编写算法程序，各自进行20次的实验，将其得到的结果与模拟退火算法(SA)进行对比。表1给出了IGA与SA得到的运行结果。从表1中可以看到IGA得到的最大完工时间总是短于SA得到的结果，由此验证了IGA相对于SA能够在较短的时间内找到一个的更好的解，最优结果能缩短4倍的时间。通过对比最大完工时间在数次试验中的最佳结果和最差结果，发现IGA相对于SA解得结果更加稳定。图1为工件数为30，初始加工时间变化参数为0.8时两个算法最佳值的变化曲线，通过图1能清晰的表明本文给出的IGA相对于SA能更快的收敛到一个较优的结果。

6 结 论

本文结合钢铁生产加工过程中的实际情况，研究了工件加工时间为阶梯恶化函数的单机调度问题。通过分析恶化工件的单机问题中工件排序的数学性质，为基于工件的编码提出了一种改善局部搜索性能的改进遗传算法。通过与SA求得的结果进行比较，可以看出，给出的IGA具有良好的搜索性能和收敛性能。对于解决工件数较多的时候，求得的结果相对于SA明显优越。

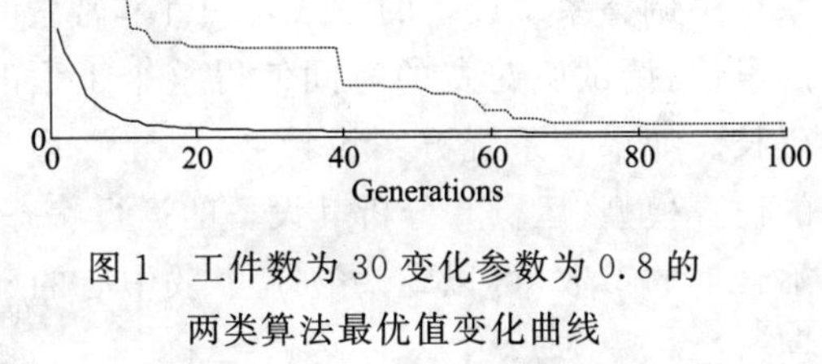

图1 工件数为30变化参数为0.8的两类算法最优值变化曲线

本文只考虑了单机调度问题，对于具有恶化工件的Flow-Shop调度问题及部分具有恶化效应的混合问题，基于改进的遗传算法其中应用性能较之多项式算法和启发式算法将更加明显，应该在以后的研究中得到更多的关注。

参考文献

[1] Alidaee B, Womer N K. Scheduling with time dependent processing times: review and extensions[J]. Journal of the Operational Research Society. 1999, 50(7): 711-720.

[2] Cheng T, Ding Q, Lin B. A concise survey of scheduling with time-dependent processing times[J]. European Journal of Operational Research. 2004, 152(1): 1-13.

[3] Bachman A, Janiak A. Minimizing maximum lateness under linear deterioration[J]. European Journal of Operational Research. 2000, 126(3): 557-566.

[4] Bachman A, Janiak A, Kovalyov M Y. Minimizing the total weighted completion time of deteriorating jobs[J]. Information Processing Letters. 2002, 81(2): 81-84.

[5] Wu C C, Lee W C, Shiau Y R. Minimizing the total weighted completion time on a single machine under linear deterioration[J]. The International Journal of Advanced Manufacturing Technology. 2007, 33(11): 1237-1243.

[6] Wang J B, Xia Z Q. Scheduling jobs under decreasing linear deterioration[J]. Information Processing Letters. 2005, 94(2): 63-69.

[7] Li Y, Li G, Sun L, et al. Single machine scheduling of deteriorating jobs to minimize total absolute differences in completion times[J]. International Journal of Production Economics. 2009, 118(2): 424-429.

[8] Wang D, Wang J B. Single-machine scheduling with simple linear deterioration to minimize earliness penalties[J]. The International Journal of Advanced Manufacturing Technology. 2010, 46(1): 285-290.

[9] Gawiejnowicz S, Lin B. Scheduling time-dependent jobs under mixed deterioration[J]. Applied Mathematics and Computation. 2010,216:438-447.

[10] Wang J B, Gao W J, Wang L Y, et al. Single machine group scheduling with general linear deterioration to minimize the makespan[J]. The International Journal of Advanced Manufacturing Technology. 2009, 43(1): 146-150.

[11] Lee W C, Shiau Y R, Chen S K, et al. A two-machine flowshop scheduling problem with deteriorating jobs and blocking[J]. International Journal of Production Economics. 2009,124:188-197.

[12] Mazdeh M M, Zaerpour F, Zareei A, et al. Parallel machines scheduling to minimize job tardiness and machine deteriorating cost with deteriorating jobs[J]. Applied Mathematical Modelling. 2010, 34(6): 1498-1510.

[13] Lee L. Minimizing the makespan on a single machine with piecewise-deteriorating[D]. Taichung, Taiwan: Feng-Chia University, 2007.

[14] Cheng R, Gen M, Tsujimura Y. Tutorial survey of job-shop scheduling problems using genetic algorithms: Part II. Hybrid genetic search strategies[J]. Computers and Industrial Engineering. 1999, 37(1): 51-55.

基于 eM-Plant 的邮政物流集散中心设备配置研究

周奇才[1],李　君[2]

(1.同济大学,上海 200092;2.泛亚汽车技术中心有限公司,上海 201201)

摘　要:高新技术与自动化设备在现代物流集散中心的运用,对中心设备的合理配置提出了高要求。利用物流系统仿真软件 eM-Plant,搭建了某邮政物流集散中心模型,建立仿真方案,模拟其实际运行情况,从而确定了设备的相关参数,在该集散中心设施设备改进过程中有效地完成了设备的合理配置,提高了中心处理能力。

1　现代物流集散中心特点

随着现代物流科技的蓬勃发展,新技术与新应用层出不穷,物流集散中心呈现出如下特点。

操作自动化:物流操作流程的机械化,无人化。扩大物流作业能力,提高生产率,减少差错。

设备标准化:增强各中心设备通用性,有利于设备管理,提高采购、维修、更新等各环节效率。

处理信息化:物流信息在收集、处理、存储和传递过程中的数字化、电子化、标准化和实时化。

管理网络化:使不同区域的物流节点不再是孤立的场站。加快信息反馈速度,提高效率。

应用在现代物流集散中心内的自动化设备,主要涉及以下几种。

- 自动分拣系统

主要分前输送系统、供件识别系统、主分拣线、格口、主控系统、信息管理系统,通过信息管理系统等六部分,实现货品自动分拣[1]。

- 自动输送设备

主要有皮带输送机、顶板链输送机、滚筒输送机、网带链输送机、斗式提升机、螺旋输送机、板链斗式提升机、带式输送机、链式输送机、液压升降平台等。

- 自动搬运车系统

由行走驱动装置、方向转动装置、机架本体部分、控制部分、电池装置、安全装置和移载装置等组成,使得工业应用中的搬运车不需驾驶员,即可沿着规定的导引路径行驶[2]。

- 自动化立体仓库

采用几层、十几层乃至几十层的货架储存单元货物,用物料搬运设备进行货物入库和出库作业。包括货架、托盘、巷道堆垛机、输送机系统、AGV 系统、自动控制系统、信息管理系统等部分。

- 自动识别技术

以计算机技术和通信技术的发展为基础,一种高度自动化的信息或者数据采集技术。包括条码技术、磁条磁卡技术、IC 卡技术、光学字符识别、射频技术、声音识别及视觉识别等。

由于物流集散中心的设备种类多、投资巨大。因此需要慎重考虑设备的布局和配置,在保证系统达到设计能力的前提下,尽可能减少投资,充分发挥设备的效力。

利用物流系统仿真软件,在不同作业情况下运行物流集散中心的仿真模型,得到关键设备的利用率,可以比较好地解决设备配置问题。在实际系统中调整系统设备的参数是一件非常费时费力的事情,调试所花费的时间使得整个工程的周期延长。如果在系统方案设计后,就建立系统设备的仿真模型,运行并分析其设备的运行状态,调整不合理的参数,可以缩短物流集散中心的建设周期[3]。

第一作者简介:周奇才(1962—),男,江苏宜兴人,同济大学机械工程学院机械电子工程研究所教授,博导,研究方向:现代物流技术装备控制及自动化;机电一体化。E-mail:qczhou@tongji.edu.cn

合作项目:中国邮政速递物流陆路网络规划

2　物流系统仿真软件 eM-Plant 简介

以色列 Tecnomatix 公司 eMPower 软件工具 eM-Plant，又称为 SiMPLE＋＋，是用 C＋＋实现的关于生产、物流和工程的仿真软件，它是面向对象的、图形化的、集成的建模、仿真工具，系统结构和实施都满足面向对象的要求。eM-Plant 可以对各种规模的工厂和生产线，包括大规模的跨国企业，建模、仿真和优化生产系统，分析和优化生产布局、资源利用率、产能和效率、物流和供需链等[4]。

eM-Plant 的应用非常广泛，既可以用于生产、物流以及工程领域的分析、研究和教学，也可以用来优化结构及实现对系统商业流程的控制[5]。

3　案例分析

某省级邮政物流集散中心负责该省内地市间、以及该省级中心与其所在区域的区域集散中心之间的货品集散、分拣、转运，如图 1 所示。该中心的作业流程，从进货直至出货，可分为到货、卸货、验收（信息核对）、特殊处理、分拣、信息处理、暂存、出货等几项。如图 2 所示。

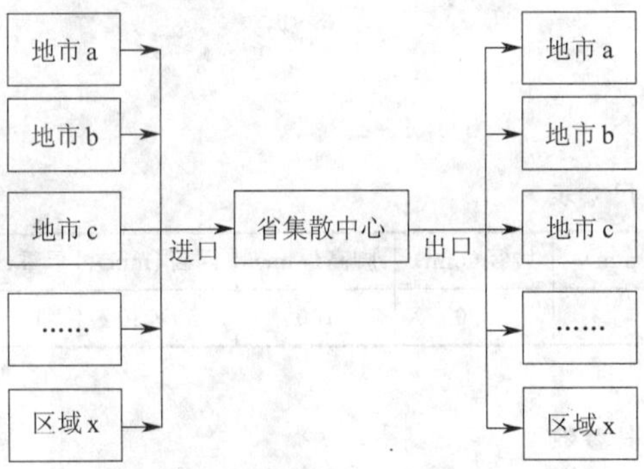

图 1　某省级集散中心示意

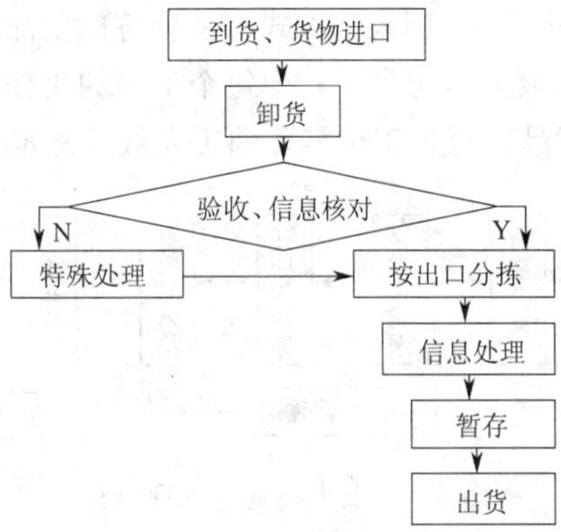

图 2　集散中心作业流程

图 1 中用地市 a、地市 b……表示地市 a 的集散中心、地市 b 的集散中心……其中地市 a、b 等均属于 A 省；用区域 x 表示 A 省所在区域 x 的集散中心。

进口：货物进入集散中心；出口：货物离开集散中心。

该省级集散中心货品出口 11 个地级市，各地级市的出口货品比例见表 1。

处理能力：1.2 万件/天，2 800 t/月；处理人员：共 13 人，每天两班；

处理时间：6:30—24:00；处理设备如表 2 所示：

4. 利用 eM-Plant 的邮政物流集散中心仿真模型建立

为提高该集散中心的处理能力，先对其设备进行改善，如下表 3 所示。

对该集散中心的作业流程进行细分，核心环节的作业如图 3 所示。

货品到达：邮政运输车辆到达集散中心后，由搬运设备或人工，将装载货品的单元负载容器设备，进行卸载，设置货品到达的时间为常数，每个容器到达间隔为 30 s。

表 1　省级集散中心出口货品比例表

地级市	地市 1	地市 2	地市 3	地市 4	地市 5	地市 6	地市 7	地市 8	地市 9	地市 10	地市 11
百分比（%）	15	15	15	8	7.5	7.5	7	7	6.5	6	5.5

表 2　处理设备使用情况

运输设备	单元负载与容器	搬运设备	储存设备	输送设备	分拣设备
邮政车	木托盘	叉车	随意堆放	人工	人工

表 3　改善后的处理设备使用情况

运输设备	单元负载与容器	搬运设备	储存设备	输送设备	分拣设备
邮政车	欧式仓库笼	叉车	货架	传送带	推块式分拣机

容器分离：用人工方式将待分拣的货品从容器中取出，放上传送带。其中每个工人的工作效率为2s/件货品。每个工位需要的工人数待确定。

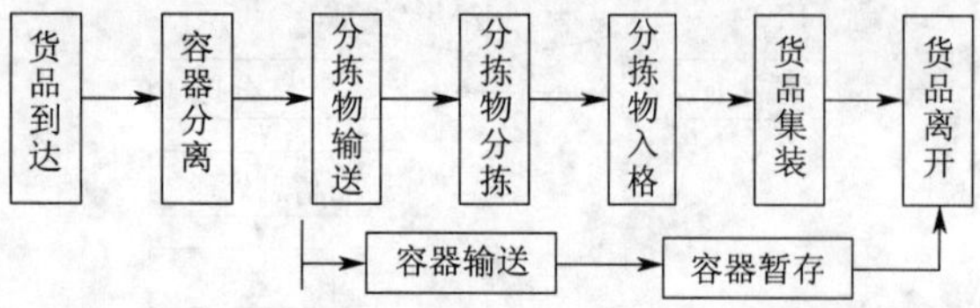

图3　集散中心货品处理流程

分拣物输送：分拣物由传送带传送至推块式分拣机。关于传送带的传输速度，由于推块式分拣机的主机线速度为2 m/s(见表4)，则选取传送带的传输速度为2 m/s。传送带的长度待确定。

分拣物分拣：货品在推块式分拣机上分拣。分拣机的参数如表4所示。其中分拣机的高度待定。

表4　预定义分拣机参数

参　数	数　值
主机运行线速度	2 m/s
分拣效率	≥9 600 件/h
分拣差错率	≤1/10 000
被分拣物重量	≤50 Kg
分拣方式	双向分拣

分拣物入格：货品经过分拣后，落入不同的格口中。格口数由货品出口数量决定。其中格口下线口处角度 a=30°，两格口中心距1.1 m。

容器输送：容器与货品分离之后，利用传送带将其传送至暂存位置。

容器暂存：设置缓冲，将容器暂存，待货品入格之后共同送至集装工位集装。

货品集装：本工位为人工处理，在传送至集装工位的容器中装载入货品。工人的作业效率为2 s/件货品。一定数量的工人负责所有格口的货品集装。

将上述各处理环节以及处理对象，与eM-Plant中的对象一一对应，并根据所选设备的已知参数表5和表6计算，得到表7。

表5　邮政车车厢尺寸

邮政车类型	长(mm)	宽(mm)	高(mm)
3吨车	4 250	1 900	180
5吨车	6 100	2 400	230or240
8吨车	7 250	2 400	230or240

表6　所选欧式仓库笼尺寸表

型号	外尺寸(mm)	内尺寸(mm)	折叠后高度(mm)	线径(mm)	脚高(mm)	网目(mm)	承重(Kg)
SWC-121010B	1 200×1 000×1 000	1 120×960×810	330	6.0	100	50×50	1 200

表7　仿真模型对象及其参数

系统成分	选择的对象	图标	对应的实际对象	参数信息
货品	Entity		货品	50 cm×40 cm×40 cm
容器	Container	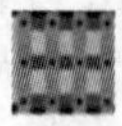	仓库笼	容量8个
货品到达集散中心	Source		货品到达	创建时间30 s，Source数为g个
容器分离	DismantleStation		容器分离	每个工位的工作时间2×8/a秒
传送带	Line	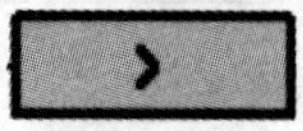	分拣物输送传送带；容器输送传送带	分拣物输送：长度*b*m、速度2 m/s 容器输送：长度*d* m、速度*e*m/s
分拣设备	SingleProc		推块式分拣机	分拣时间≤0.375 s/件，高度*c*m

续上表

系统成分	选择的对象	图标	对应的实际对象	参数信息
设备前暂存区	Buffer		分拣物入格、容器暂存	容量设置－1
货品集装	Assembly		人工货品集装	2×8 s
货品离开集散中心	Drain		货品离开	完成即离开
工人组	WorkerPool	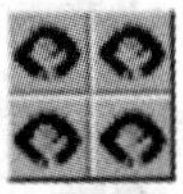	工人组	两组，分别完成容器分离和货品集装的工作
设备与人员调度	Broker		设备与人员调度	视工位所需而定
变量	Variable		变量 productquantity	进入分拣机的货品数量
控制方法	Method		对 productquantity 进行计数	关键语句：productquantity：＝productquantity＋1
图表	Chart		图表	显示各工位的正常工作、等待、阻塞等参数的百分比

由上述已知参数和设备信息，利用 eM-Plant 搭建的系统模型界面如图 4 所示。其中需要利用系统仿真软件进行确认的参数如表 8 所示。

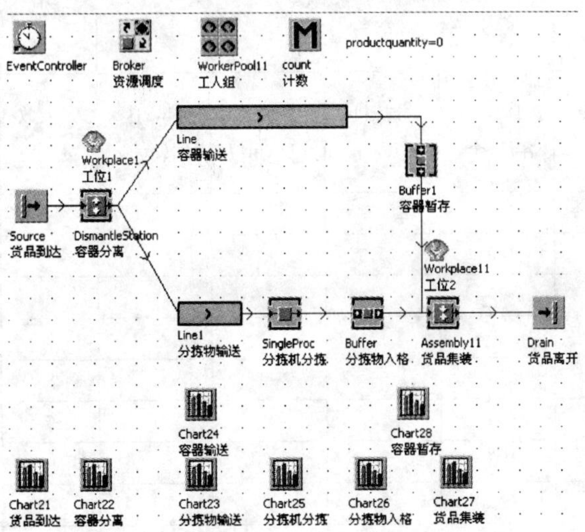

图 4　利用 eM-Plant 搭建系统模型界面

表 8　未确定参数

工位	未定参数	涉及的参数
容器分离	Dismantle Station 处理时间	工人数量 a/工位
分拣物输送	Line 长度	传送带长度 b(m)
分拣物入格	Buffer 容量	分拣机高度 c(m)
容器输送	Line 长度	传送带长度 d(m)
	Line 速度	传送带速度 e(m/s)
货品集装	WorkerPool 数量	工人数量 f
货品到达	Source 个数	Source 个数 g

5　利用 eM-Plant 的仿真方案及设备参数设置

本文针对上述的未知参数，建立模型仿真方案，并根据仿真结果，利用图表显示的各工位的正常工作、等待、阻塞等参数的百分比(如图 5－7 所示，为表 9 中所示方案 1 部分工位的仿真数据及图形)，以及对各瓶颈和上下游环节的分析，对方案进行改进，以期获得最佳的正常工作百分比、最低的等待、阻塞百分比。

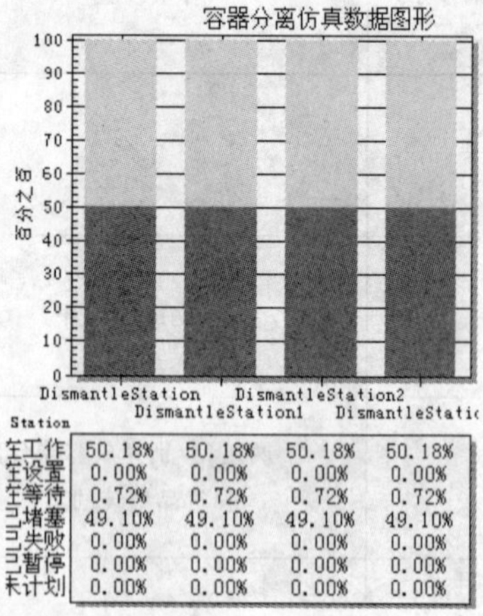

图 5　方案 1 容器分离仿真数据图形

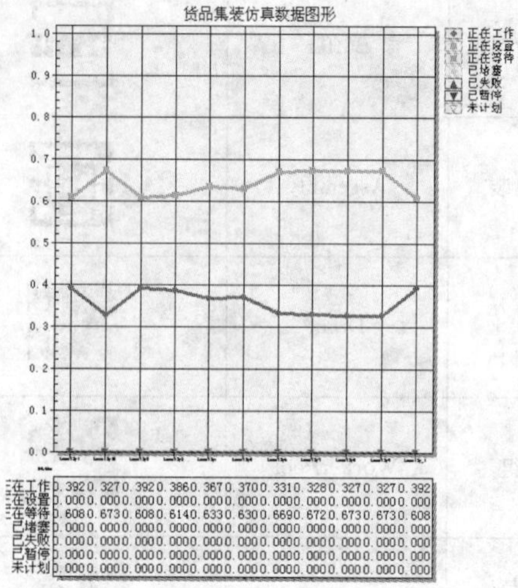

图 6　方案 1 前 10 分钟分拣机仿真数据动态观测图

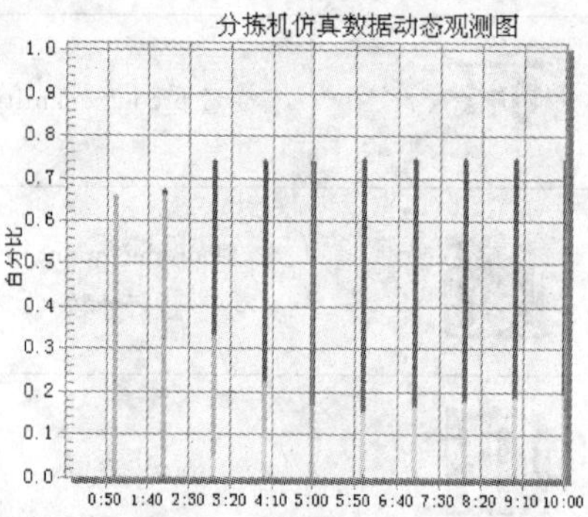

图 7　方案 1 货品集装仿真数据图形

表 9 所列为针对本系统建立的所有仿真方案的参数设置。

表 9　仿真方案表

方案/工位	货品到达	容器分离		分拣物输送		分拣物入格		容器输送		货品集装
	Source 个数	Dismantle Station 处理时间(s)	工人数量(个/工位)	Line 个数(个)	Line 长度(m)	Buffer 容量(个)	分拣机高度(m)	Line 长度(m)	Line 速度(m/s)	工人数量(个)
1	4	8	2	4	3	5	1.25	5	1	4
2	4	8	2	4	3	20	5	5	1	4
3	4	8	2	4	3	20	5	5	1	6
4	3	8	2	3	3	20	5	5	1	6
5	3	8	2	3	3	20	5	5	1	8
6	3	4	4	3	3	20	5	5	1	6
7	2	8	2	2	3	20	5	5	1	6
11	3	5.333	3	3	3	20	5	5	1	6
12	3	8	2	3	3	20	5	5	1	6
13	3	8	2	3	5	20	5	5	1	6

续上表

方案/工位	货品到达	容器分离		分拣物输送		分拣物入格		容器输送		货品集装
	Source个数	Dismantle Station处理时间(s)	工人数量(个/工位)	Line个数(个)	Line长度(m)	Buffer容量(个)	分拣机高度(m)	Line长度(m)	Line速度(m/s)	工人数量(个)
14	3	8	2	3	1.5	20	5	5	1	6
15	3	8	2	3	3	6	1.5	5	1	6
21	2	4	4	2	3	20	5	5	1	6
22	2	4	4	2	3	6	1.5	5	1	6
23	2	4	4	2	3	4	1	5	1	6

表 10　部分仿真结果

工位	对象	方案2			方案5			方案15			方案23		
		仿真时间 01 h41 min			仿真时间 01 h23 min			仿真时间 01 h23 min			仿真时间 01 h16 min		
		工作百分比	堵塞百分比	等待百分比	工作百分比	堵塞百分比	等待百分比	工作百分比	堵塞百分比	等待百分比	工作百分比	堵塞百分比	等待百分比
货品到达	Source		96.71	3.29		97.7	2.3		97.76	2.24		98.55	1.45
容器分离	DismantleStation	49.50	47.47	3.03	80.32	17.57	2.11	80.32	17.57	2.11	65.79	32.89	1.32
分拣物传输	Line	15.7	32.2	52.1	32.6	2.5	64.8	32.6	0.25	64.8	49.3	20.6	30.1
分拣物分拣	SingleProc	74.26	22.82	2.92	90.36		9.64	90.36		9.64	98.68		1.32
分拣物入格	Buffer		80.3	19.7			100			100	8		92
货品集装	Assembly	35.9		64.1	42.1	57.9	42.1		57.9	42.1		57.9	
	Workers	98.75		1.25	81.93		18.07	81.93		18.07	81.93		18.07
容器传输	Line	51.7		48.3	97.6		2.4	97.6		2.4	50.3		49.7
容器暂存缓冲	Buffer			100			100			100			100

根据对各工位仿真数据的统计和比较(部分结果如表10所示),可以看出,方案23利用了最精简的设备(Source2个,输送带个数2个,Buffer容量4个,分拣机高度1 m),在减少设备指出的同时可减少对场地的需求,利用了较少的工作人员(工人数10人),用了最短的工作时间(仿真时间1 h16 min),且有较高的设备利用率(各工位工作百分比较高,而等待与堵塞的百分比较低,见表10),故方案23为最佳方案。

运用上述方案改进设备,保持1.2万件/天的处理量不变,可将处理人员减少到8人或10人,处理时间的分拣环节<1 h30 min。

6　结　　论

本文将物流系统仿真软件eM-Plant,运用到对现有某邮政物流集散中心设备的改进过程中,在保持原有处理量的情况下,减少了人员配备和处理时间,提高了中心处理能力,更重要的是有效完成了设备的合理配置。

参 考 文 献

[1]　宋召卫. 我国自动分拣技术及其应用[J] 中国物流与采购, 2003, (6): 46-47.

[2]　刘昌祺. 物流配送中心设施及设备设计[M]. 北京: 机械工业出版社, 2004: 137-154.

[3]　石伟, 郑晓海. 物流配送中心的系统仿真. 物流技术与应用. 2006, (12): 86-90.

[4]　韩秀蓉, 李立峰. 物流仿真与eM-Plant仿真软件. 商场商业化. 2009 (3): 109-110.

[5]　施於人, 邓易元, 蒋维. eM-Plant仿真技术教程. 北京: 科学出版社, 2009.

5

基于免疫遗传算法的空框架调度及其模拟分析

李　奎

（宝钢股份运输部）

摘　要：本文以宝钢厂内空框架调度成本最低为优化目标，在分析了现行空框架周转流程的基础上，提出了一种新的空框架调度流程。进而建立了空框架调度解析模型，设计了基于免疫遗传算法的优化解法，并进行了模拟对比实验。通过模拟研究，所提出的空框架调度方案很大程度上减少了空框架调度成本，显示了新流程及其调度方法的有效性。

关键词：空框架周转流程；调度；免疫遗传算法；模拟研究

0　引　　言

受全球金融危机影响，世界经济一片萧条，我国钢铁需求萎缩，供大于求，成本压力剧增，因此，如何有效地降低企业运营成本是钢铁企业保持竞争力的关键。

宝钢厂内的产成品驳运主要是以框架车形式来完成，由于产成品分布不均衡，空框架调运问题成为了框架车运输过程中的必然产物。

当前宝钢厂内空框架调运费用仍有降低的空间，本文正是以宝钢厂内空框架调度成本最低为优化目标，在分析了现行空框架周转流程的基础上，提出了一种新的空框架调度流程。进而建立了空框架调度解析模型，设计了基于免疫遗传算法的优化解法，并进行了模拟对比实验。通过模拟研究，所提出的空框架调度方案很大程度上减少了空框架调度成本，显示了新流程及其调度方法的有效性。

1　空框架周转流程分析

1.1　现行框架周转流程

1.1.1　进出码头的框架流程

进入码头的框架流程可以简要地概括如图1。

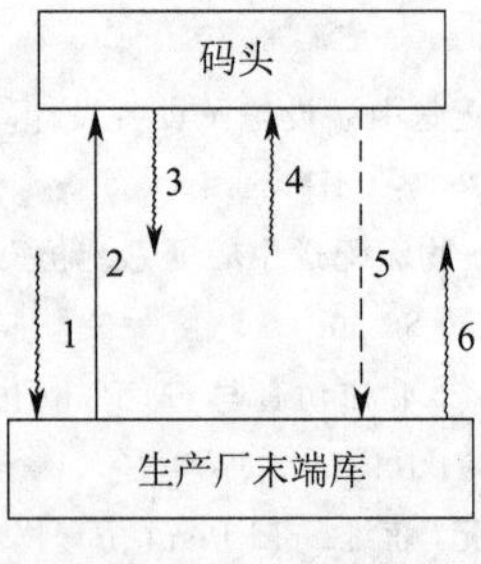

图1　进出码头的空框架流程

一辆框架车从车队（所在地）出发，到生产厂末端库装运重框架（箭头1），这辆框架车在生产厂末端库装上重框架，运往码头（箭头2）。此时如果码头处有空框架则将其调运回生产厂末端库（箭头5），接下来这辆车返回车队或者被派给其它任务（箭头6）；如果码头处没有空框架，这辆框架车返回车队或者被派给其它任务（箭头3）。当码头处有空框架时，指派一辆框架车去码头处将空框架取回（箭头4）。

1.1.2　生产厂末端库间的框架流程

末端库间的框架流程可以简要地概括为（图2）：

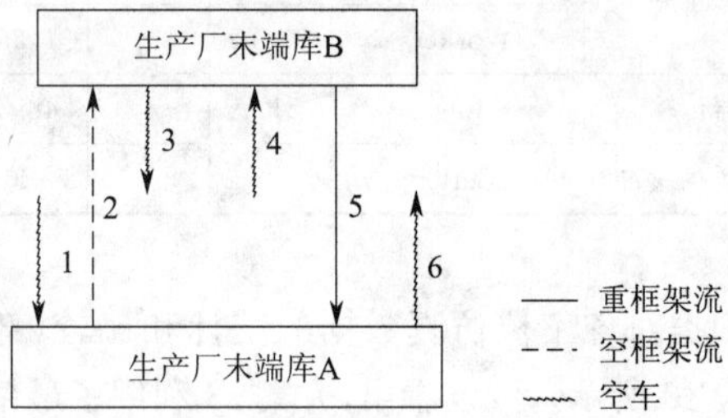

图2　生产厂末端库间的空框架流程

一辆框架车从车队（所在地）出发，到末端库A装运空框架（箭头1），这辆框架车在末端库A装上空框架，运往指定的末端库B处（箭头2）。此时如果末端库B处有重框架则将其运回末端库A（箭头5），接下来这辆框架车返回车队或者派给其它任务（箭头6）；如果末端库B处没有重框架，这辆框架车返回车队或者被派给其它任务（箭头3）。当末端库B处有重框架时，指派一辆框架车去末端库B处将重框架取回（箭头4）。

1.2　改进的空框架流程

现行的空框架流程基本处于小范围内的调

运，尚没有从整体上优化此调运过程，另外，由于框架的存放没有一个固定的场所，常有框架车在厂内找框架的情况发生，这样无疑增加了空框架的调运成本。本文针对以上问题提出了一种新的调度过程，并建议设立一个固定的框架停放处，以减少空框架的调运成本。

本文提出的空框架调度主要有两种方式：直接调度和场站（存放空框架的场所）转运。

直接调度方式：此方式就是将空框架直接从末端库 A 到末端库 B 处，此处我们引入了 TIME WINDOW（TW）的思想，即，末端库提供（需求）空框架时加入了时间窗口，满足时间窗口的情况下才可以直接发生末端库间的框架调运，若不满足时间窗口的情况框架由场站提供（接收）。

场站转运方式：是指在厂内新增设框架存放场站，用于空框架的储存、维护等操作。

改进后的空框架流程情况大致如图 3，为了简化，省去了空车的运行路线。

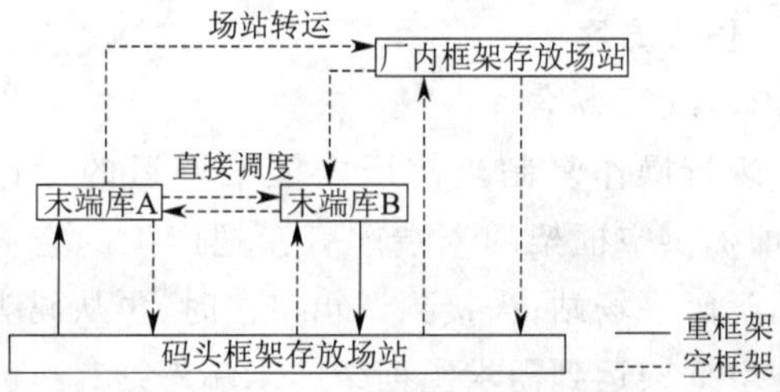

图 3　改进后的空框架流程

（注：本文提到的码头框架存放场站是指成综码头及成品码头与码头库间的框架停放场所）

2　建模与优化

2.1　建模假设与符号说明

为了使问题简化，本文作了如下假设：

（1）所有的空框架调度过程都发生在计划期跨度 T 内，换句话说，就是没有空框架调度在计划期跨度 T 的起始时刻前开始，也没有空框架调度在计划期跨度 T 结束时刻后结束。

（2）厂内框架存放场站和码头在时间跨度 T 内都可以处理空框架。

（3）所有提供空框架的末端库都是在计划工作时段的前半段产生空框架，而需求空框架的末端库则总是在后半段需求空框架。

（4）每个提供空框架的末端库每天只产生一次空框架，每个需求空框架的末端库每天只需求一次空框架。

（5）本文研究的空框架是指广义的普通框架。

为了建立空框架调度模型，我们定义了下面的参数：

T：计划期跨度（小时）；

I：在时间跨度 T 内能够供给空框架的末端库的集合；

J：在时间跨度 T 内需要空框架的末端库的集合；

P：厂内框架存放场站和码头边场站的集合；

$\chi_{ij}^{kk'}$：k 时刻从末端库 $i\in I$ 运往末端库 $j\in J$，并在 k'时刻到达的空框架；

$c_{ij}^{kk'}$：k 时刻从末端库 $i\in I$ 运一个空框架到末端库 $j\in J$，在 k'时刻到达的成本（元）；

t_{ij}^{k}：k 时刻从末端库 $i\in I$ 运一个空框架到末端库 $j\in J$ 所需要的时间，包括装卸时间，假设这个时间相对于开始时间 k 是独立的（小时）；

χ_{ip}^{k}：k 时刻从末端库 $i\in I$ 运往厂内框架存放场站 $p\in P$ 的空框架数；

c_{ip}^{k}：k 时刻从末端库 $i\in I$ 运一个空框架到厂内框架存放场站 $p\in P$ 花费的成本（元）；

$\chi_{pj}^{k'}$：从厂内框架存放场站 $p\in P$ 运往末端库 $j\in J$，并在 k'时刻到达的空框架；

$c_{pj}^{k'}$：从厂内框架存放场站 $p\in P$ 运一个空框架到末端库 $j\in J$，并在 k'时刻到达花费的成本（元）；

s_i^k：k 时刻末端库 $i\in I$ 可以供给的空框架；

$\chi_j^{k'}$：k'时刻末端库 $j\in J$ 需要的空框架。

此外，我们还定义了下面两个时间序列发生器：

$$U(\chi_{ij}^{kk'})=k \tag{1}$$

$$D(\chi_{ij}^{kk'})=k' \tag{2}$$

U 的返回值是 $\chi_{ij}^{kk'}$ 的最早装车时间，D 的返回值是 $\chi_{ij}^{kk'}$ 的最迟卸车时间。

2.2　数学模型

$$\text{MinZ}=\sum_{k=1,\dots,T}\Big(\sum_{\substack{k'=1,\dots,T\\ k'\geqslant k}}\sum_{j\in J}\sum_{i\in I}c_{ij}^{kk'}\chi_{ij}^{kk'}+\sum_{p\in P}\sum_{i\in I}c_{ip}^{k}\chi_{ip}^{k}\Big)+\sum_{k'=1,\dots,T}\sum_{p\in P}\sum_{j\in J}c_{pj}^{k'}\chi_{pj}^{k'} \tag{3}$$

$$\text{St}:\sum_{k'\geqslant k}\sum^{j\in J}\chi_{ij}^{kk'}+\sum^{p\in P}\chi_{ip}^{k}=s_i^k,\qquad \forall\, i\in I;\quad k=1,\dots,T \tag{4}$$

$$\sum_{k'\geqslant k}\sum_{i\in J}\chi_{ij}^{kk'}+\sum_{p\in P}\chi_{ip}^{k}=s_{i}^{k},\quad \forall j\in J;\qquad k'=1,\ldots,T \tag{5}$$

$$\chi_{ij}^{kk'}\cdot(U(\chi_{IJ}^{kk'})+t_{ij}^{U(\chi_{ij}^{kk'})}-D(\chi_{ij}^{kk'}))\leqslant 0,\forall i\in I;\forall j\in J;k,k'=1,\ldots,T \tag{6}$$

$$\chi_{ij}^{kk'},\chi_{ip}^{k},\chi_{pj}^{k'}\geqslant 0\text{ 并且是整数},\forall i\in I;j\in J;p\in P;k,k'=1,\ldots,T \tag{7}$$

目标函数(3)是在满足约束条件的所有可行解中找到需求与供给的最优匹配，最终要求得空框架调度的最小成本。约束(4)确保 k 时刻末端库A提供空框架数与此时的总供给数相等。约束(5)确保 k'时刻末端库B收到的空框架数与总需求数相等。约束(6)是确保时间上的可行性，约束(7)是整数限制[3]。

2.3 优化解法

Jula et al[1] 运用两阶段优化方法将上述模型的非线性约束(6)松弛，将原模型化为线性规划问题，然后利用线性规划解法求解模型。Jula et al[1]的解法是先对原模型进行约束松弛，是对原问题的一种近似，虽然利用了线性规划这一精确解法求解，但是由于其是在前期近似的基础上做出的，所以解的精确度并不高；而且优化过程中对约束的松弛方法很烦琐，不易实现，所以求解效果并不理想。

本文运用的模型是非线性整数规划模型，涉及的变量多，解空间较大，而且部分变量是四维的，基于此我们提出运用免疫遗传算法[2,3,4]解决该问题。免疫遗传算法克服了简单遗传算法的缺点，对解决非线性、高维、多变量的复杂系统问题有很好的效果。

本文在编程过程中运用分级优化的思想，首先解决末端库间有无空框架调度的问题。针对其特点，采用二进制编码方式，该编码方式搜索能力较强，也可以很好的解决本文模型解空间较大的问题。然后解决末端库间调度量多少的问题。为了增加子代解的利用效率，将约束条件(4)和(5)融入到编码过程中，产生的子代解只需要代入约束条件(6)检验即可判断是否为可行解。

例如，研究对象选取A个提供空框架的末端库、B个需求空框架的末端库、C个厂内框架存放场站、1个码头框架场站，编码时产生(A+C)×(B+C)的0、1矩阵，每个矩阵元素代表一个匹配。

第一步，扫描矩阵元素，判断其0、1值，若该矩阵元素为1代表此处有空框架运输，若为0表示没有空框架运输；

第二步，对于矩阵元素为1的匹配，再根据约束(4)和(5)的限制具体分配空框架数值；

最后将免疫遗传算法产生的子代代入约束(6)中检验，满足条件的子代将作为一个可行解，而不满足条件的子代直接被淘汰。

3 模拟仿真实验

3.1 仿真对象选取

宝钢厂内有许多末端库，为了不失一般，又能达到对比的目的，我们选取了8个提供空框架的末端库和6个需求空框架的末端库以及1个厂内框架存放场站和1个码头框架存放场站。

3.2 仿真方案

3.2.1 现行方案

现行操作复制当前厂内框架调运的操作实际，即提供空框架的末端库直接把产生的空框架运回到码头场站；当接到调箱申请时，再从码头场站把空框架运到需求空框架的末端库处。

根据前面定义的变量，现行操作中的空框架调度总成本可以表示为：

$$\sum_{k=1}^{T}\sum_{i\in I}c_{ip}^{k}\cdot s_{i}^{k}+\sum_{k'=1}^{T}\sum_{j\in J}c^{k'}{}_{pj}\cdot d_{j}^{k'} \tag{8}$$

我们假设调度一个空框架的成本只取决于运输距离，且二者成正比关系，我们姑且选比例系数为1，并称其为当量成本。而且这个成本与调度的起始时间无关；更准确地说，我们假设 $c_{ip}^{k}=c_{ip}$ 和 $c_{pj}^{k'}=c_{pj}$，在这里成本 c_{ip} 与末端库 i 到码头的最短距离相等；c_{pj} 是码头与末端库之间的最短距离。

3.2.2 新调度方案

根据前面已经定义过的变量，供给与需求之间的空框架调度成本可以表示如下：

$$\begin{aligned}&c_{ij}^{kk'}=c_{ij}+\alpha(k'-k)\quad \forall i\in i,j\in J\\&c_{ip}^{k}=c_{ip}\quad \forall i\in i,p\in P\\&c_{pj}^{k'}=c_{pj}\quad \forall j\in J,p\in P\end{aligned} \tag{9}$$

c_{ij}是末端库 i 和末端库 j 之间的运输距离，

c_{ip}是末端库i与场站(包括码头场站)p之间的运输距离。c_{pj}是末端库j与场站(包括码头场站)p之间的运输距离。设计参数α主要作用是避免空框架在一个地方停滞过长的时间,它可以促使空框架在供给与需求节点之间的尽早流动。(9)中第一行包括c_{ij}和$(k'-k)$两部分,其中,后者表示无法满足需求(时间上)时所产生的附加成本,当$\alpha=0$时,不用考虑时间差$(k'-k)$产生的附加成本,这时算法将会找到供给与需求在空间上的最近匹配,这就是说,一些空框架在运走前将会在一个地方停滞很长时间。随着α的增加,时间差$(k'-k)$的权重增加,算法将求得一个使空框架在时间上尽快运出的方案。

我们还假设起点i和终点j之间的运输时间为t_{ij},t_{ij}与开始时间是独立的,且$t_{ij}=\frac{d_{ij}}{\bar{v}}$,其中$d_{ij}$是供给点$i$和需求点$j$之间的距离,$\bar{v}$是厂内的框架卡车运行平均速度,在这里取值为25 km/h。

3.3　模拟研究

我们通过几组模拟数据来对比新旧调度方案,具体数据如下:

(1)情形一:

末端库J需求23个空框架,末端库I提供27个空框架。下面我们用(1—A)表示;

(2)情形二:

末端库J需求91个空框架,末端库I提供109个空框架。下面我们用(1—B)表示;

(3)情形三:

末端库J需要255个空框架,末端库I提供297个空框架。下面我们用(1—C)表示;

(4)情形四:

末端库J需要414个空框架,末端库I提供485个空框架。下面我们用(1—D)表示;

(5)情形五:

末端库J需要622个空框架,末端库I提供725个空框架。下面我们用(1—E)表示。

4　仿真结果分析

算法利用Visual Basic6.0程序实现,并在PC机运行。

取群体规模$N=20$,进化代数$G=500$,交叉概率$P_c=0.9$,变异概率$p_m=0.1$,A=0.8,B=0.8,亲和度α为0.9。

4.1　现行调度方案与新调度方案的比较

假设设计参数α为0.1;计划期跨度为8 h,即$T=8$,将T分成8个阶段,每个阶段代表一个小时;平均车速为25 km/h。末端库每天总的空框架供给与需求数按上面的案例情形计算。其中每个末端库j需要的空框架和每个末端库i可提供的空框架是随机分配的。

对于每一种案例情形,程序运行10次,取其最优结果绘制表1。

从模型可以看出,现行调度方案的成本是由空框架数与运输距离的乘积构成的,而新调度方案的成本由两部分构成,即空框架数与运输距离的乘积,和为了使空框架尽早运出、及时运到而引入的惩罚成本。根据表1中的数据,即使这样调度的成本仍然比基本操作的成本减小了40%左右,可见新调度方案在减小运输成本方面优势非常明显。

从表1可以看出,与现行调度方案相比,新调度方案在码头或场站附近的空框架运送次数明显减少,降低了调度成本。

5

表1　现行调度方案与新调度方案的比较

案例	末端库I供给的空框架数	末端库J需求的空框架数	现行方案		新调度方案		去往码头或场站的空框架运送次数
			当量成本	总空框架运送次数	当量成本	总空框架运送次数	
1—A	27	23	600	50	393.9	36	16
1—B	109	91	2 400	200	1 452.8	122	52
1—C	297	255	6 624	552	4 003.6	355	161
1—D	485	414	10 788	899	6 294.4	549	243
1—E	725	622	16 164	1 349	10 433	828	322

4.2　平均运输速度的影响

考虑厂区内部平均车速的变化对调度成本的影响。

假设设计参数 α 为 0.1；计划期跨度为 8 小时，即 T，将 T 分成 8 个阶段；我们以案例 1—C 为研究对象。

表 2　平均速度的影响

平均速度(km/h)	工作周期长度	现行方案		新调度方案		去往码头或场站的空框架运送次数
		当量成本	总空框架运送次数	当量成本	总空框架运送次数	
5	8	6 624	552	46 408	358	208
15	8	6 624	552	43 677	352	171
25	8	6 624	552	40 036	355	161
35	8	6 624	552	40 036	355	161
50	8	6 624	552	40 036	355	161

具体操作中我们选择厂区内部的平均车速分别为 5 km/h，15 km/h，25 km/h，35 km/h，50 km/h。对于每一种情形，程序运行 10 次，取其最优结果绘制表 2。

从表中可以看出，随着厂区内部平均车速的增加，调度成本减少，去往码头或场站的空框架调度次数也减少。之所以产生此结果，主要原因是提高平均车速使发生直接调度的可能性增加，进而减少去往码头和场站的空框架运送次数，减少了空框架调度的成本。

4.3　其他设计参数的影响

考虑设计参数的变化对调度成本的影响。

假设计划期跨度为 8 h，即 $T=8$，将 T 分成 8 个阶段；我们仍以案例 1～C 为研究对象。

具体操作中我们改变设计参数 α 分别为 0.01，0.1，0.5，1，5。对于每一种情形，程序运行 10 次，取其最优结果绘制表 3。

像前面介绍的那样，空框架调度主要包括两部分：直接调度和场站转运。当设计参数 α 比较小时，惩罚成本较小，影响总成本的是空框架运输成本，为了使成本最小主要发生直接调度操作，即如果末端库 I 在很早的时刻就能提供空框架，但他们可以不急于将空框架运出，而是当整个计划工作时段内有最有匹配时再将空框架运出，这样运输成本最小；当设计参数 α 较大时，惩罚成本较大，影响总成本的是空框架运输成本和惩罚成本，而且惩罚成本起主要作用，对总成本减小的影响较大，为了使成本最小主要发生场站转运操作，即末端库 I 处产生了空框架就要立即运出，此时如无末端库 J 接受空框架则运往场站，这样运输成本才能最小。

从表 3 中可以看出，随着设计参数 α 的增加，调度成本和去往场站的运送次数都增加。这样的结果正好验证了我们关于设计参数 α 影响调度成本的想法。

表 3　设计参数的影响

平均速度(km/h)	工作周期长度	现行方案		新调度方案		去往码头或场站的空框架运送次数
		当量成本	总空框架运送次数	当量成本	总空框架运送次数	
$Q=0.01$	8	6 624	552	3 951.8	355	161
$Q=0.1$	8	6 624	552	4 003.6	355	161
$Q=0.5$	8	6 624	552	4 234	355	161
$Q=1$	8	6 624	552	4 491	344	179
$Q=5$	8	6 624	552	5 818	384	278

5　结论及研究展望

本文以宝钢厂内空框架调度成本最低为优化目标,在分析了现行空框架周转流程的基础上,提出了一种新的空框架调度流程。进而建立了空框架调度解析模型,设计了基于免疫遗传算法的优化解法,并进行了模拟对比实验。通过模拟研究,所提出的空框架调度方案很大程度上减少了空框架调度成本,显示了新流程及其调度方法的有效性。

进一步的研究将在场站建设费用与空框架调度成本节省的技术经济分析、空框架与重框架协调调度、计划期内随机需求处理等方面深入展开。

参考文献

[1]　Hossein Jula, Anastasios Chassiakos, Petros Ioannou. Port dynamic empty container reuse. Transportation Research Part E, 2006, 42():43-60.

[2]　缪红萍.免疫遗传算法及应用研究[D].北京:北京化工大学出版社,2005.

[3]　严心池,安伟光,赵维涛. 自适应免疫遗传算法[J].应用力学学报,2005,22(3):445-448.

[4]　张礼兵,金菊良,王 军. 一种免疫遗传算法研究及应用[J].合肥工业大学学报,2004,27(7):734-737.

基于模糊控制理论的集装箱车辆调度方法及应用

计三有,赵思敏

(武汉理工大学物流工程学院,武汉　430063)

摘　要:基于模糊理论本文对集装箱车辆与堆场的距离、作业重要度、集装箱车辆需求程度等主要参数进行模糊量化研究;采用 Matlab 模糊逻辑控制箱编制距离变量隶属函数、作业重要性变量隶属函数以及集装箱车辆需求程度隶属函数,设计模糊规则编辑器,给出了集装箱车辆动态调度实时查询控制表。最后详细介绍了该方法在集装箱码头中的应用。

关键词:模糊控制;集装箱车辆调度;Matlab 模糊逻辑控制箱

5

0　引　　言

近年来港口装卸量越来越大,如何更大程度的提高港口效益成为重要的课题。改善港口管理方式以及完善港口布局规划都很重要。最主要的还是要着力提高港口机械的装卸效率。

1　集装箱车辆调度

集装箱车辆调度系统是一种以中央控制室为指挥中心,以集装箱车辆上装有的无线终端为通讯手段,通过无线集群打包传送控制信号,由计算机生产系统内的集装箱车辆管理系统,根据生产对集装箱车辆的需求自动向相关的集装箱车辆发作业指令的集装箱码头装卸运营系统[1]。通过动态的调度可提高集装箱车辆利用率,减少岸边桥式起重机的等待时间,提高装卸效率,降低码头营运成本。

2　模糊控制理论

模糊控制是以模糊集合论、模糊语言变量及模糊逻辑对立为基础的一种计算机数字控制。从线性控制与非线性控制的角度分类,模糊控制是一种非线性控制。从控制器的智能看,模糊控制属于智能控制范畴,而且已经成为目前实现智能控制的一种重要而又有效的形式。对于非线性系统,若采用精确的方法,由于约束条件太多,使得求解过程非常复杂,即便使用一台大型计算机也难以胜任[2]。因此,将模糊逻辑推理应用于非线形系统控制,是近年来控制理论领域研究的热点。

3　基于模糊控制理论的集装箱车辆调度分析

将模糊控制理论运用到集装箱码头集装箱拖挂车(简称集装箱车辆)调度系统中,对集装箱车辆进行动态调度,提高岸桥和集装箱车辆利用率。使用 Matlab 模糊控制箱编程,以实现实时调度。该方法最大程度的减少集装箱车辆和岸桥等待时间,在争取时间的同时也提高了码头的运行效率,当然也就增加了经济效益。

3.1　集装箱车辆与作业点距离

集装箱车辆位置与行驶目的地之间实际距离的表示存在许多困难，因为集装箱车辆的作业点使用前沿/堆场的泊位号/堆存区来表示的，因此集装箱车辆实际行驶长度可以根据前沿/堆场的泊位号/堆存区号的作业位置进行转换，得出大致的行驶长度[3]。

设码头前沿和堆场的位置为(i,j,k)，$i\leqslant 1$；$j\leqslant m$；$k\leqslant n$。

符号说明：

i——码头前沿或堆场的代号，0 为码头前沿，1 为堆场；

j——码头前沿泊位号或堆场区号，对于堆场，每一纵行为一个区；

m——最大泊位数或最大堆场区域数；

k——对于码头前沿为 0，对于堆场，代表堆垛的块号；

n——最大堆垛的块数。

码头前沿到堆场的纵向距离平均为 a 米，相邻泊位/堆场的横向距离平均为 b 米，相邻堆场的纵向距离平均为 c 米。二个不同箱区 A 和 B 的距离采用距离点表示，其中 A 的箱区位置为(i_A,j_A,k_A)，B 的箱区位置为(i_B,j_B,k_B)，则距离定义为：

$$R \triangleq a\times|i_A-i_B|+b\times|j_A-j_B|+c\times|k_A-k_B| \tag{1}$$

3.2　集装箱车辆模糊控制的 Matlab 应用

在模糊控制系统的设计、调试中，有大量工作是设计调整模糊控制器的参数，包括隶属函数、控制规则等，这是一种重复耗时的工作。为了更加有效地完成这一工作，本文采用 Matlab 模糊工具箱来解决集装箱车辆调度控制器的设计问题。

3.2.1　Matlab 模糊逻辑工具箱的图形用户界面

距离变量隶属函数、作业重要性变量隶属函数是输入，集装箱车辆分配的及时性隶属度函数是输出。该系统属于双输入、单输出的二维系统。其模糊推理方式采用 Mamdani 极小运算法，合成运算直接采用极大极小运算；解模糊采用 mom(平均最大隶属度法)方法[4]。

3.2.2　隶属度函数编辑器

(1)距离隶属度函数编辑器

定义其模糊词集为：很近、较近、近、一般、较远、远、很远、极远，相应描述距离的模糊集合 UR 为：$N1,N2,N3,N,R3,R2,R1,VR$，选择隶属函数数量为 8；模糊分割为 1,2,3,4,5,6,7，即为距离论域 $L=\{1,2,3,4,5,6,7\}$；从图 1 可以看出，其论域范围为[17]，模糊集合有 8 个分别是 $N1,N2,N3,NR,R3,R2,R1,VR$。

(2)作业重要性隶属度函数

作用重要性函数的论域为{1,2,3,4,5,6,7}，其模糊集合分为 5 个等级，从[1　5]表示重要性程度越来越大，作业重要性隶属函数见图 2。

(3)输出变量隶属度函数

该二维模糊控制器的输出变量为集装箱车辆需求程度隶属表。其论域为{1,2,3,4,5,6,7}；模糊集合为{1,2,3,4,5,6,7}。从图 3 可知，其隶属度函数均为三角形函数。

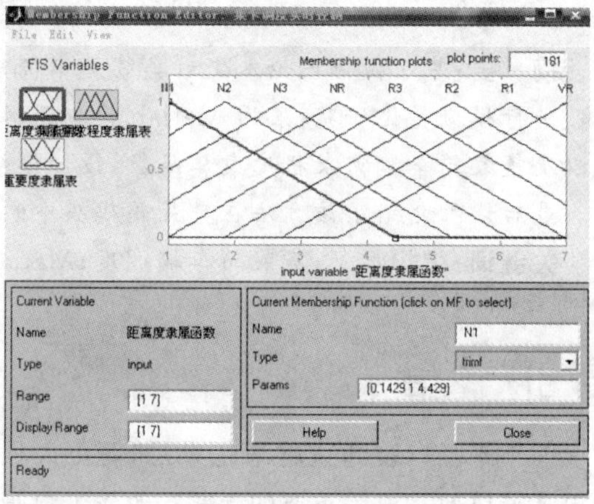

图 1　距离隶属度函数

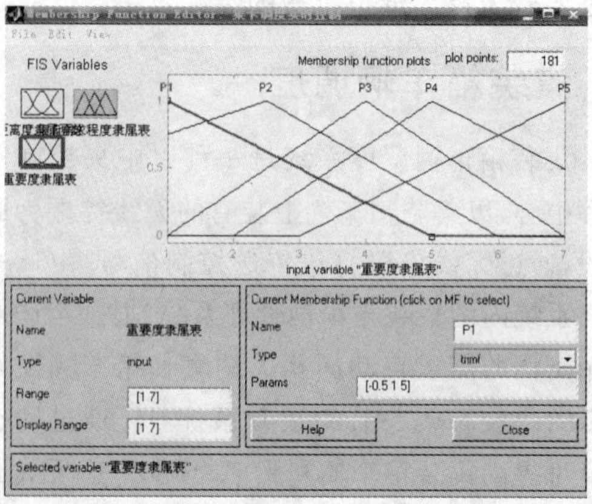

图 2　作业重要性隶属函数

3.2.3　模糊规则编辑器以及模糊规则浏览器

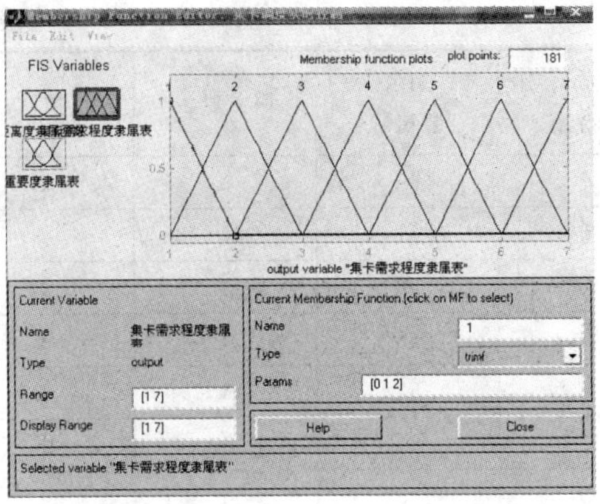

图 3　集装箱车辆需求程度隶属函数

模糊规则编辑器提供了添加、修改和删除模糊规则的图形界面。根据集装箱车辆模糊控制的规则可以在 Matlab 模糊逻辑界面作出规则编辑器。模糊规则的形式是：IF 条件 THEN 结论。左边为输入变量窗口，分别是距离隶属度函数和重要度隶属函数。两者的关系是 and；右边窗口为集装箱车辆需求程度。三个按钮 Delete rule、Add rule 、Change rule 分别用于删除、增加、修改规则。

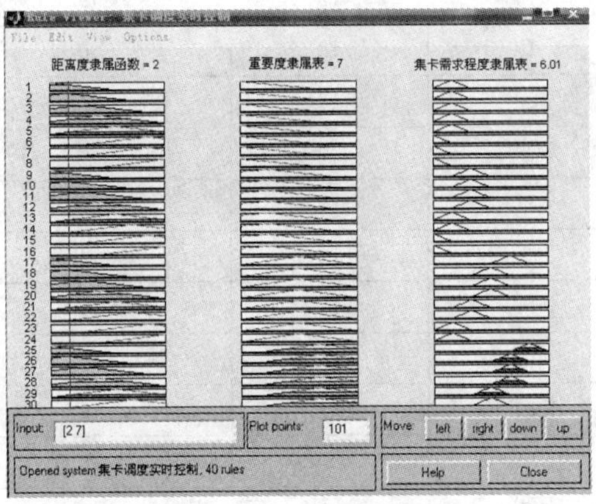

图 4　模糊规则浏览器

在图 4 的模糊规则浏览器中，以图形形式描述了模糊推理系统的推理过程。从图 4 可以知道，在该界面左下角的 Imput 输入处可以输入距离远近程度和重要度的论域，输入为[2　7]，即对距离的模糊度为 2 级，作业重要度为 7 级，则集装箱车辆需求程度为 6.01。同样当输入为[5　5]时，集装箱车辆需求程度为 3.97。由此改变输入，可以得到不同的实时控制查询表。

3.2.4　实时调度控制查询表

在集装箱车辆调度模糊控制系统中，模糊控制器的在线控制就是根据距离远近程度和作业重要性程度的模糊化等级，通过查询表做出决策。实时调度查询表见表 1。

表 1　实时调度控制查询表

重要度＼距离	1	2	3	4	5	6	7
1	2.02	1.99	2.02	1.99	2.38	1.03	1
2	2.98	2.85	2.54	2.43	2.41	2.05	1.53
3	3.03	2.98	2.68	2.5	2.45	2.30	1.98
4	5.02	4.00	3.98	3.75	3.61	3.48	2.03
5	5.98	5.45	5.02	4.99	3.97	3.53	2.35
6	6.34	5.50	5.5	5.03	4.18	3.53	2.5
7	7.00	6.01	5.98	4.84	4.27	4.01	2.98

4　应用实例

某集装箱码头 14 台岸桥的作业位置和当前的作业状态的详见表 2，装卸作业的箱量、箱号、集装箱装卸的起始位置(船上和堆场的位置)。

表 2　岸桥的作业位置和当前的作业状态

岸桥编号	当前位置	集装箱车辆等待数	已完成装箱量	已完成卸箱量	剩余装箱量	服务船名	航次
Q101	0,1,0	3	14	13	36	1	Q
Q102	0,1,0	1	7	5	41	1	Q
Q103	0,1,0	2	8	10	54	1	Q
Q104	0,1,0	2	10	8	55	1	Q
Q105	0,2,0	2	11	12	38		W
Q106	0,2,0	2	7	5	45	2	W
Q107	0,2,0	2	20	14	37	2	W

5

续上表

岸桥编号	当前位置	集装箱车辆等待数	已完成装箱量	已完成卸箱量	剩余装箱量	服务船名	航次
Q108	0,3,0	3	8	7	40	3	N
Q109	0,3,0	2	6	3	51	3	N
Q110	0,3,0	0	7	10	58	3	N
Q111	0,4,0	2	16	7	38	4	E
Q112	0,4,0	3	6	5	51	4	E
Q113	0,4,0	4	16	12	40	4	E
Q114	0,4,0	1	14	10	38	4	E

服务船名:CHAUHE——1;DAQIHE——2;DONGFENG——3;GB1008——4

航次:Q199W——Q;0177W——W;0274N——N;0151E——E

14台场桥的作业位置和当前的作业状态的部分数据见表3,装卸作业的箱量、箱号、集装箱装卸的起始位置(堆场的位置和船上)。

表3　场桥的作业位置和当前的作业状态

场桥编号	当前位置	集装箱车辆等待数	当前堆存量	已完成装箱量	已完成卸箱量	剩余装箱量
Y201	1,1,1	2	60	14	17	46
Y202	1,1,5	1	52	18	9	34
Y203	1,1,8	1	64	15	12	49
Y204	1,2,1	2	48	18	12	30
Y205	1,2,3	1	47	20	16	27
Y206	1,2,5	1	58	8	10	50
Y207	1,2,9	1	49	11	11	38
Y208	1,3,2	1	53	9	12	44
Y209	1,3,6	3	47	16	13	31
Y210	1,3,9	2	62	14	11	48
Y211	1,4,3	2	57	10	10	47
Y212	1,4,6	2	49	15	8	34
Y213	1,4,9	2	61	8	12	53
Y214	1,5,2	2	60	16	15	44

22台集装箱车辆的作业位置和当前的作业状态的部分数据见表4。根据表4可知,有6辆集装箱车辆处于空闲状态。本文以T301为例计算其工作状况。

表4　集装箱车辆的作业位置和当前的作业状态

集装箱车辆编号	当前位置	作业状态	集装箱车辆编号	当前位置	作业状态
T301	0,1,0	空闲	T312	1,3,8	空闲
T302	0,1,0	等待卸箱	T313	0,1,0	等待卸箱
T303	0,1,0	等待卸箱	T314	0,2,0	等待装箱
T304	0,1,0	等待卸箱	T315	0,1,0	等待装箱
T305		故障	T316	0,3,0	空闲

续上表

集装箱车辆编号	当前位置	作业状态	集装箱车辆编号	当前位置	作业状态
T306	0,2,0	接收命令	T317	0,1,0	等待卸箱
T307	0,1,0	等待装箱	T318	1,4,9	空闲
T308	0,4,0	空闲	T319	0,1,0	等待卸箱
T309	0,1,0	等待装箱	T320	0,2,0	等待装箱
T310	0,1,0	等待装箱	T321	0,1,0	等待卸箱
T311	2,4,6	空闲	T322	0,2,0	等待卸箱

4.1　距离等化等级

集装箱车辆当前位置为(0,1,0)，该坐标表示T301处于码头前沿第一个泊位处。以Q105为例计算其与各个岸桥的距离。

$R=500\times|i_A+i_B|+300\times|j_A-j_B|+40\times|k_A-k_B|\triangleq 500\times0+300\times1+40\times0=300$

由表1知Q105坐标为(0,2,0)，则根据表1，其量化等级为2。同理可以计算T301与各个岸桥和场桥的距离量化等级，如表5所示。

表5　集装箱车辆T301与各个作业点距离量化等级

岸桥	Q101	Q102	Q103	Q104	Q105	Q106	Q107	Q108	Q109	Q110	Q111	Q112	Q113	Q114
距离	1	1	1	1	2	2	2	3	3	3	4	4	4	4
作业	2	4	4	5	3	4	3	3	5	7	3	4	2	4

4.2　作业重要性程度量化等级

作业重要性程度其计算公式为：

$$L_i=P_i-N_i, i\leqslant n \tag{2}$$

其中P为人为定义作业重要度等级，N为实际等候集装箱车辆数量。以岸桥Q105为例，人为定义其作业重要度等级为5，可知其集装箱车辆等待数为2，则该作业重要性量化等级为5－2＝3。

在人为定义作业重要度等级时要注意的是必须保证岸桥作业优先于场桥作业。一般情况下岸桥作业重要度可为5—7，场桥作业重要度为1—5。另外还有一点需要注意的是当$L<0$，则表示集装箱车辆数量足够，不许从其他地方调动集装箱车辆。根据作业重要性程度量化等级的计算公式，可以得到表6所示的作业重要性量化等级表。

表6　作业重要性量化等级表

场桥	Y201	Y202	Y203	Y204	Y205	Y206	Y207	Y208	Y209	Y210	Y211	Y212	Y213	Y214
距离	1	1	1	1	2	2	2	3	3	3	4	4	4	4
作业	2	4	4	5	3	4	3	3	5	7	3	4	2	4

由(1)，(2)可知，在模糊规则编辑器中输入[23]时，即距离量化等级为2，重要性量化等级为3时，输出为岸桥Q105对集装箱车辆T301的需求程度2.98。

表7　各作业点对集装箱车辆T301的需求程度

岸桥	Q101	Q102	Q103	Q104	Q105	Q106	Q107	Q108	Q109	Q110	Q111	Q112	Q113	Q114
输入	[12]	[14]	[14]	[15]	[23]	[24]	[23]	[33]	[35]	[33]	[43]	[44]	[42]	[44]
需求	2.02	5.02	5.02	5.98	2.98	4.00	2.98	2.68	5.02	2.68	2.50	3.75	2.43	3.75
场桥	Y201	Y202	Y203	Y204	Y205	Y206	Y207	Y208	Y209	Y210	Y211	Y212	Y213	Y214

则可以查出 Q104 对集装箱车辆 T301 的需求度为 5.98，需求程度最高。则集装箱车辆 T301 应驶往岸桥 Q104 的作业点工作。

5 结　论

本文利用模糊理论对集装箱车辆与堆场的距离进行模糊化，研究集装箱车辆调度系统的模糊规则；设计出了模糊调度实时查询表。利用 Matlab 编制距离变量隶属函数、作业重要性变量隶属函数。同时针对一辆空闲集装箱车辆的调度问题进行了案例分析，以检验该调度系统是否可以用于实际的港口运营中。

码头实际应用非常复杂，并且在我国尚属初步探索阶段，各方面的理论和技术以及观念还没有成熟，今后应将模糊调度规则、各个隶属度函数更加准确化、精确化；同时对于人为的作业重要度的确定也很重要，必须搜集更多调研资料使的其确定的方法更加程序化，客观化，才能使码头作业更加精确有效率。

参考文献

[1] 邱跃龙. 集装箱自动化码头物流系统规划与仿真[D]. 武汉理工大学硕士学位论文，2005：38-40.

[2] 诸静. 模糊控制理论与系统原理[M]. 北京：机械工业出版社. 2005：88-90.

[3] 孙凤山. 港口发展集装箱物流的优势和途径现代物流[J]，港口经济，2007(2)：33-35

[4] 高玮，周强. 集装箱码头集装箱车辆作业模式比较及其建模与仿真[J]. 港口装卸. 2003(2)：27-29.

现代物流产业集群形成机理研究

周奇才，方　颃

（同济大学机械工程学院　上海　201804）

摘　要：随着国民经济持续的快速增长和我国物流业的迅速发展，物流业对国民经济发展的促进作用不断增强，物流产业集群也逐渐形成。本文认为物流企业间专业化分工、资源共享、知识溢出与创新机制是推动物流产业集群的内在动力；另外，企业的现代生产模式、物流市场需求的快速增长、区域的高度选择与基础设施环境等因素是推动物流产业集群的外部动力，通过分析物流产业集群的形成机理为物流产业的发展提供相应的理论支持。

关键词：物流；产业集群；形成机理

随着经济全球化和区域经济一体化进程的加快，许多产业的发展日益需要现代物流的支持，现代物流对区域经济发展有显著影响，物流产业已经成为区域产业集群和区域经济一体化的先导驱动产业和加速发展的润滑剂。反过来，产业发展和产业集群支持也促进现代物流业的发展。进一步，现代物流业的发展加快市场要素的流动，加速了物流产业集群，促进区域经济的产业结构高级化和产业空间合理布局。

1 物流产业集群的定义

对物流产业集群定义的界定，至今仍没有统一的说法。根据迈克・波特对产业集群的定义，波特认为产业集群是指在某一特定区域中内（通常以某一主导产业为核心），密切联系的企业及相关支持机构在空间上的聚集，并形成强劲、持续竞争优势的现象[1]。

结合物流产业的特征，物流产业集群是指在某一特定的区域内，以物流产业（包括运输业、仓储业、装卸搬运业、包装业、流通加工业、配送业、物流信息业等）为主导的相关企业与单位，以交通运输枢纽设施（如港口、机场、铁路货运站、高速公路枢纽等）、科研开发机构（物流技术创新、物流信息平台的开发等）、管理部门为依托，以及相关的制造和流通企业为重要组成部分，在空间上高密度集聚在一起，相互依存、相互促进又相互竞争的现象。一个国家或地区的产业集群从产业链的角度看，包括上游供应产业、功能与支持性产业以及最终消费商品和劳务产业。由于物流产业具有较长的价值链，涉及供应、生产、销售和消费等诸多环节，并且各个环节的功能差异较大，独家物流服务提供方难以完成所有的物流过程，因此逐渐形成了拥有完备的物流基础设施，分工协作关系明确，竞争优势明显的物流产业集群。我国以开发区、保税区、港口、机场以及传统物资储运单位为轴心，已经形成一些颇具规模的物流中心和物流园区等物流企业集群。

2　物流产业集群的特征

物流产业集群的一般特征主要体现在：高度的区位选择性；物流需求与物流资源的聚集性[2]；物流企业间分工协作与竞争的关系；以区域产业发展为基础的根植性；社会网络、物流网络和信息网络的高度耦合；

物流业作为服务性行业，其产业集群具有一些不同于其他产业集群的独特经济特征，主要体现在：物流需求是一种派生需求，具有在空间上集聚的指向性，基于这种派生需求的特性，物流产业集群的形成与生产和消费密切相关，同时依赖于区域经济和区域其他产业的发展，或者说，物流产业的发展根植于其他产业或区域经济的发展之中。

3　物流产业集群的形成机制分析

为了追求利润最大化，物流企业要不断地提升竞争力，企业追求自身发展的同时无形地促进了物流产业集群。因此，物流企业自身发展与物流产业集群化密切相关，是物流产业集群化的内部机制。此外，诸多外部因素也加快了物流产业集群化的趋势。

3.1　内部机制

3.1.1　专业化分工

物流产业具有较长的价值链，各个功能环节差异较大，单独一家企业要控制所有物流环节比较困难，需要多道工序相互配合、协同作业才能形成最终的物流服务产品。集群让供应链上专业化分工的物流企业聚集在一起，通过合作、合资或建立物流联盟等方式对区域内物流资源和物流功能进行整合或集成，实现产业内分工协作。同属物流产业的各企业根据自身的特点，重点发展本企业具有核心竞争力的业务，形成深度的专业化分工，共同实施仓储、运输、装卸、搬运、包装、配送、销售等物流现代化作业，增强物流企业的专业性和互补性，分工的细化和深化，促进了各企业物流服务专业水平与服务效率的提高[3]。因此，分工协作的企业越具有差异化的知识和技能，越是容易形成产业集群。集群使得许多市场生存能力较弱的中小企业，可集中力量实现专业化，参与到集群里面，克服其内部规模经济的劣势，不但生存了下来，而且还增强了集群的整体竞争力。在一个紧密联系的价值增加体系内，各物流功能环节不仅要达到局部优化，而且要使整个供应链最优化，此时企业之间的联系必然紧密，从而诱发物流企业集群。

3.1.2　资源共享

物流企业为了在提供高效的物流服务的基础上实现利润最大化，会选择集聚在一起，形成一种非契约型社会网络。这种关系是建立在合作企业之间相互信任的基础上的，需要频繁的信息交流。物流企业聚集在一起以获取规模经济和范围经济，相互合作，优势互补，提供全方位物流服务，这就是物流产业集群形成的根本动力；同时，通过资源共享，减少了分散布局所产生的交易费用，从而降低企业的生产成本。

资源共享促进物流产业集群主要体现在三个方面：①物流业是复合型产业，在集群的发展过程中会产生强大的吸引力，吸引更多企业、优秀人才和资金的加入，为集群区内企业的发展提供所需的各种资源；而企业的发展反过来又促进了产业集群的形成；②集群内的企业实现多种资源的共享，特别是信息资源的共享为物流业集群提供了关键的支持平台。物流信息平台主要利用网络化、信息化的优势，通过对整个物流系统资源的优化整合，为物流系统提供共享交流的载体，是企业进行合作交流的平台，同时，为企业提供高质量、高水平的增值服务，提高资源的利用率，实现社会物流系统的优化运作。公共物流信息平台还能够实时跟踪货物和车辆，保证货物运达的准时性；提高交货的可靠性；提高对用户需求的响应；提高管理部门工作的协同性；提高资源配置的合理化。通过物流综合信息平台.加强了物流企业与上下游企业之间的合作，形成并优化供应链。因此，良好的物流信息平台是促进物流产业集群必不可少的动力；③物流人才是物流产业集群形成的核心动力。目前，物流专业人才短缺是制约物流产业发展的瓶颈，随着物流产业集群的加快，集群区吸引了大量物流专业人才和潜在企业家的加入，正逐渐成为区域性的人才中心，为人才的交流和流动提供了便捷的途径：首先，企业可以吸引到更多高素质的物流专业人才；其次，企业间的联系为人才流通提供了途径和条件；最后，集群内人才交易的成本较低。因此，人物流人才的聚集成了物流产业集群的重要因素。

3.1.3 技术创新与知识溢出

由于地理的集聚性，业务的相关性和市场的竞争性，迫使集群区内受到隐形压力的企业不断地进行技术创新、生产模式创新、组织管理创新和营销方式创新，以增强企业的竞争力。产业集群内部的竞争自强化趋势在集群中形成“优胜劣汰”的自然选择机制，刺激企业创新。同时，任何一项具有市场潜力的创新，很快地被集群内的企业吸纳和借鉴，并在此基础上进行新的创新，形成一种不断创新的环境。这种创新机制促进了物流产业集群的自增强。

在产业集群内，通过企业间正式接触、员工之间非正式交往等各种渠道，加快新观念、新思想和新知识的扩散，企业的知识（知识包括技术知识、需求信息、供给信息、经营经验、培训方式等）与技术创新很容易外溢到相邻企业，使得各个企业都从这种知识溢出中受益；各种信息的交流既节省了知识学习的成本，又提高了新知识的利用率[4]。新知识的易获性，使集群始终保持着创新优势。集群内企业间相互学习，共同研究开发新产品，开拓新市场，提供高质量的服务，增强了企业的竞争力，提高了集群的竞争优势，所以也加快现代物流产业集群的良性发展。

3.2 外部机制

3.2.1 生产企业的现代生产模式

随着我国国民经济的快速增长，消费水平不断提高，对商品和服务的需求也大幅度增加和需求的多样性导致了需求的不确定性大大增加，这就要求企业要不断地提高竞争力。面对全球化的市场竞争和瞬息万变的买方市场，传统的生产模式难以满足对市场的响应。为了适应市场的变化和提高自身的竞争力，企业采取了基于时间和知识的制造技术与管理方法。

基于时间的生产模式，诸如精益生产、准时制生产、敏捷生产、客户制定化生产、最优化生产技术等，是指以顾客为中心，将采购、生产和流通集成化，按照市场需求组织生产，实现生产与销售的灵活性，以达到降低库存等物流费用，快速反应市场，其核心是产品的多样性和制定性[5]。这使得企业的物流管理和配送工作日益复杂化、动态化和系统化，而低效的传统物流模式必然会阻碍新的生产模式的发展，所以要求有新的物流理念、形式及与物流需求方的良好合作作为支撑。单个物流企业难以满足客户多样性、差异性以及服务目标多重性的要求，因此需要多家企业同步反应、协同作业。这样不仅能实现企业内部资源、功能的动态优化整合，满足新生产方式对物流的需求；同时还能实现小批量、多品种商品的快速配送和适应灵活的分销制度。为了满足现代生产模式的物流需求和获得时间的竞争优势，企业往往采取协作的方式参与物流作业，而依托产业集群能将物流功能的协作效应最大化。

3.2.2 物流市场需求

经济学最基本的原理是供给需求原理。现在市场经济，有了需求，才能够拉动供给。物流产业集群的形成也是源于对物流服务的大量需求。我国已成为当前全球最具经济活力的地区和最富潜力的消费市场之一，许多跨国公司有意把采购中心或制造中心转移到我国，越来越多的国内企业也开始在全球范围内进行生产和经营，中国正逐渐成为世界制造中心。物流需求因而大幅度增加，需要建立一个快速、机动、便捷、高效的现代物流系统作为支撑，因此物流产业集群在这种市场需求环境下逐渐形成[6]。物流产业集群与经济发展水平和物流市场的需求紧密相关，有足够的物流市场需求为基础，物流产业集群才有形成和发展的可能性。

根据迈克·波特的“钻石理论”，相关与支持性产业的相互扶持是产业集群形成与发展的因素之一。随着产业集群成为区域经济增长的主要源泉，传统产业集群已经成为一种普遍现象。物流产业是服务性产业，物流产业集群的形成和发展要有足够的物流市场需求为基础。这种特性决定了物流的发展与传统产业是相辅相成的，传统产业集群的发展势必会带动物流产业集群的发展。随着传统产业的集聚，物流的需求在不断的集中，必然会导致越来越多的物流服务提供方集中在物流需求地及周围，为物流服务需求方提供快捷、高效的服务，这样就导致了物流产业的集聚。所以说，本地物流需求环境是产业集群形成的重要条件，内需市场的重要意义在于它是产业集群的动力，而成熟的物流产业集群也会推动物流需求的集聚。

3.2.3　高度的区域选择性

物流园区一般紧邻机场、港口、铁路等交通枢纽，周围有发达的高速公路网。此外，还要考虑土地价格、劳动力成本等各种因素。物流产业的功能和服务特性决定了物流企业大都分布在城市边缘、交通条件便利、用地充足的地方。因此，港口、机场等城市边缘地带对发展物流产业集群来说有着很大的区位优势。

物流活动对于交通便利、公共基础设施等要素的依赖性极强。物流业必须及时满足客户的个性化需求，这就要求物流园区中的众多物流企业除了具有较强的功能互补外，还要通过良好的公共基础设施、优越的地理位置，才能够实现客户的准时制要求。由此，区位的优劣直接影响着物流产业集群的形成和发展。众多企业在决定是否加入集群区（如物流园区、物流中心）时，首要考虑的就是该区位是否具有得天独厚的优势，表现出物流企业对区位选址的高度依赖性。众多物流企业经过多轮次的互动博弈，最终趋向于向某一区位集中，从而使得在该区位形成集聚成为可能，诱发了物流园区产业集群的形成。

3.2.4　基础设施环境

基础设施环境是产业集群区位选择的重要考虑因素。从物流产业的性质和特征看，基础设施不仅包括水电设施、区域交通系统、信息网络、城市管网等对生产具有辅助作用的公共设施，还包括诸如文化、教育、咨询和科研技术等无形资产所提供的社会基础设施。企业进行区位选择时必然要考虑经济性，完善的基础设施在很大程度上减少了企业的额外投资，使企业获得更多的经济利润，其经济效应是显而易见的。

基础设施的完善为物流产业集群的形成起到推动作用，如物流作业效率很大程度上依耐于交通的便利性，便利的交通能降低物流成本并提高作业效率；完善的通讯系统和发达的信息平台能节约交易成本并提高交易的效率；完备的生活配套设施可以改善员工的工作环境，提高劳动积极性。因此，在物流产业集群的形成和发展时期，要注重物流基础设施的规划建设。完善的基础设施条件是吸引物流企业入驻的筹码之一，间接提高了企业的利润，吸引更多企业集聚在该地区。随着对物流产业的重视，近年来，在国家及地方政府的大力推进和企业的积极参与下，我国现代物流的发展呈现出良好的趋势，特别是物流基础设施的建设和发展成为热点[7]。物流基础设施已经不是一般意义上的物流活动场所或组织的概念，而是具有物流组织功能、物流发展功能和通过物流带动产业发展的功能。所以，良好的区域基础设施会促进产业集群的形成，产业集群的形成也会推动基础设施建设的进一步完善，使得基础设施建设更进一步地符合产业集群发展的需求。

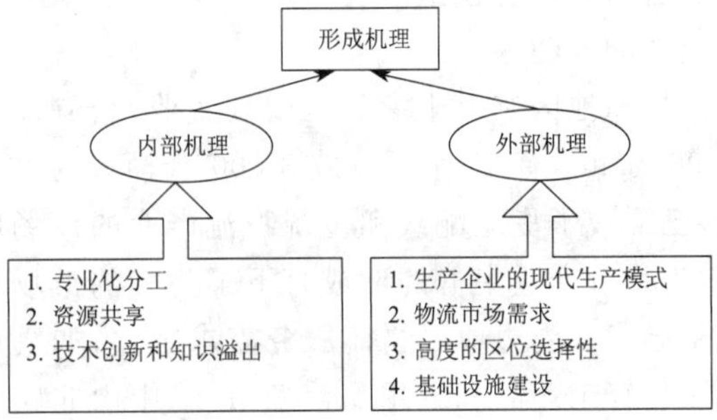

图 1　现代物流产业集群的形成机理

4　物流产业集群实证研究——上海西北综合物流园区

物流园区、物流基地、物流中心是物流产业发展过程中形成的不同物流产业模式，是在特定的区域内物流企业为实现物流资源优化与功能整合而形成的集结点。虽然它们的区域跨度和发展的侧重点不同，但本质上都体现了综合性、地域性、物流资源集中性和物流市场交易的集中性。在物流资源集中的基础上，物流企业作为物流功能的执行主体与支撑服务主体在此聚集，形成集群，它们本身就是物流产业集群。本文仅以上海西北物流园区作为说明物流产业集群的实证研究。

上海西北综合物流园区从 20 世纪 80 年代开始逐步形成物流市场，到如今成为上海最大的陆上货运中心。作为重要的陆路口岸型物流园区，目前承担了上海市 50% 的城市货物配送服务。西北综合物流园区是以省际物流集散功能为主，集货运配载、交易、信息服务、仓储、流通、加工、配送、展示等物流服务于一体的集散型综合性物流园区，是在市场经济规律作用下，物流产业集群演化形成的产物。

上海西北综合物流园区具有优越的区位与交通优势，其地处上海市普陀区桃浦镇，是上海西大堂的门户，按照市场需求的原则，确定了"一个中心(陆上货运交易中心)"、"两大基地(未来岛物流科技基地和槎浦物流基地)"的综合物流园区。其具有三纵四横的交通优势，与高速公路网与铁路网(包括沪宁线、沪杭环围线、南何支线)合而为一。同时从园区到虹桥机场只需要10分钟，到吴淞集装箱码头也仅需要20分钟，周边公交线路云集，地铁11号线近在咫尺，已成为上海市西北部海、陆、空交通的集结点，优越的区位和便利快捷的交通为物流业创造了良好的条件，吸引众多物流企业的入驻。

桃浦地区有上千家货运配载企业，仓储面积达90万 m^2，有11个可停放3 000余辆车的停车场，已形成了货运配载和传统物流产业的市场网络，为物流产业集群的形成打下了坚实的市场环境基础[8]。周边地区物流服务需求旺盛，如真如地区的轻工业品和日用品消费市场，中山北路的钢材市场、汽车市场和化工市场，曹安蔬菜市场和服装市场，沪西水果批发市场等；宝山区和嘉定区的十几个工业园区，有大量的原材料和产品需要大量的运输；麦德龙、家乐福、乐购、世纪联华等大型超市的配送中心和上海医药、上海安康药业、重庆太极药业及武汉九州通医药等医药物流中心都集聚在该地区。强大的工业生产能力和市场需求迫切需要有先进的、大型的物流市场相配套，需要多种具有不同物流服务功能的物流企业相协作，才能满足潜力如此巨大的物流需求，这为物流产业集群起到了积极的推进作用。

物流园区的未来岛集聚着现代物流企业的总部、物流产业科技公司和现代物流的咨询、法律培训等服务机构，还依托同济大学、上海交通大学等高校的科技力量，形成一个集物流科技的研发、孵化、产业化为一体的物流科技产业基地。强大的科研技术能力吸引了更多物流企业和物流科技企业的进驻，推动先进物流技术的研发和产业化，逐步打造现代物流科技的产业基地和研发中心。

依靠优越的区位、便捷的交通、旺盛的市场需求和完善的基础设施建设，在科技创新和科研开发的积极推动下，西北综合物流园区的形成和发展正体现了现代物流产业集群的自发性和必然性。

5 总 结

物流产业集群的形成和发展是必然趋势，只有认识物流产业集群的形成机制，才能对其发展进行正确的引导和规范。物流产业集群具有很强的竞争优势，对我国物流业的发展有巨大的推动作用，并促进了我国区域经济的快速发展。因此，我们必须加强集群内物流企业的竞争与合作，不断提升物流产业集群的竞争力，通过物流产业集群的持续发展来实现我国经济的可持续发展。

参考文献

[1] 迈克尔·波特.国家竞争优势[M].北京:华夏出版社，2002:135-145.

[2] 支燕.物流产业集聚的竞争优势研究[J].经济与管理研究，2005.3:39-42.

[3] 李伊松，熊华姝，张文杰.物流产业集聚影响因素分析[J].生产力研究，2008.7:120-122.

[4] 马丽.物流产业集群发展模式研究[D].武汉:武汉理工大学，2008.

[5] 杨春河.现代物流产业集群形成和演进模式研究[D].北京:北京交通大学，2008.

[6] 邹小彭，唐元琦.物流金融:物流研究的新领域[J].中国物流与采购，2004.17:42-44.

[7] 熊浩，鄢慧丽.物流产业集群的发展初探[J].物流技术，2007.26(2):18-21.

[8] 王大明.上海"陆港"在改革开放中开拓奋进[J].上海物流，2009.2:12-16.

物流服务与集成创新

李辉民

(中国远洋运输(集团)总公司 北京 100031)

摘 要:介绍集成物流的内涵与物征，资源整合与集成模式，集成物流的发展与思考。

关键词:物流;资源;整合

目前,集成化已成为信息、制造、管理等众多应用技术领域的发展趋势,CAD/CAM、FMS(柔性制造系统)、CIMS、IT、Groupware(群件)等都是现代集成技术在有关领域的应用。这些技术的发展拓展了我们研究物流的眼界,也为我们建立相应的物流系统提供了新思维、新观念和新方法。国际、区域物流和企业间、企业内物流等现代物流问题都可以运用集成的方法来解决。集成化已经成为现代物流系统构建的一种方法和手段,也是现代物流经营管理中不可缺少的一种思想和观念。

一、集成物流的内涵与特征

1.集成物流的含义

集成是指集成主体将两个或两个以上的集成要素(单元)集合成一个有机整体的行为、过程和结果。所形成的集成体不是集成要素之间的简单叠加,而是按照一定方式进行构造和整合,其目的在于实现集成整体功能的倍增和涌现。

集成的主要特征可概括为:目的性、主体行为性、非线性、整体优化性、相容性、互补性、层次性等。集成是一个动态的过程,它是构成系统尤其是构成高级系统的途径或方式。各种零散的、互不相干的要素(单元)通过集成可以形成为一个极富活力的新的系统。集成是一种含有创造性思维和策略的活动,是一种主动行为。同时,它本身又是一种思想,一种可用于指导管理实践的策略思想。

在物流过程中,以流体、载体、流程、流向、流速、流量、流效等物流要素相互制约,构成了整个物流系统。集成化物流就是将物流服务链上的所有节点企业作为一个整体,通过协同机制,借助于现代信息技术和管理技术的支持,为顾客提供集成化的服务。

集成物流的内涵如下:

(1)它是基于共同的目标,通过一定的制度安排,将物流服务链上的所有企业通过集成方式形成的物流系统;

(2)它是以计算机网络技术和信息技术为支柱,以全球性物流资源为可选对象,综合各种先进的物流技术和管理技术,将节点企业内部供应链以及节点企业之间的供应链有机地集成起来进行管理;

(3)它通过充分利用人员、流程、技术和绩效标准等共享资源,实现协同运作,从而高质量、低成本,快速、高效地提供市场所需的物流产品或服务;

(4)它是由一个起主导作用的专业化资本或要素,将物流系统所需要的其他专业化资本或要素,按一定方式进行构造和整合,形成要素紧密联系、协同运作的物流系统。

2.集成物流的主要特点

(1)服务集成化

传统的功能型物流企业的运作模式往往是单一功能的,难以满足客户多样化、个性化需求,也不利于集成主体的过程管理。相比之下,集成物流不仅能提供仓储、运输、搬运、装卸、包装、流通加工、信息处理等基本物流服务,还能提供诸如订单处理、物流方案的选择与规划、贷款回收与结算等增值性服务,以及按客户特定的业务流程,设计解决方案等。客户只需要面对集成物流服务供应商,由它全面负责组织、管理、协调并提供"一站到位"式服务。

(2)流程无缝化

集成化物流是一个大跨度系统,它借助于互联网技术和信息平台,通过标准、规范、制度等机制要素,将节点企业内部供应链和节点企业之间的供应链有机地集成起来,在一个品牌的基础上,实行一体化、标准化、规范化服务,从而成为一个无缝连接的运作整体。例如,集成化物流能很好地根据物流服务需求方的采购、生产、销售计划和业务流程,设计、选择最佳的物流运作方案,按时、按量、按品种、保质送达所需的生产地点,并按客户要求把生产线上下来的产品经过运输、储存、搬运、装卸、再封装、贴标签等环节,输送到客户的分销中心或直接运抵各地的零售店。

(3)组织网络化

集成化物流通过物流经营管理组织、物流业务组织、物流资源组织和物流信息组织,按照网络式方式在一定市场区域内进行规划、设计和具体实施,最终在其服务市场区域内形成一个由物流干线网络、区域支线网络和市区配送网络的三级物流网络体系。在这个三级物流网络体系中,网点要素(节点企业)之间通过共用的信息平台和共同的业务活动连接在一起,按照分工与合作的原则,各自发挥其所拥有的核心专长,使得每个网点要素的功能都得以放大,从而实现集成化物流反应快速化和物流服务总成本最优化的目标。

二、资源整合与集成模式

(一)集成物流的资源整合

1.现代管理理念整合

要想整合物流资源,首先整合思想。只有从思想理念上寻找突破口,才能真正推进集成物流的快速发展。在现阶段,必须实现集成思想、协同学思想、网络化客户关系管理、供应链管理、价值链管理、企业资源规划、全球运筹管理和业务流程重组等现代管理理念的整合,并将这些整合的理念贯穿于对各种相关物流资源的整合过程,从而实现集成化物流的高效、快速的协同运作。

2.客户资源整合

现代物流服务的本质就是在新的管理技术和现代服务理念基础上形成的客户服务。因此,客户资源整合是现代物流活动中的重要工作。将客户资源集中在一个系统中进行统一规划和运用,与客户建立起长期合作的战略伙伴关系,从而实现服务成本最低、服务效率最高和企业效益最大化。

由于物流企业的客户具有不可积累性、不可储存性,一旦物流企业的服务不再能满足客户的需求,将导致企业对以往客户的投入付之东流。因此,物流企业必须依据系统优化和客户价值的思想,对客户资源进行持续的整合,把潜在需求培养成客户,将新客户变成老客户,将老客户转变成忠诚客户,从而为客户提供持续服务。

3.能力资源整合

物流服务能力,是指物流企业在尽可能低的总成本下,提供有竞争优势的顾客服务的一种相对评估。它是通过一系列的功能活动来实现的。物流服务能力主要包括有:物流服务所需的有形资源(如必须的运输设备、仓储设备、信息网络等)和无形资源(如网络设计、组织管理、货运组织方式、存货控制能力、有效的物流管理团队等)。

能力资源整合,即在互信和“共赢”机制作用下,通过对物流企业的无形资源和有形资源进行系统化的整合,以形成一个有机的资源整体,从而达到系统功能倍增的效果。能力资源整合的途径主要有:物流企业间的并购或参股;建立广泛的战略联盟;物流服务创新等。

4.信息资源整合

集成物流的信息资源整合是一项跨越多组织、多元企业文化之间和对原有信息系统流程改造的复杂过程。它的整合实际上就是以流程变革为主线索的跨越集成物流各成员企业的系统集成过程。整合的目标是:紧紧围绕系统的战略目标,从整体利益出发,利用价值链思想,合理规化系统的内外业务流程,借助IT技术,实现信息在系统内快速、安全、畅通地流动,带动物流和资金流在系统内的快速运动,并利用现有的数据建立合理的数据模型,为系统的决策提供科学合理的依据。

信息资源整合离不开IT系统的支持。IT系统的技术支持包括网络技术、通信技术和软、硬件技术支持。由于技术支持的保障,集成物流的协同可以实现成员企业之间、不同功能之间、人员之间以及与顾客之间的一对一、一对多、多对一、多对多等多形态的协同方式,从而更好地将各自的优势资源整合起来,共同为顾客提供最优的物流服务。

5.物流流程整合

物流流程整合,是指经过创新、自动化和简化的流程重新结合,保证整个物流流程顺畅、连贯,更好地满足顾客需求。物流系统从生产、分配、销售到顾客的运作过程不是孤立的行为,而是一环扣一环的,相互制约,相辅相成的,并且物流作业与活动具有跨功能、跨企业的特性。因此,必须协调一致,才能发挥其最大经济效益和社会效益,物流流程整合则是确保物流管理成功的必要条件。

物流流程整合主要包括:流程整合、组织整合、与供应商整合和与顾客整合等。

(二)集成物流的运作模式

物流集成的目的是为了实现整体最优,在物流运作过程中,集成物流主体负责制定统一的服务标准、操作规程、管理规范等。因此,它是指挥中心、决策中心和利润中心,它通过物流信息平台实现与成员企业及顾客的信息沟通,以确保其对系统的集中控制,确保面向顾客一致的、一体化的、可跟踪的全过程服务。集成物流运作模式如下:

1.一个指挥中心

集成化物流服务商即集成主体,是整个物流服务运作的决策与指挥中心,负责计划、组织、指挥、控制和协调各成员企业间的运作,以确保物流运作的各个环节能有效衔接,正常运行。

2.多个操作中心

在物流运作的各个流程中，存在着多个物流操作中心，以根据决策指挥中心的指令，负责组织实施所在地域或所在物流环节的物流服务业务。

3.以客户满意为标准

即在接到客户订单的同时，所有与订单有关系的部门、个人及物流环节都必须按订单要求行动起来，以确保整个物流流程的无缝化连接，并以订单的完成情况作为考核相关成员企业的工作绩效。

4.信息系统为平台

借助于现代物流管理信息系统作为管理平台，集成物流服务商一方面能与客户保持良好的沟通，另一方面能及时协调各成员企业间的物流运作活动。同时，客户也能通过这个管理平台及时准确地了解到所提供物流服务的实现状况。

集成物流运作模式，从流程上真正建立起了一套以客户需求为拉动的物流系统运作机制，它以订单作为物流业务处理的依据，以订单来考核物流业务执行的效率，以订单来协同成员企业间的运作，从而推动了整个物流业务的准时化、同步化运作的顺利实行。

要确保集成物流运作模式的有效实施，首先，必须要有一个高效、强有力且指挥灵活的指挥中心，能担负起对整个物流流程的组织、指挥、协调和控制工作；其次，必须要有一个先进、高效且具有可视性的信息网络平台，它一方面能无阻碍地实现与顾客信息网络对接，另一方面也能实现与物流服务供应商的信息网络连接。

三、集成物流的发展与思考

1.集成物流具有很强的目的性

集成是一项活动过程和结果，同时也是一种方法。集成突出强调集成主体的目的性、组织性和行为性。因此，集成的思想和方法被广泛用于构造复杂系统和解决复杂系统的效率问题。

集成物流的业务是非常繁杂的，从覆盖地域来讲，它可能随着顾客的市场边界扩大延伸到全国各地，乃至世界各地；从涉及的物流业务环节看，它可以覆盖到从前端的采购到后端的供应等环节，因而应具备满足顾客需求的各种业务功能，如储运、增值服务、海运空运陆运各环节的报关代理、代理采购、金融保险、售后服务、逆向物流等。物流集成活动是集成主体为实现某一具体目标而进行的有意识、有目的的活动。它通过充分发挥各集成要素的优势，最终实现整体优化目标。

2.集成物流具有清晰的目标定位

中外物流行业的差距主要表现在对物流的定位方面。国外物流企业一般都有清晰明确的定位，专注于自己的强项，比如UPS就专注空运，马士基专注于船运，FedEx(联邦快递公司)则专注于包裹快递业务等。反之，国内的企业往往习惯追求大而全，定位不清，搞不清自己的强项在哪儿。对集成物流系统而言，在进行系统设计之前必须首先明确其将要专注从事的目标领域，然后才是根据所要专注目标领域的特点，集中资源进行组织结构规划、信息平台构建、网络布局设点、运作模式选择与物流资源的整合和系统设计。

作为现代物流的运营模式，集成物流服务商必须拥有深度的专业知识，必须是某个行业或某种产品的物流服务专家。只有这样才能够一方面不断地开发老客户的新需求，即不断地修正物流解决方案；另一方面利用自己的专业特长和优势，发展新客户。综观当今物流业界的霸主，哪个不是某个行业、某个领域或某种产品的物流服务专家，如UPS是快递物流专家，Ryder是货运物流专家，Fritz是货代物流专家，Burnham是电子产品和办公设备物流专家，USCO是仓储物流特别是制药业物流专家，Wallenius Wilhelmsen是滚装货物和汽车物流专家，Con—Way是专为中小型企业提供供应链整合服务的专家等。现代物流产业的物流市场从本质上来说，它依然是与工业化相适应的一个分工协作的体系。

3.集成创新是现代物流发展的新趋势

集成创新是自主创新的一个重要内容，它把各个已有的技术单项有机地组合起来、融会贯通，构成一种新产品或经营管理方式，创造出新的经济增长点。集成创新的概念虽然还无定论，但无论何种表述都一致认为，集成创新的主体是企业，集成创新的目的是有效集成各种要素，更多地占有市场份额，创造更大的经济效益。

在现代社会化大生产过程中，产业关联度日益提高，技术的相互依存度增强，单项技术的突破再不能独柱擎天，必须要通过整合相关配套技术、建立相应的管理模式才能最终形成生产力和竞争力。在这种背景下，从某种程度上讲，集成创新更具有持续的优势，在现代科技发展中，相关技术的集成创新以及由此形成的竞争优势，往往远远超过单项技术突破的意义。在施乐公司发明复印机之前，几乎所有相关的技术都是已知的，却从来没人想到要把这些技术从不同领域挑拣出来，整合在一起。施乐公司的神来之笔，说到底不过四个字——集成创新。

集成物流是一项带有超前性、探索性和整合性的物流理论研究。现代物流发展的新特征是：反应快速化、功能集成化、服务系列化、作业规范化、目标合理化、手段现代化、组织网络化、经营全球化。未来的市场竞争将逐步从单体竞争转向整体竞争，随着科技的发展，各学科、各领域间的融合越来越普遍，集成创新将为我们拓展更宽、更新的发展前景。

浅谈低碳循环经济下的逆向物流

周奇才，范思霞

（同济大学机械工程学院　上海　201804）

摘　要：随着人们环保意识的增强，资源的渐进匮竭，商业中经营理念的转变，企业为实现其自身价值和社会的可持续发展，唯有加强对逆向物流的研究和实践，才能在未来激烈的市场竞争中拥有一席之地。通过对比国内外逆向物流的发展现状，结合逆向物流自身特点，总结归纳我国逆向物流遇冷原因。从低碳循环利用的角度，运用PEST模型分析方法，从政治、经济、社会环境及技术层面提出解决此难题的对策。

关键字：逆向物流；低碳循环经济；节能减排；PEST模型

2009年哥本哈根气候变化会议的召开，以低能耗、低污染、低排放、循环利用为基础的“低碳循环经济”模式呈现在世界人民面前，发展“低碳循环经济”已成为世界各国的共识，倡导低碳消费、循环利用也已成为世界人民新的生活方式。物流作为企业的第三利润源泉，发展经济的支柱产业，其中一项活动也引起越来越多的关注，在正向物流压缩成本空间逐渐减少时，逆向物流作为最后一块价值宝地，显得尤为珍贵。同时逆向物流又体现了低碳循环经济“低开采—高利用—低排放”节能环保的新思想，使经济价值、社会价值、环境价值得到有效统一，在当下追求资源可持续发展的时代，逆向物流更是凸显了其潜在价值。国外对逆向物流发展较早，成果也比较显著，以美国为例。2003年时美国的逆向物流活动产生的价值已达到了430亿美元，而那时的回收率仅占总的销售产品的15%～20%[1]，随着逆向物流技术的发展，其未来的经济效益是非常可观的。

1　逆向物流的主要活动和特点

从概念上区分，逆向物流分为狭义和广义两种。狭义包括问题产品的退（召）回，周转使用的包装容器、废旧物品、零部件等产品的回收。广义概念不仅包含狭义的内容，还包括废弃物的回收处理。

逆向物流包括退货活动和回收活动两个部分。退货活动是指下游顾客将不符合订单要求的产品退还给上游供应商，其过程与产品的常规流出方向正好相反。全球知名化妆品品牌雅诗兰黛一年的销售额高达40亿美元，同时，每年由于退货、过量生产、报废和损坏的商品价值也高达1.9亿美元[2]。美国逆向物流执行委员会发现，在计算机和电子产品的销售中约有10%～20%的电子产品进入到逆向物流过程中，每年的退货额均超过150亿美元。对传统的为零售客户服务的配送中心来说，产品的返回率高达30%～60%。据估计，美国企业每年用于处理逆向物流的成本可能会超过350亿美元[3]。

回收活动是指将最终顾客所持有的废旧、废弃物品回收到供应链节点上进行处理，再加工，循环利用。

和正向物流相反，逆向物流有着显著不同的特点：

（1）逆向物流中，产品的回退地点、时间、数量，都是难以预测和控制的，而按照一定数量、准时、准地地供应产品却是正向物流的基本要求。

(2)逆向物流所发生的地点较为分散、无序、不可能集中一并向接受地点转移。

(3)产品发生逆向物流的原因大多与其质量、数量、型号等特征有关。

(4)逆向物流的处理方式和系统复杂多样，不同的处理手段对资源价值的贡献有着显著的差别，同时也对能否收到良好服务的评价起到一定的作用。

与传统供应链相反，逆向物流是为价值恢复或合理处置而对原材料、在制品、中间库存、最终产品及其相关信息从消费地到起始点有效实际的物流所进行的计划、管理和控制过程。只有实现整个物流系统正向与逆向的有机结合，才能将原有的直线型供应链延伸成一个循环不停的环路，整个供应链的成本才能降低到最低。

2　逆向物流发展现状

2.1　国外逆向物流发展状况

因为逆向物流具有上述特点，所以相对于正向物流，它需要更高更复杂的管理模式。资金、人力、物力的投入也是使其变成难以发展的瓶颈的重要因素。基于人口、资源、环境和谐发展的要求和提升企业竞争优势的目标，一些国际知名企业，如通用汽车、IBM、惠普、西门子、飞利浦等已先行一步进入逆向物流领域，并产生了良好的经济效益和社会影响。例如计算机业的 Computer Atlantic 公司、机车引擎再造行业的 Motormaster 公司利用先进的管理思想和信息技术，构建逆向物流回收中心和网络平台，减少物品实体流动，并将回收中心作为二手市场，重新恢复产品价值。地毯制造业的 WeaveCo 公司则是通过延伸逆向物流，在上门安装新产品时回收旧地毯，并对其进行改造再售。国外企业对逆向物流的发展水平已取得了一定的成熟度，在环境资源保护方面也有很大的改观，由于对逆向物流的合理监管，企业的成本大大降低，有些企业甚至以开发逆向物流作为企业的特色服务。

2.2　我国逆向物流发展状况

然而在中国，逆向物流方面的管理几乎是零，绝大多数企业也都对逆向物流退避三舍。导致这一现象的主要原因有以下几点：

(1)对逆向物流的认识存在偏差。从形成因素来看，逆向物流一般是由对不满意产品的退货、不合格材料和残次品的退(召)回、包装品的循环复用、废弃物的处理、有害物品的回收等引起的。因此，大多数企业认为逆向物流是负面的。

(2)企业在制定战略计划时对逆向物流的重视不够。通常企业都认为正向物流是节约成本，增加利润的主要战略任务，逆向物流只是企业的附加活动，可有可无，因此对正向物流资金、人力、物力的投入将远远大于逆向物流的投入。

(3)对逆向物流的控制存在困难。在正向物流中，产品在整个物流流程中发出的起始点、数量、时间、地点、路径、目的地都是可以预测，并加以控制的，可是在逆向物流中，这一切因素都变成了未知，难以预料的，这也致使逆向物流难以掌控。

(4)缺乏先进的管理和信息技术作为逆向物流发展的支撑手段，同时缺少能够承担起企业逆向物流管理的专业人才。因为逆向物流本身存在着不稳定性和复杂性因素，由此衍生出解决方法的多样性，这就需要高于正向物流管理者素质的专业人才才能控制好逆向物流的成本，找出一条解决退货、回收物流的最优途径，由此形成的闭合式供应链体系才能使企业有效的降低成本，企业和社会中的循环经济才能得以实现。

(5)逆向物流还有一宗旨就是节约资源、环境保护。中国企业环保意识差，只重视经济，不重视环境保护。原因有三点：一是因为企业初见成型，需要大量的人力、物力才能使其长久维持，而处在成长期企业没有大量的资金实现这点，只能钻法律的空子，通过不良手段“赢取资金”；二是企业环保意识差，社会责任感差，事不关己高高挂起；三是环保投资大，占用大量流动资金，国产技术不发达，致使企业大多心有余而力不足，只能违背良心继续经营。

(6)缺乏对市场趋势的有效预测，产品质量存在缺陷。逆向物流产生的一大部分原因是产品退货、过度生产、过度订购等。由于企业在组织生产时没有特别注意自身产品生产的质量要求，导致产品的残次品数增加，或是质检部分和运输部门的工作不甚，致使问题产品留到消费者手中，这就使退货率增加、成本增加。供应链各节点对产品销售情况预测不准，过度订购，库存增加，错过销售时机后有些产品还要送回供应链上游节点。

3 我国逆向物流发展的对策

上述六点原因可以归结为逆向物流发展遇冷是因具有不确定性、昂贵支出费用和节能环保解决不善三大特性。物流的本质是“服务”，在现实社会中，以服务至上为宗旨的各商家，要想取得良好的售后评价，忠诚的顾客群体，广阔的市场前景，就必须注重逆向物流。不论是产品退货、过度生产、过度订购，还是包装物、废旧物的回收，只要数量众多，路线、运输方式选择不合理，都会造成资源浪费，环境污染，废气排量增多等问题，因此在这个提倡“低开采—高利用—低排放”低碳循环的新时代，解决逆向物流已经成为当务之急。

PEST 模型分析是指宏观环境的分析，宏观环境又称一般环境，是指影响一切行业和企业的各种宏观力量。对宏观环境因素作分析，不同行业和企业根据自身特点和经营需要，分析的具体内容会有差异，但一般都应对政治(Political)、经济(Economic)、社会(Social)和技术(Technological)这四大类影响企业的主要外部环境因素进行分析。简单而言，称之为 PEST 分析法。在综合考虑逆向物流的概念后，对其进行了有效 PEST 模型分析，并提出以下几点方案。

3.1 政治方面完善法律制度

无规矩不成方圆，无法律不规其行，虽然道德准则在一定时刻监测着我们的良心，但是法律在整治、约束、监管方面还是起着决定性作用。虽然国家颁布了《中华人民共和国固体废物污染防治法》、《城市市容和环境卫生管理条例》等法律，但是由于废弃物种类繁多，结构各不相同，而法律中只是泛泛的规范，缺罚针对性，因此就需要国家立法跟上社会的发展，及时调整。

3.2 经济方面适当使用第三方物流来协助管理逆向物流

第三方物流公司在专业技术、综合管理和信息等方面具有显著优势，通过把逆向物流业务外包给第三方企业，实现专业分工、促进规模效益、提高运作效率，同时当今社会也给予了第三方物流业发展的必备条件。随着电子商务的迅速崛起，越来越多的人依靠指尖购物，不仅省时省力，而且产品质量基本能够得到保证。网上购物商品的运输方式主要靠快递，虽然消费者购买的商品与商家所描述的特征基本相同，但还是存在大量的退换货，尤其是服装业，很多买家因为颜色或号码经常要求更换货或是退货，因此这就产生了大量的逆向物流，再加上电子商务覆盖整个有网络的地区，这就使得买家地域性分布很广。选用第三方物流避免了企业自建逆向物流系统或是联盟建立时投资过多，流动现金缺失，需求响应迟缓，服务水平低等不足，它使企业把精力放在核心价值的构建，提高企业形象和竞争力。同时第三方物流的最大益处是，通过专业技术、优质服务，合理配置资源，减少社会成本。例如配送途中路线的合理规划，利用规模效应提高运输工具的装载率，根据货品特征，提供专业特殊的运输方式等都可以实现节能减排，绿色环保的低碳新理念。

3.3 社会环境方面

当前在科学技术的有力推动下，人类征服自然和改造自然的能力大大增强。然而对自然界强有力的征服与改造，却导致了环境污染、资源枯竭、能源危机、生态破坏和气候反常等一系列全球性的严重危机。以“高投入高消耗、高污染”为特征的传统工业发展模式已难以为继。为此，人们开始追寻理想的方法，以期最大限度地减轻工业的负面影响，从而达到持久地实现福利增长和人与自然的和谐相处。于是，循环经济概念应运而生。循环经济要求人类的经济活动以 3R 为准则，即减量(Reduce)，减少进入生产和消费过程的物质量，从源头节约资源使用和减少污染物排放；再利用(Reuse)，要求提高产品和服务的利用效率，产品能以初始形式多次使用，减少一次性用品的污染；再循环(Recycle)，要求物品完成使用功能后能够重新变成再生资源。在大力提倡循环经济的今天，物流业的发展也将顺应这一要求。逆向物流的出现也弥补了正向物流单向运作模式的缺陷，有利于减少不恰当的物流所带来的环境污染，减少因焚烧、填埋带来的资源浪费，同时也降低了企业处理产品的成本，改善企业经营绩效，产生巨大的生态效益和经济效益。

3.4 技术方面

(1)分解产品。近几年社会上流行一名词“前瞻性”，在产品设计时，同样存在着前瞻性，也就是当产品还没生产时，就已想到当它成为废旧品的那天我们应该怎么利用。白色家电厂商和汽车制造商正在研究新的方法,用可分解的思想设计他们的产品。产品的可分解性增加了回收产品及部件的几率。制造系统一般都是为了实现高效装配过程而设计的,现在的设计却为了使产品的结构适于分析、回收、和利用。例如,BMW 就已经宣布要设计可以分解的汽车。当产品周期结束后,该汽车可以回收后分解,然后把所有分解下来的部件投入到新的生产线中[4]。分解产品的设计理念是从根本上杜绝浪费,节约资源,它是节能环保的本源。

(2)延长产品生命周期[5]。许多公司正在采用模块化的设计技术和标准化的产品接口使产品生命周期延长。这样,标准化零部件组成的产品可以很容易得到升级而不是废弃,用新部件代替过期部件就可以达到这样的目的。

(3)增加信息技术和质量管理的控制。发展逆向物流中一个很重要的环节就是信息技术。尖端的信息技术能够帮助企业收集到被回收产品的信息。例如 RFID 技术,它可以储存更多的商品信息,这样有关商品的结构、生产时间、材料组成、销售状况、处理建议等信息就可以通过条形码加注在商品上,利用该技术搜索产品信息,使物品管理变得异常简便。在任何时候都可以对所有产品进行追踪,了解实时的产品状况和损坏信息,及时汇总逆向物流的需求。数据管理可以使企业追踪产品在客户之间的流动信息,同时也可以让企业辨认出产品的返回比例。这样就使那些靠回收零部件,再加工利用的企业很容易的得到其产品的动向,能为其回收制定出合理的计划。同时供应链上各节点也应加强自身信息管理,准确预测订货数量,减少过剩产品生产,过剩订货退货的逆向物流。对产品质量的有效监控,不仅可以提高产品优质率,企业的形象,而且可以提高客户的忠诚度,收到良好的售后评价。

(4)对周转用的包装物品进行回收,采用环保新材料。例如托盘、集装箱等容器,运输公司或是供应商应及时对其实施回收政策,这样做不仅节约资源,减少植被砍伐,而且增减人们环保意识,消除“一次性理念”。对包装材料也要进行有效监控,前年国家颁布了“限塑令”,除了让公众理解“限塑”意义在于遏制白色污染,还在于节约塑料的来源——石油资源、减排二氧化碳。据中国科技部《全民节能减排手册》计算,全国减少 10%的塑料袋,可节省生产塑料袋的能耗约 1.2 万吨标煤,减排 31 万吨二氧化碳,这足以体现包装选材对环保的重要性。

(5)建立逆向物流的处理中心。将进入逆向流通的产品集中到处理中心,以期形成规模效益,这与建立地区配送中心是一个道理。在处理中心中对废旧回收物品进行分拣、加工等工作,使物品得到升级或是改造,能应用于新产品中,实现“低开采—高利用—低排放”的新思想。对于废弃物回收,根据城市的规划或需要建立一个专业的处理中心,它可以从居民生活区,或是垃圾处理站直接收取垃圾,通过分拣选出有利用价值的物品进行再加工,再循环,使其重新流入社会。同时这个回收中心也可以针对工业区,从各工厂企业回收废弃物,分解产品,无价值品直接焚烧或是进行掩埋等处理,有价值品,经加工处理后,可直接运回工厂,用作回收品重新利用。澳洲的 Collex 公司就是典型的回收物处理中心,它所创造的社会效益和经济效益在不断增加,中国企业也正向其学习经验,黑龙江等省已经派出代表团,实地考察。

5

4　结　　论

物流是企业的第三利润源泉,逆向物流不仅是提高售后服务水平,得到良好商业信用,获得忠诚顾客的一把利剑,又是成为优秀企业的竞争力的一部分。在正向物流压缩成本空间越来越少时,逆向物流成为最后一块价值宝地,显得尤为珍贵。随着人们环保意识的增强,资源的渐进匮竭,商业中经营理念的转变,企业为实现其自身价值和社会的可持续发展,唯有加强对逆向物流的研究和实践,才能在未来激烈的市场竞争中拥有一席之地。

参考文献

[1]　张影菁,刘娟娟.实施第三方逆向物流可行性分析[J].中国物流与采购,2010 年第 11 期:74-75.

[2]　何晓兰.逆向物流—企业利润的新源泉[J].成都行政学院学报,2005 年第 13 卷第 6 期:37-68.

[3]　孙颖荪,丁斌.逆向物流研究综述[J].安徽商贸职业技术学院学报,2008 年第 3 期第七卷:29-32.

[4]　卢登.物流这厮[M].北京:中国经济出版社,2007:69-73.

现代工程物流及其关键装备技术分析

周奇才，李文军

（同济大学机械工程学院 上海 201804）

摘 要：在工程物流概念基础上给出了现代工程物流定义。分别从国内外市场两方面展望现代工程物流行业发展形势；总结近几年大型基建工程中关键装备的使用情况，同时分析其进出口形势得出国家对自主研制大型吊装设备的迫切需求的结论。最后对大型吊装工程关键设备技术发展趋势进行了总结预测。

关键词：现代工程物流；关键装备；技术研究

2010年是我国“十一五”规划的最后一年，也是我国克服世界金融危机的冲击，经济建设稳定转型的关键一年。近几年国家大力振兴制造装备业，百万千瓦级核电机组，百万吨级乙烯成套设备，大型海洋石油工程设备等陆续研制成功并投入使用。[1] 随着我国能源、电力、石油化工等行业中大型基建项目不断涌现，工程物流需求不断扩大。由于这些项目通常是一次性的，设备多为超长、超宽、超高、超重、不规则的大件设备，单件价值几千万元至上亿元，承运的货物不能出现半点差错，所以工程物流具有极强的特殊性，一般金额比较大，环节多，技术复杂，质量要求高，运作风险大。这就要求工程物流企业必须具备工程服务需要的综合服务功能，掌握工程物流所必须的关键装备技术、信息技术、跨区域甚至跨国资源整合管理能力。

现阶段我国工程物流企业对工程物流及其装备技术的认识还处于较低水平，尤其对当前国家重点建设发展的能源、电力、石油化工、冶金等行业的大型吊装项目关键物资的物流技术尚缺乏系统研究，只有一些局部技术。面对国家重点建设发展需要和市场潜力，大型吊装行业工程物流相关技术理论亟待得到深入的研究。

1 现代工程物流

现代物流活动存在两大基本类型。一类是连续不断、周而复始的物流活动，具有周期性，流动程序一旦建立便会持续较长的时间，其效益一般体现在规模和连续性上；另一类是一次性的物流活动，物流目的地一旦到达，便意味着工作基本结束，其效益体现在高风险、高难度上。根据不同的特点，前一种类型可称其为“常规物流”，后一种类型可称其为“工程物流”。

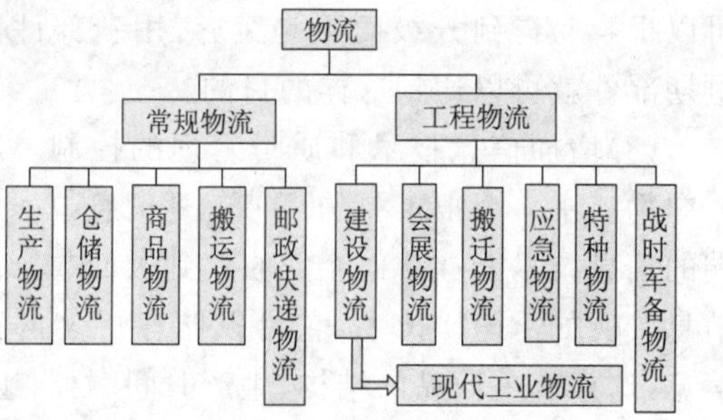

图1 现代工程物流范畴

王诺根据工程物流的实践范畴，认为其概念上有广义和狭义之分。广义上的工程物流，是指具有工程特性的一切物流活动。按照这个定义，它所研究的范围可涉及建设物流、会展物流、搬迁物流、应急物流、特种物流和战时军事物流等。狭义上的工程物流是指建设物流（Project Logistics），即围绕建设项目，一般是指为某种特定的目的而进行投资建设，并含有一定建筑、构造物或安装工程的活动。例如，建设港口、工厂、水（核）电站，开发油田、煤矿，修建铁路、桥梁等。由物流企业提供某一环节或全过程的物流服务，这些服务有时包括了建设项目的设备采购、包装、装卸、运输、固定、安装、回收的全过程。[2]

由于能源、电力、石油化工、冶金等行业的大型吊装项目关键物资的物流运作具有极强的特殊性，实现起来难度较大，它是现代工程物流主要研究对象。通过深入研究大型吊装项目工程物流运作过程，提出了现代工程物流的定义。

现代工程物流（Modern Project Logistics）是对建设物流范畴的进一步缩小。它是完成能源、电力、石油化工、冶金等行业大型吊装工程关键物资的全部物流活动，包括吊装设备的选配、运输和安装，吊装方案的设计、组织、实施和管理，以及吊装设备回收的全过程。以安全为首要目标，具有一次性、系统性、动态性、高技术、高风险和第三方物流等特征。

2　现代工程物流及其关键装备发展形势

2.1　现代工程物流发展前景

目前，国内外的电力、石化、船舶等大型工程项目频繁立项，投资不断加大。国内市场，国家在基础建设方面的投资非常大，以数据来看，煤化工行业发展迅速，在建煤化工项目有 30 项，总投资达 800 多亿元，中国已成为世界上最大的煤气化炉市场。到 2015 年用煤液化法年产油品 6 000 万 t，总投资约 4 200 亿元，其中设备投资约占 2 000亿元。核电建设方面，到 2020 年进入大规模建设阶段，核电装机容量将从现在的1 400 万 kw 达到 4 000 万千瓦，总计需要投入 4 500 亿元。风力发电是新能源领域中技术最成熟、最具规模的发电方式之一，到 2015 年底，全国风电总装机规模达到 15 000 MW，重点建设东南沿海和河北(包括北京)等地的风电项目，同时在东南沿海开展海上风电项目的建设。到 2020 年底，争取风电总装机规模达到 30 000 MW，重点建设若干 100 万 kW 级大型风力发电基地。炼油、石油化工工业也在大规模的发展中，2010 年，形成长三角、环渤海和珠三角三大乙烯产业区。国家将对茂名石化等企业进行第二轮改扩建新疆正在加速建设独山子—克拉玛依、乌鲁木齐、塔里木、吐鲁番—哈密四大石化基地，以形成中国特大型石化生产基地。我国海洋石油开发将迎来一个高速发展期今后 10 年海洋油气产量以 20%的速度递增，中海油的炼油装置必然得到扩大与改造，会有巨大的海洋工程建造业务。船舶工业发展力度加大，年均增长 28%并呈加速态势，增速远远高于韩国和日本将对重点船舶制造基地扩建和进行技术改造，完善基础设施、扩大造船能力；实现环渤海湾地区、长江口地区及珠江口地区为主的三大造船基地。国外市场方面，根据商务部公布的数字，中国企业在海外的承包额已达到 200 多亿美元，且每年增长 20%，例如中东的石油炼化等项目在近年来被大量开发，成为世界上石化项目群最为集中的地方。另外，西非、东南亚、南亚也都是世界上石化、电力和冶金工程项目集中、物流市场十分广大的热点区域。根据工程的投资和规模，每个项目的物流总量有所不同，但是总体上项目的物流总量都是相当惊人的。比如，国内的惠州南海石化项目，在一年多的时间内，需操作超过 50 万 m^3 的货物，其中最大的货物其单件重量超过1 200 t。国外的大型项目如沙特的拉比格项目其全部货量超过 100 万 m^3。纵观国内外市场可以看出，现代工程物流具有广阔的市场前景和发展潜力。

2.2　现代工程物流关键装备发展形势

(1)越来越多的大型工程项目需要大型吊装设备

随着石油化工、冶金及电力建设规模的不断扩大，近几年大型吊装工程中的关键设备正在向特重、特大型方向发展，罗列近几年典型的大型吊装工程见表 1。

观察近几年具有代表性的吊装工程不难发现，由于超大吨位专用吊装设备的缺乏，运用两台甚至三台大吨位起重机配合吊装特重级设备逐渐成为主要技术手段。国内的起重机制造商在稳固中小型吨位起重机的基础上，也羽翼渐丰，通过技术常新，采用跨越式发展方式。[3] 2008 年 5 月 7 日，“蓝鲸”号 7 500 t 全回转浮吊在上海振华港机公司研制成功，起重量居世界浮吊首位，可用于海上起重、建桥、铺管、打捞等多种用途。但目前国内仍然缺乏自主研制的千吨级起重设备，特别是专用、新型起重机几乎处于空白状态。

(2)大型吊装设备步人高速发展时期，相关政策推进大型吊装设备市场发展

“十一五”期间，某集团计划投资 1 800 多亿，建设 7 个具有世界级规模和较强竞争力的千万 t 级炼油基地、四大化肥生产基地和 7 个百万吨级乙烯基地。到 2020 年，我国核电总装机也将达到 4 000 万 kW，这就意味着中国在未来几年中，要建设大约 30 个百万千瓦的核电机组。除沿海能源缺乏省市之外，四川、湖南、湖北、江西、重庆、广西等内地省份也向国家提出建设核电的要求，核电将进人超高速发展阶段。[3] 国内起重设备制造商纷纷响应国家建设需要，积极研究开发大吨位起重机。三一重工继 2008 年初推出的 SCC9000 型 900 t 级履带式起重机后，2009 年 11 月又推出了最新研制的 SCC11800 型 1 180 t 级履带式起

5

重机，以及世界第一台可变轨的SCC6500WE型大吨位履带起重机（3.0MW风电机组吊装专用），可将120 t负荷吊至100 m高度。

表1　近几年典型大型吊装工程

时间	项目名称	吊装物资	吊装设备	意　义
2002.11	上海炼油厂新建项目	624 t和604 t加氢裂化装置	DemagCC8800型1 250 t履带起重机	打破了国内单机吊装重量不足600 t的界限
2006.6	内蒙古神华集团煤制油项目	2 050 t煤制油反应器	Mammoet MSG80型3 070 t环轨双臂架起重机	打破起重机吊装纪录
2008.3	惠州炼油项目	两台1 328 t高压加氢裂化反应器	1 600 t液压顶升装置Manitowoc的M21000型907 t履带起重机	创造了10天吊装两台千吨设备的新纪录
2008.4－5	沙特乙二醇项目	两台超千吨重反应器和1 700 t的洗涤塔吊	Mammoet MSG80型3 070 t Liebherr LR1750型750 t履带起重机	创造了石化集团单台最重设备吊装的纪录
2007.7	烟台来福士海洋工程	4 500 t大梁	上海宝冶建设有限公司2万t液压提升装置	无论在安装技术施工组织上都实现了“历史性的突破”
2008.7	中海油渤海湾油气田工程	钻井平台	振华7 500 t海上浮吊“蓝鲸”	海上浮吊世界第一

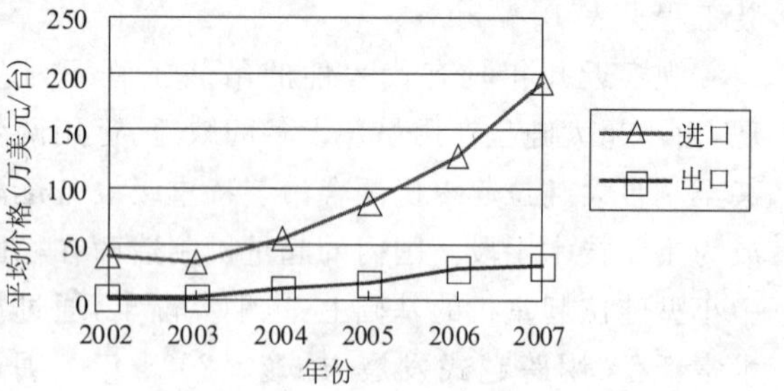

图2　履带起重机进出口平均价格对比（万美元/台）

另外，从中国2004年入世起，将大型起重机进口关税从12%下降到8%，从政策上也进一步刺激了大型起重机的进口。据统计，2002年至2007年我国进口履带起重机平均价格从38.7万美元/台增长到192.5万美元/台。于此同时我国出口履带起重机平均价格从1.7万美元/台增长到32.4万美元/台。[4]（见图2）国内市场上的大吨位起重机还主要依赖于国外进口。随着国家对大型吊装设备大力投资建设，可以定论在未来5～10年间国内吊装市场最具发展活力，中国吊装行业将迎来飞速发展的新阶段，吊装工程也将成熟走向国际化。建议重视合理采购大型起重设备，认真研究市场形势，合理开发起重设备。

3　现代物流工程及其关键装备技术展望

近年来现代化大型石油、化工、冶炼、电站、大型室内体育馆以及高层建筑的安装作业逐年增多。因此，对大功率的工程起重机需要量日益增加，随着现代科学的发展，各种新技术、新材料、新结构、新工艺在工程起重机上得到广泛的应用。根据国内外现有工程起重机产品和技术资料分析，近年来大型起重吊装机械的发展趋势主要体现在以下几个方面。

3.1　广泛应用液压技术

液压提升装置的关键技术是同步控制技术，其发展经历了液压同步顶升、液压同步提升、液压同步滑移及间歇式同步提升滑移阶段，目前发展成为连续式同步提升滑移控制技术。当前液压动力系统不仅有电液比例调速系统，还有变频系统，计算机同步控制的通信由有线发展成为无线网络化通信。通过人机界面实施监测构件的位置及同步情况。计算机系统实现完全自动同步控制，负载均衡，姿态校正，操作闭锁，过程显示和故障报警等工作，大大提高了工程实施的安全可靠性，保证工程质量。这类装置不仅在石化、冶金、电力建设工程中，而且在国内著名市政工程建设中也发挥着至关重要的作用。例如，上海东方明珠广播电视塔顶部天线桅杆的整体安装，距地面高度350 m，钢天线长118 m，重450 t。某大剧院重6 080 t钢结构屋架的整体安装等。

把液压技术应用到关键物资吊装过程中有很多优点。起重量不受限制，通过液压提升系统的扩展组合，能满足千吨级甚至万吨级构件的吊装。同步控制，安全受控，可手动控制和完全自动控制。可操作性好，液压提升系统体积小，重量轻。吊装过程平稳。无明显附加冲击载荷。另外，由于液压传动具有体积小、质量小、结构紧凑、能无级调速、操纵简便轻巧、运输平稳和工作安全可靠等优点，因此国内外各种类型的工程起重机广泛采用液压技术。

3.2　整体吊装工艺

整体吊装工艺是使用大功率、高效能的技术装备来完成大重量整体吊装工作，有利于缩短工期。常用于建筑物钢结构“地面拼装、整体安装”，龙门起重机“多塔组合、整体提升、一次成形”等。2006 年整体提升国家数字图书馆 10 388 t 钢桁架和 2007 年北京国际机场 A380 机库钢屋盖 10 500 t整体提升创国内吊装记录新高。整体提升系统由钢绞线液压千斤顶承重系统、提升动力系统、电气控制系统和支撑系统组成，这是我国起重技术的创新。

3.3　大型化起重机带来结构新突破

由于工业与民用构筑物和生产装置的大型化，使得设备与钢构件不断向大、高、重、新、精、尖、柔、难方向发展，安装施工作业环境也越来越复杂。这就要求起重吊装设备的工作起重量、幅度、高度要有大幅度的提高。

(1)起重机主要承载臂架结构从单臂架趋向双臂架型发展，如美国特雷克斯－德马格的 CC8800－1 TWIN 型 3 200 t 履带式起重机。

(2)突破回转轴承的载荷限制，设计新型回转机构。比如 2006 年，中国神华能源集团煤直接液化项目使用了 Mammoet 公司 3 070 t MSG80 吊车，该吊车采用导轨式回转机构。同样采用环轨技术的还有美国马尼托瓦克的 M1200 型1 300 t 履带式起重机。

(3)为实现大起升高度和大幅度，主臂与副臂的组合方式被广泛采用。主臂、主臂与固定副臂、主臂与塔式副臂这二种组合已成为大型起重机的必备组合方式。另外，履带起重机又出现了新的臂架组合方式——副臂通过过渡节直接与主臂连接，副臂上连接副臂，作业范围可达到 200 m 以上。[3]

(4)超大型起重机的另一发展趋势是采用超起装置，并逐渐成为大型起重机的必备装置。超起装置主要从改善结构受力和增加配重两方面来提高起重能力。其一是增设超起臂架，以改善主臂架的受力，用于提高整机小幅度时的起重能力。另一是同时增设超起配重，用于提高由整机稳定性决定的大幅度起重能力。为实现更大的起重能力，还可采用环轨超起形式。

3.4　控制系统智能化

将发动机控制、液压控制、安全监测状态监控和极限载荷限制集为一体，通过总线方式进行信息传递与控制。[6]将计算机应用技术、网络技术、多媒体技术、数据库、光纤通讯等高新技术引入起重吊装技术中，使吊装作业面实现实景监控、数据参数的自动采集，传输和处理，三维传真模拟，变形的预测预报，吊装参数的自动调整和控制得以实现，甚至可协助操作者进行故障诊断，显示故障原因、部位及处理方法。这种先进的控制系统显著提高了控制系统的可靠性、作业安全性、操作舒适性和工作效率。不仅能够预先对起重吊装过程进行计算机模拟并解决在特殊施工现场吊装方案的拟定，还能够使操作人员在远离现场的控制室完成所有吊装操作，真正实现自动化和智能化。

3.5　结构设计模块化

由于大型吊装设备通常专场比较困难，所以其分解、运输和拆装效率是设计中必须考虑的重要问题。采用模块化设计思想，主副臂架等大型结构件均由多个模块组成。在使用时，这些模块可以通过高强度螺栓、动力销等进行快速组装。进行转场时，可迅速拆解并将所有的模块都放进若干个标准集装箱内，通过拖车远距离移动，运输方便。这些集装箱在吊装作业时还可作为配重使用，实现了所有资源的充分利用。

3.6　节能环保的设计理念

随着工程机械品种和数量的不断增加，大量工程机械所消耗的资源、排放的污染物对环境产生了难以估计的负荷。为保护人类十分宝贵且有限的地球资源，实现全球可持续发展，提高操作人员的安全性及工作舒适性，可以从以下几个方面考虑来设计工程机械产品。

(1)降低整机振动与噪声。选用低公害发动机。采用低油耗、低排放、低噪声、高效率的环保型水冷增压柴油机能大大降低对环境的负荷。主机的结构布置或系统的结构设计可以进行降噪的改进。如冷却风扇可不再由发动机直接驱动，而可单独由液压马达带动，这便于将风扇与发动机隔开并将整个发动机密封起来，从而使噪声不能通过风扇出风口传到外部，降低噪声对环境的影响。

(3)液压系统的清洁和防渗漏。精心设计工程机械液压系统（如采用高效高精度过滤装置）十分必要，这样就可去除油液中微尘垃圾、机械磨损物等杂质，减少液压元件故障与磨损、延长常用液压元件的使用寿命，降低液压油的更换频率；同时可有效避免液压油在工作中温度升得过高过快，延长换油间隔时间，减少对周边作业环境的污染。[5]

(4)系统高效节能的设计。减少能源消耗即意味着减少对环境的污染。故选用电控高性能长寿命节能型发动机是研制环保型机械最基本的一环；另外在设计时采用双泵分合流技术、液压负荷传感技术、静液驱动技术等都可达到节能降耗的目的。

3.7　一体化管理模式

传统的吊装工程管理模式，多数还基本处于行业分割、单车租赁的状态，这种管理模式已极不适应生产力的迅猛发展。[7]在中国石化集团公司的大力支持下，大型吊装和运输专业委员会认真组织实施，先后在海南炼化、茂名乙烯、青岛炼油、福建炼化、天津炼化、惠州炼油等特大型工程项目中实行了大型设备吊装"一体化"管理，取得了圆满成功。实行大型设备吊装"一体化"专业承包管理模式的优势：保证了吊装工程的科学合理、安全可靠；有利于节约资源，实现集约化经营；做到了全方位服务，实现了合作共赢；有利于复合型人才的培养，提高了大规模施工管理能力。

参考文献

[1]　全国人大.中华人民共和国国民经济和社会发展十一五规划纲要[EB/OL]. 2006[2006－03－16] http://culture.people.com.cn/GB/22226/71018/4814170.html.

[2]　王诺. 工程物流学导论[M]. 北京：化学工业出版社，2007，2-3.

[3]　罗顶瑞，朱兆华. 大型吊装组织设计与方案实例分析[M]. 北京：化学工业出版社，2008，414-417.

[4]　中国工程机械商贸网. 2010-2015年中国履带起重机市场分析及投资前景分析报告[R]. 山东：中国工程机械商贸网，2010.

[5]　徐东云，曾庆星. 浅谈环保节能型工程机械产品的设计[J]. 建筑机械化，2004，25(11)：57-58.

[6]　Wout Dullaert，Tijs Neutens，Greet Vanden Berghe，et al. MamMoeT：An intelligent agent-based communication support platform for multimodal transport. Expert Systems with Applications，2009，36(7)：10280-10287.

[7]　吕春来，马增涛，宋金福. 大型设备吊装一体化管理模式的探索与研究[J]. 石油化工建设，2006，28(5)：10-15.

自动化码头的发展现状及趋势

田　洪，吴富生

（上海振华重工（集团）股份有限公司，上海市浦东南路3470号　200125）

摘　要：本文对当今世界上现有的各集装箱自动化码头的自动化状况进行了分析研究。提出了这些现有自动化码头存在的主要问题并进行了分析。根据这些分析及当今的形势，提出了节能、环保、低碳、高效必将是未来自动化码头的发展趋势。本文最后介绍了振华重工最新研发的全电动环保式立体装卸系统*，指出了该方案具有节能环保低碳、高效率、营运成本低等优点，是一种符合自动化码头发展趋势以及低碳环保并且很有前景的集装箱自动化码头方案。

关键词：自动化；节能；环保；低碳；集装箱

随着世界经济总量增长、国际贸易迅速发展，近十几年来世界货物进出口量以每年70%的速度增长。而海运承载着世界贸易总量的2/3，在各种运输方式中，海运以其低成本，运量大的特点占据着不可动摇的地位。作为沟通海运和其它运输方式的集装箱码头，就成为物流、资金流和信息流交汇的中心，在经济全球化中扮演着重要的角色，由此引起的集装箱码头的自动化就备受世界各国的关注。

1 自动化码头的现状[1][2]

国际自动化集装箱码头的发展至今已有30年左右的历史。早在20世纪80年代中期,在人口递减、劳动力成本昂贵和熟练劳动力匮乏的地区,自动化集装箱码头首先受到关注。英国泰晤士港、日本川崎港以及荷兰鹿特丹首先规划建设自动化集装箱码头。泰晤士港和川崎港自动化集装箱码头均计划采用分阶段建设的方法实施,但由于后续的自动化设备开发因财政资助以及其它的一些问题而搁浅。鹿特丹港ECT(Europe combined Terminals)码头、德国汉堡港由HHLA(Hamburger Hafen und Logistik AG)码头公司经营管理的Altenwerder码头以及ECT Euromax码头相继建成了自动化集装箱码头。

分析国际集装箱自动化码头的发展现状,为了便于区分,如果按年代来划分大致可以分为以下三代:

1.1 第一代

第一代是以荷兰鹿特丹港ECT码头I期和II期为代表的目前已投入运营的自动化程度最高的码头。

鹿特丹港(图1)位于欧洲莱茵河河口,被称作"欧洲港",是欧洲最大的贸易港,该码头的经营者是欧洲联合码头公司(ECT)。2002年该公司并入和记黄埔集团。

图1

1993年,Delta Sealand (DS)集装箱码头作为世界上第一个自动化集装箱码头投产。ECT在总结DS自动化集装箱码头建设和使用经验的基础上,相继于1997年建成了Delta Dedicated East (DDE)自动化集装箱码头,2000年建成了Delta Dedicated West (DDW)自动化集装箱码头。

荷兰鹿特丹港ECT自动化集装箱码头均采用岸桥进行半自动化船舶装卸作业,岸桥仅在对箱时需要司机操作,其余操作均可自动运行。

码头前沿与堆场间的集装箱水平运输由AGV(Automatic Guided Vehicle)完成。该小车的驱动方式为内燃机式。Delta Sealand自动化集装箱码头的AGV,每次只能装载一个集装箱,运行速度限制为3 m/s。AGV使用网格自由定位系统FROG进行导航和控制,FROG系统利用车载天线跟踪成矩阵方式布置在码头面上的雷达收发机进行操纵。码头上以25 cm为间距埋设了导线系统,AGV利用信号电缆和磁感应器,感知其处在的位置,与FROG系统配合使用,更加精确地确定AGV的位置。如果在导线系统范围内,AGV的定位精度可达±30 mm;如果不在导线系统范围内,AGV的定位精度为±50 mm。AGV上还装有超声波探测装置以及其他辅助安全避碰装置,能够感知在全速行驶到停止运行的减速位移范围内的障碍物,避免发生碰撞。

码头中央控制室生产过程控制系统(PCS)对AGV的工作和集装箱堆场中的自动起重机(ASC)进行管理和控制,实现了完全自动化。

堆场轮胎吊RMG也实现了无人操作。

1.2 第二代

第二代是以德国汉堡HHLA-CTA码头为代表的,目前正在运行的先进的自动化集装箱码头。该码头与ECT的自动化码头最大的区别就在于采用了双小车岸桥。

汉堡港(图2)是欧洲第二大贸易港,共有4个大型集装箱码头。分别是:Altenwerder集装箱码头(CTA),Burchardkai集装箱码头,Eurogate集装箱码头和Tollerort集装箱码头。CTA码头最大的经营公司是汉堡港仓储公司(HHLA),占吞吐量的一半多。

该码头采用的岸桥是振华重工(ZPMC)研制的陆侧小车作业全自动化的大型双箱双小车岸桥,见(图3)。

5

图 2

图 3

该岸桥的海侧小车将集装箱卸载在岸桥海侧门框的平台上，然后返身去抓新箱(海侧小车的生产率就是起重机的生产率)，在平台上用人工将集装箱下的转销取下，取转销的时间不会影响起重机生产率。布置在联系梁处的陆侧小车是全自动化的无人驾驶小车。该小车的速度永远大于海侧小车，它迅速将平台上的集装箱取起，转运到 AGV 上。双箱双小车岸桥用两台高度不同的小车巧妙地处理好高(装卸船时需要高达 40 m)与矮(装 AGV 时要矮，高度只需要 12～13 m)两种需要，双小车接力，大大提高了岸桥装卸效率。特别是双小车岸桥改变了传统的装卸集装箱的位置，不在门框之内而是在后伸距处装卸。AGV 装卸区域在起重机后伸距下方，AGV 不再经过转弯进入岸桥门框内，鹿特丹港自动化集装箱码头装箱平均效率低的原因主要是 AGV 被堵塞在从端部进入岸桥门框的转弯处。双小车集装箱起重机在起重机后伸距下方装卸集装箱，就根本解决了这个瓶颈问题，有利于优化水平运输的路线，提高装卸效率，又可避免了 AGV 进入岸桥门框下接收 GPS 信号时的盲区。由于这两个特点，我们认为双箱双小车岸桥是自动化集装箱码头岸边装卸设备的首选。

HHLA 码头水平运输也采用 AGV。码头上的 AGV 每台重量为 25 t，通过埋设在码头上的电子标志进行导航。当 AGV 经过电子标志时，按照从码头管理系统传递来的指令读取电子标志的信息。AGV 上设置了差分全球定位系统(DGPS)和激光雷达系统(LADER)。两系统同时使用，能准确定位小车位置，定位精度达到 ±5 cm。AGV 的驱动方式为柴油机液压式，发动机功率为 257 kW。AGV 的加油操作也实现了自动化，由一台遥控加油车完成。岸桥与堆场间的距离为 100 m，AGV 穿梭其间，行驶和避撞完全实现了自动化。AGV 的额定载重量为 60 t，一次可以运载 1 个 40 英尺或 45 英尺集装箱，或 2 个 20 英尺的集装箱，运行速度提高为 5.8 m/s。

1.3　第三代

第三代是以荷兰鹿特丹 EUROMAX 码头为代表的更先进的自动化码头集装箱码头。

荷兰 EUROMAX 码头(图 4)位处鹿特丹北海的 Maasvlakte 半岛，和记黄埔港口旗下欧洲货柜码头之一。Euromax 码头占地面积 84 公顷，岸线总长为 1 500 m，年处理能力可达 230 万个标准箱。

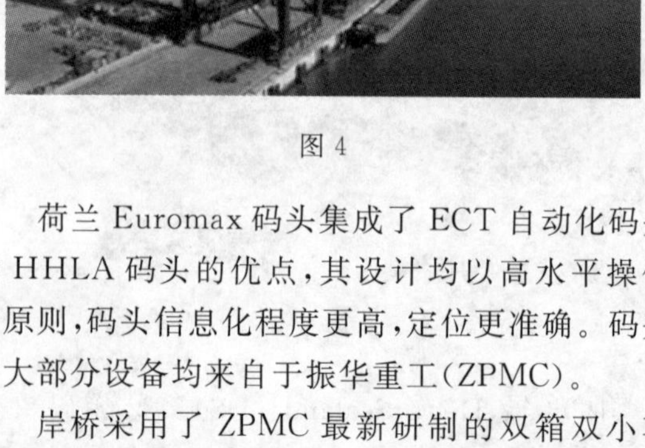

图 4

荷兰 Euromax 码头集成了 ECT 自动化码头和 HHLA 码头的优点，其设计均以高水平操作为原则，码头信息化程度更高，定位更准确。码头内大部分设备均来自于振华重工(ZPMC)。

岸桥采用了 ZPMC 最新研制的双箱双小车岸桥，该岸桥是 ZPMC 的第二代双小车岸桥。该岸桥在第一代双小车岸桥的基础上进行了改进，速度高，定位准确。后小车采用了钢丝绳牵引的形式，这样就避免了高速小车打滑的问题。改进后，该类型的双箱双小车岸桥更加适合于自动化码头的应用。

Euromax码头采用的AGV小车的速度和载重量与德国汉堡HHLA的相同，即载重量为60 t，速度为5.8 m/s，但是它的定位更精确。

另外，还有一些仅仅堆场部分实现自动化功能的集装箱码头：如新加坡港务局(PSA)码头、香港国际码头公司(HIT)码头、上海港外高桥自动化空箱堆场等，这里就不再多作论述了。

2　存在的问题

从以上的论述中不难看出，这些码头的共同点都是用昂贵的自动导航运输小车AGV实现岸桥与场桥间集装箱的转运。使用这些自动导航小车虽然可以自动导航，定位比较准确，但是也有其不可避免的缺点：

投资成本高

因为自动导航小车系统的导航系统及软件非常昂贵，这就使得码头的前期成本投资非常高昂；

环境污染严重；

因AGV小车都是使用内燃机驱动的运输车辆，不仅运输设备及其维护成本高、燃油消耗增加、废气与噪音污染严重，环保问题就得不到解决，这与当今国际社会呼唤能源危机和环保的理念格格不入；

效率不高，没有人工操作快

使用AGV小车长距离平面转运，交通拥挤，容易引起多台运输车辆相互碰撞，一旦某一小车出现问题，容易引起一批小车都堵在哪里，甚至整个泊位的瘫痪，需要人工干预去排除。这样严重影响了效率的提高。

目前，自动化码头前沿与堆场之间的这种转运方式，已成为当今世界各港推广自动化码头的一大瓶颈。同时，这种传统转运方式也不利于实现智能化，甚至由于箱位管理困难而容易出现差错等。这些都严重制约了码头的高效、节能、环保的实施，亟需探索新工艺、研制新设备、开发新系统，彻底改变这种平面转运的方式、缩短岸桥与场桥间集装箱转运路程、加快岸桥与场桥间集装箱周转、优化集装箱流程，实现智能化调度控制，使装卸系统效率提高、安全可靠、节能环保、降低成本、提高效益。

3　自动化码头发展的趋势

针对当今世界的能源危机及环保要求越来越高的趋势，亟需开发出一种绿色环保、低碳节能、安全可靠、效率高的全新的自动化码头模式。上海振华重工(集团)股份有限公司(即ZPMC)正是顺应了这一形势。作为国际上著名的起重机制造商，这几年除了研发各种高效的集装箱起重机，同时还在积极研发效率高、投资经济的码头自动化装卸系统。振华重工(ZPMC)调研了世界上的各自动化码头，特别是其采用的技术手段，通过与国内港口专家共商，提出了解决当今自动化码头存在的问题的两个关键技术是：

1)取消内燃机驱动的水平运输和昂贵的导航系统；

2)为实现自动化采用机电优势互补手段，而不是单纯的依靠电气手段。

根据以上的技术总结，ZPMC大胆创新研发出了环保节能的立体轨道式自动化码头装卸系统，该方案的布置图见(图5)。

图5

其工艺布局具有如下特点：

1)在岸边集装箱起重机后伸距下布置有若干条平行于岸桥大车轨道的低架桥，低架桥长度和对应的装卸堆场相匹配。

2)每个泊位上每条低架桥为一个装卸线，每个岸桥对应一条装卸线。

3)每条低架桥上一高一低成组布置有电动小车，高的为起重小车，低的为平板小车，它们在各自轨道上可以互不干涉的交叉运行。每台桥吊对应二组电动小车作业，一个负责左侧箱区的作业一个负责右侧箱区的作业。

5

4)低架桥下对应每垛堆箱区布置有地面电动平板车,该平板车轨道垂直于低架桥并延伸至堆箱区的陆侧端部装卸区。

5)堆场采用轨道式集装箱起重机,其轨道垂直于岸边集装箱起重机的大车轨道,海侧端部为地面平板车的装卸区,用于前方集装箱的转接;后方陆侧端部为集卡的装卸区,用于后方集装箱的中转。

6)码头前沿水平运输采用低架桥结合电动小车形式,不但节能、环保,而且极易实现全自动化操作。

岸边集装箱起重机和堆场集装箱起重机之间箱的转接取消了传统的由内燃机驱动的水平运输方式,将码头装卸完全置于轨道上用电驱动来实现。这是开业界集装箱码头之先河,是 ZPMC 的创造,它将大大提高码头生产效率。

首先,新型自动化码头可一次性处理两只 40 英尺集装箱,使码头整个装卸效率得到极大提高,传统码头 1 h 只能完成不超过 20 循环,新型自动化码头能完成 30～40 循环/h。同一泊位采用新型自动化码头可将生产效率提高至少 50%,堆场的存箱量提高 25%。

其次,成本投入低于现有自动化码头,主要体现在水平运输系统上。新型自动化码头取消了现有自动化码头复杂又昂贵的导航系统,整个系统完全置于轨道上,并用光缆和磁尺等现代化手段实现导航、轨道定位,首创的分配机构替代了极其昂贵、故障又多的自动导航小车,大大降低了成本。要知道,在国外,以 GPS 导航的自动化码头系统价格昂贵,平均一台平板车的成本也要 10 万美元以上。

另外,新型自动化码头全过程用电驱动,与已有自动化码头的大功率内燃机驱动方式相比,不仅解决了噪音大、排放超标、污染环境等问题,也大大降低了运营成本,是首个真正的低碳环保,清洁的自动化码头装卸系统。经测评,该自动化码头的营运成本大约是传统码头的 30%左右。

在一向为欧美等国视为禁区的自动化码头领域,振华重工自主研发的高效环保自动化码头吸取了世界现有各集装箱自动化码头的优点,用中国人思维方式,采用最新技术成果,去掉繁琐,实现绿色环保、高效率、高技术、高可靠、低成本,是机电结合的典范。性能价格比大大高于同类项目。它的研制开发,揭开了世界港口集装箱码头向自动化进军的序幕。公司为验证该项目,自筹资金在长兴岛建立了 1∶1 的示范区,该示范区的成功建成得到国际、国内港口的广泛关注,公司已为这个项目的开发研制在国内外申请了多项专利。ZPMC 创新研制的立体装卸式自动化码头的意义不仅是解放人力,更重要的是安全、高效、环保、低碳。其绿色环保、节能、低碳高效的新理念必将成为未来自动化码头的发展趋势。我们期待着迎来全世界自动化码头的新纪元。

参 考 文 献

[1] 管彤贤.21 世纪集装箱机械的技术进步.《上海港科技》,2003,6-8.

[2] 月明.世界主要港口集装箱码头的自动化和信息化状况.《港口科技动态》,1998,2-5.

集装箱码头全自动化智能堆场装卸系统仿真分析

田　洪,李　锋,夏　冰

(上海振华重工(集团)股份有限公司,上海　200125)

摘　要:本文基于计算机仿真技术,以专业仿真软件 WITNESS 为平台,建立了集装箱全自动化智能堆场装卸系统的计算机仿真模型,并定量评估了堆场机械配置、工艺流程、管理方式与装卸能力之间的关系,为码头管理者提供决策依据。

关键词:计算机仿真;WITNESS;自动化堆场;决策

1　引　　言

随着世界经济的一体化,我国与世界各国贸易持续发展,集装箱港吞吐量不断高速增长,这对集装箱港口装卸工艺和装卸技术装备提出了更新更高的要求,给码头的规划和管理带来了前所未有的挑战。如何利用码头有限的资源设施,高效地实现港口装卸作业,已经是码头建设者和管理者面临一个重大课题[1]。

码头堆场是水陆集装箱的集散中转地，是连结码头前沿和后方大门的纽带，是整个码头物流系统连续、高效运行的保障，堆场的建设与管理是码头生产的重要环节。因此，实现自动化无人智能堆场是现代集装箱港口装卸技术发展的必然趋势。合理地规划堆场布局、机械配置，实现机械自动化和管理信息智能化，将堆场管理与堆场作业信息实时有机地结合起来，有效地充分利用港口资源，是全方位地提高码头生产作业能力的有力途径。

2　自动化智能堆场模型

自动化智能堆场应用现代高新技术，实现堆场全自动化作业，当集卡到达堆场后，计算机中央控制系统指挥堆场机械对集装箱进行自动装卸作业，如有特殊情况，也可以转换成人工操作。由于其强大的信息处理与管理优化功能，保证了堆场机械设备以最优的配备，合理、高效地运行，大大地提高了堆场装卸效率。

自动化智能堆场主要作业机械设备有高型轨道吊(DRMG)和矮型轨道吊(CRMG)，在箱区和集卡车道之间设置中间转接台，用于集装箱在DRMG和CRMG之间的转接。其中DRMG负责集装箱在箱区和中间转接台之间的吊运，DRMG配备双小车双箱吊具，只能在一个箱区作业；CRMG负责集装箱在集卡和中间转接台之间的吊运，CRMG配备单小车双箱吊具，可以根据需要在不同箱区之间调度作业。

自动化智能堆场装卸作业物流系统主要有两个作业流程：

2.1　将集装箱从集卡卸到堆场

卸箱计划——堆场机械调度——集卡到达——CRMG将集装箱从集卡吊到中间转接台——集卡离开——DRMG将集装箱从中间转接台放进箱区。

2.2　将集装箱从堆场装上集卡

装箱计划——堆场机械调度——DRMG将集装箱从堆场吊到中间转接台——集卡到达——CRMG将集装箱从中间转接台装上集卡——集卡离开。

在整个作业物流系统中，对箱位的划分、堆场机械的调度、以及集装箱的堆码规则、DRMG的装卸规则等均可以采用数学方法在计算机程序上进行优化。

3　自动化智能堆场装卸系统计算机建模

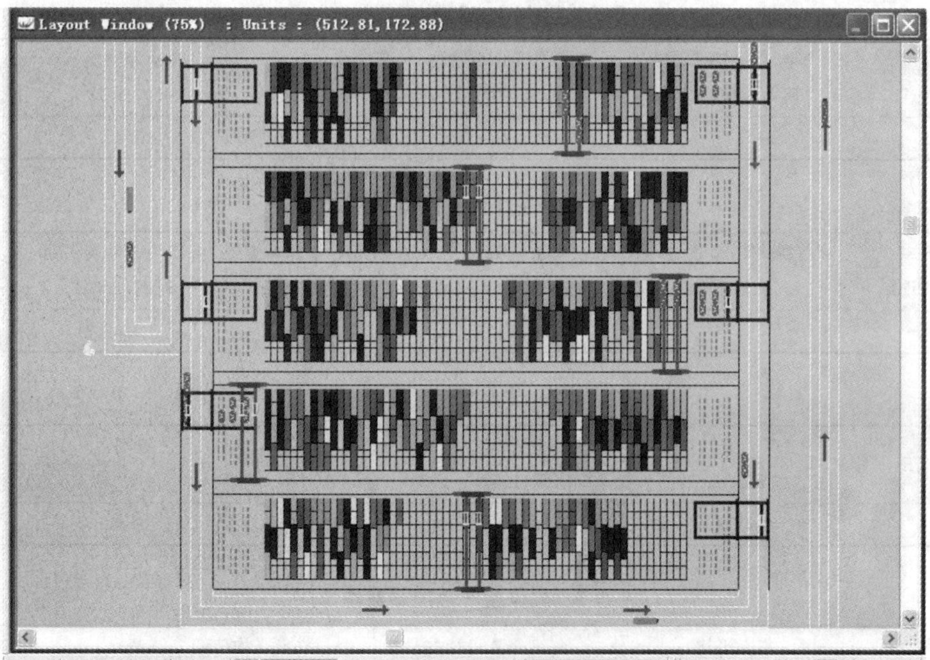

图1　计算机模型仿真界面

计算机仿真模型以集装箱拖挂车(简称集卡)到、离堆场为边界,模拟堆场内各主要操作(如集卡装/卸箱,CRMG 装/卸箱,DRMG 装/卸箱等)和管理(如堆场计划,集卡作业计划,CRMG 调度以及集装箱堆码规则等),也适应堆场作业管理中控制量的变化(如船舶到达时间间隔,集卡达到时间间隔,箱型分布,作业箱量分别等)。仿真运行结果报告反映堆场机械服务水平的要求,以便定量评估堆场的装卸能力、机械配置、运作条件、管理方式和服务水平之间的关系。

本模型采用专业仿真语言 WITNESS 作为开发平台,系统建模采用面向对象的建模思想,整个系统分成不同的子模块分别进行编程建模[3][4]。

4 仿真分析

计算机仿真程序编写完成,调试通过之后,就可以利用该模型,根据不同的目的反复进行各种不同的实验。每次输入不同的参数,就可以得到相应的仿真统计结果。同样,由于模型采用面向对象的编程方法,只需在较短时间内对部分模块进行修改,即可适应不同堆场布局、调度管理、优化方案下的要求,马上投入使用。

在这里,以 ZPMC(上海振华重工(集团)股份有限公司)开发的集装箱自动化无人智能堆场装卸系统(上海外高桥自动化空箱堆场)为背景,进行一种案例分析:在一定的机械作业规则、调度规则和集装箱堆放规则下,检验某一机械设备配置是否能到达预期的堆场生产能力。

堆场机械配置:5 台 DRMG、6 台 CRMG;

预期生产能力:Q=5000 TEU/day;

日平均工作时间:d=12 h。

(1)参数输入:根据国内外研究统计资料分析,作业计划时间间隔选用负指数分布,集卡到达时间间隔选用负指数分布,集卡速度选用正态分布,其主要特征量如表 1 所示:

表 1 初始参数输入

作业计划时间间隔(min)	集卡到达时间间隔(s)	作业箱量(自然箱)	箱型比例(%)				箱高比例(%)		集卡速度(km/h)		
			45’	40’	双 20’	单 20’	9’6	8’6	箱区外	箱区内	桥吊下
66	65	150	30	30	30	10	50	50	40	25	15

(2)仿真结果:将模型运行 100 天(根据需要可适当缩短或延长),堆场各主要设施设备的生产性能参数仿真统计结果如下各表所示:

表 2 CRMG 生产性能参数统计

平均生产率(moves/h)	等待 DRMG 次数所占比例(%)	每次等待 DRMG 时间(s/次)	等待集卡次数所占比例(%)	每次等待集卡时间(s/次)	利用率(%)
48.26	15.71	40.13	15.71	9.47	62.50

表 3 DRMG 生产性能参数统计

平均生产率(moves/h)	等待 CRMG 次数所占比例(%)	每次等待 CRMG 时间(s/次)	与 CRMG 道路冲突所占比例(%)	每次由于冲突占用时间(s/次)	利用率(%)
23.77	16.46	17.74	10.71	6.82	75.56

表 4 堆场生产性能参数统计

装卸总量(TEU)	日平均装卸量(TEU/day)	日平均工作时间(h)	设备时装卸量(TEU/h)	堆场占用率(%)	集装箱平均堆放时间(h)
843006	8 296	18.13	457.51	31.62	27.96

表 5 集卡生产性能参数统计

集卡平均队长(辆)	集卡平均等待时间(s)	集卡需要等待的概率(%)	集卡平均装卸作业时间(s)	集卡平均逗留时间(min)
0.72	31.57	61.05	59.40	3.49

(3)仿真结果分析

a. 从 CRMG 与 DRMG 相互等待时间和次数比例可以看出，堆场内机械配置基本合理；

b. 从堆场日平均装卸量和设备时装卸量统计参数可以看出，此方案下的堆场生产能力完全可以达到预期设计生产水平；

c. 从 CRMG、DRMG 的利用率，堆场占用率和集卡平均队长等统计参数可以看出，堆场还未达到其极限水平，生产能力还可以进一步提高。

5 总结

本文从集装箱码头堆场建设和实际运作的工程实际出发，在最新一代仿真软件 WITNESS 平台上，建立了自动化智能堆场装卸系统的计算机仿真模型，并进行了部分仿真实验分析。在此模型上可以分析机械的合理配置，可以识别装卸工艺的系统瓶颈，可以进行集装箱堆放规则优化分析等堆场规划管理方面的问题。随着现在科学技术的不断发展，计算机仿真技术在港口规划与管理中必将会得到更加广泛、深入的应用。

参考文献

[1] 蒋国仁主编. 岸边集装箱起重机. 武汉：湖北科学技术出版社. 2001.

[2] 郑大钟，赵千川编. 离散事件动态动态系统. 北京：清华大学出版社. 2001.

[3] 张晓萍等编. 现代生产物流及仿真. 北京：清华大学出版社. 2000.

[4] http://www.lanner.com.

5

二、起重机械技术研究

一种柱式悬臂起重机的回转阻力矩计算方法研究

白跃品，曹旭阳，谢高兰

（大连理工大学机械工程学院，辽宁大连 116024）

摘 要：根据起重机设计规范，在回转阻力矩计算时，可以抽象出两种计算模型：起重机臂端刚性固接的简化模型和起重钢丝绳相对于铅垂线有一定偏摆角的简化模型，常规算法都采用前一种模型，但在一台柱式悬臂起重机的二次改造项目中，运用这种模型出现了明显不符合实际的情况。为了找到原因，结合这个改造项目，对这两种计算模型进行了对比分析，最终选择了后一种计算模型。经过实践检验，验证了后一种模型在特定情况下比前一种模型更具合理性。同时，由于这台柱式悬臂起重机在结构形式有许多特殊性，因而回转阻力矩计算也有许多自身特点：可以忽略坡度阻力矩，风阻力矩需按照最大风阻力矩来计算，最大回转阻力矩并没有出现在起吊最大起重量的位置。

关键词：柱式悬臂起重机；回转阻力矩；回转机构

引 言

2009年6月受一家客户委托对其所拥有的一台装卸货物用的起重机进行维修改造。现场观测发现，这是一台柱式悬臂起重机，是由一台甲板起重机退役后改造而成，结构形式如图1，驱动形式是气力驱动，在长期的使用中，原来的动力机由于磨损严重无法继续使用，需要重新改造。考虑到这台起重机转台空间狭小，在不改变原有结构形式的情况下，为了合理利用现有空间，使结构更紧凑，机构运行更平稳，可靠稳定、振动小。经研究决定，将动力源改为电力驱动，先由电动机驱动泵，输出高压液压油，经过液压控制阀，最终到达马达和油缸，由马达或者油缸作为执行元件去完成起重机的回转、变幅、升降等动作。

方案确定后，在进行电动机的选型时，需要进行回转阻力矩的计算。由于这台起重机既不同于甲板起重机，也不同于门座起重机，跟塔式起重机也有一定差别，计算方法就不能完全照搬已有的算法；同时这是一台改造过的起重机，回转阻力矩的计算还需要考虑这台起重机的实际使用情况。

图1 柱式悬臂起重机实物照片

通过查阅相关的标准、资料，起重机回转时，要克服的回转阻力矩包括以下四部分：回转支撑中的摩擦阻力矩、风阻力矩、坡道阻力矩、回转部分的惯性力产生的回转阻力矩[1]。

这台起重机是固定在水泥筑成的基座上，在设计安装时要求保证基座水平。经过现场测算，虽然经过多年磨损，但起重机回转平面坡度很小，可以忽略不计，这点不同于其它起重机。

对这台起重机来说，它的驱动形式一种复

合驱动不完全是电动机驱动，在进行电动机功率计算时，风阻力矩的计算不能按照 GB/T 3811—2008 选取等效回转稳态阻力矩[2]，而应按照最大风阻力矩来计算，这样才能保证整车液压系统在极端工况下满足使用要求。

GB/T 3811—2008 提到，在计算起重机的回转水平惯性力时，可以用总起升质量视为与起重机臂端刚性固接的简化模型来计算，也可以用起重钢丝绳相对于铅垂线有一定偏摆角的简化模型来计算[2]，因此在回转驱动机构计算时，就产生有两种算法，本文结合这台起重机针对这两种算法进行分析研究。

模型一 总起升质量视为与起重机臂架刚性固接

这台起重机回转机构受力如图 2，物品(包含吊钩)重力 Q(t)，臂架自重 G_1(t)，起重机回转部分重力 G_2(t)，径向风载荷 F_r(kN)，回转过程中要克服的回转阻力矩为：

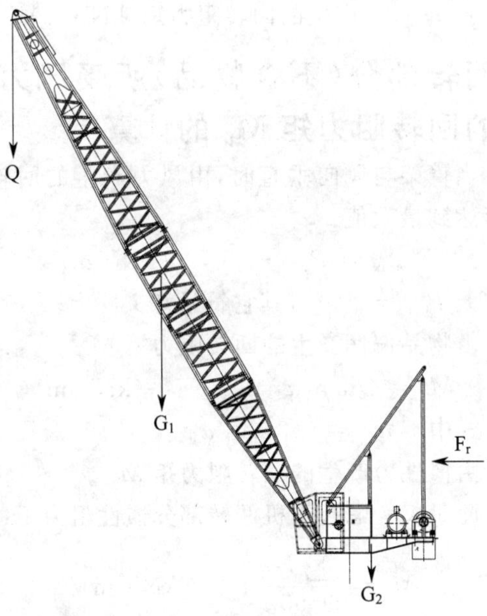

图 2 柱式悬臂起重机受力计算简图

$$M = M_m + M_w + M_i \qquad (\text{kN} \cdot \text{m})$$

式中 M_m——回转支撑中的摩擦力矩（kN·m）；

M_w——风阻力矩（含物品的风阻力矩）（kN·m）；

M_i——由回转部分(含物品)的惯性力产生的回转阻力矩(kN·m)。

摩擦阻力矩 M_m 的计算

根据现场观测，这台起重机回转支撑为单排交叉滚珠式，摩擦阻力矩可按下式计算

$$M_m = \frac{1}{2}\omega D \sum N \qquad (\text{kN} \cdot \text{m})$$

式中 $\bar{\omega}$——回转阻力系数，滚珠式取为 0.012；

D——滚道平均直径(m)，取 1.8 m；

$\sum N$——全部滚柱所受的总压力(kN)，其计算方法如下：

$$\sum N = \frac{F_a}{\sin(\gamma)} + \frac{4F_r}{\pi\cos(\gamma)}$$

式中 F_a——回转支撑装置所受的总垂直力(kN)，计算公式：$F_a = Q + G_1 + G_2$；

F_r——回转支撑装置所受的总水平力(kN)，计算公式：$F_r = CP_{\text{I}}A$，C 为风力系数取 1.2，P_{I} 为计算风压取 150 Pa，A 为起重机垂直于风向的实体迎风面积(m^2)；

γ——回转支撑装置滚动体的压力角(°)，γ 等于 45°。

由回转部分(含物品)所受风力造成的回转阻力矩 M_w 的计算

当臂架与风向垂直时，由风力产生的回转阻力矩达到最大值

$$M_{w\max} = P_{w\text{I}} \cdot l_1 + F_{w\text{I}} R \quad \text{kN} \cdot \text{m}$$

式中 $P_{w\text{I}}$——起重机回转部分(不含物品)的风载荷(kN)，$P_{w\text{I}}$ 用风压 P_{I} 计算；

I_1——起重机回转部分(不含物品)迎风面积形心到回转轴线的距离(m)；

F_w——物品受的风力(kN)，计算风压取 P_{I}；

R——起重机的幅度(m)，臂架长度为 24 m。

由惯性力产生的回转阻力矩的计算

回转惯性力阻力矩由三部分组成：物品惯性阻力矩、起重机回转部分惯性阻力矩、驱动装置惯性阻力矩，而驱动装置回转惯性力矩很小可以不考虑，余下的回转惯性力矩为：

$$M_i = \frac{(J_Q + \sum J_G)n}{9.55\,t} \quad (\text{kN}\cdot\text{m})$$

式中　J_Q——物品对起重机回转轴线的转动惯量（t·m²），用以下公式计算；$J_G = m_{物} R^2$；

ΣJ_Q——起重机各部件和构件绕回转轴线的转动惯量（t·m²），包括臂架的转动惯量；

n——起重机回转速度（min^{-1}），这里 n 等于 1 min^{-1}；

t——机构启动或制动时间（s），这里取 t 等于 8 s。

通过以上分析可得出：柱式悬臂起重机回转阻力矩计算工况，应该选择起重机起制动的位置正好是臂架与风向垂直的位置，即：

$$M = M_m + M_{w\max} + M_i \quad (\text{kN}\cdot\text{m})$$

通过对选取的典型工况的计算得下表：

表1　刚性固接时不同工况时回转阻力矩的计算

	工况一	工况二	工况三	工况四	工况五	工况六	工况七	工况八	工况九	工况十
θ	78.1	74.5	67.0	63.1	59.1	50.5	40.6	28.0	19.3	9.6
Q	31	31	28	23	19	16	13	11	10	8.6
M_m	7.57	7.57	7.12	6.37	5.77	5.32	4.87	4.57	4.42	4.21
$M_{w\max}$	28.86	31.92	40.43	41.74	41.93	45.05	46.09	53.04	52.18	54.37
M_i	15.07	23.15	40.56	43.49	45.38	56.87	64.59	72.93	75.40	70.74
M	48.50	62.64	88.11	91.59	93.08	107.24	115.56	130.54	132.01	129.33

注：θ 为臂架变幅角度，单位为°。

从表1分析可得，回转机构的最恶劣工况并不是在起吊最大重量时，相反是出现在工作幅度比较大的时候，最大回转阻力矩是132.01 kN·m。摩擦阻力矩对总回转阻力矩贡献很小，在最恶劣的工况九时，比重仅为3.5%。风阻力矩和惯性阻力矩在总阻力矩占的比重比较大，尤其是惯性阻力矩，随着臂架变幅角的降低，数值急剧增大。总回转阻力矩在整个变幅过程中，数值变化比较大，最大值几乎是最小值的三倍。

模型二　起重钢丝绳相对于铅垂线的有一定的偏摆角

固定回转臂架式起重机回转时，要克服的回转总阻力矩为：

$$M = M_m + M_p + M_a + M_c \quad (\text{kN}\cdot\text{m})$$

式中　M_m——回转支撑中的摩擦力矩（kN·m），计算方法同上；

M_p——风阻力矩（不含物品）（kN·m）；

M_a——由物品偏摆产生的回转阻力矩（kN·m）；

M_c——由回转部分（不含物品）的惯性力产生的回转阻力矩（kN·m）。

由回转部分（不含物品）所受风力产生的回转阻力矩 M_p 的计算

当臂架与风向垂直时，由风力产生的回转阻力矩达到最大值：

$$M_{p\max} = P_{p\text{I}} \cdot l_1 \quad (\text{kN}\cdot\text{m})$$

式中　$P_{p\text{I}} = P_{w\text{I}}$，其它符号意义同上。

由物品偏摆产生的回转阻力矩 M_a

$$M_a = Q\text{tam}(a_\text{I})R^{[3]} \quad (\text{kN}\cdot\text{m})$$

式中　$a_\text{I} = 0.3a_\text{II}$，$a_\text{II} = 4°$。

由惯性力产生的回转阻力矩 M_c

此时仅考虑起重机回转部分惯性阻力矩：

$$M_c = \frac{\sum J_G n}{9.55\,t} \quad (\text{kN}\cdot\text{m})$$

式中　各符号意义同上。

同理，算法二计算工况与算法一一样，即：

$$M = M_m + M_{p\max} + M_a + M_c \quad (\text{kN}\cdot\text{m})$$

通过对选取的典型工况的计算得表2。

表2　起重钢丝绳相对于铅垂线有偏摆角时回转阻力矩的计算

	工况一	工况二	工况三	工况四	工况五	工况六	工况七	工况八	工况九	工况十
θ	78.1	74.5	67	63.1	59.1	50.5	40.6	28	19.3	9.6

续上表

	工况一	工况二	工况三	工况四	工况五	工况六	工况七	工况八	工况九	工况十
Q	31	31	28	23	19	16	13	11	10	8.6
M_m	7.57	7.57	7.12	6.37	5.77	5.32	4.87	4.57	4.42	4.21
M_{pmax}	7.65	9.23	12.43	14.03	15.61	18.79	21.98	25.19	26.76	27.86
M_a	38.27	47.59	60.02	56.30	52.23	53.64	51.47	50.26	48.68	43.66
M_c	0.77	0.99	1.57	1.93	2.33	3.25	4.34	5.61	6.30	6.81
M	54.25	65.38	81.14	78.62	75.93	80.99	82.67	85.63	86.18	82.53

从表2分析可得，回转阻力矩在最大起重量时同样比较小，工作幅度大时相对比较大，最大值是85.63 kN·m。摩擦阻力矩取值和表1一样，风阻力矩、物品偏摆阻力矩随工作幅度变化不大；回转惯性阻力矩虽然变化较大，但对整体贡献较小。最大回转阻力矩在整个变幅过程中，数值波动不大。

两种算法对比分析

对算法一来说，($M_{wmax}-M_{pmax}$)为物品的风阻力矩，(M_i-M_c)为物品的惯性阻力矩，($M_{wmax}-M_{pmax}$)+(M_i-M_c)为起吊物品产生的回转阻力矩。算法二起吊物品产生的回转力矩为M_a，从表3可以看出，M_a取值相对平缓，在工况九中比重为56%，在整个起升和变幅共同运动中最大回转阻力矩波动较小，符合实际情况，比较合理。

表3　起吊物品产生的回转阻力矩

	工况一	工况二	工况三	工况四	工况五	工况六	工况七	工况八	工况九	工况十
$M_{wmax}-M_{pmax}$	21.21	22.69	28	27.71	26.32	26.26	24.11	27.85	25.42	26.51
M_i-M_c	14.30	22.16	38.99	41.56	43.05	53.62	60.25	67.32	69.1	63.93
$M_{wmax}-M_{pmax}+M_i-M_c$	35.51	44.85	66.99	69.27	69.37	79.88	84.36	95.17	94.52	90.44
M_a	38.27	47.59	60.02	56.30	52.23	53.64	51.47	50.26	48.68	43.66

在算法一中，物品的风阻力矩随臂架幅度降低变化不大，在最恶劣工况九中，比重为19%；但物品的回转阻力矩则随臂架角度降低急剧增大，比重越来越大，在工况九中，比重为52%，原因是随着工作幅度的增大，转动惯量按幂级数增长。前两者相加物品产生的回转阻力矩比重占到71%，显然不符合实际。因此，对于这台起重机时，在计算回转运动起制动时的回转惯性矩时，把总起升质量视为与起重机臂架刚性固接的简化模型是不妥当的。

综上所述，采取算法二是比较合理的。考虑到整机磨损情况和制造安装误差，最终将最大回转阻力矩定为100 kN·m。用100 kN·m去进行电动机的选取。2009年11月，经过改造后的这台起重机一次性通过载荷试验，顺利交付客户使用，实践证明采用算法二是正确的。

结　　论

1. 在计算柱式悬臂起重机回转阻力矩时，不考虑坡道载荷的影响，回转平面的水平度由设计制造来保证。

2. 对这台起重机，它的驱动是采取电动机液压复合驱动，在进行电动机选取时，不能按照GB/T 3811—2008选取等效回转稳态阻力矩，风阻力矩应该按照最大风阻力矩来计算。同理，假如有坡度阻力矩也应该按照最大值来计算。

3. 回转机构的最恶劣工况并不一定出现在回转和起升同时作业，起吊最大起重量的位置，有可能是起重量较小而工作幅度比较大的位置。

4. 柱式悬臂起重机回转和变幅机构起(制)动时，计算总起升质量产生的综合阻力矩时，不能把悬挂的总起升质量视为与起重机臂架端部刚性固接，而应该采用起重钢丝绳相对于铅垂线的偏摆角产生的阻力矩来计算；同时，惯性阻力矩不能忽略，有可能成为影响回转驱动机构选型的主要因素。

参考文献

[1] 张质文、虞和谦等.起重机设计手册[M].北京:中国铁道出版社,2008.

[2] 北京起重运输机械研究所.GB/T3811—2008 起重机设计规范[M].北京:中国标准出版社,2008.10.

[3] 海港机重工有限公司.港口起重机设计规范[M].人民交通出版社,2007.08.

吊运熔融金属的QDY型桥式起重机值得改进的方面

卜广强

(深圳市特种设备安全检验研究院)

摘　要:通过研究国内有关吊运熔融金属的起重机的技术规范和标准,结合中、小铸造企业选用QDY型桥式起重机的现状,对该类起重机的内涵及其型式、品种分类提出了自己的理解。在对工厂实际使用的QDY型桥式起重机的安装监督和定期检验过程中,发现该类型起重机还有值得研究进一步改进的地方,对认为值得重点关注的其中十几个问题予以深入分析,对该类型起重机的安全设计提出了改进建议,供相关单位和人员参考。

关键词:吊运熔融金属;桥式起重机;安全设计;改进建议

1　QDY型桥式起重机概述

1.1　QDY型桥式起重机产生的背景

2007年,辽宁省铁岭市发生“4.18”钢水包倾覆特别重大事故,这起事故造成了32人死亡、6人重伤,是建国以来钢铁企业发生的最严重的恶性事件。随后展开的冶金起重机械专项整治发现,仅辽宁省和江苏省就有2 000多台通用桥式起重机吊运熔融金属,国家有关法规和标准对额定起重量75 t以下、吊运熔融金属的起重机并没有完善的规定。有关部门面对国内企业大量采用非冶金专用的通用桥式起重机吊运熔融金属的现实,由国家质检总局发布《关于冶金起重机械整治工作有关意见的通知》(质检办特[2007]375号),结合中国企业经营现状和安全生产要求,按照合乎使用、安全可靠的原则,在生产安全与经济代价之间寻求平衡点,分离出吊运熔融金属的QDY型桥式起重机新品种。

1.2　QDY型桥式起重机的定义

QDY型桥式起重机是指在QD型通用桥式起重机基础上改进配置后,符合《关于冶金起重机械整治工作有关意见的通知》(质检办特[2007]375号)中11条基本技术条件及相应要求,用于吊运熔融金属、从事铸造作业的起重机。

一般包括以下三类,第一类:在QD型通用桥式起重机基础上改进配置达到(质检办特[2007]375号)中11条基本技术条件及相应要求,额定起重量小于75 t的新安装QDY型桥式起重机;第二类:吊运熔融金属的QD型通用桥式起重机,由于厂房、基础等因素,不具备更换为符合JB/T7688.15—1999《冶金起重机技术条件　铸造起重机》要求的冶金专用起重机,经改造后达到(质检办特[2007]375号)中11条基本技术条件及相应要求,额定起重量不小于75 t的QDY型桥式起重机;第三类:吊运熔融金属的在用QD型通用桥式起重机,经改造后达到(质检办特[2007]375号)中11条基本技术条件及相应要求,额定起重量小于75 t的QDY型桥式起重机。

1.3　QDY型桥式起重机的特点

该类型起重机采用箱形双主梁桥架,用于吊运熔融金属,要求高可靠性、高工作级别、高防护等级等,必须满足《炼钢安全规程》等要求,结构相对简单、总体造价低,是现阶段中小炼钢、铸造等企业普遍推广选用和建议改造的机种。

2　吊运熔融金属的QDY型桥式起重机值得改进的方面

2.1　QDY型桥式起重机的型式分类

当前,不少制造许可评审单位、型式试验机构、制造监检单位、制造单位、检验机构和监管机构将其归类为通用桥式起重机(用于吊运熔融金属),设备代码或注册代码前四位数字用4110;这种命名方式存在逻辑上的矛盾,既然是通用桥式起重机,就不能用于吊运熔融金属;既是吊运熔融金属的起重机,就不能归类为通用桥式起重机。也有一些制造许可评审单位、型式试验机构、制造监检单位、制造单位、检验机构和监管机构将其归类为冶金桥式起重机,设备代码或注册代码前四位数字用4150。由于认识的不统一,造成设备代码与注册代码型式分类(前四位数字)不一致,造成一定的混乱。

建议将吊运熔融金属的QDY型桥式起重机归类于冶金桥式起重机较为妥当。

2.2　QDY型桥式起重机的品种分类

QDY型桥式起重机工作在高温、强热辐射、多粉尘和腐蚀严重的环境中(铸造车间),用于吊运熔融金属、从事铸造作业的特殊起重机。QDY型桥式起重机与JB/T7688.15—1999《冶金起重机技术条件　铸造起重机》所述的额定起重量75t及以上的YZ型铸造起重机有着相同的用途和技术要求,但是JB/T7688.15—1999《冶金起重机技术条件　铸造起重机》并没有将吊运熔融金属的额定起重量小于75t和QDY等品种的起重机纳入铸造起重机范畴。

建议根据目前企业的实际情况扩展铸造起重机的内涵,将吊运熔融金属的QDY型桥式起重机和额定起重量小于75 t、吊运熔融金属的其他品种起重机纳入铸造起重机范畴。吊运熔融金属的起重机即铸造起重机一般包括以下几种:符合JB/T7688.15—1999《冶金起重机技术条件　铸造起重机》要求的YZ型铸造起重机,符合质检办特[2007]375号文中第一条(一)中11条基本技术条件及相应要求的QDY型桥式起重机,符合质检办特[2007]375号文中第一条(三)中8条基本技术条件及相应要求的各类葫芦式起重机,如YLH型。其中,额定起重量小于75 t的称为小型铸造起重机,额定起重量不小于75 t的称为大型铸造起重机。

2.3　QDY型桥式起重机主起升机构和副起升机构的设置

大型QDY型桥式起重机必须设用于吊运钢水包的主起升机构和用于倾倒钢水包的副起升机构;小型QDY型桥式起重机可以只设一个用于吊运钢水包的起升机构,通过钢水包的电动或手动倾倒装置实现钢水的倾倒功能。

一般认为部分大型QDY型桥式起重机通过钢水包的电动或手动倾倒装置实现钢水倾倒功能的设计是很危险的。

2.4　QDY型桥式起重机主起升机构驱动减速方案

大型QDY型桥式起重机一般选用双电动机驱动单台减速器(带棘轮棘爪)的方案,这样能保证在其中一台电动机损坏的情况下,另一台电动机和减速器能在额定载荷下完成一个工作循环;如选用双电动机驱动双减速器(带棘轮棘爪)的方案则更安全,能保证在其中一台电动机或减速器损坏的情况下,另一台电动机或减速器能在额定载荷下完成一个工作循环。小型QDY型桥式起重机可以选用单台电动机驱动单台减速器的方案。

一般认为大型QDY型桥式起重机选用单台电动机驱动单台减速器的方案风险较大。

2.5　QDY型桥式起重机主起升机构钢丝绳缠绕系统方案

大型QDY型桥式起重机一般选用四根钢丝绳缠绕系统和张力均衡装置方案,可以保证当其中一根钢丝绳或对角线上两根钢丝绳意外断裂后,其他钢丝绳仍能在额定载荷下完成一个工作循环,将钢水包放到指定工位。小型QDY型桥式起重机可以选用两根钢丝绳缠绕系统和张力均衡装置方案或选用单根钢丝绳缠绕系统方案,但存在只要有其中一根钢丝绳意外断裂就会危及安全的风险,且对钢丝绳日常保养和检查的要求较高。

由于对金属芯钢丝绳失效的机理、检验方法、检验周期和失效判定依据等还存在较大不确定性,一般认为大型QDY型桥式起重机选用两根钢丝绳缠绕系统和张力均衡装置方案或选用单根钢丝绳缠绕系统的方案风险较大;小型QDY型桥式起重机如选用四根钢丝绳缠绕系统和张力均衡装置的方案,则更趋于安全。

2.6　QDY型桥式起重机主起升机构制动器制动功能的设置与分工

QDY型桥式起重机主起升机构的每套驱动装置,都应在电机轴或减速器高速输入轴上设两个独立作用的制动器作为工作制动,用于减速和停止；同时，在卷筒轴或卷筒上设两个独立作用的制动器作为安全制动，用于超速自动制动和紧急制动。安全制动器和工作制动器应优先选用结构型式不相同的制动器，安全制动器不领先于工作制动器制动，不滞后于工作制动器打开；两个制动器不共用同一制动回路，确保在机械、电气和液压控制方面保持完全独立；工作制动应与电气控制制动并用；每个制动器设闭合制动和打开释放的检测限位，检测并向控制系统反馈制动器的工作状态。

一般认为部分 QDY 型桥式起重机主起升机构的每套驱动装置仅在高速输入轴上设置工作制动器，没有在低速输出轴上设置安全制动器的方案，存在如果由于工作制动器失效、卷筒超速旋转触发超速开关动作或输出超速信号时，超速保护装置或紧急制动都无法阻止卷筒继续超速旋转的隐患。另外，两个制动器共用同一制动控制电气或液压回路，存在不能保证独立作用的缺陷。

2.7 QDY 型桥式起重机主起升机构的超速保护

QDY 型桥式起重机一般在起升机构高速输入轴（电机轴、高速补偿轴或减速器高速输入轴）上设速度检测点（采用光电编码器或超速开关），还需要在起升机构低速输出轴（卷筒轴或卷筒）设速度检测点（采用光电编码器或超速开关）；高速轴测速点和低速轴测速点的动作速度整定值为额定下降速度的 1.25～1.4 倍；在超速工况下，电动机和制动器自动断电、停车，阻止驱动、传动或调速失效等原因导致的卷筒超速旋转事故。

一般认为部分 QDY 型桥式起重机起升机构仅在高速输入轴设速度检测点，没有在低速输出轴设速度检测点的方案，存在如果由于设置速度检测点的高速轴和卷筒之间的传动部件失效等原因导致卷筒超速旋转时，无法触发超速开关动作或输出超速信号，超速保护装置无法阻止卷筒继续超速旋转的隐患。

2.8 QDY 型桥式起重机主起升机构的超载保护

QDY 型桥式起重机一般选用经计量检定合格的数字式秤量装置，在吊运钢水包的同时，完成称重、统计、超载预警和报警等功能；小显示屏装在司机室内或加装在手电门（或遥控发送器）上，大显示屏装在桥架下或车间内便于观察的位置。

一般认为部分 QDY 型桥式起重机仅在司机室内装小显示屏，存在采用遥控或手电门操纵时，司机无法及时可靠获知称重、超载预警和报警信号的问题；另外，将达不到规定钩号的电子称悬挂在吊钩与钢水包之间的做法，存在由于电子称吊钩或吊环意外失效导致钢水包脱落的隐患。

2.9 QDY 型桥式起重机主起升机构的高度限制器

QDY 型桥式起重机上升位置限制器动作后，断开上升方向的接触器或控制信号，停止上升方向的运动；上升极限位置限制器动作后，断开起升机构电源的总接触器或控制信号，切断起升机构的电源。

一般认为部分 QDY 型桥式起重机上升位置限制器和上升极限位置限制器动作后，只断开上升方向的接触器或控制信号的方案，存在如果上升方向接触器或控制信号一旦失效，上升位置限制器和上升极限位置限制器无法停止上升方向运动的隐患。

2.10 QDY 型桥式起重机主要受力钢结构的隔热防护

QDY 型桥式起重机的起升高度相对较低，钢水包中的钢水对起重横梁、吊钩及其动滑轮处钢丝绳、主梁或小车架下缘翼板等部位的热辐射通常较强，需要采取隔热防护措施使钢结构表面热辐射温度低于 300℃。

一般认为部分 QDY 型桥式起重机仅凭参考图纸和经验类比设计的隔热防护装置，其实际隔热效果如何？缺少现场测量数据验证。

2.11 QDY 型桥式起重机的操纵控制

2.11.1 灯光或音响警示信号的设置

采用司机室操纵方式的，都强制要求设置在起重机工作范围内能够清楚听到的音响警示信号（电铃或电笛）或能够清楚看到的灯光警示信号；但对采用遥控和手电门操纵方式的，没有规定必须设置音响或灯光警示信号。

一般认为 QDY 型桥式起重机是吊运熔融金属的特殊起重机，不管采用哪种操纵方式，都应要求必须设置灯光或音响警示信号装置及其操纵开关（按钮）。

2.11.2 应急断电开关的设置

目前，QDY 型桥式起重机都设置了便于司机操作的紧急断电开关；但没有设置由安全监护人员在生产现场监护点操作的应急断电开关；相关规程和标准等没有明确应急断电开关的要求，建议予以增加。

2.11.3　连锁保护的设置

QDY型桥式起重机不论是采用司机室操纵、无线遥控、手电门操纵，还是其组合操作或多处操作的，都应有防止多处同时操作紧急断电开关或机构运行开关的连锁保护；发现部分QDY型桥式起重机各操纵方式之间存在主从关系或并联关系等，产生虚假和不完善的连锁保护现象。

2.12　QDY型桥式起重机电气设备、元器件、电线电缆和司机室、电气室、控制屏（控制柜）、电阻箱等

QDY型桥式起重机工作在高温、多粉尘、强腐蚀性的环境中，必须选用铸造环境专用的电气设备、元器件、电线电缆和司机室、电气室、控制屏（控制柜）、电阻箱等。发现部分QDY型桥式起重机却选用非铸造环境专用的，普遍存在防护等级低、内部温度接近甚至超过正常工作温度界限、内部积尘和腐蚀严重、安全可靠性低、故障率高、维修量大、寿命短等缺陷。

2.13　QDY型桥式起重机调速控制系统

QDY型桥式起重机使用单位和设计制造单位应根据铸造工艺、经济性、安全性和保养能力等要求选用适合的电气传动调速控制方案，减少对钢结构、传动系统和电网的冲击，减少制动器摩擦片和制动轮（制动盘）的磨损，改善操作工人的操作技术要求。发现部分单位对QDY型桥式起重机实际选用方案中可能存在的电动机易损、碳刷易损、接触器故障率高等缺陷，没有给予足够的重视。

3　结束语

吊运熔融金属的起重机是铸造行业生产必不可少的关键设备，生产中不能轻易停工，必须安全、可靠。QDY型桥式起重机是在高工作级别通用桥式起重机的基础上，对其进行重新设计或改造，接近或达到四梁铸造起重机的功能和安全指标，但是由于车间设计、冶金工艺、起重机设计和改造方案等存在差异，需要根据理论分析和工程实践验证的情况确定具体的安全要求，才能从根本上杜绝类似辽宁省铁岭“4.18”钢水包倾覆特别重大事故的发生。

参考文献

[1]　国家质检总局质检办特[2007]375号　关于冶金起重机械整治工作有关意见的通知.

[2]　TSG Q0002—2008起重机械安全技术监察规程—桥式起重机[S].

[3]　TSG Q7016—2008起重机械安装改造重大维修监督检验规则[S].

[4]　TSG Q7015—2008起重机械定期检验规则[S].

[5]　GB6067—1985起重机械安全规程[S].

[6]　GB/T3811—2008起重机设计规范[S].

[7]　JB/T7688.1—2008冶金起重机技术条件　第1部分：通用要求[S].

[8]　JB/T9008.1—2004钢丝绳电动葫芦　第1部分：型式与基本参数、技术条件[S].

[9]　AQ2001—2004炼钢安全规程[S].

[10]　AQ2002—2004炼铁安全规程[S].

[11]　GB50256—1996电气装置安装工程　起重机电气装置施工及验收规范[S].

[12]　GB50278—1998起重设备安装工程　施工及验收规范[S].

[13]　张质文等.起重机设计手册[M].北京：中国铁道出版社，1998.

[14]　王福绵等.起重机械技术检验[M].北京：学苑出版社，2000.

[15]　卜广强等.特种起重机的选用和检验[J].设备管理与维修，2007(6).

[16]　卜广强等.铸造起重机的安全检验[J].中国特种设备安全，2009(12).

[17]　卜广强等.QDY型桥式起重机安全检验和防护的研究[J].起重运输机械，2010(2).

[18]　裘为章.实用起重机电气技术手册[M].北京：机械工业出版社，2001.

5

基于变频门式起重机能耗模型的节能评价体系研究

付为刚，程文明，濮德璋，马莉丽

（西南交通大学机械工程研究所）

摘　要：门式起重机作为重要的物料搬运设备，其能耗特性好坏与设备的经济性和环保性密切相关。从起重机结构特性和能耗特性出发，以运行机构和起升机构为研究对象，考虑机构主要环节的能耗，建立了变频门式起重机机构系统的能耗模型。以该能耗模型为基础，分析了变频门式起重机节能评价指标，确立了节能定性评价指标和定量评价指标，从起重机“全寿命周期”角度建立了节能评价体系。最后指出了节能评价体系下一阶段该开展的工作为能耗检测装置的开发和评价指标的量化研究。

关键词：起重机；能耗模型；节能；评价体系

1　引　　言

随着能源价格上涨和人们节能意识的提高，起重机的经济性能和环保性能受到越来越多人的重视。在保证起重机作业速度和起重能力的前提下，如何降低起重机的能耗成为起重机设计者和使用者共同关注的课题。门式起重机根据行走方式的不同，分为轨道式门式起重机和轮胎式门式起重机。传统门式起重机能耗量大，能量利用率低。现阶段混合动力技术[1]被用作减少系统的能量损耗，实验和理论研究显示混合动力系统能够极大地回收能量。混合动力系统被用在轮胎式起重机上，它由柴油机和超级电容器[2]组成。回收的能量是吊重下降阶段的重力势能和被制动电阻消耗的制动能[3]。当吊重处于上升阶段时，混合动力系统储存的能量被释放出来，达到了节能的效果。实验研究显示，混合动力系统能够减小燃料消耗达35%，减少尾气排放达40%[4]。对于门式起重机来说，在工作阶段机构由电动机驱动。起重机系统的能耗特性与电动机的操作参数（电流、功率、电压和转速）密切相关。通过理论研究可以建立起重机操作过程中的能耗数学模型。起重机操作过程中能耗模型的建立可以为起重机实现节能减排功能提供理论基础。本文从变频门式起重机工作机构的结构特性和能耗特性出发，建立机构系统的能耗模型。最后基于能耗模型，进行起重机节能评价指标分析，确立节能评价指标，建立门式起重机节能评价体系。

2　机构工作过程中的能耗特性分析

变频门式起重机所需要的能量由电网或发电机组提供。如果忽略照明系统、润滑系统等辅助部分的能量消耗，从能量流路线看，变频门式起重机的结构系统主要由大车运行机构、小车运行机构、主起升机构、副起升机构组成。本文将分别针对门式起重机运行机构和起升机构的能量流特性进行分析。

当机构处于工作状态时，机构每个环节是一个伴随能量输入（出）、储存（释放）的动态过程。输入能量是输入电动机的总能量，输出能量是由吊重或机构自重消耗的位移能。储存的能量是电动机磁场储存能和机构机械系统储存的机械能。如图1所示为机构系统的能量流图，其中E_i表示总的输入能量；E_s表示系统储存和释放能量的代数和；E_l表示总的能量损耗，包括变频器、电动机和机械传递系统三个环节；E_d表示输出能。

在某一时刻，图2为机构瞬态能量流，如图所示P_i表示总的输入功率；P_s表示机构在能量传递系统中总储能的变化率；P_l表示总的功率损耗；P_d表示输出功率。

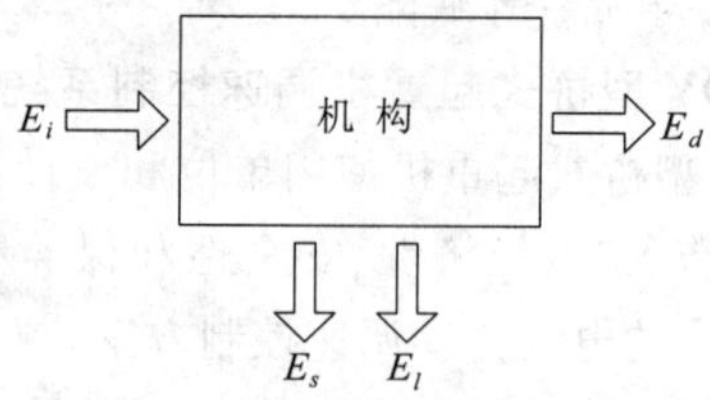

图1　机构能量流图

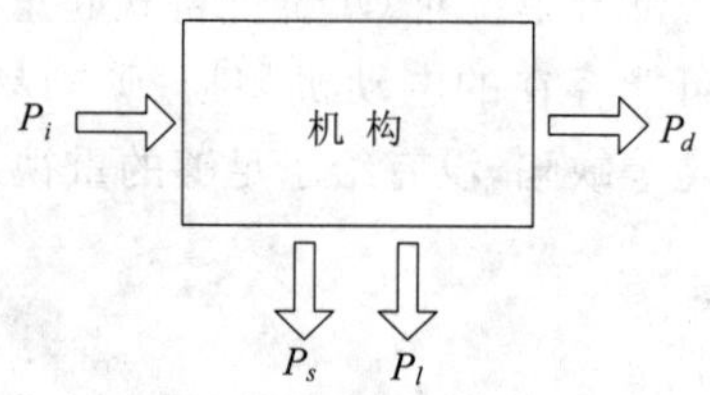

图2　机构瞬态能量流图

变频器部分有巨大的能量损耗，包括功率器件高速的开关切换，引起开关过程损耗和通态损耗[5]。机构的机械传递系统是另一个主要的能量损耗途径，在机构机械传递系统中，功率损耗分为两部分：库仑摩擦功率损耗（与角速度成线性比例关系）和粘性摩擦功率损耗（与角速度成平方关系，与振动大小和运动速度成正比的阻力相关的功率损耗）。库仑摩擦功率损耗也分为两部分：载荷功率损耗和非载荷功率损耗（非载荷库仑摩擦功率损耗和粘性摩擦功率损耗）[6]。

机构机械传递系统通常由一些传递环节组

成，电动机输出的脉动功率将影响每个传递环节的运行角速度。考虑到脉动功率随时间变化很小，忽略脉动功率对各环节动能和运行角速度的影响。第 i 个传递环节的能耗模型为：

$$P_i = P_{ui} + P_{ai} + P_{oi} + \frac{dE_i}{dt} \quad (1)$$

上式中 P_i 为第 i 个传递环节的输入功率；P_{ui} 为第 i 个传递环节的非载荷功率损耗；P_{ai} 为第 i 个传递环节的载荷功率损耗；P_{oi} 为第 i 个传递环节的输出功率；E_i 为第 i 个传递环节各部件的动能和。b_i 为第 i 个传递环节的载荷功率损耗系数。

$$b_i = P_{ai}/P_{oi} \quad (2)$$

第 i 个传递环节的非载荷功率损耗：

$$P_{ui} = P_{fi} + P_{bi} = M_{fi}w_i + B_{ui}w_i^2 = M_{fi}j_iw + B_{ui}j_i^2w^2 \quad (3)$$

上式中，M_{fi} 为第 i 个传递环节的非载荷库仑摩擦阻力矩，j_i 为第 i 个传递环节到电动机主轴的传动比，w 为电动机主轴角速度，B_{ui} 为第 i 个传递环节的粘性摩擦阻力系数。

将式(3)代入式(1)得，第 i 个传递环节的非载荷能耗模型[6]：

$$P_{ii} = P_{oi}(1+b_i) + M_{fi}j_iw + B_{ui}j_i^2w^2 \quad (4)$$

3　机构系统的能耗模型

3.1　运行机构的能耗模型

E_{e1} 和 P_{e1} 分别是从电网或发电机组传递到运行机构的能量和输入功率。能量依次经过变频器、电动机和机械传递系统。忽略不稳定运动状态对运行机构系统的影响，上述三个环节的能耗模型如下：

1)变频器环节的能耗模型：$P_{e1} = {}_{\Delta}P_{f1} + P_{m1}$

2)电动机环节的能耗模型：

$$P_{m1} = P_{cu1} + P_{Fe1} + P_{ad1} + P_{me1} + \frac{dW_{m1}}{dt} + \frac{dW_{ke1}}{dt} + P_1 \quad (5)$$

其中，ΔP_{f1} 为变频器的功率损耗，P_{m1} 为电动机的输入功率，P_{cu1} 为电动机的铜损耗，P_{Fe1} 为电动机的铁损耗，P_{ad1} 为电动机的附加损耗，P_{me1} 为电动机的机械功率损耗，W_{m1} 为磁场储存的能量，$W_{ke1.}$ 为电动机转子储存的能量。

运行机构机械传递系统由联轴器 1、减速器、联轴器 2、和小车轮轴承四个传动环节组成，在每个传递环节的能耗模型分别为式(6)、(7)、(8)和(9)。

1)在联轴器 1 环节的能耗模型：

$$P_1 = P_2(1+b_{11}) + M_{f11}j_{11}w_1 + B_{v11}j_{11}^2w_1^2 \quad (6)$$

2)减速器环节的能耗模型：

$$P_2 = P_3(1+b_{12}) + M_{f12}j_{12}w_1 + B_{v12}j_{12}^2w_1^2 \quad (7)$$

上式中，j_{12} 为减速器部分的总体等效传动比；

3)在联轴器 2 环节的能耗模型：

$$P_3 = P_4(1+b_{13}) + M_{f13}j_{13}w_1 + B_{v13}j_{13}^2w_1^2 \quad (8)$$

4)在小车轮轴承环节的能耗模型：

$$P_4 = P_5(1+b_{14}) + M_{f14}j_{14}w_1 + B_{v14}j_{14}^2w_1^2 \quad (9)$$

其中 j_{1i} 为第 i 个传递环节到电动机主轴的传动比，w_1 为运行机构电动机主轴的角速度，$w_{1i} = {}_{j1i}w_1$。由能量守恒定律，综合上述公式(6)、(7)、(8)和(9)得，运行机构机械传递系统的能耗模型：

$$\mathrm{P}_{11} = \alpha_{1m}\mathrm{P}_{1d} + \mathrm{M}_{1m}\mathrm{w}_1 + \mathrm{B}_{1m}\mathrm{w}_1^2 \quad (10)$$

$$\alpha_{1m} = \prod_{1}^{4}(1+b_{1k}),\ M_{1m} = M_{f12}j_{11} + \sum_{i=2}^{4}\prod_{k=1}^{i-1}\mathrm{M}_{f1i}j_{1i}(1+b_{1k}),$$

$$B_{1m} = B_{v12}j_{12}^2 + \sum_{i=2}^{4}\prod_{k=1}^{i-1}B_{v1i}(1+b_{1k})j_{1i}^2,\quad (i=2,3,4,5) \quad (11)$$

对于整个运行机构，假定 b_{10} 为电动机的载荷功率损耗系数，P_{10} 为电动机的空载功率。则整个系统的能耗模型：

$$P_{inp1} = \Delta P_{f1} + P_{10} + (\alpha_{1m}P_{1d} + M_{1m}w_1 + B_{1m}w_1^2)(1+b_{10}) \quad (12)$$

3.2　起升机构的能耗模型

从电网或发动机组输出的能量依次经过变频器、电动机和机构机械传递系统。机构机械传递系统由联轴器 1、减速器、联轴器 2、钢丝绳卷绕系统和滑轮系统组成。滑轮系统属于柔性系统，和其他环节的能量传输特性不同，假定柔性滑轮系统的能量传输率为 η_h，从而起升机构机械传递系统包含四个环节：联轴器 1、减速器、联轴器 2 和钢丝绳卷绕系统。同理可得，起升机构机械传递系统的能耗模型如下：

$$P_{21} = \eta_h(\alpha_{2m}P_{2d} + M_{2m}w_2 + B_{2m}w_2^2) \quad (13)$$

$$\alpha_{2m} = \prod_{1}^{4}(1+b_{2k}),\ M_{2m} = M_{f22}j_{21}$$

5

$$+\sum_{i=2}^{4}\prod_{k=1}^{i-1}M_{f2i}j_{2i}(1+b_{2k}),$$

$$B_{2m}=B_{v22}j_{22}{}^{2}+\sum_{i=2}^{4}\prod_{k=1}^{i-1}B_{v2i}j_{2i}{}^{2}(1+b_{2k}),$$

$$(i=2,3,4,5) \qquad (14)$$

在方程式(10)和(13)中，P_{11} 和 P_{21} 分别为运行机构和起升机构机械系统的输入功率，P_{1d} 和 P_{2d} 为吊重位移能产生的输出功率，w_2 为起升机构电动机的角速度。在公式(11)、(14)中，$q=1,2$；α_{qm} 为机构传递系统作用于电动机主轴的的等效载荷系数；M_{qm} 为机构机械传递系统作用于电动机主轴的等效非载荷库仑摩擦阻力矩；B_{qm} 为机构机械传递系统作用于电动机主轴的的等效粘性摩擦阻尼系数；J_{qm} 为机构机械传递系统作用于电动机主轴的等效转动惯量。

假定 ΔP_{f2} 为变频器环节的功率损耗，b_{20} 为电动机的载荷功率损耗系数，P_{20} 为电动机的空载功率，起升机构能耗模型：

$$P_{inp2}=\Delta P_{f2}+P_{20}+\eta_h(\alpha_{2m}P_{2d}+M_{2m}w_2+B_{2m}w_2{}^2)(1+b_{20}) \qquad (15)$$

4　节能评价指标体系的建立

门式起重机广泛应用于港口、物流中心站等地方，其节能空间很大。为贯彻实施《中华人民共和国节约能源法》中关于节能减排的相关政策和要求，建立门式起重机的节能评价体系具有重大的现实意义和良好的经济价值。起重机节能评价体系应包含以下功能：指导起重机的节能设计、制造和使用；针对现有起重机进行节能评价，对能量消耗不合理的起重机进行节能改造。

4.1　评价指标分析

从机构系统能耗模型建模过程和能耗数学模型可以得出以下结论：

1.电动机输入功率 P_{inpq} 一般由发电动机组或电网来提供电能。发电动机组消耗的柴油和汽油属于非可再生资源，经济性能和环保性能比电能要相对差些，起重机在条件允许的情况下，轮胎式门式起重机采用“油改电”方案可以在一定程度上实现起重机的节能减排功能。

2.机构系统总的能量消耗分为变频器 ΔP_{fq}、电动机空载功率 P_{q0}、机构机械传递系统和吊重系统 P_{qd} 四个环节。在建立节能评价指标体系时，有必要将机构系统各个环节的能耗情况考虑进来，通过适当的方法(试验分析和仿真分析)来测量各个环节的能量值，计算各环节的能量消耗百分比，将能量消耗百分比大的环节作为重要评价指标来考虑，给予较大的权重系数。

3.由于机构载重或吊重位移能变化，机构机械部分消耗功率：

$$P_{qd}=G.V$$

上式中，对于起升机构来说，机构载重 $G=G_{Dj}+G_e$；G_{Dj} 为吊具重量，G_e 为额定起升载荷；对于运行机构来说，机构载重 $G={}_{GCz}+G_e$，G_{Cz} 为大(小)车自重；V 为 $G.$ 的运行速度。

从机构系统能耗角度，设机构载重位移能消耗功率为 P_D，由公式(12)、(15)可知，

$$P_D=\alpha_{qm}P_{qd}(1+b_{q0})=\alpha_{qm}GV(1+b_{q0})$$

从上式可以看出，P_D 与 G 之间成线性比例关系。因此本文将机构载重中单位重量能耗作为评价指标来评价起重机机构传递系统的能耗特性。

设机构载重中单位重量能耗为 P_{D0}，则有

$$P_{D0}=\alpha_{qm}P_{qd}(1+b_{q0})/G=\alpha_{qm}V(1+b_{q0})$$

额定起升载荷 G_e 位移能部分为有效能，设单位起升载荷能耗为 P_{De} 则有，

$$P_{De}=\alpha_{qm}P_{qd}(1+b_{q0})/G_e=\alpha_{qm}GV(1+b_{q0})/G_e$$

P_{De} 越小，起重机工作过程中能耗特性越好。从上式可以看出 G_{Cz} 或 G_{Dj} 越大，即大(小)车自重或吊具自重越大，单位起升载荷能耗越大。因此门式起重机在满足结构强度、刚度情况下，应尽量减轻结构自重，减少有效能单位起升载荷能耗。

4.对于某一特定起重机来说，输入功率 P_{inpq} 随电动机角速度 w 变化而变化，与电动机角速度 w 成抛物线关系，且 P_{inpq} 随 w 增大而增大。因此，可以通过合理控制电动机主轴角速度来降低能耗。在空载($G_1=0$)或吊重功率要求低的情况下，通过变频控制技术降低电动机主轴角速度，实现机构系统的功率匹配，提高电动机效率，进而提高起重机的能源利用率。

为了促进节能技术的推广，本文从全寿命周期(设计、制造和使用阶段)角度，对起重机进行节能评价，将节能技术作为评价指标纳入评价指标体系。在吊重系统下降阶段，吊重系统往往释放较大的重力势能，传统门式起重机在运行过程中

的制动能量和吊重下降释放的重力势能没有得到合理利用,采用混合动力技术可以将该部分能量进行回收利用。

综上所述,门式起重机关于节能技术的评价指标包括:(1)针对轮胎式起重机的"油改电"方案;(2)变频控制技术;(3)混合动力技术;(4)轻型化设计。

4.2　节能评价体系系统框图

层次分析法是一种定性与定量相结合的多目标决策技术。其基本原理就是将待识别的复杂问题分解成若干层次,由专家和决策者对所列指标通过两两比较重要程度而逐层进行判断评分,利用计算判断矩阵的特征向量确定下层指标对上层指标的贡献程度,从而得到基层指标对总目标而言重要性的排列结果[7]。层次分析法适合于处理那些难以量化的复杂问题,本文将采用层次分析法来建立起重机的节能评价体系。

图3为起重机节能评价体系框图,整个评价指标体系分为评价目标层、指标层和因素层。该节能评价体系贯穿了"全寿命周期"(设计、制造和使用阶段)。设计制造阶段的评价指标主要是为了引导节能技术的推广。在工作阶段,门式起重机工作机构分为大(小)车运行机构和主(副)起升机构四个机构。设置能耗量指标来评价单位输入功率的成本(经济成本和环境成本),电动机的能量供应来自于电网或发电动机组,工作阶段能量分配应该包含油耗量或电耗量,根据具体情况,将合理的能量供应方式设置高的分值来引导人们采用更加合理的节能设计方式。设置回收能量指标来评价起重机系统是否采用混合动力技术,并通过设置能量回收系数来评定采用混合动力技术后能量回收效果。由于能量传递过程包含变频器、电动机、机构传递系统和吊重系统四个环节,通过测试计算各个环节能量百分比,评价能量分配百分比是否在一个合理的范围内。设定机构载重单位重量能耗指标来评价起重机机构传递系统的能耗特性,设定机构单位起升载荷能耗指标来评价起重机有效能能耗特性。

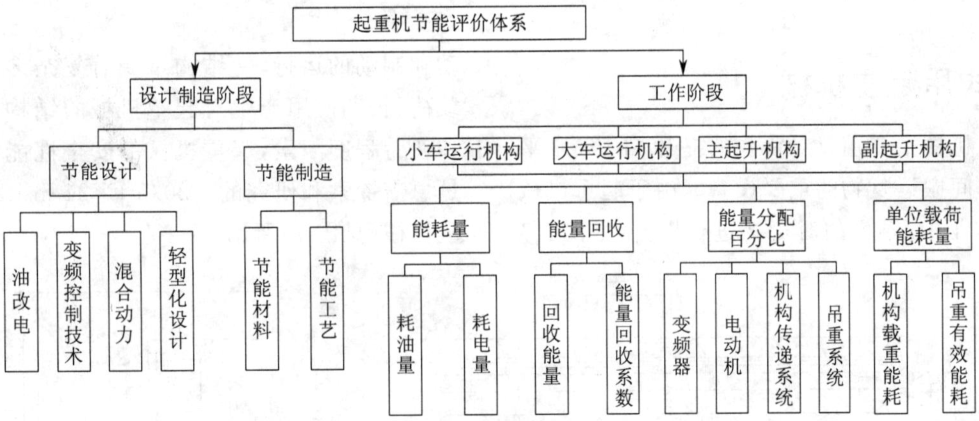

图3　起重机节能评价体系框图

5　展　望

本文从变频门式起重机结构特性和能耗特性出发,建立了起重机系统的能耗模型,并在该能耗模型的基础上确立了节能评价指标,建立了起重机节能评价体系框图。节能评价系统框图的建立能够为节能减排提供理论基础,指导节能减排的设计和改造工程。后期还需要进一步开展的工作如下:(1)开发先进的用能监测设备,测定工作状况下,起重机机构各个环节的能耗状况;(2)进行节能评价时,各机构能耗特性测试工况的选取;(3)节能评价体系中,定量指标额定值的选取和定性指标评价细则的确定;(4)各评价指标项权重值的确定。

参考文献

[1]　Liang, X. and Virvalo, T. An energy recovery system for a hydraulic crane[J]. Journal of Mechanical Engineering Science, 2001, 215(6): 737-744.

[2]　Kim, Sang-Min, Sul Seung-Ki. Control of rubber tyred gantry crane with energy storage based on supercapacitor bank[C]// PESC Record - IEEE Annual Power Electronics Specialists Conference. United States: Institute of Electrical and Electronics Engineers Inc, 2005: 1420-1427.

[3] Belmans,R, Busschots,F and Timmer,R. Practical design considerations for braking problems in overhead crane drives[C]// IEEE Industry Applications Socitety. Toronto,Ont,Can: IEEE,Piscataway,NJ. United States: IEEE, Piscataway, NJ ,1993:473-479.

[4] Iannuzzi,D., Piegari,L. and Tricoli,P. Use of supercapacitors for energy saving in overhead traveling crane drives [C]// 2009 International Conference on Clean Electrical Power IEEE. United States:Computer Society, 445 Hoes Lane - P. O. Box 1331, Piscataway, NJ 08855-1331, ICCEP, 2009:562-568.

[5] 施金良. 变频调速数控机床运行过程能量特性及节能技术研究[D]. 重庆：重庆大学，2009.16-36.

[6] 孙鹏. 关于机械动力载荷与电动机运行参数的研究[D]. 上海：东华大学，2004 年 3 月. 22-30.

[7] Kamal M, Al-Subhi, Al-Harbi. Application of the AHP in project management[J]. International journal of project management,2001,19(1):19.

基于计算机虚拟样机技术 ADAMS 对在用门式起重机安全仿真与探索

葛雨泰[1]，葛黎晖[2]

(1.上海市特种设备监督检验技术研究院 2.上海迪爱斯通信设备有限公司)

摘　要：起重机械长期作业中，频繁的提升、下降、移动货物及制动，使结构承受着复杂多变的交变应力，本文就其结构应力变化和疲劳程度因素，安全技术性能及使用寿命进行探索和研究。通过计算机虚拟仿真技术，对门式起重机建模，并在 ADAMS 平台上对起重机械进行虚拟仿真样机分析，利用虚拟检测仪器进行实样结构强度测试和试验，再进行对比在用起重机械运行状态的安全性。

主题词：虚拟仿真；起重机械；虚拟检测；安全性

1　门式用起重机械

起重机械主要用以对货物的提升、下降、水平移动和空间搬运货物的重要设备。由于起重机械在长期作业中，频繁的对货物进行提升、下降、移动和制动的运行，使结构承受着复杂多变的交变载荷，长期使用产生对起重机械的结构应力变化和疲劳程度因素，起重机械的安全性能技术评估是急需探索和研究的。20/5 t×24 m L 型门式起重机械(见图 1)所示。

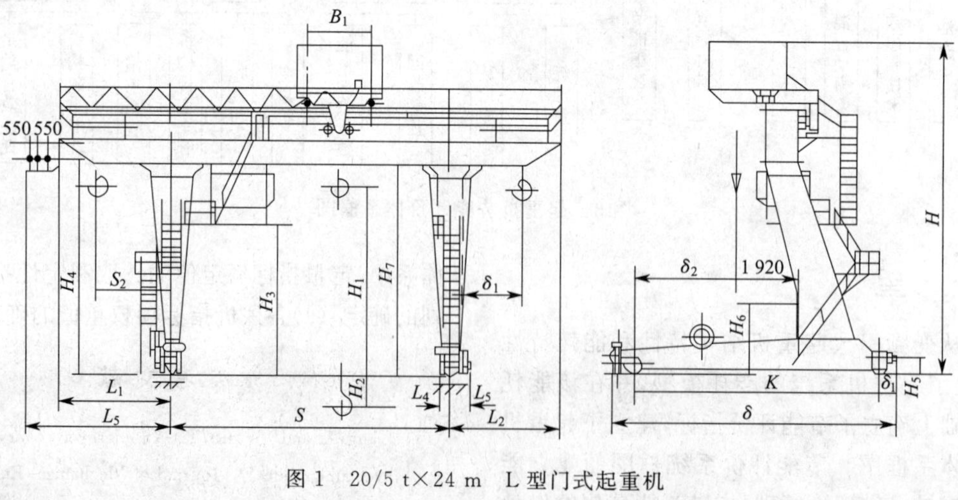

图 1　20/5 t×24 m　L 型门式起重机

门式起重机结构主要由主梁、支腿、下横梁和大车运行机构、起重小车、操纵室等组成，其主要结构采用箱型结构。其中起重机最大起重量 20 t、跨距 s=24 m、工作级别为 A5；主钩起重量为 20 t、副钩起重量为 5 t；最大起升高度 h_Z=12 m、h_F=14 m；起升速度 v_Z=9.29 m/min、v_F=18.7 m/min；运行速度 v=39.5 m/min、v=38.5 m/min；工作时最大风力为六级，风压为250 N/m^2。l_1=8 m；l_2=10 m；k=8 m；

b=9.97 m;h=16 m

2　门式起重机样机物理建模

2.1　门式起重机的几何建模

门式起重机结构较为复杂，为了准确获得起重机的重量、形心位置、惯性矩等参数，参照设计图纸与在用起重机械尺寸进行按1∶1比例，运用Pro/Engineer三维CAD软件对门式起重机进行了精确的几何建模。门式起重机结构分为起重小车、主梁、支腿、下横梁和大车运行机构等几大部件进行建模，并装配成起重机。

2.1.1　起重小车

起重小车采用二支点垂直滚轮和水平轮、反滚轮结合的结构型式，还有安全反钩，防止小车倾翻。起重小车还包括主、副起升机构、小车运行机构、小车架和安全装置等(见图2)。

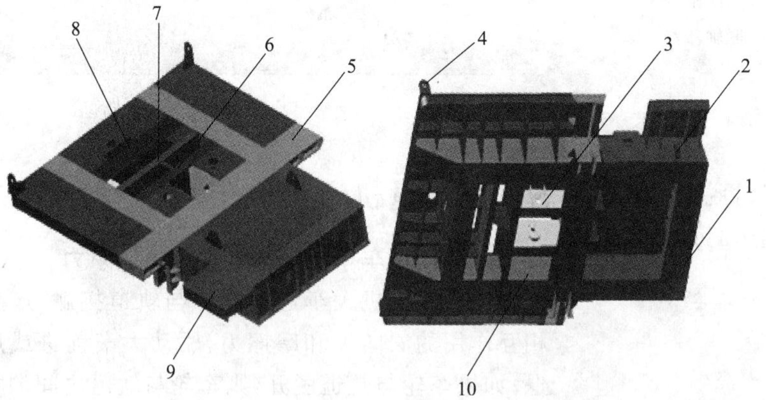

1—支承梁；
2—安全标尺；
3—主滑轮架；
4—吊耳；
5—小车梁；
6—横梁；
7—中间梁；
8—副卷横梁；
9—小运行机构支架；
10—传承梁

(a)起重小车

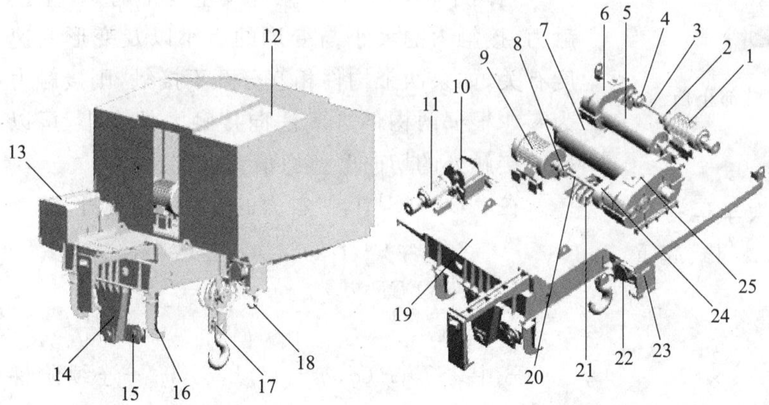

副卷扬机：1—副卷电动机；2、4—联轴器；
3—补偿轴；5—卷筒；6—减速器
主卷扬机：7—卷筒；8—联轴器；
9—主卷电动机；10—减速器；
20—补偿轴；24—制动轮联轴器；
25—减速器；11—运行电机；
12、13—防雨罩；14—反滚轮支架；
15—反滚轮；16—安全反钩；
17、18—吊钩；19—小车架；
21—定滑轮；22—被动车轮；
23—水平轮组

(b)起重小车模型

图2

2.1.2　主梁

主梁是主要的承载结构，采用箱型梁结构，由上盖板、下盖板、主腹板和副腹板焊接成矩形截面。梁内设0.5 m一个纵向隔板和数根横向角钢。(见图3)。

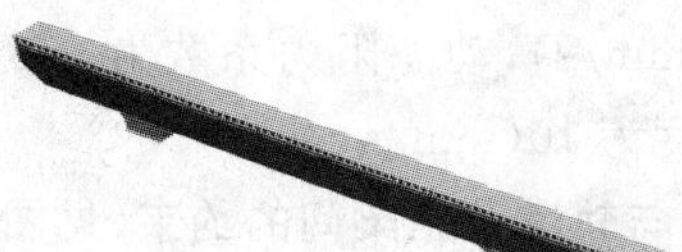

图3　主梁

2.1.3　支腿

支腿是由盖板、腹板和隔板等组成的箱形截面结构，支腿内设有纵向隔板和横向隔板组成。支腿上端连接主梁，下端与下横梁连接。(见图4)。

图4　支腿

2.1.4　下横梁和大车运行机构

下横梁由盖板、腹板和隔板等组成的箱形截面结构；大车运行机构装配在下横梁端部，(见图5)。

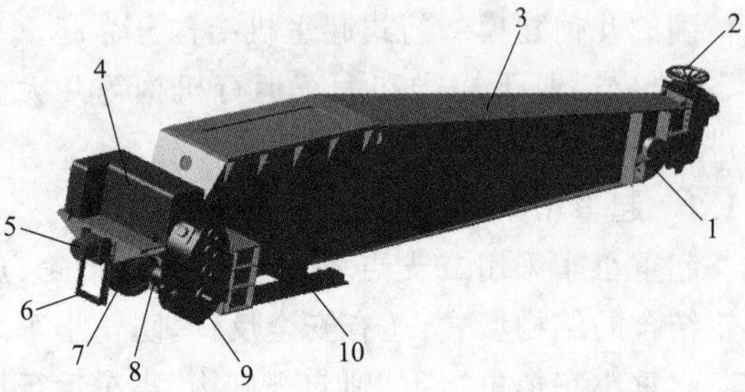

图 5　下横梁和大车运行机构

1—被动车轮；2—手动夹轨器；3—下横梁；4—防雨罩；5—缓冲器；6—扫轨板；7—主动车轮；8—联轴器；9—减速器；10—锚定装置

2.1.5　端部止挡

为了防止起重机或小车超行程时脱轨，设有轨道端部止挡。大车端部止挡(见图 6)；小车端部止挡(见图 7)。

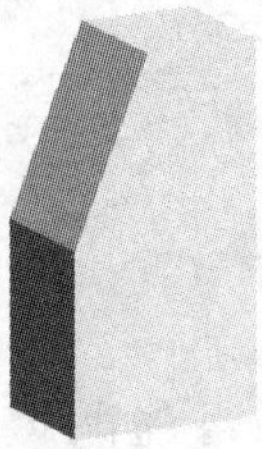

图 6　大车端部止挡

图 7　小车端部止挡

2.1.6　门式起重机整机建模

起重小车、主梁、支腿、下横梁和大车运行机构等部件按照起重机的实际结构装配成门式起重机整机(见图 8)。

图 8　门式起重机

2.2　ADAMS 平台建模

采用 ADAMS 软件建模(见图 9)。

图 9　门式起重机

3　对起重机设置约束和作用力

3.1　大车、小车车轮与轨道之间的约束力

门式起重机大车通过车轮与轨道接触，产生相互作用的法向力和摩擦力，驱动大车前进或后退；如果车轮与轨道脱开，则车轮与轨道之间的相互作用力为零。小车车轮与轨道间的约束关系与大车车轮相同。

当两个构件相互接触且发生变形时，产生接触力，接触力的大小与变形的大小以及变形的速度有关，如果两个构件相互分开不接触，则接触力为零。根据两构件之间法向接触力的大小，可以确定接触处的切向摩擦力值。

在 ADAMS 中，接触力的计算公式如下：

$$F_K=\begin{cases} Max(0,K(q_0-q)^e-C\dot{q}* \\ STEP(q,q_0-d,1,q_0,0)) & q\leqslant q_0 \\ 0 & q>q_0 \end{cases}$$

式中，$STEP(q,q_0-d,1,q_0,0)$—连续阶梯函数，q—两个构件之间的实际距离，q_0—开始接触的触发距离，$\dot{q}$—两个构件之间的相对运动速度，K—接触刚度系数，e—指数；C—阻尼系数；d—阻尼的过度变形深度。

大车、小车车轮与轨道间的接触力约束，选取刚度系数 K=1.0×10^5(N/mm)，指数 e=1.5，阻尼系数 C=50(N－s/mm)，(q_0-d) 变形深度为 0.1(mm)，静态阻力系数为 0.3，静态阻力滑移速度为 0.1(mm/s)，动态阻力系数为 0.25，动态阻力转换速度为 10(mm/s)。

3.2　小车与轨道及主梁间的约束(见图 10a、b)

门式起重机采用二支点垂直滚轮和水平轮，为了保证小车运行的安全可靠性，还安装了反滚轮、安全反钩等。由于起吊重物是在主梁的一侧，重物会对小车产生一个倾翻力矩，在小车上设有反滚轮与主梁轨道接触，产生抗倾翻力矩，使小车保持平衡。为防止因反滚轮损坏而发生小车倾翻事故，在反滚轮处还设有安全反钩，在正常情况下安全反钩与主梁反滚轮轨道不接触，一旦反滚轮损坏失效，安全反钩可以替代反滚轮钩住轨道，确保小车不倾翻。

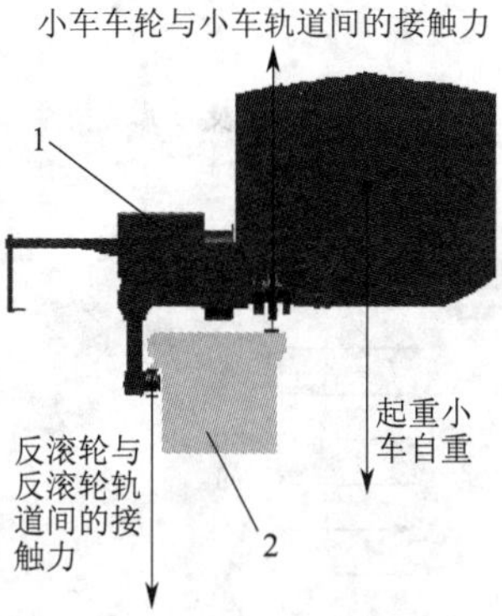

(a)小车受力

1—小车；2—主梁；

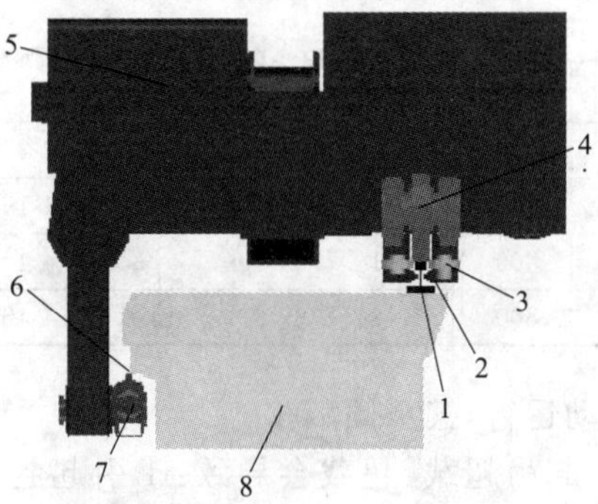

(b)主梁与小车的结构与接触

1—小车轨道；2—安全钩；3—水平轮组；4—小车车轮 5—小车；6—反滚轮轨道；7—反滚轮；8—主梁

图 10

3.3　门式起重机各构件间约束

各主要构件间的约束如下：

A. 大车轨道与地面之间固定副约束；小车轨道与主梁之间的固定副约束。

B. 大车车轮与大车轨道间添加平面副约束。

C. 大车车轮与整机之间、小车车轮与起重小车之间分别施加了旋转副约束。

D. 支腿与主梁、支腿与下横梁之间分别施加了固定副约束。

3.4　风的作用力

露天作业的起重机均应考虑风载荷的作用，并认为任意方向的水平力。公式如下：

$$F_w = C \cdot K_h \cdot q \cdot A$$

式中：F_W——作用在起重机或物品上的风载荷(N)；

C——风力系数，也称风载体形系数；

K_h——风压高度变化系数；

q——计算风压(N/m2)；

A——垂直于风向的构件迎风面积(m^2)。

计算风压是按空旷地区离地 10 米高的计算风速确定的：

$$q = \frac{v^2}{16}(N/m^2)$$

式中：v——计算风速(m/s)。

起重机计算风压分三类：$q_{\rm I}$、$q_{\rm II}$ 和 $q_{\rm III}$。

$q_{\rm I}$——第Ⅰ类计算风压，是起重机正常工作状态的计算风压。

上海市取 $q_{\rm I} = q_{\rm I} = 0.6 q_{\rm II} = 0.6 \times 250 = 150\ N/m^2$。

$q_{\rm II}$——第Ⅱ类计算风压，是起重机工作状态的最大计算风压。它用于机构零部件和金属结构的强度、刚度和稳定性，验算驱动装置的过载能力及整机工作状态下的抗倾覆稳定性。

上海市取 $q_{\rm II} = 250\ N/m^2$。

$q_{\rm III}$——第Ⅲ类计算风压，是起重机非工作状态的计算风压。它用于验算非工作状态下起重机零部件及金属结构的强度、整机抗倾覆稳定性以及起重机的防风防滑安全装置、锚定装置。

上海市取 $q_{\rm III} = 800\ N/m^2$

3.4.1　门式起重机正向风载荷

门式起重机受正向风载的示意图(见图 11)。各构件承受的正向风载荷(见表 1)。

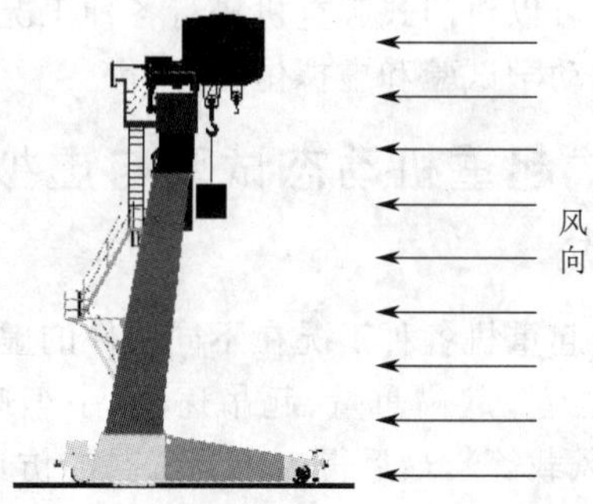

图 11　门式起重机受正向风载

5

表 1 各构件承受的正向风载荷计算系数

构件	风载体型系数 C	风压高度变化系数 K_h	计算风压(N/m²)				迎风面积 A(m²)	$q_Ⅱ$下的风载荷(N)
			$q_Ⅰ$	$q_Ⅱ$	q	$Q_Ⅲ$		
小车	1.1	1	150	250	500	800	9.593 44	2 638
主梁	1.2	1	150	250	500	800	97.664 247	29 299
左支腿	1.2	1	150	250	500	800	14.278 66	4 284
右支腿	1.2	1	150	250	500	800	14.278 66	4 284

3.4.2 门式起重机侧向风载荷

门式起重机受侧向风载的示意图(见图 12)。各构件承受的侧向风载荷(见表 2)。

图 12 门式起重机受侧向风载

表 2 各构件承受的侧向风载荷计算系数

构件	风载体型系数 C	风压高度变化系数 K_h	计算风压(N/m²)				迎风面积 A(m²)	$q_Ⅱ$下的风载荷(N)
			$q_Ⅰ$	$q_Ⅱ$	q	$Q_Ⅲ$		
小车	1.1	1	150	250	500	800	8.200 5	2 255
主梁	1.2	1	150	250	500	800	3.984 805	1 195
左支腿	1.2	1	150	250	500	800	14.776 193	4 433
右支腿	1.2	1	150	250	500	800	14.776 193	4 433

3.5 门式起重机作业

门式起重机工作时,从静止状态缓慢加速到额定速度,然后平稳进行起吊,起吊结束再到静止状态。为了真实模拟门式起重机不同运动状态的启动速度—加速度—位移等变化,实现起重机的循环作业。

通过对门式起重机样机在 ADAMS 环境下添加了受力、约束副及驱动,还添加了材料属性等,此时,可以对门式起重机进行各种工况下的动力学和运动学试验和虚拟仿真分析。

4 门式起重机动态试验与虚拟仿真分析

门式起重机各种工况在不同条件的虚拟仿真(如小车位置、起吊重量、起吊速度、小车速度、大车速度、风载等),最后得出不同工况的仿真结果。

4.1 门式起重机工况试验和虚拟仿真

4.1.1 风载荷作用,起重机承受大风,会导致起重机吹动运行,甚至倾翻。

4.1.2 起吊超载,超载会导致:①引起起重机主梁变形失去弹性、主梁下挠;②导致起重

机结构破坏;③钢丝绳失去安全系数拉断,导致吊物或吊具坠落伤物、伤人;④起重机整体失稳,发生倾翻、坍塌等事故。

4.1.3 运行速度不同步,由于机械、电气故障、制动系统故障等原因,导致起重机大车产生扭曲运行(速度不一致)或单侧停止行驶,严重能使起重机发生扭曲坍塌等事故。

4.1.4 大车和小车在终点未减速与轨道端部止挡发生激烈碰撞,由于制动系统失效、操作失误等原因,严重时会导致起重机倾翻等事故。

4.1.5 门式起重机进行虚拟仿真试验和安全性能分析采用了 41 种工况。

4.2 小车运行速度分析

小车的运动的速度变化曲线(见图 13),连续空载碰撞时(a 工况)、满载碰撞时(b 工况)。

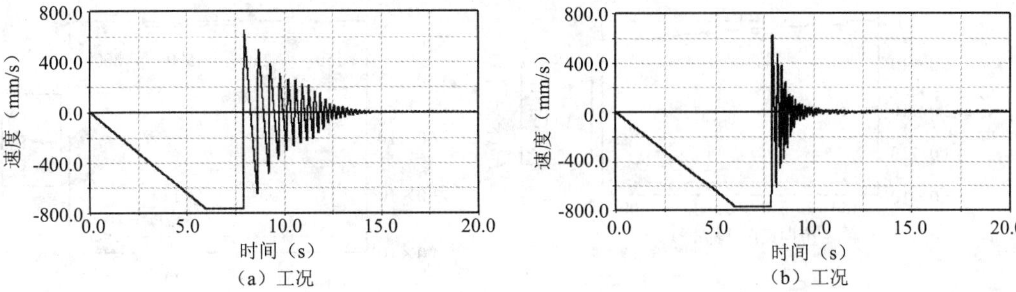

图 13　小车运动速度的变化曲线

4.3　风载作用的仿真试验和分析(见表 3)

表 3　风载仿真试验

试验名称	工况序号	风压(N/m²)	小车运行速度(m/min)	吊物的重量(t)	大车运行速度(m/min)
正向风载试验	C—1	150	0	20	0
	C—2	250			
	C—3	500			
	C—4	800			
侧向风载试验	D—1	150	0	20	0
	D—2	250			
	D—3	500			
	D—4	800			

4.4　风载作用下起重机抗倾覆稳定性分析

起重机大车车轮与轨道的接触力变化情况，分析起重机整体抗倾覆稳定性(见图 14)。由图可见：

4.4.1　风载荷、吊重不变时，此作用下的大车车轮与轨道接触力基本是恒定值；

4.4.2　随着风载荷加大，大车车轮的接触力也发生变化，此风载下接触力差别增大，有倾覆的倾向；

4.4.3　车轮与轨道均保持有一定的接触力，故不会倾翻，相比之下承受正向风载时较危险。

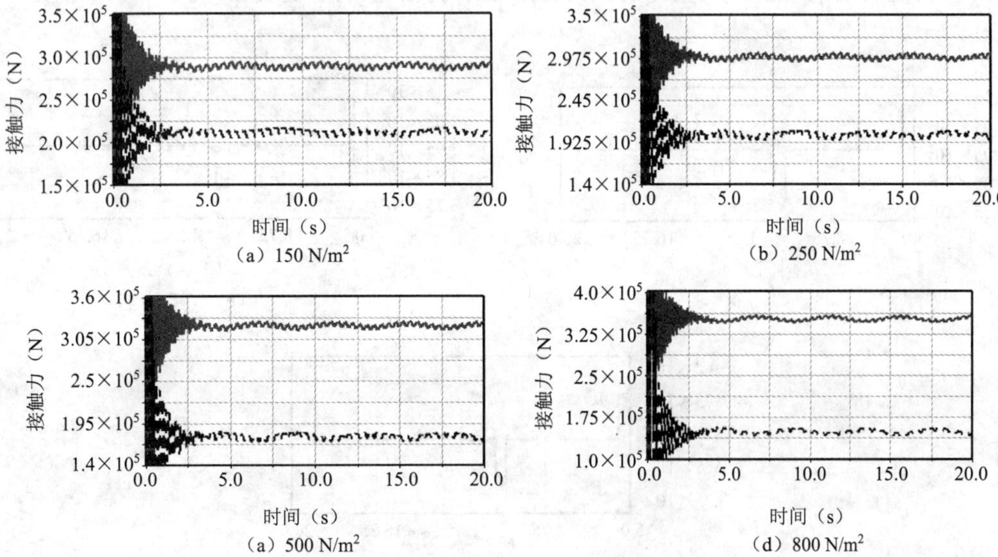

图 14　正向风载下前轮和后轮接触力比较

4.5　主要结构件连接处的受力分析

除了大车车轮与轨道的接触力变化，还有主要结构件连接处的作用力情况(见图 15)。

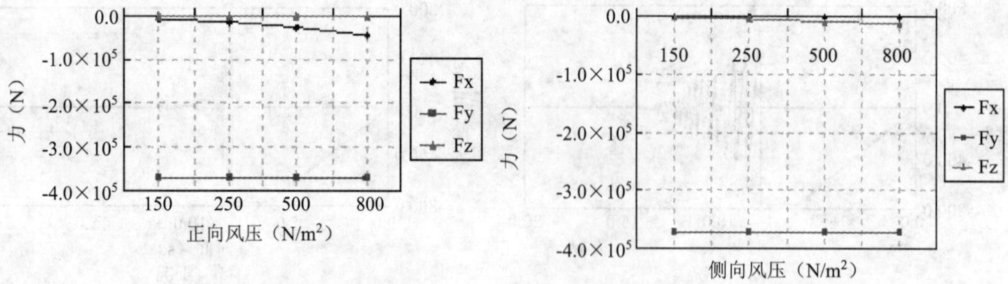

（a）正向风载　　（b）侧向风载

图 15　主梁与支腿之间连接力的变化

4.6　吊物的超载和动载仿真试验和安全性分析

A. 吊物超载试验

小车停放中间、左侧悬臂顶端和右侧悬臂顶端（见表 4）。

表 4　超载试验记录

试验名称	工况序号	吊物的重量(t)	吊物从静止加速到最大上升速度的时间(s)	吊物匀速上升的时间(s)	吊物减速制动时间(s)	吊物静止的时间
小车在中间	E－1	20	0.5	5	2.5	5
	E－2	30	1.5		1.5	
	E－3	40	2.5		0.5	
小车停在左侧悬臂顶端	F－1	20	0.5	5	2.5	5
	F－2	30	1.5		1.5	
	F－3	40	2.5		0.5	
小车停在右侧悬臂顶端	G－1	20	0.5	5	2.5	5
	G－2	30	1.5		1.5	
	G－3	40	2.5		0.5	

4.7　起升钢丝绳拉力分析

主起升机构进行突然提升时钢丝绳的拉力分析（见表 5）。

在吊物提升的过程中，钢丝绳提升速度越大，承受拉力越大（见图 16）。

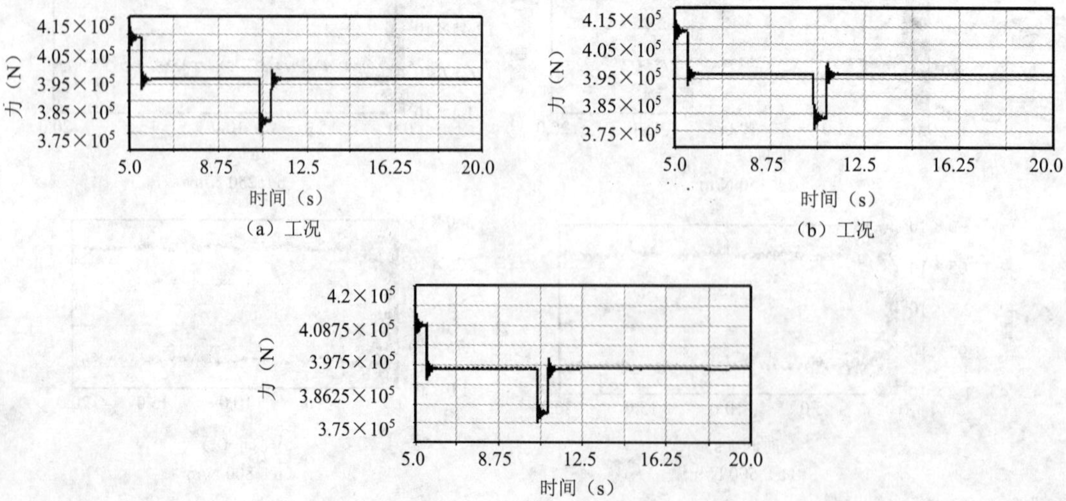

（c）工况

图 16　钢丝绳拉力曲线

表 5　起升钢丝绳拉力分析

工况	静态拉力(kN)	起吊最大动载拉力(kN)	动载系数
E—3	396.29	399.44	1.007 9
F—3	396.08	399.23	1.008 0
G—3	396.4	399.68	1.008 3

4.8　主要结构件连接处的受力分析(见表 6)。

表 6　主要结构件连接处的作用力

工况	位置	状态	连接力(kN)			连接力矩(10^3×kN·m)		
			X 方向	Y 方向	Z 方向	X 方向	Y 方向	Z 方向
E—3	主梁与左支腿	静态	−136.1	−469.5	0	−0.713 94	−0.081 742	−718.45
		起吊	−140.5	−479.6	0	−0.716 03	−0.081 752	−738.45
	主梁与右支腿	静态	136.1	477.7	0	398.28	25.424	709.05
		起吊	140.6	487.8	0	401.46	25.994	728.98
	左支腿与大车	静态	171.8	525.7	0	280.3	−8.9335	901.44
		起吊	176.7	536.2	0	285.81	−9.186 8	927.42
	右支腿与大车	静态	−171.8	−528.4	0	−126.13	−34.276	−900.63
		起吊	−176.7	−539.0	0	−126.13	34.637	−926.6

4.9　大车运行速度分析

大车的运动速度变化曲线(见图 17)。

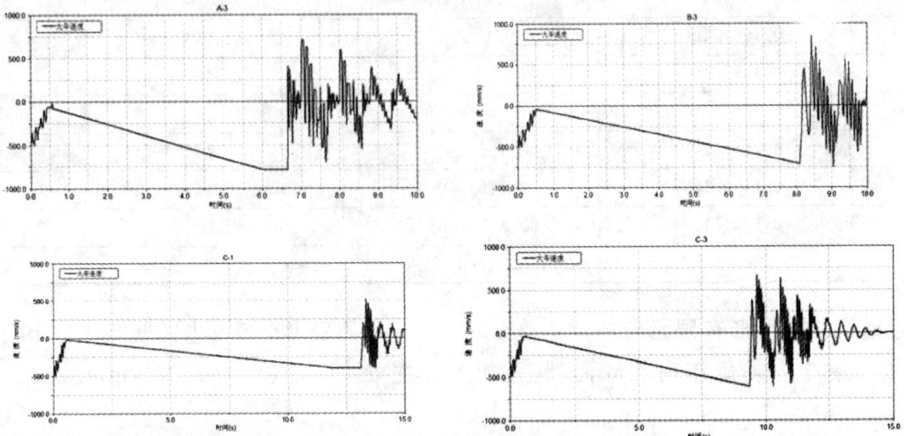

图 17　大车运动速度变化曲线

5　门式起重机结构强度和变形虚拟仿真试验与分析

起重机主要受力构件试验,应用有限元分析对作业工况的空载与不同位置额载,看结构变形和应力值变化。

5.1　门式起重机结构强度有限元分析

工况Ⅰ、Ⅱ、Ⅲ、Ⅳ的应力和变形分析结果(见图 18a、b、c、d);(见表 7)应力值。

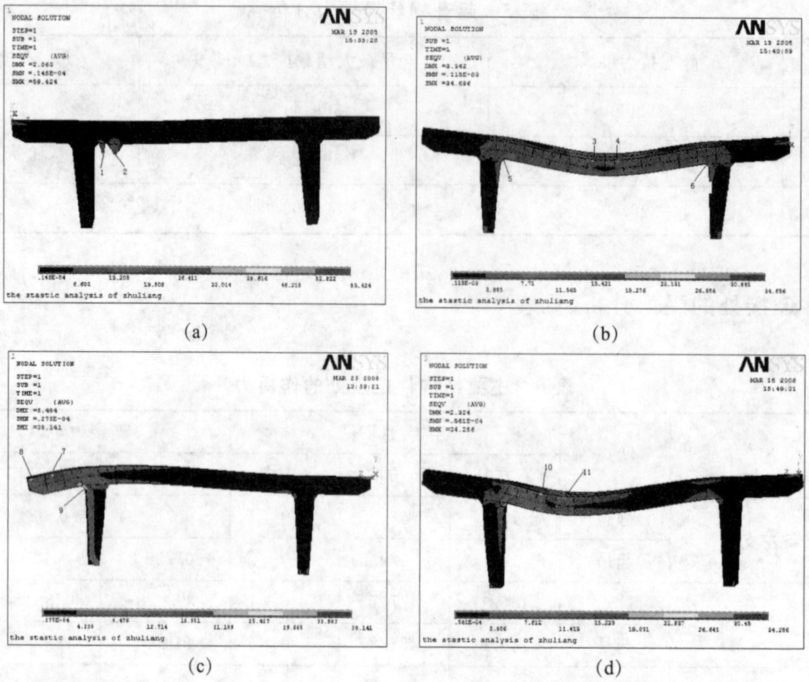

图 18 Ⅰ、Ⅱ、Ⅲ、Ⅳ工况件下的应力和变形分布云

表 7 各种工况下的应力值(Mpa)

序号	Ⅰ(自重)	Ⅱ(中间)	Ⅲ(端部)	Ⅳ(支腿 1/2 处)
1	59.424	17.71	18.476	17.612
2	46.219	13.855	14.238	17.612
3	0.145×10^{-4}	34.696	0.275×10^{-4}	13.806
4	0.145×10^{-4}	34.696	0.275×10^{-4}	13.806
5	0.145×10^{-4}	26.986	12.714	30.45
6	0.145×10^{-4}	26.986	18.476	11.419
7	0.145×10^{-4}	3.855	38.141	0.561×10^{-4}
8	0.145×10^{-4}	0.115×10^{-3}	38.141	0.561×10^{-4}
9	0.145×10^{-4}	0.115×10^{-3}	38.141	13.806
10	0.145×10^{-4}	0.115×10^{-3}	4.238	34.256
11	0.145×10^{-4}	3.855	4.238	30.45

5.2 门式起重机结构变形有限元分析

在 200 kN 集中力载荷作用下，门式起重机结构的变形分布云图(见图 19a、b)。最大变形在主梁中间部位，为 2.299 mm。

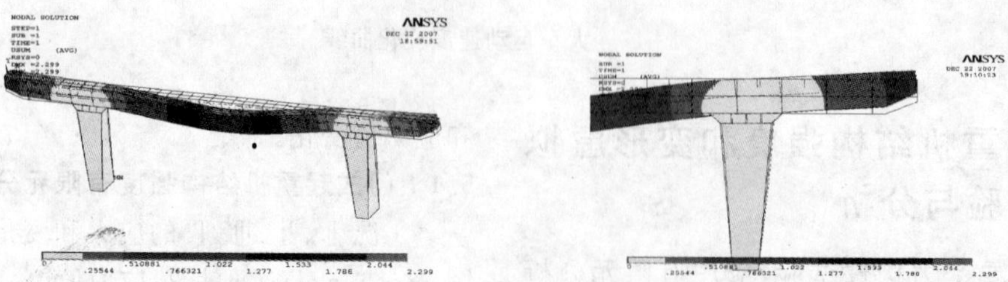

(a) 整体变形分布 (b) 局部变形分布

图 19 起重机结构的变形分布云

6　门式起重机结构应力测试

根据门式起重机结构强度和变形虚拟仿真试验的结果，再对门式起重机进行了应力测试，测试结果与虚拟仿真试验结果进行对比，得出各点微应变量的变化趋势、应变值、以及各点的最大值位置，验证基于计算机虚拟仿真技术的可靠性。

6.1　主梁承载结构现场应力测试(见图 20)

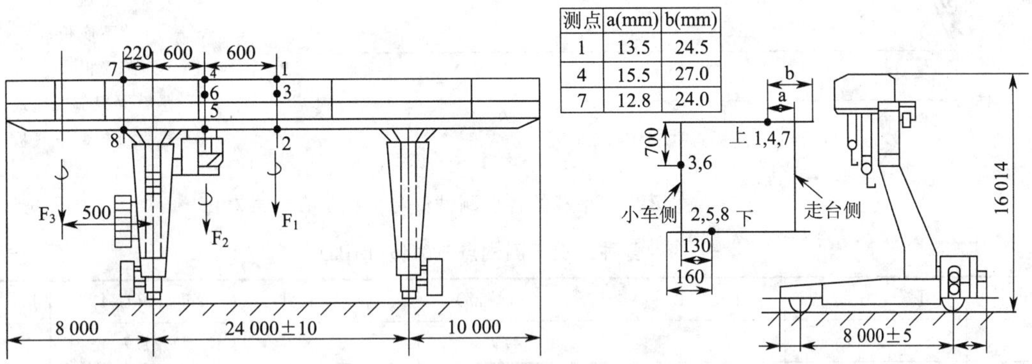

图 20　测试点布置

6.2　测试工况(见表 8)

表 8　测试工况

编　号	工况描述	载　荷
Ⅰ－1	小车主梁跨中；考虑门式起重机自重 $Q1$、驾驶室自重 $Q2$，小车自重 $Q3$	$Q1$，$Q2$，$Q3$
Ⅰ－2	小车在 $L/4$ 跨处；考虑门式起重机自重 $Q1$、驾驶室自重 $Q2$，小车自重 $Q3$	$Q1$，$Q2$，$Q3$
Ⅰ－3	小车在端部。d＝5 000；考虑门式起重机自重 $Q1$、驾驶室自重 $Q2$，小车自重 $Q3$	
Ⅱ－1	小车主梁跨中，考虑吊物总量(20 t)和所有其他重量	$Q1$，$Q2$，$Q3$＋$Q4$
Ⅱ－2	小车在 $L/4$ 处，考虑吊物总量(20 t)和所有其他重量	$Q1$，$Q2$，$Q3$＋$Q4$
Ⅱ－3	小车在端部。d＝5 000，考虑吊物总量(20 t)和所有其他重量	$Q1$，$Q2$，$Q3$＋$Q4$

6.3　测试与虚拟仿真结果对比(见表 9、10)(见图 21)

表 9　测试与虚拟仿真各点的轴向应变值

测　点		Ⅱ－1(加载中间)				Ⅱ－2(加载 L/4)				Ⅱ－3(加载端部)			
		实测 1	实测 2	仿真 1	仿真 2	实测 1	实测 2	仿真 1	仿真 2	实测 1	实测 2	仿真 1	仿真 2
1	上盖板	－76.9	－75.3	－115.5	－89.2	－57.9	－60.6	－55.8	－51.3	67.8	68.0	－21.2	23.0
2	腹板	127.6	121.7	87.2	76.5	55.03	53	42.8	41.4	－62.5	－60.7	26.1	－25.5
3	下盖板	－48.6	－46.8	－37.2	－34.9	－33.9	－32.8	－26.7	－18.8	26.3	26	－14.1	13.2
4	上盖板	－66.5	－63.9	－35.7	－26.8	－84.7	－83.7	－60.5	－61.6	98.1	94	23.9	29.8
5	腹板	55.3	53.2	21.6	15.8	90.1	86.8	69.3	63.1	－56.5	－54	－26.1	－31.7
6	下盖板	－34.0	－33.8	－27.9	－24.5	－62.7	－60.9	－33.4	－30.1	24.7	23	15.4	18.0
7	上盖板	25.4	25.6	20.5	－21.5	26.2	25.9	20.4	－21.1	97.4	94	81.8	76.7
8	下盖板	28.7	28.5	－24.5	－12.7	14.4	14.2	－32.4	－20.6	－118.5	－114	－82.2	－70.5

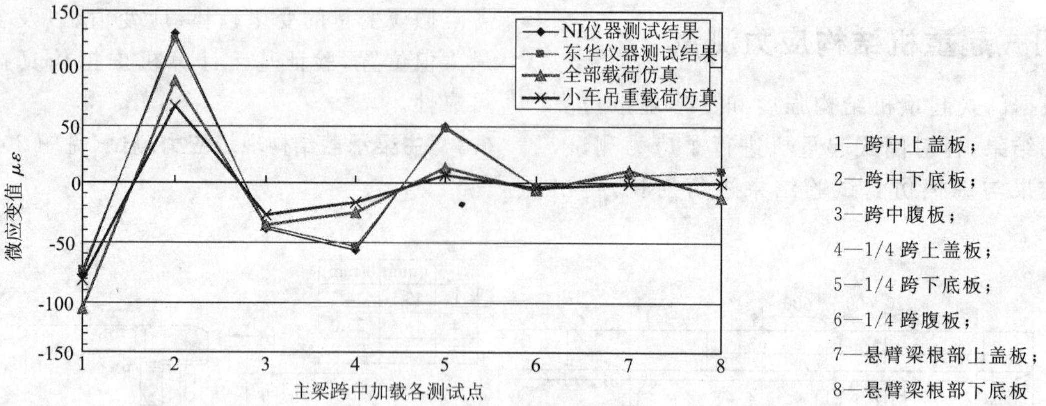

图 21　小车在主梁跨中吊载的各点测试值和虚拟仿真结果对比

表 10　各种工况下测试点应力值(MPa)

测点	Ⅰ－1(中间)	Ⅰ－2(L/4)	Ⅰ－3(端部)	Ⅱ－1(中间)	Ⅱ－2(L/4)	Ⅱ－3(端部)
1	20.3	17.1	14.9	31.6	21.7	12.5
2	18.5	15.4	14.2	27.6	19.8	13.2
3	13.3	12.6	11.3	17.6	14.6	11.9
4	14.6	16.7	12.3	15.9	22.5	15.7
5	12.6	15.1	13.0	15.9	21.5	15.4
6	24.3	23.3	20.1	18.7	16.2	12.7
7	22.5	22.1	26.4	22.1	22.2	34.8
8	18.7	17.6	22.5	22.8	22.4	37.2

6.4　测试与虚拟仿真变形值对比(见表 11)

表 11　实测与虚拟仿真下挠度值(mm)

部　　位	起吊 20 t 时主梁跨中		
加载位置	实测值	仿真值 1	仿真值 2
跨中	10	6.8	5.1
1/4 跨	5	4	3.5
悬臂梁端部	－1	0.8	－0.6

7　结果分析

通过虚拟仿真技术试验和实样应力试验，强度、刚度及技术性能的辨识，参数指标均与材质强度和设计计算相差无忌，故在用门式起重机还能发挥作用，但要加强日常维护保养和法定的定期检查，严格遵守各项规章制度和操作制度。

8　探　　索

虚拟仿真技术和虚拟检测仪器技术可以对在用起重机技术安全性能提供探索。

8.1　各种工况下起重机的受力变化、运行状况，提供大量数据。

8.2　虚拟仿真试验，可以获得各种工况下起重机的运动状况和受力数据，为结构强度分析(有限元计算等)提供了真实的依据。

8.3　虚拟仿真分析提供起重机结构的应力和变形值，提高起重机结构强度优化设计及运行安全性。

8.4　起重机虚拟样机仿真技术对起重机械的技术安全性能提供有效的技术依据参数，为探索在用起重机械技术安全性能分析走出了第一步。

8.5　并对起重机的稳定性取得了动态变化曲线和实际需求数值。

8.6　运用 Pro/Engineer、ADAMS、ANSYS 的软件平台实现了对柔性构件的建模和动态分析。

8.7　通过对起重机虚拟样机仿真建模与研究，运用试验与分析是可行的，它有助于提高特种设备的工效，预防事故的发生，确保安全运行，为探索开发研究特种设备提供重要借鉴。

8.8　虚拟样机仿真技术分析的研究、可对各类特种设备的节能减排及运行寿命进行探索。

参考文献

[1] Pro/ENGINEER 机构仿真运动实例精讲人民邮电出版社 2008.

[2] 郑建荣　ADAMS 虚拟样机技术入门与提高　机械工业出版社 2002.

[3] 申蔚、夏立文　虚拟现实技术　北京希望电子出版社 2002.

[4] 虚拟样机技术及其在 ADAMS 上的实践　西北工业大学出版社 2002.

试论零部件产品质量对特种设备安全运行的影响

葛雨泰

（上海市特种设备监督检验技术研究院　200062）

摘　要：特种设备的事故产生因素有诸多，分析事故产生的机理有助于人们预防及教训的吸取总结，而分析过程往往是科学技术交结。本文通过对某起起重机的事故剖析，运用不同的检测方法对事故和构成设备的零部件进行因果关系的分析，用检测结果来论证产品制造质量对特种设备安全的影响。

关键词：事故；检测；分析；质量；安全

1　绪　　论

国家《特种设备安全监察条例》中规定："特种设备生产单位，应当依照本条例规定以及国务院特种设备安全监督管理部门制订并公布的安全技术规范（以下简称安全技术规范）的要求，进行生产活动。特种设备生产单位对其生产的特种设备的安全性能负责。"同时要求特种设备的制造、安装、改造单位应当具备下列条件：

1）有与特种设备制造、安装、改造相适应的专业技术人员和技术工人；

2）有与特种设备制造、安装、改造相适应的生产条件和检测手段；

3）有健全的质量管理制度和责任制度。

从规定中不难看出，政府要求特种设备生产单位应当生产出的产品既是质量合格，并对该产品的安全性能负责，从而控制产品的制造源头来防止本产品事故的发生。

然而，事故的发生绝非偶然，乃是由诸多危险和不利因素造成的，依照美国安全工程师海因里希（H. W. Heinrich）的分析，事故的主要因素有：

a. 遗传及社会环境；

b. 人的缺点；

c. 人的不安全行为或物的不安全状态；

d. 意外事件；

e. 伤害事故。

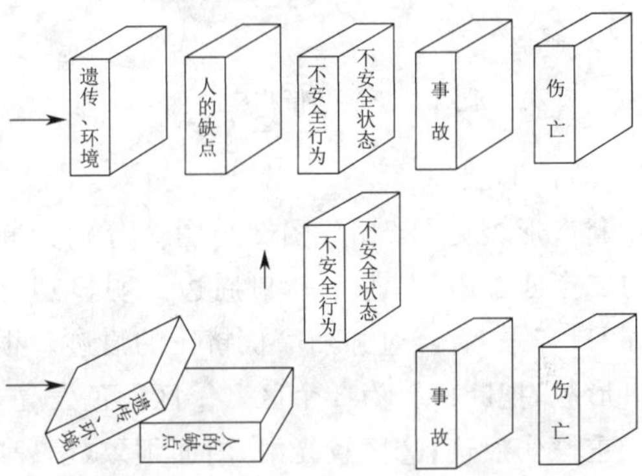

海因里希用多米诺骨牌来形象地描述这种事故因果连锁关系。

我们说，特种设备制造质量是特种设备安全的基础，任何制造环节质量忽视都会导致设备的灾难（有时是批量的）和人员伤亡的重大事故，这绝不是空穴来风。我们从某集装箱货运有限公司一台正在使用的门座式起重机，在装卸过程中突然发生集装箱坠落，造成重大物损事故的原因，来剖析忽视产品质量造成对安全使用的危害。

2　分析对象

门座式起重机出现集装箱坠落的表症，是该起重机的起升机构中变速箱高速轴断裂和相啮合的轮齿部分齿折断而引起的。

从货运有限公司吊机作业记录查得，事发时起重量为 20 t，该起重机的平时的作业率只在 15%，起重机平时作业载荷在 55%左右，该起重机使用了七个多月，究竟是什么原因导致高速轴断裂和部分齿轮齿折断？

3　轴的检验

3.1　轴断裂部位及特征

轴断裂的位置在变截面的退刀槽 R 处，见图 1 箭头所指，断面与轴向垂直。箭头左侧轴直径为 65 mm，右侧轴直径为 75 mm，右侧轴外表面呈黑色，为热处理状态，左侧轴外表面为机加工状态。（见硬度检查表）

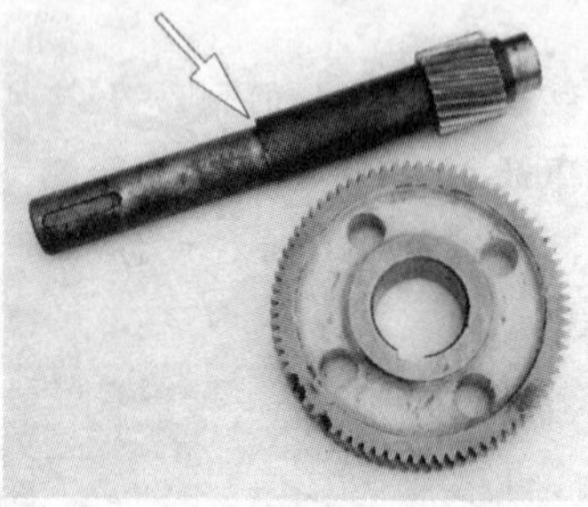

图 1　断轴及折齿实物照

3.2　断口形貌

断口形貌见图 2、3。图 2 与图 3 分别为断裂处的二个匹配断面，整个断口周边无明显塑性变形，断口齐平，有经过强烈摩擦挤压的痕迹。根据断口形貌，把断口分为 3 个区。①区颜色发亮，具有严重擦伤痕迹；②区较光滑，断面细致，呈瓷状、有铁锈色；③区有严重挤压痕迹，成晶状特征。R 圆角过渡处的加工表面十分粗糙，用肉眼能清晰见到较深的加工刀痕。

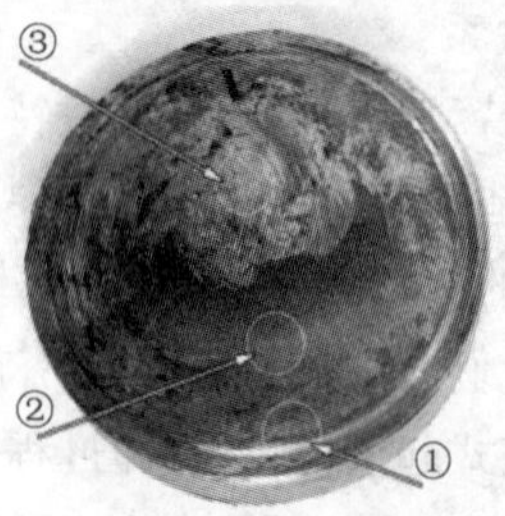

图 2　直径 75 mm 断口形貌

图 3　直径 65 mm　断口形貌

3.3　扫描电镜分析

为了准确查找高速轴的断裂性质，将断口各区在扫描电镜下观察对图 2 所示的②区观察，该区观察到疲劳辉纹及二次裂纹，分别见图 4、5。

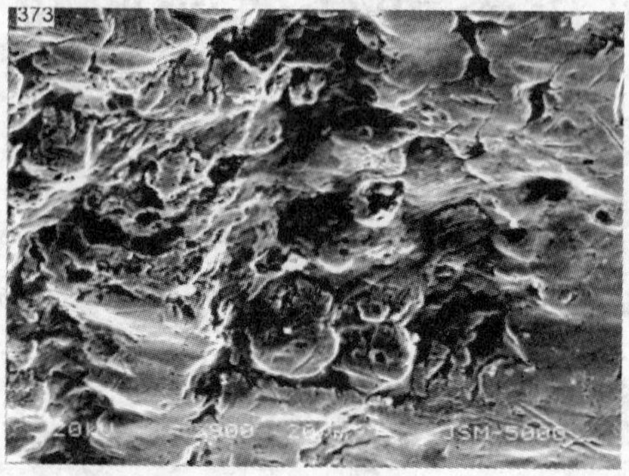

图 4　②区疲劳辉纹形貌(950×0.8)

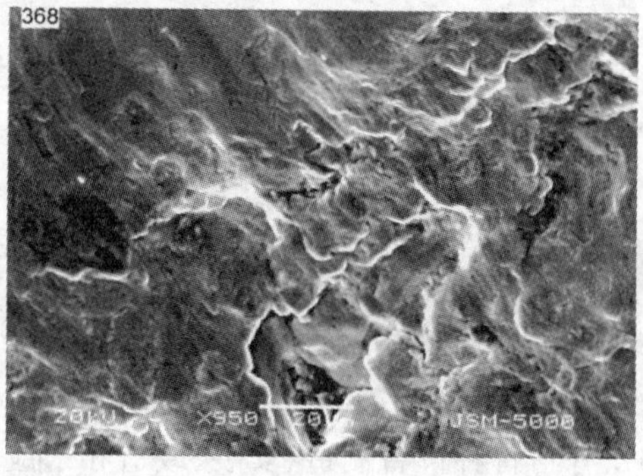

图 5　②区疲劳辉纹形貌(950×0.8)X

对图 2 所示③区观察到有扇状解理及韧窝花样，分别见图 6、7。

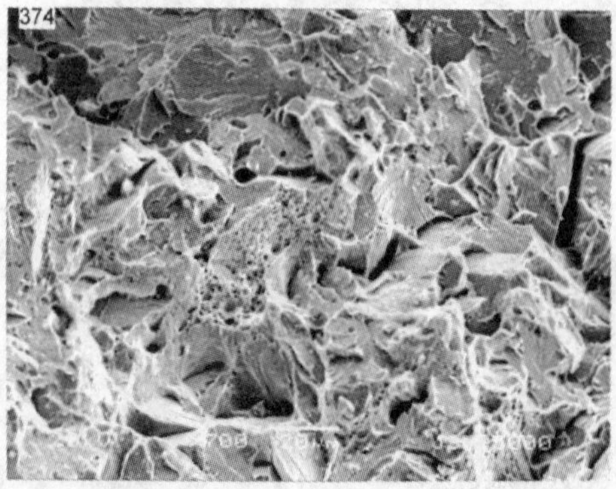

图 6　③区断口形貌(700×0.8)X

对图 2 所示①区扫描观察，发现变轴截面 R 处有粗加工刀痕、裂纹、折迭、流变层等缺陷，分别见图 8、9、10、11、12、13。

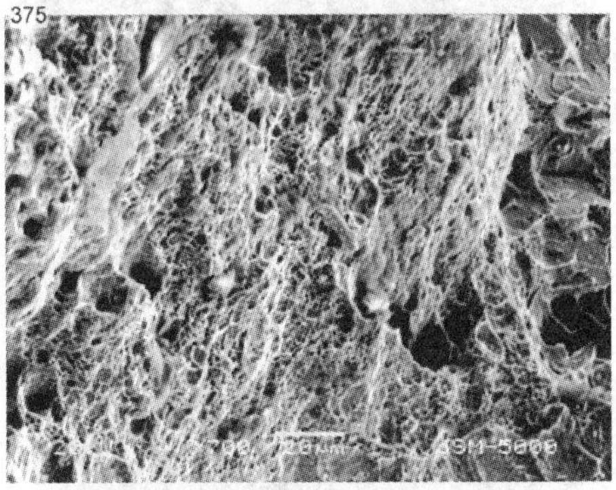

图 7　③区断口形貌(700×0.8)X

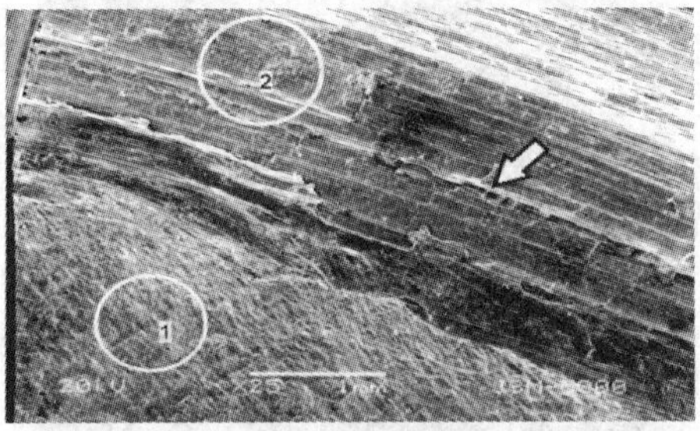

图 8　(25×0.8)X

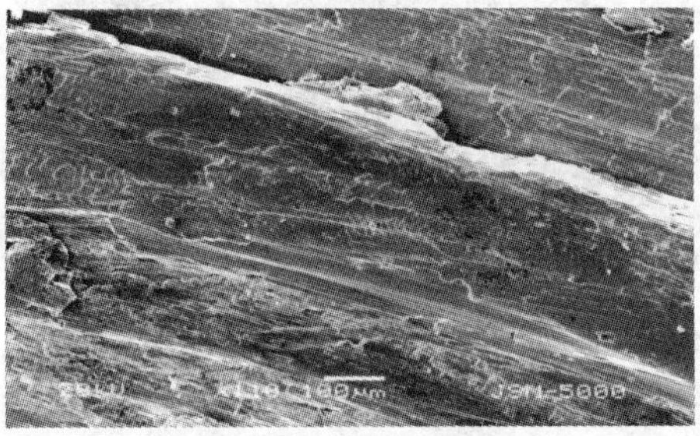

图 9　(110×0.8)X

3.4　金相分析

在图 2 所示的断口处截取 6 个纵向试样，经磨制抛光及 4%硝酸酒精溶液浸蚀后在显微镜下观察分析：

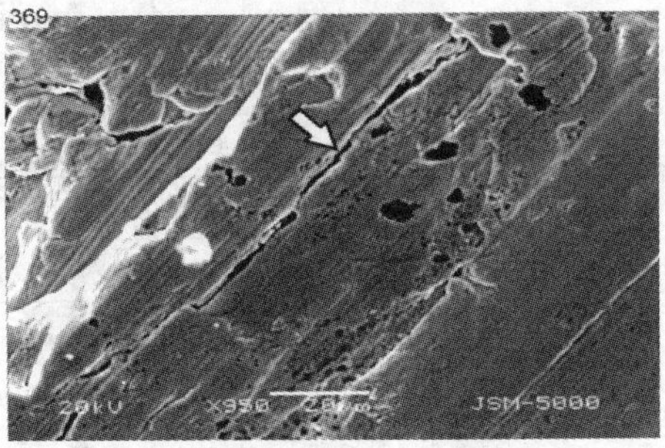

图 10　(950×0.8)X

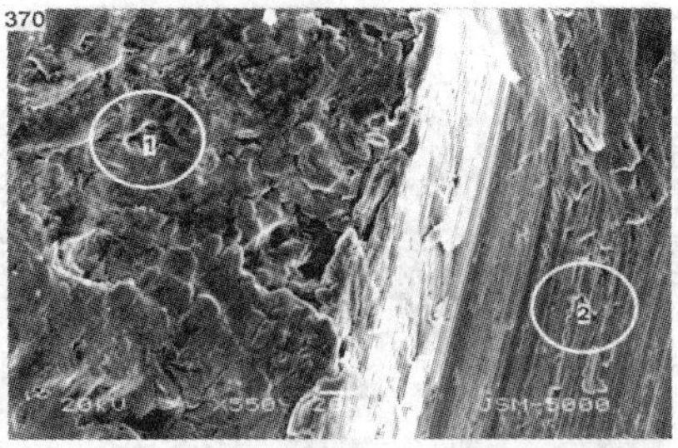

图 11　(550×0.8)X

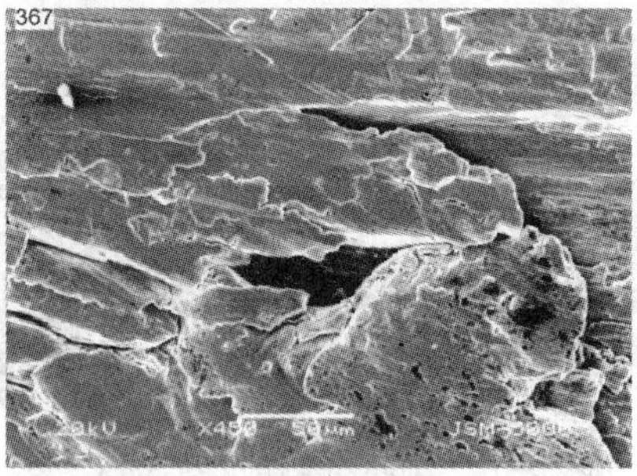

图 12　(450×0.8)X

图 13　(370×0.8)X

3.4.1　在其外圆处见到渗碳层。(见图 14)渗碳层处金相组织为高碳

马氏体及少量残余奥氏体。(见图 15)轴心部金相组织为低碳马氏体及贝氏体。(见图 16)

3.4.2　在图 2 所示的断口处截取 6 个纵向试样，分别见到不同形状的机加工所造成的流变层，开裂及拉伤痕迹等缺陷。(见图 17、18、19、20、21)

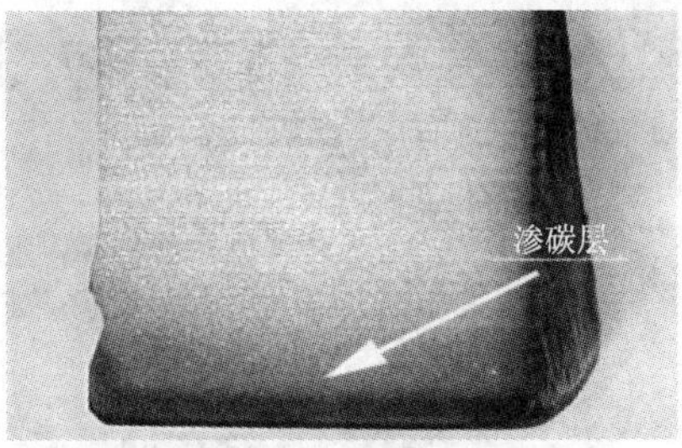

图 14　渗碳层形貌

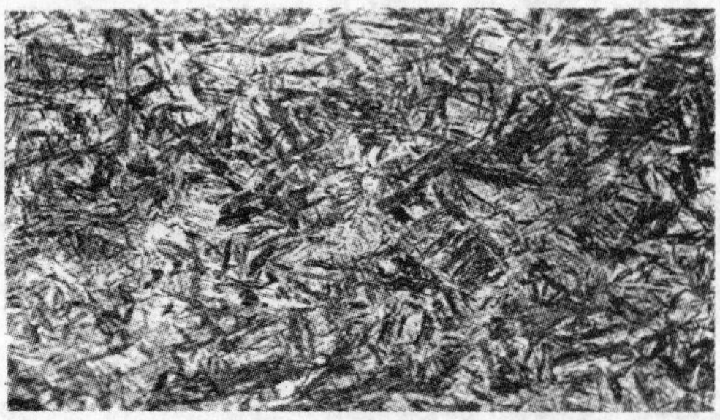

图 15　渗碳层处金相组织 400X

图 16　轴心部金相组织 400X

图 17　250X

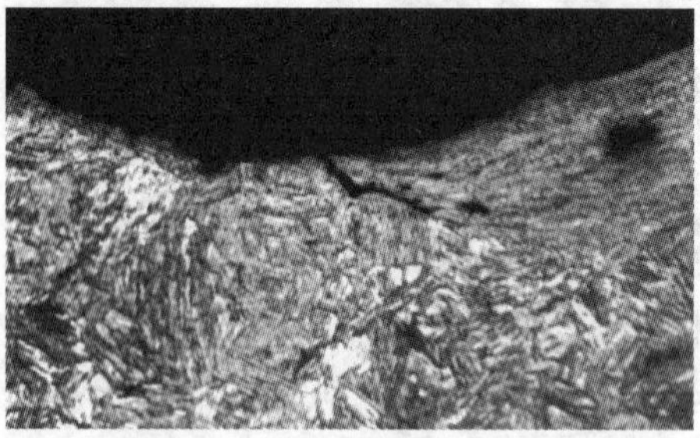

图 18　250X

图 19　250X

图 20　250X

图 21　250X

图 22　250X

3.4.3　该高速轴材料非金属夹杂根据 GB10561—89《钢中非金属夹杂物显微评定方法》标准评为 A0.5,B2.5(总量为 3 级)。

3.5　化学成分分析

在断裂轴上取样作化学成分分析,结果列于表 1。

表 1　高速轴化学成分(%)

元素	实测	实测 GB/T3077—1999 标准
C	0.22	0.17～0.23
S	0.024	≤0.035
Si	0.27	0.17～0.37
Mn	0.95	0.80～1.10
P	0.020	≤0.035
Cr	1.03	1.00～1.30
Ti	0.061	0.04～0.10

3.6　硬度检验

表 2　硬度检验

名称和部位		HRC		
φ75 mm 轴	表面	55.3	55.7	55.9
	心部	31.9	32.3	32
φ65 mm 轴	表面	33.1	33.9	34.5
	心部	30.1	31.3	30.8

4　齿轮断齿分析

4.1　断齿宏观检验

断齿齿轮形貌见图 23、24

图 23　断齿齿轮形貌

对七个断齿断口进行观察分析，发现其断齿断口形貌相同。断口均比较粗糙，呈灰黑色，具有放射条纹、呈一个方向发展，斜向断裂（见图 25，图中箭头所指为裂源）。图 26 为该齿的啮合面，图中箭头所指为冲击压伤痕迹，表明齿轮的啮合面受到非啮合力的撞击。

图 24　断齿齿轮形貌

图 25　断齿断口形貌

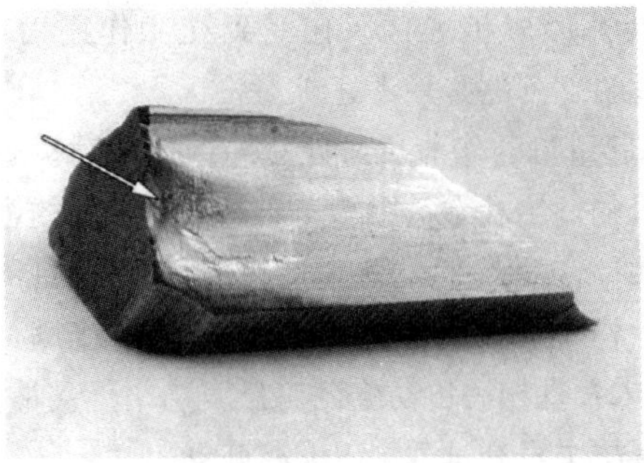

图 26　断齿啮合面受损形貌

4.2　电镜扫描分析

断齿表层（渗碳层区）为石状沿晶断口，呈沿晶开裂形貌，中间区域为准解理断口。（见图 27，图 28）

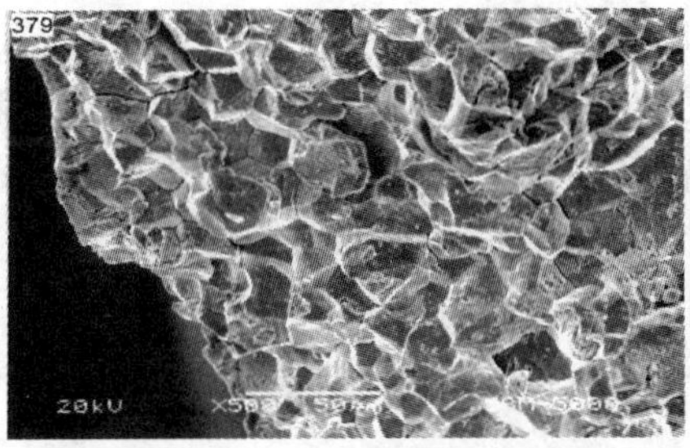

图 27　齿断口边缘形貌（500×0.8）X

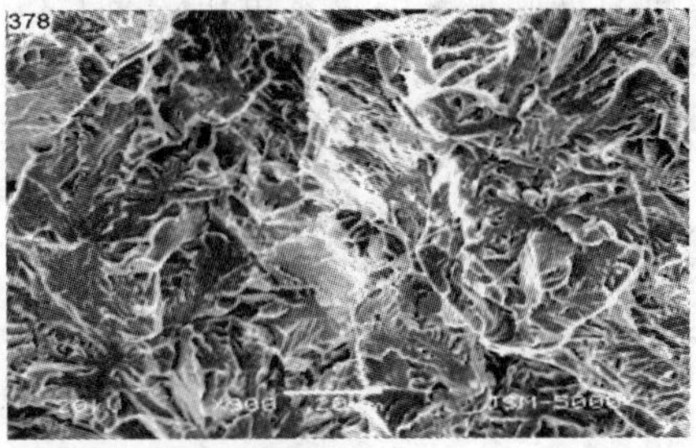

图 28　齿断口中间区域形貌（300×0.8）X

从上述对断齿分析表明齿轮的断齿为过载断裂，

5　结果分析

5.1　化学成分分析结果表明该高速轴的材料牌号为 20CrMnTi，并符合标准 GB/T3077－1999 中 20CrMnTi 钢的规定要求。

5.2　根据轴的断口形貌、扫描电镜检测、金相检测结果，直径 65 mm 处的轴肩 R 处粗糙的刀痕相当于一个金属表面的缺口，缺口越尖，应力越大，形成了平行于断口的流变层，开裂及拉伤等缺陷，这就是疲劳裂纹源，它在交变应力反复作用下，逐渐扩展并形成扩展区。在受到交变作用力后，裂纹极易在此萌生，并迅速扩展。

5.3 起重机的作业负荷计算和选用电动机是根据电动机的输出功率选用减速机。按照现用的电动机输出功率作校核计算，选用的减速机 ZSY 型 400，传动比＝45 时，减速机的高速轴直径 65 mm 满足技术要求，未发现相关传动链存在强度选用不足情况，在本次事故中没有过载的记录和迹象。

5.4 造成起重机起升机构，在减速机高速轴断裂和啮合齿轮的部分齿折断事故的主要原因是，由于在厂家在制造高速轴过程中，其直径65 mm与直径75 mm 的分界过度区退刀槽 R 处机械加工刀痕粗糙，热处理时执行工艺操作时把关不严，引起了过度区应力集中。使得这个未符合要求的零件装入了机构，在运转过程中诱发了疲劳裂纹，从而在反复作业中时交变扭矩的作用下，疲劳裂纹逐渐扩展，随着承载扭矩截面积的缓慢缩小而不足以承受扭矩时，发生高速轴的瞬间断裂。

5.5 由于高速轴的断裂，产生在运行中齿轮啮合时撞击，最终导致部分齿过载折断。

6 事故教训

通过对这起事故的技术分析，我们可以将事故造成是由于物的因素和人为因素两大类。

6.1 物的因素；主要包括机（工具）的因素和环境因素。比如机械加工作业可能会发生绞碾或物体打击事故；化学品生产过程中可能会发生火灾、爆炸和化学性灼伤事故；建筑施工作业可能会发生高处坠落、倒塌等事故；交通运输过程中会发生交通事故或车辆伤害事故；水上作业会发生落水淹溺或船舶相撞事故；矿山井下作业可能会发生瓦斯爆炸、冒顶透水事故，等等。这些因素中有许多就是因为物的自身缺陷形成了上述事故的产生。本次分析的起重机事故就是因为构成设备的零部件的制造缺陷导致了重大事故的发生。

6.2 人为因素；由于管理者的失职或失误造成违章指挥，强令冒险作业或者决策错误等造成事故。由于对从业人员教育培训不到位，而导致作业人员在操作过程中误操作或违章作业等因素造成事故的；其次是由于从业人员的工作时间过长或者劳动强度过大，引起作业人员生理发生变化或疲劳导致误操作而发生的事故；由于这些因素的存在，会造成产品质量低劣，给产品使用者留下安全隐患，并给他人造成了伤害，本文所述的事故也论证了这一点。我们抓安全，就应该以人为本，以提高安全管理的重要性为前提，对直接从事操作的从业人员进行经常性的安全教育，同时也要对企业经营者和安全生产管理人员进行安全意识的再提高。

另外在科学技术飞跃发展的今天，还必须加强技术教育的培训，提高从业人员的安全操作水平和生产的安全意识，使他们能严格、娴熟地掌握安全操作技术，在做到不违章操作，不冒险作业，严格按生产工艺和技术质量要求做好每一个产品。因为质量不仅衡量产品的与标准符合性，质量更是安全的基本保障。

小车轨道对门式起重机结构影响的分析及验证

栗园园，程文明，刘　标

（西南交通大学机械工程研究所　610031）

摘　要：以 36 t 集装箱门式起重机为例，对不同轨道固定方式下钢轨对起重机金属结构的影响进行理论分析，并利用有限元软件建立不同情况下钢轨与起重机门架的相互关系，对模型进行加载求解。通过对结果的比较，说明了采用焊接式轨道固定方式可以较好地改善结构刚度、降低主梁应力，有利于减轻起重机结构自重。

关键字：门式起重机；钢轨；接触；有限元

门式起重机是一种应用广泛的起重设备，其具有场地利用率高、作业效率高、成本低、通用性强等诸多特点，在货场、码头等场所被广泛使用。

起重机小车轨道具有多种不同的固定方式，

大体可分为压板式和焊接式两大类。在分析起重机金属结构的强度和刚度时，轨道对金属结构的影响通常会被忽略，这样计算出的结果偏于保守。实际分析中，钢轨对金属结构的刚度和强度是有影响的，而且不同的轨道固定方式对结构刚度和强度的影响程度也不尽相同。研究不同轨道固定方式对起重机结构的影响程度，不仅有利于提高起重机的整体承载能力，而且可以对起重机结构的优化设计起到一定的指导作用。

1　带钢轨的主梁截面力学分析

根据起重机设计手册规定，小车钢轨的固定方式大体分为压板式和焊接式两种（如图 1、2 所示）。压板式就是利用压板使钢轨下表面和主梁上表面相互贴合，压板每隔一定距离设置一个；焊接式就是将钢轨直接焊在主梁上表面上，使钢轨和主梁成为一体。

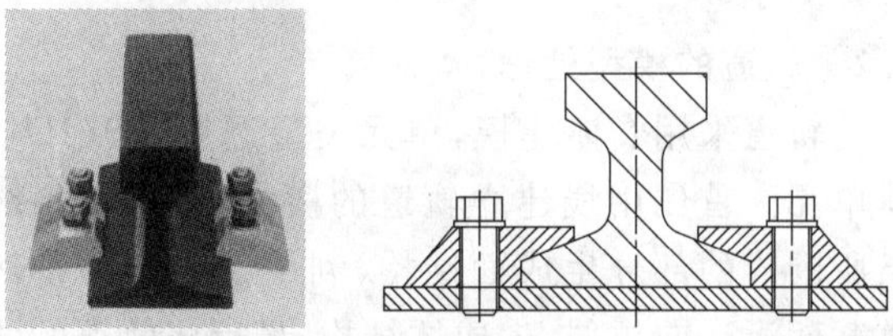

图 1　压板式固定

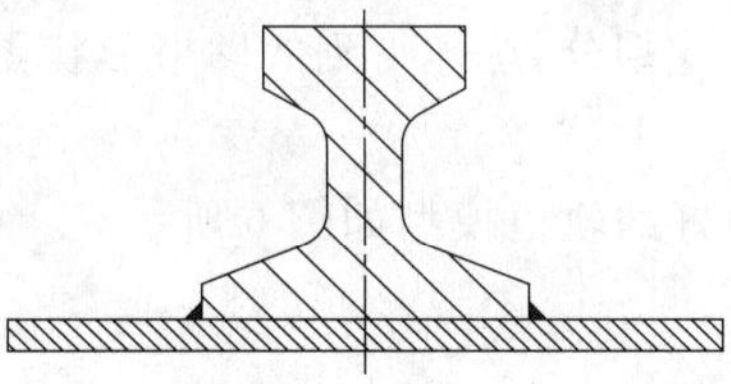

图 2　焊接式固定

起重机主梁在力学分析时可看作一个压弯构件，梁的挠曲线近似方程为：

$$EIw(x) = -\int\left[\int M(x)dx\right]dx + C_1x + C_2$$

从方程中可以看出，梁的挠度和惯性矩成反比。

主梁的应力主要由弯矩引起的正应力和轮压引起的切应力构成。梁的正应力公式为：

$$\sigma = \frac{My}{I}$$

梁的切应力公式为：

$$\tau = \frac{FS}{bI}$$

从以上公式可以看出，梁的正应力与切应力均和惯性矩成反比，因此梁的复合应力和惯性矩成反比。

采用压板式固定和焊接式固定的主梁在进行力学分析时应区别对待。图 3 是某集装箱门式起重机的主梁及轨道的截面尺寸图，该起重机吊具下起重量为 36 t，全长 43 m，跨度 18 m，有效悬臂长度 6.5 m，小车轨道采用 P50 型钢轨。

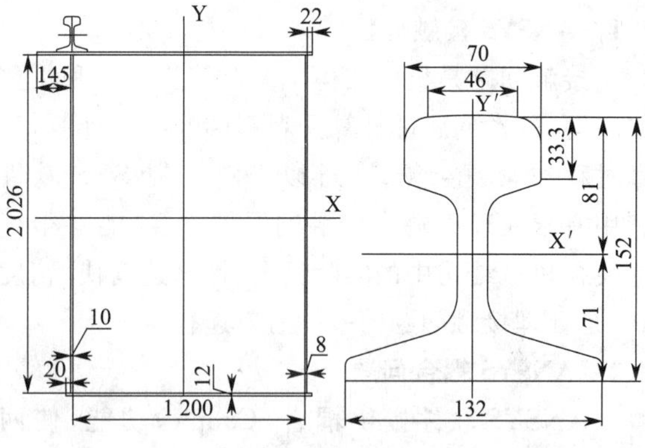

图 3　主梁及轨道截面尺寸

根据材料力学知识，不考虑轨道时，主梁截面对 X 轴的惯性矩为：

$$I_X = \int_A y^2 dA = 4.543 \times 10^{10}\ \mathrm{mm}^4$$

轨道截面对 X'轴的惯性矩为：

$$I_{X'} = \int_A y^2 dA = 2.037 \times 10^6\ \mathrm{mm}^4$$

对于压板式轨道固定的主梁，由于钢轨和主梁并非一体，使用一段时间后二者之间会不可避免地发生松动，从而允许相对滑动的存在。因此发生弯曲时，主梁的中性轴为 X，钢轨的中性轴为轨道自身的中心轴 X'，钢轨与主梁截面对于中性轴的总惯性矩为：

$$I_1 = I_X + I_X{}^6 \approx 4.543 \times 10^{10}\ \mathrm{mm}^4$$

对于焊接式轨道固定的主梁，钢轨与主梁完全焊为一体，不会发生任何滑动。因此发生弯曲时，主梁和钢轨的中性轴均为 X，根据平行移轴公式，钢轨与主梁截面对于中性轴的总惯性矩为：

$$I_2 = I_X + I_{X'} + a^2A \approx 5.325 \times 10^{10}\ \mathrm{mm}^4$$

将采用压板式轨道固定、焊接式轨道固定及不考虑轨道影响时主梁的惯性矩进行对比，可得表 1。

表 1　主梁截面惯性矩对比

	压板式	焊接式	不考虑
惯性矩（mm^4）	4.543×10^{10}	5.325×10^{10}	4.543×10^{10}

从上表可知，对于采用压板式轨道固定方式的主梁，轨道对主梁总体的惯性矩影响不大，因此对主梁的刚度和强度改善不大，可以忽略；对于采用焊接式轨道固定方式的主梁，轨道对主梁总体的惯性矩影响较大，因此对主梁的刚度和强度改善较大，在本例中影响为14.7%。

2　ANSYS接触和耦合分析技术

2.1　ANSYS接触分析

接触问题是机械结构中一个较为常见和重要的问题，这类问题的计算是典型的非线性计算，计算过程非常复杂繁琐，难以求解。ANSYS软件利用有限元理论解决接触问题的计算，能够很好地模拟机械结构中的实际情况，计算速度快、精度高，是处理接触问题的一种有效途径。

2.2　ANSYS耦合问题

ANSYS软件提供耦合（Couple）功能，使两个部位的自由度耦合起来，以实现一定的约束关系。轨道与主梁在实际情况下是用螺栓和压板相互连接的，在ANSYS中，为了固定轨道与主梁之间的相对位置，需要利用ANSYS的节点耦合功能，将二者的相应部位自由度耦合起来进行计算。

利用接触和耦合技术分析模型的流程图如图1所示。

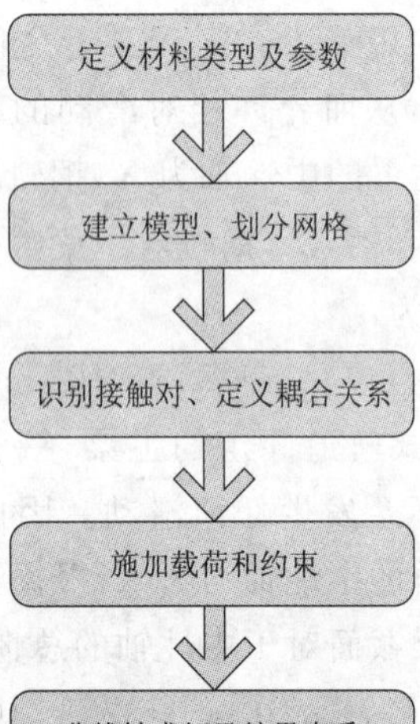

图4　模型的有限元分析流程图

3　模型的处理

3.1　箱梁结构的模型处理

对于箱型梁门式起重机来说，金属结构通常采用壳单元（SHELL63）进行建模，弹性模量EX＝2.1E5MPa，泊松比PRXY＝0.3，密度DENS＝7.85E－6（kg/mm^3）。首先建立门架结构的面结构模型，然后将模型的各个面结构附上实常数（即为箱型结构的各个钢板设定板厚），最后将模型上的线划分单元长度，为模型划分网格。建立好的门架模型如图5所示。

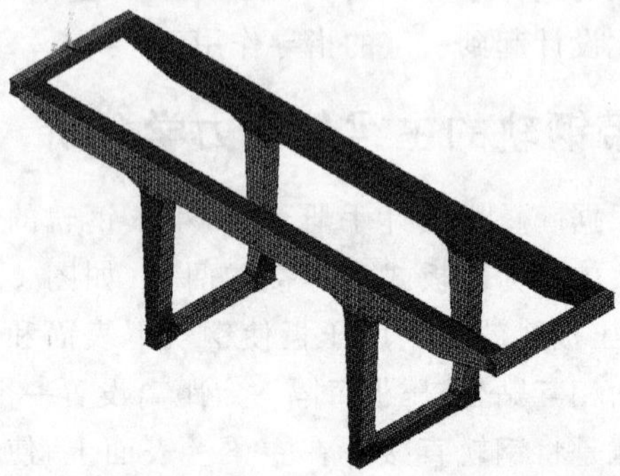

图5　起重机门架模型

3.2　轨道的模型处理

轨道采用实体建模，单元类型选用SOLID45体单元。首先用线建立轨道的横截面，然后将线条所围成的部分生成面结构，利用拉伸命令将轨道截面沿法向拉伸，生成体结构，最后将轨道的体结构定义网格精度并划分网格。注意，由于轨道实体模型是拉伸形成的，所以划分网格时应采用“扫掠”方式划分，这样得到的网格形状更规则，便于运算。

建立好的轨道模型如图6所示。

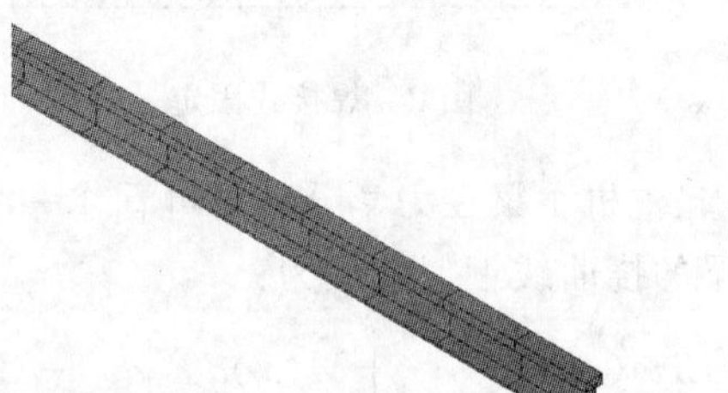

图6　轨道模型

3.3　轨道与门架关系处理

当轨道与门架之间采用压板式固定方式时，可认为轨道与门架之间相互贴合的同时可以产生细微的相对滑动，此时应采用ANSYS软件接触和耦合功能对其进行处理。建立好的接触对和耦合关系如图7和图8所示。

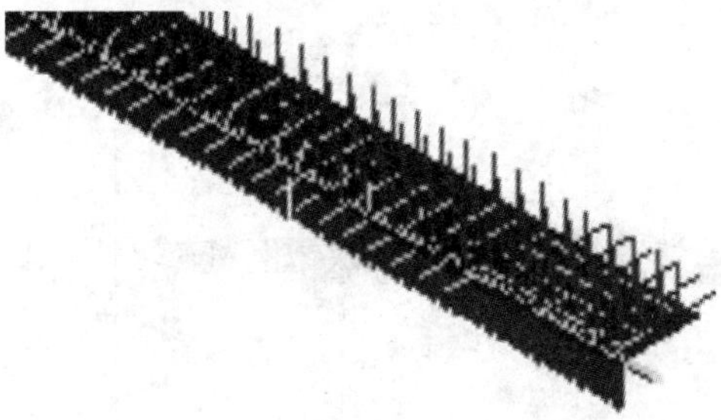

图 7　轨道与主梁之间的接触对

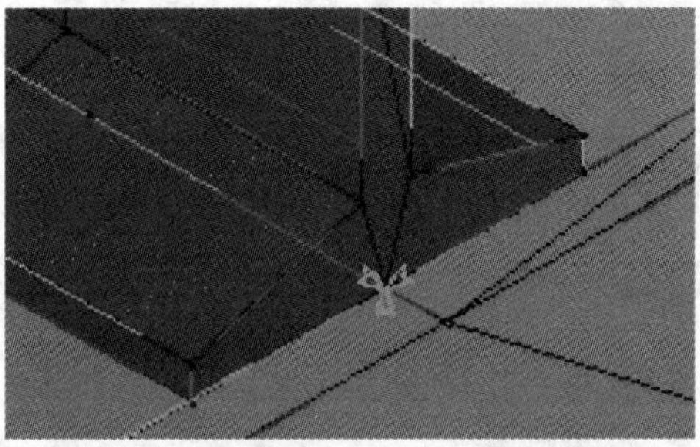

图 8　轨道与主梁之间的平动自由度耦合

当轨道与门架之间采用焊接式固定方式时，可将轨道与门架看作一个整体，二者之间变形一致，不会产生任何相对运动，此时应将轨道与门架之间相互重合的边和节点合并，从而使二者合为一体。

3.4　约束和载荷的处理

为了避免模型过约束而产生超静定结构，在施加约束时应该采用如下方案：(1)任选一个支腿设为支腿 1，在该支腿处施加 X、Y、Z 三个方向的约束；(2)对于与支腿 1 的 X 坐标相同的另一支腿，只施加 Y、Z 两个方向的约束；(3)对于与支腿 1 的 Y 坐标相同的另一只腿，只施加 X、Y 两个方向的约束；(4)对于最后一个支腿，只施加 Y 方向的约束。按照此方案施加约束，可以避免结构在 X、Y 方向上出现超静定现象，使模型的约束更加接近实际情况。

为了使模型的计算尽可能接近实际，模型施加的载荷应该尽可能全面。本模型考虑的载荷有：吊重、起重小车自重、门架自重、小车起制动加速度引起的载荷、大车起制动引起的载荷、工作风压下的风载荷。

需要注意的是，吊重、起重小车自重、作用在吊重和小车上的风载荷、起制动加速度引起的吊重和小车的起制动力是以小车轮压的形式加在门架结构上的，在对模型加载时，应该将这部分力施加在小车轨道上，通过轨道与小车的接触和耦合关系作用于门架结构上。

4　计算结果分析

对于该起重机来说，因为其有效悬臂较长，所以最不利工况为小车位于有效悬臂端满载制动，应考察该工况下模型的计算结果。另外，这里考察的是门架结构的强度和刚度，而轨道只是起到传递小车轮压的作用，轨道的强度和刚度不需要考虑，所以查看结果时应该不选择轨道所包含的单元。

4.1　轨道对主梁刚度的影响

两种不同钢轨固定方式及未加入钢轨的起重机金属结构垂向挠度云图如图 9 所示，对比三种情况下有效悬臂端的挠度可得表 2。

表 2　挠度计算结果对比

	压板式	焊接式	不考虑
挠度(mm)	16.471	14.389	16.512

由计算结果可知，与不考虑轨道影响时的挠度值相比，压板式和焊接式两种轨道固定方式对该起重机挠度的改善值分别为 0.25% 和 12.86%，焊接式轨道固定方式可以较好地改善结构挠度。

4.2　轨道对主梁强度的影响

由第一部分力学分析可知，轨道的固定方式只对起重机主梁部分的应力产生影响，对结构其他部分并无影响，所以此处只考察不同轨道固定方式下主梁的应力差别构。另外，有限元分析时轮压处会产生较大的集中应力，这是由于加载时将小车轮压集中加在一个节点上造成的，实际情况下车轮与轨道为面接触，不会造成过大的集中应力，所以结果分析时不需要考察轮压处的集中应力。

由理论分析可知，主梁最大复合应力位于靠近小车一侧支腿处的上翼缘板，三种轨道固定方式下该处的复合应力截图如图 11 所示；三种轨道固定方式下上翼缘板与外腹板结合处的最大复合应力对比见表 3。

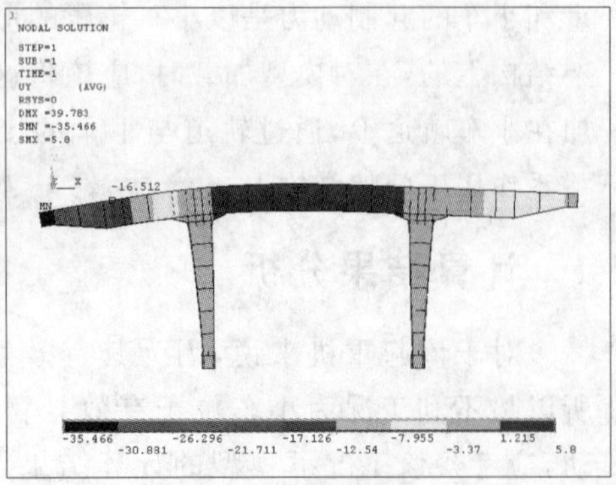

（a）未考虑轨道影响

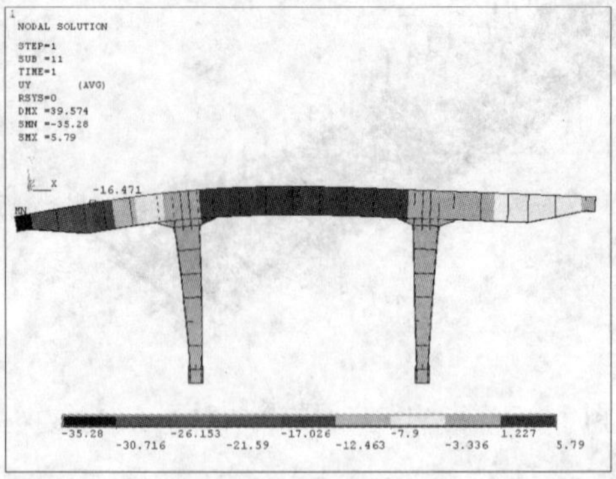

（b）轨道采用压板式固定方式

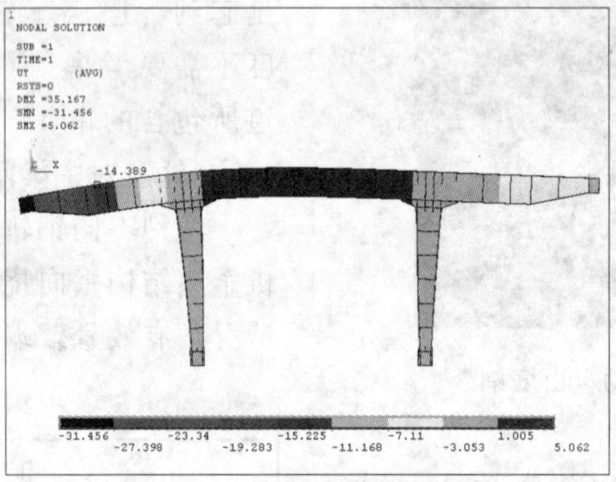

（c）轨道采用焊接式固定方式

图 9 垂向挠度云图

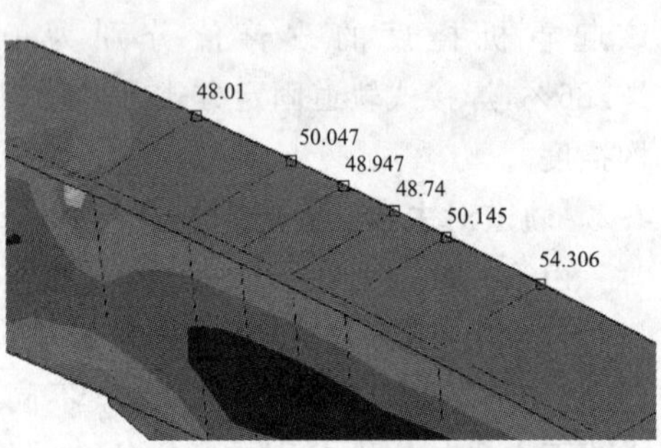

（a）未考虑轨道影响

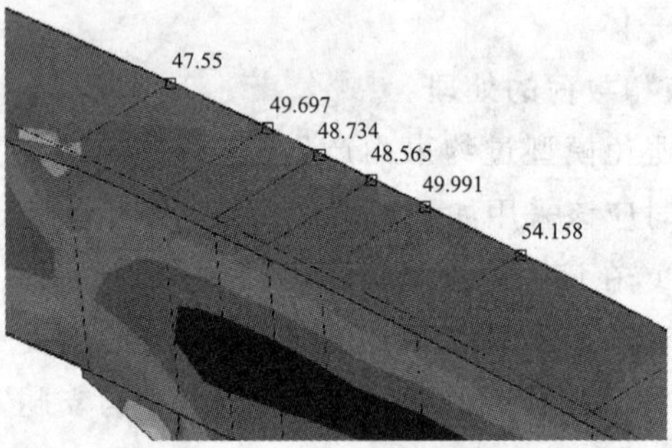

（b）轨道采用压板式固定方式

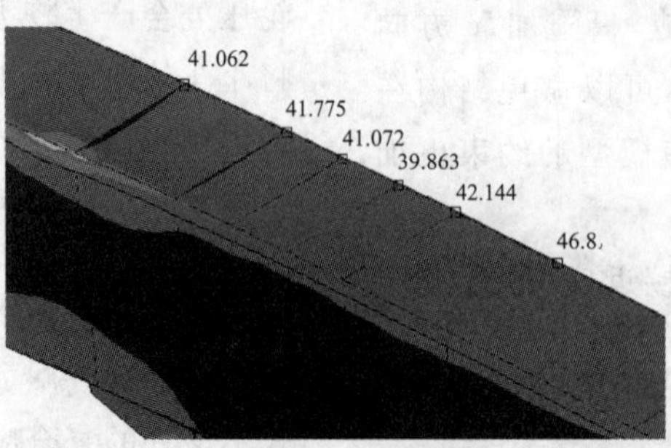

（c）轨道采用焊接式固定方式

图 10 主梁上翼缘板危险位置应力分布图

表 3　上翼缘板与外腹板结合处应力对比

	压板式	焊接式	不考虑
最大应力(MPa)	54.158	46.8	54.306

由计算结果可知，与不考虑轨道影响时的挠度值相比，压板式和焊接式两种轨道固定方式对该起重机主梁复合应力的改善值分别为 0.27% 和 13.82%，焊接式轨道固定方式可以较好地降低主梁复合应力。

4.3　焊缝应力和变形对结构的影响

相对于压板式轨道，焊接式轨道虽然能提高门机的整体承载能力，但也会产生一定的焊缝集中应力和焊接变形，焊缝处应力和变形的大小取决于焊缝质量以及焊接方式，此外，焊缝的疲劳强度也会低于金属结构的基材。因此，小车轨道采用焊接式固定时，建议采用精度较高的自动焊方式，焊接完成后对焊缝进行机械加工磨平处理。

5　结　　论

(1)由于压板式轨道固定允许轨道与主梁之间产生细微地相对滑移，所以轨道对起重机金属结构的刚度和强度影响细微，可以忽略。

(2)与压板式轨道固定方式相比较，焊接式轨道固定方式可以较好地改善起重机金属结构的刚度、降低主梁的复合应力，有利于金属结构的优化设计。

(3)从材料充分利用的角度来讲，小车轨道可以作为起重机金属结构的组成部分从而得到有效利用，起到分担结构载荷，减轻结构自重的作用。

(4)接触问题是机械设计以及工程领域的一个常见问题，利用有限元软件可以有效解决此类接触问题，避免繁琐的计算过程。

参 考 文 献

[1]　张质文，虞和谦，王金诺，包起帆. 起重机设计手册[M]. 北京：中国铁道出版社，1998.

[2]　王金诺，于兰峰. 起重运输机金属结构[M]. 北京：中国铁道出版社，2002.

[3]　龚曙光. ANSYS 基础应用及范例解析[M]. 北京：机械工业出版社，2004.

[4]　GB3811－2008. 起重机设计规范[S]. 北京：中国标准出版社，2008.

5

基于 VB 与 ANSYS 的门式起重机结构参数化有限元分析系统开发

刘　标，程文明，栗园园

（西南交通大学机械工程研究所）

摘　要：以通用双梁门式起重机为例，首先讨论门机有限元分析模型中结构简化对计算结果的影响，然后利用 APDL 语言建立门机参数化有限元分析模型，并结合 VB 开发出一套界面友好的参数化分析系统，以期对门机设计提供具有工程意义的参考。

关键字：VB；APDL；参数化；有限元

1　引　　言

目前国内设计门式起重机(下文简称门机)的主要依据是传统公式与经验，设计同种形式不用型号的门机往往需要做大量重复或相似的工作，其中建立有限元分析模型就需要花费大量的时间和精力，大大降低了起重机设计的效率。要促进起重机的更新换代，提高有限元分析的效率是很有必要的。在实际设计过程中，一方面，由于门机结构的复杂性及工况的多样性，建立门机有限元模型时通常都要对实际结构进行简化，随之就产生了简化的合理性及对最终分析结果的影响程度的问题；另一方面，应用 ANSYS 进行有限元分析时其 GUI 操作较复杂且建模过程繁琐。因此有必要开发一套模型简化准确、界面友好、操作简单的门机参数化有限元分析系统，从而提高门机的设计生产效率。

2　关于模型简化

2.1　小车轨道的影响

对于小车轨道的固定，目前国内多采用压板固定的方式，但由于采用连续焊缝焊接轨道时，轨道截面可计入主梁，增加了主梁的承载强度，从而可以减小主梁截面尺寸，降低成本，因此，连续焊缝焊接轨道成为了小车轨道固定方式的一个发展方向。在对门机进行有限元分析时，对于这两种轨道固定方式，建模时必须加以区别：对于压板固定式轨道，通常忽略轨道对结构的影响，而对于连续焊缝焊接轨道则直接将轨道模型加在主梁上使其参加整个结构的计算。对47t集装箱门机进行有限元分析，小车轨道分别按两种方法处理得到有效悬臂处挠度的计算结果表明，小车轨道的不同处理方式对结构刚度的影响较大。文献[1]研究了连续焊缝焊接轨道对桥式起重机有限元分析的影响，结果表明，对正轨箱型梁，钢轨对刚度的改善达到约22%，对偏轨箱型梁，钢轨对刚度的改善达到约18.6%。由此可以看出，对起重机进行有限元分析时，必须注意轨道固定方式对结果的影响，在建模时予以区别对待。

2.2　约束方式的影响

应用传统方法设计门式起重机时，设计人员对主梁与支腿分别进行计算，主梁按最不利工况时的两端简支外伸梁模型计算，支腿按一次超静定力学模型进行计算[2]。而应用有限元软件对门机进行分析时，对门架结构进行整体建模。文献[3]通过研究通过研究表明，不用的约束方式导致最终刚度分析结果差别高达29%。因此，正确确定门架结构的约束方式是十分必要的。

如何合理的确定约束方式需要考虑的关键问题是门机在运行过程中是否发生卡轨现象。门机在运行过程中不发生卡轨的条件是，支腿下端的变形小于大车车轮轮缘与轨道之间的间隙，或者大车车轮与轨道产生的最大摩擦力大于支腿下端承受的水平侧向力。在门机有限元分析过程中，约束方式的确定按以下步骤进行：

(1)门架平面内按一次超静定原则进行约束并计算，提取支腿下端水平方向支反力 F_X 和竖直方向支反力 F_Y。

(2)比较水平支反力 F_X 与轮轨摩擦力之间的关系：

如果 $F_X \leqslant \mu F_Y$，约束方式正确，施加工况载荷计算可得合理结果。

如果 $F_X > \mu F_Y$，转步骤(3)。

(3)门架平面内按简支原则进行约束并计算，提取支腿下端垂直轨道方向水平位移 U_X，

如果 $U_X \leqslant L$，约束方式正确，施加工况载荷计算可得合理结果。

如果 $U_X > L$，将支腿下端约束一个位移常量 L，重新计算结果。

其中，μ 为轮轨摩擦系数，L 为大车车轮轮缘与轨道之间的间隙。

2.3　翼缘外伸的影响

箱型结构翼缘外伸的设计主要是为了改善焊接条件，提高翼缘板和腹板的焊接质量。对于本文讨论的偏轨箱型梁，为了安装轨道及轨道固定装置，通常主腹板侧翼缘板伸出部分较长。此时，有必要讨论翼缘外伸部分对有限元分析结果的影响。通过对47 t集装箱门式起重机有无翼缘外伸两种计算模型进行有限元分析发现，翼缘外伸部分对分析结果的影响约为9%。为了使计算结果尽量准确，本文所述系统在将翼缘外伸部分按实际情况进行建模。

另外，由于建模过程中忽略了纵向加强筋、焊缝及其他附属结构，故在设置材料密度时，根据实际情况将密度乘以一个大于1的系数进行补偿。

3　参数化有限元分析系统的实现

3.1　参数的选择

参数化有限元分析的思想是根据具体结构的设计特点与分析要求，用参数描述其特征尺寸，并在建立有限元模型与分析时，以参数表征其过程，从而实现可变结构参数化有限元分析。对于本文讨论的门式起重机，选取的参数包括尺寸参数，材料特性参数，形式参数。尺寸参包括跨度，主梁梁高，翼缘板板厚等；材料特性参数包括弹性模量，泊松比，密度等；形式参数用来确定轨道固定方式，约束方式等。

3.2　参数化有限元分析过程

ANSYS提供了两种实体建模方法：自底向上建模与自顶向下建模。对于本文所讨论的门式起重机，采用自底向上的方法建立有限元模型，其好处是能通过程序设定的参数方便地计算出程序关心的任何位置的关键点编号，也能很好的控制

之后通过关键点建立的各实体面的编号，从而为后续设置实常数操作时选取具有不同实常数的实体面提供方便。另外，施加载荷，施加约束，提取支反力以及查询各种设计参数等操作也更加容易。分析过程如图 1 所示：

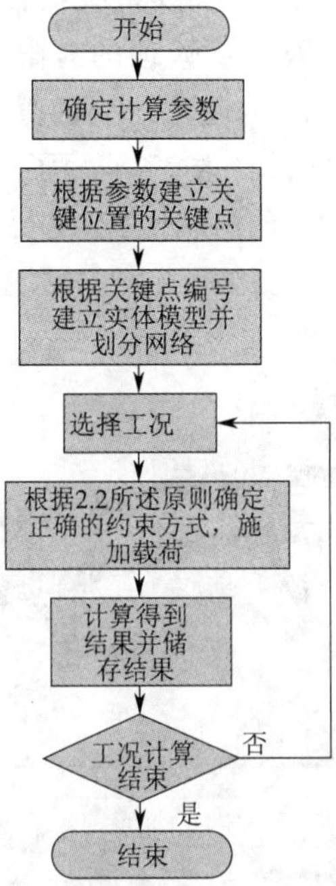

图 1　有限元模型建立流程

3.3　参数化有限元分析系统的建立

本文以 VB6.0 为开发平台，以 ANSYS 提供的 APDL 为工具实现对门机的参数化有限元分析。系统以界面友好、操作简单、功能实用为原则，能对同种形式不同型号的门式起重机进行有限元分析，并方便地观察分析结果。由于 VB 对 ANSYS 的调用始终采用后台运行的方式，计算过程中不出现 ANSY 界面，因此即使是从未接触过 ANSYS 的设计人员也能采用本系统对结构进行有限元分析，并以直观的方式观察计算结果以评估结构的合理性。根据实际情况，系统拟从以下四种工况进行分析：(1)小车位于跨中位置，满载起吊；(2)小车位于有效悬臂端，满载起吊；(3)小车位于跨中位置满载起吊，大小车制动，考虑动载效应，风载荷及偏斜运行侧向力；(4)小车位于有效悬臂端满载起吊，大小车制动，考虑动载效应，风载荷及偏斜运行侧向力。其中前两种工况对结构进行刚度分析，后两种工况对结构进行强度分析。另外，设计人员也需要选择钢轨的固定方式。该系统功能的实现分以下几个步骤：

(1)进入系统

“门式起重机参数化有限元分析系统”的界面如图 2 所示。

图 2　进入系统界面

(2)输入参数

在该过程中，设计人员需要根据设计数据在参数输入界面输入有限元分析过程中需要用到的数据。本系统通过四组选项卡供设计人员人员分别输入主梁参数、支腿参数、上下横梁参以及其他参数。通过单选按钮供设计人员选择轨道的固定方式。图 3 为支腿参数输入界面。

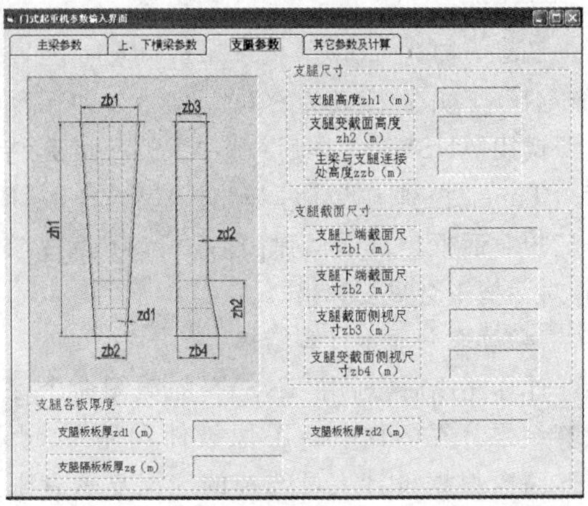

图 3　支腿参数输入界面

(3)生成命令流文件并调用 ANSYS 的计算模块得到计算结果

为了确保系统的正常运行，程序中设置检查模块，当确保全部参数都输入完毕且都为正数后，生成命令流文件，然后点击计算按钮，VB 开始调用 ANSYS 的计算模块开始计算，计算过程中通过时间控件不断检查 ANSYS 计算是否完成，并在计算完成后弹出提示框，之后设计人员可进入下一个过程观察有限元计算结果。过程关键代码如下：

```
Private Sub Command1_Click()
  Dim x
  x= Shell("X:\……\AnsysInc\v100\
  ANSYS\bin\intel\ansys100.exe -b -p ane3fl -i putfile.mac -o output.txt", vbMinimizedFocus)
End Sub
```

其中：X:\……\为 Ansys 安装路径，"－b"表示 ANSYS 工作在批处理模下（BatchMode）。"－p ane3fl"表示当前系统中运行的程序为 ANSYS Multiphysics，其产品变量名为"ane3fl"。"－i"和字符串 inputfile 表示输入文件，此处输入文件为要执行的 APDL 命令流文件，以 mac 为后缀名，"－o"和字符串 outputfile 表示输出文件，此处输出文件为 txt 格式的文本文件。

另一关键代码段为：

```
Private Sub Timer1_Timer()
  If Dir (App.Path & "\file.err") < >  "" Then
MsgBox ("ANSYS 运行完毕！")
  End If
  Timer1.Enable= False
End Sub
```

Timer 控件一开始的 Enable 属性设置为 True，Interval 属性设为 3 000，即 3 s 钟循环一次。调用 ANSYS 完毕后（即 ANSYS 运算结束后），Timer 控件被激活，弹出"ANSYS 运算完毕！"的对话框。对话框弹出后，Timer 控件被关闭，对话框不会重复弹出。

（4）读取并显示计算结果

计算完成后，利用 ANSYS 的截图命令保存计算结果。在 VB 中的图像控件利用 Loadpicture 函数根据设计人员选择的工况显示有限元计算的结果。其中一种工况计算结果显示如图 4 所示。

4　结　　语

结合 VB 与 APDL 开发了一套门式起重机参数化有限元分析系统，该系统操作简单，功能使用，可以将设计人员从繁琐的有限元建模过程中解脱出来，快速的实现对结构的分析计算。从而提高了起重机的设计效率，缩短了产品开发周期，对门式起重机的开发设计具有重要意义。

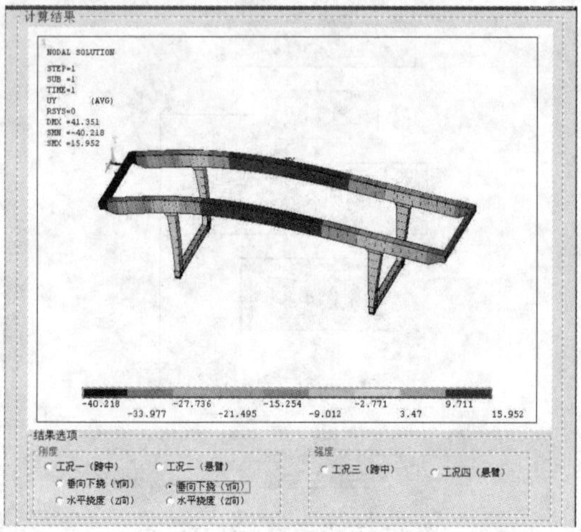

图 4　计算结果显示界面

参 考 文 献

[1]　王小慧，程文明，杨春松等．起重机金属结构有限元分析的模型处理技术[J]．起重运输机械．2006，(9)：32-34．

[2]　张质文，虞和谦等．起重机设计手册[M]．北京：中国铁道出版社，1998．

[3]　张弯洲，程文明等．门式起重机结构有限元分析约束方式探讨．中国机械工程学会物流分会起重机结构专业委员会 2009 年学术年会论文集．2009．

[4]　王金诺，于兰峰．起重运输机金属结构[M]．北京：中国铁道出版社，2002．

基于 ANSYS 的塔式起重机有限元分析

刘长生

（中南林业科技大学　湖南　长沙　410004）

摘　要：塔式起重机是一种常用的起重机械，国内许多生产厂家都在制造。目前对塔式起重机的静态特性研究较为普通，但采用较为先进的 CAE 技术对其静态特性研究较少。本文在这方面进行了一些研究，并用具体的一种塔机进行了计算和验证。

关键词：塔机；ANSYS；有限元；静态问题

1　ANSYS 软件

ANSYS 软件是由当今最大的有限元分析软件之一，它能与多数 CAD 软件接口实现数据的共享和交换[1-2]。ANSYS 的主要功能如下[3-7]：①建立计算模型或者输入结构、产品、组件或系统的 CAD 模型；②应用施加载荷或其它设计条件；③研究模型的物理响应，比如应力水平、温度分布等；④对产品进行优化设计，以降低产品的费用；⑤作数值模拟实验。

2　塔机的 ANSYS 结构分析及有限元模型建立

塔机吊臂的关键部件主要由吊臂，平衡重，塔身，钢丝绳等，其中吊臂由上下弦杆，两侧腹杆和隔杆构成。

2.1　塔机结构单元的选择

我们以塔机三角形吊臂为例进行研究，它由主弦杆、腹杆和隔杆焊接而成。其吊臂的主弦杆和腹杆属于结构分析范畴，故将其用梁单元划分有限元网格是合适的。目前对塔机进行动力分析有多种方法，其中以动力有限元方法为多。但塔机结构复杂，进行这种有限元分析时涉及单元较多，需花费大量时间进行数据前处理且容易出错。而 ANSYS 有限元软件，提供了强大的动力分析工具。可很方便进行各类动力分析问题，且能自动计算前处理所需数据[8]。

根据塔机结构特点，在 ANSYS 中可用梁单元来模拟其金属结构。在建立塔机结构动态分析模型时应注意以下原则：①模型应能全面、准确反映塔机在工作状态下的变形和应力特点；②模型应与实际形状保持几何上的相同，对研究问题影响不大的局部结构可适当简化；③模型受力应与塔机工作时外载荷作用下相同；④模型的边界约束条件应与塔机实际工作状态保持一致；⑤对变幅小车、变幅机构等塔机附件，采用质量单元来模拟。

按上述原则，我们在建模时做了以下四点处理：①塔身、吊臂主弦杆和腹杆的每个连接点都按实际尺寸建了节点。每节塔身、吊臂的连接点也建了点，保证模型与塔机在几何上相同；②为方便建模，对平衡臂采用增大梁单元截面面积的办法来模拟平衡重；③对结果影响不大的局部结构如钢丝绳等，由于它们的质量与整个塔机相比很小，对计算结果影响不大，为建模方便，此处不予以考虑；④由于塔身底部结构刚度很大且又与地基用地脚螺栓相连，可认为其底部能承受弯矩，将它假定为固接支座；吊臂根部是通过销轴与塔机的回转节相连，故在臂架起升平面内认为此处是铰支座；调臂两根拉杆以梁元处理，其上吊点从按固定铰支座处理；平衡臂拉杆和上吊点处理法与吊臂相似，为固定铰支座；由于塔身的刚度很大，上部弯矩小，故可把塔帽与上回转支座的连接及下回转支座与塔身的连接做为固接支座处理。

2.2　ANSYS 有限元模型单元分析

现以某厂生产的自升式塔机为例进行建模。该塔机选用钢材为 16 Mn，弹性模量 EX＝210 GPa，泊松比 $\mu=0.3$，密度 $\rho=7\ 800\ \mathrm{kg/m^3}$。塔机主要部件选用的截面尺寸和在 ANSYS 中选用的 Beam4 单元时的实常数详，见表 1。

表 1　塔机实常数表

序号	部件	截面尺寸/mm	面积/mm^2	TZZ/mm^4	TYY/mm^4	TKZ/mm	TKY/m
1	塔身主弦杆	空心圆杆 φ200×15	8 711	0 375e8	0 375e8	200	200
2	塔身腹杆	空心圆杆 φ100×5	1 941	0 168e7	0 168e7	100	100
3	吊臂上弦杆	空心圆杆 φ200×15	8 711	0 375e8	0 375e8	200	200
4	吊臂下弦杆	空心矩形 80×200×8	4 224	0 201e8	0 451e7	80	200
5	吊臂腹杆	空心圆杆 φ60×4	703 16	276 692	276 692	60	60
6	塔顶主弦杆	空心圆杆 φ250×15	11 065	0 766e8	0 766e8	250	250

5

续上表

序号	部件	截面尺寸/mm	面积/mm²	TZZ/mm⁴	TYY/mm⁴	TKZ/mm	TKY/m
7	塔顶腹杆	空心圆杆 φ200×15	8 711	0375e8	0375e8	200	200
8	平衡臂	空心矩形 300×600×15	26 100	0 123e10	0 415e9	300	600
9	斜拉索	实心圆杆∅50	1 962	306 163	306 163	50	50

在 ANSYS 建立塔机模型时，采用二维梁单元 Beam4 来模拟金属结构。ANSYS 中 Beam4 梁单元的特性：该单元是具有拉伸、压缩、扭转和弯曲能力的线单元。单元每个节有 6 个自由度，3 个沿着 X、Y、Z 轴平移自由度和绕 X、Y、Z 轴转动自由度，可包含应力强化和大变形效应。该单元的输入数据有横截面面积、两个主轴方向的惯性矩（IZZ、IYY）和两个方向上的厚度（TKY、TKZ）等。根据 Beam4 中单元特性，结合塔机金属结构受力特点，Beam4 单元能很好地模拟金属结构（图 1）。

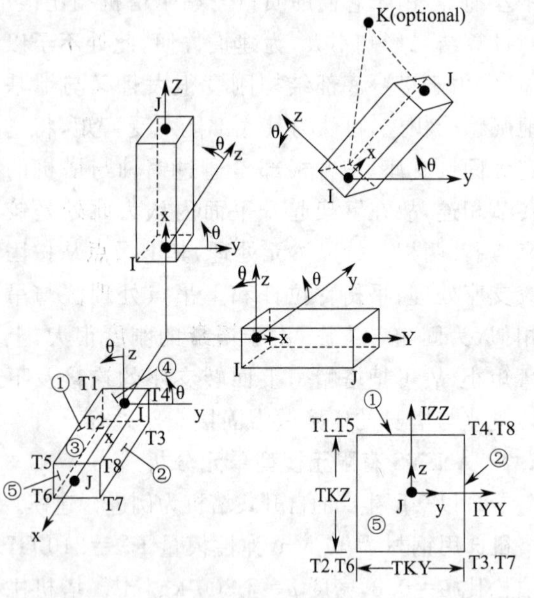

图 1 梁单元 beam4 示意图

2.2.1 梁单元 beam4 所需的输入数据

该单元由两个节点、两个厚度、一个弹性基础刚度和各向同性的材料性质所定义。厚度被假定为沿着单元表面、依照两个节点处的输入厚度值平稳地变化。如果单元具有统一的厚度，则只有第一个节点处的厚度需要输入。

2.2.2 梁单元 beam4 的输出数据

与单元有关的结果输出表现为两种形式：

1）基本数据：总体节点结果中的节点位移；

2）导出数据：单元结果数据包括单元应力、单元应变和支反力等。

2.3 塔机有限元模型创建

用一维和二维建模法，自下而上建模。先创建关键点，再依次创建相关点、线和面等图元。这里采用 GUI 方式进行操作。首先定义材料属性，设置实常数，定义分析类型为线性，设置材料弹性模量和泊松常数；利用前处理器中命令，按照图纸尺寸在活动坐标系（ActiveCS）中生成关键点，活动坐标系已经设置为世界坐标系（World CS）；再利用关键点生成线，在连接平台上生成平面，由于本模型均为线性钢材（用件来代替实体即可，划分角钢或管钢）焊接而成，仅设置厚度，故可用杆网格时利用实常数设置项设最后利用生成线和平面组合成塔机整体模型。

由于开始生成的面和线相互间还没有关系，不能承受载荷，须将它们关联起来，运用建模中的布尔操作模块可以达到此目的。布尔操作可以对几何图元进行布尔计算，ANSYS 的布尔操作包括加（add），减（subtract）、求交（intersect）、分解（divide），粘接（glue）、搭接（overlap）等。它们不仅适用于简单的图元，也适用于从 CAD 系统传入的复杂几何模型。在缺省的情况下，布尔操作完成后输入的图元被删除。被删除的图元编号变成“自由”的（这些自由的编号将赋给新创建的图元，从最小的自由编号开始）。将自由的线和面连成一个整体，这可用节点合并也可用搭接（（overlap）e 粘接操作将两个图元接到一起，并保留各自边界。考虑到网格划分，由于网格划分器划分几个小部件比划分一个大部件要更加方便，因此粘接常常比加操作更加适合。同时加操作是将同一个平面内的几个小块加成一个整体，不保留各自的边界，粘接可将不同平面内的面连成一体。搭接操作与粘接功能基本相同，不同的是搭接操作输入的图元，除保留各自的形状外还可能产生重叠区形成多个图元。最后在 ANSYS 中建立成塔机的完整模型共有节点从 3 375 个，Beam4 单元 2 911个，完整模型见图 2。

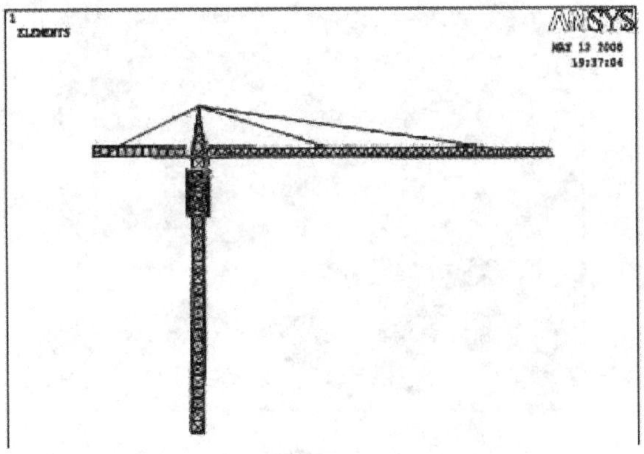

图 2　塔式起重机有限元模型

3　划分单元

3.1　设定分析模块

使用“Preferences”对话框，并选择结构分析(structural)模块，以便对菜单进行过滤。设定选用单元类型，塔机中吊臂上的上下弦杆及腹杆等均选用梁单元 beam4，在塔身与吊臂相连处，选用 ShelI63 单元，双吊点钢丝绳选用 link10 单元。在 ANSYS 中，有些单元的几何特性不能仅用其节点的位置充分表示出来时，就需提供一些实常数来补充几何信息。典型的实常数有壳单元的厚度、梁单元的横截面积等，这些单元类型所需的实常数以实常数组的形式输入。目前需要的梁单元(beam4)的实常数是主弦杆、腹杆以及隔杆等的横截面积，本模型因有不同截面，为所选梁单元(beam4)设定实常数见表 1。

3.2　定义材料属性

材料属性(如杨氏模量、密度等)是与几何模型无关的本质属性。虽然它并不与单元类型联系在一起，但由于计算单元矩阵时需要材料属性，ANSYS 为了用户使用方便，还对每种单元类型列出了相应的材料类型。根据不同应用，材料属性可以是线性或非线性的。与单元类型及实常数类似，一个分析中可以定多种材料，每种材料设定一个材料编号。对于塔机的主要部件——吊臂，只有一种材料 16Mn 钢，其杨氏模量、密度、泊松比和剪切模量做如下定义：①杨氏模量(Young's modules)：2.1×1 011 Pa；②密度(Density)：7 850 kg/m^3；③泊松比(Possion's ratio)<minor>：0. 3；④剪切模量(Shear modulus)：7. 692 3×1 010 Pa。

3.3　对几何模型划分网格

①网格尺寸控制：由于模型尺寸很大，需分开划分。但因大部分所建平面均属同一性质，故可利用尺寸控制来控制几何模型中线的网格划分段数；②单元属性选择在划分网格前，须先设定单元属性；③单元类型，此处有两种单元：beam4、ShelI63；④材料的数字(亦只有一种材料 1)；⑤实常数的数字，当划分不同、厚度截面材料时，分别赋予不同截面的常数；⑥单元坐标系：0 表示与坐标系一致。

在二维单元网格划分中，用粘接和搭接命令后生成的模型中的规则和较大平面的边框线划分成 10 段，选择 Quad 和 Mapped 选项，划分为四边形网格，单元尺寸为边长 200～300 mm。较大的规则平面均划分为规则形状的网格，而较小面积处与和受力点出以及加强筋等不规则形状处均划分为自由网格(Smart size)，塔机整体划分网格图如图 3。这样分析运算起来较快，且有利于对应力的分析。

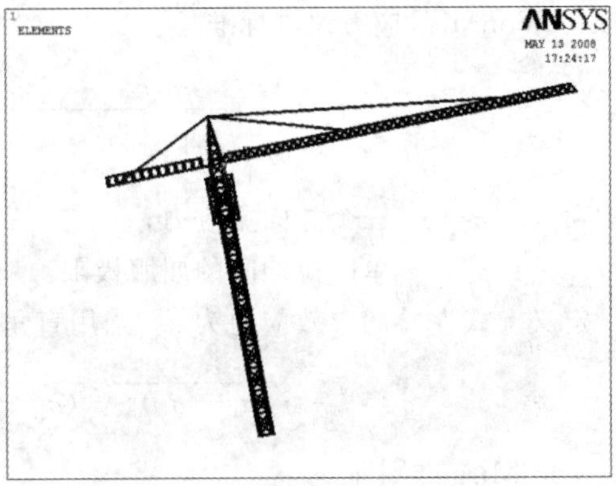

图 3　规则形状网格划分示意图

4　加载并求解

4.1　塔机约束处理

吊臂模型简化为一悬臂梁。限制悬臂梁左侧支撑处垂直位移，即吊臂左侧 UY 方向位移；限制左侧支撑处水平位移，即限制吊臂左侧 UZ 方向位移，它们的位移均为零。

由于整个起重机系统包括端梁。因此，两个主梁之间需有位移约束。另因端梁与主梁间为铰接，因此二者之间有相对运动。考虑此因素后，我们作如下约束处理：在两个主梁与端梁铰接位置(铰接圆孔)处，将对应接点作约束的耦合处理，即在 FX 方向上耦合。这可减少机构的自由度，加快计算速度。考虑塔机大车车轮可绕轨道小角度旋转，因此在约束上不限制节点绕 FX 轴的旋转，这可较精确描述实际情况。计算时，如果限制旋

5

转，臂端变形值和最大应力值都要受到影响，在添加不同约束试验后，比较得出目前的约束方式。

4.2　吊臂载荷处理

4.2.1　重力

重力是分布力，材料属性已经添加了其密度，在 ANSYS 中只需再给出重力加速度值就可。在对话框中选择重力加速度方向为 FY 方向，大小为 9.8 m/s^2 这样就加上了重力载荷。

4.2.2　外载荷

外载荷即塔机起重量，此处采用厂家提供的数据：①轮压 30 kN，小车中心在吊臂上与左侧塔身距离 12.56 m 处；②轮压 7 kN，小车外侧车轮在距离模型端面 42 m 处。另外吊臂臂端起吊时，本模型选取其一种工况进行分析，在离塔身支点水平方向距离为 42 m 位置加载，模型载荷约束处理如图 4。

4.3　求解计算

4.3.1　VonMiss 应力评价标准

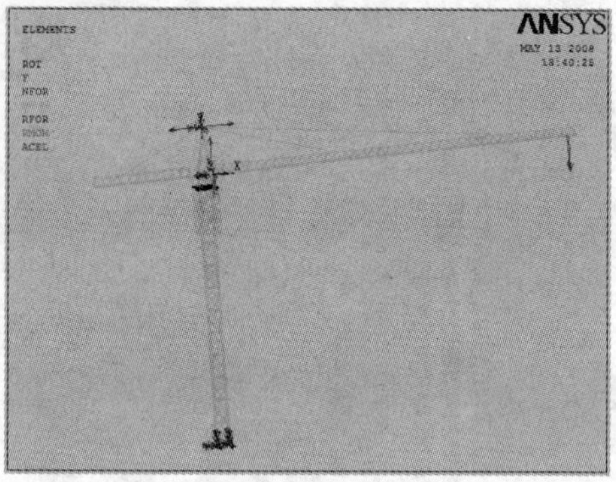

图 4　载荷约束处理

利用 ANSYS 进行弹性力学有限元分析时，每一单元都有可用来显示结果的特定选择，即应力的单方向和不同的综合评价标准。本计算主要给出 VonMiss 应力评价标准的应力值。Von Miss 屈服准则是：复杂应力状态下材料变形能达到单向拉伸屈服状态下的变形能时，材料开始屈服。

等效的 Von Miss 应力的计算公式为：

$$\sigma=\sqrt{\frac{1}{2}[(\sigma_1-\sigma_2)^2+(\sigma_2-\sigma_3)^2+(\sigma_3-\sigma_1)^2]}\leqslant\sigma_T \tag{1}$$

式中：$\sigma_1,\sigma_2,\sigma_3$——三个方向主应力；

σ_T——单向拉伸时的屈服极限。

定义上式左端的等效应力为 σ。当用直角坐标系下的应力分量表示时，有：

$$\bar{\sigma}=\frac{\sqrt{2}}{2}\sqrt{(\sigma_x-\sigma_y)^2+(\sigma_y-\sigma_z)^2+(\sigma_z-\sigma_x)^2+6(\tau_{xy}^2+\tau_{yz}^2+\tau_{zx}^2)} \tag{2}$$

Von Miss 准则即是

$$\bar{\sigma}=\sigma_T \tag{3}$$

由于塔机在垂直方向的位移最大，其他方向上与之相比较小。因此，这里只考虑节点在垂直方向，即 F_Y 的位移。另外，因为扭转因素在塔机桥架的设计计算中以系数的方式考虑，因此本文暂不研究吊臂的扭转。

4.3.2　轮压工况计算

工况为轮压 7 kN，四个轮中心点在吊臂中心。在所建模型上，选取以吊臂上与左边固定支点相距 42 m 的位置，沿小车轨道线的两个关键点，在每个点的 FY 方向加载荷 157.5 kN，在求解器中点 Solve-Current LS，关闭提示信息框后，确定求解。

4.3.3　查看吊臂静态变形

在图形显示的对话框中，用 Def＋undef edge，表示图中显示的吊臂变形后和变形前的边界(图 5)。由图可知，最大位移发生在臂端截面处(单位

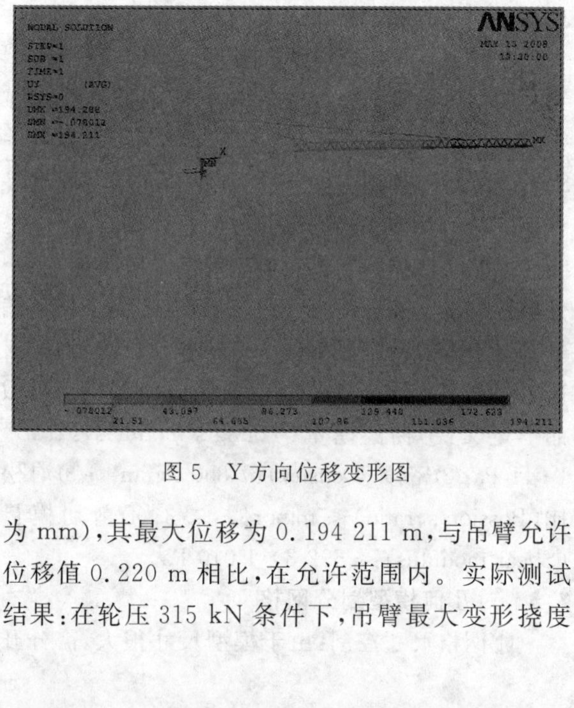

图 5　Y 方向位移变形图

为 mm)，其最大位移为 0.194 211 m，与吊臂允许位移值 0.220 m 相比，在允许范围内。实际测试结果：在轮压 315 kN 条件下，吊臂最大变形挠度

为0.180 m。与实测结果相比，由于本模型开始设置时，为简化运算，未考虑除小车和额定载荷外的装置，如驾驶室、电器设备、运行机构、走台、栏杆等重量。故吊臂变形会比测量稍大一些。但从计算结果可看出，本模型基本符合吊臂实际受载情况。

4.3.4　吊臂危险截面应力

图6为吊臂应力应变图；图7为总应力图（单位为GPa）。从图7可看出，吊臂最大应力为51.577 MPa，小于16 Mn钢的极限应力，因此是满足要求的。由图还可看出，吊臂弯曲后等效应力大小与其位置关系，在靠近塔身位置处，与塔身相接处产生危险截面最大等效应力，应力值为51.577 MPa，乘以安全系数1.4，此应力值不但小于材料的许用拉应力[σ]=345 MPa，也小于材料许用压应力[σ]=510 MPa。由图7还可看出，在吊臂与塔身相连接处，加强其刚度或加厚钢板厚度，将起到较好的效果。

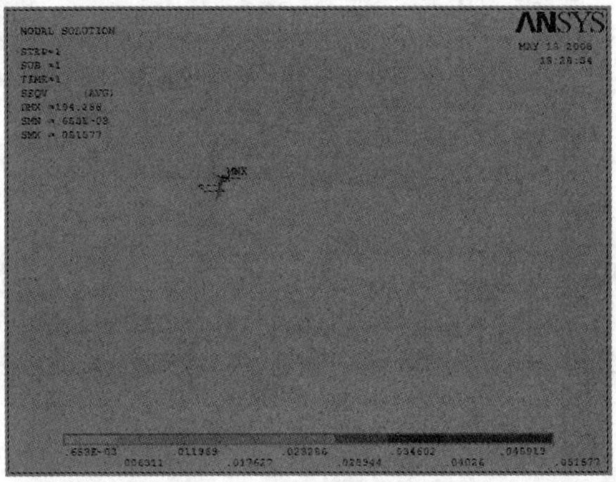

图6　总应力图

5　结　　论

本文以目前使用较为广泛的先进CAE软件Ansys为基础，建立了某厂生产的自升式塔式起重机三维有限元模型。加载后对塔机静态性能进行分析的结果表明，臂架最大变形发生在臂端截面，其变形位移满足要求；臂架最大应力也在16Mn钢极限应力范围之内。同时也表明，ANSYS软件不但速度快，而且准确，的确是进行塔式起重机静态特性分析的优秀软件。

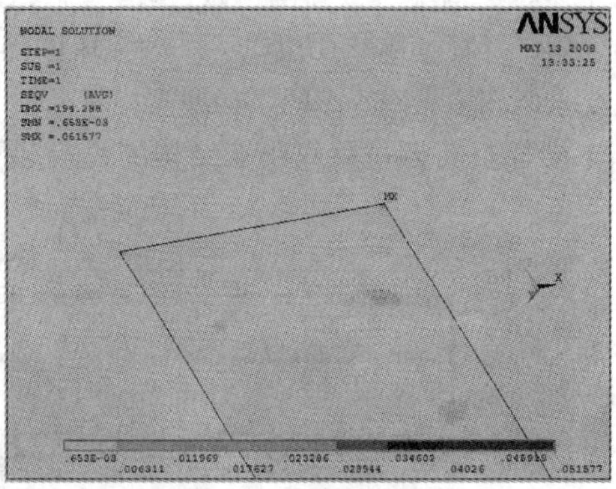

图7　最大应力图

参考文献

[1]　侯屹，解劲东.桥式起重机偏轨箱形梁疲劳强度计算[J].起重运输机械.1996,2:3-7.

[2]　陈道礼.桥式起重机结构的随机有限元分析[J].起重运输机械.2002,(10):17-19.

[3]　ANSYS系列有限元分析工具(ANSYS PRODUCTS) V11.SP1 WIN64 [ISO] [EB/OL]. www.verycd.com/topics/204068/2009-12-21/2010-04-22.

[4]　龚曙光.ANSYS应用实例解析[M].北京:机械工业出版社.2003:1-183.

[5]　任重.ANSYS实用分析教程[M].北京:北京大学出版社.2003:177-247.

[6]　嘉木工作室.ANSYS5.7有限元实例分析教程[M],北京:机械工业出版社,2002.

[7]　胡宗武，顾迪民.起重机设计计算[M].北京:北京科学技术出版社.1987:13-50,118-121.

[8]　于世旭，仪垂杰，郭健翔，等.基于ANSYS软件建模及划分网格技术的应用[J].机械研究与应用.2006,19(6):115-118.

5

一种新型的双主梁结构主副起升铸造起重机

刘　峰，宋红军，刘　理

（株洲天桥起重机股份有限公司）

摘　要：双主梁结构主副起升铸造起重机是一种采用双主梁，副小车置于主小车上可移动运行的新型铸造起重机结构型式。与普遍应用的四主梁双小车结构型式的铸造起重机相比，其优势主要表现在结构自重较轻，大车轮压较小，制作、安装、维护相对简单。

关键词：铸造起重机；双主梁结构；承轨梁；龙门钩

引　　言

铸造起重机在钢铁冶炼、铸造行业应用十分广泛。对于主起升取物装置为带两个叠片式吊钩的起重横梁，副起升机构取物装置为吊钩的铸造起重机，主起升机构用于起吊钢水包、渣罐等，副起升机构的吊钩作为与主钩配合以倾倒钢水、钢渣及单独起吊物品之用[1]，须通过移动功能调整与主钩的间距，目前主要采用四主梁双小车的结构型式。

本文通过与四主梁双小车结构的铸造起重机进行比较，从结构特点、成本节约、应用范围等方面，介绍一种采用双主梁，副小车置于主小车上可移动运行的新型铸造起重机结构型式。

1　结构特点分析

1.1　四主梁双小车结构

如图1，四主梁双小车结构型式端梁中间承受副主梁及副起升机构重量，对端梁的强度要求较高；自重较大，大车轮压较大，对厂房承轨梁强度要求较高；因主小车下部需副小车通过，主小车轨距较大，龙门钩横梁较长，如图3，对横梁强度要求较高；且分别对主、副小车进行供电，需要两套小车电缆导电装置。

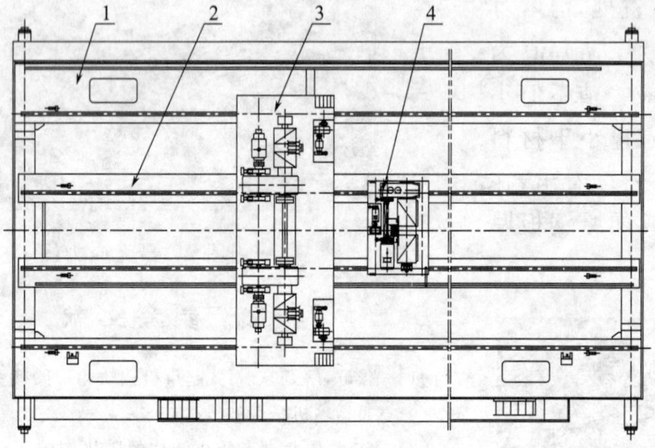

1—主主梁；
2—副主梁；
3—主小车；
4—副小车

图1　四主梁双小车结构

1.2　双主梁结构

如图2，双主梁结构型式端梁不承受吊重载荷，采用小箱型梁结构；自重较轻，大车轮压较小，对

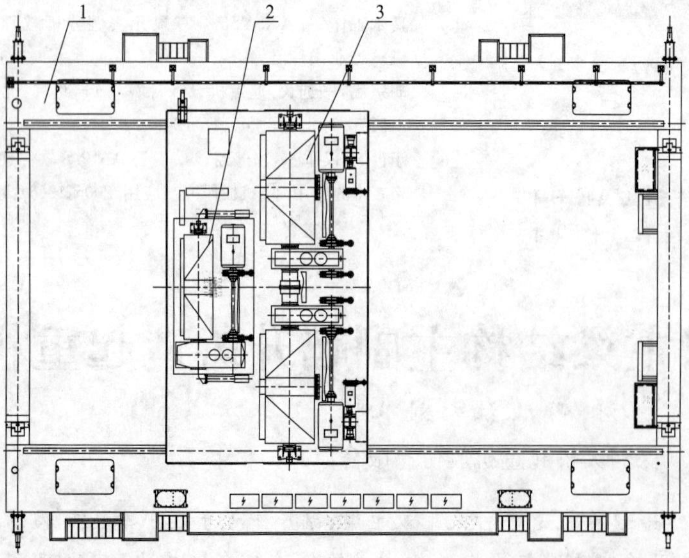

1—主梁；
2—副起升小车；
3—主起升小车

图2　双主梁结构

厂房承轨梁强度要求相对较小；如图4，主起升动滑轮组间距与龙门钩板钩间距相近，对龙门钩横梁强度要求较小；主、副小车共用一套小车电缆导电装置，结构相对简单。

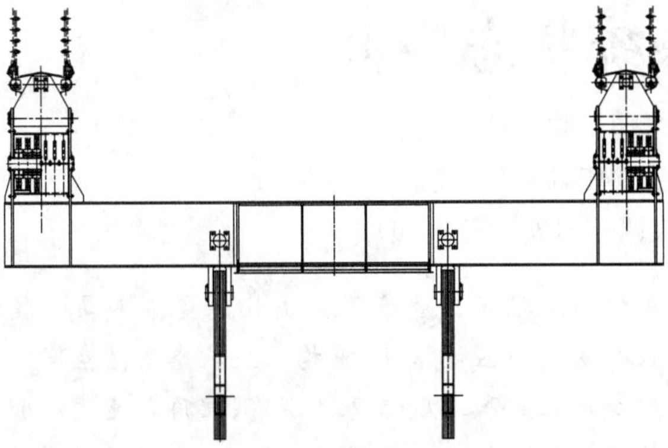

图3　四主梁双小车结构的龙门钩

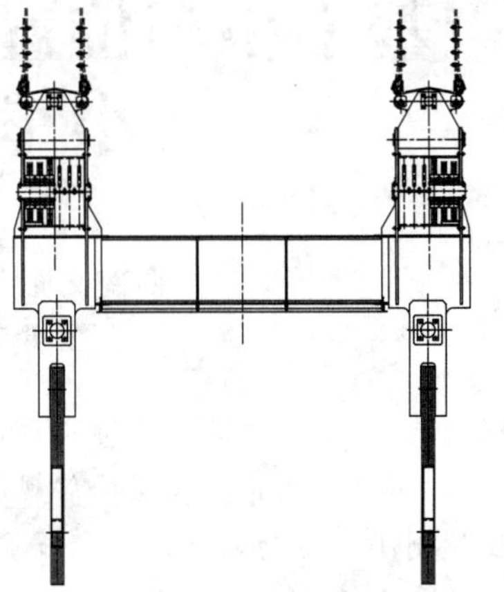

图4　双主梁结构的龙门钩

2　成本节约分析

以额定起重量160/80 t，跨度25 m，工作级别A8级[2]的铸造起重机为例，分别采用四主梁双小车结构和双主梁结构进行设计，将设计结果列表（表1）进行参数比对。

表1

类别	桥架重量(kg)	小车总重量(kg)	龙门钩重量(kg)	起重机总重(kg)	大车最大轮压(kN)
四主梁双小车结构	184 000	118 300	23 800	370 000	510
双主梁结构	109 500	90 800	18 300	257 000	440

注：因设计技术要求一致，则其它参数基本一致，表中未一一列出。

通过对两种结构型式设计结果的比对，双主梁结构型式在成本节约方面的效果是显著的，而且一方面结构相对简单，使得双主梁结构在设计、制造、安装、维护等方面的成本控制相对于四主梁双小车结构具有很大的优势；另一方面，大车轮压较小，在厂房承轨梁设计成本控制上，也能起到很大的作用。

3　应用范围

双主梁结构主副起升式铸造起重机能满足各种工况条件下起吊钢水包、渣罐及副钩移动配合倾倒钢水、钢渣等使用要求，应用范围十分广泛，并且相对于四主梁双小车结构的铸造起重机，具有多方面的优势。但因其特殊的结构特点，应用范围也有一定的局限性：

1. 因副钩只能在主钩一侧工作，所以对于需在厂房左、右两边均要求倾倒钢水、钢渣的工况，双主梁主副起升式结构不适用。

2. 对于副钩除倾倒钢水或钢渣外，能独立起吊其他物品，而左右极限要求较小的铸造起重机，双主梁主副起升式结构只能保证一侧极限较小，另一侧极限则较大，无法满足两侧极限均较小的使用要求。

4　结束语

双主梁结构主副起升式铸造起重机作为一种新型的起重机结构型式为整个行业起重机设计的新颖性、创造性指引了方向；此种新型铸造起重机结构设计的相对简单灵巧而功能全面为企业的成本控制、争取市场起到了不可估量的作用，为走向国际轻巧型的起重机行列奠定了基础。通过表1及相关数据显示，此结构起重机如得到广泛应用，不仅为企业节约制造维护成本，更为国家节约数量巨大的原材料及能源，为响应国家的“节能减排、低炭经济、构建可持续发展环境”号召起到积极的作用。

参考文献

[1]　中华人民共和国机械行业标准. JB/T 7688.15—1999 冶金

起重机技术条件. 铸造起重机. 北京：机械科学研究院，1999.

[2] 中华人民共和国国家标准. GB/T3811—2008 起重机设计规范. 北京：中国标准出版社，2008.

基于小车位置和速度信息降维重构起重机小车吊重系统状态空间

马莉丽[1]，程文明[1]，钟　斌[2]

(1. 西南交通大学机械工程研究所，四川　成都　610031；
2. 武警工程学院，陕西　西安　710086)

摘　要：为了解决工程实际中桥门式起重机吊重摆角和摆角角速度等系统状态变量不易直接测得的问题，利用可测输出量设置降维观测器获得系统状态变量的估计信息，重构系统状态变量空间。对直流电压控制小车驱动电机的小车吊重动力学系统，用小车位置和速度信息对摆角、摆角角速度和驱动力进行估计。当系统参数确定时，观测器的极点位置是影响观测器观测时间的关键参数：当观测器的极点在虚轴附近时，观测时间随极点的增大而迅速减小；当观测器的极点远离虚轴时，观测时间随极点增大而减小缓慢。为使各状态变量有相同的观测时间，应将观测器的极点取为等观测时间极点。

关键词：桥门式起重机；小车吊重系统；降维观测；状态观测器

引　言

吊重防摇控制系统是桥式起重机或龙门起重机作为现代化、自动化物流设备的重要组成部分[1]，因此，防摇控制技术是起重机的关键技术之一。对防摇控制方法的研究有依赖于小车吊重系统精确数学模型的最优控制[2~4]、自适应控制[5,6]等方法。也有采用模糊控制的智能控制方法[7,8]：其中文献[7]基于 Lyapunove 稳定性理论设计模糊控制规则控制吊重的摇摆；文献[8]针对其中模型的非线性和不确定性设计了两个控制器：模糊位置控制器控制小车的位置和速度，模糊防摇控制器消除吊重的摆动。文献[9]用非线性逆系统方法将非线性的小车吊重系统伪线性化，采用内模控制方法控制小车的水平定位，同时用角度反馈控制器衰减吊重的摇摆。

在这些控制方法和控制系统的研究中，都没有涉及到控制系统状态变量空间的重构、变量的观测与估计这一问题，即系统状态变量都必须用传感器实际测得再提供给控制系统处理。实际上，控制系统的状态变量信息不一定全部可测，或者有的变量即使可测，确往往费事或成本较高，比如吊重摆角和摆角角速度的测量。针对这一问题，可以借助于系统中可测的输出量来合理设计降维观测器，应用重构状态空间的方法在允许的时间内估计状态变量信息。所以，在防摇控制系统中设置状态观测器有利于降低成本和测量难度，具有工程实用意义。本文考虑到实验中采用直流电压控制小车运行电机驱动小车运动时的小车吊重动力学系统，利用小车位置及其速度易测输出信息，合理设计了降维观测器的结构，并分析了状态观测器极点配置对观测时间的影响。通过仿真验证了观测器结构设计的合理性和即将工程应用的可能性。

1　小车吊重系统动力学描述

起重机的大车和小车运行分别对吊重摇摆的影响效果一般可认为是等同的[10]。不妨只考虑小车吊重系统，即小车运动对吊重摇摆的影响，大车的影响可以采用同样的分析方法。同时，在工程实用和允许范围内作如下假设、简化处理：起升钢丝绳的定滑轮半径为零，即退化为一个悬挂点；不计空气阻尼、风阻的影响；忽略钢丝绳质量，钢丝绳为全柔性；在防摇控制时，不考虑吊重提升，即认为绳长不变；并只考虑吊重的横向摆动且摆角较小。

小车吊重系统几何模型如图 1 所示，小车和吊重的质量别为 m_1 和 m_2，绳长为 l，摆角为 θ，作用于小车的驱动力为 $f(t)$。为简化分析，设

小车驱动电机为电压控制的直流电机(其中励磁电压恒定),该驱动装置视为一阶惯性环节,则有

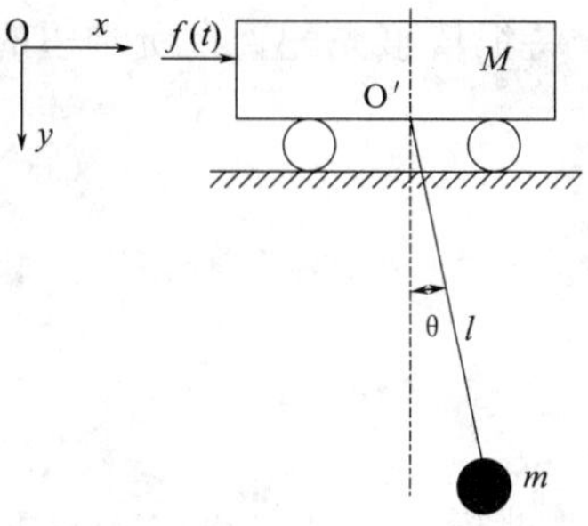

图 1　小车吊重系统几何模型

$$\tau\dot{f}(t)+f(t)=Ku(t)$$

式中,τ 是电机时间常数(s),K 是放大倍数(N/V),$u(t)$是控制电压(V)。于是,系统动力学方程的状态空间描述为

$$\dot{x}=Ax+bu \qquad (1)$$

式中,$x=[x\ \ \dot{x}\ \ \theta\ \ \dot{\theta}]^T$,$A=\begin{bmatrix}0&1&0&0&0\\0&0&a_{23}&0&a_{25}\\0&0&0&1&0\\0&0&a_{43}&0&a_{45}\\0&0&0&0&a_{55}\end{bmatrix}$,$u=u(t)$,$b=[0\ \ 0\ \ 0\ \ 0\ \ b_5]^T$,其中 $a_{23}=\dfrac{m_2 g}{m_1}$,$a_{25}=\dfrac{1}{m_1}$,$a_{43}=-\dfrac{(m_1+m_2)g}{m_1 l}$,$a_{45}=-\dfrac{1}{m_1 l}$,$a_{55}=-\dfrac{1}{\tau}$,$b_5=\dfrac{K}{\tau}$,g 为重力加速度(m/s^2)。

2　系统可观性分析

一般小车的位置 x 和速度 $\dot{x}$ 信息容易测得,则系统的输出方程为

$$y=Cx \qquad (2)$$

式中,$y=[y_1\ \ y_2]^T=[x\ \ \dot{x}]^T$,$C=\begin{bmatrix}1&0&0&0&0\\0&1&0&0&0\end{bmatrix}$。

由 x 和 $\dot{x}$ 通过降维观测器对 θ、$\dot{\theta}$ 和 $f(t)$ 进行估计,要求系统完全可观。由式(1)和式(2)得系统的可观性矩阵为

$$Q^T=\begin{bmatrix}1&0&0&0&0&0&0&0&0&0&0\\0&1&1&0&0&0&0&0&0&0&0\\0&0&0&\frac{m_2 g}{m_1}&\frac{m_2 g}{m_1}&0&0&0&-\frac{(m_1+m_2)g^2 m_2}{m_1^2 l}&-\frac{(m_1+m_2)g^2 m_2}{m_1^2 l}&0\\0&0&0&0&0&\frac{m_2 g}{m_1}&\frac{m_2 g}{m_1}&\frac{m_2 g}{m_1}&0&0&-\frac{(m_1+m_2)g^2 m_2}{m_1^2 l}\\0&0&0&\frac{1}{m_1}&\frac{1}{m_1}&-\frac{1}{\tau m_1}&-\frac{1}{\tau m_1}&-\frac{1}{\tau m_1}&\frac{1}{m_1\tau^2}-\frac{m_2 g}{m_1^2 l}&\frac{1}{m_1\tau^2}-\frac{m_2 g}{m_1^2 l}&\frac{m_2 g}{m_1^2\tau l}-\frac{1}{m_1\tau^3}\end{bmatrix}$$

于是,$rank(Q)=5$

可见,可以利用 x 和 $\dot{x}$ 信息对 θ、$\dot{\theta}$ 和 f(t) 观测从而获得估计信息 $\hat{\theta}$、$\hat{\dot{\theta}}$ 和 $\hat{f}(t)$。

3　降维观测器的设计

由式(1)和式(2)有

$$\begin{bmatrix}\dot{y}_{2\times1}\\ \dot{x}_{3\times1}\end{bmatrix}=\begin{bmatrix}A_{11}&A_{12}\\A_{21}&A_{22}\end{bmatrix}\begin{bmatrix}y_{2\times1}\\x_{3\times1}\end{bmatrix}+\begin{bmatrix}b_1\\b_2\end{bmatrix}u$$

式中,$y_{2\times1}=y$,$x_{3\times1}=[x_3\ \ x_4\ \ x_5]^T=[\theta\ \ \dot{\theta}\ \ f(t)]^T$,$b_1=[0\ \ 0]^T$,$b_2=[0\ \ 0\ \ b_5]^T$,$A_{11}=\begin{bmatrix}0&1\\0&0\end{bmatrix}$,$A_{12}=\begin{bmatrix}0&0&0\\a_{23}&0&a_{25}\end{bmatrix}$,$A_{21}=\begin{bmatrix}0&0\\0&0\\0&0\end{bmatrix}$,$A_{22}=\begin{bmatrix}0&1&0\\a_{43}&0&a_{45}\\0&0&a_{55}\end{bmatrix}$。于是,相应的降维观测器方程为

$$\dot{\hat{x}}_{3\times1} = (A_{22} - KA_{12})\hat{x}_{3\times1} + (A_{21}y + b_2u) + K(\dot{y} - A_{11}y - b_1u)$$

即

$$\dot{\hat{x}}'_{3\times1} = (A_{22} - KA_{12})\hat{x}'_{3\times1} + (b_2 - Kb_1)u + [(A_{22} - KA_{12})K + (A_{21} - KA_{11})]y \quad (3)$$

式中，$\hat{x}'_{3\times1} = \hat{x}_{3\times1} - Ky$，$K = \begin{bmatrix} k_{11} & k_{21} & k_{31} \\ k_{12} & k_{22} & k_{32} \end{bmatrix}^T$ 由观测器的 3 个特征值事先配置在所希望的位置上给予确定。

观测器的特征多项式为

$$\begin{aligned} P_1(\lambda) &= |\lambda I - (A_{22} - KA_{12})| \\ &= \lambda^3 + (k_{12}a_{23} - a_{55} + k_{32}a_{25})\lambda^2 + (k_{22}a_{23} - k_{12}a_{23}a_{55} - a_{43})\lambda \\ &\quad - k_{22}a_{23}a_{55} + a_{43}a_{55} - k_{32}a_{43}a_{25} + k_{32}a_{23}a_{45} \end{aligned} \quad (4)$$

式中，λ 为多项式变量，I 为单位阵。

由式(3)知 k_{11}、k_{21}、k_{31} 可以自由选择，不妨令 $k_{11}=k_{21}=k_{31}=0$。

一般要求观测器本身稳定并具有较快的观测速度(用观测时间 t_0 衡量)和较高的重构状态精度。为分析方便，又不失一般性，设观测器的极点配置在复平面的 $-\alpha$（为叙述方便，称 α 为极点，且 $\alpha>0$）处，于是

$$P_2(\lambda) = (\lambda + \alpha)^3 \quad (5)$$

由式(4)和式(5)的对应系数相等并由式(1)有以下方程成立

$$HK = r(\alpha)$$

$$r(\alpha) = \left[-\frac{1}{\tau} + 3\alpha \quad -\frac{m_1 + m_2}{m_1 l} + 3\alpha^2 \quad -\frac{(m_1 + m_2)g}{m_1 \tau l} + \alpha^3\right]^T \text{式中，} H = \begin{bmatrix} \frac{m_2 g}{m_1} & 0 & \frac{1}{m_1} \\ \frac{m_2 g}{m_1 \tau} & \frac{m_2 g}{m_1} & 0 \\ 0 & \frac{m_2 g}{m_1 \tau} & \frac{g}{m_1 l} \end{bmatrix},$$

于是，解得

$$k_{12} = \frac{m_1\tau(-l\tau\alpha^3 + 3l\alpha^2 + 3\tau g\alpha - g)}{m_2 g(l + g\tau^2)}$$

$$k_{22} = \frac{m_1 l^2 \tau\alpha^3 + 3m_1 g l\tau^2\alpha^2 - 3m_1 g l\tau\alpha - g^2\tau^2(m_1 + m_2) - m_2 g l}{m_2 g l(l + g\tau^2)}$$

$$k_{32} = \frac{m_1 l(\tau^3\alpha^3 - 3\tau^2\alpha^2 + 3\tau\alpha - 1)}{\tau(l + g\tau^2)}$$

又由式(3)得状态估计信息的标量形式为

$$\left.\begin{aligned} \dot{\hat{x}}_3 &= -k_{12}a_{23}\hat{x}'_3 + \hat{x}'_4 - k_{12}a_{25}\hat{x}'_5 + (k_{22} - k_{12}^2a_{23} - k_{12}k_{32}a_{25})y_2 \\ \dot{\hat{x}}'_4 &= (a_{43} - k_{22}a_{23})\hat{x}'_3 + (a_{45} - k_{22}a_{25})\hat{x}'_5 + [(a_{43} - k_{22}a_{23})k_{12} + (a_{45} - k_{22}a_{25})k_{32}]y_2 \\ \dot{\hat{x}}'_5 &= -k_{32}a_{23}\hat{x}'_3 + (a_{55} - k_{32}a_{25})\hat{x}'_5 + [(a_{55} - k_{32}a_{25}) - k_{12}k_{32}a_{23}]y_2 \end{aligned}\right\} \quad (6)$$

式中，$\hat{x}_3 = \hat{x}'_3 + k_{12}y_2$，$\hat{x}_4 = \hat{x}'_4 + k_{22}y_2$，$\hat{x}_5 = \hat{x}'_5 + k_{32}y_2$。

于是，由式(6)可得如图 2 所示的降维观测器结构。

4 仿真分析

为验证观测器的观测效果和重构状态变量的精度，设系统参数为：$m_1=15$ kg，$m_2=50$ kg，$l=3$ m，$\tau=1$ s，$g=9.81$ m/s^2，K=1 N/V，u(t)由 0 阶跃变化到 10 V。初始条件：x(0)=[0 0 0.035rad 0 0]T，$\hat{x}_{3\times1}(0)=[-0.035\text{rad } 0\ 0]$T。图 3 为系统响应曲线，虚线表示出了观测器重构 θ、$\dot{\theta}$ 和 $f(t)$ 的动态过程，即 $\hat{\theta}$、$\dot{\hat{\theta}}$ 和 $\hat{f}(t)$。观测时间 t_0 即为重构误差为零的时间。从图中可看出观测器在 t_0 之后可以精确估计 θ、$\dot{\theta}$ 和 $f(t)$ 信息，其观测时间分别为 1.768 s，1.568 s，1.968 s。

实验发现，随 α 的增大，即观测器的极点远离

虚轴时，t_o 总体上会减小。在虚轴附近，t_o 因 α 增大而减小的趋势越明显，图 4 的观测时间与极点在负实轴上分布位置(用 α 表示)之间的关系 $\alpha-t_o$ 曲线表明了这一现象：离虚轴越近曲线越陡峭，离虚轴越远越平缓。当系统参数确定时，总存在一个极点使三者的观测时间相等，称此时的极点为等观测时间极点，记为 α_o，如图 4 所示 $\alpha_o=8$。因此，$\alpha-t_o$ 曲线可作为观测器设计时极点配置的参考曲线：为保证较快的观测速度，应将极点配置在 $\alpha-t_o$ 曲线的平缓处；为使各状态变量有相同的观测时间，应取极点为 α_o。

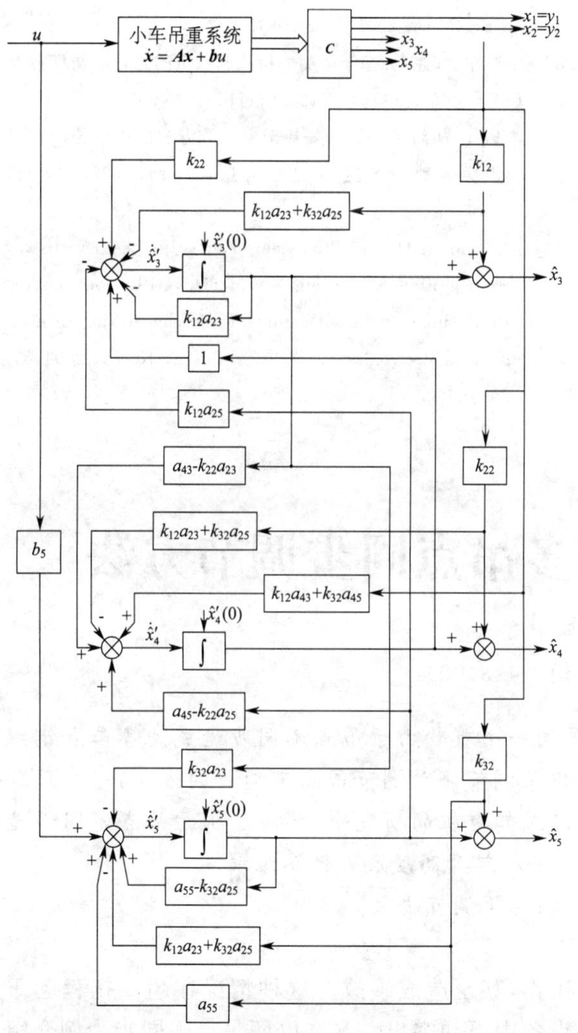

图 2　系统降维观测器结构

5　结　　论

为解决起重机防摇控制系统中状态变量信息不易直接测量这一问题，并针对小车吊重系统状态变量利用小车位置与速度信息的完全可观性，文中给出了降维观测器的结构。通过设置降维观测器完全能够从观测时间开始精确估计出摆角及其角速度和小车所受驱动力等信息，从而重构状态变量空间。当系统参数确定时，观测器的极点配置是影响观测时间的关键参数。考虑到 $\alpha-t_o$ 曲线的变化趋势和观测器物理实现的难易程度：当观测器极点配置在 $\alpha-t_o$ 曲线的平缓处时，可以得到较快的观测速度；当取等观测时间极点时，各状态变量从相同的观测时间开始消除重构误差。另一方面，观测时间对各状态变量初值和系统参数之间敏感性的数量关系还可以作深入研究，以更准确指导观测器的设计以满足工程需要。

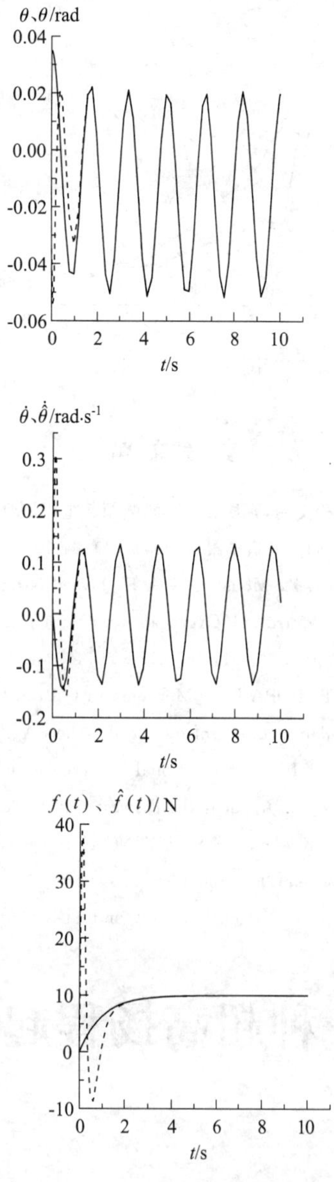

图 3　系统动态响应曲线

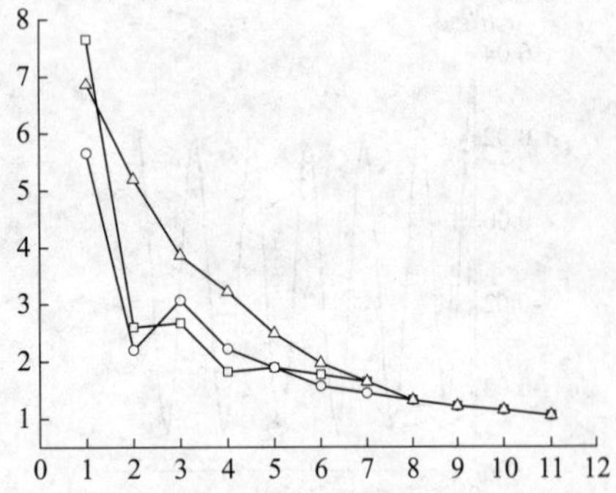

图 4　$\alpha - t_o$ 曲线

参考文献

[1] 王金诺,程文明,张质文,等.集装箱起重机刚性减摇系统的动态仿真[J].铁道学报,1995,17(1):34-40.

[2] Al-Garni A Z, Moustafa K A F, Javeed Nizami S S A K. Optimal Control of Overhead Cranes [J]. Control Eng. Practice, 1995, 3(9): 1277-1284.

[3] WEN J T, POPA D O, Montemayor G P L. Human assisted impedance control of overhead crane [A]. Proceedings of the 2001 IEEE International Conference on Control Applications[C]. Mexico: IEEE Press, 2001: 383-384.

[4] YONG S K, HAN S S, SEUNG K S. A new anti-sway control scheme for trolley crane system [A]. Proceedings of the 36th ISA annual meeting on industry applications [C]. Piscataway: IEEE Press, 2001: 548-550.

[5] Butler H, Honderd G, Van Ameronger J. Model Reference Adaptive Control of a Gantry Scale Mode[J]. IEEE Control system Magazine, 1991:57-62.

[6] Boustany F, d'Andrea-Novel B. Adaptive Control of an Overhead Crane Using Dynamic Feedback Linearization and Estimation Design [A]. Proceedings of the 1992 IEEE International Conference on Robotics and Automation[C]. Nice, France, 1992:1963-1968.

[7] Ho-Hoon Lee, Sung-Kun Cho. A new fuzzy-logic anti-swing control for industrial three-dimensional overhead cranes[A]. Proceedings of the 2001 IEEE international conference on robotics & automation[C]. Seoul, Korea: IEEE Press, 2001:2956-2961.

[8] 王晓军,邵惠鹤.基于模糊的桥式起重机的定位和防摆控制研究[J].系统仿真学报,2005,17(4):936-937.

[9] 李树江,胡韶华,吴海等.基于逆系统方法的内模控制在吊车消摆运动中的应用[J].信息与控制,2005,34(6):737-741.

[10] Jin Ho SUH, Jin Woo Lee, Young Jin Lee. Anti-sway control of an ATC using NN predictive PID control[A]. Proceedings of the 30th annual conference of the IEEE industrial electronics society[C]. Busan, Korea, 2004, 3: 2998-3003.

一种超高扬程起重设备多吊点同步调节方法

孙明尧

(卫华集团有限公司　453400)

摘　要:针对超高扬程起重设备多个吊点共同起吊同一个重物由于吊点不同步造成的各吊点钢丝绳相互缠绕,以及平衡梁平衡吊点不同步的局限性,提出了调节法兰调节吊点不同步的方法,并应用到奥运配套工程张河湾抽水蓄能电站起升高度400m的门式起重机的研发中,解决了由于吊点不同步造成的钢丝绳相互缠绕的问题。起升高度400m创门式起重机起升高度最大世界纪录。

关键词:超高扬程;超大起升高度;吊点不同步;卷筒;卷筒调节法兰

1　概　述

在起重设备起升机构设计中,常常用到多个吊点共同起吊同一个重物的情况。多吊点工作时,各吊点的升降速度很难保持完全一致,这就是通常说的多吊点不同步问题。吊点不同步影响到各吊点钢丝绳的受力,有的钢绳可能松弛,从而使各吊点钢丝绳相互缠绕,导致起升机构不能正常工作,甚至造成事故。这种情况在超高扬程起重设备中更加突出。本文以两吊点不同步为例介绍一种解决吊点不同步的方法,并应用到奥运配套工程张河湾抽水蓄能电站起升高度 400 m 的门式起重机的研发中,解决了由于吊点不同步造成的钢丝绳相互缠绕的问题。起升高度 400 m 创门式起重机起升高度最大世界纪录。

2 平衡梁解决两吊点不同步

图1是起升机构两吊点不同步问题的一种解决方案。两个吊点的不同步由平衡梁来平衡。为了防止钢丝绳打转对吊重造成影响，在每个吊点下设置了防转套。

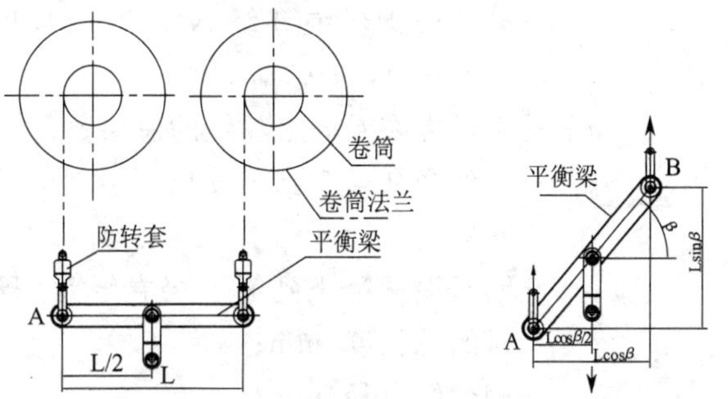

图1 两吊点不同步问题的解决方案

3 平衡梁方案解决吊点不同步应注意的问题

平衡梁解决吊点不同步时应注意，解决吊点不同步是有一定范围的。由于结构原因设平衡梁的最大倾斜角为β，平衡梁两吊点间距离为L，则平衡梁能平衡的最大不同步Δ_{max}为：

$$\Delta_{max}=2L\sin\beta$$

以上最大不同步Δ_{max}是在以下条件下才能实现的：

在测得两吊点在上极限和下极限位置相对高度之差（不同步）为Δ后，将平衡梁在下极限位置调整为：速度慢的吊点比速度快的吊点高约Δ/2，见图2(a)。这样，在上极限位置速度慢的吊点比速度快的吊点低约Δ/2，见图2(b)。整个行程，平衡梁能平衡的不同步达到Δ。

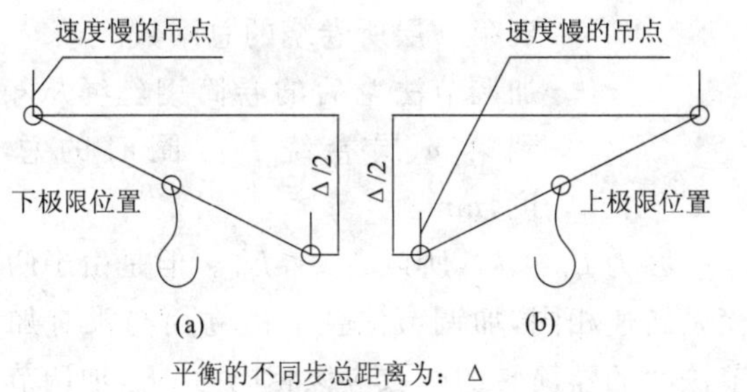

图2

4 卷筒调节法兰作为平衡梁平衡吊点不同步方法的补充

平衡梁平衡吊点不同步时，平衡梁能平衡的最大不同步为Δ_{max}。但是，如果由于环境的限制，平衡梁长度L不可能很长，因此，平衡梁能平衡的最大不同步Δ_{max}也受到限制。如果实际上两吊点的不同步Δ大于了Δ_{max}，就会出问题了。为了保证起重机的正常工作，可以采用卷筒调节法兰方法作为平衡梁平衡吊点不同步方法的补充，满足同步性要求，使

$$\Delta\leqslant[\Delta] \tag{1}$$

式中：Δ——吊点间的不同步值；

[Δ]——允许吊点不同步值，$[\Delta]=\Delta_{max}/k$；

Δ_{max}——平衡梁能平衡的最大不同步值；

k——大于1的安全系数，一般可取$k=1.5$。

4.1 该方法的步骤如下

4.1.1 确定平衡梁的允许吊点不同步值[Δ]；

4.1.2 将每个吊点分别吊装设定的吊重，从下极限位置上升至上极限位置，测得最大扬程不同步值Δ；

4.1.3 若Δ⩽[Δ]，将吊装速度慢的吊点在起吊前下极限位置预先调高约Δ/2的值，控制使平衡梁在起吊至上极限位置时吊装速度慢的吊点低于吊装速度快的吊点约Δ/2的值；

4.1.4 若Δ>[Δ]，则在吊装速度慢的卷筒的一侧或两侧卷筒法兰上加装总厚度为b的调节法兰（见图3），以缩短该卷筒的长度，提高该卷筒吊点的平均升降速度，调节法兰的厚度b的调整结果须满足吊装速度慢的卷筒的吊点在升降过程中与吊装速度快的卷筒的吊点的高度差值保持在±[Δ]/2内。

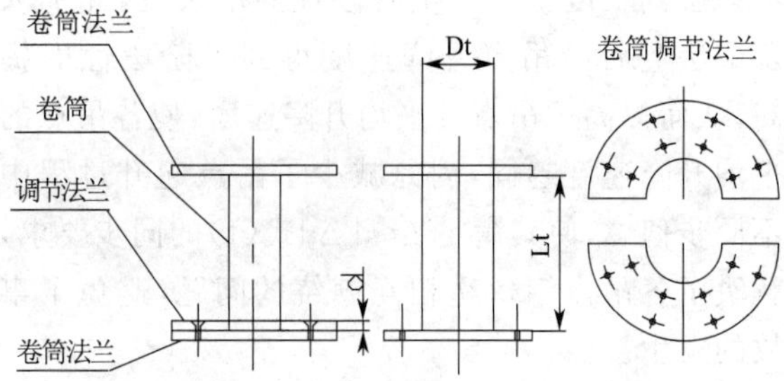

图3

4.2 调节法兰的厚度 b 要满足以下条件及算式

4.2.1 在加入调节法兰之前若钢丝绳在多层卷

绕卷筒的最后一层全部卷绕满时，b 要满足以下算式(2)

$$|\Delta-[n\pi b(n+1)/m]|\leqslant[\Delta] \quad 式(2)$$

式中 n——加入调节法兰之前钢丝绳在卷筒上卷绕的层数；

m——起升机构的钢丝绳倍率。

4.2.2 在加入调节法兰之前若钢丝绳在多层卷绕卷筒的最后一层未卷绕满时，b 要满足以下算式(3)：

$$|\Delta-[n\pi b(n-1)/m-2N_{nb}\pi d_s]|\leqslant[\Delta] \quad 式(3)$$

式中 N_{nb}——加入调节法兰后原第 n 层的 N_{na} 圈钢丝绳中有 N_{nb} 圈卷绕到第 n+1 层。

4.3 调节法兰的厚度 b 的选择方法为

4.3.1 当第 n 层钢丝绳全部卷绕满时，将式(2)取左边取 0，即：

$$|\Delta-[n\pi b(n+1)/m]|=0 \quad 式(4)$$

计算得到 b 值。

4.3.2 当第 n 层未卷绕满时，将式(3)取左边取 0，即：

$$|\Delta-[n\pi b(n-1)/m-2N_{nb}\pi d_s]|=0 \quad 式(5)$$

计算得到 b 值。

4.4 调节法兰的厚度 *b* 也可用试验的方法

直接选取 b 值，然后将选取的 b 值带入式(2)或式(3)中验证，若不满足式(2)或式(3)则重新选取直至满足式(2)或式(3)为止。

超高扬程起重设备平衡梁吊点同步调节方法，采用在平均升降速度较慢的吊点的卷筒法兰上固定总厚度 b 的调节法兰，减少了卷筒的长度，从而使钢丝绳提前缠绕在更高一层上，由于各吊点卷筒的转速相同，随着层数的增加钢丝绳每缠绕一层其长度就会发生阶段性的增长，因此加入调节法兰后的吊点升降速度得到了阶段性的提高，从而提高了吊点的平均升降速度，使各吊点的平均升降速度趋同，因此减少了吊点起升过程中不同步值 Δ，使其满足 Δ≤[Δ]式(1)的同步要求，解决了各吊点钢丝绳相互缠绕的问题，避免了事故的发生。

5 卷筒调节法兰作为平衡梁平衡吊点不同步方法的原理

5.1 设多层卷绕卷筒的卷绕的总层数为 *n*，当第 *n* 层钢丝绳全部卷绕满时，可以推出以下公式

$$N=L_t/d_s \quad 式(6)$$

$$l_i=N\pi(D_t+(2i-1)d_s)=L_t\pi[D_t/d_s+(2i-1)] \quad 式(7)$$

$$N_n=nL_t/d_s \quad 式(8)$$

$$L_n=n\pi L_t(D_t/d_s+n) \quad 式(9)$$

式中 N——钢丝绳每层所卷绕的圈数；

l_i——第 i 层钢丝绳卷绕 N 圈时的长度 mm，i=1，2，…．，n；

n——钢丝绳在卷筒上卷绕的总层数；

N_n——钢丝绳从第 1 到第 n 层所卷绕的总圈数；

L_n——钢丝绳从第 1 到第 n 层卷绕 N_n 圈时的总长度，mm；

d_s——钢丝绳直径，mm；

L_t——卷筒的长度，mm；

D_t——卷筒直径，mm；

在图 2 中，设左边卷筒下的吊点比右边卷筒下的吊点的平均升降速度慢些，我们将运行慢的吊点对应的左边卷筒的法兰内侧加一块调节法兰，如图 3 所示。为便于安装，可将调节法兰做成两个半圆的形状，用螺栓或其他方法连接。这时卷筒的长度 L_t 减小为：

$$L_t'=L_t-b \quad 式(10)$$

式中 b——调节法兰的厚度，mm(或多个调节法兰的总厚度)。

L_t'——加调节法兰后卷筒的长度，mm。

因此，式(8)、(9)相应的改变为：

$$N_n,=nL_t,/d_s=n(L_t-b)/d_s \quad 式(11)$$

$$L_n'=n\pi L_t'(D_t/d_s+n)=n\pi(L_t-b)(D_t/d_s+n) \quad 式(12)$$

式中 n——加调节法兰前钢丝绳在卷筒上卷绕的总层数。

N_n'——加调节法兰后的卷筒钢丝绳从第 1 到第 n 层所卷绕的总圈数。

L_n'——加调节法兰后的卷筒钢丝绳从第 1 到第 n 层卷绕 N_n，圈时的总长度，mm。

因为 $L_t'<L_t$，所以 $N'_n<N_n$。但是由于两卷筒是转速相同，加调节法兰后的卷筒与没有加调节法兰的卷筒转的圈数应该相同为 N_n，加调节法兰后的卷筒的钢丝绳在缠绕完第 n 层后还会向第 $n+1$ 层缠绕 $N_n-N'_n$ 圈，在第 $n+1$ 层缠绕 N_n-

N'_n 圈的钢丝绳的长度 L_0 为：

$$L_0=(N_n-N_n,)\pi[D_t+(2n+1)d_s] \quad \text{式(13)}$$

$$N_n-N_n,=nL_t/d_s-nL_t,/d_s=nb/d_s \quad \text{式(14)}$$

式中　L_0——加调节法兰后的卷筒钢丝绳在第 $n+1$ 层缠绕 N_n-N_n,圈的钢丝绳的长度，mm。

从式(14)中可以看出，在加入调节法兰后，钢丝绳在卷筒的每一层上会减少相应的圈数，N_n-N_n,可以近似的认为是相对加入调节法兰前在卷筒第 n 层和/或第 $n+1$ 层上多卷绕的钢丝绳的圈数。并且在一般情况下，加入调节法兰后基本上不会出现钢丝绳缠绕在 $n+2$ 层上，故忽略在加入调节法兰后缠绕在 $n+2$ 层的情况。因此，加调节法兰后的卷筒在缠绕 N_n 圈后缠绕的钢丝绳的实际长度 L,,为：

$$L''=L'_n+L_0=n\pi(L_t-b)(D_t/d_s+n)+(N_n-N'_n)\pi[D_t+(2n+1)d_s] \quad \text{式(15)}$$

将式(14)带入式(15)得到：

$$L''=n\pi L_t(D_t/d_s+n)+n\pi b(n+1) \quad \text{式(16)}$$

比较公式(9)和(16)，可得关系式：

$$\Delta,=(L''-L_n)/m=[(n\pi L_t(D_t/d_s+n)+n\pi b(n+1)-n\pi L_t(D_t/d_s+n)]/m$$

整理得到：

$$\Delta'=n\pi b(n+1)/m \quad \text{式(17)}$$

式中：Δ'——加调节法兰后可以使不同步值降低的调整值(mm)，即加调节法兰后多卷绕钢丝绳的长度。

m——起升机构的钢丝绳倍率。

从而得到法兰厚度：

$$b=\Delta'm/[n\pi(n+1)] \quad \text{式(18)}$$

因此调整后的不同步值为 $\Delta-\Delta''$为了调整后的不同步值满足 $|\Delta-\Delta'|\leqslant[\Delta]$的条件，那么结合式(17)可以得到式(2)。

5.2　当第 n 层只卷绕有 N_{na} 圈钢丝绳时，将式(3)取左边取 0，即：

式(17)是原多层卷绕卷筒的卷绕的总层数为 n 全部绕满时，计算加调节法兰后原 n 层所卷绕的钢绳可以使不同步值降低的调整值 Δ'。我们只要在式(17)中令 $n=(n-1)$，就可求出加调节法兰后原 1～$(n-1)$层所卷绕的钢绳可以使不同步值降低的调整值 Δ_{n-1}'：

$$\Delta_{n-1}'=n\pi b(n-1)/m \quad \text{式(19)}$$

式中：Δ_{n-1}'——加调节法兰后原 1～$(n-1)$层所卷绕的钢绳可以使不同步值降低的调整值(mm)。

m——起升机构的钢丝绳倍率。

这时，对原第 n 层的 N_{na} 圈钢丝绳，如果 N_{na} 圈钢丝绳中有 N_{nb} 圈卷绕到第 $n+1$ 层，则 N_{nb} 圈卷绕到第 $n+1$ 层的钢丝绳会使不同步值降低的调整值为 $2N_{nb}\pi d_s$。因这时$(N_{na}-N_{nb})$圈钢绳仍然卷绕在第 n 层，这部分钢绳对不同步值降低没有调整作用。因此有：

$$\Delta,=\Delta_{n-1},+2N_{nb}\pi d_s=n\pi b(n-1)/m+2N_{nb}\pi d_s \quad \text{式(20)}$$

式中：Δ'——加调节法兰后可以使不同步值降低的调整值(mm)，即加调节法兰后多卷绕钢丝绳的长度。

m——起升机构的钢丝绳倍率。

从而得到法兰厚度：

$$b=\Delta,m/[n\pi(n-1)+2N_{nb}\pi d_s] \quad \text{式(21)}$$

因此调整后的不同步值为 $\Delta-\Delta$,，为了调整后的不同步值 $|\Delta-\Delta,|$ 满足 $\Delta\leqslant[\Delta]$的条件，那么结合式(20)可以得到式(3)。

6　卷筒调节法兰作为平衡梁平衡吊点不同步方法的实施例

6.1　实施例 1

某起升机构，有两个吊点，两个吊点分别由两个钢丝绳多层卷绕卷筒驱动，两个卷筒用机械的方式保证两卷筒的转速的同步。起升机构的扬程等于 400 m，滑轮组倍率 m 为 1，卷筒的长度 L_t 等于 780 mm，卷筒直径 D_t 等于 500 mm，钢丝绳直径 d_s 等于 21.5 mm，需要缠绕到每个卷筒上的钢丝绳的长度为 410 m。本实施例是在某深井中提升重物。

解：

6.1.1　根据实际情况，如井径、井内构件、施工工艺等条件确定横梁的最大长度为 1 350 mm，平衡梁能平衡的最大不同步值 $\Delta max=2\ 200$ mm，允许吊点不同步值 $[\Delta]=\Delta max/k=2\ 200/1.5=1\ 467$ mm；

6.1.2　将两吊点分别吊装一定吊重，其重量为重物和平衡梁总重的一半，从最低点同步起吊至最大扬程，测取最大扬程不同步值 $\Delta=2\ 360$ mm；

6.1.3 由于 $\Delta=2\ 360\ \text{mm}>[\Delta]=1\ 467$ mm，不满足同步性要求式(1)，需要在提升速度较慢的吊点的卷筒的卷筒法兰上固定一个厚度为 b 的调节法兰，选取的 $b=50$ mm，然后重复步骤 6.1.2，测取加入调节法兰后最大扬程不同步值 $\Delta=2\ 350\ \text{mm}>[\Delta]$，由于加入的调节法兰过厚，使得吊点的平均升降速度提高过大，因此需要重新选取调节法兰的厚度 b；第二次选取 $b=25$ mm，重复步骤 6.1.2 测取加入调节法兰后最大扬程不同步值 $\Delta\approx0<[\Delta]=1\ 467$ mm，满足同步性要求式(1)，说明选取的 $b=25$ mm 是合适的。

选用 $b=25$ mm 厚的调节法兰，调整平衡梁的初始位置为基本持平，在吊装过程中，由于钢丝绳卷绕过程中吊点的不同步值是均匀连续的分布在钢丝绳卷绕的过程中，因此在加入调节法兰后，钢丝绳在每层上产生的阶段性增长与加入调节法兰前在每层连续分布的不同步值产生相互抵消，这种抵消的最终结果并不是连续的，会在平衡梁上出现上下往复浮动的现象，该上下浮动的范围在 $\pm[\Delta]/2$ 内，层数越多这种浮动的范围越小，一般情况下在加入调节法兰后这种浮动的范围非常小。

6.2 实施例 2

本实施例的方法与实施例 1 基本相同，区别在于步骤 6.1.3 选择 b 值方法不同：

当卷筒卷绕满 5 层钢丝绳时，即令 $n=5$，利用公式(6)、(8)、(9)可以得到：

$N=L_t/d_s=780/21.5=36.28$(圈)

$N_5=nL_t/d_s=5\times780/21.5181.4$(圈)

$L_5=n\pi L_t(D_t/d_s+n)$

$=5\times\pi\times780\times(500/21.5+5)=346\ 196$(mm)

由于需要缠绕到每个卷筒上的钢丝绳的长度为 410 m，有 $410\ 000-346\ 196=63\ 804$ mm 的钢丝绳要绕到第 6 层上，在第 6 层每一圈钢丝绳的长度为：

$\pi[D_t+(2\times6-1)d_s]$

$=\pi[500+(2\times6-1)\times21.5]=2\ 313.78$ mm，

在第 6 层要绕 $63\ 804/2\ 313.78=27.58$ 圈，即 $N_{na}=27.58$ 圈。第 6 层有 $36.28-27.58=8.7$ 圈钢丝绳的位置是空的。

先选择调节法兰的厚度 b 为 20 mm，从公式(19)有：

$\Delta_{6-1}'=n\pi b(n-1)/\text{m}$

$=6\pi\times20\times(6-1)/1=1\ 885$ mm

即加调节法兰后原 1～5 层所卷绕的钢绳可以使不同步值降低的调整值为 1 885 mm。这时有 1 885 mm 的钢丝绳绕到第 6 层上，在第 6 层绕 $1\ 885/2\ 313.78=0.81$ 圈。这时第 6 层共绕了 $27.58+0.81=28.39$ 圈，小于每层可绕的 $N,=(L_t-b)/d_s=(780-20)/21.5=35.35$ 圈，所以此时没有钢绳绕到第 7 层，即此时 $N_{nb}=0$。代入式(20)可得加调节法兰后可以使不同步值降低的调整值 Δ'：

$\Delta'=\Delta_{6-1},+2N_{nb}\pi d_s$

$=1885+2\times0\times\pi\times21.5=1\ 885$ mm

对照式(3)，

$|\Delta-[n\pi b(n-1)/m-2N_{nb}\pi d_s]|$

$=|2\ 360-[6\pi\times20(6-1)/1-2\times0\times\pi\times21.5]|$

$=475\ \text{mm}\leqslant[\Delta]=1\ 467$ mm

满足同步要求(3)。即加了厚度为 20 mm 的调节法兰后两吊点最大扬程不同步值 $\Delta-\Delta,=2\ 360-1\ 885=475\ \text{mm}<[\Delta]=1\ 467$ mm，最后认定选择卷筒调节法兰的厚度为 20 mm 是合适的。

同理，可以先选取调节法兰的厚度 b 等于 16 mm，则加了调节法兰后调整值 $\Delta,$ 为 1 508 mm。这样，加了厚度为 16 mm 的调节法兰后两吊点最大扬程不同步值 $\Delta-\Delta,=2\ 360-1\ 508=852\ \text{mm}<[\Delta]=1\ 467$ mm，所以选择卷筒调节法兰的厚度为 16 mm 也是合适的。

6.3 实施例 3

本实施例的方法与实施例 2 基本相同，区别在于步骤 6.2.3 选择 b 值方法不同：

假设不同步值 $\Delta=2\ 360$ mm 全部由加法兰后原 1～$(n-1)$层钢丝绳补偿来初选 b，即在式(21)中令 $\Delta,=\Delta$，$N_{nb}=0$ 来初定 b：

$b=\Delta'm/[n\pi(n-1)+2N_{nb}\pi d_s]$

$=2\ 360\times1/[6\pi(6-1)+2\times0\times\pi\times21.5$

$=25.04$ mm

圆整取 $b=25$ mm.

当卷筒缠绕满 5 层钢丝绳时，即令 $n=5$，利用公式(6)、(8)、(9)可以得到：

$N=L_t/d_s=780/21.5=36.28$(圈)

$N_5=nL_t/d_s=5\times780/21.5=181.4$(圈)

$$L_5 = n\pi L_t(D_t/d_s + n)$$
$$= 5\times\pi\times 780\times(500/21.5+5)$$
$$= 346\ 196(\text{mm})$$

式中　N——钢丝绳每层所卷绕的圈数；

N_5——1～5 层钢丝绳所卷绕的总圈数；

L_5——1～5 层钢丝绳卷绕 N_5 圈时的总长度 mm；

由于需要缠绕到每个卷筒上的钢丝绳的长度为 410 m，有 410 000－346 196＝63 804 mm 的钢丝绳要绕到第 6 层上，在第 6 层每一圈钢丝绳的长度为

$$\pi[D_t + (2\times 6 - 1)d_s]$$
$$= \pi[500 + (2\times 6 - 1)21.5] = 2\ 313.78\ \text{mm}$$

在第 6 层要绕 63 804/2 313.78＝27.58 圈，即 N_{na}＝27.58 圈。第 6 层有 36.28 － 27.58＝8.7圈钢丝绳的位置是空的。

将调节法兰的厚度 b＝25 mm 代入式(19)有：

$$\Delta_{6-1}{}' = n\pi b(n-1)/\text{m}$$
$$= 6\pi\times 25\times(6-1)/1 = 2\ 356.2\ \text{mm}$$

即加调节法兰 b=25 mm 后原 1～5 层所卷绕的钢绳可以使不同步值降低的调整值为2 356.2 mm。这时有 2 356.2 mm 的钢丝绳绕到第 6 层上，在第 6 层绕 2 356.2/2 313.78＝1.02 圈。这时第 6 层共绕了 27.58＋1.02＝28.6 圈，小于每层可绕的 35.35 圈，所以此时没有钢绳绕到第 7 层，即此时 N_{nb}＝0。代入式(20)可得加调节法兰 b＝25 mm后可以使不同步值降低的调整值 Δ：

$$\Delta' = \Delta_{6-1}{}' + 2N_{nb}\pi d_s$$
$$= 2\ 356.2 + 2\times 0\times\pi\times 21.5$$
$$= 2\ 356.2\ \text{mm}$$

这样，可得加调节法兰 b＝25 mm 后吊点不同步值 $|\Delta-\Delta_t|$ 为：

$$|\Delta-\Delta_t| = |2\ 360 - 2\ 356.2| = 3.8\ \text{mm}$$
$$\leqslant [\Delta] = 1\ 467\ \text{mm}$$

满足同步要求。即加了厚度为 25 mm 的调节法兰后两吊点最大扬程不同步值只有 3.8 mm，最后认定选择卷筒调节法兰的厚度为 25 mm 是非常合适的。

项目说明：

该技术用于奥运配套工程张河湾抽水蓄能电站起升高度 400 m 的门式起重机的研发中。该起重机获第十四批中国企业新纪录，起升高度 400 m创门式起重机起升高度最大世界纪录。项目获河南省科学技术成果（登记号 9412010Y0714）、新乡市科学技术进步奖一等奖（证书号 081004）、河南省十大职工技术创新成果、中国机械工业科学技术奖三等奖。

“1＋2”快速修复主梁下挠新工艺 22 小时快速修复桥吊主梁

杨树芬

（武汉钢实中亚科技发展有限公司）

摘　要：通过对桥式起重机主梁下挠修复多种工艺方法的分析，结合现场实际工况及工期要求，提出了“1＋2——快速修复主梁工艺”，即在“预应力张拉器修复主梁工艺”技术的基础上，增加张拉器过渡板和专用吊装工作平台。此工艺使得修复主梁工期时间仅需 22 h。通过技术分析，本文提出的新工艺技术，在原传统“预应力张拉器工艺”特点的基础上，解决了传统张拉工艺中因张拉力的作用，而使主梁下翼缘板在与张拉器连接处产生集中应力及变形的情况；其强度、刚度和腹板的稳定性均得以提高。

关键词：桥式起重机；预应力张拉器；主梁；下挠；修复；张拉力

1　概　述

某钢厂废钢车间 3JHJ20/10 t 磁盘桥吊是钢厂原料跨生产线重要生产设备。由于工况环境差、工作频率高、使得主梁下挠，造成小车爬坡、溜车、啃道严重，因而亟待处理。由于钢厂连续生产的特殊性，迫使下挠处理的施工必须在月检期间的 24 h 内完成。

5

该车主要技术参数为：起重量：$Q=20$ t；小车自重：$G=19.364$ t；大车跨度：$L_K=31\ 500$ mm；主梁腹长：$L_F=26\ 730$ mm；重级工作制；主梁下挠值为：导电侧下挠值 $f_D=9$ mm；传动下挠值 $f_C=11.5$ mm。

根据文献[1]“用预应力法修复主梁下挠”中规定，按$\frac{L_K}{2\ 000}$恢复上拱值 $f=16$ mm

主梁部分相关尺寸见(图 1)

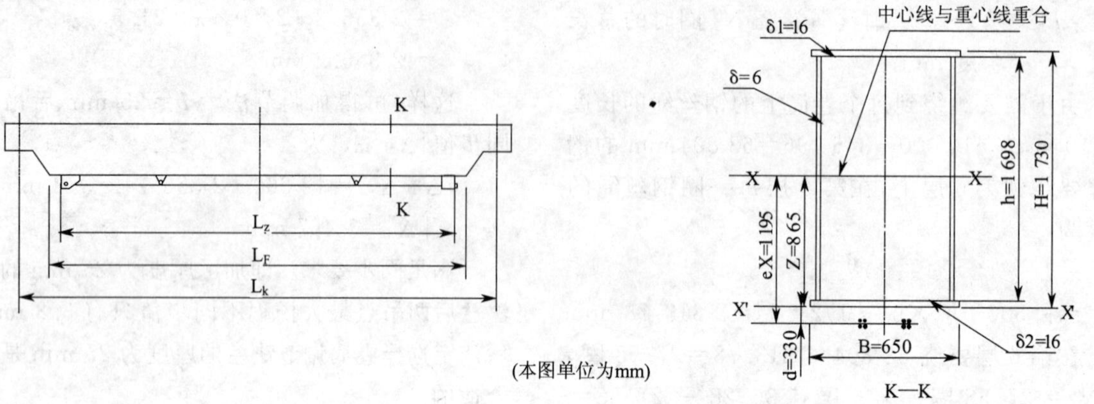

(本图单位为mm)

图 1

2 常见主梁下挠处理工艺分析

2.1 “火焰校正＋主梁加固”法。其不足是：①工艺繁琐、②火焰烘烤区域的主梁金相组织变化大、③工期长、④需要设立主梁顶杆、⑤需加辅梁、成本高。

2.2 “主梁焊接反变形法”。其不足是：①焊接应力控制难度大、②工期长、③需要设立主梁顶杆。

2.3 “预应力钢筋张拉法”。其不足是：①在桥吊工作中，预应力钢筋的受力无法保持一致，②预应力支架的焊接对主梁下翼缘板伤害较大，且绝大部分焊缝为仰焊、③工期较长。

2.4 “预应力张拉器修复法”。

其不足是：张拉器是直接焊接在主梁下翼缘板上的，接触面积小、受力较集中且绝大部分焊缝为仰焊；张拉器及滑轮支座的立筋在传递张拉力时，将与下翼缘板接触面产生力矩，导致 B 处受拉、A 处受压，见(图 2)。在长年的使用过程中将

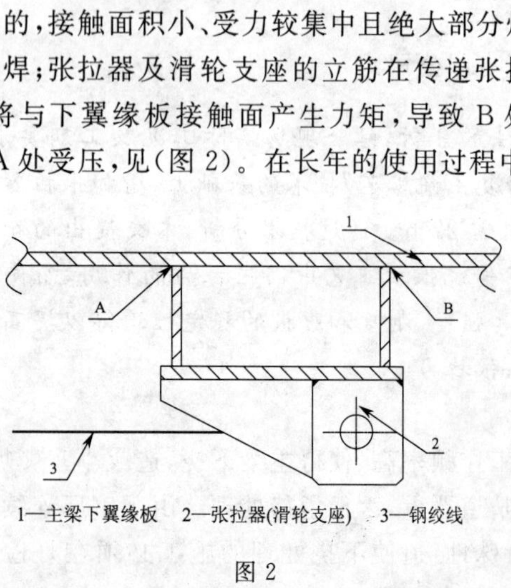

1—主梁下翼缘板 2—张拉器(滑轮支座) 3—钢绞线

图 2

严重影响其强度，使该处有产生变形的可能。其最短施工期需 2 天。

3 “1＋2”快速修复主梁工艺的提出

3.1 结合“预应力张拉器修复主梁工艺”及施工现场实际情况，在原“预应力张拉器修复主梁工艺”基础上，配以“过渡板”和专用安装“工作平台”的快速修复主梁方案。即：“预应力张拉器＋过渡板＋工作平台修复主梁工艺”，简称为：“1＋2——快速修复主梁工艺”见(图 3)。

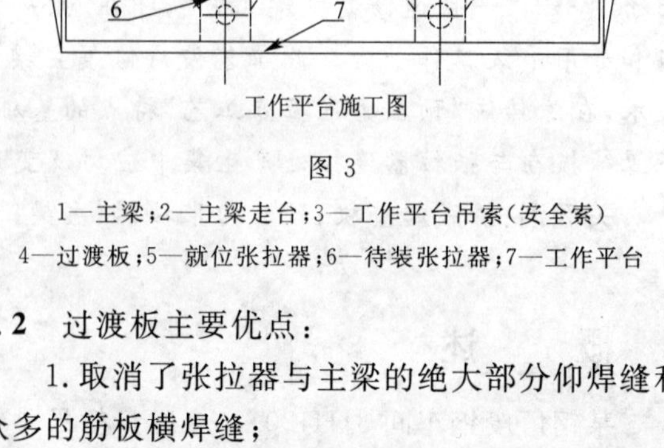

工作平台施工图

图 3

1—主梁；2—主梁走台；3—工作平台吊索(安全索)

4—过渡板；5—就位张拉器；6—待装张拉器；7—工作平台

3.2 过渡板主要优点：

1. 取消了张拉器与主梁的绝大部分仰焊缝和众多的筋板横焊缝；

2. 绝大部分焊缝为平角焊缝使焊接速度和焊

接质量得以提高；

3. 使主梁下翼缘板与张拉器的联接处的应力分布均匀，焊缝应力减小；

4. 安装简便大大提高了施工速度。

3.3　工作平台的优点：

1. 能使 2 个张拉器同时一次准确、快速对位；

2. 平台的固定安全吊索 5 分钟内可安装完毕，施工人员能迅速下到平台工作，以赢得施工时间；

3. 整体钢平台安全可靠、工作面大、2 根主梁的施工人员在同一平台上同时施工，且可相互协助，成倍地提高了工作效率；

4. 因是利用小车吊装，拆卸极为简便迅速；

5. 所有施工工机具事先置于平台上，节省了工机具吊上吊下的时间和劳动力。

以上两个设施的优点与“预应力张拉器修复法”相结合，应视为一个快速修复主梁的较好方法。

4　修复步骤

L_Z 由概述中所述主梁条件及张拉器的几何尺寸，得出：钢铰线张拉长度＝25 900 mm，张拉器中心与盖板之间的距离 d＝345 mm。

4.1　计算：

根据概述中所知该桥吊的相关参数，通过计算机建立数学模型，将很快计算出两根主梁恢复上拱值各自所需的张拉力；主梁截面示意图如(图4)所示。

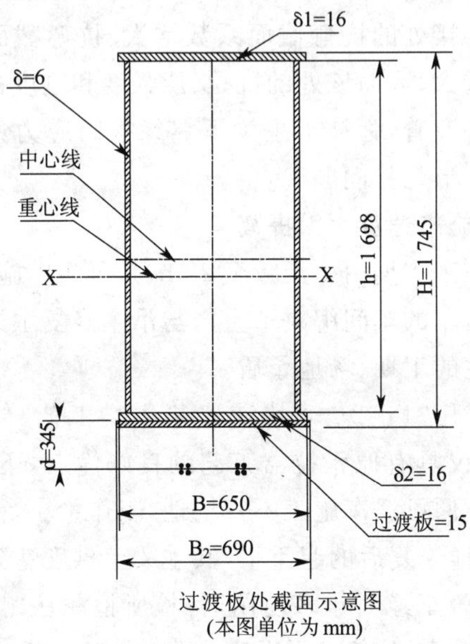

过渡板处截面示意图
(本图单位为 mm)

图 4

(1)修复主梁所需的张拉力

求主梁截面积

$$A=411.76\ \text{cm}^2$$

求主梁截面对下翼缘板 x′－x′轴的静矩

$$S_X'=35\ 617.242\ \text{cm}^3$$

求主梁截面的重心

$$Z=86.5\ \text{cm}$$

求主梁截面对 x－x 轴的惯性矩

$$J_X=2\ 017\ 222\text{cm}^4$$

根据文献[2]中“莫尔定理”及文献[1][4]中原理公式，修复导电侧主梁

所需的张拉力 N_{1D} 得：

$$N_{1D}=\frac{8EJ_x(f+f_D)}{e_xL_Z(2L_k-L_Z)}=714.13\ \text{kN} \qquad (1)$$

式中：E——主梁材料的弹性模量，

对于碳钢 E＝206Gpa；

e_x——钢绞线中心与主梁形心间的距离，$e_x=Z+d=121$ cm；

N_{1D}根据结果预选双拉形式，16 根钢绞线，日本产钢绞线，型号为[1X19－16－170]。

(2)根据文献[2]中“力法解静不定系统”及文献[4]中原理公式，修复后在额定载荷作用下钢绞线所承受的张拉增力得：N_{2D} N_2 $2D$

$$=\frac{Pe_x(2L_K-L_Z)}{4J_X\left(\frac{e_x^2}{J_X}+\frac{1}{A}+\frac{E}{E_KA_K}\right)}$$

式中：P——小车轮压，$P=\frac{G+K_dQ}{4}=120.9$ kN；

K_d——起升动力系数，由文献[3]中查得 $K_d=1.5$；

E_K——钢绞线弹性模量，$E_K=195$ Gpa；

A_K——钢绞线截面积总和，$A_K=24.4\ \text{cm}^2$。

(3)导电侧主梁张拉器所承受的总拉力 N_D＝①＋②得：

$$N_D=N_{1D}+N_{2D}=856.23\ \text{kN}<[N]$$

同理，传动侧主梁张拉器所承受的总拉力 N_C 得：

$$N_C=N_{1C}+N_{2C}=927.67\ \text{kN}<[N]$$

$[N]\leqslant 1\ 666$ kN——主梁张拉器所承受的许用总张拉力，见文献[4]

考虑到不同的研究对象，受力状态是不一样的；如软硬钩与抓斗、磁盘吊的不同等等情况。因此，基于磁盘吊的主梁受力特性，故选用双组张拉形式，安全系数为 1.79。

5

4.2 过渡板的确定：

1.设计过渡板几何尺寸见(图 5)

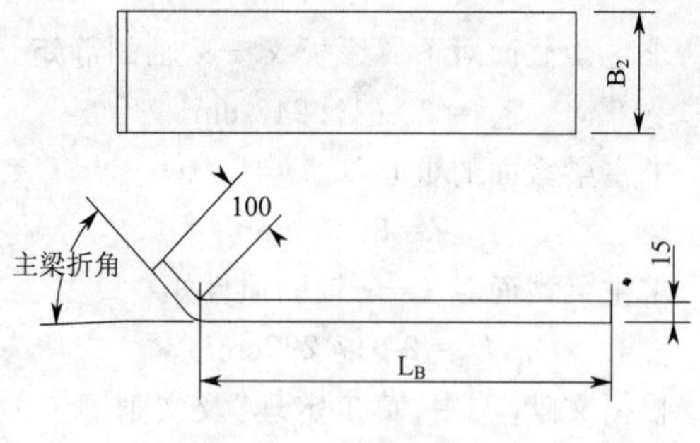

图 5

过渡板宽$B_2=B+40$ mm

B——主梁下翼缘板宽

过渡板长 $L_B=Lx\times\Delta$

Lx——张拉器箱体长；

Δ——根据所计算出的张拉力而选择的单组张拉与双组张拉的不同，通常情况下建议：

Δ分别取：$(2.2\sim2.5)_{Lx}$；$(3-3.2)_{Lx}$。

由于过渡板焊缝长度远远大于原张拉器焊缝长度，故无需再进行焊缝强度校核。

4.3 实施过程

1.对主梁进行相关测量及焊缝检测；

2.张拉器零件清点；机具工具准备：张拉器总程组装预拉；

3.根据 2 根主梁距离，组装专用安装平台并配置吊索见(图 6)。在车间附近现场的组装场地上，按两根主梁中心间距尺寸将 2 个张拉器(2 个滑轮组)固定于专用平台上。

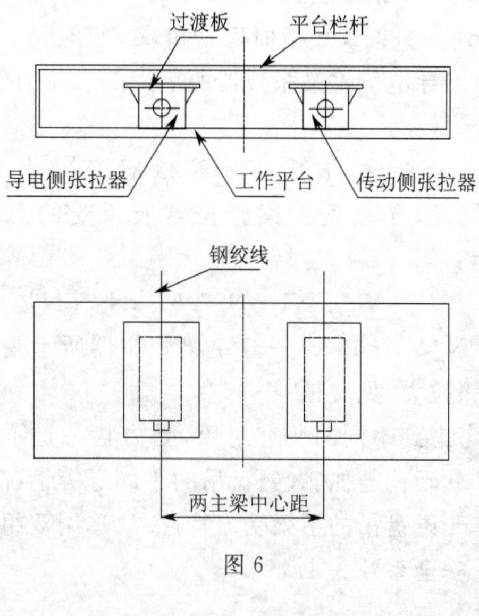

图 6

4.4 施工步骤

开工前 1 h，预先将专用安装平台吊到施工区域的桥吊主梁底部(上面固定有：张拉器总程、钢绞线、滑轮组、工机具)。

开工即利用桥吊小车将专用安装平台吊至主梁与张拉器连接位置的下方 1 m 处；用手葫芦将张拉器与工作平台分解直接吊至主梁预定安装位置上；同时安装预防水平旁弯的螺旋顶杆，对过渡板进行找正、焊接；冷却后再进行张拉。观察主梁上拱值的变化，调整张拉器，准确达到应修正的上拱值。拆除平台和工机具；桥吊试重合格后交工，三清退场。

整个施工时间仅用了 22 h(早 8:00～第二天早 6:00)。该车生产一月。

后复测检查主梁上拱度无变化、静刚度稳定，小车无啃道，完全达到预期要求。

5 结论与展望

“1＋2——快速修复主梁工艺”与“预应力张拉器修复方法”比较，具有如下突出的优点。

5.1 张拉力有所增大

因增加了过渡板使得主梁与张拉器连接处的截面几何尺寸有所变化，从而使此处的截面积、静矩、惯性矩增大。修复主梁下挠所需的张拉力比不加过渡板的降低 9.8 KN；总的张拉力也随之降低近 9.8 KN。

5.2 主梁与张拉器连接处的强度提高

由分析计算可以看出，加过渡板后主梁与张拉器连接处的抗弯截面系数增大、抗弯截面惯性矩也增大，因而该处的抗拉、压强度和刚度都得到提高和改善，弥补了主梁下翼缘板因应力集中而产生变形趋势问题。

5.3 施工速度大大提高

施工工期由 2 天减至 22 h，并可活车施工，为一跨多车的车间解决了生产与吊车修复主梁下挠而产生的工期、场地矛盾。

应用“1＋2——快速修复主梁工艺”修复主梁，不仅具有原张拉器工艺的良好优点，还具有：施工方便可活车施工不占场地，工作量小，彻底可靠，这样修复后的起重机，其主梁上拱度达到国标要求，该车经 6 年多使用，特检所检测认定：上拱度稳定、静刚度有所提高，保证了起重机的安全运行。

参考文献

[1] 中国机械工程学会　一机部　主编.机修手册[M].机械工业出版社,1984.3-29.

[2] 刘鸿文.材料力学.人民教育出版社 1979.18-20.

[3] 张质文.起重机设计手册.北京铁道出版社.1991.289-294.

[4] 付萍等.应用"预应力张拉器"修复改造起重机主梁的方法.专利 ZL92105172.7.

锤形门座式起重机

朱　靖

(中船第九设计研究院工程有限公司)

摘　要:本文从设计角度介绍锤形门座式起重机,通过整体布局、结构组成、机构布置等方面与其他门座式起重机的比较,反映其制造安装成本低、工作范围广、整机高度低等特点。

关键词:锤形门座式起重机;高度;造船

随着造船工业的发展和先进造船工艺的推广采用,越来越多的船厂在船台区和分段拼装区建造大型造船龙门起重机,以满足分段建造、拼装、吊运和翻身等焊接制造工艺的要求。门座式起重机为弥补大型龙门起重机速度慢效率低的缺点,承担起平台、船台、船体分段以及船体下水后的舾装等各种小件吊装的任务。

锤形门座式起重机以其幅度大、工作范围广、整机高度低等特点与其它(四连杆,单臂架)形式的门座式起重机一起承担造船重任。特别是与其他类型门座起重机相比,整机高度低便于安装在大型龙门起重机主梁下,优势显得尤为突出。目前该型起重机国内应用还不广泛,本文从设计角度通过一台方案实例来比较和介绍该型起重机,以期拓展思路,降本增效。

1　整体布局

某船厂需要一台 32 t 门座式起重机用于其造修船基地的造船坞,要求最小幅度尽可能减小盲区,最大幅度 75 m,起升高度≥50 m,吊重变幅时有良好的水平性。此条件下四连杆和单臂架形式的门座式起重机基本都能满足,但由于该门座式起重机位于一台大型造船龙门起重机下方,要求其最高点必须≤69 m,故综合三种不同形式的起重机方案进行如下比较(见图 1,表 1):

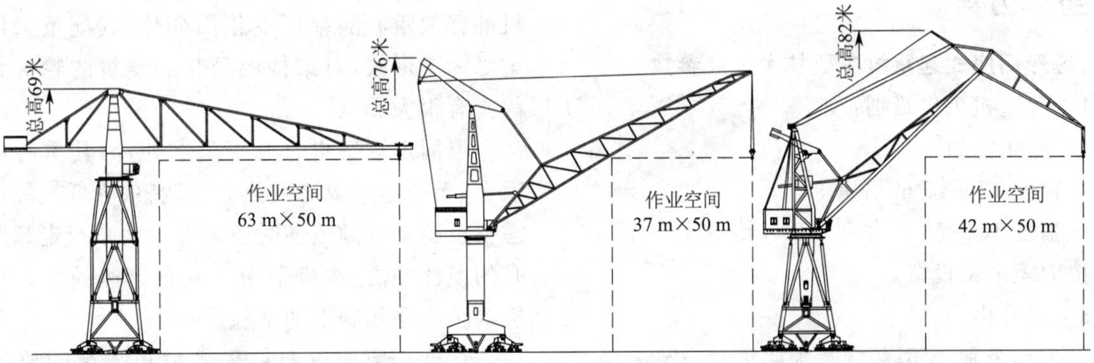

图 1　三种不同形式的门座式起重机最大幅度时外形

表 1　三种不同形式的门座式起重机方案性能参数

结构形式	最大吊重(t)	最小幅度(m)	最大幅度(m)	最大幅度吊重(t)	最大起升高度(m)	整机高度(m)	变幅水平性
(a)锤形门座式起重机	32	12	75	12	50	69	好
(b)单臂架门座式起重机	32	36	75	12	50	76	一般
(c)四连杆门座式起重机	32	32	75	12	50	82	较好

5

由以上起重机图形和性能参数表可以看到：

1.1　(a)方案是唯一满足整机高度<69 m 的方案，(b)、(c)方案由于受变幅钢丝绳选型和布置以及臂架结构本身的限制很难把整机高度降下来，而(a)方案的变幅力由桁架结构传递，上部转柱的高低可以调整的范围就很大，可以很地的控制整机高度。

1.2　从最小幅度的不同和吊钩以下的作业空间的大小可以看出(a)方案因其固定式臂架而避免了另两个方案臂架变幅对作业空间的影响，即对场地的利用率大大提高，减少作业盲区。

1.3　(a)方案的变幅机构采用牵引式小车，这样在保证固定臂架刚度后吊重的变幅水平性可以控制得非常好；而(b)方案的变幅补偿通常由卷筒和钢丝绳配比进行，期间产生的累积误差会很大，造成水平性不甚理想；(c)方案的变幅水平性理论上可以很好，但加工安装误差和臂架本身的变形对水平性影响比较大。

1.4　门座起重机在大风锚定后旋转制动器应为常开状态以避免臂架结构受风载应力过大，(a)方案的起重机臂架长度不能通过变幅减小，故在停机锚定区域需提供足够大的空间确保起重机臂架旋转时不与其他设施干涉。

通过比较和与用户沟通，(a)方案锤形门座式起重机满足用户要求，故按该方案进行设计。

2　整体方案

2.1　锤形门座式起重机主要技术性能参数

2.1.1　起重机工作级别：A5。

2.1.2　起重能力：

幅度 12～45 m 吊重 32 t；

幅度 12～75 m 吊重 12 t，其中 45～75 m 吊重按力矩平衡设置。

2.1.3　起升机构

工作级别：M5；额定最大起重量：32 t；

起升高度：轨上 50 m；下降深度：轨下 13 m。

2.1.4　起重机极限尺寸：

尾部回转半径 29.3 m；头部回转半径 79.6 m；

机房尾部净空高度～52.5 m。

2.1.5　起重机总高：≤69 m。

2.2　整体介绍

锤形门座式起重机采用为双层八杆门架型式，变幅小车在固定臂架的上平面作水平运动，起升绞车布置在臂架后端，起升钢丝绳自起升绞车引出后，经过变幅小车上设置的固定滑轮，固定在臂架前端设有载荷传感器的平衡梁上，钢丝绳上传来的吊重载荷，通过平衡梁直接作用在传感器上，提高了称量的可靠性。

旋转支承装置采用转柱式结构，由安装在转柱中部的上水平滚轮装置和转柱下端门架横梁上的向心推力轴承支承，承受起重机的垂直载荷、水平载荷及倾覆力矩。起重机能在正反方向作 360 度全回转。

3　主要部件

3.1　金属结构

锤形门座式起重机的金属结构采用箱梁、圆管桁架等结构形式。考虑减轻结构自重和强度的平衡，主结构的材料选用 Q345。臂架为圆管桁架结构；门架是整台起重机的基础，上部为双层八根撑杆结构，下部为桁架、刚架混合结构；转柱为箱形结构，其内部安装有施工升降机和扶梯。

相较于其他采用动臂架变幅的门座式起重机，锤形门座式起重机采用的是固定式圆管桁架结构臂架，其自重重心位置是固定不变的，这样带来的好处就是在计算整机稳定抗倾覆性和臂架应力分析时可以简化、减少计算量以及制造安装减少工作量降低成本，而动臂架变幅的门座式起重机的臂架重心随幅度变化而变化，其配重采用对重平衡梁形式，对结构的简化和整机的轮廓大小都会有很大影响。

但固定臂架也有其不足之处，因其重心位置固定，无法通过幅度变化进行调整(降低)，故在考虑整机稳定抗倾覆性时还需考虑大车行走起制动时的惯性冲击，本机采用全变频调速的大车行走机构来确保起制动的平稳进行。

在确定臂架重心后采用力矩平衡的原理调整后臂架的配重来确保整机抗倾覆稳定性满足规范的要求，同时兼顾轮压的分布能满足土建的要求。然后采用定性分析的方法对起重机在不同工况受载情况进行判断，得出其在最大吊重力矩工作状况下应力最大，通过有限元软件对其在幅度45 m、吊重32 t时整体应力分析(图2，表2)可以看到其最大应力值满足规范要求的许用应力。

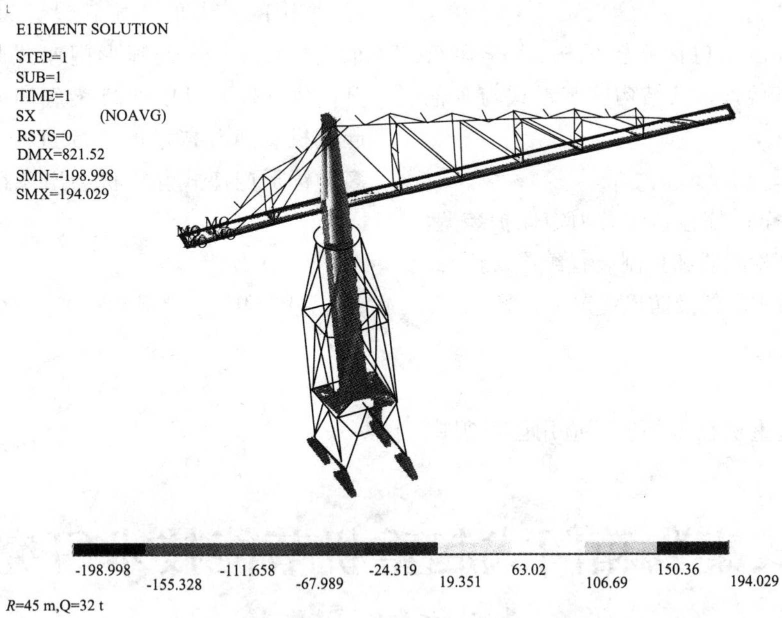

图 2　臂架、转柱和门架整体应力分布图

表 2　最大吊重力矩时的整机应力分析结果

臂架、转柱和门架结构		最大应力	说明
臂架	主杆 φ406×10	194 MPa	前臂架顶部与上转柱连接处
	副杆 φ356×9	90 MPa	H-H 剖面竖杆根部
	联系杆 φ273×6	−92 MPa	臂架根部第一层横隔底层直杆节点处
	上转柱截面	−141 MPa	上转柱根部截面
	主梁截面	−190 MPa	主梁与上转柱连接处
转柱	—	−117 MPa	转柱水平滚轮处
门架	—	101 MPa	门架底部强横梁中间位置

3.2　主要机构及安全设施

3.2.1　起升机构(图 3)

为减轻臂架载荷，锤形门座式起重机的起升机构采用牵引形式，起升绞车置于后臂架末端，通过导向滑轮将起升钢丝绳引到变幅小车上的定滑轮组，再传到倍率为 2 的吊钩滑轮组，吊钩升降极限位置由安装在卷筒一端出轴上的限位开关控制，起升载荷的称量和力矩限制通过安装在臂架头部的载荷传感器和牵引绞车上的幅度检测装置来控制，并在司机室内的仪表中显示出来。本机构的起升绞车为单电机双联卷筒双出绳式，由一台交流变频电动机带动一台卧式减速器，经开式齿轮驱动钢丝绳卷筒。

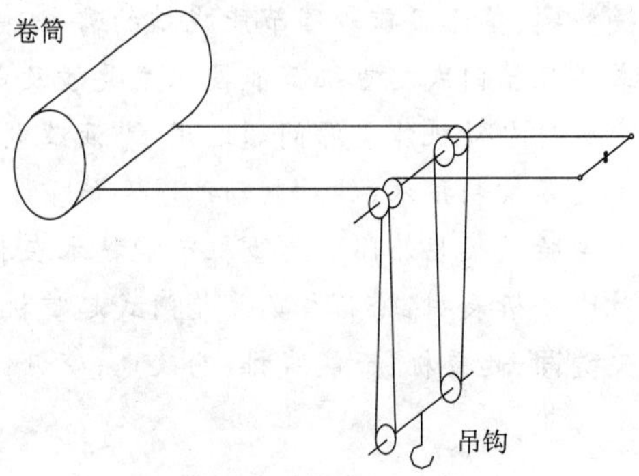

图 3　起升机构原理图

3.2.2　变幅机构(图 4)

变幅形式采用牵引小车形式也是锤形门座式起重机一大特点，其布置形式类似于塔式起重机，但起重量和幅度范围都远大于一般塔式起重机。本机的变幅机构采用摩擦式绞车驱动，由一台交流变频三合一减速电动机、开式齿轮、卷筒和钢丝绳等组成。摩擦式绞车使钢丝绳不容易松弛并能保证钢丝绳的出绳角度，钢丝绳的两个绳头分别固定在变幅小车的两边。在臂架头部设有牵引绳的张紧滑轮，通过对张紧滑轮的调整，可控制牵引绳的张力。

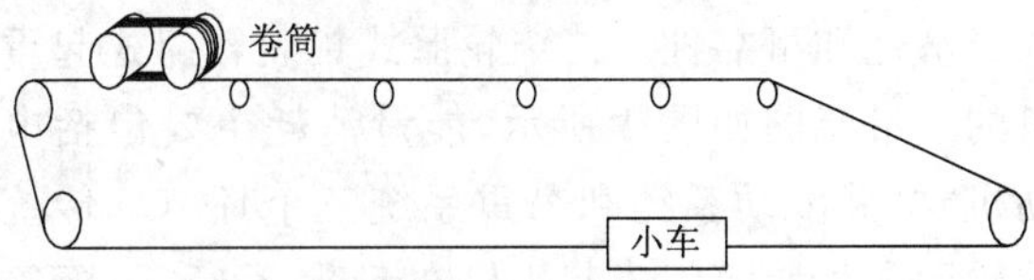

图 4　变幅机构原理图

3.2.3　其他机构

本起重机的机构还包括旋转机构、大车运行机构等，皆采用变频调速，其结构安装形式与其他门座式起重机类似。

3.2.4　安全设施

本起重机的安全设施包括起升力矩保护装置，由载荷传感器、幅度检测器和控制装置组成；行程保护和电气联锁；防滑夹轨器及防风锚定装置等。

4　总结语

锤形门座式起重机在国外船厂应用已经很广泛，德国的克虏伯公司就设计过最大吊重 200 t、最大幅度 72 m 的锤形门座式起重机，其最大起升高度 52 m，可以通过梁底高 61 m 的大型龙门起重机。随着技术的不断进步，一定会有越来越多的锤形门座式起重机会出现在我们的船厂中。

参考文献

[1]　GB/T3811—2008 起重机械设计规范[S].

轮胎式集装箱门式起重机节能技术研究综述

朱建学[1]，付为刚[2]，濮德璋[2]

（1.河南江河起重机有限公司；2.西南交通大学机械工程研究所）

摘　要：鉴于目前我国节能减排的需求，总结了已有的关于轮胎式集装箱门式起重机的节能技术。轮胎式集装箱门式起重机节能技术主要涉及电动机能量源选取、电动机功率匹配和能量回收三方面的问题。针对电动机能量源问题运用了“油改电”方案；针对电动机输出功率与吊重需求功率不匹配问题运用了变频控制技术；针对制动能量和吊重下降重力势能被白白浪费问题运用了混合动力技术。同时介绍了轮胎式集装箱门式起重机节能技术在相关试点的节能效果，与传统的轮胎式集装箱门式起重机进行对比分析表明，轮胎式集装箱门式起重机节能技术在节能减排方面体现了无比的优越性。

关键词：起重机；节能减排；油改电；变频；混合动力

前　言

安全性和起重能力是起重机最重要的性能。在以往的起重机设计、制造和使用中，人们一直将起重机的安全性能和起重能力放在最重要的位置，以至于低估了其他性能的重要程度。近几年来，随着能源价格上涨和人们节能意识的提高，起重机的经济性能和环保性受到越来越多人的重视。在保证起重机作业速度和起重能力的前提下，如何降低起重机的能耗成为起重机设计者和使用者共同关注的课题。

轮胎式集装箱门式起重机作为重要的物料搬运设备，其能耗特性的好坏直接影响着设备使用的经济性和可靠性。传统轮胎式集装箱门式起重机的能量流图如图 1 所示，能量消耗主要包括电动机、机械传动系统和吊重系统三个环节。传统的轮胎式集装箱门式起重机在起升、运行、下降等作业环节之间，功率需求不断变化，电动机输出功率与需求功率之间通常不匹配，这直接导致了电动机效率低、起重机能耗大；同时在轮胎式集装箱门式起重机运行过程中制动能耗和吊重下降过程中产生的重力势能，通常被制动电阻以散热形式消耗掉，没有得到合理利用。因此针对轮胎式集装箱门式起重机节能技术的研究意义重大。轮胎式集装箱门式起重机电动机的能量源一般由发电机组来提供电能。发电机组消耗的柴油和汽油属于非可再生资源，经济性能和环保性能比电能要相对差些，轮胎式集装箱门式起重机采用“油改电”方案可以在一定程度上实现起重机的节能减排功能。轮胎式集装箱门式起重机电动机输出轴功率与吊重需求功率通常不匹配，运用变频控制技术可以实现二者之间的功率匹配。传统轮胎式集装箱门式起重机在运行过程中的制动能量和吊重下降释放的重力势能没有得到合理利用，采用混合动力技术可以将该部分能量进行回收利用。本文针对轮胎式集装箱门式起重机能耗特性，总结现阶段的节能技术，介绍轮胎式集装箱门式起重机节能技术在相关试点的节能效果，并与传统的轮胎式集装箱门式起重机在节能减排方面进行对比分析，指出轮胎式集装箱门式起重机实现节能减排功能下一阶段该做的工作。

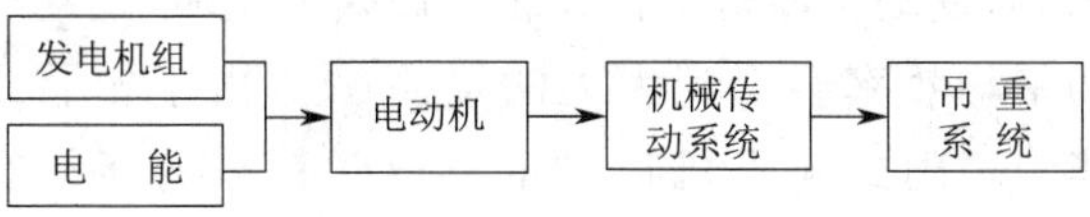

图 1　传统轮胎式集装箱门式起重机能量流程图

1　油改电

1.1　电缆卷筒方案

电缆卷筒输电方案[1]指的是在轮胎式集装箱门式起重机上加装电缆卷盘机构，通过电缆卷盘控制系统，带动缠有供电电缆的电缆卷盘随大车一起行走，供电电缆实时地处于张紧状态、随着电缆卷盘的转动而自动地收放，从而实现用市电供电的模式。

1.2　低空滑触线方案

低空滑触线输电[2]工作原理为：在集装箱堆场架设由城市电网供电的滑触线供电线路，当轮胎式集装箱门式起重机在箱区内作业时，关闭自带的柴油发电机组，所需电力由滑触线供给，起重机沿滑触线移动，实现对整个箱区的工作覆盖。当轮胎式集装箱门式起重机需转场到另一箱区作业时，则拔下插头切断电源与轮胎式集装箱门式起重机的联系，改由小功率柴油发电机组供电并实现转场。转到指定堆场后，柴油发电机组停止工作，插上插头动力重新切换为滑触线供电。低空滑触线输电工作方式的特点：滑线架占用堆场空间，布置要求严；供电区域一般要设置为封闭，同时需加装防护装置及提示标志，以防碰撞；对轮胎式集装箱门式起重机操作性能有一定要求，除了要求轮胎式集装箱门式起重机有良好的大车纠偏能力外，还需设置纠偏及防碰撞安全保护措施。

1.3　高架滑触线方案

高架滑触线输电方案的工作原理类似于低空滑触线输电方案，不同之处在于滑触线架设高度较高且是连续不间断的，故轮胎式集装箱门式起重机在转换箱区作业时，不需重新插拔电源插头来转换供电电源而继续工作。在完全的“油改电”方案中，无论轮胎式集装箱门式起重机采用电缆卷盘供电、低空滑触线、还是高架滑触线方案，目前都有着各自无法替代的一些优点，在一定的时间内它们都还将凭借各自的优势在适合自己的环境中得到继续发展。相对而言，电缆卷筒供电方案较适宜于集装箱堆场规模小的港口，对于集装箱运输已经发展到一定规模的港口，宜采用低空或高架滑触线供电方案。

厦门国际货柜码头在选用轮胎式集装箱门式起重机“油改电”项目时，充分考虑三种方案的优劣点，酝酿及多方比较，派专业人员到有使用案例的国内及香港地区部分集装箱码头考查，根据厦门国际货柜码头自身的实际情况，参考经调查后利用层次分析法求解的三种方案的权重排序，最后一致同意采用低空滑触线方案[3]。

表 1　重载运行情况

每标箱能耗	折成标准煤/kg	每标箱成本
RTG 燃油 1.2 L	1.75	6.74 元
ERTG 电能 2.5 kw・h	1.01	2.45 元

以青岛港的实际运营情况为例，青岛港采用高架滑触线方案，采用“油改电”方案后青岛港的节能效果如表 1 所示[4]，根据表 1 可以算出采用“油改电”方案后，能源成本节约率和环保性能大大提高。

2　变频控制技术

变频调速技术是随着电力电子技术和控制技术的发展而发展起来的。交流电动机变频调速是根据电动机的调速公式[5](1)而得来的。从公式(1)可以看出，交流异步电动机有改变极对数调速，改变转差率调速和改变供电电源频率调速三种形式。

$$n = \frac{60 f_1}{p}(1-s) \tag{1}$$

交流电动机可分为同步电动机和异步电动机两大类。异步电动机具有结构简单、价格便宜、运行可靠、维护方便、效率较高等优点，因此得到广泛的应用。据统计，90%左右的电动机均为异步电动机。在电网总负荷中，异步电动机用电量占60%以上。异步电动机的缺点是功率因数低，运行时必须从电网吸收无功电流来建立磁场，故其功率因数小于 1[14]。对交流异步电动机的调速方式而言，改变极对数是极调速，改变转差率调速是耗能调速，而改变频率调速是较为理想的调速方法。变频调速可以实现无极调速，启、制动平稳，对机械冲击小，可延长机械使用寿命。变频技术能实时改变用电设备的供电频率，改变电动机输出轴功率，使电动机能根据实际需要输出功率。在起升机构下降过程中，从变频器电网电源输入端测量电流很低，达到了减少输入功率节省电能的目的[6]。

电动机的效率的提高则主要在于减小铜损与铁损。变频技术的引入使得电动机效率大幅度提高成为可能。变频调速将大型起重机由绕线转子电机改变成了鼠笼式电机，降低了1/5以上的铜的用量，同时将起动电流由原来的2～2.5倍降至1.5倍，降低了对电源变压器的容量配置的要求，节约了能源。在起升和下降过程中变频调速起重机的能耗与速度和负载几乎成正比，具有较高的功率因数，比与常规有调速比要求的起重机节能60%以上[8]。

轮胎式集装箱门式起重机采用变频调速技术时，起升与小车驱动机构采用带PG(编码器)闭环矢量控制方式，有效实现全变频范围内的全转矩控制，避免起升机构的溜钩现象，有效提高安全可靠性。大车机构采用开环V/F控制方式，由操作人员根据大车偏斜情况，调节两侧电机给定转速，实现纠偏。每台变频器都配置能耗制动组件，实现位置势能和制动能量的消耗。为了提高起升机构的效率，起升机构采用恒功率调速方式，满足重载低速、空载高速的工作要求[7]。变频器的应用，可在空钩时作200%Ve的提速。因空钩的200%Ve提速，在保持同等工作效率下，额定载荷下的额定速度可降低1/3以上，同理所需电机功率可降低1/3以上。保持同等工作效率作空钩提速时，电机功率的降低可降低所要求的减速器功率的配置，降低整机的体积和质量，又可在一定程度上降低制造成本并节能[8]。

3　混合动力

国际电子技术委员会对混合动力车辆的定义为："在特定的工作条件下，可以从两种或两种以上的能量存储器、能量源或能量转化器中获取驱动能量的车辆。其中至少一种存储器或转化器要安装在车上。混合动力车辆至少有一种能量存储器、能量源或能量转化器可以传递电能[9]。混合动力技术的应用包含储能器的选择、能量控制器的设计方案、以及整个混合动力系统的控制策略。

3.1　储能器的选择

配置储能装置回收反馈势能，提高发动机工作效率，可以起到削峰填谷调节发动机负荷的作用，使发动机经常工作在相对高效的区域，发动机的平均效率会得到大大的提高[10]。由于轮胎式集装箱门式起重机在吊重下放时释放的能量很大，需要储能器在很短的时间内吸收这些能量，并且在吊重上升时要求储能器能够迅速提供能量补给。这就要求储能器能够承受大电流的充放电作业及大的存储容量的特性，满足该特性的储能器方案有以下三种。

3.1.1　飞轮系统方案

飞轮能量再生系统[3]是一种能源再生的节能系统，飞轮系统其实是一个可充放电的大电池，它靠高速旋转的飞轮来快速回收和存储能量，在1～30秒内产生储存和释放电能。把它接在轮胎式集装箱门式起重机变频驱动器直流母排上，存储及释放能量，给轮胎式集装箱门式起重机发动机组补充能量。经实际使用工况检测，飞轮系统能给发动机组节省燃油为15%～20%。

3.1.2　超级电容方案

传统的轮胎式集装箱门式起重机工作状况如下：当起重机吊起一个集装箱时，此时起升电机需发动机组或电网供给足够的电能，电动机把电能转化为动能，把集装箱吊到所需的一定的高度，完成动能到势能的转变。当集装箱下放时，此时起升电机处于发电状态，因轮胎式集装箱门式起重机无反馈到电网及逆变的装置，此时的电能就消耗在直流母排上的能耗电阻上，电能转化为热能消耗掉。超级电容器[11]的作法为：增加超级电容器作为储能装置并入上述直流母排电路中，利用其大电流、快速充放电的特性。当集装箱下降时，吸收电动机所发出的电能并储存起来；当起重机要吊起集装箱时，超级电容器释放电能，以补充电路所需的能量，降低电动机所要消耗的电能。从而使轮胎式集装箱门式起重机能有效的重复利用再生能量，成功地实现节能环保要求，取得良好的经济效益。

3.1.3　锂电池方案

采用锂电池混合动力方案[3]的工作原理与超级电容器相似，也是在直流母排中接入充、放电用的锂电池组。锂电池的充、放电工作是通过充放电控制器加以控制，电池的充电量一般控制维持在35%～45%间，因为35%～45%的充电量有利于延长锂电池的使用寿命。锂电池的储存能量一般靠吊重下降时反馈的电能给予充电，当不在此工况而锂电池本身的电量少于35%时，来自发电机组或电网的电能将给予补充。当吊重处于上升阶段时，锂电池放电，有效地补充了起重机所需的峰值功率，使发动机组输出的功率平稳过渡，有效地保障了瞬时所需的峰值功率。

由于起重机械频繁动作的特性，要求配置的储能器能够迅速吸收与释放能量。超级电容器的电极采用碳，碳电极材料的表面积很大。超级电容器电容的大小取决于碳电极的表面积和电极之间的距离，这种碳电极的大表面积再加上很小的电极距离，使超级电容器的容值可以非常大，大多数超级电容器可以做到法拉级，一般容值范围为1～5 000F。选用超级电容器作为储能器时，在选择发动机上可以选择较小功率，实现间歇式工作模式，回收再生制动反馈能量，使发动机工作在高效区域[12-14]。在上述三种方案中，超级电容器方案性价比高，在工程实际中得到了广泛的运用，下面将只针对超级电容器展开论述。

为了降低轮胎式起重机的能耗，提高能源利用效率，天津港与振华港机厂联合研制了在轮胎式集装箱场桥上安装的“超级电容”储能装置。该超级电容器节能系统主要由CPLS-250-760电力平衡系统（主要部件为超级电容器）和DT-12KHW逆变电源两部分组成。“超级电容”储能装置安装后，经测试和实际作业统计结果显示，节能效果显著，节能率达10%左右，得到了交通部等主管部门的认可和好评[6]。

3.2 能量控制器和控制策略的设计

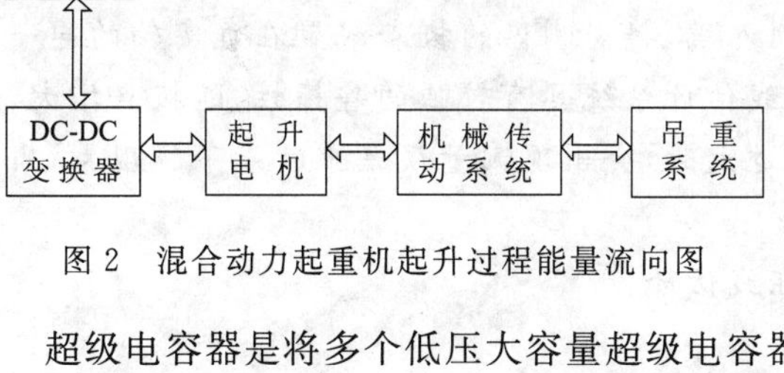

图2 混合动力起重机起升过程能量流向图

超级电容器是将多个低压大容量超级电容器单体串并联，总容量达到几十法拉。其储能值为CU2/2，其中U表示超级电容器的端电压。在超级电容器放电释能过程中端电压不断下降，当到达某一限制值时，就不能继续运行从而使超级电容器中储存的能量不能有效利用。若配置功率接口电路，则可以改善超级电容器较软的输出电压特性，这样接口电路一方面可为负载提供满足电压等级要求的恒定电压，另一方面有利于提高超级电容器的储能利用率。混合动力起重机起升过程能量流向图如图2所示。文献[15]采用PWM控制方式对双向DC—DC变换器进行控制，使超级电容器的充电、放电电流和电压能够满足起重机的工作需要，并且保持在超级电容器阵列正常工作所允许的范围内。文献[16]开发了混合动力起重机能量控制系统的控制软件，基于实验平台进行实验测试。实验数据验证整个系统主电路的正确性、混合动力起重机能量控制策略的合理性，并对实验数据进行分析，研究系统的节能效果。计算表明，系统的节能效果达到40%，效果显著，具有巨大的经济和社会意义。

3.3 混合动力技术研究方法

针对混合动力起重机动力部件特性的研究，能为合理选配柴油发电机组、超级电容器提供理论依据；为了找出发电机组、超级电容器和电动机三者之间的能量分配关系；提出合理的能量分配控制策略。同时由于轮胎式集装箱门式起重机各环节能量消耗很难直接测量，因此采用仿真分析和实例分析相结合的方法开展节能研究。仿真分析的建模方法一般可分为两种：第一种是基于发电机组、电动机、能量存储系统、传动系统的理论模型（即大量相互耦合的微分方程组）；第二种建模思想则是除了动力学方程仍采用解析方法外，发电机组、电动机、能量存储系统等组件的性能主要利用其MAP数据进行描述，采用试验统计与解析方程相结合的手段解决单纯理论模型难以全面解决的建模问题。文献[17]为了准确描述发动机组、电动机和能量存储系统工作过程的问题，基于第二种建模思想建立仿真模型，通过采用合适的控制方法基于MATLAB/SIMULINK进行仿真分析。文献[18]以UC-25轮胎式集装箱门式起重机为研究对象，根据UC-25起重机的技术参数，利用Saber仿真软件对起重机新型混合动力系统进行仿真建模，进行多方案仿真研究。在仿真研究的基础上，搭建了一个小比例实验平台，通过循环实验模拟实际工况，得到了 30%以上的节能。

4 总　结

本文分析了轮胎式集装箱门式起重机节能技术的三种途径：(1)“油改电”方案；(2)变频控制技术；(3)混合动力技术。列举了轮胎式集装箱门式起重机节能技术的具体实施方法以及在各试点的应用效果。对比分析表明采用节能技术的轮胎式集装箱门式起重机比传统的轮胎式集装箱门式起重机在节能减排方面具有无比的优越性。下一阶段要作的工作为，深入研究节能技术，提升节能空间。与此同时建立起重机节能评价体系，为起重机节能设计和改造提供标准。

参考文献

[1] 上海振华港机(集团)公司. ZPMC 研制的使用市电的 RTG 问世[J]. 港口设备，2006，(6)：13.

[2] 杜建江，陆玉仁，陈江，朱文烨. RTG 用滑触线油改电项目方案[J]. 港口设备，2006，(10)：15-16.

[3] 林志树. 当代集装箱码头节能项目研究及应用[D]. 福建：厦门大学，2008 年 5 月.

[4] 张云鹏，李庆祥. 轮胎式集装箱轮胎式集装箱门式起重机节能技术研究[J]. 交通节能与环保，2008，(2).

[5] 张海根，高安邦. 机电传动控制[M]. 北京：高等教育出版社，2005：5.

[6] 余知，王得蓉. 节约用电推进天津港可持续发展[J]. 资源节约与环保，2007，(4).

[7] 洪钐，刘晋川，饶京川. 轻型电动轮胎式集装箱轮胎式集装箱门式起重机开发与应用[J]. 集装箱化，2008，(4).

[8] 王梅生，许长山. 关于起重机节能减排的几点建议[J]. 港口装卸，2008.

[9] 王银辉，刘兴化，仇滔. 混合动力电动汽车的研究[J]. 内燃机，2003，(03).

[10] Chan-Chiao Lin，Zoran Filipi，Yongsheng Wang，et al. Interated，Feed-Forward Hybrid Electric Vehicle Simulation in SIMULINK and its Use for Power Management Studies. SAE Paper. No. 2001-01-1334.

[11] Iannuzzi，D.，Piegari，L. and Tricoli，P. Use of supercapacitors for energy saving in overhead traveling crane drives[C]// 2009 International Conference on Clean Electrical Power IEEE. United States：Computer Society，445 Hoes Lane - P. O. Box 1331，Piscataway，NJ 08855-1331，ICCEP，2009：562-568.

[12] 刘明辉. 混合动力客车整车控制策略及总成参数匹配研究[D]. 长春：一汽集团技术中心，2005.

[13] 初亮. 混合动力总成的控制算法和参数匹配研究[D]. 长春：吉林大学，2002.

[14] 吴强华. 混合动力客车若干问题的研究[D]. 长春：吉林大学，2003.

[15] 郭晋宇. 混合动力起重机系统的研究[D]. 武汉：武汉理工大学，2008 年 5 月.

[16] 曾光. 混合动力起重机能量控制系统的研究与设计[D]. 武汉：武汉理工大学，2009 年 5 月.

[17] 常晓清. 应用超级电容的轮胎式集装箱起重机节能特性研究[D]. 上海：同济大学，2007 年 3 月.

[18] 周思亮. 混合动力技术在轮胎式起重机上的应用研究[D]. 武汉：武汉理工大学，2009 年 5 月.

起重机吊重系统状态变量估计方法研究

钟　斌[1]，程文明[2]

(1. 武警工程学院，陕西西安 710086；
2. 西南交通大学机械工程研究所，四川　成都　610031)

摘　要：针对工程实际中起重机吊重摆角和摆角角速度不易测量的问题，利用小车位置信息设计了状态观测器，小车吊重系统和观测器构成在线估计系统。通过引入观测器输出与小车吊重系统输出之间的差值并经过观测器的增益向量调节送至观测器的输入端，将观测器的极点配置在负实轴的同一点上，实现对系统变量稳定、快速估计。仿真实验表明：在线估计系统具有较强的鲁棒性；随极点增大，估计系统对吊重和绳长变化具有更宽的适应范围，但极点过大时，会出现测量误差上冲或下冲现象；当极点确定时，估计效果对绳长变化比吊重变化敏感。

关键词：起重机吊重系统；状态变量；状态观测器；在线估计

桥式起重机或门式起重机(以下简称起重机)广泛用于铁路货站、码头、仓库、工厂吊装车间等场所，控制其吊重摇摆一直是控制学科学者研究的热点。通常通过状态反馈方法改变小车吊重系统结构形成闭环控制[1]或通过施加外部激励的方法形成开环控制[2]来达到吊重防摇的目的。当输入量与输出量之间的关系已知，并且既不存在内部扰动，也不存在外部扰动时，可以采用开环控制系统。起重机吊重系统中，由于起升绳长、起吊质量均有时变性，以及存在外部干扰等原因，采用开环控制方法难以达到控制的目的，对吊重防摇控制系统的设计一般采用闭环控制方法[3,4]。

起重机吊重防摇闭环控制系统中需用传感器测量状态变量空间中的小车位置与速度、吊重摆角与角速度等信息。这也是对一个动力学系统各状态变量监测、控制与调节的一个前提，即要求状态空间中的各个分量已知或可测。但在工程实际中吊重摆角和摆角角速度的测量一直是工程实际中的难题。虽然在控制学科领域对吊重防摇控制方法已有较多理论成果，但在现代电子技术和集成电路成熟发展的现阶段，正是由于吊重摆角难以工程测量这一主要原因，吊重防摇、起重机快速对位技术国内仍未实现产业化。虽然摆角的测量采用摄像法[5]和弦长法[6]可以达到物理实验的目的，但由于小车吊重系统特殊的结构特点，在工程实际应用中仍然不便使用。对于起重机吊重动力学系统可以利用小车位置信息，通过合理设计状态观测器来获取吊重摆角等全部状态变量的近似值（即状态变量的估计值），这些估计值与真实值之间的误差在某一时间能收敛到零，这种方法相对于传感器测量而言对状态变量达到了在线估计的目的，同时也为估计的物理实现提供了理论依据。

1　小车吊重系统建模

由吊重二自由度摆角模型分析已知起重机大车和小车的运行分别对吊重摇摆的影响效果是等同的，对小车吊重系统的控制策略也同样适用于大车吊重系统[7]。不妨只考虑如图1所示的小车吊重系统，并在工程允许范围内做如下假设：起升钢丝绳的定滑轮半径为零，即退化为一个悬挂点 O_1；不计空气阻尼、风阻的影响；忽略钢丝绳质量，钢丝绳为全柔性；不考虑吊重的升降，即认为绳长不变；不计外界扰动。小车和吊重的质量分别为 m_1 和 m_2(kg)，绳长为 l(m)，吊重摆角为 θ(rad)，小车驱动力为 F(N)，轮轨摩擦阻尼系统为 D(kg/s)，小车相对于坐标原点 O 在坐标轴 OX 方向上的位置为 x(m)。并考虑吊重摆角的小偏差，利用文献[8]的拉格朗日力学分析方法得到如下小车吊重系统的状态空间模型

$$\begin{cases}\dot{x}=Ax+Bu\\ y=Cx\end{cases}\tag{1}$$

式中：$x=[x_1\ x_2\ x_3]^T=[x\,\dot{x}\ \theta\,\dot{\theta}]^T$，$A=\begin{bmatrix}0 & 1 & 0 & 0\\ -\dfrac{D}{m_1} & 0 & -\dfrac{m_2}{m_1}g & 0\\ 0 & 0 & 0 & 1\\ -\dfrac{D}{m_1 l} & 0 & -\dfrac{(m_1+m_2)g}{m_1 l} & 0\end{bmatrix}$，$B=\begin{bmatrix}0 & \dfrac{1}{m_1} & 0 & \dfrac{1}{m_1 l}\end{bmatrix}^T$，

$C=[1\ \ 0\ \ 0\ \ 0]$，$u=F$，$\dot{x}$ 和 $\dot{\theta}$ 分别为小车速度和吊重摆角角速度，g 为重力加速度，$g=9.81\ \mathrm{m/s^2}$。

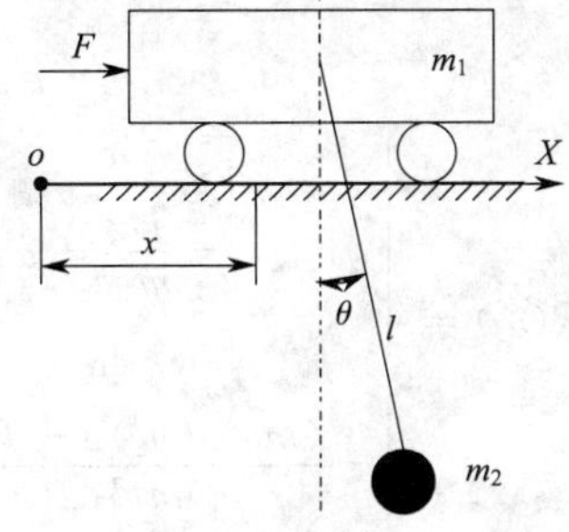

图1　小车吊重系统模型

2　基于小车位置信息的状态变量在线估计

2.1　系统能观性定义及判定

考虑任意线性定常系统

$$\begin{cases}\dot{x}_{n\times1}=A_{n\times n}x_{n\times1}\\ y_{q\times1}=C_{q\times n}x_{n\times1}\end{cases}\tag{2}$$

式中：$A_{n\times n}$ 和 $C_{q\times n}$ 为定常矩阵。对式(2)所描述

的系统，如果对任意非零初始状态 $x(0)=x_0$，都存在有限时刻 $t_1>t_0$，使得根据在有限时间区间 $[t_0,t_1]$ 的输出 $y_{q\times1}$ 能唯一地确定系统在初始时刻的状态 x_0，则称该系统是状态完全能观测的，或简称此系统是能观的。能观性所表示的是输出 $y_{q\times1}$ 反映状态向量 $x_{n\times1}$ 的能力，与外界对系统的控制作用没有直接关系。

由式(2)若矩阵

$$[C^T \vdots A^TC^T \vdots (A^T)^2C^T \vdots \cdots \vdots (A^T)^{n-1}C^T] \tag{3}$$

的秩为 n，则该系统是能观的。限于篇幅，对系统能观性判定的证明请参见相关文献。

利用小车位置信息通过设计状态观测器对小车速度、吊重摆角和摆角角速度进行在线估计，要求系统完全能观。由式(1)和式(3)得小车吊重系统能观性矩阵为

$$Q=\begin{bmatrix} 1 & 0 & 0 & 0 \\ 0 & 1 & 0 & 0 \\ -\dfrac{D}{m_1} & 0 & -\dfrac{m_2}{m_1}g & 0 \\ 0 & -\dfrac{D}{m_1} & 0 & -\dfrac{m_2}{m_1}g \end{bmatrix} \tag{4}$$

且

$$\det(Q)=(\frac{m_2}{m_1}g)^2$$

由此可见，由于小车质量有限，$\det(Q)\neq0$，即 Q 的秩为 4，所以系统是能观的，可以通过小车位置信息对系统变量进行在线估计。用同样的分析方法可知利用小车速度信息并不能对吊重摆角等系统变量进行估计。

2.2　状态变量估计系统设计

状态变量估计系统结构如图 2 所示，系统由小车吊重系统和状态观测器组成，通过引入状态观测器的输出 $\hat{y}(t)$ 与小车吊重系统的输出 $y(t)$ 之差值（$\hat{y}(t)-y(t)$），经过观测器的增益向量 G 以负反馈的形式送至观测器的输入端，通过系统计算获得状态变量的估计信息 $\hat{x}(t)$。$x(0)$ 和 $\hat{x}(0)$ 分别为小车吊重系统和观测器的初始状态。观测器的动力学方程为

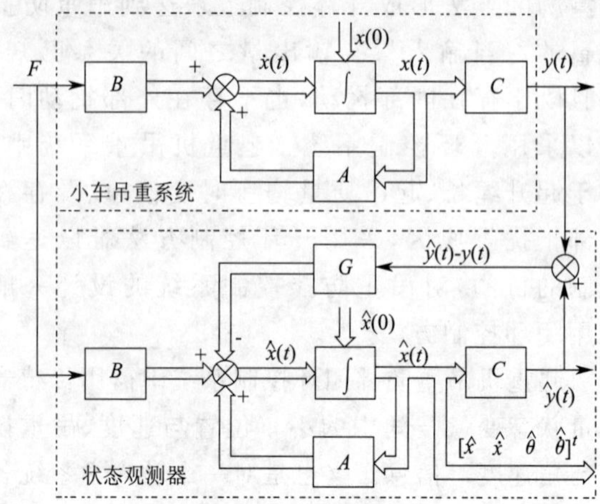

图 2　小车吊重系统状态变量在线估计系统

$$\dot{\hat{x}}(t)=(A-GC)\hat{x}(t)+Bu+Gy(t) \tag{5}$$

式中：$\hat{x}(t)=[\hat{x}\quad \dot{\hat{x}}\quad \hat{\theta}\quad \dot{\hat{\theta}}]^T$ 为观测器的估计状态向量；$G=[g_1\quad g_2\quad g_3\quad g_4]^T$ 为观测器的增益向量，分量 $g_1\sim g_4$ 表示观测器的增益调节参数。

于是，观测器的特征方程为

$$det[sI-(A-GC)]=0 \tag{6}$$

式中：s 为方程的变量，方程的解对应观测器的 4 个极点；I 为 4×4 单位矩阵。

一般，要求观测器本身稳定和具有较快的在线估计速度（用估计时间衡量），即有较高的估计精度。可以通过改变 $g_1\sim g_4$ 的值将观测器的 4 个极点配置在期望极点。为分析方便，又不失一般性，设观测器的极点均配置在复平面负实轴的 $-\alpha$（α 为实数，且 $\alpha>0$）处；同时，为叙述方便，称 α 为极点。所以，观测器的特征方程又可表示为

$$(s+\alpha)^4=0 \tag{7}$$

由式(6)和式(7)中对应 s 项的系数相等，有以下方程成立

$$HG=R(\alpha) \tag{8}$$

式中：$H=\begin{bmatrix} \dfrac{m_1+m_2}{m_1 l}g & 0 & -\dfrac{m_2}{m_1}g & 0 \\ 0 & \dfrac{m_1+m_2}{m_1 l}g & 0 & -\dfrac{m_2}{m_1}g \\ 1 & 0 & 0 & 0 \\ 0 & 1 & 0 & 0 \end{bmatrix}$，$G=\begin{bmatrix} g_1 \\ g_2 \\ g_3 \\ g_4 \end{bmatrix}$，$R(\alpha_i)=\begin{bmatrix} 4\alpha^3 \\ -\dfrac{Dg}{m_1 l}+\alpha^4 \\ 4\alpha \\ -\dfrac{(m_1+m_2)g+Dl}{m_1 l}+6\alpha^2 \end{bmatrix}$。

从而，解得

$$\begin{cases} g_1 = 4\alpha \\ g_2 = 6\alpha^2 - \dfrac{1}{m_1 l}[(m_1+m_2)g + Dl] \\ g_3 = \dfrac{1}{m_2 gl}[4\alpha(m_1+m_2)g - 4m_1 l\alpha^3] \\ g_4 = \dfrac{6(1+l)}{m_2 l}\alpha^2 - \dfrac{m_1}{m_2 g}\alpha^4 - \dfrac{(m_1+m_2)^2}{m_1 m_2 l^2}g \end{cases} \tag{9}$$

2.3　影响观测器在线估计误差的因素

由图 3 分析可得,观测器估计误差为

$$\Delta x(t) = e^{\hat{A}t}[x(0) - \hat{x}(0)] \tag{10}$$

式中:$\hat{A} = A - GC$,称为观测器的动力学矩阵。

由式(10)可见,观测器在线估计误差不仅与小车吊重系统参数决定的系统固有动力学特性和观测器的动力学特性有关,还与小车吊重系统和观测器的初始状态有关。若观测器和小车吊重系统的初始状态相同,即 $\hat{x}(0) = x(0)$,则观测器的状态始终与小车吊重系统的状态相同,此时勿须调节参数 $g_1 \sim g_4$,观测器就能对吊重摆角进行精确测量。而事实上,观测器与小车吊重系统的初始状态往往不同,即 $\hat{x}(0) \neq x(0)$,但只要 $\hat{A}$ 的特征值分布在复平面的左半部,始终有

$$\lim_{t\to\infty}\Delta x(t) = \lim_{t\to\infty} e^{\hat{A}t}[x(0) - \hat{x}(0)] = 0 \tag{11}$$

显然,式(11)也说明了设置观测器增益向量的必要性和观测器增益向量确定的依据,即随着 $t\to\infty$ 使 $\hat{x}$ 尽快趋近于 x ,达到快速估计的目的。

3　仿真实验

为了验证估计系统设计的合理性和有效性,以及极点对估计效果的影响,取仿真参数: $m_1 = 50kg$, $m_2 = 100kg$, $D = 0.5kg/s$, $l = 2m$, $\alpha_1 = \alpha_2 = \alpha_3 = \alpha_4 = \alpha$,初始状态 $x(0) = [0\quad 0\quad 0\quad 0]^T$, $\hat{x}(0) = [0\quad 0\quad 0.15\quad 0.08]^T$,小车驱动力为幅值10N 的阶跃函数。图 3 是观测器增益调节参数 $g_1 \sim g_4$ 与极点 α 的关系曲线,可以验证当 $\alpha > 0$ 时,满足式(11)。从图中可见:当 $0 < \alpha < 3$ 时, $g_1 \sim g_4$ 对 α 变化的敏感性均较小,并且在此范围取极点,对系统变量的估计效果较差,如图 4(a)所示;当 $\alpha \geqslant 3$ 时,各参数对 α 变化具有不同程度的敏感性,其中 g_1 对 α 变化的敏感性最小,在此范围取极点,估计效果得到明显改善,如图 4(b)所示, θ 和 $\dot{\theta}$ 的估计时间均小于 2s。由于吊重摆角的变化和小车吊重结构耦合作用,小车速度曲线出现波动上升趋势。在保证估计效果良好的前提下,极点越大,即远离虚轴时,估计系统具有更强的鲁棒性。实验表明:当 $\alpha = 4$ 和 8 时,观测器对吊重变化的适应范围分别为－50%～＋50%和－70%～＋300%,对起升绳长变化的适应范围分别为－45%～＋10%和－65%～＋250%("＋"表示增加,"－"表示减少)。可以看出随极点增大,观测器对吊重和绳长变化都具有更宽的适应范围;当极点确定时,观测器对吊重变化比对绳长变化具有更宽的适应范围,即观测器对绳长改变较吊重变化敏感。但是极点不能取得过大,否则由于过快的误差收敛速度出现如图 5 所示的误差"上冲或下冲"现象,这对于实际系统中的元器件使用是不允许的。所以,极点的选取应由实际系统参数确定。

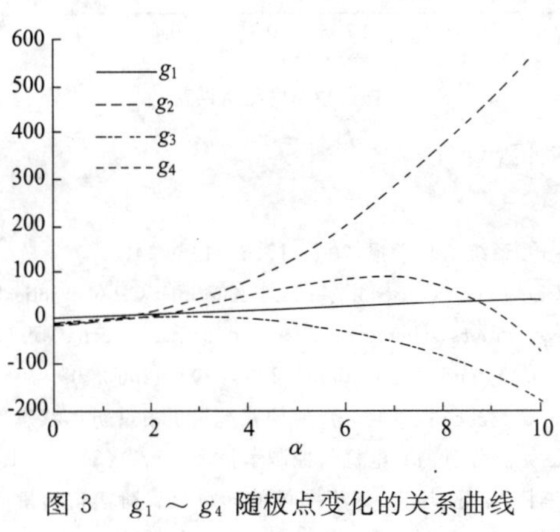

图 3　$g_1 \sim g_4$ 随极点变化的关系曲线

4　结　　论

起重机吊重系统中吊重摆角和摆角角速度在线测量的实现一直是工程实际中的难题,文中利用小车位置信息,设计了状态观测器,以小车吊重系统和观测器构成在线估计系统,实现对小车速度、吊重摆角和摆角角速度在线估计。并对系统的合理性和有效性进行了仿真验证,结果表明:观测器增益调节参数对观测器极点变化具有不同程度的敏感性;在保证测量效果良好的前提下,极点越大,估计系统具有更强的鲁棒性,当极点确定时,估计效果对绳长改变比吊重变化敏感。系统

5

的合理设计和仿真研究结论为系统变量在线估计技术的物理实现提供了理论依据。

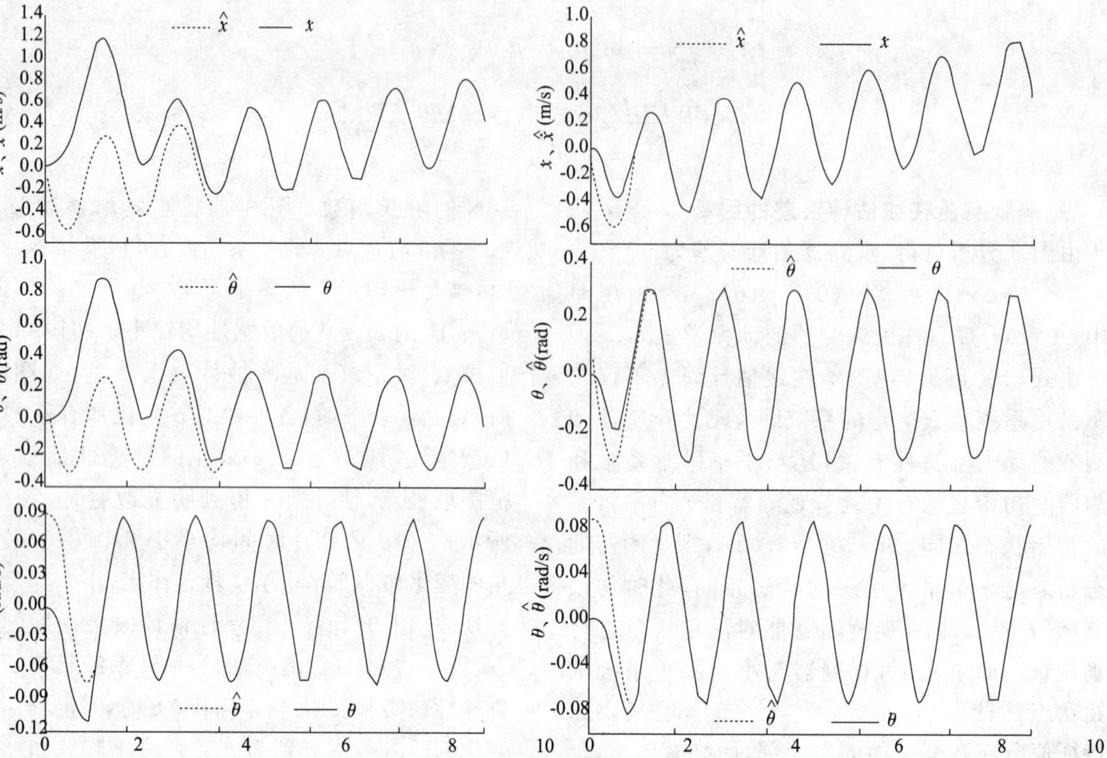

(a) $\alpha = 1.8$，$g_1 = 7.20$，$g_2 = 4.72$，$g_3 = 4.21$，$g_4 = 3.00$

(b) $\alpha = 4.0$，$g_1 = 16.00$，$g_2 = 81.28$，$g_3 = -1.05$，$g_4 = 47.91$

图 4　估计仿真结果

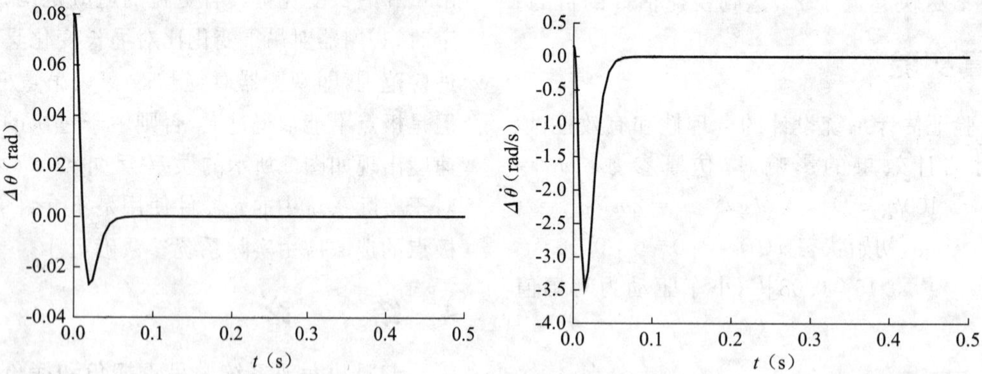

(a) 摆角测量误差　　(b) 摆角角速度测量误差

图 5　估计误差上冲和下冲现象

参考文献

[1]　WEN J T, POPA D O, Montemayor G P L. Human assisted impedance control of overhead crane[C]// Proceedings of the 2001 IEEE International Conference on Control Applications. Mexico: IEEE Press, 2001: 383-384.

[2]　董明晓，郑康平，张明勤．桥式起重机消摆控制仿真研究[J]．系统仿真学报，2005，17(6)：1459-1461.

[3]　Chengyuan C., Shihwei H., Kuohung C. A practical fuzzy controllers scheme of overhead crane. Journal of Control Theory and Applications, 2005, (3): 266-270.

[4]　钟斌，程文明，吴晓，等．桥门式起重机吊重防摇状态反馈控制系统设计[J]．电机与控制学报，2007，11(5)：492-496.

[5]　李伟，李超，逯强．基于图像的起重机载荷摆角测量方法的研究[J]．山东建筑大学学报，2008，23(5)：423-436.

[6] 钟斌,程文明,唐连生.起重机吊重智能防摇 CAN 控制系统的设计[J].起重运输机械,2007,(6):38-40.

[7] 张则强,程文明,钟斌.桥式起重机吊重二自由度摆角模型与仿真[J].西南交通大学学报,2006,41(6):696-699.

[8] 程文明,钟斌,张则强.集装箱起重机液压减摇系统的动力学分析[J].中国铁道科学,2007,28(2):105-108.

一种新型起升机构的技术及应用

万名炎,余海明

(湖北省咸宁三合机电制业有限责任公司　咸宁　437000)

摘　要:介绍了一种新型起升机构的开发、应用在新型起升机构上的三种新技术及其应用实例。通过对目前国内传统起升机构的结构特点及使用性能进行研究,结合 CHC 型齿轮连环少齿差减速器、ZXL 型制动限载联轴器、ZLYZ 型卷筒内外双制动装置三种新产品和新技术的性能特点,开发出一种新型起升机构。这种新型起升机构与传统的起升机构相比,结构更紧凑,大大降低了整体净空高度,使用和维护更方便,工作性能更加稳定可靠。适应于现代起重机械安全、节能、环保、维护方便的使用要求。

关键词:新型起升机构;新产品和新技术;CHC 型齿轮连环少齿差减速器;ZXL 型制动限载联轴器;ZLYZ 型卷筒内外双制动装置。

0　引　言

起重机械的关键部件是起升机构。目前国内起重机械的起升机构主要有两种结构型式:一种是采用普通减速器通过开式齿轮副传动,带动卷筒提升重物,制动系统是在减速器的高速轴采用电磁铁或液压制动器;这种结构技术含量不高,结构笨重,使用维修麻烦,环境污染大,使用可靠性不高。另一种是采用没有开式齿轮的闭式传动,即采用普通圆柱齿轮减速器通过卷筒联轴器直接带动卷筒提升重物,制动系统在减速器的高速轴采用电磁或液压制动器,这种结构简单,使用维修方便,制造成本较低,但是起升机构用普通圆柱齿轮减速器的体积大,重量重,承载能力有限,使用安全系数不高。因此开发一种工作安全、节能环保、维护方便的新型起升机构势在必行。

1　新型起升机构

1.1　新型起升机构的研发

随着起重行业的发展和技术的不断进步,特别是大吨位和慢速起重机械的应用范围不断扩大,因此对起重机械起升机构的要求也越来越高,对其安全型、节能、整体结构和外型、使用维护和绿色环保提出了新的挑战。通过对目前国内传统起升机构的结构特点及使用性能进行研究,我们开发出一种新型闭式传动的起升机构:采用传动比大、荷重比大、抗过载能力强、体积小的 CHC 型齿轮连环少齿差减速器通过渐开线花键副直接与卷筒联结,带动卷筒提升重物;制动系统采用高、低速双保险制动,确保机构的高安全性:高速制动为工作制动器,采用的是 ZXL 型制动限载联轴器,低速制动为安全制动器,采用的是 ZLYZ 型卷筒内外双制动装置。其结构组成如图 1。

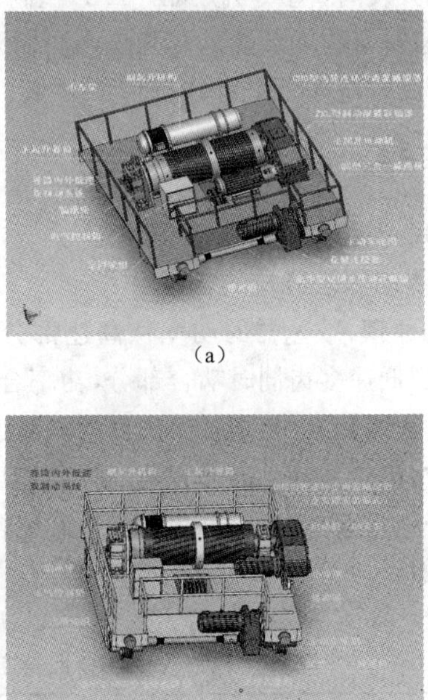

(a)

(b)

图 1　新型起升小车总体结构图

说明:图(a)为起升减速器为底座式安装型式的起升机构,图(b)为起升减速器为三点支撑安装型式的起升机构。

1.2 新型起升机构的结构特点

1.2.1 该起升机构具有结构紧凑、轻巧美观、拆装方便、调整简单、运行平稳、安全可靠,整体高度尺寸与传统起升机构相比约降低 1/4,整体重量与传统起升机构相比约减轻 1/4,减轻轮压等优点。

1.2.2 起升机构采用的减速器为我公司研制开发的新型专利产品—CHC 型齿轮连环少齿差减速器,采用该减速器直接驱动卷筒能满足大吨位、慢速起升的要求。

1.2.3 起升机构的减速器与卷筒的联结部分不是采用的传统的卷筒联轴器,而是采用结构简单、安装方便、传递力矩大的渐开线花键副连接,联结型式如图 2。

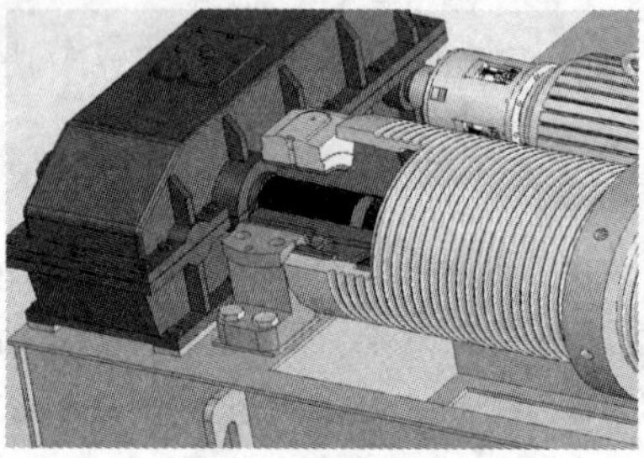

图2 减速器与卷筒联结的花键结构图

1.2.4 起升机构的制动系统采用高、低速三保险制动,整机工作安全系数高:高速工作制动器是采用本公司研制开发的新型专利产品—ZXL 型制动限载联轴器;低速安全制动装置采用我公司研制开发的新型专利产品—ZLYZ 型卷筒内外双制动装置。

2 新产品、新技术简介

2.1 CHC 型齿轮连环少齿差减速器

2.1.1 传动原理和结构简述

传动原理:减速器的功率从高速部分输入、分流、减速到低速多齿同时啮合部分,功率合成输出,从而达到大速比、大扭矩输出的目的。减速器由两部分组成:齿轮传动的高速轻载部分和连环少齿差传动的低速重载部分,动力从高速轻载齿轮传动系统输入,分流减速到少齿差低速重载部分,最后合成到输出外齿轮轴并传递到工作机械。在少齿差内啮合齿轮传动中存在多齿同时啮合现象,使齿轮总载荷由各啮合齿对同时分担,单个轮齿所承受的实际载荷会有大幅度降低。齿轮齿数越多,则同时进入啮合的齿轮对数就越多,因此减速器的承载能力就越大。其传动原理及三维结构图如图 3。

图 3 齿轮连环少齿差减速器三维结构图

2.1.2 减速器的性能特点

该减速器与传统的同类减速器相比,具有如下特点。

★传动比大:标准产品速比范围可达 50～2 250,非标可达 2 500-20 000。

★承载能力大:标准机型输出扭矩可达1 160 kN. m。

★抗过载能力强:少齿差啮合部分 9～18 对齿同时进入啮合区,可承受过载 2～2.5 倍。

★荷重比大,性价比高:减速器的承载能力【N. m】与自重【kg】的比值即为荷重比,可达 65。

★运转平稳,噪声低:各传动部件受力均匀,无异常冲击,运转平稳。

★结构紧凑、重量轻、体积小。

★传动效率高,可达 90%～95%。

★使用寿命长:结构设计合理,具有很高的可靠性,正常情况下无需特别维护。

通过理论分析、试验数据和实际应用,对 CHC 型齿轮连环少齿差减速器与目前国内外几种普遍应用的同类减速器进行了比较,结果如表 1。

表 1 CHC 齿轮连环少齿差减速器与同类减速器的性能对比

	齿轮连环少齿差减速 CHC800	三环减速器 TRC840	硬齿面减速 QY800	中硬齿面减速器 QJS800	软齿面减速器 ZQ(A)850	H4-22 大型工业减速箱
速比值	200	200	200	200	200	200
输出扭矩(kN. m)	596.7	213.47	335	170	34.34	470

续上表

	齿轮连环少齿差减速 CHC800	三环减速器 TRC840	硬齿面减速 QY800	中硬齿面减速器 QJS800	软齿面减速器 ZQ(A)850	H4-22 大型工业减速箱
重量(kg)	10 300	9 700	12 560	8 870	5 320	9 900
最大速比	2 250	605	400	200	200	450
荷重比(N. m/kg)	57.93	22	26.67	19.16	6.45	47.47

2.2　ZXL 型制动限载联轴器

2.2.1　产品简介

ZXL 系列制动限载联轴器是我公司研制开发的专利产品，是一种集制动、限载、联轴功能于一体的新型传动装置，该产品的制动功能不需任何外加力源，联轴器为一种新型的弹性联轴器，超载时两半联轴器自动分离。该产品具有结构紧凑、使用可靠、安装维护方便、耐高温、制动迅速、启动不带摩擦负载、启动次数不受限制等优点。其工作原理及结构图如图 4 所示。

2.2.2　产品特点

★制动限载联轴器系机械结构，不须任何外力源装置。

★集联轴器、制动器和限载器于一体。

★动作迅速，操作频率不受限制。

★结构紧凑，使用可靠，安装维护简便。

★摩擦材料磨损均匀，可进行补偿调节。

★联轴器直接应用于工作机高速轴上或与电机直接联接。

★可以用普通电机取代制动电机与普通联轴器.取消制动器。

★可根据用户要求装设超载停机信号装置，用以超载停机。

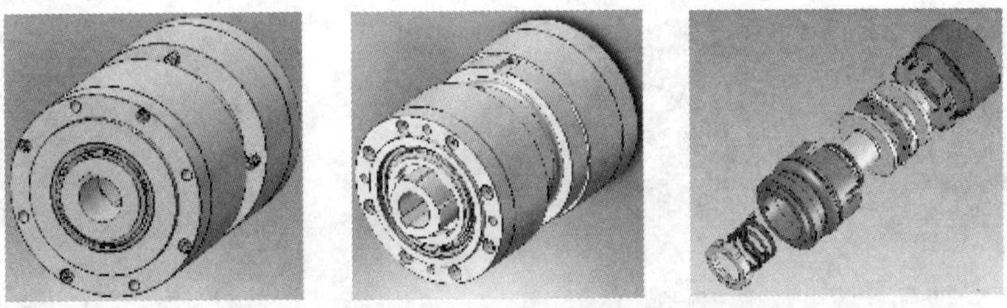

图 4　制动限载联轴器三维结构与工作原理图

2.3　ZLYZ 型卷筒内外双制动装置

2.3.1　产品简介

ZLYZ 型卷筒内外双制动装置是我公司近年来研制开发的最新专利产品。其结构组成包括带式制动机构、内张蹄式制动机构和液压释放辅助系统三部分。其工作原理如下：内外制动器均采用弹簧制动、液压释放。失电时，主油路上的电磁阀处于常开状态，由于弹簧伸张促使油缸内的液压油沿油路回到油箱，使内外制动摩檫带与卷筒摩擦产生制动力矩。机器工作时，主油路上的电磁阀处于关闭状态，油泵向油缸供油，促使内制动油缸活塞杆收缩压缩弹簧，解除了卷筒的内制动；同时外制动油缸活塞杆伸出压缩弹簧，解除了卷筒的外制动，机器开始正常工作。其工作原理及结构图如图 5 所示。

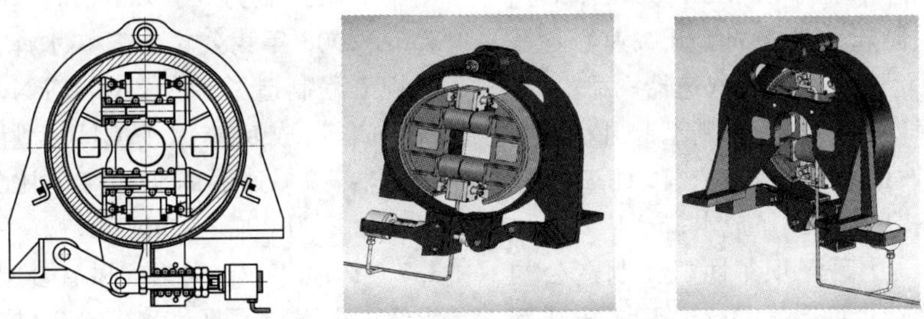

图 5　卷筒内外双制动装置三维结构与工作原理图

当代起重设备对安全性要求越来越高，不但要有高速工作制动装置，而且还要有低速安全制动的装置。ZLYZ 型卷筒内外双制动装置是一种防止高速制动失效和中间部件损坏的低速安全制动装置，这种制动装置能满足现代起重设备的安全要求。

2.3.2　产品特点

ZLYZ 型卷筒内外双制动装置与普通盘式制动装置相比，其显著特点如下：

★卷筒内外双制动装置的结构紧凑、体积小，而盘式制动装置的结构复杂、体积大。

★制造成本低，相同规格的卷筒内外双制动装置的制造成本仅为盘式制动装置的 1/2。

★安全系数高，卷筒内外双制动装置制动安全，若内外制动有一种不能正常工作，也不会影响其整体制动功能，并且制动平稳。而盘式制动装置若有一边不能正常使用，就会产生力的偏移，致使制动器不能正常工作，制动安全性和平稳性均不高。

★内外双制动装置制动力矩大，相同规格的内外双制动装置的制动力矩是盘式制动装置的 4—5 倍。

★通过理论分析和试验数据，相同规格的内外双制动装置和盘式制动装置的制动性能数据比较如表 2。

表 2　CZLYZ 型卷筒内外双制动装置与盘式制动装置的性能对比

卷筒直径(mm)	500	560	630	710	800
内外双制动装置最大制动力矩(N.m)	8 000	9 700	10 800	12 000	15 400
盘式制动装置最大制动力矩 N.m)	1 820	2 100	2 500	2 900	3 350
两种制动装置最大制动力矩的比值	4.4	4.6	4.3	4.1	4.6

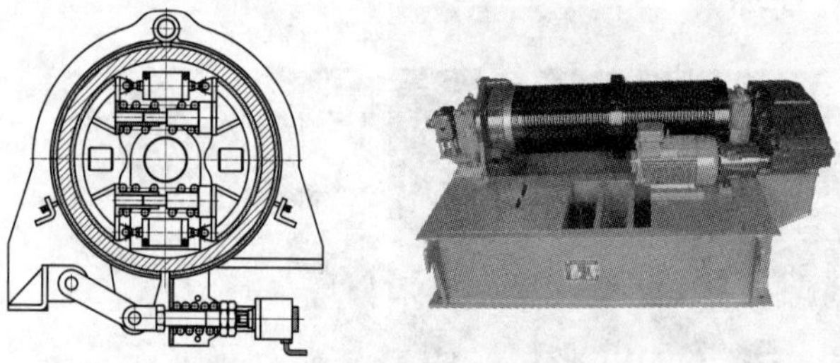

卷筒内外双制动装置结构与应用实例

传统盘式制动器结构与应用实例

图 6　卷筒内外双制动装置与盘式制动器工作原理对比图

3　新产品、新技术应用实例及推广

我公司自主研制开发的三种新产品、新技术近年来已在起重机械、水利水电、冶金等行业中投入使用，并取得了满意的效果，得到了用户的一致好评。以下是产品应用的几个典型实例：

3.1　2006 年我公司为三峡试验大坝——湖北赤壁陆水湖水利枢纽工程制造 QM2X400 kN 双向门式起重机，其主、副起升机构的起升减速器均采用的是 CHC 型齿轮连环少齿差减速器；

3.2　2007 年我公司利用为开发的新型起升小车为湖北汉川泵站厂房改造了一台QD32 t/10 t桥式起重机，大大降低了厂房高度，节约了成本；

3.3　2008 年我公司为葛洲坝集团机械制造公司生产车间吊装用制造了两台 QD32 t/10 t 桥式起重机和两台 QD20 t/5 t 桥式起重机，其起升小车均采用的我们开发新型起升小车；

3.4　2008 年南水北调穿黄工程制造了多台 2X500 KN 新型闭式卷扬启闭机，其起升机构成功应用了我们开发的三种新产品。

3.5　2007 年我公司为北京奥运公园清河羊坊闸景观工程制造两台的 2×500 kN 盘香式、直拉式卷扬启闭机，成功应用了 CHC 型齿轮连环少齿差减速器，该减速器的实际传动比为2 760.79，输出轴输出扭矩为 340 kN·m。

3.6　2008 年我公司为三峡水库重庆开县水位调节坝工程制造了十台 2X630 kN 弧门直拉式卷扬式启闭机，成功应用了 CHC 型齿轮连环少齿差减速器，该减速器的实际传动比为 1 950，输出轴输出扭矩为 397·6 kN.m。

3.7　2010 年我公司为安徽省合肥市塘西河河口闸枢纽工程制造了两台 800 kN 直拉式高扬程卷扬启闭机，成功应用了 CHC 型齿轮连环少齿差减速器和 ZXL 型制动限载联轴器，该减速器的实际传动比为

4 920，输出轴输出扭矩为 630 kN·m。

3.8 2010 年我公司为安徽省九井岗水电站制造了一台 5 000 kN 新型闭式高扬程卷扬启闭机，该启闭机由于起吊载荷大、起升扬程高，采用双卷筒双双联的布置型式，每个卷筒采用一台 CHC 型齿轮连环少齿差减速器直接驱动。

QD32t/10t桥式起重机起升小车

QD20t/5t桥式起重机

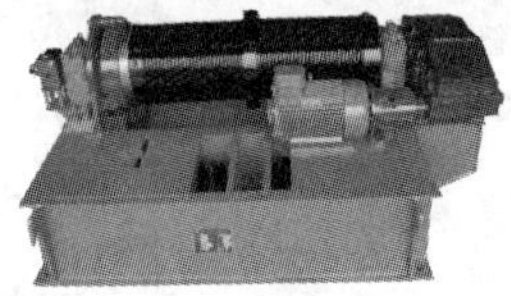

PQZS500KN新型闭式卷扬启闭机

QPZYG5000KN高扬程卷扬启闭机

QPZYG800KN直立式高扬程卷扬启闭机

QPH500KN直立式卷扬启闭机

图 7

4 结束语

新型起升机构有效的应用了 CHC 型齿轮连环少齿差减速器、ZXL 型制动限载联轴和 ZLYZ 型卷筒内外双制动装置三种新产品和新技术，对起重机械的大起重量、慢速起升和高安全性将起到无可替代的作用。三种新产品和新技术自推向市场以来一直深受用户青睐，其市场应用前景十分广阔！

参考文献

[1] 张致文，虞和谦，王金诺. 起重机设计手册[M]. 北京：中国铁道出版社，1998

[2] 刘云，杨祖孝，王健. 起重机新型起升机构的开发与研究，起重运输机械，2007(12)

四梁六轨铸造起重机主梁强度仿真分析

肖 涵 李友荣

（武汉科技大学机械自动化学院，湖北，武汉 430081）

摘 要：为保证某铸造起重机安全运行，建立了起重机主梁钢结构有限元分析模型。并在此基础上应用由板到体的子模型技术对主梁跨中焊缝进行了仿真分析。仿真分析结果显示下盖板与主腹板之间的焊缝处的拉应力水平较大，已超过焊缝的疲劳极限。

关键词：四梁六轨；铸造起重机；有限元；仿真分析

1 介 绍

某厂铸造起重机采用四梁六轨的分布形式，即主小车的车轮轮压分布在外主梁的两根轨道和内主梁的两根轨道上，副小车车轮位于内主梁的另外两根轨道上(图 1)。与传统的四梁四轨形式的铸造起重机相比，采用四梁六轨分布形式可以减少主梁截面的结构尺寸，并增加主小车的车轮数，改善主小车受力状况，使主梁压力分布更为均匀。

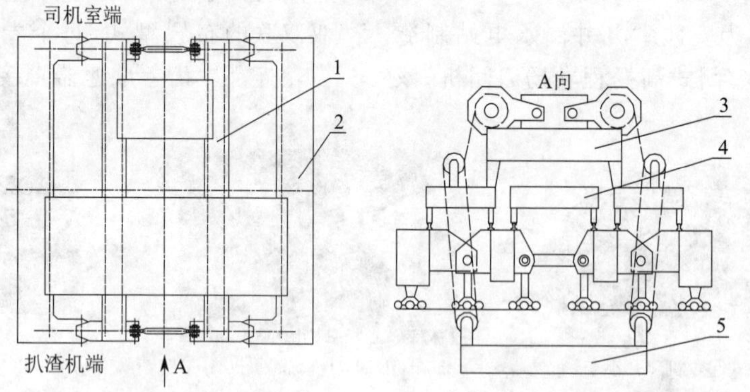

（a）俯视图　（b）A向视图

图1　四梁六轨铸造起重机结构简图

1—内主梁；2—外主梁；3—主小车；4—副小车；5—主起升吊

由于铸造起重机长期在高温环境中从事满负荷甚至超负荷运行，近年来该起重机主梁出现不同程度的上拱度下挠超差，说明此起重机在其合理使用寿命的中期已出现劣化加剧的现象。为了保证起重机安全运行，有必要对起重机内、外主梁钢结构的应力分布及应力水平进行全面了解。本文采用有限单元法对该起重机主梁钢结构进行分析，为内、外主梁钢结构的安全状态评估提供科学依据。

2　仿真模型

铸造起重机桥架为箱形结构，板材长宽尺寸远大于其厚度尺寸，所以在进行整体分析时选用板单元，但在一些重要的局部位置采用三维实体单元以方便施加约束和载荷[1]。由于铸造起重机桥架结构完全对称，故只取其一半进行仿真分析，并忽略一些不重要的细节。选定沿着主梁方向为X向，沿着大车运行方向为Y向，垂直运行轨道平面的方向为Z向，所建立的有限元模型见图2。

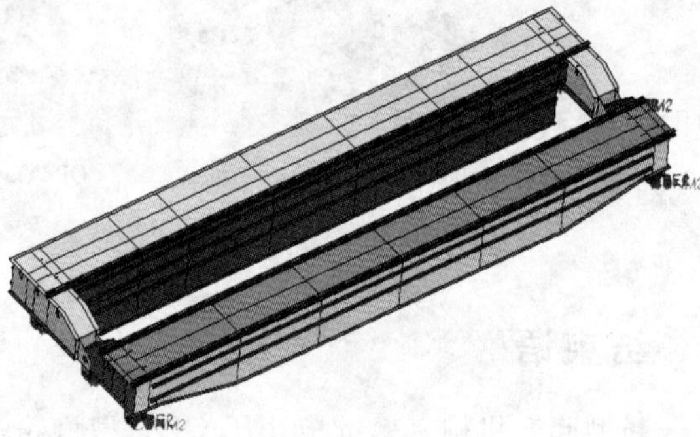

图2　铸造起重机有限元模型

为了更真实地模拟桥架的受力状态，采用三维实体单元模拟小车轨道，使上盖板受力均匀，轨道模型如图3(a)所示；而支承车轮组平衡台车的耳板厚度较大，不宜采用板壳单元，也采用三维实体单元，便于施加约束，如图3(b)所示，板单元与实体单元通过节点对应的关系连接起来。

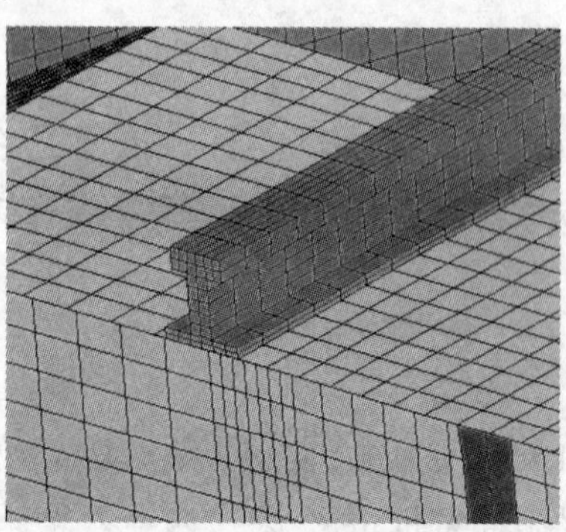

（a）轨道实体模型

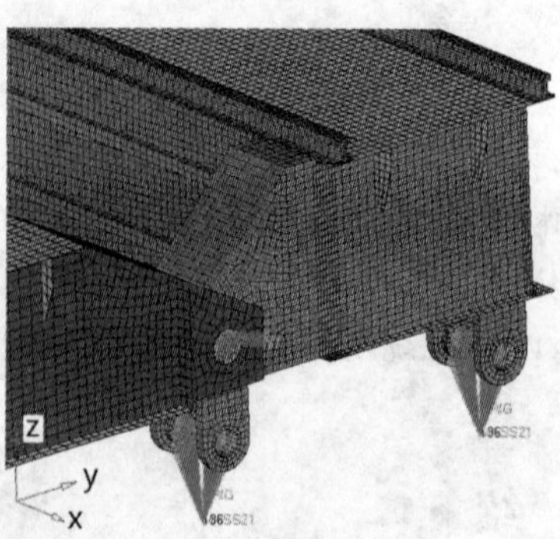

（b）耳板模型及约束

图3　局部三维实体单元

3　边界条件

整个起重机由平衡台车的铰接轴支承，再通过车轮与轨道连接。对于铸造起重机桥架，其主体部分即箱形梁可视为简支梁，并施加多点约束进行[1]。

桥架司机室一端的主梁车轮平衡台车的铰接轴中心处，约束X,Y,Z方向的平动和沿Z方向的转动；同一侧另外两组车轮平衡台车的铰接轴中心处约束X,Z方向的平动和沿Z方向的转动。桥架扒渣机一端的主梁车轮平衡台车铰接轴中心处约束Y,Z方向的平动和沿Z方向的转动，同一侧另外两组车轮平衡台车的铰接轴中心处约束Z方向的平动和沿Z方向的转动。如图3(b)所示。

4　计算载荷及工况

该台铸造起重机主要参数如表1所示。

表1　起重机主要参数

主小车额定起重量 $P_{主}$/t	副小车额定起重量 $P_{副}$/t	跨度(L/m)	主小车自重 $G_{主}$/t	副小车自重 $G_{副}$/t	桥架自重 G_0/t
450	80	21.4	267	32	361

起重机桥架在工作状态时，所受到的载荷为结构自重和工作载荷。

(1)结构自重：由于起重机所有的电气设备都均匀放置在主梁上，可近似为均布载荷。为计算方便，将电气设备重量折算为重力加速度施加在主梁上。即以加大重力加速度的方法来用主梁结构的自重代替主梁上的总重量。

等效重力加速度为：

$$g'=\frac{G}{G'}\times g=23.585\ \mathrm{m/s^2} \tag{1}$$

式中　g——重力加速度，取 $g=9.8\ \mathrm{m/s^2}$；

G——主梁真实总重量(N)；

G'——主梁仿真模型总重量(N)。

(2)工作载荷：主、副小车自重和铁水罐及铁水的重力分布在主、副小车上的车轮上。起重主小车分跨外主梁和内主梁，主小车自重平均分布在内主梁外侧和外主梁总共16个车轮上；由于起吊点与内、外主梁轨道的距离不一样，主钩吊重在车轮上的分布如图4所示。

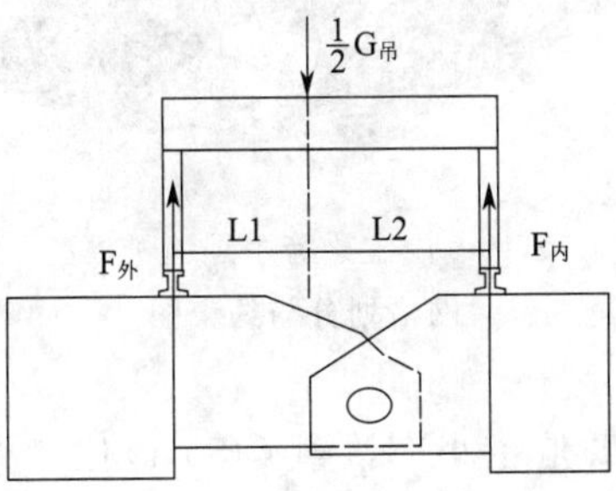

图4　主小车载荷分布图

根据图4，主钩吊重作用在外主梁和内主梁上的载荷分别为：

$$F_{外}=\frac{G_{吊}\ L_2}{(L_1+L_2)} \tag{2}$$

$$F_{内}=\frac{G_{吊}\ L_1}{(L_1+L_2)} \tag{3}$$

式中　$G_{吊}$—主钩吊重(N)；

L_1——吊重点与外主梁轨道的水平距离，$L_1=1\ 450$ mm；

L_2——吊重点与内主梁轨道的水平距离，$L_2=1\ 700$ mm。

为了分析起重机桥架在不同工况下主梁的应力和变形，分别在以下几种工况下起重机主梁应力和变形进行计算：

(1)空载小车位于铰接端梁一端(测试零点)；

(2)主小车满载(主钩吊重450 t)位于桥架跨中位置；

(3)主小车满载(450 t)位于司机室一端，副小车无荷载；

(4)兑铁水、扒渣工况，主、副小车均位于扒渣机一端，副钩使铁水罐倾斜，主钩吊重为370 t，副钩吊重为80 t。

5　有限元仿真分析

5.1　整体有限元分析结果

检测零点及主小车满载位于桥架跨中位置两种工况下的桥架最大主应力分布如图5、6所示。

主小车满载位于司机室一端及兑铁水、扒渣，副钩使铁水罐倾斜两种工况下的桥架外主梁剪应力分布如图7、8所示。

5

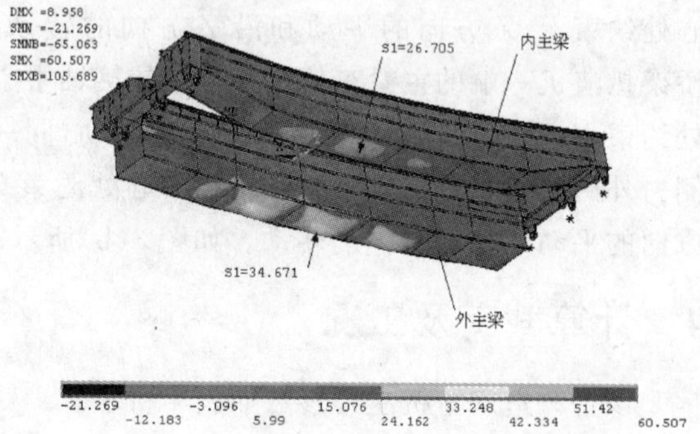

图 5 测试零点桥架最大主应力云图

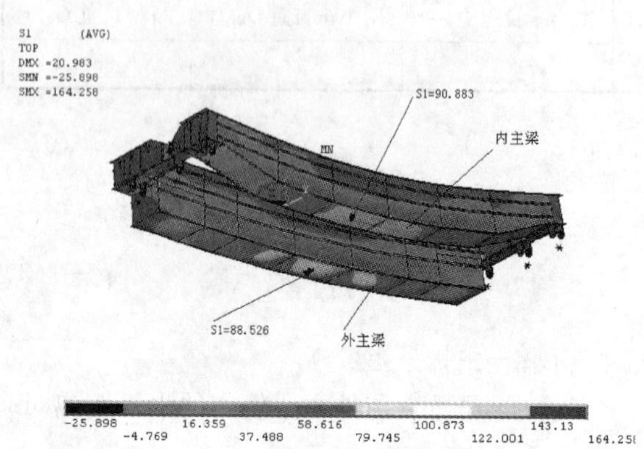

图 6 主小车满载位于跨中位置工况下桥架的最大主应力云图

5.2 子模型及分析结果

上面的有限元仿真分析结果显示，当主小车满载位于桥架跨中时，内主梁跨中处应力值达到最大，其中上盖板承受压应力，下盖板承受拉应力。为了精确计算出下盖板焊缝的应力，采用由板到体的子模型分析方法对该部位焊缝进行精细分析。所创建的子模型如图 9 所示。

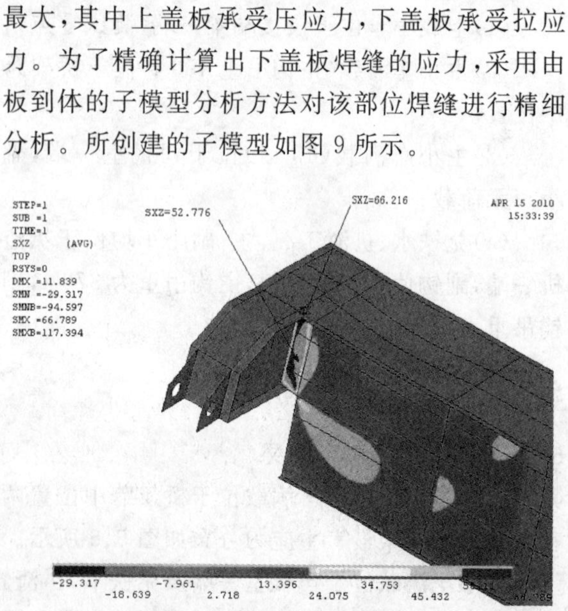

图 7 主小车满载位于司机室一端时外主梁端部剪应力云图

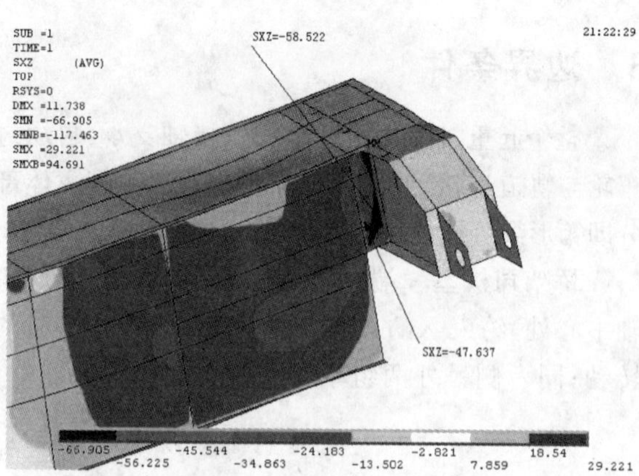

图 8 兑铁水、扒渣工况下外主梁端部剪应力云图

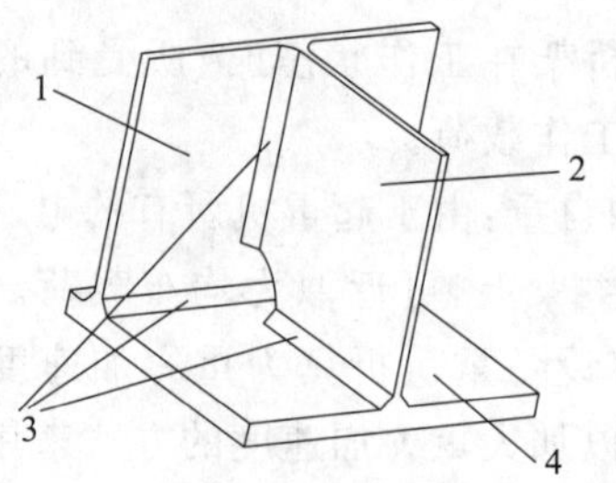

图 9 内主梁跨中焊缝子模型的结构图

1—内主梁腹板；2—跨中加强板；3—焊缝；4—内主梁下盖板

子模型的约束条件由整体模型插值得到，采用三维实体单元对内主梁跨中焊缝子模型进行网格划分，网格以及约束示意图如图 10 所示。

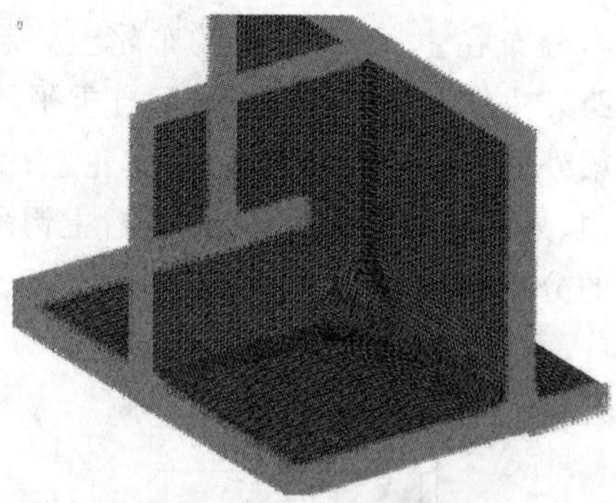

图 10 内主梁跨中焊缝子模型网格划分与约束图

图 11 是主小车满载（450 t）位于主梁跨中时，内主梁跨中焊缝处子模型的最大主应力分布图。从图上可以看出，内主梁腹板与下盖板、跨中加强筋板与下盖板焊缝处的应力值均较大，分别为 107.733 MPa，101.271 MPa。

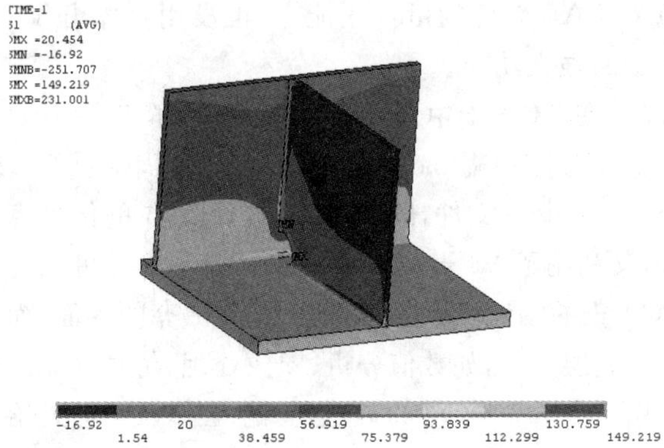

图 11　内主梁跨中焊缝子模型最大主应力云图

有限元仿真分析最终结果如表 2 所示：

6　结　　论

根据通用桥式起重机国家标准 GB/T14405—93 及有限元仿真分析结果，满载小车位于跨中时，其跨中挠度应不超过跨距的 1/1 000，该起重机跨中挠度为 19.9 mm，相对测试零点的相对挠度为 14.2 mm，为跨距的 21 400 mm的0.66/1 000，该起重机桥架的静刚度满足要求。

表 2　桥架在各种工况下计算数据总汇

工况	上盖板(最小主应力 MPa)		下盖板(最大主应力 MPa)		扒渣机端直角焊缝(剪应力 MPa)		跨中挠度(mm)
	母材	焊缝	母材	焊缝	内主梁	外主梁	
检测零点	−40.76	−32.48	34.67	42.12	27.23	23.65	5.7
满载跨中	−91.07	−63.73	106.36	107.73			19.9
满载位于司机室一端	−74.39	−50.94	79.32	84.51	45.3	66.22	8.8
兑铁水、扒渣	−77.51	−49.22	75.42	82.77	55.82	63.45	8.9

由表 2 中数据可知当主小车满载位于桥架跨中时，内主梁跨中处应力值达到最大，其中上盖板承受压应力，下盖板承受拉应力。进一步的子模型计算结果表明，当主小车满载位于桥架跨中时，内主梁跨中下盖板是桥架的危险部位，此时母材最大拉应力达到 106.359 MPa，而下盖板与主腹板之间的焊缝最大拉应力达到 107.733 MPa，超过了疲劳极限(当置信度为 95%时，焊缝的疲劳极限为 96 MPa)[2]。因此，应对该处焊缝进行修整，并缩短对该处焊缝的检查周期，及时发现隐患。

主小车满载位于扒渣机端时，外主梁腹板剪应力值达到最大，为 60.216 MPa，尚未超过剪应力疲劳极限(当置信度为 95%时，焊缝的剪应力疲劳极限为 68 MPa)，因此处于安全工作状态。

参考文献

[1]　肖涵，候澍旻，李友荣. 炉前桥式起重机疲劳寿命预测[J]. 机械研究与应用，2005.2(2)：37-38.

[2]　《机械工程材料性能数据手册》编委会编. 机械工程材料性能数据手册[M]. 北京：机械工业出版社，1995.

桥式起重机动态特性分析程序及应用

马宗雄，范　勤

(武汉科技大学　机电研究所，湖北　武汉　430081)

摘　要：本文针对垂直起升、有角度起升、小车运行、大车运行以及起重机综合运动等各种工况，采用 Visual C++编译器的核心类集 MFC 来绘制可视化窗口，调用 MATLAB 函数精确求解门、桥式起重机动态系统模型，实现了 VC++与 MATLAB 的协同合作，完成起重机动特性的快速分析，最后通过两个例子验证了该仿真技术的可行性。

关键词：Visual C++；MATLAB；协同技术；起重机；动态特性

0 前 言

目前,国内外求解起重机动态特性大多都是建立精确的数学模型,并采用模态分析法、牛顿迭代法和振型叠加法[1~3]。针对具体起重机进行精确建模并求解超越方程和微分方程,其解具有较高的精确性。但由于起升机构本身和微分方程组建模周期长、数值解法程序复杂、计算结果分析困难等因素,不能适应工程中提高设计效率、缩短产品开发周期的需要,因此微分方程数值解法的成果并未对起重机起升机构动力学的研究产生革命性的影响。目前工程界仍大量采用在静态载荷乘以动载系数的方法来考虑动特性的影响[3],这种方法能够快速求解起重机动态特性,但不能很精确的反映实际情况。

MATLAB具有相当强大的数值计算、数据处理、系统分析、图形显示甚至符号运算等功能,是一个完整的数学平台,在微分方程数值解的计算上比较成熟和高效,应用十分广泛。VC++是一种面向对象的开发环境,是开发效率最高的C++系统,灵活性、自我创造性好;生成的可执行文件可脱离编程环境运行,适用性广。将其嵌入到VC++开发环境中,能充分发挥VC++可视化编程代码重用的优势,克服MATLAB界面开发能力差、编程复杂和程序代码保密性差等缺点,充分发挥MATLAB数值求解的功能,实现一种简单易用、快速高效的新型数值分析手段。

VC++与MATLAB混合编程的新型仿真技术已广泛应用于运动控制仿真、电力电子系统仿真、气体分子运动仿真和信号分析处理[5~8],暂未查到在起重机和结构动态特性分析方面的报道。

1 VC++与MATLAB混合编程的几种方法

通常有三种方法可实现VC++与MATLAB的混合编程,它们是:

1.1 在VC++中实现MATLAB可执行程序

该方法是在VC++中创建一个DLL动态文件,然后在MATLAB的Command Window中调用该动态文件,MATLAB通过采用mex命令可以将C/C++或FORTRAN程序编译成mex程序,实现在MATLAB主程序中执行。该方法并没有充分发挥出MATLAB的功能,没有解决MATLAB软件的可视化能力,也没用发挥出VC++的强大功能。

1.2 在VC++中调用MATLAB数学库

该方法利用mcc命令将*.m文件转换成*.cpp和*.hpp文件,既保持了MATLAB的优良算法,又利用了VC++的高效率。开发人员可以在VC++的编译环境下,建立友好和漂亮的界面;而一些底层工作,如数值分析、图像处理、仿真等原来要用VC++实现的较复杂的工作,统统交给MATLAB来做。转换后的文件能够脱离MATLAB环境而独立运行程序,可以发布给没有MATLAB的用户使用;代码执行速度比不转换平均要快1.5倍以上。然而,它不能使用MATLAB的函数eval()和input(),不能调用图形句柄系统的函数,不能调用MATLAB工具箱的函数等,这使MATLAB的使用受到了极大的限制[9,10]。

1.3 在VC++中调用MATLAB引擎

MATLAB引擎是MATLAB提供的一组编程接口,支持C/C++,Fortran等语言,通过接口函数,用户可以使用MATLAB提供的计算和图形功能。VC++是以MFC为核心的高效的面向对象开发环境,若使用引擎与VC++连接,可以充分发挥VC++在界面编写以及硬件访问等方面的优势,而比较复杂的信号处理、计算等任务则交由MATLAB完成,而运算结果可以交由VC++6.0继续使用。这种方法虽不能脱离MATLAB环境,但能充分利用MATLAB的函数和图形能力。在VC++中只要通过几个简单的函数,如通过函数engEvaltring()向MATLAB发送预求解方程、用函数engOutputBuffer()获取MATLAB求解结果,就可以把预求解的函数方程交给MATLAB执行,并方便的获取求解结果。

2 起重机力学模型及其程序实现

建立桥式起重机模型[2,3],如图1所示:

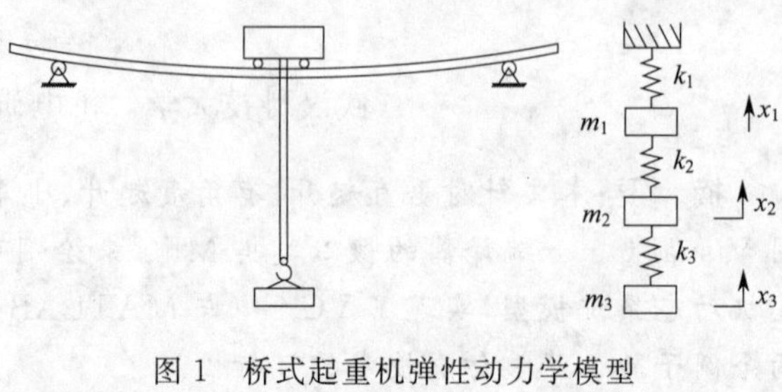

图1 桥式起重机弹性动力学模型

2.1 预张紧阶段时的数学模型及 MATLAB 求解程序：

由振动理论可得该阶段的矩阵方程，如下：

$$\begin{bmatrix} m_1 & 0 \\ 0 & m_2 \end{bmatrix}\ddot{x}+\begin{bmatrix} k_1+k_2 & -k_2 \\ -k_2 & k_2+k_3 \end{bmatrix}x=\begin{bmatrix} 0 \\ -k_3 v_0 t \end{bmatrix}$$

该矩阵方程所对应的 MATLAB 程序为：

```
D2x1= - (k(1)+ k(2))/m(1)* x1+ k(2)/m(1)* x2;
D2x2= k(2)/m(2)* x1- (k(2)+ k(3))/m(2)* x2-
k(3)* v/m(2)* t0;
```

其中，D2 表示对字符变量 x1 或 x2 进行二次求导。

该阶段的初始条件是当 t=0 时，有：

$$\begin{cases} x_1(0)=\dot{x}(0)=0 \\ x_2(0)=\dot{x}_2(0)=0 \end{cases}$$

MATLAB 程序为：

```
'x1(0)= 0','x2(0)= 0','Dx1(0)= 0','Dx2(0)= 0';
```

其中，D 表示对字符变量 x1 或 x2 进行一次求导。

利用 dsolve 函数来求解上述微分方程，并通过 eval 函数把结果转换为常数表达式：

```
s= dsolve('D2x1= - (k(1)+ k(2))/m(1)* x1+ k
(2)/m(1)* x2','D2x2= k(2)/m(2)* x1- (k(2)+ k
(3))/m(2)* x2- k(3)* v/m(2)* t0', 'x1(0)= 0','x2
(0)= 0','Dx1(0)= 0','Dx2(0)= 0','t0');
x10= eval(s.x1);
x20= eval(s.x2);
```

该阶段的结束条件为：

$$k_3(v_0 t_0+x_{10}+x_{20})=m_3 g$$

MATLAB 求解程序为：

```
f= v* t0+ x10+ x20- m(3)* 9.8/k(3);
t0= solve(f);% 求解函数 f(t),得出 t0 值。
x10= eval(s.x10);x20= eval(s.x20);
```

2.2 起吊阶段时的数学模型的 MATLAB 求解程序为：

由振动理论可得该阶段的矩阵方程，如下：

$$\begin{bmatrix} m_1 & 0 & 0 \\ 0 & m_2 & 0 \\ 0 & 0 & m_3 \end{bmatrix}\ddot{x}+\begin{bmatrix} k_1+k_2 & -k_2 & 0 \\ -k_2 & k_2+k_3 & -k_3 \\ 0 & -k_3 & k_3 \end{bmatrix}x=\begin{bmatrix} 0 \\ 0 \\ 0 \end{bmatrix}$$

该系统的固有频率 MATLAB 求解程序为：

```
p1= m(1)* m(2)* m(3);
p2= m(2)* m(3)* k(1)+ (m(1)+ m(2))* m(3)* k
(2)+ (m(2)+ m(3))* m(1)* k(3));
p3= (m(1)+ m(2)+ m(3))* k(2)* k(3)+ (m(2)+ m
(3))* k(1)* k(3)+ k(1)* k(2)* m(3);
p4= k(1)* k(2)* k(3);p= [p1 - p2 p3 - p4];
omiga2= roots(p);omiga= sqrt(omiga2);
```

3 新型仿真技术的实现

3.1 系统分析可视化的实现

MFC 封装了 Windows API，它提供了强大的界面开发功能，配合 C++程序语言，使设计出的界面能处理大部分复杂的问题。

创建名为 Crane 的 MFC 工程项目，利用 MFC 工程里的 Radio Button、Button、Edit Box 等控件建立如图 2 所示的参数输入界面。

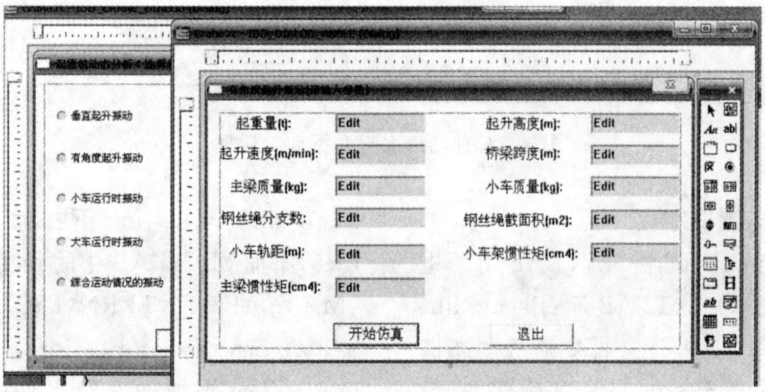

图 2　创建可视化界面

当选择不同的动态分析模型时，该界面能同步显示模型的简图，为了达到这个目的，首先在 ResourceView 点击右键插入几个已做好的 Bitmap 图片，如 IDB_BITMAP1。在对话框中插入 Picture 控件，并选择 Properties 项目，在 ID 框内给该控件设置一个 ID，如 IDC_STATIC1；在

Type 下拉菜单中选择 Bitmap 类型，在 Image 下拉菜单中选择已插入的 IDB_BITMAP1 图片，按此方法将其他 Bitmap 图片插入到对话框中，如图 3 所示。双击任一 Radio Button，如“垂直起升振动”，新建一个控制函数，并输入控制程序：

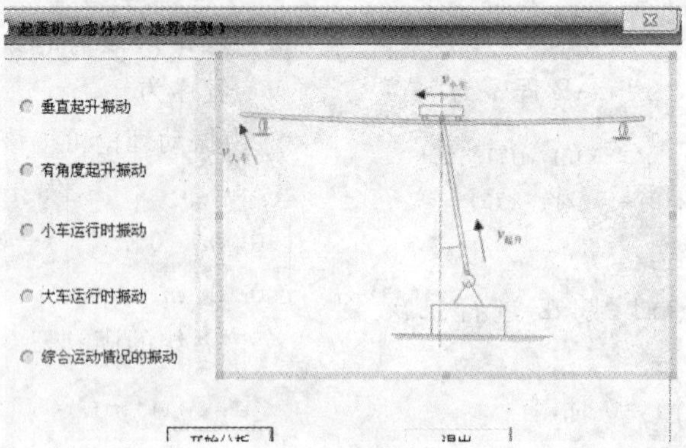

图 3　在对话框中导入图片

```
GetDlgItem(IDC_STATIC1)- > ShowWindow(SW_SHOW);
GetDlgItem(IDC_STATIC2)- > ShowWindow(SW_HIDE);
```

该程序使 Bitmap 图片 IDC_STATIC1 显示，Bitmap 图片 IDC_STATIC2 隐藏，从而实现 Bitmap 图片与 Radio Button 的链接。

在图 2 的参数输入界面中，给“开始仿真”按钮控件创建一个控制函数，如 OnButtonSimulation()，并编写相应的 C++程序调用 MATLAB 引擎，执行 MATLAB 程序，实现二者的混合编程，完成对起重机的动态分析。起重机动态分析对话框如图 4 所示。

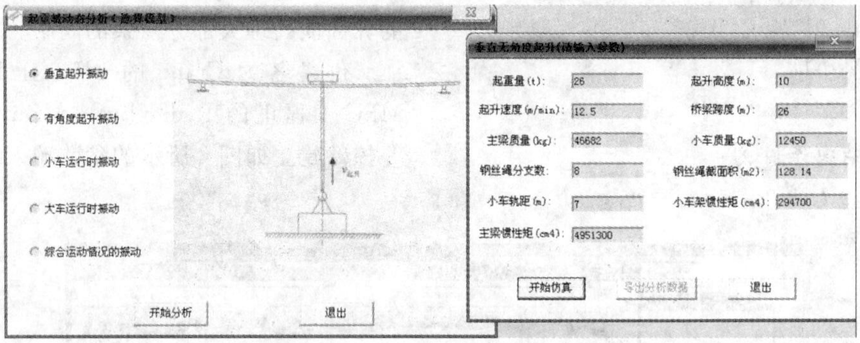

图 4　垂直无角度起升振动对话框

3.2　Visual C++环境设定

要实现 Visual C++调用 MATLAB 引擎进行混合编程，需要几个 MATLAB 库：libeng. lib、libmx. lib、libmat. lib。这些库文件要通过动态链接库 libeng. dll、libmx. dll、libmat. dll 生成，它们存在于 MATLAB\extern\include 目录下。

上面已建好一个名为 Crane 的 MFC 工程项目，在该项目的菜单栏中选择 Tool|Options 菜单，打开 Options 窗口，选择 Directories 选项，在 Show directories for 下拉菜单中选择 Include files，添加 MATLAB 中的 includes 文件夹（如 D:\MATLAB7\EXTERN\INCLUDE）。

在 Shw directories for 下拉菜单中选择 Library files，添加 MATLAB 中的文件夹 msvc60（如 D:\MATLAB7\EXTERN\LIB\WIN32\MICROSOFT\MSVC60）。

接着选择 Projict|Setting 菜单，打开项目设置窗口，单击 Link 选项，在 Object/Library modules 文本

框中添加 libmx. lib libeng. lib libmat. lib。

3.3　Visual C++调用 MATLAB 实现对系统分析

实现 VC 与 MATLAB 之间的协作分析，需要在 VC 中调用 MATLAB 引擎。MATLAB 引擎的操作是通过启动一个独立于应用程序的进程来实现的。在 Windows 环境下，应用程序通过组建对象模型（COM）接口与 MATLAB 进行通信。

MATLAB 提供了一个函数库来实现对 MATLAB 的控制，这个函数库实现的功能主要有：

D. 启动和结束 MATLAB 进程；

E. 从 MATLAB 发送和接收数据；

F. 向 MATLAB 发送命令。

与其他的接口相比，引擎提供的 MATLAB 功能支持是最全面的，它可以完成任何计算和绘图操作，对所有的数据结构提供完全支持。

表 1 为引擎库函数及其功能，它可用耒启动 MATLAB 引擎、完成数据传输及处理等任务。

表 1　引擎库函数及其功能[9,10]

函　　数	功　　能
engOpen()	启动 MATLAB 引擎
engClose()	关闭 MATLAB 引擎
engEvalString()	该函数向 MATLAB 发送了一个字符串，由 MATLAB 来执行
engOutputBuffer()	该函数获取 MATLAB 命令窗口的文字输出
engGetVariable()	该函数从 MATLAB 引擎工作空间复制一个变量
engPutVariable()	该函数把变量写入 MATLAB 引擎的工作空间

双击图 2 中可视化界面的"开始仿真"按钮，把上述所写的 MATLAB 函数通过表 1 所述的引擎库函数传输到 MATLAB 引擎中，完成起重机动态特性的自动分析。

编程时注意事项：第一，要先启动 MATLAB 引擎，才能使用 MATLAB 引擎库函数，在程序中一定要加入 engClose()关闭引擎函数，以关闭 MATLAB 引擎；第二，利用 engPutVariable()函数将 VC++的变量写入 MATLAB 中时，需要把 VC++数据转换成 MATLAB 阵列 mxArray；第三，要注意从 MATLAB 引擎中提取出的数据类型，必须把它转换成 VC++的数据形式，另外，这个转换后的数据格式并不是 VC++里一般的数据格式，使用它的时候要注意；第四，在使用 VC++语句导出分析数据时，导出的是字符串，而不能是数字类型的，因此把从 MATLAB 引擎中获取的数据转换成字符型时一定要注意。这些问题的解决方法可以参考其他的资料。

4　应用实例与结果分析

为与文献[2]和[3]作比较，实例中选取的起重对象与[2]和[3]一致。

4.1　实例分析一

以铁路货场通用的 26tU 型门式起重机为对象，主要参数为：起重量 $q=26$ t，跨度 $l=26$ m，悬臂长度 $l=10$ m，有效悬臂长度 $l1=10$ m，起升高度 $h=10$ m，起升速度 $v=12.5$ m/min，钢丝绳分支数 $n=8$，钢丝绳截面积 $a=128.14$ mm^2，小车轨距 $lx=7$ m，小车质量 m^2=12 450 kg，小车架惯性矩 $i2=2.947\times105$ cm^4，小车位置在跨中 $a=13$ m，主梁门架质量 $m=46$ 682 kg，两根主梁惯性矩 $i=4.951\ 3\times106$ cm^4。

在图 4 的对话框中输入参数，进行分析，并导出数据，可得如图 5 所示的数据报表和图形曲线。

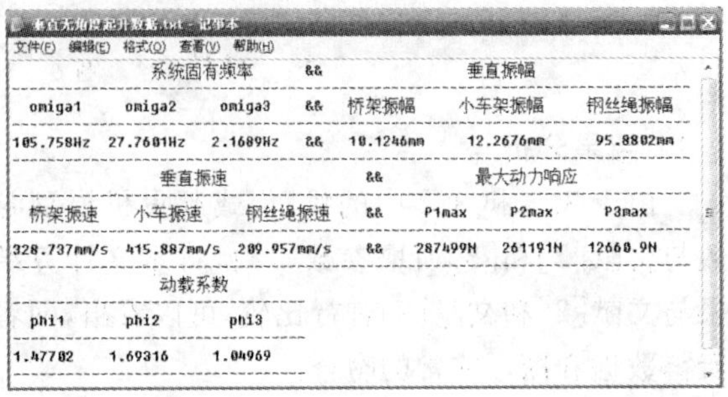

4.2　实例分析二

以一台双梁桥机为仿真对象：额定起重量为 10 t，跨度 22.5 m 起升高度 10 m，起升速度 $v=16$ m/min，主梁桥架质量 10 t，小车质量 2 t，钢丝绳支数 $n=6$，钢丝绳截面积 $A=57.27$ mm^2。主梁惯性矩 $I=9.009\ 4\times105$ cm^4。

在图 4 的对话框中输入参数，进行分析，并导出数据，可得如图 6 所示的数据报表和图行曲线。

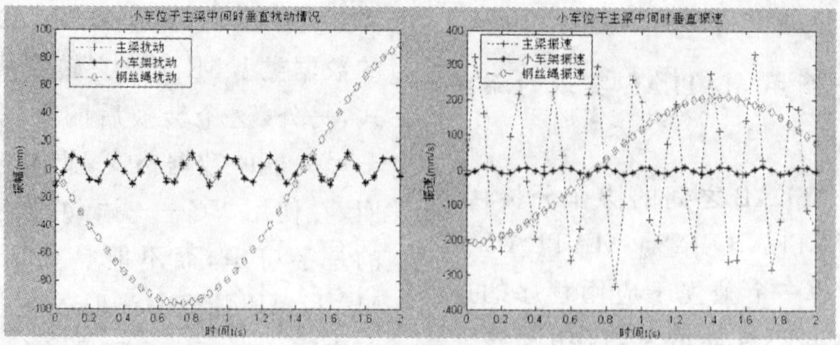

图 5　分析数据及图形

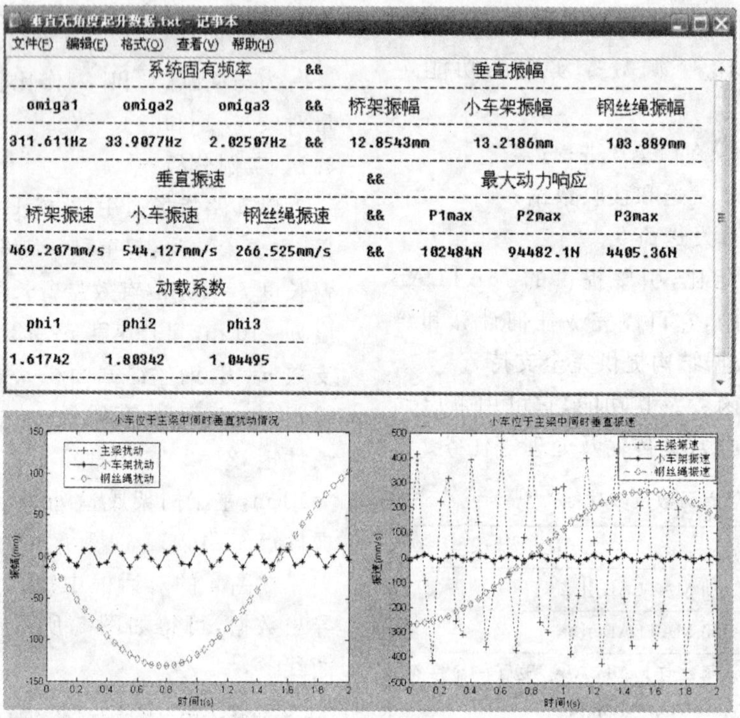
垂直无角度起升数据.txt - 记事本

文件(F)　编辑(E)　格式(O)　查看(V)　帮助(H)

系统固有频率			&&	垂直振幅		
omiga1	omiga2	omiga3	&&	桥架振幅	小车架振幅	钢丝绳振幅
311.611Hz	33.9077Hz	2.02507Hz	&&	12.8543mm	13.2186mm	103.889mm

垂直振速			&&	最大动力响应		
桥架振速	小车振速	钢丝绳振速	&&	P1max	P2max	P3max
469.207mm/s	544.127mm/s	266.525mm/s	&&	102484N	94482.1N	4405.36N

动载系数		
phi1	phi2	phi3
1.61742	1.80342	1.04495

图 6　分析数据和图形

4.3　结果分析

由于 3.1 和 3.2 中的桥、门式起重机模型参数与文献[2]和[3]所取参数一致，将本文计算结果与文献[2]和文献[3]进行比较，可以看出，两者所得数据和图形非常的吻合。

VC＋＋与 MATLAB 混合编程实现了对门、桥式起重机起升动力学系统的快速分析。

5　总　　结

通过 MATLAB 编程，可以很好的并且很直观的分析出动态特性的具体情况；Visual C＋＋与 MATLAB 的混合编程技术封装了门式、桥式起重机动态分析方法，在分析该类起重机模型时具有快速性、易使用性以及分析结果的直观性。这种混合编程技术降低了技术人员对工程问题的分析难度，具有很好的适用性，同时它也加快了对工程问题的分析速度，可广泛应用于科学研究和工程技术中。

参 考 文 献

[1]　E. Esmailzadeha, N. Jalili, Vehicle-passenger-structure interaction of uniform bridges traversed bymoving vehicles,/ Journal of Sound and Vibration 260 (2003) 611-635.

[2]　程文明，邓斌，王金诺. 小车架为弹性结构时门式起重机的动态特性研究. 西南交通大学学报，2001，36(2)：144～148.

[3]　张玉琴，冯山岭，张淑红. 桥式起重机的动力学模型与仿真计算. 重庆机械科技. 2005(3)：1～4.

[4]　GB 3811—2008　起重机设计规范.

[5]　王周益，刘继兴，柳长安. VC＋＋与 MATLAB 混合编程研究及开发实例. 计算机应用研究，2006（5）：154～

155,171.

[6] 王春民,安海忠,王丰贵.基于VC和Simulink的电力电子仿真实验平台设计.吉林大学学报,2008,26(3):264～269.

[7] 吴宪传,张向文.MATLAB和VC++联合编程的COM研究.计算机系统应用,2009(7):175～178.

[8] 侯运鑫,张桂香,邵梅等.基于Matcom与VC++的信号趋势项处理.山东理工大学学报,2009,23(1):53～55.

[9] 苏金明,黄国明,刘波.MATLAB与外部程序接口.北京:电子工业出版社.2004.162～178.

[10] 祝效华,廖伟志,黄永安,赵玉心.CAD/CAE/CFD/VPT/SC软件协作技术.北京:中国水利水电出版社,2004.290～291.

双梁桥式起重机侧挂小车结构有限元分析

祁 磊,韩 刚,孟文俊

(太原科技大学 机械电子工程学院,山西 太原)

摘 要:在侧挂小车布置方案及结构形式的基础上,应用三维软件SolidWorks建立了侧挂小车车架的结构实体模型,确定出在最不利工况下所受载荷的类型和计算方法,使用SolidWorks内部有限元分析模块COSMOSWorks对模型进行了分析计算,从而得到了较为准确的结构受力变形情况,并由分析结果检验了所设计侧挂小车的结构合理性,对出现应力变形较大的区域进行了相应的改进。提出了对类似结构的小车进行力学分析工作的一种方法。

关键词:侧挂小车;载荷;COSMOSWorks

引 言

本侧挂小车配套悬挂在大吨位双梁桥式起重机上,可以实现与主小车共用其中一个主梁,且各自运行时互不影响工作,最大起重量为25 t。侧挂小车车架是支承和安装起升机构与运行机构的机架,是小车上诸多机构的安装基座。在设计时,要求具有足够的强度和一定的刚度,重量轻,制造安装方便。因它是重量较大的一个部件,所以在保证强度、刚度足够的前提下,提高小车架设计计算的准确性,充分挖掘其潜在的承载能力,不但可以减轻小车架的自重、降低小车轮压,而且在减轻桥架负载、节约钢材和改善整台起重机的使用性能上具有一定的意义。

过去我国设计计算小车架,均将其简化为纵、横简支梁的计算模型,用材料力学原理进行计算,并采用较大的安全系数以确保安全使用,该方法并未进行准确的力学分析,所以在其结构合理性的检验工作上做得不够完善。本文用三维软件SolidWorks2007建立侧挂小车车架的实体模型并使用其内部有限元分析模块COSMOSWorks对模型进行分析计算,对小车架结构的合理性进行了检验,并对不合理处提出了改进方法,从而弥补了类似结构的小车在力学分析工作上的不足。

1 侧挂小车布置方案及结构形式

侧挂小车运行垂直轮与水平轮布置在同一轨道上,如此布置的最大优点是侧挂小车布置紧凑、机构的重心和小车的吊点中心接近运行轨道,整车的稳定性好,在桥机主梁上不需增加侧挂小车运行受力梁,只需设运行垂直轮和上水平轮共用的一条轨道即可。图1为侧挂小车的布置简图。

运行机构水平轮的布置方案为两个上水平轮采用平衡架铰接结构连接在小车架上,两下水平轮分别固定在两条支腿的下端。该结构的主要特点是避免了水平轮轮压集中和上水平轮轮压分布不均的缺点,当小车运行时,由于上水平轮平衡铰点的作用,即使轨道有波浪度,两上水平轮的水平力始终相等。

侧挂小车车架是由一根顺着轨道的纵梁和与之相垂直的数根连接横梁组成,横梁与纵梁焊接形成一个刚性构架,两支腿通过焊接连接在下盖板上。利用SolidWorks建立模型时将焊接部位等强度考虑[1]。

2 载荷及约束条件的确定

2.1 载荷的确定

本文研究的双梁桥式起重机在室内工作,作

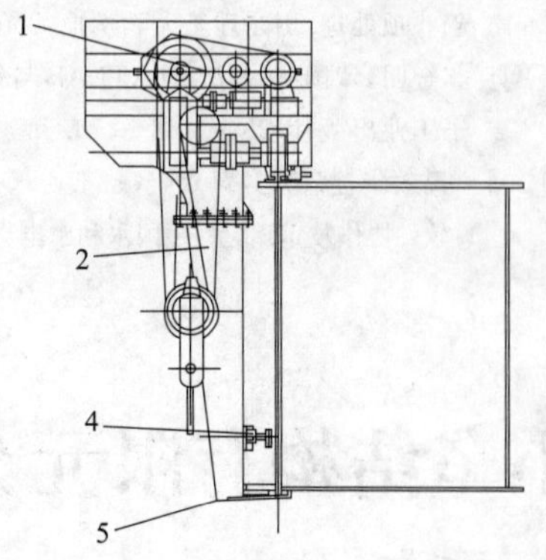

图 1　侧挂小车布置图

1—起升机构；2—小车架；3—运行机构垂直轮；4—下支承架；5—运行机构下水平轮；6—运行机构上水平轮

业环境良好，无风载荷。根据起重机设计规范 GB3811—2008 的规定，只需分析 A 类载荷即常规载荷[2]。

侧挂小车在理想状态下（即在不考虑特殊工况如在施工过程中因操作不当造成的大车危险紧急制动等情况）的最不利工况是：起重机在正常工作状态下，无约束地起升地面的物品。该工况下小车架受到的载荷分为以下四个部分：

(1)自重载荷 p_G。考虑因出现振动而产生的动力响应，自重载荷应乘以起升冲击系数 φ_1（取为 1.05）。起升机构的自重通过减速器及另一端的支承以均布载荷形式作用在小车架上。

(2)起升载荷 P_Q。考虑起升动力效应，应乘以起升动载系数 φ_2（取为 1.2）。起升载荷分为 2 部分，一部分作用在起升卷筒上，另一部分通过定滑轮组作用在定滑轮组支承板上。卷筒所承受的起升载荷通过减速器及另一端的支承以均布载荷的形式作用在小车架上。对于作用在支撑板上的起升载荷按分布力处理，其值为：

$$q=\frac{\phi_2 Q}{2m}\times\frac{\pi}{2}\times\frac{1}{d} \tag{1}$$

式中：q——分布力；

ϕ_2——起升动载系数；

m——起升机构倍率；

Q——作用在定滑轮组上的起升载荷；

d——定滑轮组支承轴径。

由于分布力沿径向方向，其合力为起升载荷的一半，实际径向力要放大 $\frac{\pi}{2}$ 倍。

(3)水平惯性载荷 P_H。侧挂小车运行起、制动时产生一定的加速度，会受到惯性力的作用，该惯性力沿水平方向作用在车体上。由于起动加速度大于正常制动加速度，因此我们只考虑起动时产生的惯性力，其值为：

$$P_H=\begin{cases}\phi_5 m_G a\\ \phi_5 m_2 a\end{cases} \tag{2}$$

式中：m_G——侧挂小车的质量；

m_2——起升质量；

a——运行平均加速度；

ϕ_5——动力效应系数，取为 1.5。

(4)运行冲击载荷。起重机在不平的轨道上运行时所发生的垂直冲击动力效应，即运行冲击载荷，用运行冲击系数 ϕ_4 乘以起重机的自重载荷与额定起升载荷之和来计算。该侧挂小车运行的轨道接头状况良好，轨道采用焊接连接并对接头进行打磨，所以取 $\phi_4=1$[3]。

侧挂小车车架模型的载荷施加情况如图 2 所示。

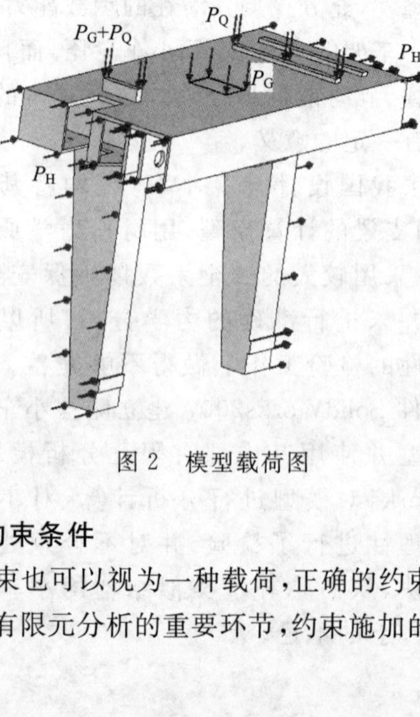

图 2　模型载荷图

2.2　约束条件

约束也可以视为一种载荷，正确的约束模拟是小车架有限元分析的重要环节，约束施加的是否正确也是计算小车架成败的关键。约束模拟必须遵循以下原则:要有足够大的约束使结构消除小车架刚体运动的可能,但不得有多余约束[4]。

本文采用对安装上水平轮的固定板处及两支腿下端安装下水平轮处施加局部约束,即约束 Y、Z 方向的平移自由度和 X、Y、Z 三个方向的旋转自由度,以保证水平轮只沿轨道运动。假设运行车轮轴刚度很大,只能自由转动,受钢轨及轮轨摩擦力的约束,车轮只沿钢轨方向运动,即要约束 Y、Z 方向的平移自由度和 X、Z 方向的旋转自由度。小车架模型约束图如图 3 所示。

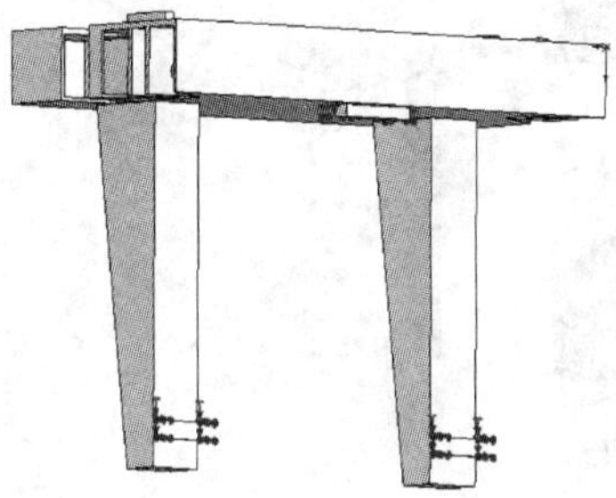

图 3　模型约束图

3　有限元分析求解

本文选择实体网格划分,精度控制在中等精度,这样划分出来的网格比较合理且计算求解的速度也较快。网格划分后的侧挂小车车架有限元模型如图 4 所示。

图 4　侧挂小车车架有限元模型

求解即是计算机求解由有限元方法建立的侧挂小车车架数学模型方程租。求解过程在完成约束和载荷的施加后在 COSMOSWorks 内部求解器中完成。

4　结果分析

图 5 为结构的变形图,从中可以看出,小车架较大变形处位于连接定滑轮组支承板的两横梁中间位置、两支腿与小车架的连接部位以及安装上下水平轮的固定板处。图中所选取的变形比例为 100。

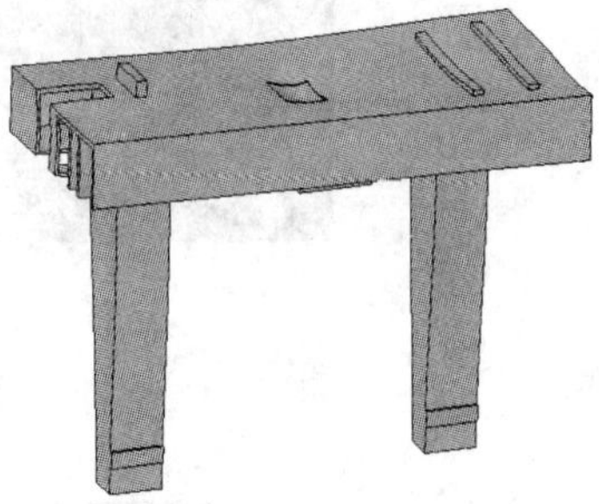

图 5　小车架受力变形图

在后处理过程中绘制了小车架等效应力和位移云图,分别见图 6 和图 7。从应力分布图中可以看出,应力主要集中在连接定滑轮组支承板的两横梁中间位置以及支腿与小车架下盖板的连接处。由于上下水平轮会承受侧挂小车的一部分倾覆力矩,从而使小车架下盖板安装上水平轮处和两支腿下端安装下水平轮处产生较大的局部应力。

为了更好的查看侧挂小车的受力变形结果,选取车架与支腿连接处为截面,绘制了小车架下盖板的等效应力和位移云图,分别见图 8 和图 9。

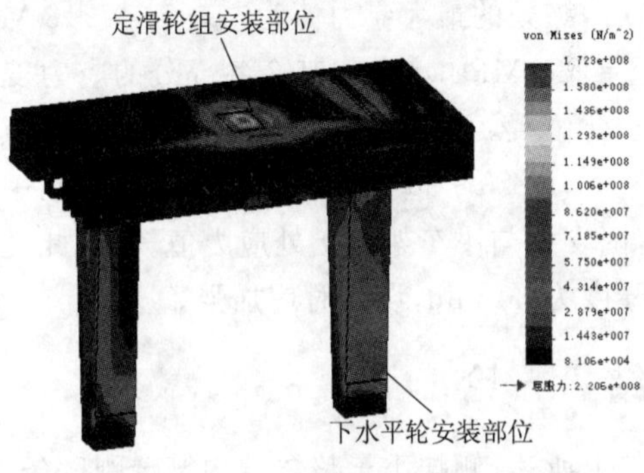

图 6　小车架等效应力云图

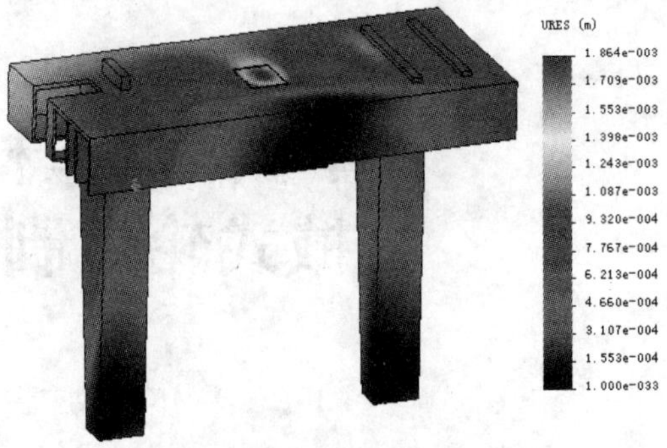

图 7　小车架位移云图

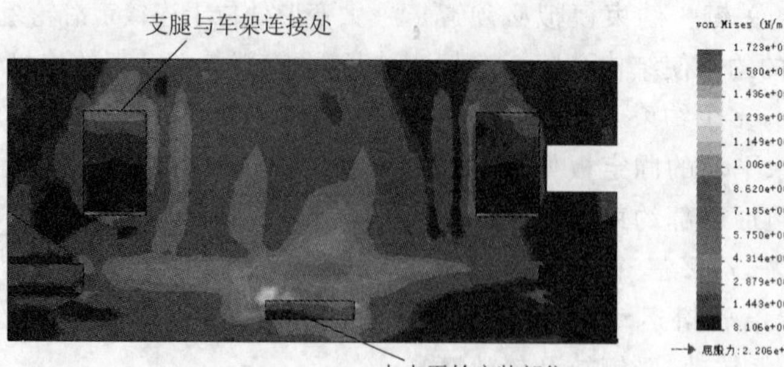

图 8　小车架下盖板等效应力云图

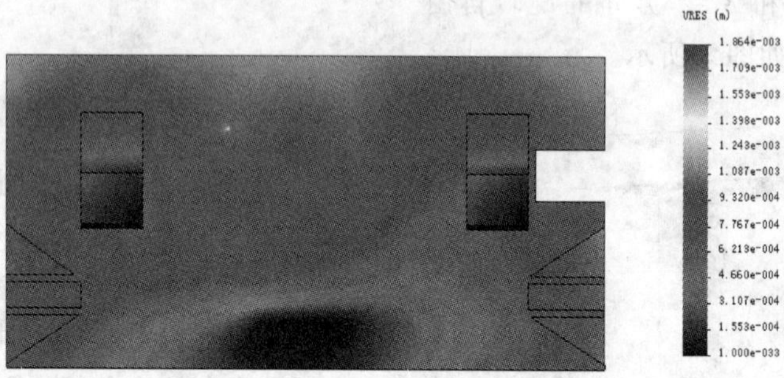

图 9　小车架下盖板位移云图

分析结果表明结构变形最大的部位在连接定滑轮组支承板的两横梁中间位置处，其值为 $f_{\max} = 1.864 < f = \frac{L}{2\,000} = 2.2$ mm（L 为侧挂小车的跨度），该处的最大应力值为 $\sigma_{max} = 172.3$ MPa $<[\sigma]=221$ MPa，小车架其余各部分的应力变形皆小于此位置。故支撑板厚度应适当加厚，但也不宜过大，取 20～30 mm 即可。由于应力集中的存在，两支腿与小车架连接处应力值较大，此处钢板的厚度为 30 mm，设计时应加强。

5　结　　论

综上所述，侧挂小车整体结构符合刚度条件，在运行过程中不会因为结构的变形使得运行垂直轮和水平轮不能与轨道完全接触而造成轮压分布不均的现象。

从整个结果分析中可以看出，所设计的侧挂小车其结构满足强度和刚度条件，无论是从应力变化还是从位移变化上看，都在许用范围之内。且一些关键受力部位受力变形极限的差值并不大，可见该侧挂小车的设计安全裕度适中，结构较为合理。

参 考 文 献

[1]　刘国良. SolidWorks 2007 完全学习宝典[M]. 北京：电子工业出版社，2007.

[2]　GB3811—2008 起重机设计规范[S]. 北京：中国标准出版社，2008.

[3]　徐格宁. 机械装备金属结构设计[M]. 第 2 版. 北京：机械工业出版社，2009.

[4]　曹岩，赵汝嘉. SolidWorks 2007 精通篇[M]. 北京：化学工业出版社，2008.

基于滚珠丝杆推动松闸的电子机械式轮边制动器的研制与试验

杨国平

（长沙三占惯性制动有限公司）

摘　要：介绍一种基于滚珠丝杆推动松闸的电子机械式轮边制动器的设计特点、应用范围、防风机理及试验情况。该新型轮边制动器的应用，将有助于进一步提高轨道式大型港口起重机在工作状态突发阵风袭击下的抗风防滑能力。

关键词：滚珠丝杆；松闸；突发阵风；抗风防滑；电子机械式轮边制动器；动载应力释放；延时分批制动

前言：近年来，随着国际航运中船舶大型化和泊位的深水化，港口起重机械正日益向大型化发展。然而，由于设备的高度和迎风面积不断增大，起重机在工作状态下受突发阵风、强风袭击而被吹动滑移，甚至倒塌损毁的重大安全事故时有发生。这些事故在造成巨大损失的同时也给起重机设计、设备管理和防风装置研制单位提出了新的研究课题。为此，我们经过多年的研究和实验，设计开发出一种新的一种基于滚珠丝杆推动松闸的电子机械式轮边制动器。经试验证明，它能有效克服传统液压式松闸轮边制动器需要配置液压泵站的不便之处及维护困难，同时通过机械、电子和系统联机互锁集中控制等功能设计，可以进一步提高大型港口起重机在工作状态突发阵风袭击下的抗风防滑能力。

1　港口起重机的大型化发展，对防风装置提出了更高要求

港口装卸用门座式起重机从10T30M、16T33M、过渡到25T33M、40T35M。适用于当今超巴拿马船型的岸边集装箱起重机的高度和外伸距已达70 m。现代化船厂门座式起重机的起重量达到250 t、300 t，龙门式起重机的起重量达到600 t、900 t。装卸船机装卸能力达到7 500 t/h以上。随着起重机的大型化和超大型化发展，防风问题尤其是工作状态下的防风问题，显得非常突出。过去中、小型设备迎风面积较小，做好主动轮制动就能基本上解决防突发阵风的问题。现在设备向大型化发展，起重机高度和迎风面积都有很大的增加，计算表明，像大型岸边集装箱起重机这一类设备，仅靠主动轮制动已不能满足工作状态下的防风的安全性要求，若从动轮能有效制动，则能进一步提高设备防突发阵风能力。基于滚珠丝杆推动松闸的电子机械式轮边制动器研制成功，为轨道式大型港口起重机防风抗滑装置的设计与选用提供了一种新的选择。

2　电子机械式轮边制动器的设计特点

2.1　总体设计思路

这种新型的电子机械式轮边制动器在开发设计时就已充分吸取液压夹轮器的优点，采用紧凑的夹钳结构、高性能的摩擦材料；为了避免液压油缸式松闸装置的固有缺点和不足，本设计创新采用了由大力矩，可频繁启动且电流小，过载能力强且具有一定堵转能力的高性能交流力矩电机驱动的滚珠丝杆机构作为松闸装置，同时采用由低压直流电磁铁控制的具有单向逆止、分离功能的电磁保持器作为松闸保持装置，从而形成结构独特、性能优越、可靠性高的松闸装置。

2.2　装置结构及工作原理

DLBZ电子机械式轮边制动器（专利申请号：200920064418.3）如图1所示由微电机、减速传动装置、具有单向逆止和分离功能的电磁保持器、滚珠丝杆幅、凸轮增力机构、弹簧制动缸、制动夹钳和电控系统组成。由微电机带动滚珠丝杆幅压缩弹簧松闸，电磁保持器维持松闸状态，通过控制电磁保持器释放压缩弹簧使制动夹钳上闸。

工作时，由微电机驱动减速传动装置，使滚珠丝杆幅输出推力，通过凸轮增力机构来消除制动弹簧作用力，将制动夹钳松闸。松闸后，电机停止工作，由电磁保持器逆止减速传动装置反转，维持松闸状态。制动时，电磁保持器通电吸合分离保持器，减速传动装置反转，由压缩的制动弹簧作用力使制动夹钳上闸，产生制动作用。该防风装置采用了电子机械式驱动机构，可便捷地通过自动化控制手段来满足设备的各种防风工况要求，具有稳定可靠的防风效果。

电子机械式轮边制动器采用夹钳结构，通过高性能的摩擦衬垫与轮缘侧面摩擦产生抗风阻力。具有非常稳定的摩擦性能和防风制动效果；它体积小，结构紧凑、安装简易，单台设备可设置多台轮边制动器。并且具有在紧急状态下，实施动态紧急制动的功能，使整机具有较高的防突发

阵风的能力。

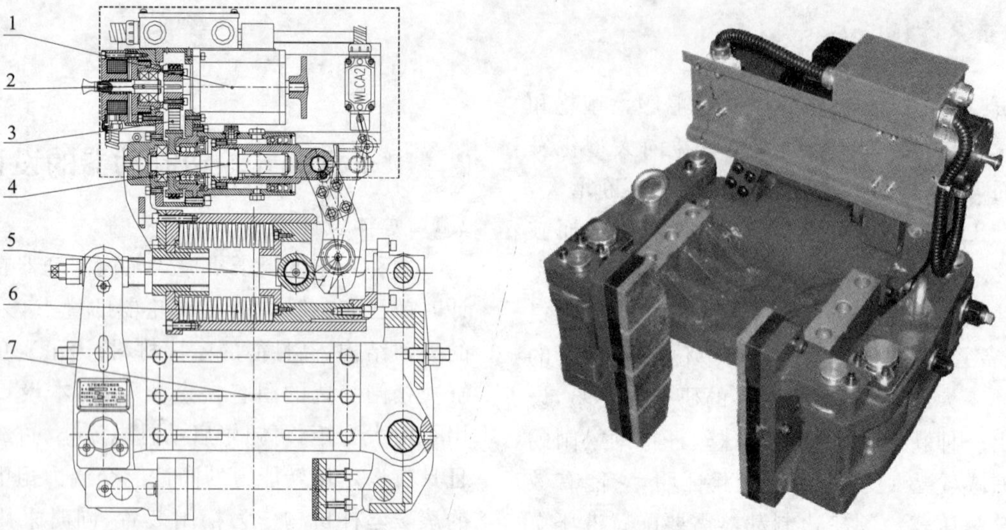

1—微电机；2—电磁保持器；3—减速传动装置；4—滚珠丝杆幅；5—凸轮增力机构；6—弹簧制动缸；7—制动夹钳；

图 1　电子机械式轮边制动器结构图

2.3　滚珠丝杆松闸装置的设计与使用特点

滚珠丝杆松闸装置是本电子机械式轮边制动器区别于传统轮边制动器的关键性结构部件。在设计中，我们采用了微型交流力矩电机驱动滚珠丝杆幅的结构作松闸装置，电磁保持器作为松闸保持装置。

微型交流力矩电机具有控制简捷，输出力矩大，过载能力强，可频繁启动，并且能堵转工作的特点是重载推动装置的最佳驱动器；滚珠丝杆幅传动效率高，运行平稳，承载能力强，使用寿命长，能将旋转力矩转换成直线推力，也能将直线推力反向转换成旋转力矩。电磁保持器由低压低功率直流电磁铁、单向轴承和离合装置组成，独特的设计结构使其具有单向逆止和分离功能，并且启动迅速，逆止准确，分离可靠。

这种纯机械电子式的松闸装置经过试验证明，具有以下特点：

①松闸推力大，动作迅速准确，效率高，使用成本低，维护简单，使用寿命长；

②能使使用这种松闸装置的制动器具有长间保持松闸状态的功能，可以使轨道式大型港口起重机作业时大车运行机构处于自游状态，有利于起重机动载应力的释放，消除冲击，减少机构的疲劳损伤；

③特别是它不同于传统液压松闸装置，没有液压系统容易出现的油管、密封件老化、液压件磨损、漏油、系统乏力、阀芯卡死等故障现象。使用这种电子机械式轮边制动器相对于液压制动器有利于保护环境，节约能源。

2.4　控制器及其与起重机联机互锁集中控制的功能设计

2.4.1　控制器模块

本电子机械式轮边制动器采用机电一体化思路设计。其自带控制系统 DK1 控制器由电源模块、松闸装置电机控制模块、松闸装置电磁铁控制模块、制动器动作控制及信号反馈模块和信号指示等部分组成。电源模块可为系统提供具有 UPS 功能的 DC48V 电磁铁电源和 DC24V 控制电源，以保证供电系统断电时电子机械式轮边制动器能实现自动延时制动；松闸装置电机控制模块可对每个松闸装置电机独立控制，便于监视和故障排除，并带有松闸装置的额定行程、微电机温度和微电机单次接通时间保护；松闸装置电磁铁控制模块为系统制动时，设定制动延时时间及制动顺序；制动器动作控制及信号反馈模块和信号指示提供联机接口和状态指示。

这种控制器采用模块化设计，组合灵活。DK1-4 控制器为基本规格，它可以同时控制 4 台 DLBZ 电子机械式轮边制动器，并可分两批次制动，首次制动两台，延时后再制动两台。需要配置更多制动点时可采用多台 DK1-4 控制器组合，也可定制多点控制器。比如 8 个制动点可以采用 2 台 DK1-4 控制器并列控制或顺序控制，也可采用 1 台 DK1-8 控制器。具体采用什么方式需根据设备现场布置情况确定，制动点布置集中时，一般采用多点控制器。并列控制在制动时各控制器同时动作，所有制动点只能按各自控制器整定的时间延时分批制动。顺序控制在制动时各控制器按联接顺序依次动作，制动点可按顺序依次延时分批制动。

2.4.2　轮边制动器与起重机联机互锁集中控制及保护功能的实现

电子机械式轮边制动器通过控制系统控制，可实现起重机作业时长时间保持松闸状态。停车时可按电控系统整定的时间自动延时制动，在动态紧急制动时还可以实现按预先设定的制动点位置和延时时间顺序分批上闸。一般可分两到三批上闸，延时时间为 2～10 s。即便是在供电系统断电时，也可通过控制系统自身所带的备用电源实现延时分批上闸，而不会在断电瞬间使全部的轮边制动器同时上闸造成设备产生巨大的冲击。

此外，通过与主机电控系统联锁，可实现各种自锁保护功能。如：风速仪，速度传感器等设备控制的自动制动、手动制动、系统联机互锁集中控制制动等功能。因此这种电子机械式轮边制动器可适用多种轨道式大型港口起重机的防风要求。

3　应用范围及防风能力

DLBZ 电子机械式轮边制动器可广泛适用于门座式起重机、龙门式起重机、岸桥、斗轮堆取料机、装卸船机等大型有轨起重装卸设备的从动轮防风制动。

DLBZ 电子机械式轮边制动器在门座式起重机上使用时，可在设备工作时长时间松闸，适用行走机构自由游动，消除冲击，释放动载应力；在龙门式起重机上使用时，可在设备工作时长时间松闸，适用其行走机构频繁启制动工作的要求；在岸桥、斗轮堆取料机、装卸船机等大型起重设备上使用时，可与主机控制系统联机，制动器自动提前松闸、延时分批制动，也可采用手动操作由司机控制制动器松闸与制动。遇风时可由风速信号或司机操作上闸，提供足够的抗风阻力。

DLBZ 电子机械式轮边制动器可最大限度的利用设备的重量与轨道的相互作用提供最大的水平抗风阻力。轮边制动器夹紧力按非工作状态最大轮压设计，能保证夹持住最大轮压的车轮，计算时可按平均轮压直接计算。参照设计计算，多组车轮在被夹持下所能提供的平均水平抗风阻力一般可参照下表：在强风地区的重要设备，建议从动轮全部安装夹轮器。

车轮最大轮压	250 kN	400 kN	630 kN	100 kN
平均水平抗风阻力	15 kN-20 kN	30 kN-40 kN	45 kN-65 kN	60 kN-85 klN

4　试验情况

为了全面的检测该产品性能、参数、功能是否达到设计技术要求和能否满足现场使用要求，研制小组对该产品进行了以下几项综合试验：

4.1　夹持力检测试验，动态和静态制动力矩检测试验，制动拖磨试验

4.2　制动器动作性能及寿命试验

4.3　防风模拟检测试验

试验现场如图 2、图 3、图 4、图 5 所示，防风模拟检测试验结果如图 6 所示。

图 2　动态和静态制动力矩试验

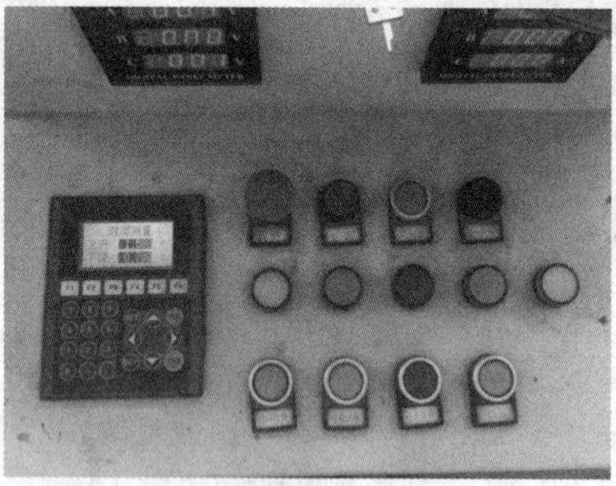

图 3 制动器动作性能及寿命试验

图 4

图 5 电子机械式轮边制动器进行防风安全模拟试验现场

试验结论：

①电子机械式轮边制动器的动作时间为：打开不大于 2 s，闭合不大于 1 s；

②样机的寿命试验松闸、上闸动作次数达到 40 000次以上；

③DLBZ40-180 型电子机械式轮边制动器经防风安全装置检测试验台检测，测得其与制动车轮外侧轮缘之间产生的最大静摩擦力为 68.55 kN，稳定滑动摩擦力为 58.996 kN，完全满足产品设计（额定静摩擦力 63 kN±5%）要求。

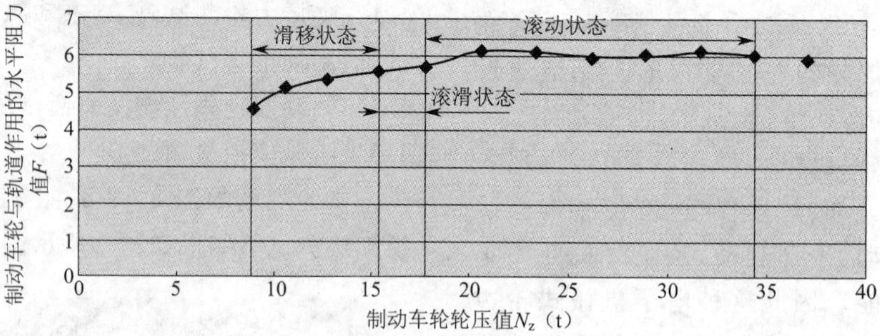

图 6 电子机械式轮边制动器进行防风安全模拟试验曲线图

5 结　　论

以上介绍的基于滚珠丝杆推动松闸的电子机械式轮边制动器是一种结构独特、安全可靠、环保节能、功能丰富、适用性强的新型防风制动装置。它能很好的解决大型港口起重机和龙门式起重机等轨道式大型移动起重装卸设备的从动轮防风制动问题（工作时可长时间松闸，消除冲击，释放动载应力），提高大型起重机设备的防风能力并适用各种作业工况要求。同时它也适用于斗轮堆取料机、桥吊、装卸船机的防风要求。采用主动轮防风制动和电子机械式轮边制动器从动轮制动相结合的方式，能有效提高现有大型起重、装卸设备工作状态在突发强风袭击下的抗风防滑能力，进一步降低因突发强风引起的起重机损毁事故。

双楔铁式安全防撞轨道卡的设计与应用研究

陈崇阳[1]，徐卫文[1]，田义胜[1]，高永福[1]，王兴东[2]

（1. 武汉钢铁股份有限公司　2. 武汉科技大学）

摘　要：轨道卡是桥式起重机检修用的安全防护专用装备。通过长期的现场调研，指出了目前使用的轨道卡的不足，研制开发了新型的双楔铁式安全防护轨道卡。该轨道卡同时采用了轨道踏面和两侧下颚面等三个摩擦面和三个斜楔面，增加了受力面积、提高了可靠性。在全面深入的力学分析基础上，完成了新型轨道卡的制作；现场试验不仅表明了其防撞的有效性，还具有装拆方便、能重复使用、可保护大车车轮等优点。

关键词：双楔铁；滑块；道卡；活动楔铁；力学分析

轨道卡是保障桥式起重机安全检修的关键部件。对于炼钢厂而言，由于生产任务繁重、多吊运高温液态金属，桥式起重机的临时故障相当频繁，但同跨桥吊不可能同时停车，常有检修人员在磨电道上处理故障或是在轨道上更换车轮，如果相邻桥吊相撞，可能出现动力电源越过电道分段开关导致触电、高空坠落等严重危及生命安全的事故发生。因此必须在检修桥吊的两侧安放轨道卡，防止相邻桥吊的碰撞。

目前使用的轨道卡的基本原理多是基于自锁原理，利用螺旋（或凸轮）机构同轨道的腹板间产生足够的夹持力来克服桥吊的惯性力[1,2]；但其使用效果不好，撞击时，轨道卡被车轮推着在轨道上滑行 1.5～3 m，直至完全变形，才使桥吊停车；严重变形的轨道卡会破坏车轮轮缘，还需更换车轮。这是由于安装的误差和瞬间的撞击破坏了自锁条件，造成了轨道卡的失效。在深入分析桥吊碰撞过程、轨道结构及轨道卡受力特点的基础上，兼顾轨道卡装拆方便的要求，开发设计了一种新型的双楔铁式安全防撞轨道卡，生产实践证明了其有效性。

1　工作原理

基于斜楔的原理，充分利用轨道的结构特点和车轮的轮压，将轨道的踏面及其两侧下颚面同时作为受力的摩擦面，设计了新型的双楔铁式轨道卡。双楔铁式轨道卡由道卡、活动楔铁、滑块三部分组成，其结构简图见图 1。

双楔铁式轨道卡的工作原理：

➤ 摩擦面 1 为滑块同轨道踏面间的摩擦受力面，摩擦面 2 和 2′ 为两块活动楔铁同钢轨下颚间的摩擦受力面，共同承受桥吊的撞击载荷；

➤ 斜楔面 1 为卡门同滑块间的摩擦受力面，斜楔面 2 和 2′ 为两块活动楔铁同卡门间的摩擦受力面，共同减小桥吊撞击后的滑移距离；

➤ 滑块的 AB 段水平，保证撞击前有一车轮坐在滑块上，可增加轨道卡的总摩擦力。

此外，设计中采用了双楔铁结构代替螺栓连接，使得轨道卡的装拆更加方便；轨道卡的总宽小于车轮踏面宽度，保护了车轮轮缘。

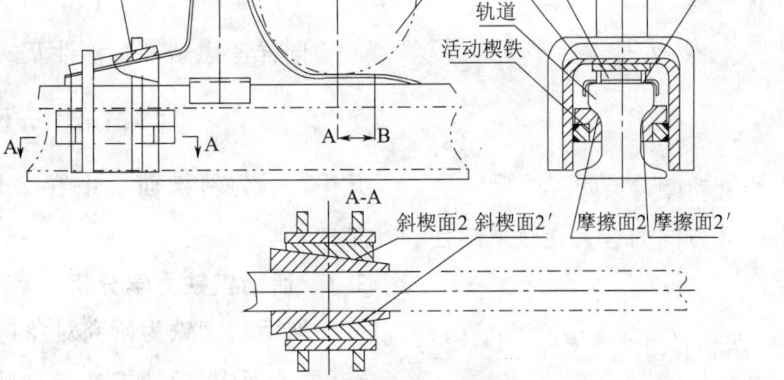

图 1　双楔铁式轨道卡结构简图

5

2　力学分析

由于桥式起重机和吊运物体的自重量大且有一定的运行速度，因此必须对轨道卡的各部分进行详尽的受力分析，保证设计的轨道卡有足够的强度。

设计的依据为：350 t/80 t 桥式起重机及吊运钢水包的总重 M 为 900 t；车轮直径 800 mm，踏面宽度 210 mm，共 24 个；撞击的初始速度 $v_0=2.0$ m/s。

设计要求为撞击后的停车距离 $s\leqslant 500$ mm。则整车的惯性力 $F_{惯}$ 为：

$$f_{惯}=M\cdot\frac{{v_0}^2}{2s}\tag{1}$$

由于所设计的双楔铁轨道卡的受力具有空间三维特征，设定 X、Y 方向为大车和小车运行方向、Z 方向为与轨道踏面的垂直方向。

2.1　滑块力学分析

取滑块为研究对象，其受力分析见图 2。轨道对滑块的 Z 方向作用力为 $N_{轨}$，由坐在滑块上的车轮产生的摩擦力 f_1 为：

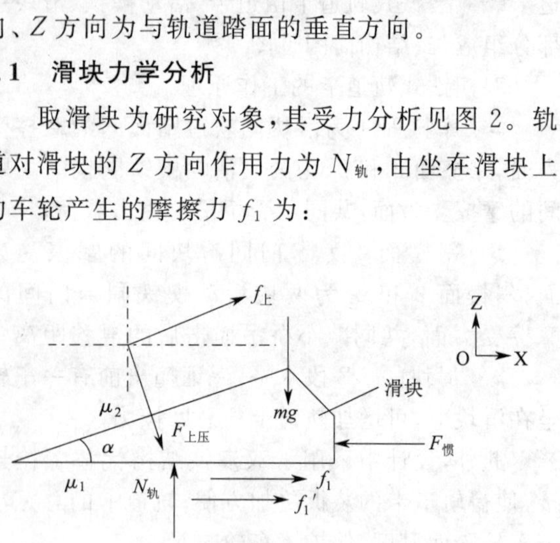

图 2　滑块的受力简图

$$f_1=m\cdot g\cdot\mu_1\tag{2}$$

式中，m 为单个车轮的轮压，g 为重力加速度，μ_1 为摩擦面 1 的滑动摩擦系数。

设斜楔面 1 的正压力为 $F_{上压}$，则摩擦力 $f_{上}$ 为：

$$f_{上}=F_{上压}\cdot\mu_2\tag{3}$$

式中，μ_2 为斜楔面 1 的滑动摩擦系数。

斜楔面 1 上产生的 Z 方向的合力在轨道踏面产生的摩擦力 f'_1 为：

$$f'_1=(F_{上压}\cos\alpha-f_{上}\sin\alpha)\mu_1\tag{4}$$

式中，α 为斜楔面 1 的倾角。

根据 X 方向上受力平衡有：

$$f_{上}\cos\alpha+F_{上压}\sin\alpha+f_1+f'_1=F_{惯}\tag{5}$$

将式(1)～(4)代入式(5)并整理，有

$$F_{上压}=\frac{Ma-mg\mu_1}{\mu_2\cos\alpha+\sin\alpha+\mu_1\cos\alpha-\mu_1\mu_2\sin\alpha}\tag{6}$$

2.2　道卡力学分析

取道卡为研究对象，其受力分析见图 3。根据图 2，斜楔面 1 上 X 方向的合力 $F_{X轴}$ 为：

$$F_{X轴}=f_{上}\cos\alpha+F_{上压}\sin\alpha=F_{上压}(\mu_2\cos\alpha+\sin\alpha)\tag{7}$$

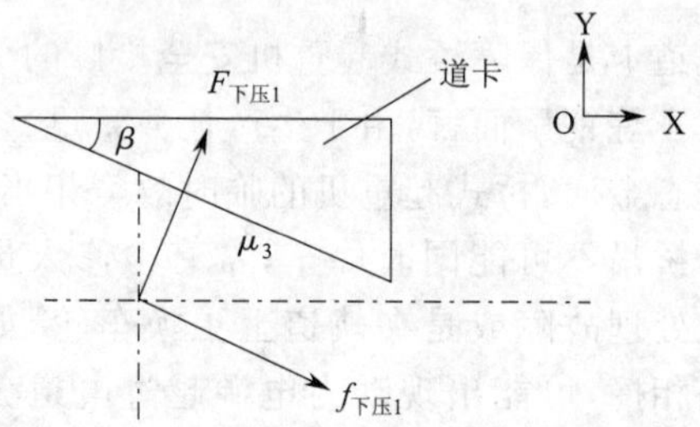

图 3　道卡的受力简图

Z 方向的合力 $F_{Z轴}$ 为：

$$F_{Z轴}=F_{上压}\cos\alpha-f_{上}\sin\alpha=F_{上压}(\cos\alpha-\mu_2\sin\alpha)\tag{8}$$

根据图 3，斜楔面 2 中活动楔铁与道卡之间摩擦力 $f_{下压1}$ 为

$$f_{下压1}=F_{下压1}\mu_3\tag{9}$$

式中，μ_3 为 XOY 面中沿斜楔面 2 上在的滑动摩擦系数，$F_{下压1}$ 为斜楔面 1 上的正压力。

进一步考虑结构对称性，在 X 方向有：

$$F_{下压1}\sin\beta+f_{下压1}\cos\beta=\frac{1}{2}F_{X轴}\tag{10}$$

式中，β 为斜楔面 2 的倾角。

整理式(7)和(10)有：

$$F_{下压1}=\frac{F_{上压}(\mu_2\cos\alpha+\sin\alpha)}{2(\sin\beta+\mu_3\cos\beta)}\tag{11}$$

同样考虑结构对称性及式(8)，在 Z 方向有

$$F_{下压1}\mu_4=\frac{1}{2}F_{Z轴}\tag{12}$$

式中，μ_4 为斜楔面 2 中在 Z 轴方向的滑动摩擦系数。

2.3　活动楔铁力学分析

取活动楔铁为研究对象，其受力分析见图 4。在 YOZ 面内，活动楔铁受到轨道下颚的压力 $F_{楔}$

（方向指向外圆弧圆心），摩擦力 $f_{楔}$（方向沿 X 轴）为

$$f_{楔}=F_{楔}\ \mu_5 \tag{13}$$

式中，μ_5 为摩擦面 2 中在 X 轴方向的滑动摩擦系数。

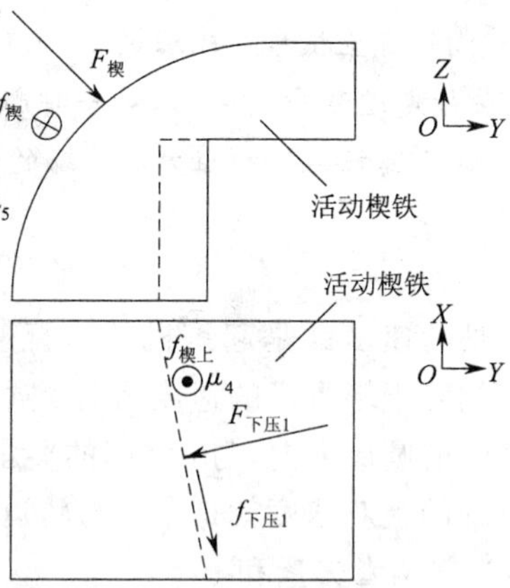

图 4　活动楔铁的受力简图

在 XOY 面内，活动楔铁受到道卡对其压力 $F_{下压1}$，方向与接触面垂直，摩擦力为 $f_{下压1}$，与接触面平行，在 Z 方向受到的摩擦力为 $f_{楔上}$ 为

$$f_{楔上}=F_{下压1}\mu_4 \tag{14}$$

式中，μ_4 为斜楔面 2 中在 Z 轴方向的滑动摩擦系数。

而在 X 轴方向有受力平衡为

$$f_{楔}=F_{楔}\ \mu_5=F_{下压1}\sin\beta+f_{下压1}\cos\beta \tag{15}$$

根据式(15)推导有

$$F_{楔}=\frac{F_{下压1}\sin\beta+F_{下压1}\mu_3\cos\beta}{\mu_5} \tag{16}$$

3　设计及制作

根据上节的力学分析，代入具体参数，完成了设计计算。根据计算结果，选择采用材料 Q345 的钢板进行设计、校核和制作[3]。由于道卡的受力复杂，在其外侧加焊了两块门形加筋板，保证其刚度。最终完成了双楔铁轨道卡的设计。

双楔铁轨道卡的具体设计及制作要求：

➢ 滑块整体箱型结构，道卡用整块钢板弯曲成形，活动楔铁制成一面与轨道下腭相同形状、一面与 XOY 面垂直的斜楔结构；

➢ 滑块一面与道卡接触，另一面和车轮踏面弧度完全吻合 1/8 弧。另外一段弧制成缓冲坡度，以减少对轨道卡的冲击力，制成焊缝应焊在接触面反面，与道卡内顶面按 1:5 制成坡度。滑块宽度应小于轨道踏面，中间装 U 行钢板槽卡住轨道；

➢ 道卡上部内顶斜度与滑块坡度一致，道卡内下部两侧的固定楔铁厚度大于轨道踏面宽度，便于安装；

➢ 活动楔铁式插入间隙控制在 3 mm 内，长度按斜度要求延伸 50 mm，以便道卡向后揳紧。

4　现场试验结果分析

双楔铁式轨道卡制作完成后，进行了现场撞击测试。吊运标准测试罐的 350 t/80 t 桥式起重机，以 1.5～2.0 m/s 的速度，分三次撞击了同一个双楔铁式轨道卡。具体的试验结果如下：

➢ 桥吊和轨道卡的滑移距离分别为 76.0 mm、101.0 mm 和 87.5 mm；

➢ 车轮轮缘均无损伤；

➢ 轨道卡没有损坏，拆装方便。

上述试验结果说明，新型的双楔铁式轨道卡完全达到了设计要求，不仅装拆方便、能重复使用，保护大车车轮，更能真正地保障检修人员生命安全。

5　结　　论

在深入分析了轨道结构特点的基础上，新型的双楔铁式轨道卡同时采用了轨道踏面和两侧下颚面等三个摩擦面和三个斜楔面，可增加受力面积、提高可靠性。根据深入的力学分析，完成了新型轨道卡的设计和制作。现场试验不仅表明了新型轨道卡防撞的有效性，该轨道卡还具有装拆方便、能重复使用，保护大车车轮等优点。因此该炼钢厂已开始在检修工作中推广使用。鉴于双楔铁式轨道卡的受力复杂且受冲击载荷，进一步需借助有限元方法深入研究分析，优化其结构，最终实现产业化。

参 考 文 献

[1]　张质文等. 起重机设计手册[M]. 北京：中国铁道出版社，1998:479-485.

[2]　廖汉元，孔建益. 机械原理[M]. 2 版. 北京：机械工业出版社，2007.

[3]　成大先. 机械设计手册. 单行本. 常用工程材料[M]. 北京：化学工业出版社，2004:11-64.

带轮缘的起重机大车车轮运行工况的改进

邝吉贵，文　豪

（太原科技大学　030024）

摘　要：起重机在运行过程中，存在着偏斜和滑移，致使车轮磨损，直至报废。轮缘的寿命直接制约着车轮的寿命。通过理论分析与实际观察，研究了起重机大车车轮在行走过程中的受力，对一种新的结构型式进行了分析论证。并引入了轮缘润滑，降低了轮缘摩擦系数，降低了偏斜运行的阻力及轮缘的磨损。

关键词：起重机；偏斜运行；车轮

起重机运行时，由于有偏斜和滑移，车轮运行的70%～80%的过程中，轮缘和轨道在相摩擦，由于轮缘磨损而使车轮报废，车轮轮缘磨损也就是车轮报废的主要原因。统计数字表明：轮缘寿命0.5～1年，踏面寿命2～3年，可见轮缘的磨损严重制约着车轮的整体寿命。增加轮缘的寿命，将显著增加车轮的整体使用寿命。

1　理论分析

当车轮轴线不与运行方向垂直时，车轮踏面与轨道顶面之间就会发生滑动，从而产生动摩擦，偏斜阻力也由此产生，它的方向与滑动的相对速度相反。这个摩擦力在运行方向上的分量构成运行的附加阻力，与运行方向垂直的分量构成车轮的侧压力。这种车轮侧压力与其他原因产生的侧压力总和，或者由水平导向轮承受，或者由轮缘承受。这时，就出现了啃道现象，引起轮缘阻力，并产生轮缘磨损。如图1所示，为偏斜角为β的车轮运行情况。

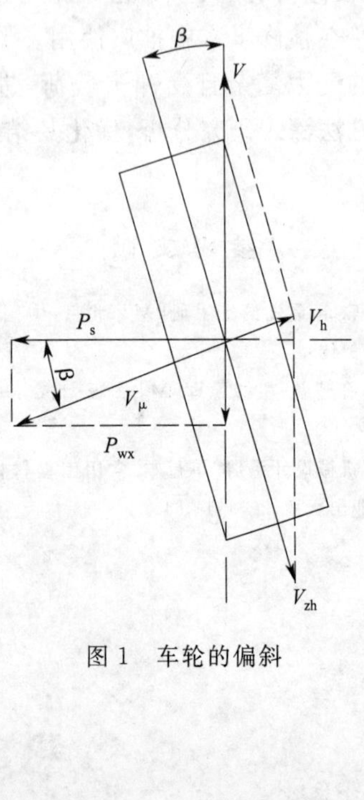

图1　车轮的偏斜

车轮轴的速度就是起重机的运行速度 ν，车轮接触点相对于起重机的速度为 ν_h（圆周速度），它是在车轮的圆周方向，与 ν 之间的夹角为β。车轮接触点的的绝对速度就是车轮与轨道间的滑动速度 ν_h，为前两者矢量和

$$\nu_h = \nu + \nu_{zh}$$

车轮与轨道之间的摩擦力 μp 应当与 ν_h 的方向相反。如果忽略轴承中的摩擦力，μp 应当在车轮轴的方向，即 ν_h 必在车轮轴方向。由图1，可知 ν_h 的大小为：

$$\nu_h = \nu\sin\beta \approx \nu\beta$$

这就说明，车轮的偏斜角越大，滑动速度越大磨损越严重。

摩擦力 μp 在运行方向的分力 P_{ux} 就是车轮偏斜的附加阻力，μp 在垂直方向的分力就是侧压力 P_s

$$p_{ux} = \mu p\sin\beta \approx \mu p\beta$$
$$p_s = \mu p\cos\beta \approx \mu p$$

车轮偏斜除了会引起踏面与轨顶的磨损外，更严重的是侧压力所引起的啃道现象。

理论上，只要有极微小一点的偏斜角，就会产生同样大小的侧压力 μp 。

当车轮或轨道的支撑部分刚性不足时，还能看到车轮有周期性的弹动现象，发生周期性的强烈响声，其过程大致是这样。当偏斜的车轮运行时，最初并不发生滑动，由于车架与轨道支撑结构的弹性，车轮可以向侧方向弹性位移，侧压力随位移大小成正比例增加。当 P_s 增加到 $\mu_0 p$ 时（$\mu 0$ 为车轮与轨道间的静摩擦系数，一般大于动摩擦系数），开始滑动，这时摩擦力骤然降为 μp ，它小于弹性恢复力，于是车轮骤然弹回，发出强烈的响声。安装质量对于起重机的良好运行和避免啃道现象是有着决定性意义的，应当尽可能将车轮安装正确。但是实际情况中，安装的偏差是无法避免的。有的起重机的车轮，并无轮缘，而是采用了水平导向轮。这在一定程度上降低了对安装偏差的要求，但是却增加了成本。此外，带轮缘的起重机大车车轮在实际的生产中依然有很广的使用，对其进行优化改进很有必要。

2　结构的改进

在我国的起重机的大车车轮，在轮缘与踏面的过度处，倒了一个圆角 $R1$。在轨顶也有一个相应的圆角 R。根据使用经验，我国通常采用下图2的结构样式（$R1$ 小于 R）。而近年来，西欧产品中将过渡制成了图3的形状，实际使用检验证明效果比较满意。在工程实际中，由于采用了这种新的结构型式，有效减缓了轮缘的磨损，增加了车轮的使用寿命，出现了工程师所说的“轮缘在增长”的相对现象，这种情况下车轮可以行驶比轮缘磨损后长得多的历程后才需修磨，而且修磨时的切削量也小得多，这样车轮在必须更换前可以经受更多次的修磨。

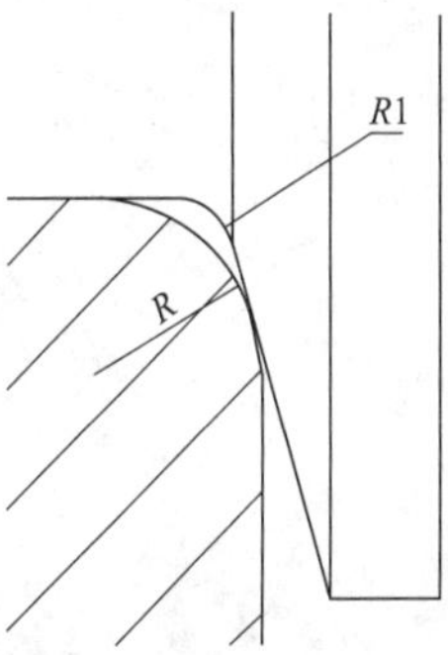

图2

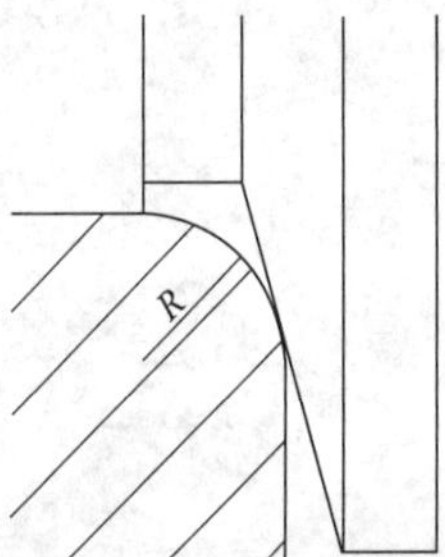

图3

3　有限元分析

在 SolidWorks 中，构建出一个实体模型。根据实例，轮径取为 700 mm，设置轮压为 540 兆帕，侧压力为 81 兆帕，通过 Simulation 进行了相应的分析。主要是应力分布，应变及疲劳破坏的方面考虑。

网格的划分上，在轮缘与踏面的过渡处，保证有两层一阶的网格单元，以确保实例分析的准确性。加载的范围上，借鉴了德国的《起重运输机械设计基础》中压应力的计算及分布情况，采用分割线，对其进行局部的加载分析，从而获得相应的结果。

由于在实际的设计中，采用了较高的安全系数，在疲劳分析中，在受力、材料完全相同的情况下，新旧两种结构的对比，并无太大差异。

在受力、材料完全相同的情况下，对应力分布进行对比观察可知，并未有什么太大变化。但是采用新的结构型式，最大应力降低了 7.5%。各个范围的应力分布，相差不多，总体上比原有的结构整体上下降了。

5

图4　结构样式为图2的应力分析结果

4　轮缘的润滑

在西欧，包括钢铁厂的厂矿机车在内的几乎所有铁路系统都使用了轮缘润滑，采用轮缘润滑所带来的积极效果已经被普遍认可。由于工作情况的相似性，本文引入了轮缘润滑。

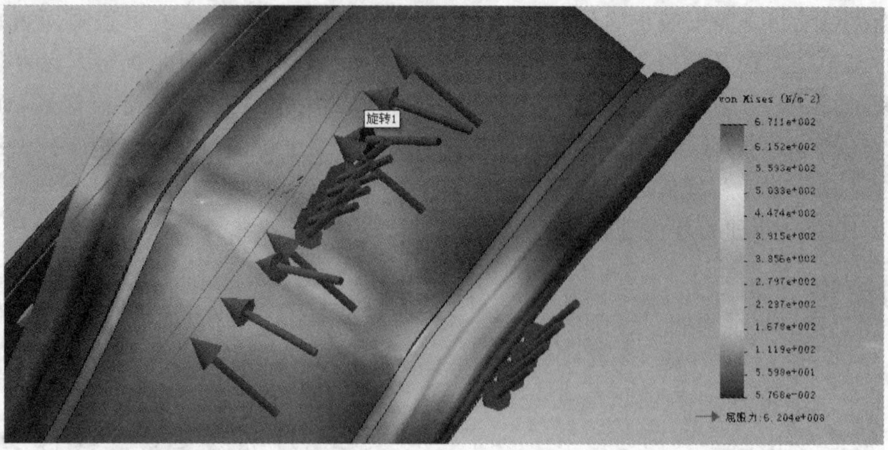

图 5　结构样式为图 3 的应力分析结果

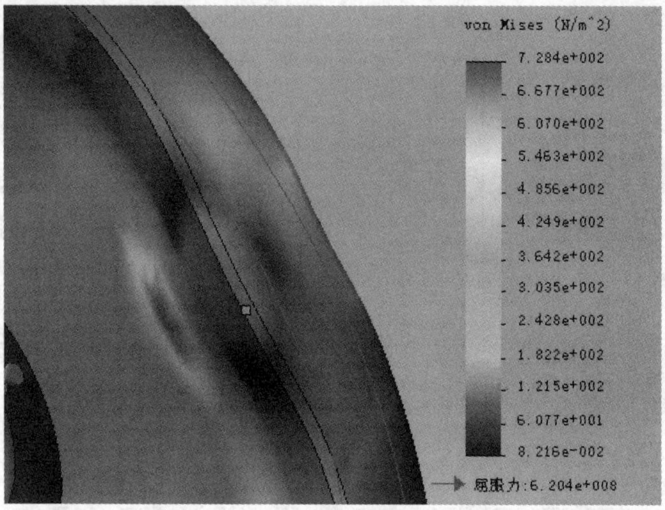

图 6　结构样式为图 2 的侧面应力分析结果

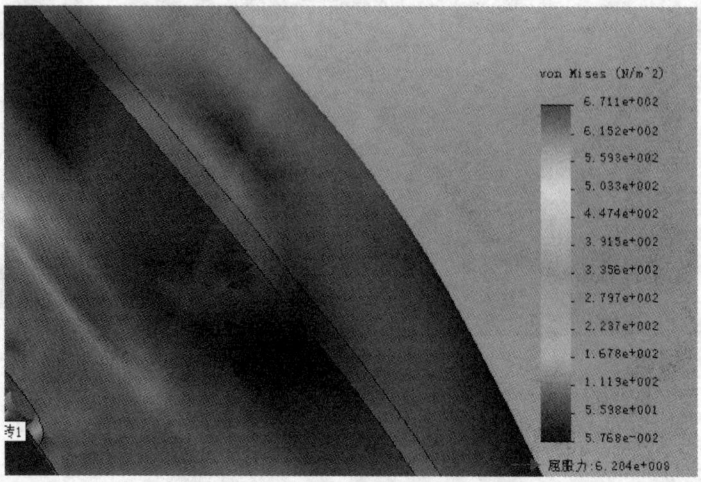

图 7　结构样式为图 3 的侧面应力分析结果

图 8

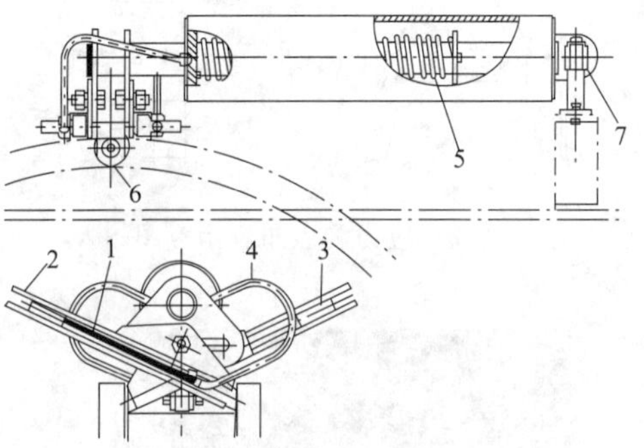

图 9

鉴于起重机工作环境的特殊性，液体润滑并不适用。故采用固体始末润滑。采用机械机构，可靠性高，成本低，效果明显，并不会引起起重机结构大的改动。引入轮缘润滑后，减缓了轮缘磨耗延长轮轨使用寿命，降低噪音，减少能量损耗，操作安全清洁，而且不会向轨面扩散，不影响启动和制动。

5 结束语

随着中国制造业的发展，中国的制造技术已经发生了翻天覆地的变化。过去的粗、笨、重，已经退出了历史舞台，采用新的技术，新的结构，更新自己的产品，已经成为企业的一项很重要的竞争手段。采用新的结构形式，引入轮缘润滑，可有效延长起重机大车车轮的寿命，节省资本。目前，虽然有的起重机已经采用水平导向轮而取代带轮缘的车轮，但是带轮缘的车轮型式，依然是使用最广泛的。对其进行改进，很有经济和社会效益。

参考文献

[1] 起重机设计规范. GB/T3811—2008.

[2] 起重机车轮. JB/T 6392—2008.

[3] 张质文. 起重运输机械。北京。中国铁道出版社，1983.

[4] 陈劲松，麻玉东. 桥式起重机大车啃轨原因分析及改进措施. 冶金动力. 2006，第 4 期.

[5] 王德芳. 桥式起重机中的水平导向装置. 起重运输机械. 2004，第 5 期.

5

港口起重机金属结构疲劳寿命分析与评价

路世青，陶德馨，肖汉斌

（武汉理工大学 物流工程学院）

摘 要：结合港口起重机的工作特点，讨论了起重机金属结构疲劳寿命评估的方法与步骤。以某港口 16t/33m 门座起重机为例，详细分析了其应力时间历程数据的采集、预处理、S－N 曲线的确定，并运用修正的线性累积损伤理论对该门机结构疲劳寿命进行了计算，评估了其剩余安全使用期限。论文的计算结论为起重机结构的抗疲劳设计提供借鉴，也可作为港口制定起重机结构安全检查与设备检测计划时的参考。

关键词：结构疲劳寿命；起重机；抗疲劳设计

引 言

在现代工业各个领域中，大约 50%～90%以上的结构强度破坏都是由于疲劳破坏造成的[1]。特别是随着机械向高温、高速和大型复杂化方向发展，使用环境恶劣，随机因素增加，疲劳破坏更是层出不穷。疲劳破坏也是起重机金属结构失效的主要形式，港口起重机金属结构作为一个承载结构，它的失效不仅使起重机失去应有功能，而且会给港口生产和人身安全带来巨大危害。对于已进入服役后期或超期服役阶段的起重机，其机械零件、金属结构已出现不同程度的各种损伤，对港口安全生产作业埋下了隐患。

目前港口起重机广泛使用的抗疲劳设计方

法，是从材料的 S—N 曲线出发，再考虑各种影响系数，得到构件的 p—S—N 曲线，结合实测应力谱，按照线性累积损伤理论—Miner 理论及其派生出来的安全使用期限估算式进行估算，再结合起重机的结构状态，进行综合分析，估算出起重机的安全使用期限，其计算评估流程如图 1 所示。

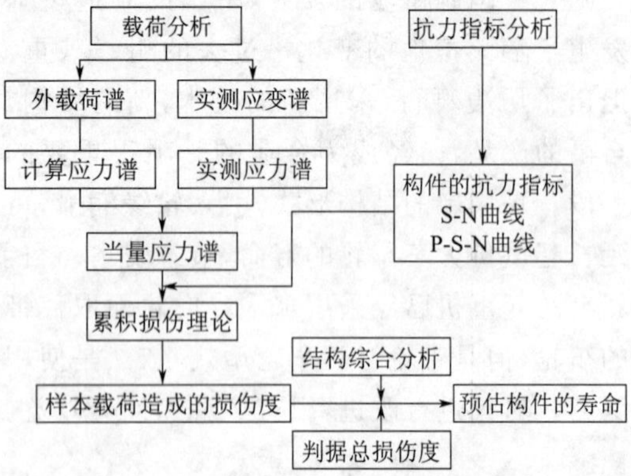

图 1　构件安全使用期限估算框图

1　起重机结构载荷谱数据采集与预处理

1.1　数据采集

工程领域中广泛地存在着随机振动的现象，港口起重机的作业特点与作业环境对金属结构构件所造成的振动响应就是这种随机振动中最典型的工程实例之一。起重机金属结构所承受的载荷，实际为一连续的随机过程。起重机工作时，其结构的应力大小和频率都是随机变化的，从实测起重机的载荷时间历程（如图 4 所示）中可以看出，起重机金属结构实际承受的应力是由大振幅的低频波与由小振幅的高频波复合而成。通常低频波是由工作循环外力变化所引起的，如装卸载或起制动；而高频波主要是由于其它激励源所引起的，如风振。随机载荷作用下的疲劳寿命估算，有别于常幅载荷下的疲劳问题，其中，数据的采集是相当重要的一环。

如图 2 和图 3 所示，为国内某港口一台 16 t/33 m门座起重机应力时间历程信号采集的测点布置及设备组成。由于安全使用期限的估算是建立在应力数据采集的基础上，因此在现场检测的过程中，要保证采集到的数据（即样本）能够反映所检测的起重机的实际工作情况（即总体），并具有一定的长度以减小样本与总体特征值的差异。故在测试现场，以起重机的正常工作为采样工况，采样长度由一个工作循环的时间长短与采样程序协调给出，做到既不遗漏数据，又要减少噪声信号的引入。

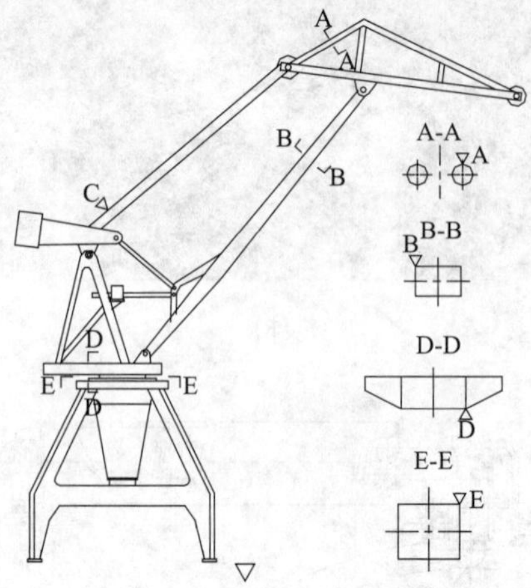

图 2　应力测点布置示意图

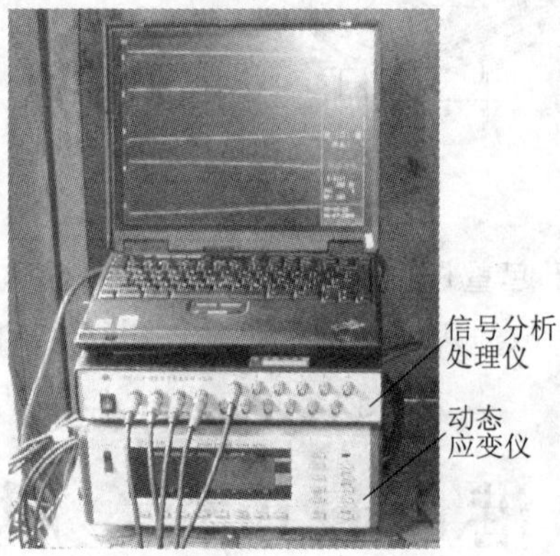

图 3　信号采集分析处理设备

1.2　数据预处理

构件所承受的应力测定用应变片进行。应变片相当于一段金属丝，当受力发生拉伸或压缩时，其电阻将发生变化，如果在两端加上大小不变的电压，则电流也将发生变化。将应变片粘在构件上，当构件受载时，应变片将随之发生变形，引起电流的变化。在记录仪器中，变化的电流流经电阻时，可以得到变化的电压，而电压的变化可以很容易由仪器记录下来。这样，在测试中可得到一系列代表电压高低的数值。在现场的应力历程测试中，变化的电压输入信号采集仪器，仪器将之与标定数据进行比较之后，即可获得应变时间历程，然后再换算成数字信号输入电脑并存下来，处理时将应变时间历程乘以杨氏模量即可得到应力时间历程。上述门机正常生产作业过程中，记录得到各测点的应力时间历程如图 4 所示。

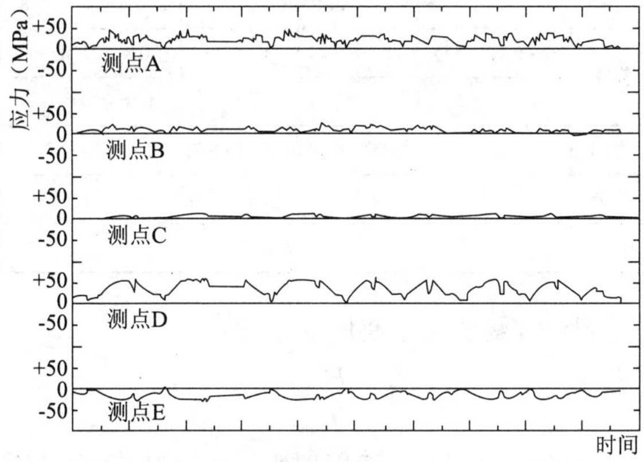

图 4　门座起重机各测点应力时间历程

由于数据统计只需要应力时间历程的波峰和波谷点的数值，因此数据处理程序首先逐点检查存在计算机内的应力数据文件中的数值，看其是否处在应力波的峰谷位置，删除所有的非峰谷点数值，使应力时间历程成为峰谷值序列，同时求出应力时间历程的最大幅值、应力点个数，为计数处理备用。

对于随机载荷，统计分析的方法主要有两类：计数法和功率谱法，在抗疲劳设计中广泛使用计数法，其中以雨流计数使用最多。应用雨流计数法对测点的应力时间历程进行统计分析前，首先要按规则对应力波形进行对接改造，然后按雨流计数法的规则对改造后的数据进行统计处理，得到测点的应力幅值谱。

1.3　当量应力谱

对应力时间历程统计计数可获得应力谱。由于材料的抗力指标通常是在对称循环载荷作用下获取的，均值为 0，而在随机载荷作用下产生的应力谱是有均值的，因此，必须先将有均值的应力谱转换成均值为 0 的当量应力谱。为了能应用对称循环的 S—N 曲线估算构件的实际安全使用期限，对实际的应力谱作了修正，使之成为均值等于 0 的等价载荷谱，在修正中要运用到等寿命曲线。

设雨流计数得到的一个循环中，应力幅为 σ_a，平均应力为 σ_m，根据等寿命曲线的哥德曼假设，作该循环特征下的等寿命曲线如图 5，该循环特征以 A 点表示，其平均应力为 0 的等寿命点以 B 点表示，其应力幅为 $\sigma_{a'}$。

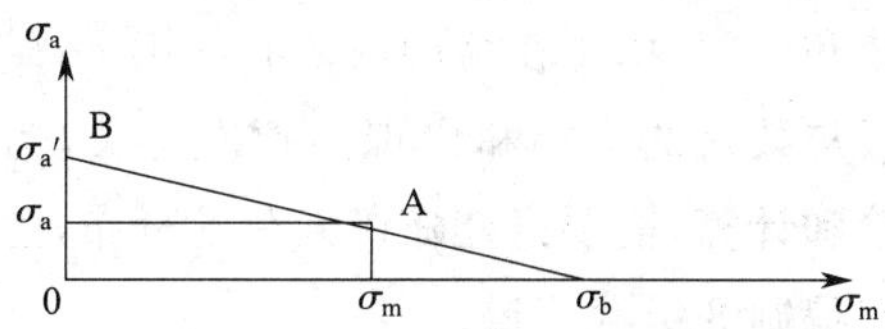

图 5　等安全使用期限换算图例

从三角形相似，可以得出：

$$\frac{\sigma_a}{\sigma_{a'}}=\frac{\sigma_b-\sigma_m}{\sigma_b} \tag{1}$$

即：

$$\sigma_{a'}=\frac{\sigma_a\sigma_b}{\sigma_b-\sigma_m} \tag{2}$$

这样，即将该循环特征下的循环转换成均值为 0 的等效循环，同理即可获得均值为 0 的当量应力谱。

2　港口起重机结构寿命计算评估过程

2.1　S—N 曲线的确定

由于疲劳试验数据的离散性，试样的疲劳安全使用期限与应力水平间的关系，并不是一一对应的单值关系，而是与存活率 p 有关。常规的 S—N 曲线，只能代表中值疲劳寿命与应力水平间的关系。要想全面表达各种存活率下的疲劳寿命与应力水平间的关系，必须要使用 p—S—N 曲线。

p—S—N 曲线在使用双对数坐标时，曲线的左段一般是一条直线，其表达式为：

$$lgN=C+mlg\Delta\sigma \tag{3}$$

式中：N——p%存活率下的疲劳寿命；$\Delta\sigma$ 为对称循环应力幅；m、C 为系数。

在进行寿命估算时，常利用材料的强度指标以及寿命估算原则拟合构件 S－N 曲线[2]。以上述门机主要材料 Q235A 钢对称拉压循环为例，对应于 103 循环次数的过载持久限 σ 通常取为 $0.75\sigma_b$，取缺口系数 $K_f=1$，分散系数 $K_s=1.3$；对应于 2×106 循环次数的过载持久限 σ 取为疲劳极限 σ_{-1}，取缺口系数 $K_f=2.36$，分散系数 $K_s=1.9$[3]。将 $\Delta\sigma=\dfrac{\sigma}{K_f K_s}$ 代入式(3)计算得 $C=14.357$，$m=-4.7059$，即结构 S－N 曲线左段直线表达式为：

$$\lg N=14.357-4.7059\lg\Delta\sigma \tag{4}$$

2.2　载荷的幅值分布

雨流计数后得到的是随机谱，通常没有一定

的规律和次序，由于在高周载荷的作用下，结构的损伤只与载荷的大小和出现的频次有关，为了便于试验和计算，需要研究随机载荷的分布，通常采用的有编制 8 级载荷谱。

先找出最大的应力幅值，然后将载荷幅值分为 8 级，各级幅值与最大幅值之比依次为：1，0.95，0.85，0.725，0.575，0.425，0.275，0.12[4]，再统计出各级应力水平的循环次数。

2.3　线性累积损伤理论

修正的线性累积损伤理论认为，每个载荷循环造成的损伤不是独立的，大载荷循环的作用，使小载荷循环造成的损伤作用增大了，且各次循环所造成的损伤也不一定是线性累加的，所以应该对线性累积损伤理论进行修正，见式(5)。

$$D=\sum_{i=1}^{l}\frac{n_i}{N_i}\leqslant a \tag{5}$$

式中：D 为载荷作用下总的损伤度；l 代表不同的应力水平；n_i 为各应力水平下的循环次数；N_i 为各应力水平下的疲劳寿命；a 为常数（0.7～1.0），根据经验，一般取 0.7。当 a 取为 0.7 时，其安全使用期限估算结果比 Miner 法则安全，安全使用期限估算精度也从总体上比 Miner 法则有所提高。

2.4　剩余安全使用期限估算

将计算得到的 8 级应力水平代入 95%存活率下的 p—S—N 曲线公式，得出各级应力水平下的疲劳寿命，和统计出的各级应力水平的循环次数一起，利用线性累积损伤理论公式得出在样本载荷作用下造成的损伤度 D'。

通常认为起重机的载荷时间历程是各态历经的，因此如果设样本载荷的时间长度为 t，则有起重机的总安全使用期限计算公式为：

$$H=\frac{D}{D'}t \tag{6}$$

上式中：D 取 0.7。

在安全使用期限的计算过程中，由于前面选择的各种参数的分散性和不准确性，对结果的影响较大。从安全的角度考虑，在安全使用期限计算完成后，还应选择疲劳分散系数，也称疲劳寿命安全系数，各国的选择均有不同依据，如表 1 所示。

表 1　各国疲劳分散系数的选择

国家									
英国	试样数	1	2	3	4	6	10	25	100
		5.0	4.2	3.9	3.75	3.6	3.5	3.4	3.33
苏联	试样数	1	2	3	4	6	10	25	
		5.0	3.5			3.0			
德国	关键件 5.0，一般件 3.0								
美国	大于 2，一般取 2～4								
中国	一般取 4								

因此，剩余安全使用期限为：

$$T=\frac{H}{n}-H' \tag{7}$$

式中：H' 为已使用时间；n 为疲劳寿分散系数。

3　实例分析

以上述 16 t 门机为例，根据该门机的使用历史记录统计，该设备年平均工作时间为 330 d，24 h工作制，利用率为 40%，采集了门机正常工作时的 8 个工作循环的应力时间历程（见图 4），总时间为 920 s，按雨流计数法统计不同级别载荷应力 σ_i 出现次数 n_i；按式(4)计算不同载荷应力作用下，其对应的应力循环频次 N_i，以本机最大应力部位转台根部测点 D 为例（应力时间历程见图 4），各参数计算结果见表 2。

表 2　疲劳统计分析表

载荷谱序号	σ_i (MPa)	n_i	N_i	损伤度 $\frac{n_i}{N_i}$
1	5.04	4512	1.13×10^{11}	4.01×10^{-8}
2	11.55	37	2.27×10^{9}	1.63×10^{-8}
3	17.85	3	2.93×10^{8}	1.02×10^{-8}
4	24.15	0	7.07×10^{7}	0
5	30.45	2	2.37×10^{7}	8.43×10^{-8}
6	35.7	1	1.12×10^{7}	8.91×10^{-8}
7	39.9	0	6.65×10^{6}	0
8	42	1	5.23×10^{6}	1.91×10^{-7}
合计	/	4 556	/	4.31×10^{7}

将计算结果代入式(6)得，T=32.7 年。

上述门机已经使用 25 年，在以后生产作业时如果与应力时间历程测试时的模拟工况一致，而且将一直保持下去，平均工作时间基本不发生变化的前提下，该门机剩余安全使用期限为 7.7 年。

参 考 文 献

[1] 邻华芝,高德平,郭海丁.概率疲劳破坏寿命特性研究综述[J].湖北工学院学报,2002.4.

[2] Prabhakar S, Henderson M R. Automatic form-fea-ture recognition using neural-network based techniques on boundary representations of solid models[J]. Computer Aided Design, 1992, 24(7): 381-393.

[3] 徐承军.基于名义应力法的港口起重机金属结构安全使用期估算[J].武汉理工大学学报.2007,31(2):293-295.

[4] 赵少汴,王忠保.抗疲劳设计[M].北京:机械工业出版社,1997.

岸边集装箱起重机地震响应和减震分析

邬俊文,赵章焰

(武汉理工大学物流工程学院　武汉　430063)

摘要:岸边集装箱起重机在港口物流方面承担着非常重要的角色,也是重要的起重运输机械之一。本文以岸边集装箱起重机为研究对象,利用有限元计算软件 ANSYS,运用时程分析法,计算了某台岸桥的地震响应,并对两种模型(带阻尼器与无阻尼器)的计算结果进行了比较和分析。

关键词:时程分析法;地震响应;减震

1　引　　言

建筑结构的抗震研究理论已经经历了了一百多年的发展和演变,经历了从静力理论到动力理论,国内外已经有了比较深入的研究和了解。然而对于处于海岸沿线繁忙工作的起重机的抗震研究理论却是极其微小。位于港口的起重运输机械承担数以万计的货物转运任务,为港口物流做出了巨大贡献,对国家的进出口产生巨大影响,进而影响了国家的经济。近年来,随着造船技术的不断提升,港口起重运输机械的技术和应用也随之凸现出来。我国的特殊地理环境决定了港口运输机械不可避免的遭受地震灾害,如起重机的结构破坏、塑性变形、支腿移位和轨道面的下陷。如何使起重运输机械在地震发生中避免结构破坏,使其在地震过后能够继续正常工作,对于地震对起重机影响的研究和起重机的抗震研究鲜有研究意义。

本文以地震多发带的智利港口的 J395 岸桥为工程背景进行分析。岸桥的基本参数为:前伸距 65 m,后伸距 21 m,基距 15 m,大车轨距 30.5 m,水上起伸高度 43 m,水下起伸高度 19 m,岸桥起总量 65 t,自重 1 500 t。

本文运用结构动力学和地震相关理论,建立了建立岸桥(无减震阻尼器装置和带减震阻尼器装置)的有限元动力学模型,然后对其进行了动态时程分析法,并对两种模型的时程分析结果进行了比较。

2　有限元模型的建立

岸桥建模过程中,考虑到各个部件的实际受力情况,应用结构力学的基本理论,对岸桥结构进行如下简化:

1)机房、机房底架、滑轮、托架以集中质量的形式作用在其相关的位置上;

2)梯形架、扶梯和焊缝等没有直接体现,将它们的质量均布到其所作用的结构质量之中;

3)岸桥金属结构内部的隔板、筋板等部件主要对结构稳定性产生影响,故可以将它们的质量均布在结构中;

4)小车以四个集中力的形式分别作用于大梁上;

5)文献[1]已经证明:在 ANSYS 的单元库中,Combin40 可用来模拟阻尼器的恢复特性。

综合经济、性能和结构上的要求,本文根据实际所需和结构的形式,成功实现了将减震阻尼器安装在大车车腿和门框下横梁间。在建立模型的过程中可以选用的 3 种单元:MASS21、BEAM44 和 combin40。根据阻尼器在岸桥上的布置,建立了岸桥的非减震模型(模型 1)和减震模型(模型 2)。模型 2 中有两个方向的阻尼器,分别吸收来自 X、Z 轴方向的地震能以达到减震的效果。

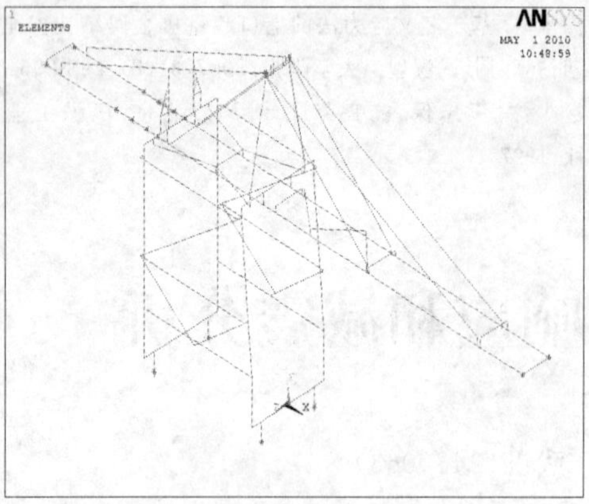

图 1　无减震装置的岸桥模型

3　工况的确定

地震动的输入模式直接关系到地震反应分析的结果，要根据实际情况慎重选取。实际上，由于地震机制、波的传播特性、地质的不同，对于基础有空间变化性的结构，应考虑地震传播的的空间变化性，包括行波效应，桩土结构等[24]～[30]。工程应用中对于大跨度的结构，均应考虑地震动的空间变化对结构的影响而进行多点非一致激励。

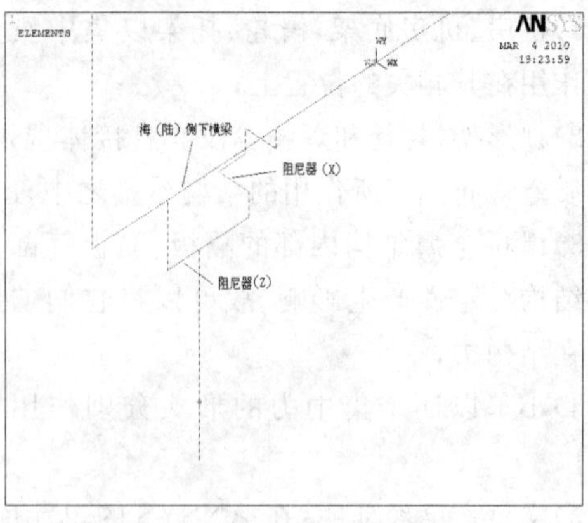

图 2　带减震装置的岸桥模型

地震动的输入的实现方法有三种：加速度法，大质量法，大刚度法。借鉴欧洲桥梁抗震规范，本文按照三类场地 7 度抗震标准，选用 kobe 地震波对岸桥实行加速度激励。图 3 为此情况下修正后的地震波形。对于设防烈度为 7 度的结构物，岸桥的时程分析应按两个主轴方向的加速度进行计算。为此，本文选取了如表 1 所示的两个工况。

表 1　岸桥时程分析的工况

工况	描述	加速度情况	备　注
工况 1	横向＋竖向	x(1.0)＋y(1.0)	x，y 为有限元模型中所示的主轴方向
工况 2	纵向＋竖向	z(1.0)＋y(1.0)	x，y 为有限元模型中所示的主轴方向

4　阻尼器参数的确定

本文选用线性阻尼器，为了确定阻尼器阻尼参数，本文 X 向阻尼器选取范围 50～350，Z 向阻尼器选取范围为 100 000～400 000。图 3、图 4 为各向阻尼器在 K 值一定的情况下，岸桥最前端 339 号节点位移随 C 值的变化情况。纵坐标为各向的最大位移值的绝对值，单位 mm；横坐标为阻尼 C，单位 kN(s/m)。合理地选择阻尼器参数才能有效地控制结构的地震响应. 为了得到更好的减震效果，兼顾经济性能，本台岸桥对阻尼器进行了参数优化设计，最后选取的阻尼器参数：X 方向的阻尼器参数为等效刚度刚度 K＝1 000 kN/m，等效阻尼 C＝100 kN(s/m)；Z 方向的阻尼器参数为等效刚度 K＝3 000 kN/m，等效阻尼 C＝300 000 kN(s/m)。

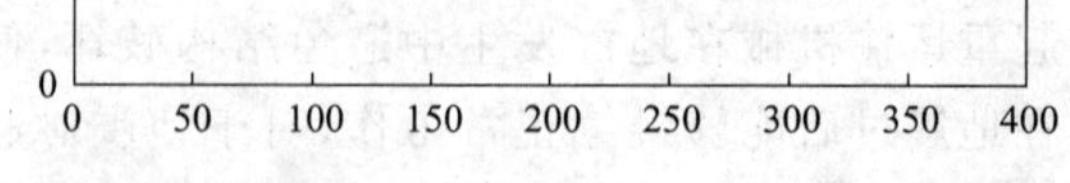

图 3　阻尼器(X)作用下，节点 339 的最大位移变化曲线

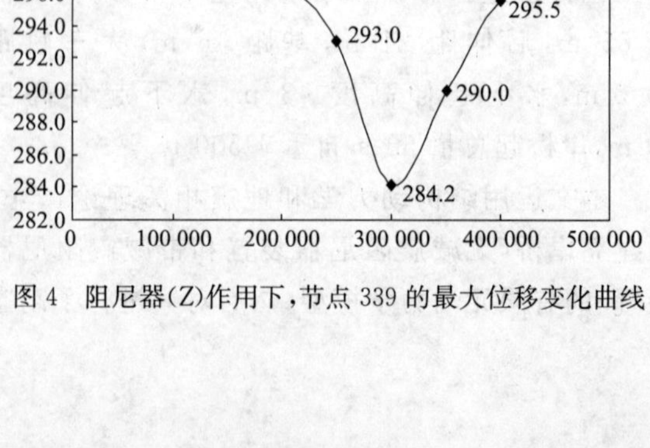

图 4　阻尼器(Z)作用下，节点 339 的最大位移变化曲线

5　时程分析法的结果比较和分析

在本文的时程分析中，在工况 1 下，结构振动以 X 向为主；在工况 2 下，结构振动以 z 向为主。因此在工况 1 下，主要比较 X 向位移；工况 2 下主要比较 Z 向位移。表 2、表 3 分别列出了岸桥中的某些节点各自方向位移，并计算了减震效果

表 2　工况 1 下岸桥减震模型的节点 X 向最大位移

节点编号	模型 1(mm)	模型 2(mm)	减震效果 A
339	−61.5	−47.1	23.41%
432	−53.9	48.8	9.46%
332	−61.5	−47.1	23.41%
422	−54.4	48.3	11.21%
507	−60.6	−45.7	24.59%
624	78.4	60.2	23.21%

表 3　工况 2 下岸桥减震模型的节点 Z 向最大位移

节点编号	减震前 U1	减震后 U2	减震效果 A
339	−347.4	−284.2	18.19%
432	−191.4	−137.4	28.21%
332	−323.1	−267.2	17.30%
422	−138.7	103.0	25.74%
507	−79.1	60.0	24.15%
624	−98.2	75.7	22.91%

备注：减震效果 $A=\frac{\left||U2|-|U1|\right|}{|U2|}$

从阻尼器参数的选择分析，可知阻尼器参数过大或者过小都会恶化减震的效果。只有阻尼器参数选择适当，才可以发挥最佳的减震效果。在选择阻尼器的时候。从减震的结果数据可以看出，岸桥在加入了减震块后达到了消能减震的作用，减震效果高达 25%。比较两个轴向上的减震块的阻尼参数，Z 向阻尼块参数远大于 X 向阻尼块，而减震效果却相当，原因如下：

1)在各自工况的影响下，地震加速度对于各个轴向位移的贡献程度不一致。以节点 339 为例，地震加速度对于结构中节点 339 的 X 向位移为 61.5 mm，而对于机构中节点 339 的 Z 向位移却高达 347.2 mm。

2)在各自工况的影响下，减震器阻尼器的减震作用与其在各自轴向的位移相关。减震器两端的相对位移越大，减震器的减震效果就越明显。地震加速度对于结构中减震器两端节点的 X 向位移的影响远大于 Z 向位移，X 向减震器两端的相对位移远大于 Z 向减震器的两端相对位移(图 5、图 6)。

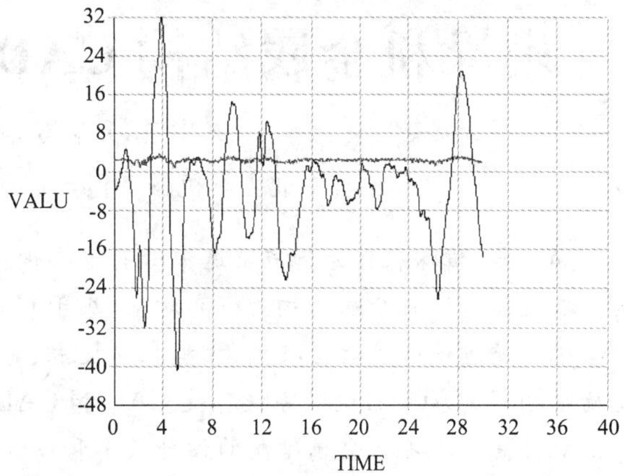

图 5　X 向加速度下减震阻尼器两端的 X 向位移时程曲线

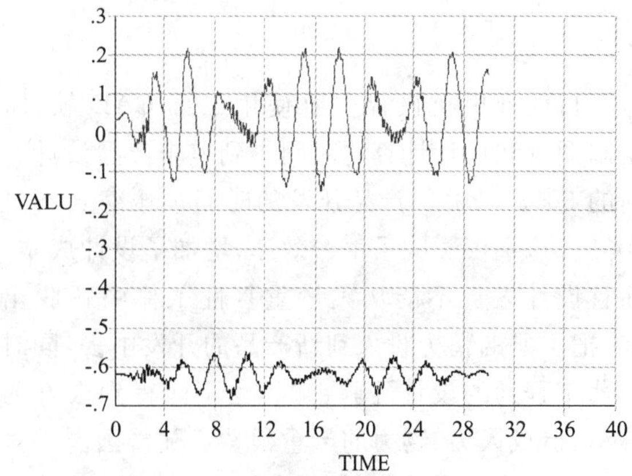

图 6　Z 向加速度下减震阻尼器两端的 Z 向位移时程曲线

6　结　　论

本文建立岸桥模型后对其进行了地震响应分析。在减震分析中，引进阻尼器后的岸桥起到了减震的效果。通过本文对岸桥地震响应的分析，选用合适的阻尼器才可发挥出最佳的减震效果，过大或偏小都会使减震效果降低。

参考文献

[1]　李程. 大跨度钢桁拱桥地震反应分析及减隔震研究.（硕士学位毕业论文(. 长沙. 中南大学. 2008.

[2]　王志强，胡世德. 东海大桥粘滞阻尼器参数研究[J]. 中国公路学报 2005.07:37-40.

5

[3] 殷海军,王志强,胡世德. 连续梁桥设置阻尼器参数分析[J].. 同济大学学报. 2004.11:1437-1442.

[4] 方志,王飞,张志田. 粘滞阻尼器参数对大跨度桥梁抗震性能影响研究[J]. 公路交通科技. 2009.02:73-77.

[5] Lin Jiahao, Zhang Wenshou and Li Jianjun. Structural response to arbitrarily coherent stationary random excitations [J]. Computers&. S tructures, 1994,50(5): 629~634.

堆垛机金属结构 CAD/CAE 一体化技术研究[1]

王宗彦,吴淑芳,秦慧斌,陆春月,张伟强

(中北大学机械工程与自动化学院,山西 太原 030051)

摘 要:堆垛机作为物流配送中心的重要设施,其设计效率、安全性、可靠性影响着我国物流业的发展。本文以堆垛机金属结构为研究对象,基于CAD/CAE一体化技术,研究了系统的设计流程,研究了堆垛机金属结构的参数化技术、模型驱动技术、有限元分析技术、工程图调整技术等,开发实现了堆垛机金属结构CAD/CAE设计系统。使CAD和CAE无缝集成,实现了堆垛机金属结构的快速设计。本设计系统提高了堆垛机金属结构的设计效率和设计质量,为企业快速响应市场多变的需求、有效降低工程师的劳动强度、缩短产品开发周期提供了有效的解决方案。

关键词:堆垛机;模块化;参数化;有限元分析

引 言

目前堆垛机设计主要使用二维CAD软件,绘制图纸和设计计算的时间占到整个产品设计时间的60%~80%,产品开发的时间被压缩到不足30%。这不仅影响了生产效率,增加了设计成本,而且设计人员不能从大量重复性工作中解脱出来,把主要的精力投入到新产品的开发中去,同时前辈工程师的设计经验、知识也不能得到很好的继承,造成人力、物力的严重浪费。随着国内外对自动化立体仓库需求量的增大,堆垛机设计效率低问题日益突出。要想解决上述问题,必须使用高效快捷的设计手段,即应用三维设计软件进行产品设计。本文分析了堆垛机金属结构及设计过程,利用CAD/CAE一体化技术,对SolidWorks进行二次开发,建立一套适合企业实际设计的堆垛机金属结构CAD/CAE设计系统。该设计系统的应用使堆垛机金属结构的设计在计算机中反复进行"设计—建模—分析—修改设计—再建模—再分析"变得可行,增加了产品一次性设计成功的可能性,同时还能自动生成符合企业实际生产的工程图,提高了产品设计水平,缩短了产品开发周期,为企业在市场竞争中取得领先提供技术支持[1,2]。

1 设计流程的建立

1.1 基本思想

无论堆垛机是哪种类型,它们的金属结构都比较相似,且结构稳定,具有模块化产品的标准化和系列化的特点。因此设计人员希望设计系统能够以已有产品的参数作为设计参考参数,并且可以随机的修改设计参考参数,并自动生成新的参考参数。然后根据设计完成的参数迅速驱动生成各个零部件和总装三维模型,并对总装模型进行有限元分析。分析结果不符合设计要求,则重新设计参数;否则,自动调整各个零部件和总装的工程图,生成符合企业生产所需的工程图,快速完成一套堆垛机金属结构的设计。此外,系统还要提供数据库管理功能,方便程序的参数加载和保存,并为以后的设计提供参考,做到知识重用[3]。

1.2 设计流程

如图1所示,是本文构建的堆垛机金属结构的CAD/CAE一体化设计流程。设计工程师根据设计要求对堆垛机金属结构进行参数设置,接

基金项目:山西省自然基金资助(2008012007);山西省攻关计划项目(20090321024)。

作者简介:王宗彦,男,1963年5月生于河北省晋州市,博士,教授,主要从事CAD/CAM技术、计算机集成制造技术等方面的研究。

着调用模型驱动模块对堆垛机金属结构进行模型驱动，之后对整机进行有限元分析。查看有限元分析的结果后，如果堆垛机金属结构不符合设计要求则可返回到参数设置界面，修改参数，驱动更新模型，对堆垛机金属结构进一步优化设计。堆垛机金属结构的设计符合性能要求后，调用工程图调整模块，对堆垛机金属结构进行工程图调整和更新。

2　关键技术

2.1　三维参数化建模的原则

尽管 SolidWorks 是参数化设计软件，但也必须合理地规划零部件的建模过程，创建三维参数化模板模型。所建的参数化模板模型的好坏直接关系到能否成功生成所需的三维模型，能否有效地实现参数化设计。因此堆垛机金属结构的合理建模是进行堆垛机金属结构三维参数化的基础和关键。由于企业的设计水平不断提高，市场需求趋于多元化，为了提高堆垛机设计的变更性，实现堆垛机模块的迅速组合，所以进行堆垛机金属结构三维建模时，必须遵循以下原则：

(1)最简单建模原则：几何建模时，每一步操作的特征应尽量简单，这样修改特征参数时，特征不易出错，只需改变很少的参数便能实现模型的修改；

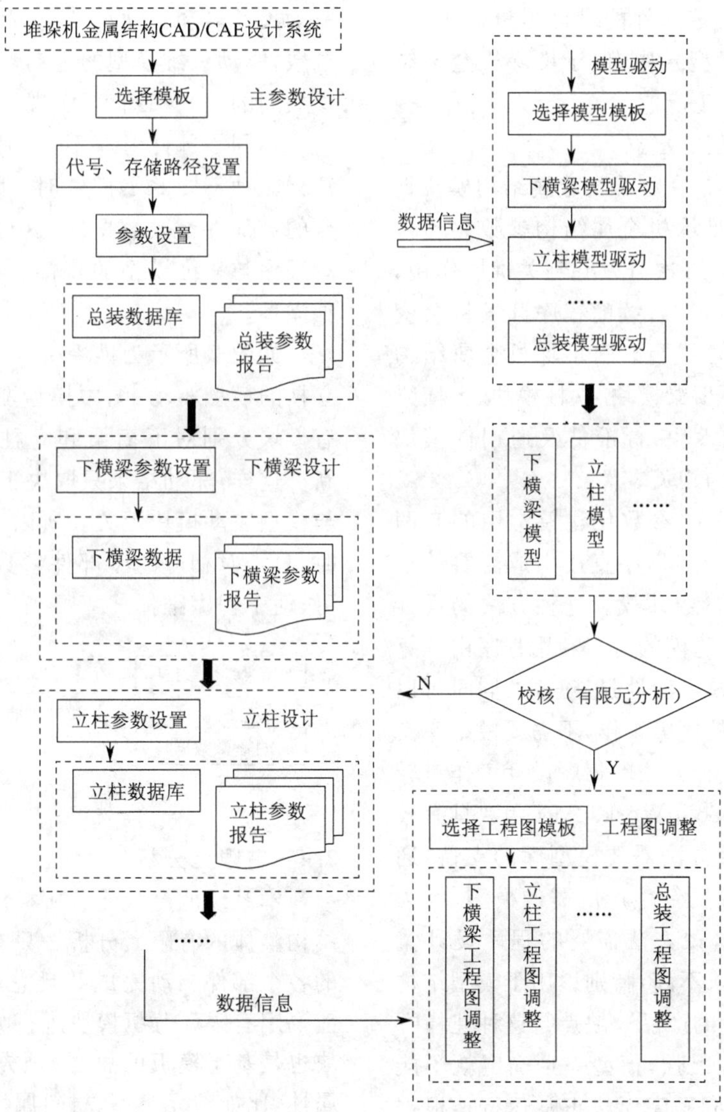

图 1　堆垛机金属结构的 CAD/CAE 一体化设计流程

(2)参数关联性原则：零部件之间有参数关联时，尽量使用方程式建立关联，实现参数之间的链接和自动更新；

(3)草图定位原则：零部件尽量利用装配草图与上一级发生定位关系，而不与同一级里的零部件发生定位关系。这样当个别零件因更换或丢失时，不会使装配体定位关系发生错误，从而避免整个装配体的混乱；

(4)独立性原则：为了便于零件的更新和维护，规定接口机制与装配草图作为零件与部件之间信息交换和传递的唯一途径，这样能保证零部件之间的独立性；

(5)稳定性原则：设计和修改零部件的接口时，都应保证接口的稳定性，尽量不要因为结构的变化而影响到接口机制；

(6)互换性原则：零部件的设计尽量通用化，适用于不用的堆垛机型号中，便于堆垛机金属结构的装配，降低设计、生产成本。

2.2　三维参数化模型的建立

三维参数化建模是在堆垛机金属结构模块划分的基础上进行的，堆垛机金属结构参数化建模对后续的 SolidWorks 二次开发起到关键性作用，如果参数化建模不合理，后续的程序开发将会变得十分复杂，甚至无法进行。将堆垛机金属结构参数化问题分解成下横梁模块、立柱模块、上横梁组件模块、附属结构模块、标准件及通用件模块等，然后建立各模块的相关零件。

实现 SolidWorks 的参数化建模常用的有两种方法：一种方法是利用程序直接生成需要的模型，称为完全程序化参数建模。这种方法的设计思想就是将手动分步建模的过程利用程序由计算机连续完成，具有建模灵活性强，建模的同时可以完成设计计算、强度校核等工作，不需要模型库支持等优点。缺点是这种方法的程序设计工作量较大，要求设计人员对 SolidWorks API 函数具有较高编写能力。另一种方法需要模型库的支持，通过修改模型特征参数更新生产所需的模型，称为参数修改法建模。这种方法需要的程序设计量小，对设计人员的要求不高，特别适用于模型结构稳定或可变参数量少的产品。缺点是这种建模方法对模型库的依赖性很强，模型一旦确定就不能随意修改，否则将造成程序无法正常运行。根据堆垛机零部件结构形式固定的特点，在堆垛机金属结构参数化建模过程中，综合使用上述两种方法建模。

2.3　模型驱动

在模型驱动模块中，最主要的是要分清楚哪些零部件参数需要驱动，哪些不需要驱动。我们把参数分为四类。具体包括影响多个部件结构尺寸的第一类参数，只决定本部件结构尺寸的第二类参数，受制于第一类参数和第二类参数的第三类参数，不对其它零部件产生任何影响只对本零件产生影响的第四类参数。其中，第三类参数为从动尺寸，通过与第一类参数或第二类参数建立参数间的关联和约束，实现自动更新。其它三类参数都为主动参数。

分清参数类型后，模型驱动模块就可以按照一定预定方式从堆垛机金属结构的数据库中读取驱动尺寸名和驱动尺寸值，利用 SolidWorks API 函数，驱动三维模型的主动参数，从动参数会根据参数间的关联和约束，实现自动更新。

不同零部件对应不同的零部件参数数据库，这样驱动不同的零部件时，驱动模块就会调用对应的零部件参数数据库，这种驱动方式避免了驱动程序与三维模型的直接联系，提高了该模块的独立性。

如图 2 所示为堆垛机金属结构中的下横梁和立柱的模型驱动，图中模型驱动模块作为一个公有模块分别对下横梁和立柱的结构进行驱动更新。这样，驱动结果只取决于零部件参数数据库，与模型驱动模块无关。所以当下横梁和立柱变更时，只需对相应的零部件参数数据库进行修改即可，便于程序维护。

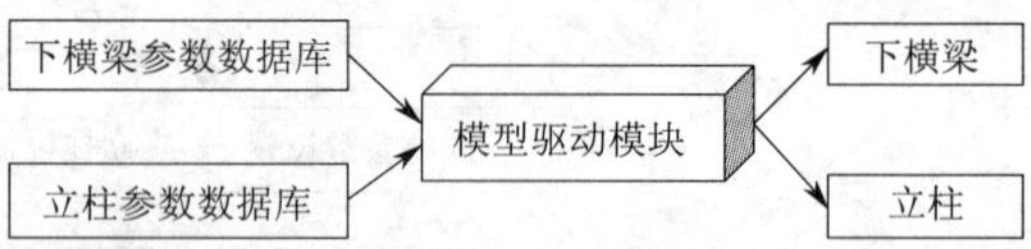

图 2　驱动模块的示意图

2.4　有限元分析

本系统的有限元分析模块是针对堆垛机金属结构整体的有限元分析。只有在堆垛机金属结构的各个部件驱动完成并且总装驱动也完成后，才能调用有限元分析模块进行分析。有限元分析模块也是基于模板的思想，预先设置好模板固定的属性，比如单元类型、材料属性、约束类型、施加载荷类型、载荷方向、网格大小等。其余的变化量由程序界面进行设置，交互共同完成对堆垛机金属结构整体的有限元分析。

在有限元分析时，所建立的有限元模型与实际物理样机的结构、边界条件、载荷形式等越接近分析就越准确，但会相应地增加软件处理信息工作量和运算时间，有时候甚至会因为程序不能正常生成有限元网格导致分析失败。因此要对有限元模型进行简化，但简化的结果要尽量反映工程实际问题。在简化有限元模型时，要重点考虑保证有限元模型的准确性，同时兼顾其经济性。

如堆垛机金属结构的静刚度是通过下横梁挠度、立柱挠度、上横梁组件挠度来共同判定。下横梁挠度是指在垂直平面内，下横梁中间位置的向下弯曲 $f1$，校核准则为 $f1<(Wb/1\ 000)$。立柱挠度是指在垂直平面内，立柱中间位置的横向弯曲 $f2$，校核准则为 $f2<(Hr/2\ 000)$。上横梁组件挠度是指在垂直平面内，上横梁组件中间的向下弯曲 $f3$，校核准则为 $f3<(Wa/1\ 000)$。根据图 3.4 位移云图，得出结果，如表 1 所示。

表 1　结构的位移表

部件	位移(mm)	许用挠度(mm)
下横梁	$f1=0.3$	$Wb/1\ 000=3\ 400/1\ 000=3.4$
立柱	$f2=1.6$	$Hr/2\ 000=19\ 956/2\ 000=9.978$
上横梁组件	$f3=0.1$	$Wa/1\ 000=2\ 200/1\ 000=2.2$

由上表可知，$f1<3.4$，$f2<9.978$，$f3<2.2$，堆垛机金属结构的静刚度满足要求。

通过对堆垛机金属结构有限元分析，利用分析结果的 Von Mises 应力云图、位移云图，很好的对堆垛机金属结构的静态特性进行了分析与校核，确定这套产品结构十分安全，满足堆垛机的设计要求。

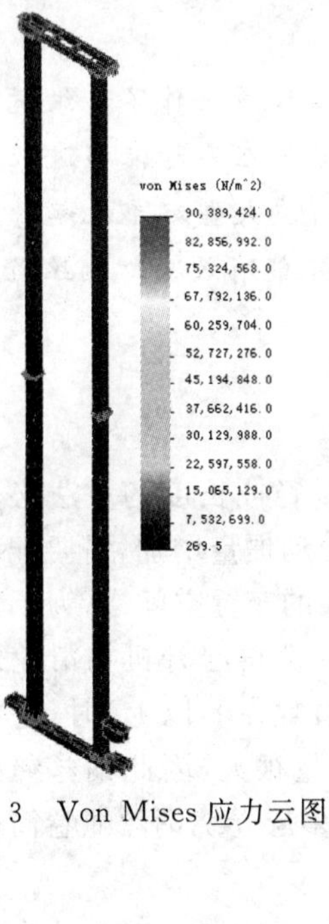

图 3　Von Mises 应力云图

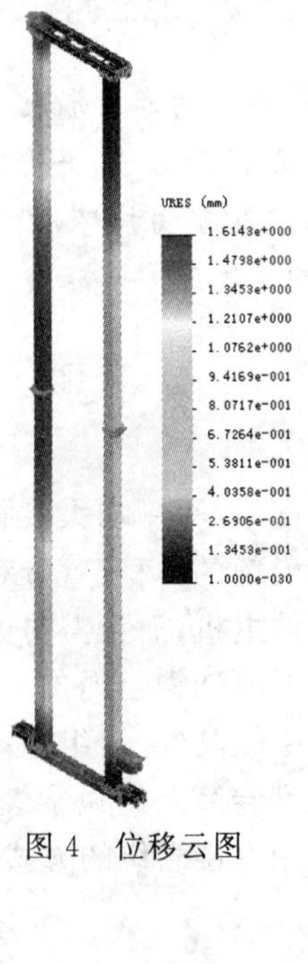

图 4　位移云图

2.5　工程图调整

堆垛机金属结构零部件参数化驱动后的工程图变化较大，可能会出现视图位置漂移、尺寸线被拉长、序号不整齐等诸多情况。其混乱程度大，不符合工程实际要求，因此需要建立一个通用的工程图调整程序模块，对工程图进行合理化调整[4]。工程图调整模块的顺利运行主要是基于工程图信息文件 read. dat。read. dat 中记录着工程图中有用信息，如视图绝对位置，视图注释位置、视图模板比例、视图最大轮廓尺寸等，可以利用 SolidWorks API 中的 GetAnnotations、GetName、Position、GetDimension 等属性和方法从工程图模板中提取。

3　结　　论

本系统是基于模板进行设计的，所以必须建立完备的三维模型库。建立以堆垛机金属结构 WJ130D. 1 为基础的三套模板（一层立柱的堆垛机、两层立柱的堆垛机、三层立柱的堆垛机），如图 5 所示，三套模型中包括有总装（三种类型即一层、两层和三层）、上横梁组件、立柱（三种类型即一层、两层和三层）、下横梁、踏板及安全护栏、维护栏及爬梯、电缆拖链吊架、起升换速限位装置一二（二种类型）、行程开关、定位板、线卡、滑导线支座、滑导线支杆、检测片、圆盖、电器件、标准件。下面用一个例子，详细说明一下堆垛机金属结构 CAD/CAE 设计系统的操作过程。图 6 是系统主参数设计界面。

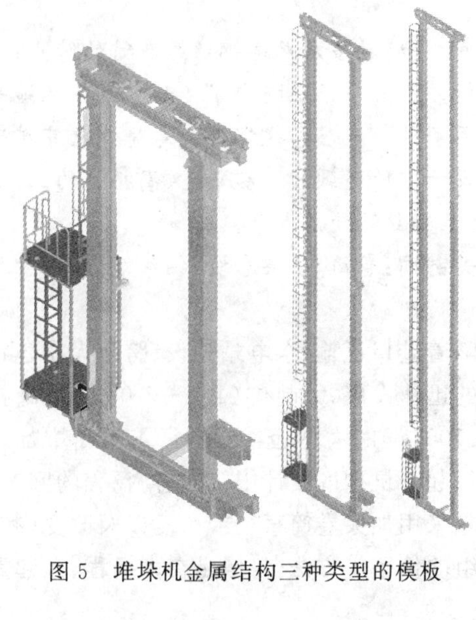

图 5　堆垛机金属结构三种类型的模板

5

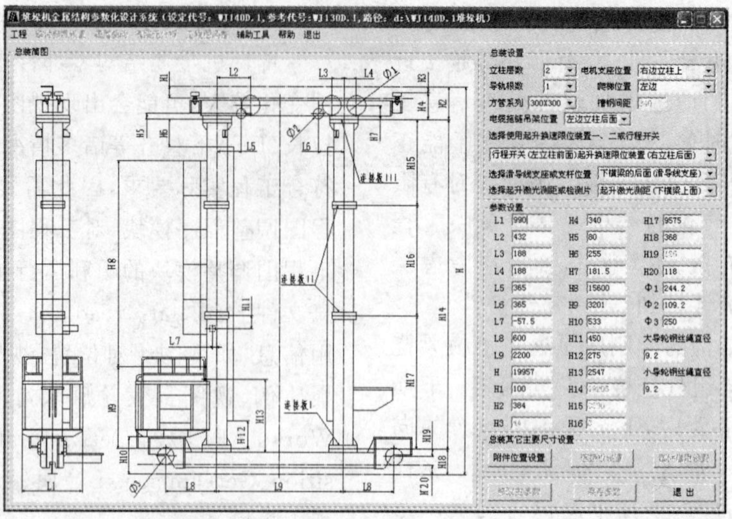

图 6　系统主参数设计界面

本系统现已在企业试用期间，原来一位设计人员利用清华英泰设计一套堆垛机金属结构需要1个月左右的时间，现在使用本系统只需四五天左右的时间，缩短了产品的开发周期，提高了设计效率和质量，节约了设计成本，提高了企业的竞争力。

参 考 文 献

[1]　张力，金国峰，方锦明．堆垛机模块化设计研究[J]．起重运输机械，2007(4)：85-88．

[2]　秦慧斌，张亚明等．基于 SolidWorks 的堆垛机参数化设计系统的开发[J]．华北工学院学报，2004，25(1)：24-27．

[3]　赵利平，王宗彦等．面向大规模定制的堆垛机快速设计系统研究[J]．中国机械工程，2008，19(18)：2161-2165．

[4]　庞雨花，刘志更等．桥式起重机主梁的三维参数化设计系统研究[J]．机械工程与自动化，2006，139(6)：45-47．

多层卷绕钢丝绳卷筒

胡　勇，胡志辉，胡吉全

（武汉理工大学物流工程学院，武汉　430063）

摘　要：对多层卷绕钢丝绳卷筒的特点以及钢丝绳在卷筒上的卷绕轨迹和工作原理作了详细说明和分析。在此基础上提出了多层卷绕钢丝绳卷筒的三种主要制造工艺，并介绍了其在实际使用过程中的使用条件。多层卷绕钢丝绳卷筒依靠其特殊的绳槽结构以及导向挡环，能够解决大型起重机起升机构的设计中所遇到的大起重量、高扬程的工况下大卷绕量钢丝绳的多层卷绕问题，能有效减少钢丝绳磨损，延长钢丝绳使用寿命。

关键词：卷筒、多层卷绕、钢丝绳

随着港口运输、水电站建设、跨海大桥建设等行业的迅速发展，大吨位(100～3 000 t)、高扬程(30～100 m)的大型起重机的需求不断增加。在起重机起升机构的设计中，解决高扬程的问题时，通常除采用加大卷筒直径或长度以及改变(减少)滑轮组的倍率等方法[1]，但是在大扬程、大起重量的工况下，采用加大卷筒直径或长度的方法必然使得卷筒的体积、重量和转动惯量增加，需要配备更大的电机，而且需要更大的布置空间[2]；为了适当降低所选钢丝绳的直径，使得起升机构滑轮组的倍率较高(滑轮组倍率通常在 8 以上)时，卷绕于起升卷筒上的绳索缠绕量很大，因此钢丝绳必须采用多层卷绕的方式。多层卷绕钢丝绳卷筒由于绳槽能保证第一层钢丝绳排列整齐，有利于以后各层钢丝绳的整齐卷绕，大大地改善了钢丝绳间的接触情况，延长了钢丝绳的寿命[3]。

1　多层卷绕钢丝绳卷筒的特点

钢丝绳在卷筒上多层卷绕的理想状态是钢丝绳排列整齐，避免乱绳，引导钢丝绳顺利进入下一层，并整齐地排列在前一层钢丝绳形成的绳槽之间。研究发现，钢丝绳寿命除了受拉力、钢丝绳通过滑轮的次数、钢丝绳与滑轮的直径比、钢丝绳的润滑条件、腐蚀等影响[4]，卷绕在卷筒上的上下层钢丝绳之间的挤压同样有十分重要的影响[5]。如果上下层之间是交错的，对钢丝绳寿命的影响更大，这恰恰是传统的光面卷筒和螺旋线卷筒无法解决的原理上的问题。采用光面卷筒和螺旋线卷筒卷绕多层钢丝绳时，由于上下层钢丝绳的卷绕旋向相反，容易产生跳绳、叠绳等现象，使钢丝绳卷绕排列杂乱无序，上层钢丝绳容易嵌入下层钢丝绳的缝隙中，导致钢丝绳产生挤压破坏[6]。

图1为多层卷绕钢丝绳卷筒的表面展开图，它的特点是绳槽在卷筒的每一周范围内分为四段，其中直线段1、3区占圆周长度的大约70%～80%，其余为折线段的长度，折线段绳槽2、4区对称布置，每段折线绳槽的导程刚好等于半个绳槽节距。每段折线段绳槽的包角根据各个设计的不同而有区别，它取决于卷筒的使用场合、卷筒尺寸、钢丝绳直径以及钢丝绳的弯曲刚度，如表1所示。

表1　卷筒区段分布举例

	设计1	设计2	设计3
折线段(°)	54	55	94
直线段(°)	126	125	86
钢丝绳直径(mm)	14	23	23
使用场合	卷扬机	起重机	起重机

卷筒两侧设有两特殊的导向挡环，其形状如图1中涂黑部分所示。钢丝绳入绳侧导向挡环在2区轴向厚度由0逐渐增加到1/2 d(d为钢丝绳直径)，径向高度为$\sqrt{3}/2\ d$；在3区轴向厚度和径向高度分别为1/2 d和$\sqrt{3}/2\ d$，保持不变；到4区导向挡环的轴向厚度由1/2 d逐渐增加到d，径向高度由$\sqrt{3}/2\ d$逐渐增加到$\sqrt{3}d$。入绳侧导向挡环的主要作用除了引导第一层钢丝绳第一圈的卷绕外，当钢丝绳在卷筒上绕满第二层时，能够引导钢丝绳顺利地从第二层爬上第三层并且使第三层钢丝绳和第二层钢丝绳在2区交叉换向。卷筒的另一侧导向挡环在4区轴向厚度由d逐渐减小为到1/2 d，径向高度由0逐渐增加到$\sqrt{3}/2\ d$；在1区轴向厚度和径向高度分别为1/2 d和$\sqrt{3}/2\ d$，保持不变；在2区轴向厚度由1/2 d逐渐减小为到0，径向高度为$\sqrt{3}/2\ d$。其作用主要是引导钢丝绳平滑顺利地由第一层过渡到第二层，并且使得第二层钢丝绳和第一层钢丝绳在2区交叉换向，使钢丝绳按照直线—交叉—直线—交叉的顺序卷绕。

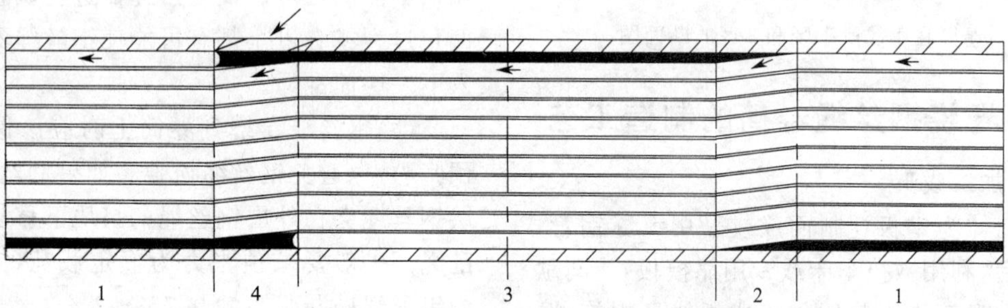

图1　多层卷绕钢丝绳卷筒的展开图

钢丝绳在进行多层卷绕时，通过折线绳槽来固定上层钢丝绳与下层钢丝绳交叉过渡的位置，在绳槽直线段，上层钢丝绳完全落入下层钢丝绳两相邻的绳圈形成的绳槽内，使上下层钢丝绳之间的接触改善，提高了钢丝绳的使用寿命。

2　多层卷绕钢丝绳卷筒的绕绳轨迹

当钢丝绳从入绳端沿图1所示箭头方向依次进入1—2—3—4段绳槽后，正好卷绕一周，并沿卷筒轴方向前进一个节距。这种推进方式的优点是能保证钢丝绳有较好的卷绕轨迹，同时又减小

5

了两个相邻卷绕层的交叉区。钢丝绳每绕满一层后经以下 4 个阶段爬升至上一层：

(1)钢丝绳末圈到达卷筒的折线段 4 区上爬时，钢丝仅仅在此区域内向上爬高；

(2)在下面紧接的直线段 1 区中，爬上来的钢丝绳进入下层钢丝绳末圈与端板之间的空隙并在这里定位，直到下一个折线段；

(3)在第二个折线段 2 区中，钢丝绳被沿折线的斜角轴向前推，脱离与端板的接触，但在此位置下层的钢丝绳末圈开始和端板接触；

(4)在接下来的直线段 3 区中，爬升上来的钢丝绳继续在由下层钢丝绳相邻绳圈形成的绳槽内前行；绳圈不接触端板，相反下层钢丝绳末圈此时继续与端板接触。

可见，卷筒端板与钢丝绳的接触区角度最大可以达到 180°(即一个折线上爬区段和一个直线区段)。这里相邻层的接触区成 180°交错，如图 2 所示。第一个卷绕层在直线段 1 区接触端板，那么它就必然在直线段 3 区中不接触端板。

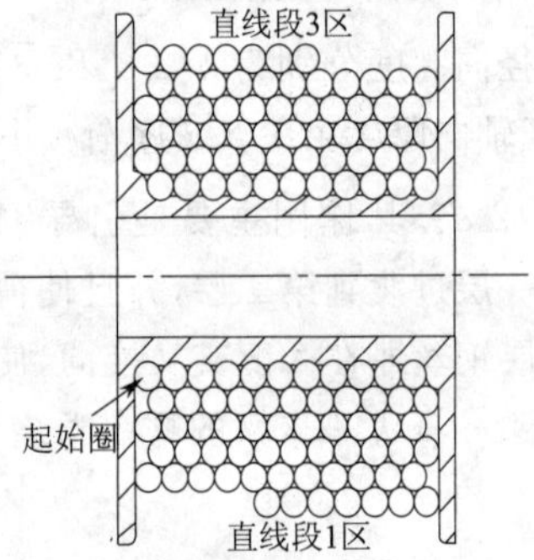

图 2 卷筒在直线段 1 区和 3 区的断面图

3 多层卷绕钢丝绳卷筒的制造工艺

3.1 整体加工成形

卷筒筒体为钢板卷制而成或采用无缝钢管，粗加工以后，利用数控车床或专用靠模板，或间歇挂轮装置在卷筒表面整体加工成折线形螺旋槽。整体加工的卷筒精度高，但加工难度与加工成本相对较高，即使用数控车床，也需要编制特定的加工程序[7]。

3.2 四瓣螺钉链接成形

卷筒筒体分为两层，内层筒体为钢板卷制或采用无缝钢管，加工之后，用螺钉将外层筒体与内层筒体连接。外层筒体由四块钢板组成，其中两块为直线绳槽，另外两块为折线绳槽。外层筒体可以在由钢板卷制的圆筒或无缝钢管上直接加工成全直线绳槽和全螺旋线绳槽，再根据卷筒的直线绳槽与折线绳槽对应的包角进行切割，从而得到外层筒体的四块钢板。在直线绳槽板与折线绳槽板槽底均布钻孔，在内层筒体上相应地加工螺孔，用高强螺钉将内外层卷筒连接起来。这种加工工艺最简单，加工成本低。

3.3 槽型施焊成形

卷筒筒体内部为钢板卷制或采用无缝钢管预加工好的光卷筒，然后将成形的槽型条按照事先划好的折线焊于卷筒表面。槽型条可以根据卷筒设计要求设计出截面尺寸，委托钢厂轧制，或者直接用截面尺寸相近的圆钢代替。这种加工工艺性简单，制造成本较低，但是由于卷筒绳槽通过焊接成型，焊接过程中会导致卷筒筒体略有变形，因此采用此种加工方式的卷筒精度不高。

另外对于卷筒直径较小且需要批量生产的卷筒还可以使用铸造的方法直接加工成型。

4 多层卷绕钢丝绳卷筒的使用要求

(1)钢丝绳应选择多股、钢芯、不旋转钢丝绳，以保证在受载情况下保持不松散性和截面形状。钢丝绳直径一般为正公差，为钢丝绳公称直径的＋2％到＋4％，当超过上限时，造成第一层无法排列。当小于公称尺寸时，由于钢丝绳之间间隙过大，同样可能乱绳。

(2)钢丝绳偏角，一般要求 0.25°～1.5°之间，如果不能满足可以设置排绳器进行调整。钢丝绳偏角过大或者过小都有可能使钢丝绳不能顺利进入下一层而乱绳。

(3)钢丝绳卷绕到卷筒上时应该保持一定的预张力，以避免钢丝绳松弛。如果钢丝绳松弛，内层钢丝绳会在外层钢丝绳的挤压下移位而损坏或乱绳。一般要求预张力为额定载荷的 10％或者为钢丝绳破断张力的 0.7％～1％。

(4)从卷筒上放出的钢丝绳绕向定滑轮时，定滑轮的中心必须与卷筒法兰间的宽度对中。

(5)多层卷绕钢丝绳卷筒上的钢丝绳在折线段和两端爬升段受相邻绳圈的挤压和摩擦，工况比大部分处于直线段的钢丝绳恶劣，会率先出较大的磨损甚至断丝等破坏现象。根据实际使用情况，需在使用一段时间候后将钢丝绳截去一小段，以错开处于恶劣工况位置的钢丝绳，提高钢丝绳的使用寿命。

5 结　　论

综上所述，多层卷绕钢丝绳卷筒依靠其特殊的绳槽结构以及导向挡环，能够解决大型起重机起升机构的设计中所遇到的大起重量、高扬程的工况下大卷绕量钢丝绳的多层卷绕问题，能有效减少钢丝绳磨损，延长钢丝绳使用寿命。

参考文献

[1] 沈敏粮．起重机起升卷筒多层缠绕的设计方法[J]．起重运输机械，2004，(4)：17～18.

[2] 郭献．双折线卷筒[J]．起重运输机械，2007，(1)：45～46.

[3] 谢永智．基于神经网络的平行折线卷筒智能设计与仿真研究[D]．武汉：武汉理工大学，2003.

[4] 廖红卫．钢丝绳的疲劳行为特征与损伤机理研究[D]．武汉：武汉理工大学，2006.

[5] Herbert R. Weischedel. Crane wire rope damage and non-destructive inspection methods[R]. NDT Technologies, Inc. 2002：1～11.

[6] 蒋国仁．港口起重机[M]．大连：大连海事大学出版社，1994：71～73.

[7] 张全福．折线卷筒设计及制造研究[J]．机械工程师，2009，(4)：143～144.

三、输送机械技术研究

圆管带式输送机技术与发展前景

王建华，丁兆伦
（兖矿集团有限公司）

摘　要：随着我国环境保护事业的发展，散状物料环保输送技术将越来越受到重视，作为绿色环保机械的圆管带式输送机，应用前景也越来越广泛。文章详细介绍圆管带式输送机的技术与应用，指出了技术难点和需解决的关键技术，分析预测了市场发展前景，为用户了解掌握和使用圆管带式输送机提供技术支持。

关键词：圆形管状；技术特征；绿色环保；发展前景。

1　概　　述

圆管带式输送机顾名思义就是输送胶带在输送过程中是以圆管状形式存在，外形像管子，又叫管状带式输送机。圆形管状带式输送机是从传统带式输送机发展而来的，它的结构特征是：在装料点将散状物料装到胶带上，胶带逐渐被卷成圆管形，犹如一根管线；它可以水平转弯、垂直转弯和做三维方向路线变化。当卸料时，胶带又打开成平形，且以平形状返回机尾，并能垂直提升。日本式圆管带式输送机的胶带是卸完料又卷成圆形返回机尾[1]，最大输送倾角 45°。

由于散状物料被胶带包裹其中，不会外泄，不污染环境，加上能做三维方向转弯，可节省占地及建设费用，日益受到人们重视，是最近十几年发展起来的绿色环保机械。

2　技术特征

2.1　工作原理

圆管带式输送机根据国际通用标准按倾角大小分为低倾角(0°～20°)、高倾角(21°～45°)、大倾角(46°～87°)和垂直式(90°)圆管带式输送机系统四大类[2]。其输送原理也有根本的区别。

低倾角(0°～20°)圆管带式输送机是圆周驱动力克服物料运动自重阻力和机构摩擦阻力带动物料运行；高倾角(21°～45°)圆管带式输送机输送原理是根据物料内摩擦原理，建立在斜面静力学上，物料随输送带向上运动瞬时力的平衡实现的；而大倾角(46°～87°)和垂直式(90°)圆管带式输送机的输送原理是根据杨森原理，依靠侧压力使物料挤压、堆积实现提升的；由于管径相对提升高度很小，所以圆管内总的垂直压力在侧压力作用下不很大。垂直式圆管带式输送机整体示意图见图 2。

2.2　基本结构

2.2.1　圆管带式输送机的基本结构与通用带式输送机基本相同，多为固定式，主要由头、尾部滚筒和改向滚筒、驱动装置、机架、PSK 托辊和托辊组、拉紧装置、胶带和清扫装置等部分组成。其它钢结构有桁架、走道、栏杆、支柱等，另外头尾架、漏斗、护罩、联轴器等部件与通用带式输送机完全相同。具体结构见图 1 水平输送的圆管带式输送机。

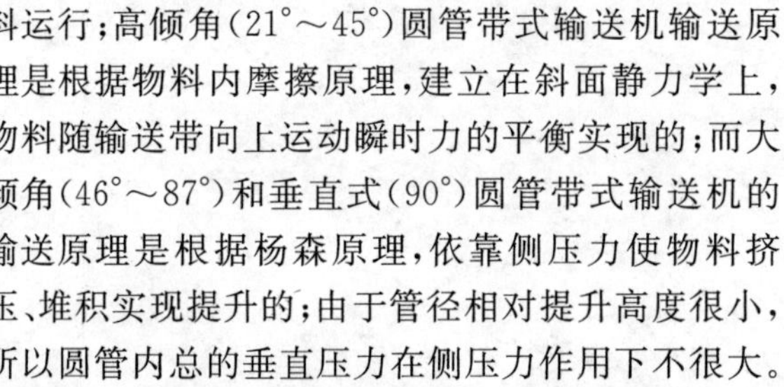

图 1　水平输送的圆管带式输送机示意图

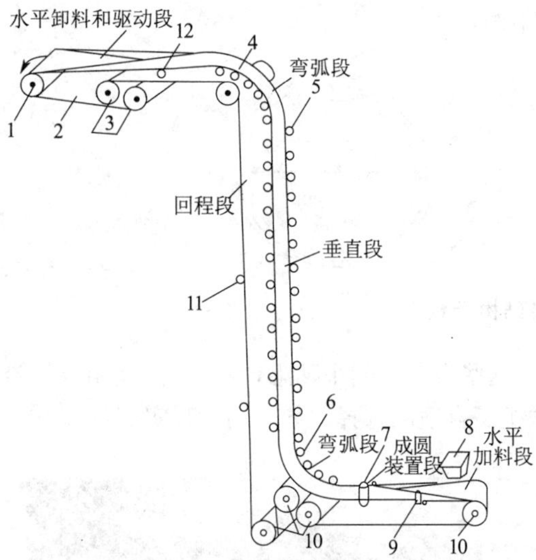

图 2　垂直式圆管带式输送机示意图

2.2.2　头、尾部过渡段

圆管带式输送机胶带由机尾处的槽形逐渐形成圆管状和机头处由圆管状逐渐变成平形需要一个过渡段。具体过渡的过程需要布置一些不同槽角的托辊来实现。过渡段的长度取决于胶带的特性、管径等因素。日本式的圆管带式输送机头、机尾过渡段还需要不同槽角的托辊和压辊。

圆管带式输送机采用尼龙芯(或聚酯芯)胶带其过渡段设计长度约 25D;采用钢绳芯胶带其过渡段设计长度约 50D,D 为圆管直径。

2.2.3　圆管带式输送机系列规格见表 1。

表 1　中国圆管带式输送机系列[4]规格

管状直径(mm)	带宽(mm)	断面积(m^2)	带速(m/s)	输送量(m^3/h)	最大块度(mm)
130	500	0.012	1.00	46.8	40∽50
150	650	0.017	2.00	122.4	50∽75
200	800	0.031	2.16	241.0	70∽100
250	1 000	0.049	2.33	411.0	100∽130
300	1 200	0.070	2.50	630.0	130∽150
350	1 400	0.096	2.91	1 005.6	150∽180
400	1 600	0.125	3.33	1 498.5	170∽220
450	1 600	0.159	3.50	2 003.4	200∽250
500	1 800	0.196	3.75	2 646.0	250∽300
600	2 200	0.282	4.16	4 223.2	300∽350
700	2 400	0.384	4.58	6 331.3	350∽400
800	2 600	0.502	5.00	9 036.0	400∽500

2.2.4　圆管带式输送机胶带

圆管带式输送机输送胶带与通用带式输送机胶带的外形结构完全相同,根据圆管带式输送机长度不同可选用尼龙芯(或聚酯芯)胶带或钢丝绳芯胶带等。但与通用带式输送机胶带相比管状带式输送机胶带的芯层结构有一定的差别。

由于圆管带式输送机输送胶带在运送物料时需形成管状,要求胶带应有良好的弹性、纵向柔性、横向刚性及抗疲劳性能,同时对胶带的芯层材料要求较高,胶带搭接部分要有良好的可绕曲性,边缘芯层设计较薄,以保证胶带在形成圆管状后的密封和稳定性。

圆管带式输送机胶带的横向刚度指标对能否正常运行起到至关重要的作用。胶带的横向刚度值必须在一个合适的范围内才能保证正常运行,横向刚度值既不能太大,也不能太小。如果胶带横向刚度值太大,将会使胶带搭接处上翘,造成密闭效果不好甚至发生爆管现象,且运行阻力增大;如果胶带横向刚度值太小,胶带裹成圆管时将往下塌,形成扁管现象。因此圆管带式输送机的胶带设计选型是一个技术难点,具体结构见图 3。

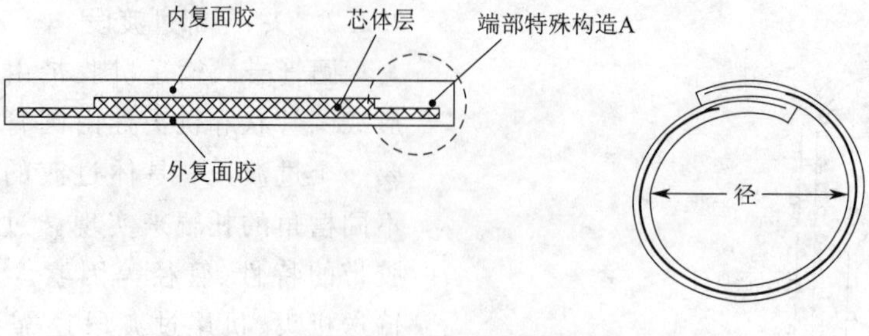

图 3　圆管带式输送机胶带结构示意图

2.2.5　圆管带式输送机胶带的安装

与通用带式输送机不同，由于圆管带式输送机需形成圆管状。因此在安装胶带时需预先采用专用的穿管牵引卡箍将预牵引的胶带一端形成圆管状，并采用绞车或葫芦等工具进行牵引穿管。

2.3　圆管带式输送机的性能特点

2.3.1　物料输送过程被完全封闭，免受风雨和日晒，真正实现了无灰尘、无污染搬运物料。不管是散料、粉料、块料，有黏性和无黏性的物料，还是冰块、水，均可以输送；并且在输送过程中可防止外部杂物混入输送物料，也能防止物料遭受风吹雨淋或日晒等损害，并能实现承载段和回程段完全封闭输送，避免漏料，洒料等。

2.3.2　输送线路适应性强，能实现柔性布置设计。可以实现以较小的曲率半径三维空间转弯，大角度的倾斜，能爬山过河，沿地表建设三维转弯和垂直爬坡的圆管带式输送机，即可进行水平、垂直及曲线运行，转弯处无须转运环节，故设计布置简单，避免了中间转运站的设立和相应辅助设施，可有效降低工程造价。但对一般设计单位来说，三维空间转弯和垂直爬坡仍是其急需解决和掌握的关键技术。

2.3.3　回程段可封闭输送物料，实现双向物料封闭输送。由于圆管带式输送机在承载段和回程段均采用封闭管筒输送，如果在回程段加装送料口，回程段仍然可以封闭输送物料，并且中间装卸料可在任何点通过打开和封闭输送带来完成。

2.3.4　没有跑偏现象。从构造原理上，不会产生跑偏。但输送带有时会产生扭转，在一定范围内是允许的，当扭转过大时必须进行调整，一般采用螺旋托辊、可调托辊效果较好。

2.3.5　部件规范标准。由于圆管带式输送机的输送带在头、尾及拉紧滚筒处是平形的，而带速系列也一致，所以圆管带式输送机和通用带式输送机能采用相同的标准部件，如滚筒、托辊、头尾机架和驱动装置等。使用的标准部件在国内市场均有规范厂商，且这些设备人们很熟悉，因此广泛使用圆管带式输送机是合适的选择。如应用工程实例：

实例 1：济宁热电厂 D300 圆管带式输送机

实例 2：D250 越野圆管带式输送机

3　圆管带式输送机发展历程、应用现状与发展前景

圆管带式输送机最早由日本在 1972 年为解决环保问题，开发了圆管带式输送机[1]，并于 1975 年申报了专利开始投产应用。1978 年后，先后有德国 Koch 公司、南非 Bateman 公司、中国北京（Conveyor）新技术中心、韩国 Young Poony 公司、南美洲 Sistemas 公司设计制造圆管带式输送机。

1986 年中国由北京康维尔（Conveyor）新技术开发中心研制圆管带式输送机，于 1994 年形成系列，并通过北京市科委组织的专家鉴定，创造了中国垂直式圆管带式输送机，成功申报了发明专利(专利号:95118381.8)。

中日两国发明的圆管带式输送机存在不同之处:①中国式回程胶带呈平形,日本式是圆形;②中国式胶带形成圆管状可采用1—6个托辊,日本式采用6个托辊;③中国式圆管带式输送机最大提升角度为90°,日本式最大提升角度为45°;④同规格和运输量、同长度和带速的圆管带式输送机相比,日本的输送带寿命长。目前中日发明的圆管带式输送机不同技术在国内都得到广泛应用,且相互吸收、不断融合,市场前景十分乐观。2009年国内圆管带式输送机生产销售现状见图4。

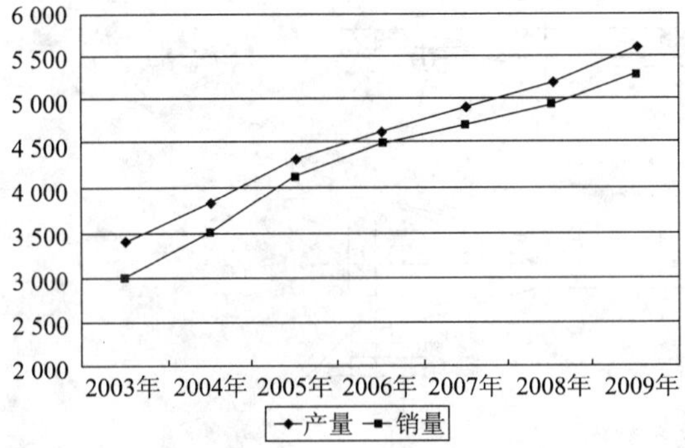

图4 国内圆管带式输送机产销量对比

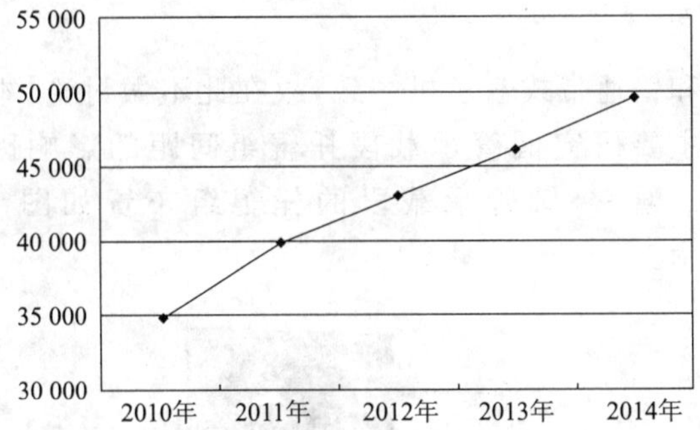

图5 国内圆管带式输送机生产使用分析预测

正是由于圆管带式输送机的诸多特点,加上全球环保形势日益严峻,伴随着保护生态,防止污染,21世纪将是圆管带式输送机发展的繁荣时期。中国圆管带式输送机发明专利的出现解决了垂直输送和小曲率半径转弯的难题,突破了二维至三维方式的输送,推动了圆管带式输送机的快速发展。经市场分析和预测,到2015年国内圆管带式输送机的使用将超过5万台,见图5。

4 总 结

4.1 圆管带式输送机的应用基本没有限制,任何散料输送都可采用。输送的典型物料有:煤炭、矿石粉、粘土、粉煤灰、滤尘、石灰石和粮食等。该产品广泛应用于煤炭、化工、冶金、电力、建材、港口、粮食等行业的散料输送系统。

4.2 进入21世纪以来,绿色设计成为工程设计的主题[3]。圆管带式输送机正是肩负着这样的历史使命,特别针对散料在输送过程中,散料被圆管输送带包裹起来,避免了散料因各种原因造成的浪费和对空气环境的污染,真正起到了绿色环保的作用。

4.3 我国虽然制订了机械行业标准JB/T10380—2002,但圆管带式输送机的管状成形、制造安装,扭转调整等还需要积累经验,况且圆管带式输送机的整体设计、三维转弯和垂直爬坡等关键技术仍需要在实际工程中完善提高。

参考文献

[1] 王鹰,孟文俊.日本石桥公司的圆管带式输送机[J],起重运输机械,1991.1.

[2] 李煜.带式输送机标准规范实用手册[M],北方工业出版社,2006.1090-1106.

[3] 王建华.魏立.港口裸散粮连续输送系统设计与研制[J],山东科技大学学报自然版,2005.12,108-111.

[4] 机械行业标准编委会.JB/T10380—2002 圆管带式输送机[S],北京,2002.

由输送带张力和下垂度确定圆管带式输送机托辊间距的探讨

卫红波,孟文俊

(太原科技大学 030024)

摘 要:由输送带的下垂度和输送带张力来确定圆管带式输送机圆管段的托辊间距,首先求出输送带悬垂线方程,进而求出左右支点处的张力,通过输送带下垂度与托辊间距的关系,求出了最大托辊间距，并结合三维机械设计软件 SOLIDWORKS 验证了所求的托辊间距，为圆管带式输送机托辊间距的分级设计提供了参考依据。

关键词：托辊间距；圆管带式输送机

引 言

圆管带式输送机是 20 世纪 70 年代末发展起来的一种新型环保型的带式输送机，它具有可密封输送物料、可空间弯曲布置输送线路、可提高输送机倾角、无跑偏现象、可双向输送物料的特点。其结构示意图如图 1 所示。

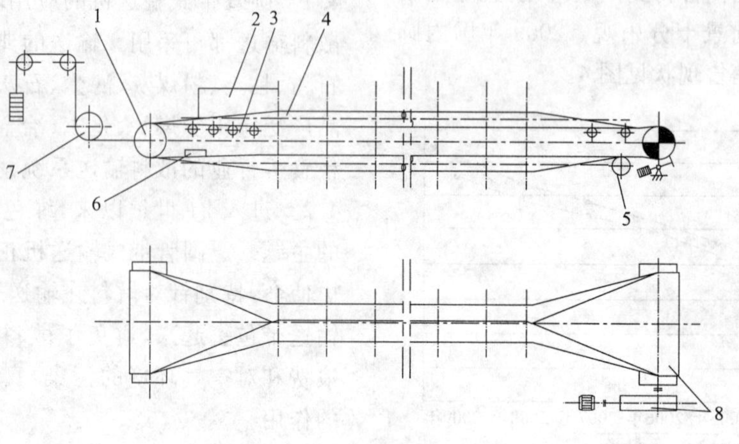

图 1 圆管带式输送机简图

1—改向滚筒；2—导料槽；3—过渡托辊组和缓冲托辊组；4—输送带；5—改向（增面）滚筒；6—空段清扫器；7—拉紧装置；8—传动滚筒和驱动装置或电动滚筒。

合理地选择托辊间距，尤其是承载段托辊间距，对于圆管带式输送机的运行、能耗和安全尤其重要。如果托辊间距过小，托辊数目显然增多，造成运行阻力增大、能耗增大，导致不必要的浪费，同时即增加了圆管带式输送机的成本和造价。如果托辊间距过大，由于输送带是弹性元件，输送物料过程中，在本身自重和物料载荷的影响下，必然产生下垂，若下垂过大，容易造成输送物料的堆积、涨管和爆管等现象，使圆管带式输送机运行阻力增大。还在局部使输送倾角增大，导致物料输送不通畅，甚至产生下滑，影响输送机的输送效率。

目前，设计圆管带式输送机时，一般是通过经验来确定的托辊组的间距的，这样确定的托辊组间距可能偏安全，或许不经济，或许不是最优的设计，可能导致局部过密或过疏的情况，造成圆管带式输送机线路的安全性降低或成本过高。本文根据圆管带式输送机的实际情况，计算推导出圆管带式输送机托辊组间距的最优值。

圆管带式输送机线路由过渡段、加料段、圆管段等组成，由于过渡段和加料段的托辊组形式和普通带式输送机一致，故在此不做讨论，本文主要研究圆管承载段托辊组间距的影响因素。通常，圆管承载段的托辊组布置如图 2 所示。

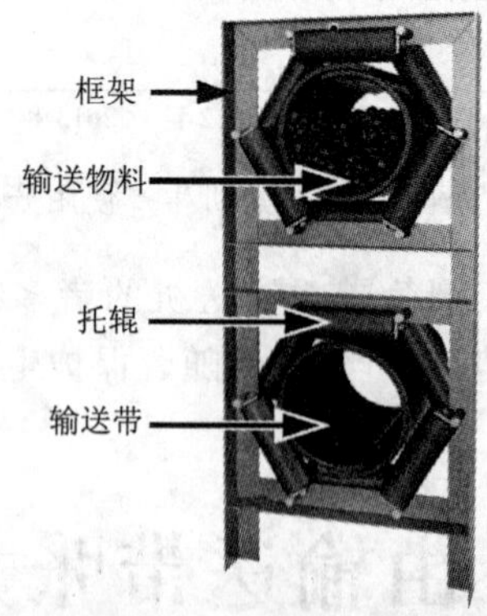

图 2 圆管段六托辊组窗体示意图

1 建立输送带悬垂线函数

圆管带式输送机无论承载段还是空载段，两托辊组间输送带悬垂成一曲线，此曲线称为悬垂线，目前对悬垂线的形状仍没有实用的计算方法，而如果没有悬垂线则不能精确反映输送带对支点处的作用力，同时也不能准确求出输送带的最大下挠度，故而需首先求出悬垂线方程。

为求出悬垂线函数，首先，需要建立合适的笛卡尔坐标系，如图(3)所示，悬垂左支点即输送带与托辊的切点 O 点，为坐标原点(0,0)；悬垂右支点为输送带与托辊的切点 $Q(x_2,y_2)$；未知的谷底 P 点(x_1,y_1)，即输送带挠度最大处。初步假设输送带的悬垂线方程为：$y=ax^2+bx+c$，则由两点式可求出此抛物线方程为：

$$y=\left(\frac{y_2-bx_2}{x_2^2}\right)x^2+bx \qquad (1)$$

2　悬垂输送带长度

对式(1)求导，并在$[0,x_2]$、$[0,x_1]$区间内进行积分，得到两支点间悬垂输送带长度 l 及左支点到谷底 P 点的长度 l'：

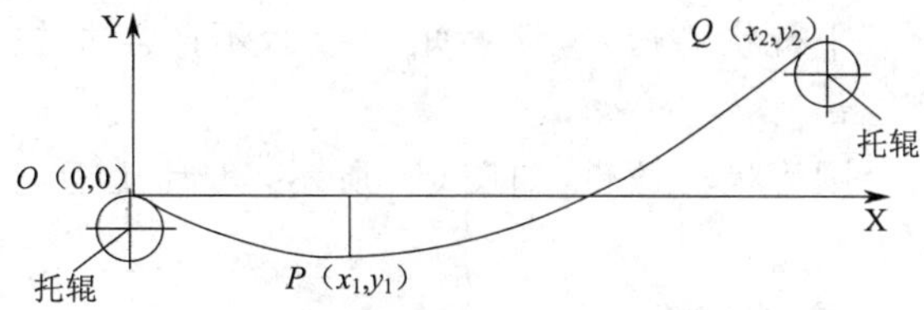

图 3　输送带悬垂线

$$l=\left[\frac{2Cx_2+B}{4C}\sqrt{A+Bx_2+Cx_2^2}-\frac{B\sqrt{A}}{4C}-\frac{B^2-4AC}{8\sqrt{C^3}}ln\left[\frac{B+2\sqrt{AC}}{2Cx_2+B+2\sqrt{C}\sqrt{A+Bx_2+Cx_2^2}}\right]\right]\frac{1}{x_2} \qquad (2)$$

$$l'=\left[\frac{2Cx_1+B}{4C}\sqrt{A+Bx_1+Cx_1^2}-\frac{B\sqrt{A}}{4C}-\frac{B^2-4AC}{8\sqrt{C^3}}ln\left[\frac{B+2\sqrt{AC}}{2Cx_1+B+2\sqrt{C}\sqrt{A+Bx_1+Cx_1^2}}\right]\right]\frac{1}{x_2} \qquad (3)$$

式中：$A=4(y_2-bx_2)^2$，$B=4bx_2{}^2(y_2-bx_2)$，$C=(1+b^2)x_2{}^4$

3　悬垂线谷底 P 点的坐标

对式(1)求导，将谷底 P 点坐标(x_1,y_1)代入，得：

$$\frac{dy}{dx}=\frac{2(y_2-bx_2)}{x_2^2}x_1+b=0$$

所以有：

$$x_1=\frac{bx_2^2}{2(bx_2-y_2)}y_1=\frac{b_2x_2^4(y_2-bx_2)}{4x_2^2(bx_2-y_2)^2}+\frac{b^2x_2^2}{2(bx_2-y_2)} \qquad (4)$$

4　左右支点处的垂直反力

4.1　悬垂输送段的质量

$$m=l\cdot g\cdot(q_{B+}q_G) \qquad (5)$$

式中：m——悬垂输送段的质量，kg；

l——悬垂段输送带的长度，m；

q_B——输送带的单位线质量，kg/m；

q_G——物料的单位线质量，kg/m。

$$m_1=l'\cdot g\cdot(q_{B+}q_G) \qquad (6)$$

式中：m_1——左支点 O 点到谷底 P 的输送段质量，m；

l'——左支点 O 点到谷底 P 的输送带长度，m。

其他符号意义同上。

$$m_2=m-m_1 \qquad (7)$$

式中：m_2——谷底 P 到支点 Q 的输送段质量，kg。

其他符号意义同上。

4.2　悬垂输送带的中心坐标

整个输送段的重力为 mg，其作用点(即重心)为 $W(x_3,y_3)$如图(4)所示。设在悬垂段下去微段 dx 上的质量为q'，q'与该微段 dx 处于悬垂曲线上的位置有关，其分布状况如图 4 所示。q'与单位长度输送段的质量 q 的关系为：

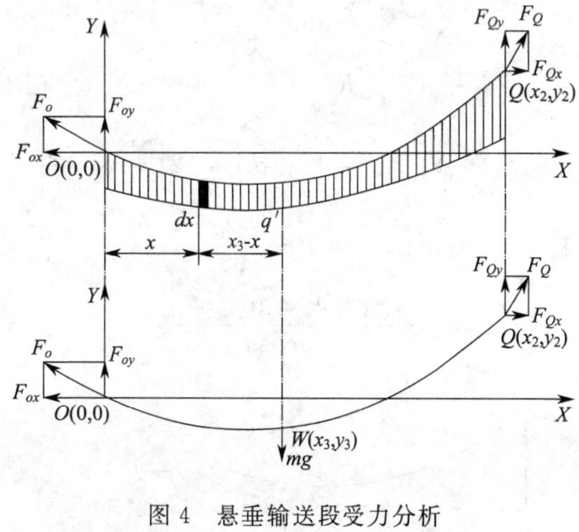

图 4　悬垂输送段受力分析

$$q'=(q_B+q_G)/cos(arctany') \qquad (8)$$

式中：q'—微段 dx 上的悬垂段质量，kg/m。

其他符号意义同上。

因为各微段 dx 相对悬垂段重心的合面矩为零，则有：

5

$$\int_{0}^{x_3} q'(x_3-x)dx-\int_{x_2}^{x_3} q'(x-x_3)dx=0 \quad (9)$$

将式(8)代入式(9)整理后得：

$$x_3=(m_2x_2)/m \quad (10)$$

4.3 计算惯性矩

三种不同断面的输送带惯性矩分别为：

平行状输送带，惯性矩：$I=0$，不产生抵抗弯矩；

圆管状输送带，如图(5)所示，其惯性矩近似为

$$I=\frac{\pi}{64}(D^4-d^4) \quad (11)$$

式中：D——圆管外径，m；

d——圆管内径，m；

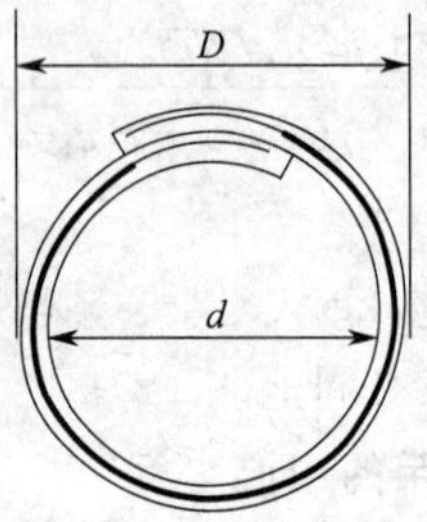

图5 圆管状输送带

槽形输送带，如图(6)所示，

计算槽形输送带的惯性矩，将其分为两部分来计算：如图(6)斜线部分和阴影部分。

斜线部分：$I_{Z1}=\frac{2a}{360}\cdot\frac{\pi}{4}[(R+\delta)^4-R^4]$

$$=\frac{a\pi}{720}[(R+\delta)^4-R^4] \quad (12)$$

阴影部分：$I_{Z2}=\int_A y^2dA=2\int_m^{m+n} y^2\frac{\delta}{cosa}dy$

其中 $m=R\sin a$，$n=B-\frac{\pi Ra}{90}$

则：$I_{Z2}=\frac{2n\delta(3m^2+3mn+n^2)}{3\cos a}$ (13)

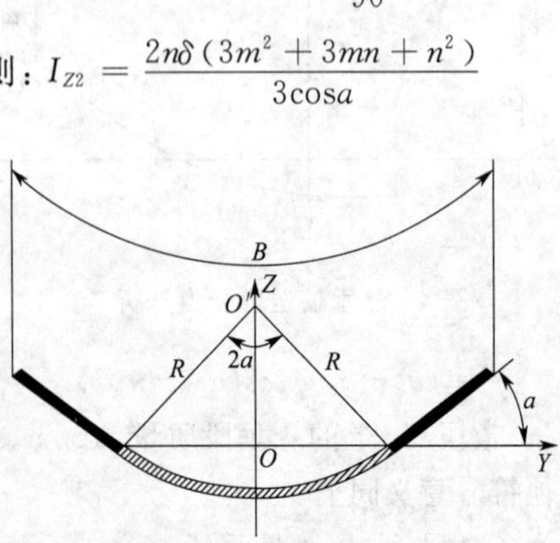

图6 槽形输送带

则槽形输送带的惯性矩为：

$$I_Z=I_{Z1}+I_{Z2}=\frac{a\pi}{720}[(R+\delta)^4-R^4]+\frac{2n\delta(3m^2+3mn+n^2)}{3\cos a} \quad (14)$$

其中，$m=R\sin a$，$n=B-\frac{\pi Ra}{90}$。

式中：a——槽角，°；

R——槽底圆弧部分的曲率半径，m；

δ——输送带厚度，m；

B——输送带宽度，m；

4.4 左右支点处的垂直支反力

输送带两端固定，其模型如图7(a)所示，输送带和物料的自重沿着垂直于输送带方向的分量为 $q_1=(q_B+q_G)\cos\beta$，β 为输送机倾角。假设输送带长度为 l，则 $l=L/\cos\beta$，L 为托辊组间距。即图7(b)所示。

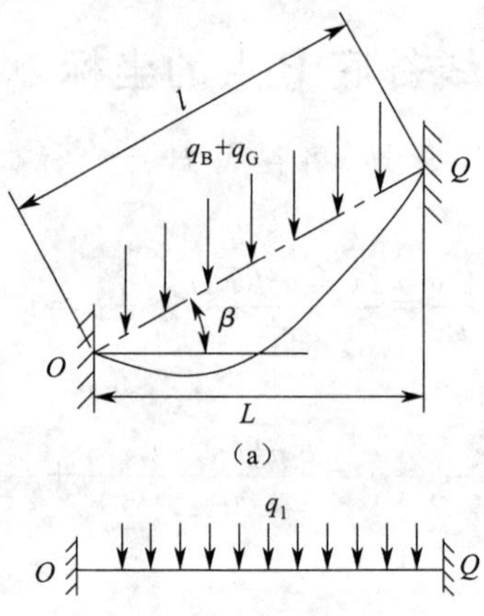

图7 简化模型一

因输送带两端固定，依据材料力学可知，此模型属于超静定结构模型，关于超静定问题可以从结构中部进行分析，如图(8)所示：

由材料力学可知：在均布载荷 q_1 的作用下，转角为 λ_1，在转动惯量 M_1 作用下的转角为 λ_2，则：

$$\lambda_1+\lambda_2=0$$

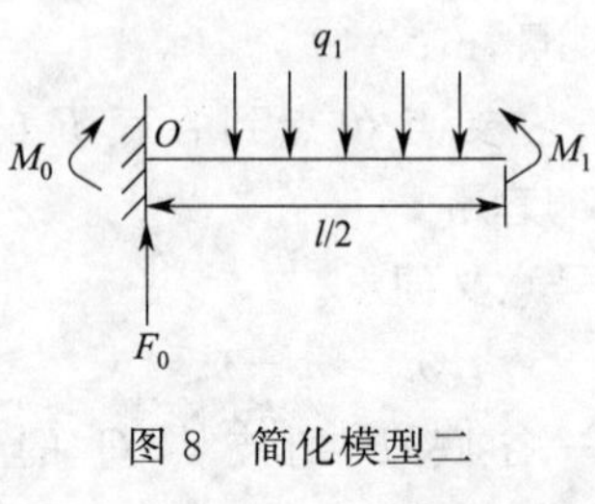

图8 简化模型二

即：$$-\frac{q_1\left(\frac{l}{2}\right)^3}{6EI}+\frac{M_1\left(\frac{l}{2}\right)}{EI}=0 \qquad (15)$$

则：$$M_1=\frac{q_1 l^2}{24} \qquad (16)$$

则列出平衡方程组：

$\sum Fy=0 \quad \sum M=0$

$$F_O-q_1\frac{l}{2}=0 \quad M_1-q_1\frac{l}{2}\cdot\frac{l}{4}-M_O=0 \qquad (17)$$

求出 $$F_O=q_1\frac{l}{2} \quad M_O=-\frac{q_1 l^2}{12} \qquad (18)$$

如上所述则求出了支点处的垂直支反力。

5　输送带最大下挠度

根据材料力学可知，假设输送段某处距离 O 点为 x 处，如图(9)所示：

则：$$M=F_O x+M_O-q_1 x\frac{x}{2} \qquad (19)$$

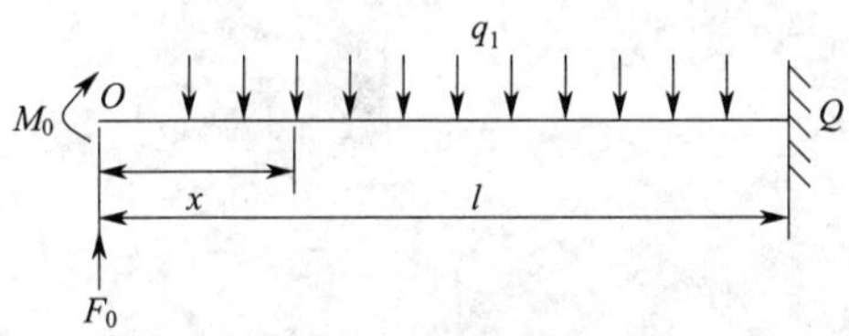

图 9　简化模型三

由材料力学可知：

$$\frac{d^2 w}{dx^2}=\frac{M}{EI} \qquad (20)$$

式中：w——输送带下挠度，m；

x——输送段距离左支点的距离，m；

M——圆管段输送段所受弯矩，N·m；

E——圆管段输送带弹性模量，MPa；

I——圆管段输送带的惯性矩，m^4；

$$EIw'=M=F_O x+M_O-q_1 x\frac{x}{2}=q_1\frac{l}{2}\cdot x+\frac{q_1 l^2}{12}-q_1\frac{x^2}{2} \qquad (21)$$

$$EIw'=-\frac{q_1}{6}x^3+\frac{q_1 l}{4}x^2+\frac{q_1 l^2}{12}x+C \qquad (22)$$

$$EIw=-\frac{q_1}{24}x^4+\frac{q_1 l}{12}x^3+\frac{q_1 l^2}{24}x^2+Cx+D \qquad (23)$$

边界条件为：

固定端 Q 端的转角和挠度均应为 0，则得：

$$w'_Q=\theta_Q=0 \qquad w_Q=0 \qquad (24)$$

则得：$$C=-\frac{q_1 l^3}{6} \qquad D=\frac{q_1 l^4}{12} \qquad (25)$$

则挠曲线方程为：

$$EIw=-\frac{q_1}{24}x^4+\frac{q_1 l}{12}x^3+\frac{q_1 l^2}{24}x^2-\frac{q_1 l^3}{6}x+\frac{q_1 l^4}{12} \qquad (26)$$

$$w=-\frac{q_1}{24EI}(x^4-2lx^3-l^2x^2+4l^3x-2l^4) \qquad (27)$$

如图(10)所示：

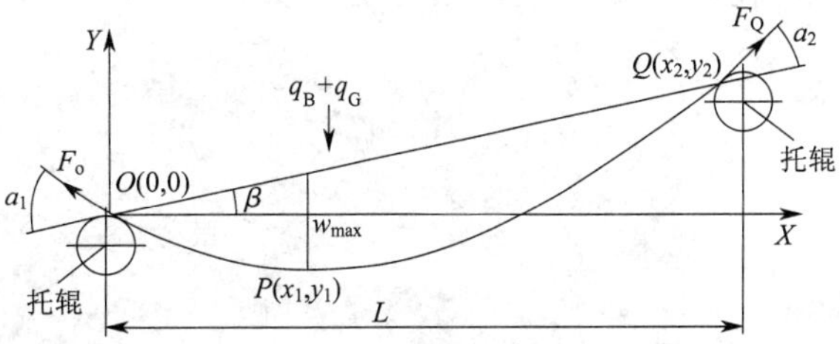

图 10　输送带最大下挠度示意图

根据挠曲线方程求出最大下挠度：

$$w_{max}=-\frac{17q_1 l^4}{486EI} \qquad (28)$$

因为：$q_1=(q_B+q_G)\cos\beta \quad l=L/\cos\beta$

则：$$w_{max}=-\frac{17(q_B+q_G)\cos\beta\left(\frac{L}{\cos\beta}\right)^4}{486EI} \qquad (29)$$

6　最大托辊间距

根据输送机设计标准，圆管带式输送机的输送带下垂度不应超过托辊间距的 2.5%，则得：

$$|w_{max}|\leqslant 2.5\%L \qquad (30)$$

即：$$\frac{17(q_B+q_G)\cos\beta\left(\frac{L}{\cos\beta}\right)^4}{486EI}\leqslant 2.5\%L \qquad (31)$$

解不等式方程(29)得：

$$L\leqslant\cos\beta\sqrt[3]{\frac{243EI}{340(q_B+q_G)}} \qquad (32)$$

则托辊组最大间距为 L_{max} 得：

$$L=\cos\beta\sqrt[3]{\frac{243EI}{340(q_B+q_G)}} \qquad (33)$$

在圆管带式输送机设计中，当确定输送机的相关基本参数后，可以按(33)式计算托辊的最大间距，从而在其他性能不变的情况下，把输送机的能耗和成本降到最低。

7　实例计算

某粮食基地需要输送稻谷，采用管径为 400 mm的圆管带式输送机输送，输送带类型为

EP－400 输送带，输送带自重 $q_B=40$ N/m，物料线载荷 $q_G=90$ N/m，输送机倾斜角度 $\beta=10°$。

由式(33)知：

通过查阅相关资料，得到输送带的弹性模量为 7.84×106 Pa，

$$L_{\max}=\cos 10°\sqrt[3]{\frac{243\times 7.84\times 10^{6}\times 3.14\times(0.4^{4}-0.39^{4})}{64\times 340\times(400+900)}}=1.82\ \mathrm{m}$$

经过 SOLIDWORKS 三维建模分析得到，按照此托辊间距实现的模型分析如图(11)所示，符合要求：

图 11 圆管带式输送机倾斜输送变形图

8 结 论

从式(33)中，可以看出圆管带式输送机圆管段的托辊间距与输送带的弹性模量、输送带惯性矩，物料线载荷、输送带线载荷、输送机倾角和输送带所受张力等因素有关，综合考虑以上各因素得出的圆管段的托辊间距是变化的，总体来说是输送带材料不同，托辊间距应设计不同；输送倾角越大，托辊间距应越小；输送物料的线载荷越重，托辊间距应越小，同时结合过渡段托辊间距，所以圆管带式输送机托辊间距应该采取分级设计原则。

9 致 谢

本项目受到山西省自然科学基金项目 2006011064、太原科技大学博士启动基金、山西省 2009 年度回国留学人员科研资助项目计划、山西省 2010 年国际科技合作计划项目 2010081039、太原市 2010 年科技明星项目、山西省普通高等本科学校大学生创新性实验项目和山西省及太原科技大学大学生创新训练计划(UIT)项目的资助。

参 考 文 献

[1] 姚艳萍，韩刚. 圆管带式输送机直线段托辊间距的确定. 起重运输机械 2009，(12).

[2] 董大仟，何青. 托辊间距的选择对带式输送机功率的影响. 煤矿机械 2008，29(4).

[3] 张东升. 带式输送机托辊间距优化设计[J]. 煤矿机械，2008，29(12).

[4] 谭亚英. 带式输送机托辊间距的影响因素分析. 煤矿机械 2004(6).

[5] 庄严. 带式输送机托辊间距的影响因素及其合理确定. 煤矿机械 2008，29(7).

圆管带式输送机过渡段及其构件的设计

窦平生　刘新代

（河南天隆输送装备有限公司）

摘　要：圆管带式输送机输送带在过渡段由平形变成圆管或圆管变成平形，输送带的边缘会产生较大的附加变形和附加应力，过渡段是圆管带式输送机运行时的故障多发段，过渡段长度、过渡段构件的设计及位置的确定对整线的正常运行起到关键的作用。通过对过渡段输送带变形的分析结合实践总结，对过渡段及构件的设计提出可行的方案。

关键词：圆管带式输送机；过渡段；环绕方式；过渡段构件

1　过渡段长度

1.1　过渡段长度的确定

圆管带式输送机过渡段的输送带在滚筒和多边形托辊组的强制作用下，由平形变成圆管或由圆管变成平形，因此，沿带宽不同程度地被拉伸，过渡段内的输送带边缘会产生附加应力，附加应力过大会导致输送带所受的张力不均匀，使输送带的安全系数降低，加速输送带的疲劳损坏，缩短输送带的使用寿命。输送带在各过渡段的张力是不相同的，合理的过渡段设计应限制输送带的附加应力，并尽量使每段过渡段的输送带的边缘所产生的附加变形基本相同。确定过渡段长度经常采用估算法，过渡段长度为：织物芯带取管径的25倍，钢绳芯取管径的50倍，此方法比较简便，但不精确，只明确了过渡段长度与管径的关系，未将输送带张力、输送带许用伸长率的影响明确体现出来，计算的过渡段长度较长，而且未将各过渡段区分开，这必然会缩短整个线路的封闭长度，还可能使输送带运行在各过渡段时产生不同的附加应力，降低整机的允许的牵引力。

文献[2]和[3]、[4]都对过渡段的长度进行了研究，根据给出的数学模型和假设，推导出了计算过渡段长度的基本公式，都可以归纳为 $L=f(\sigma, D)$来表示，给定各过渡段的附加应变值，计算出过渡段长度。通过这些基本公式计算出的长度一般都小于管径的25(50)倍，一般为20(30)倍或更小，通过实际工程设计的验证是可行的。圆管带式输送机的过渡段是由尾部承载过渡段、头部承载过渡段、头部回程渡段、尾部回程渡段四部分组成，对于一般采用头部垂直拉紧布置的线路，输送带在头部承载过渡段的张力最大，此过渡段设计应最长，尾部承载过渡段和尾部回程过渡段次之，头部回程渡段张力较小应最短，可通过设计不同长度的过渡段达到输送带在各段的附加变形基本相同。

1.2　滚筒与输送带位置对过渡段长度的影响

前述公式中都引入了 h 一值，h 是滚筒上表面距多边形托辊组底部托辊上表面的高度，h 值越大，所需要的过渡段长度越短，h 值不可能很大，一般为 0 到 1 倍管径。在圆管带式输送机的过渡段结构设计时，更多是利用 h 一值对附加变形影响来进一步平衡各过渡段的附加变形，具体方法表现为设定滚筒与输送带的位置关系，输送带成圆管后，就出现三个位置：带中心、带底、带顶(搭接面)三条线，设计过渡段时，由那条线通过滚筒表面就是选定不同的 h 值，这可对应为：

中环绕：即 $h=d/2$；

底环绕：即 $h=0$；

顶环绕：即 $h=d$。

注：d 为圆管带式输送机的管径

在无特殊要求和情况时圆管带式输送机的输送带与各滚筒的环绕方式可按图 1 的方式设计布置过渡段，这对平衡各段的附加变形是比较好的。

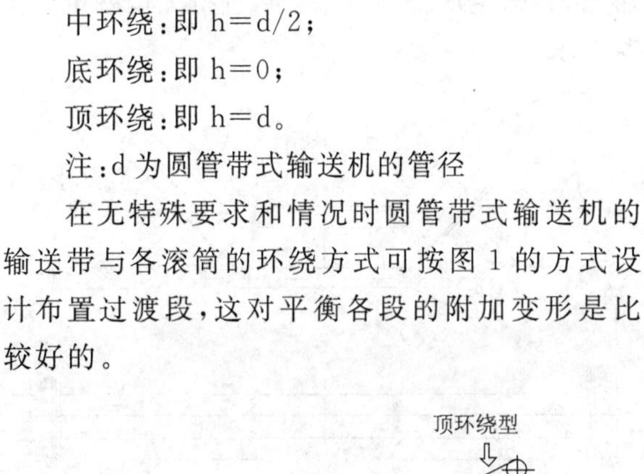

图 1

5

2　过渡段构件的设计及布置

2.1　承载过渡段的槽形托辊组

在尾部承载过渡段输送带的截面从较大的曲率半径逐渐变成较小的曲率半径最后成圆管，在头部承载过渡段相反，截面从较小的曲率半径逐渐变成较大的曲率半径最后成平形，输送带截面的长度基本不变，较为合理的过渡段设计，输送带的各截面应是曲率半径各不相同的圆弧，如图2所示，各截面的圆弧是以水平辊为中心左右对称的，[5]输送带面的某一点的切线，在不同的截面内与水平面的角度都不相同，与对称的一点的距离也不同，承载过渡段的托辊组的槽角、槽宽必须

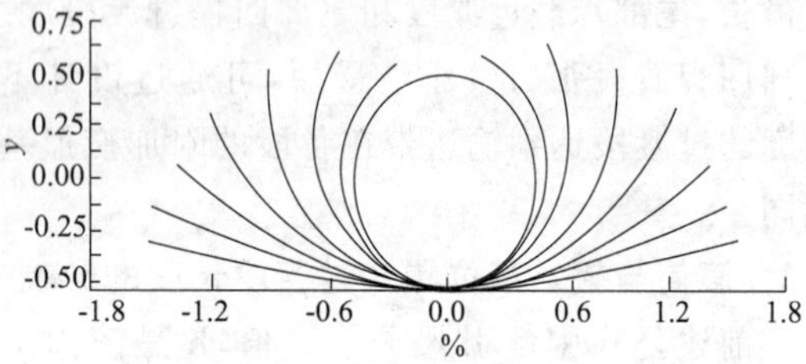

图2

是各不相同的，这样才能满足每组托辊的轮廓线与输送带在任意截面上的形状相吻合，使托辊起到支承作用。以φ300管径的机型为例，需要设计制造各槽角槽宽组合的托辊组就有十多种，一种托辊组，每条输送线只用一至两组，是很不经济的，在实际安装后，还会因多种原因不能满足要求。采用如图3所示的槽角和槽宽均可调节的托辊组，只需生产一种，安装时，进行配调就可以满足要求。

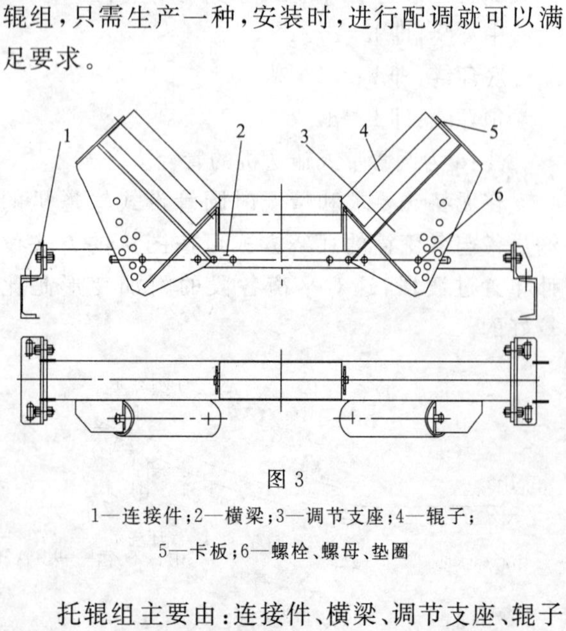

图3

1—连接件；2—横梁；3—调节支座；4—辊子；
5—卡板；6—螺栓、螺母、垫圈

托辊组主要由：连接件、横梁、调节支座、辊子四部分构成，水平托辊安装在横梁上面中间部位，横梁槽钢的两侧面对称分布有四组圆孔和四个长孔，用于固定调节支座；调节支座是一多边形的钢板，在与最长的边平行的方向折弯，作为支撑辊子的基准平面，与此面相垂直的面上的一角确定一圆孔为基准孔，以孔的中心为起点，作出与此孔有一定距离并成夹角为10°、20°、25°、30°、35°、40°、45°、50°、55°、60°的一组孔。以基准孔和这组孔组合，用螺栓将调节支座固定在横梁的侧面，可以调整出10种槽角和5种槽宽相组合的托辊组；连接件上的四个长孔可对横梁的高度、前后位置进行小范围的调整。使托辊起到最佳的支承作用。

2.2　有保护装置的托辊组

被输送的物料由尾部落入输送带面上，运行到尾部过渡段时，如果物料量过多或粒(块)度过大，输送带被强制卷成管时会发生涨管，严重时会损坏托辊或输送带。一般是在落料终止处设置限料装置，来限制进入过渡段的物料量，并使物料的摊铺比较均匀防止发生涨管，但还不可能完全避免，图4是带有有保护装置的六边形托辊组的示意图。

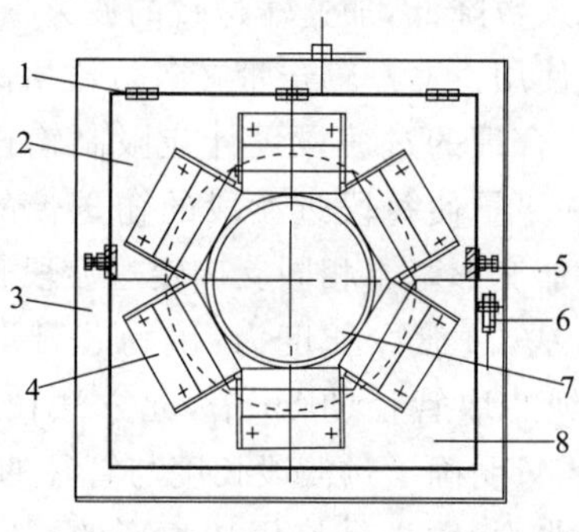

图4

1—活动铰链；2—摆动窗板；3—角钢框架；4—托辊组；
5—阻尼螺栓；6—接近开关；7—承载管带；8.固定窗板

工作原理是：正六边形托辊组分成上下两组，上三辊安装在摆动窗框板上，摆动窗框板上端由活动铰链连接在框架上，下边两端焊有阻尼块，固定在框架上的两个阻尼螺栓顶住阻尼块，在正常情况下，摆动窗框板和托辊不动，形成一个正六边形，强制将输送带卷成圆管，当发生涨管时，其阻力突然增大超过阻尼阻力，摆动窗框板将沿输送带前进方向摆动，上三托辊随之抬起空间增大，同时，摆动窗框板摆动，感应接近开关发出信号，使电控装置控制驱动电机停机和制动，达到保护输送带和托辊组的目的。旋动阻尼螺栓可以调整阻

尼力，阻尼力的大小比较重要，在正常负载时阻尼力保证摆动窗框板不动，而超过正常负载时，又能按要求摆动起到保护作用；同样，接近开关的安装位置也要调节，保证有合适的感应距离和灵敏度。

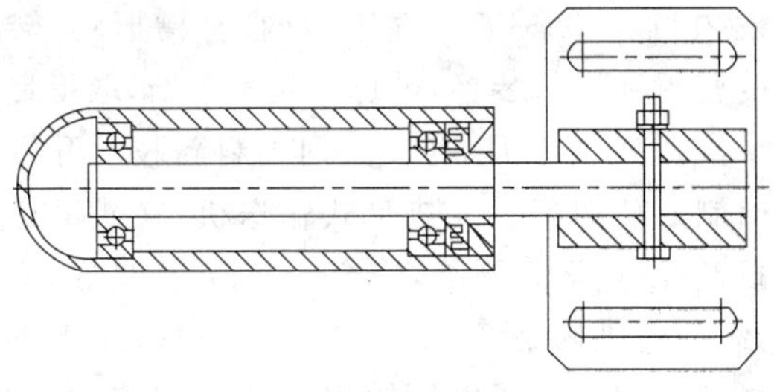

图 5

2.3　压辊组

在尾部承载过渡段和头部回程过渡段输送带卷成圆管前，输送带的两边开始搭接，逐渐将物料包裹起来，要实现顺利搭接，必须使用一组压辊使输送带的一边低于另一边，[6] 压辊组一般由两套图 5 所示的压辊和连接座组成，压辊组的布置位置，一般距第一组六边形托辊组约一米，第一个压辊与水平线的夹角为 15～20°两压辊间距约 0.3～0.5 m，并相错约 20°，固定压辊组的安装架设计成可调节的，压辊组的位置可在三维方向调节，压带角度也能作一定调整。压辊组的位置应尽量靠近六边形托辊组，避免输送带边在成管处发生顶挤，还要尽量兼顾压辊的受力不要过大，缩短压辊的寿命。在尾部承载过渡段，压辊组的压力较大，带面上还承载有物料，装有压辊处的输送带下面要用 2～4 只辊子支撑，用于承担物料和胶带的重力与压辊的压力。

压辊组还用于承载过渡段防止因管状带扭转产生的叠带，在过渡段的中部，槽角 35～45°之间处，两侧各倾斜布置一组压辊压住输送带，使输送带向下展开，这对管径较大的机型是十分必要的。

2.4　回程过渡段输送带的支撑及顶轮

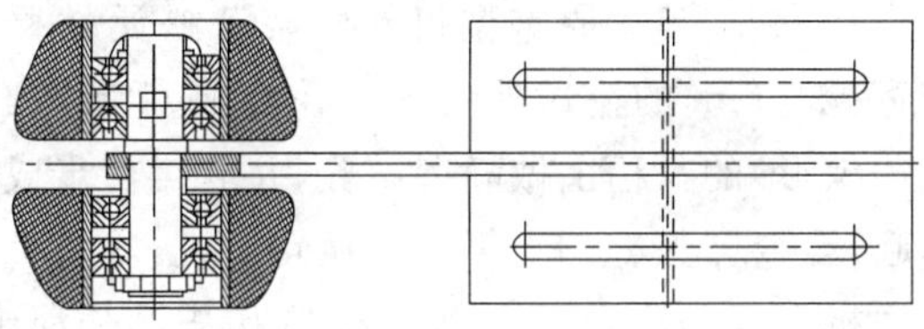

图 6

如果圆管带式输送机不是双向输送物料，两回程过渡段输送带是开口向下，此处一般不使用槽形托辊组，采用图 6 所示顶轮与压辊组合交叉支撑输送带，每个过渡段使用 1－2 个顶轮，置于输送带截面弧线曲率半径较小处的对称中心上，并用一对压辊斜置呈八字形撑托在输送带的下沿；在输送带截面弧线曲率半径较大处，也可用平形托辊撑托输送带，两侧加立辊限制输送带的下垂。

参考文献

[1]　王鹰，杜群贵，韩刚等. 环保型连续输送设备－圆管带式输送机. 机械工程学报，2003 年 1 月第 39 卷第 1 期：149-158.

[2]　张安宁，廖米和. 圆管带式输送机等张力过渡段的研究. 煤炭科学技术 2001 年 12 月 第 29 卷第 12 期：39-42.

[3]　宋伟刚，张伟国，邓永胜. 圆管带式输送机过渡段计算机仿真与设计. 东北大学学报 2003 年 7 月 第 24 卷第 7 期：692-695.

[4]　姚艳萍，韩刚. 圆管带式输送机过渡段长度设计. 起重运输机械 2006 年 8 月期：27-29.

[5]　宋伟刚，周先莲. 圆管带式输送机过渡段的成形设计. 起重运输机械 2000 年 8 月期：7-10.

[6]　孟文俊，王鹰，吴志方 管状带式输送机的发展和设计要点. 起重运输机械 201 年(增刊)：29-35.

5

气垫带式输送机的设计与创新

文灿湘[1]，文婷[2]，郭金星[1]

(1. 河南天隆输送装备有限公司　2. 西安新大通用机械工程有限责任公司)

摘　要：气垫带式输送机已历经三十年，其发展历程，几经“沉痛”，终成正果。技术创新是新产品的生命线，将技术创新融入新产品的设计中，新产品就有强大的生命力。随着气垫带式输送机技术性能的不断提高和发展，这一令人瞩目的环保节能产品，必将为低碳经济时代做出新贡献。

关键词：设计；气垫带式输送机；深槽型气垫带式输送机；技术创新；环保节能产品

1　概　　述

从1980年太原重型机械学院黄松元教授对带宽500 mm的输送机在不同形状(圆弧形、

梯形)的盘槽上做静态试验,并取得初步成果算起,至今已整整三十年了。换句话说,气垫带式输送机在我国已经诞生30年。在历史的长河中,30年只不过是“弹指一挥间”。但是,对中国式气垫带式输送机而言,却是一段艰辛而光彩的岁月。如同所有的新生事物一样,经历了几次“沉痛”之后,终于以其新颖的结构、先进的原理,良好的技术性能、平稳可靠的运行效果、显著的经济效益,得到了专家和学者的认同,引起了世人的瞩目,为连续输送机械设备领域,增添了新的一族。

气垫带式输送机,同其他新型设备一样,经历了初始应用、不断完善、创新和成熟发展三个阶段。198～1990年为气垫带式输送机初始问世阶段,带宽大多为B500、B800、B1000,输送量为50 t/h、100 t/h、150 t/h、200 t/h、400 t/h、500 t/h、600 t/h等。这一时期,值得一提的是,1986年8月,由煤炭部规划设计总院和太原重机学院联合研制,鹤壁矿山机械厂制造的一条$B=1\ 000$ mm,$L=97$ m,$Q=475$ t/h的气垫带式输送机,安装在北京矿务局王平村煤矿,投产运行稳定,效果良好。经测试数据验证:气垫良好,运行阻力比托辊输送机小2～4倍,输送带与盘槽无明显磨损痕迹,运行平稳可靠,能满载启动。这一成功例证,促进了气垫带式输送机的推广应用。随后,宝鸡电厂、焦作电厂都安装了气垫机,效果良好。接着,气垫带式输送机在不少电厂安装使用,出现了一股“气垫热”。由于是初始应用阶段,技术不成熟,生产工艺粗糙,产品质量不稳定,从而产生了不少问题。诸如气垫形成不良,远离供风装置的气箱段有时难以形成气垫、气孔堵塞、气垫层夹料、盘槽磨穿、节能效果较差等问题,严重影响了气垫带式输送机的技术性能和使用效果,甚至发生了郑州热电厂拆除气垫机恢复托辊机的不良事例。之后河南省的热电厂再也没有人采用气垫带式输送机。这一教训,激发了从事这一领域研制的专家和科技人员的创新精神,纷纷成立攻关小组,针对第一代气垫带式输送机存在的问题,进行深层研究,研制成功了第二代气垫带式输送机,促进了气垫带式输送机的推广应用。

1990～2000年是我国气垫带式输送机不断完善、不断创新的阶段。在这一时期,江苏省电力局走在全国前列。1900年将气垫带式输送机的深层次研制列为江苏省电力局九一年度重点科技开发项目。1993年对气箱结构、盘槽形状、转载点的密封和导料装置,进行了技术创新,取得良好效果。1995年5月,西安天河物料新技术开发公司研制成功的第二气垫带式输送机,在武钢烧结厂投产运营,运行平稳,安全可靠,效果良好,节能20%,节能维修费75%。1999年2月,江苏省电力局在淮阳召开了电厂输煤新技术交流推广会。在会上,南京线路器材厂、谏壁电厂、得州电厂、淮阳电厂、盐城电厂,洪泽电厂等单位做了专题发言,肯定了进行改进和创新后的第一代气垫带式输送机的技术性能和运行效果都迈上了新台阶,值得大力推广应用。但是,与会代表一致确认,第一代气垫带式输送机仍然存在着气垫层夹料、胶带擦边,远离供风装置的气箱段有时难以形成气垫、气孔堵塞、盘槽磨穿,重载启动困难,节能不明显等问题,必须进一步技术创新,尽快赶上国外先进水平。为此,作为此次会议的特邀代表,西安天河物料输送新技术开发公司在会上作了题为《第二代气垫带式输送机主要创新技术简介》的专题报告,着重介绍了进行技术创新解决第一代气垫带式输送机存在的问题,并以武钢烧结厂两条(B1000,$Q=600$ t/h,输送石灰石,B800,$Q=400$ t/h,输送烧结原料)第二代气垫带式输送机的使用报告和测试数据为基础,阐述了产品的成熟性和先进性,为气垫带式输送机的进一步推广应用奠定了技术基础。

2001年至今,是我国气垫带式输送机成熟发展阶段,带宽延展到B1400、B1600、B1800,输送量为1 200 t/h、1 500 t/h、1 800 t/h、2 000 t/h。这一时期,首先要提到的是山东省岚山港散粮输送工程。这是在我国采用带宽1.4 m,输送量$Q=1\ 200$ t/h的气垫带式输送机尚无先例的情况下,经过精心设计,精心施工,精心调试,该项目于2002年3月,一次试成功,运行平稳可靠,气垫均匀稳定,运行效果良好,不跑偏、不撒料、不扬尘、噪音低、节能20%,全线满载时仍可轻易进行重载启动,充分展示了第二代气垫带式输送机居国内领先的技术水平,可与国外同类产品相媲美。随后,在青岛港、日照港、锦州港、大连港、丹东港、新沙港，气垫带式输送机都得到了广泛应用。这标志着我国气垫带式输送机的技术水平已迈入了国际的先进行列。

2　气垫带式输送机的设计

技术创新，不仅是企业的灵魂，同时也是产品的生命线。只有通过技术创新，才能不断地给产品注入新鲜血液，使之始终充满活力，具有强大的生命力。我国气垫带式输送机能在 30 年内赶上国外先进水平，靠的就是技术创新。

2.1　设计理论的创新

经深入研究发现，第一代气垫带式输送机之所以产生气垫均匀稳定较差，重载启动困难或根本不能进行重载启动，节能效果不明显等问题，是其理论基础——扇形气流流向理论有较大的局限性。该理论只考虑了横向和纵向两种速度的合成，忽略了盘槽节流孔喷出的高速气流的第一阻挡是胶带的垂直阻挡。试验得知，从节流孔喷出的高速气流受到胶带的垂直阻挡，必然迅速向四周扩散，形成以节流孔为风源中心的圆环形气波，向周围高速扩散，并且还受到相邻节流孔高速扩展的环形气波影响，相互重叠形成气垫层。这一现象恰似雨点落在水面上，迅速形成相互重叠的水波纹，构成稳定的气垫层，故称之为水波纹气流流向理论。当胶带不运行时，水波纹气波以圆形为主体，胶带运行时，水波纹气波沿胶带运行方向形成椭圆形，如图 1、图 2 所示。

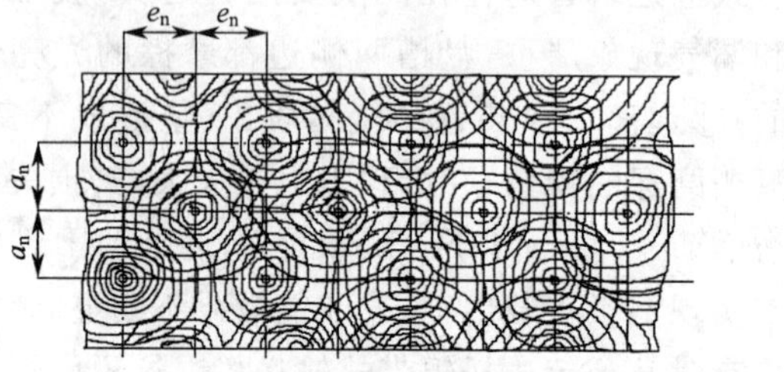

图 1　静态水波纹气垫

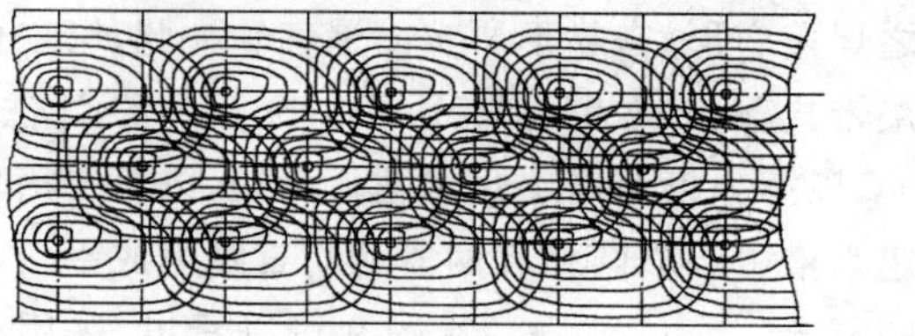

图 2　动态水波纹气垫

水波纹气流流向理论，较全面地考虑了气垫形成的诸多因素对气垫层的影响，客观、科学地反映了气垫形成机理和气垫带式输送机的运行工况，为耗气量、风量、风压、气垫厚度等设计参数的选定提供了新的理论基础，为节流孔的布置提供了新方法，为全面解决第一代气垫带式输送机存在的问题提供了可靠的技术保障。

在新理论的指导下，节流孔布置以五点式节流孔布置设计取代了第一代气垫带式输送机节流孔平行布置设计（图 3）。节流孔平行布置设计，其致命的弱点是气垫均匀稳定性较差，从而导致节流孔堵塞、胶带与盘槽有局部摩擦，节能效果不明显，重载启动困难或根本不能进行重载启动。尤其是输送量大于 800 t/h 时，磨损较为严重，远离供风装置的气箱段，气垫形成不良或根本形不成气垫，从而满足不了生产要求。因此，急需对节流孔布置进行创新设计。经过两年多的试验研究，首创了 5 点式节流孔布置法（图 4）。从图中可以看出，孔的排数为奇数，以盘槽纵向中心线为对称轴线，全对称布置；孔径以对称中心向两侧逐步减小，适应了物料压力和胶带弯曲应力的对称变化规律，所谓五点式节流孔布置设计，就是在两行排距 a_n 和两行孔距 e_n 的四方形面积内，在矩形或正方形的四个角上钻孔，同时在对角线交叉点上钻孔，从而克服了平行布置法的“静态真空空白区”，提高了气垫的均匀稳定性。正因为这一布孔方式适应了气垫带式输送机的运行工况，从而确保了各种工况条件下所需的气垫刚度，有较强的超载能力，可轻易直接进行重载启动。[1]

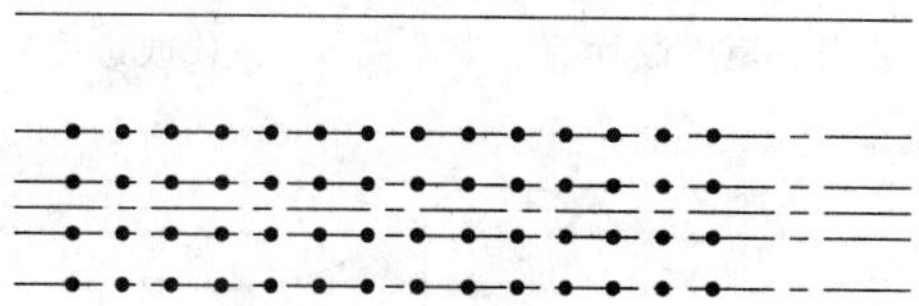

图 3　节流孔平行布置

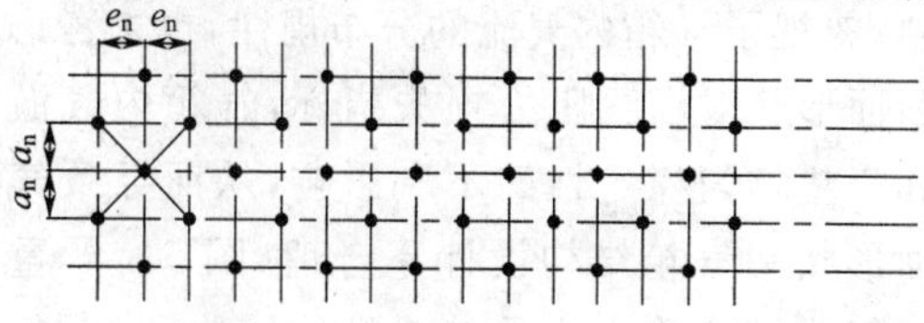

图 4　五点式节流孔布置

2.2　气箱结构的设计创新

气箱结构型式和气箱断面形状，对气垫均匀稳定性，沿程阻力损失指标、耗气量、风量风压匹配等主要参数有重要影响。第一代气垫带式输送机一般是矩形断面(图 5)，这种气箱断面制作加工容易，但气箱内容易产生气旋涡流，沿程阻力损失大，空气利用率低，风机消耗功率大，尤其是在输送机纵向方向上的气垫均匀稳定性较差，离风机供风口较近的气箱段，气箱压力偏高，容易产生飘带，而远离风机供风口的气箱段，气箱压力偏低，不能形成均匀稳定的气垫层，往往产生输送带磨损盘槽的现象，运行效果不良，从而达不到设计输送量。图 6 是一代产品改进型的气箱断面，这种断面虽然比矩形断面的运行效果好一些，但气箱的强度、刚度、抗扭抗弯性能较差，沿程阻力损失较大，沿气箱纵向方向的气垫均匀稳定性仍然不良，仍然难以达到 1 000 t/h 的输送能力。在总结国内外第一代气垫带式输送机的气箱断面形状和存在问题的基础上，我们对气垫形成机理和气箱内气流流动的分布规律进行了深层次研究，并通过大量的模拟试验研究，优化得出了第二代气垫带式输送机的气箱断面形状(图 7)。这种双圆弧与折线相组合的断面，不仅易于制作加工，而且基本符合气体流动规律，提高了稳压效果，提高了气垫的均匀稳定性。图 8 是气箱断面对比图，可明显看出新型气箱断面的优势。

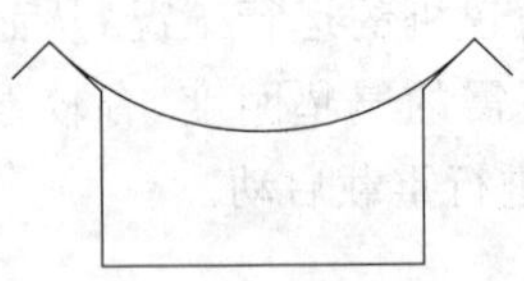

图 5　矩形断面

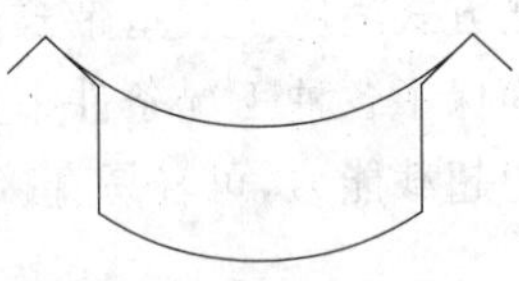

图 6　一代改进型断面

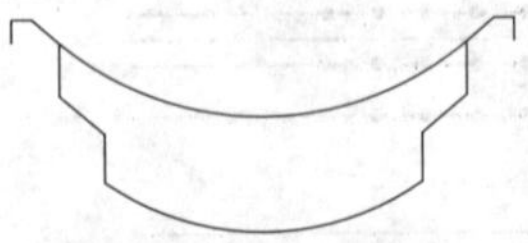

图 7　二代产品气箱断面

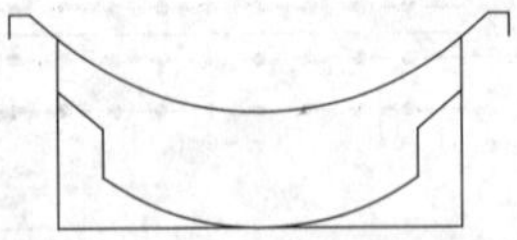

图 8　气箱断面对比图

第一代气垫带式输送机只考虑到制造工艺的简便，忽视了气箱内气流的分布规律，也未考虑气箱断面形状对沿程阻力损失指标，气箱内气漩涡流和气垫均匀稳定性的不利影响，从而导致气箱断面形状和气箱结构设计不合理(图 5)，严重影响了气垫带式输送机的技术性能。为此，对气箱结构和断面形状的设计进行了重大创新。首先，采用了组合式气箱，即盘槽与气箱体是组合式，既可采用可拆式联接，也可采用焊缝固接，满足不同工况、不同环境、不同工艺要求的使用要求。气箱与气箱之间的拼接采用了异形外法兰与密宫式插板相组合的连接，同时施加新型硅橡胶密封胶，不仅提高了密封性能，解决了气箱拼接处的漏气问题，而且还能吸收因温差而产生的线性伸缩量，消除了环境温差大所产生的气箱扭曲和起拱现象。气箱断面形状，采用了有利于气体流动、减少气旋涡流和沿程阻力损失的圆弧与折线对称组合的气箱断面形状(图 7)，不仅稳压效果好，沿程阻力损失小，几乎不产生气漩涡流。同时，还大大提高了气箱的刚性，抗扭抗弯性能，制造和组装较为简便。经过近二十年的使用效果证明：这种新型的气箱结构，比旧式气箱的横截面最大尺寸减少 10%～15%，耗气量降低 15%～20%，稳压效果提高 20%～25%。[1]

2.3　盘槽形状的设计创新

盘槽的槽角是决定盘槽形状和装料断面面积的重要参数，它对气垫带式输送机的运行工况和技术性能影响极大。因此，深入进行盘槽各种形状的研究，科学合理地确定盘槽圆弧段的半径值，圆弧段的长度，与圆弧相切的直线段长度，槽角的大小，就成了盘槽技术创新设计中的重要课题。经过对国内外生产的正在国内各行业中使用的 100 条(国外使用的仅 2 条)气垫带式输送机实地考察、调查或测试，发现国内外生产的第一代气垫带式输送机普遍存在的主要问题是：①胶带擦边和漏气现象严重，盘槽两侧边都摩擦的光亮光亮的；②远离供风装置的气箱段，气垫形成不良，有盘槽磨穿的现象；③沿程阻力损失大，其损失指标为 0.4～0.8 mmH_2O/m；④重载启动困难或根本实现不了重载启动；⑤节能效果不明显，装机容量有时甚至超过托辊带式输送机。这说明第一代气垫带式输送机采用一次槽角设计法不尽合理，其致命的弱点是全圆弧盘槽导致了严重擦边现象，致使盘槽与气箱侧板的斜面不能紧密贴合，加之焊接变形，密封不严实而漏气。为此，第二代气垫带式输送机首次采用了 2 次槽角设计法(图 9)，以第一槽角确定盘槽圆弧半径，以第二槽角确定盘槽由一段圆弧和两段相切直线组成平滑过渡的复合式盘槽结构。从图 9 可以看出，采用二次槽角设计法，盘槽两侧边比一次槽角设计法产生的全圆弧形盘槽两侧边降低了 3～8 mm，从结构上确保了胶带不会擦边。如果风量风压匹配恰当，则可完全消除胶带擦边现象，大大提高气垫带式输送机的技术性能。

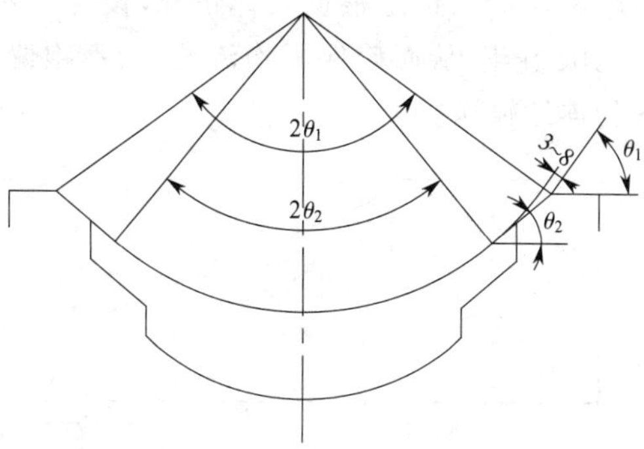

图 9　二次槽角设计法示意图

盘槽槽角的大小，对装料断面影响极大。以 B1400 气垫带式输送机为例：当槽角是 39°时，最大输送量为 1 000 t/h；当槽角是 41°时，最大输送量为 1 250 t/h，当槽角是 44°时，装料断面比 41°时增加 15%～20%；最大输运量可达 1 500 t/h。

上述三种槽角 39°、41°、44°所对应的气垫带式输送机，分别定名为普通型，准深槽型、深槽型，可用于对输送量有不同要求的工艺设计中，既满足最大输送量的要求，又能确保不撒料和轻易进行全线满载启动。特别值得一提的是深槽型气垫带式输送机，已经获得国家专利（专利号 200820228357.5），其显著的特点是：装载量大，超载能力强，节能效果更为显著，运行效果更佳，重载启动更方便，是第三代气垫带式输送机的标志。更为可喜的是，在相同工艺条件下，可降低一档带宽。例如，准深槽型要满足 1 500 t/h 输送量，必须采用 B1600 规格，但深槽型采用 B1400 就完全可以满足 1 500 t/h 输送量的要求。显然，不仅节省了投资，而且还进一步提高了节能效果（可达 20%～30%），是较为理想的环保节能产品。

2.4　供风装置的设计创新

供风装置是气垫带式输送机的关键技术，它包含两个方面：其一是与气垫带式输送机运行工况相匹配的新型风机和新型供风装置；其二是科学匹配风量和风压的数学模型和计算软件。第一代气垫带式输送机正是缺少这两项技术，不能准确匹配风量和风压，不是风压偏高、风量偏小，就是风压偏低，风量偏大，从而在使用中常常出现运行不良问题。第二代气垫带式输送机首先对供风装置进行创新设计，采用对称供风，增设稳压气箱和分风分流装置。气体从风机出风口流出，首先进入稳压气箱，使高速气流稳定下来，形成较为稳定的气流，再从稳压气箱两侧的左、右分风分流管对称送入风源气箱，再通过气箱内新增的分风分流装置，疏导和分流，迅速充满全程气箱，形成稳定的气箱压力。这套新型供风装置（图 10），不仅减少了气箱内的气流干涉和气旋涡流，减少了沿程阻力损失，而且还促进气箱内的气体形成较为规律的层流，大大提高了气体动静压转化效率，节能效果提高 15%～20%。与此同时，经过联合攻关，研制成功了与气垫带式输送机运行工况相匹配的新型风机，以 5—48、5—50、7—36、6—41、6—27 等气垫带式输送机专用风机，取代了 9—19、9—26、4—72、4—68 等普通离心风机，克服了第一代气垫带式输送机经常发生的风量偏小、风压偏高或风量偏大、风压偏低等问题，提高了气垫的均匀稳定性。[3]

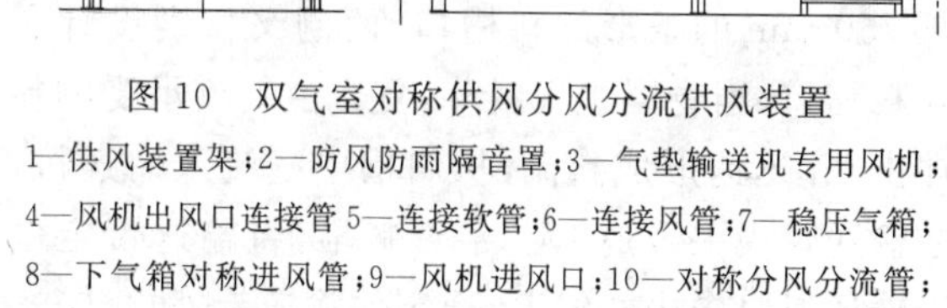

图 10　双气室对称供风分风分流供风装置

1—供风装置架；2—防风防雨隔音罩；3—气垫输送机专用风机；4—风机出风口连接管 5—连接软管；6—连接风管；7—稳压气箱；8—下气箱对称进风管；9—风机进风口；10—对称分风分流管；11—风源气箱；12—分风分流装置；13—上气箱对称进风管

在对硬件设施进行技术创新的同时，又研制成功了科学匹配风量和风压的数学模型和计算软件，依据输送物料的容重、粒度、输送量、输送速度、输送带宽度和厚度、工艺条件、工作环境、海拔高度等因素，科学合理地匹配风量和风压，并由定点风机供应厂商完全按照设计所提供的风量风压数据，制造所需的气垫带式输送机专用风机，从而确保了第二代气垫带式输送机的技术性始终居国内领先水平。

2.5　清料装置的设计创新

第一代气垫带式输送机使用 3 个月以上，就往往产生气垫层夹料、气孔堵塞和盘槽磨穿等问题。经过近2年的深入观察和深层次的研究，找到了解决这类问题的有效措施。其一，沿程增设护板，防止了细碎物料从外部进入气垫层中；其二，采用新型清扫器或者将P、H型清扫器配对使用，或者将弹簧清扫器与重锤式刮板清扫器配对使用，或者多增加几组空段清扫器，提高清扫效果，防止细碎物料被运行的胶带带入气垫层中，也可在尾部紧靠端部气箱增设一套胶面五辊式过渡托辊，挡住尘土和细碎物料进入气垫层中。但是，最关键和最有效的创新技术，就是在距离下料点15～20 m处，在气箱内新增一套漏料储料装置。气垫带式输送机在运行过程中，如果气垫层进入了细碎物料和尘埃，当胶带经过漏料储料装置时，便会在气垫压力作用下，将细碎物料和尘埃自动汇集于漏料储料装置中，定期人工排除。这就从根本上解决了气垫层夹料问题，延长了胶带使用寿命，提高了运行效果。

2.6　喂料斗结构的设计创新

喂料斗结构对确保料流的顺畅、防止胶带的跑偏，具有至关重要的作用。喂料斗设计的主要创新点是：①间歇式突然加料，落差较大的顺岸气垫带式输送机的喂料斗，必须解决物料冲击力大，导致胶带晃动和跑偏的问题。为此，设计了靴形料斗（图11），它由两块纵向斜料板和两块侧边斜板围成双坡度斜槽。斜槽中缝开有宽120 mm，长750 mm的条形卸料槽口，两侧又特别设计了导料缩口，当物料进入料斗，首先由斜槽承受物料冲击，并迅速形成料流，从斜槽中缝流入输送机，在输送带中央形成"人"字形料堆，将输送带定位于输送机纵向中心线上，稳定住输送带，防止输送带跑偏。紧接着大量物料从料斗的主卸料口有规律流出，顺畅实现平稳可靠的连续输送，提高了输送机运行的平稳可靠性。这种新型喂料斗，不仅减少了物料对输送带和气箱的冲击力，而且实现了两次卸料、中心定位，胶带不跑偏的连续输送；②库底喂料时，落差较小，并且是定量喂料。因此，靴型料斗的纵向斜板和两侧斜板的卸料角度，设计时应适当减小，中缝开口宽度和长度也要适当减小，导料缩口尺寸则需适度增加，导料板一般增加15～30 mm，进一步提高料流的稳定性。③转载点喂料斗，分为0°顺接，90°横向转接料，任意角度转载。0°顺接，使用标准靴形料斗；90°横向转接接料，斜槽中缝条形卸料口要做成不对称型，以便调节和提高定位给料的对中性。任何角度的转载，一方面要适当加宽中缝条形卸料口宽度，另一方面必须设置万向溜管，以便卸料口和接料口顺利对接。正是根据具体情况，设计了不同型式的喂料斗，从而确保了物流顺畅、不跑偏、不撒料的连续输送。

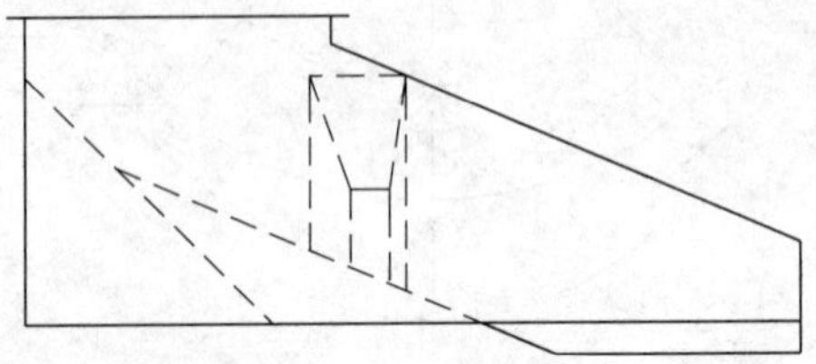

图11　靴形料斗

2.7　长距离输送机的设计

岚山港散粮输送系统中，B101、B103、B104输送机的机长都大于200 m，尤其是B103输送机长度达516.9 m，斜坡向上输送。为了防止胶带跑偏，确保纵向方向上的气垫均匀稳定性，设计中采取了以下三条措施：[2]

①设置两套张紧装置：靠近头部设置垂直张紧装置，以增强传动滚筒的驱动张力，避免打滑现象，提高运行的安全可靠性；尾部再增设一套螺旋张紧装置，以便提高尾部改向滚筒的预紧力，不产生打滑现象。同时由于新增了尾部螺旋张紧装置，不仅便于输送机的调试和有效调整胶带的跑偏，而且便于维修和随时调整皮带预紧力，提高运行效果。如果只设置一套垂直张紧装置，尾部的胶带跑偏难以调整，并且由于距离远，输送带横向和纵向波动较大，致使头部张紧装置的张紧力容易衰减，难以满足尾部改向滚筒所需的预紧力。有时，设备调试好了，运行时间不长，就产生打滑现象，影响正常运行。因此，对于大于200 m的输送机，头、尾各设置一套张紧装置是一举多得的有效措施。

②气箱合理分段，提高气垫的均匀稳定性。根据岚山港输送系统的工艺条件、环境因素和使用工况，以风量风压匹配科学合理、满足生产需求为前提，将气垫输送机的气箱合理分段，分段独立供风，不仅提高了气垫的均匀稳定性，而且每段之间可设置合理的伸缩缝，解决了长距离输送机的热胀冷缩产生的变形影响，保证了输送机一年四季连续运行的安全可靠性。

③采用新型下托辊吊架，便于回空段胶带跑

偏的迅速调整。气垫输送机的胶带跑偏，在承载的上气箱段不会发生，只会在输送机回空段和头部、尾部发生。头、尾部已采取相应措施，可顺利进行胶带跑偏调整。唯有下托辊，数量多，单凭借用下托辊吊架的长形孔进行微调，很难将跑偏的胶带调整过来。为此，我们对下托辊吊架进行了重大设计创新。将吊架设计成组合式滑动吊架，吊架与输送机中间架的纵梁(一般用槽钢或角钢制作)构成组合式连接，吊架可轻易地沿纵梁滑移，迅速有效地调整胶带跑偏。

实践证明：上述措施行之有效，便于长距离输送机的调试，胶带跑偏纠正快捷准确，运行效果好。

2.8　凹弧段的设计

在山西铝厂氧化铝输送工程设计中，鉴于气垫输送机是全密封半气垫输送机(承载段是气垫，回空段是托辊)，在密封罩内安装压轮装置，严重影响气垫的形成，易造成物料局部堆积，产生压料、撒料、气垫层夹料、堵孔等问题，从而导致运行效果不良。所以，不能采用在凹弧段加压轮的措施。为此，采用了120 m的凹弧半径，大大减小了凹弧段胶带的张力，空载和重载运行时胶带都不会抬起来。同时，将凹弧气箱做成1 m长，以及将凹弧段气箱端部的异形密封垫做成楔形密封垫，使凹弧段形成平滑顺畅的凹弧。与此同时，凹弧段回空托辊采用870 mm间距，而且在凹弧回空段增加4套压辊，防止了可能发生的凹弧段空载和物料输送中胶带时而抬起，时而落下，发生胶带擦碰上气箱底弧板，导致输送机运行失衡的问题，从根本上解决了凹弧段可能产生的胶带抬高、起伏不定的技术难题。

2.9　密封罩的设计

密封罩的主要功能是防风防雨，防止扬尘和物料流失。上部密封罩顶盖采用“人”字形罩壳，侧边设立板，罩壳和两侧立板组合成上部密封罩。设置立板的目的是增大上部密封罩空间，以便容纳气垫输送机排出的气体，同时给输送物料时产生的粉尘留有较大的空间，以便降低粉尘浓度，提高除尘效果。在密封罩上部，间隔20～25 m，设置有透气帽，在除尘系统工作时，以便利用大气压力，产生空气对流，促进除尘系统的顺畅循环，大大提高了除尘效果，减少扬尘。

2.10　导料槽的设计

输送一般散料，如粮食、散煤、粒度小于50 mm的石灰石或其他矿石，导料槽可采用标准型。但输送小麦、大豆、玉米等容重较小的散状物料时，导料槽需加宽20～60 mm，挡料板为垂直型。如果输送物料为氧化铝粉，就必须考虑到氧化铝粉极细、流动性极强的物理特征。在山西铝厂氧化铝输送工程设计中，则采用了双层导料槽。根据氧化铝粉流动性极强、下料处易产生物料反喷和扬尘的问题，在尾部接料段，增设了输送机侧边护板，同时在护板上增设第一层导料挡板，同时以下料口中心为对称轴，再增设比第一层窄一些的第二层导料槽，镶嵌于第一层导料挡板中央，形成双层导料槽。第二层导料槽主要功能是增强物料对中性能，防止胶带跑偏；第一层导料槽是防止物料反喷(如图12所示)。实践证明，双层导料槽，导料性能好，基本上杜绝了物料反喷和扬尘现象，满足了生产要求。

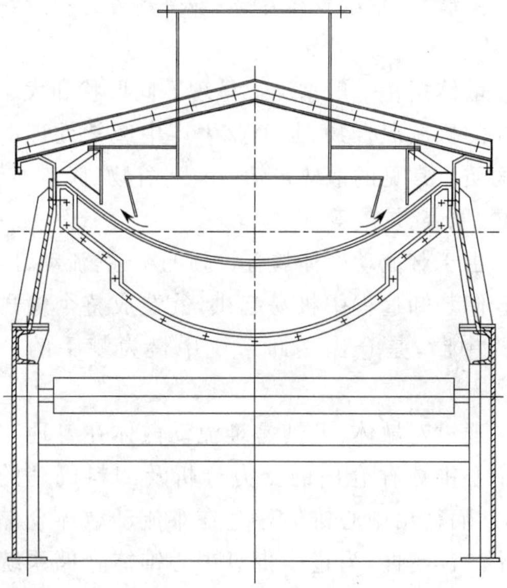

图12　双层导料槽

3　展　　望

回顾三十年来气垫带式输送机的发展历程，一种自豪感油然而生。在历史的长河中，三十年只不过是短短的一瞬间，而我国的气垫带式输送机，从无到有，从初始举步为艰，到广泛应用，从不为人知到令世人瞩目。现在，可以毫不夸张地说，我国的气垫带式输送机的技术水平已跨入世界先进水平行列。

气垫带式输送机第一大特点是易于密封，既可进行上部密封，也能做成全密封，扬尘极少，实现零污染；第二大特点是节能效果显著，可节能15%～30%；第三大特点是运行平稳、安全可靠。

5

因此，这是一种较为理想的环保节能产品。展望未来的30年，气垫带式输送机必然会有更大的发展，为低碳经济时代作出新贡献。

2010－07－19

参 考 文 献

[1] 文婷、文灿湘、牟清华. 第二代气垫带式输送机主要创新技术. 港口装卸，2002，5：31-33.

[2] 文婷、文灿湘、刘新代. 气垫输送机供风装置的设计. 粮食流通技术，2009，4：11-15.

应用中心锥体存仓对难流动散体进行仓储的分析

边海涛，孟文俊

（太原科技大学 030024）

摘 要：本文通过对散体在普通存仓与带卸料刮刀组的中心锥体存仓内的受力分析和卸料机理的研究，得出带自转（或公转与自转结合旋转）的卸料刮刀组的中心锥体存仓在难流动散体仓储过程中的优越性，不仅可以有效的抑制卸料过程出现的起拱、鼠洞等不利现象，而且能控制散体的卸料流量，易于实现仓储过程中的自动化，提高存仓系统的工作效率。

关键词：中心锥体存仓；卸料刮刀组；力学分析；卸料机理

散体指在一般情况下呈现不同形状和大小的固体的机械混合物，是工业生产中经常处理的一类物质。常见的散体包括：小麦、谷物、脱硫石膏、煤炭、原煤、炉渣等。

由于难流动散体具有较强的粘性，流动性差，在仓储装卸过程中极易起拱，并造成整个输送系统的中断，是仓储装卸系统中最为棘手的一类散体[1]。

通过对散体，尤其是难流动散体在普通存仓及中心锥体存仓内的受力分析及卸料机理的比较，从而得出中心锥体存仓在难流动散体仓储过程中的优越性，为进一步对中心锥体仓储系统的研究提供理论基础。

1 散体在普通存仓内的力学分析

1.1 存仓内散体的力学分析

散体在存储过程中，除本身重力外，还包括散体之间的相互作用力及存仓侧壁对散体的作用力，根据存仓的结构，可把存仓分为两部分进行分析：圆柱部分和锥体部分。

对深为 h 处高度为 dh 的一个微单元体进行分析（如图1所示）。卸料前，散体处于平衡状态，圆柱部分在竖直方向的平衡方程为[2]：

$$\frac{\pi}{4}D^2 p_v+\frac{\pi}{4}D^2\rho g dh=\frac{\pi}{4}D^2(p_v+dp_v)+\mu n p_v \pi D dh \tag{1}$$

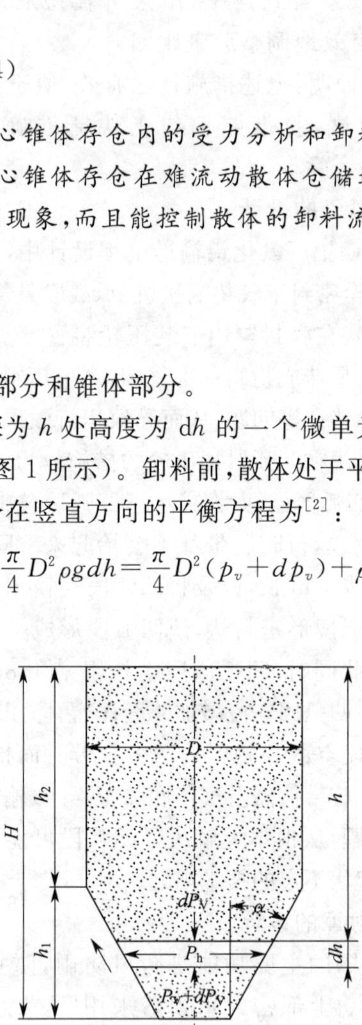

图1 存仓内散体的受力分析

锥体部分在竖直方向的平衡方程为：

$$\frac{\pi}{4}[D-2(h-h_2)\text{tg}\alpha]^2 p_v+[D-2(h-h_2)\text{tg}\alpha]^2\rho g dh=\frac{\pi}{4}[D-2(h-h_2)\text{tg}\alpha]^2(p_v+dp_v)$$
$$+\mu n p_v\cos\alpha(\cos\alpha+\sin\alpha)\pi[D-2(h-h_2)\text{tg}\alpha]dh/\cos\alpha \tag{2}$$

式中 D——存仓内径，mm；

p_v——散体的竖直压应力，MPa；

n——侧压应力系数[3]；

α——存仓卸料锥体倾斜角；

μ——散体与存仓侧壁的摩擦系数。

侧压应力系数为散体的水平压应力与竖直压应力之比，即

$$n=p_h/p_v$$

式中：p_h——散体的水平压应力，MPa。

此时，水平压应力为主动压应力，对于难流动散体，其值为

$$n=\frac{1-\sin\theta-2\cos\theta\dfrac{\tau_0}{\sigma_1}}{1+\sin\theta}$$

式中：τ_0——散体的初始切应力，对于理想散体其值为零，MPa；

σ_1——散体的初始正应力，MPa；

θ——散体的内摩擦角。

散体的初始切应力按下式求得：

$$\tau_0=\frac{h_0\rho g}{2}tg\left(45^0-\frac{\varphi}{2}\right)$$

式中：h_0——粘性散体在自由表面形成的最大垂直高度，由实验得到，mm。

对式(1)进行求解得

$$p_v=\frac{\rho gD}{4\mu n}(1-e^{-\frac{4\mu n}{D}\cdot h})\qquad 0\leqslant h\leqslant h_2$$

对式(2)进行求解得

$$p_v=-\frac{\rho g\pi}{8tg\alpha-16\mu n(\cos\alpha+\sin\alpha)}[D-2(h-h_2)tg\alpha]+C[D-2(h-h_2)tg\alpha]^{\frac{2\mu n(\cos\alpha+\sin\alpha)}{tg\alpha}}\qquad h_2<h\leqslant h_1$$

其中 C 为积分常数

$$C=\frac{\rho g\cdot\dfrac{2tg\alpha-4\mu n(\cos\alpha+\sin\alpha)+\pi\mu n}{\mu n[8tg\alpha-16\mu n(\cos\alpha+\sin\alpha)]}-\dfrac{\rho g}{4\mu n}e^{-\frac{4\mu n}{D}h_2}}{D\cdot\dfrac{2\mu n(\cos\alpha+\sin\alpha)}{tg\alpha}-1}$$

由求解结果可以看出，侧压力的分布在圆柱部分成指数曲线变化，在锥体部分，由于锥体角的影响，侧压力的分布为多项式曲线，但实际结果与理论计算值存在差异，这是因为：(1)散体物料的粒度、水份含量及在存仓内的储存时间影响散体的静压力特性和流动特性；(2)在进行理论推导时对模型的简化使得理论值与实际值存在偏差；(3)散体的装载方式和卸料速度在某种程度上影响着散体的静压力特性和动力特性[4]。另外，散体在卸载时产生的侧压力要大于静压力的理论值，因此，在实际设计时通过引进修正系数 C_h 对理论公式进行修正。各国标准对修正系数的取值不尽相同，因此，目前普遍采用经验值进行修正，对于钢板存仓，其取值为 $C_h\geqslant1.8$[5]。

1.2　散体卸料机理及起拱的理论分析

将存仓内的散体作为整体进行研究，其在存储过程中，在侧壁摩擦力及卸料闸门支撑力的作用下处于平衡状态，即

$$\sum p_h+N=G$$

式中　N——卸料闸门对存仓内散体的支撑力。

卸料时，将卸料闸门移开，此时 $N=0$，破坏了散体的平衡状态，卸料口上方的物料由于重力的作用流出存仓，此种卸料机理称为重力流动卸料。

卸料口上方散体的流出导致存仓内的散体涌向卸料口，从而完成卸料。而对于难流动散体，由于其较强的粘性，使散体在流动过程中其靠近侧壁的部分不能涌向卸料口，形成鼠洞现象；或产生较大的粘聚力 σ(如图 2 所示)。粘聚力 σ 可分解为水平方向的正应力 σ_b 和竖直方向的切应力 τ_b，在筒仓卸料口上方如果竖直方向产生的切应力 τ_b 足以承受位于卸料口上方散体的重量时，即

$$\sum\tau_b\geqslant G'$$

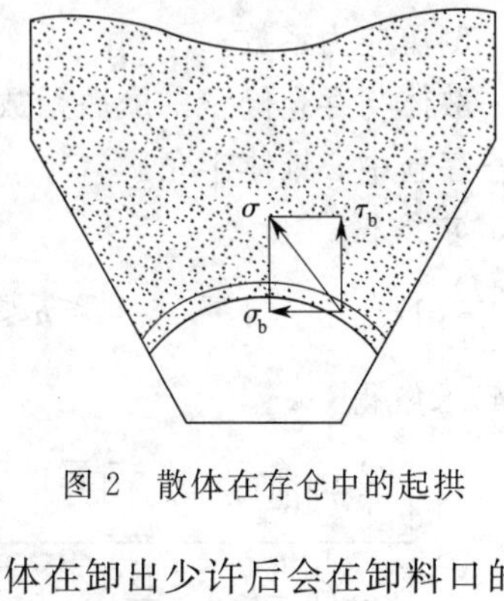

图 2　散体在存仓中的起拱

则散体在卸出少许后会在卸料口的上方结成拱形，阻碍了剩余散体的流出。

2　散体在中心锥体存仓内的流动性分析

2.1　散体在中心锥体存仓内的受力分析

中心锥体存仓是一种新型的仓储系统，在存仓底部安装中心锥体，并在锥体底部安装能够自转(或公转与自转结合旋转)的卸料刮刀组，卸料

时，通过卸料刮刀组的自转拨动散体卸出存仓[6]（如图 3 所示）。

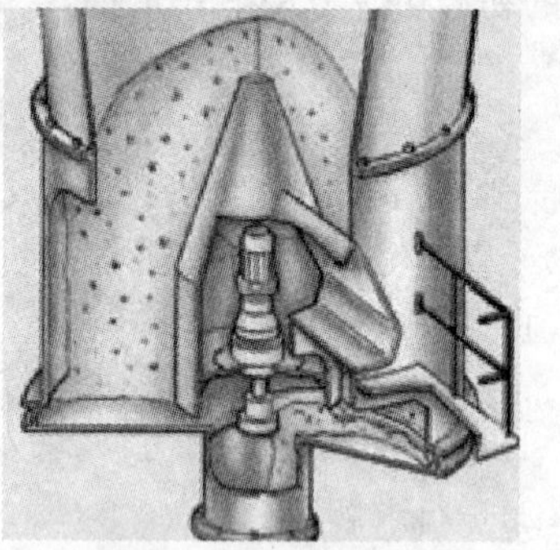

图 3 带卸料刮刀组的中心锥体筒仓

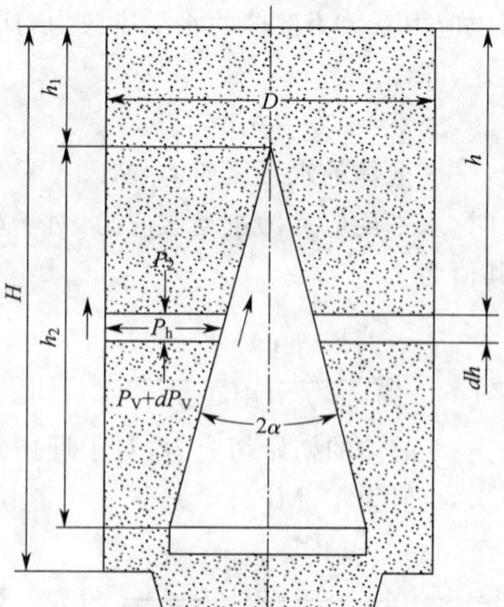

图 4 中心锥体筒仓散体的受力分析

对中心锥体存仓进行受力分析（如图 4 所示）。在深为 h 处取高度为 dh 的一微单元体进行分析，对于锥体上端的圆柱段得平衡方程：

$$\frac{\pi}{4}D^2 p_V+\frac{\pi}{4}D^2\rho g dh=\frac{\pi}{4}D^2(p_V+dp_V)+\mu n p_V \pi D dh \tag{3}$$

对于中心锥体部分得平衡方程：

$$\left[\frac{\pi}{4}D^2-\pi(h-h_1)^2\mathrm{tg}^2\alpha\right]p_v+\left[\frac{\pi}{4}D^2-\pi(h-h_1)^2\mathrm{tg}^2\alpha\right]\rho g dh=\mu n p_v \pi D dh+\left[\frac{\pi}{4}D^2-\pi(h-h_1)^2\mathrm{tg}^2\alpha\right](p_v+dp_v)+2\mu n p_v\cos\alpha(\cos\alpha+\sin\alpha)\pi(h-h_1)\mathrm{tg}\alpha dh/\cos\alpha \tag{4}$$

式中：D——存仓内径，mm；

p_v——散体的竖直压应力，MPa；

n——侧压应力系数；

μ——散体与存仓侧壁的摩擦系数；

α——存仓中心锥体半角。

对式(3)求解得

$$p_v=\frac{\rho g D}{4\mu n}\left(1-e^{-\frac{4\mu n}{D}\cdot h}\right)\qquad 0\leqslant h\leqslant h_1$$

对式(4)求解得

$$p_v=\int_{h_1}^{h_2}\rho g\frac{\left[\frac{D}{2}+\mathrm{tg}\alpha(h-h_1)\right]^{\frac{\mu n(1-\sin\alpha-\cos\alpha)}{\mathrm{tg}\alpha}}}{\left[\mathrm{tg}\alpha(h-h_1)-\frac{D}{2}\right]^{\frac{\mu n(1+\sin\alpha+\cos\alpha)}{\mathrm{tg}\alpha}}}dh\times\frac{\left[\mathrm{tg}\alpha(h-h_1)-\frac{D}{2}\right]^{\frac{\mu n(1+\sin\alpha+\cos\alpha)}{\mathrm{tg}\alpha}}}{\left[\frac{D}{2}+\mathrm{tg}\alpha(h-h_1)\right]^{\frac{\mu n(1-\sin\alpha-\cos\alpha)}{\mathrm{tg}\alpha}}}+C\qquad h_1\leqslant h\leqslant h_2$$

C 为积分常数，可由边界条件 $h=h_1$ 时，$p_v=\frac{\rho g D}{4\mu n}\left(1-e^{-\frac{4\mu n}{D}\cdot h_1}\right)$求得。

与普通存仓相比，中心锥体的存在一定程度上承担了散体的压力，使散体对底部及侧壁的压力减小，能够比较容易的卸出且不易起拱。中心锥体角的大小对存仓的压力分布有着重要的影响，锥体角过大，则减压作用减小；锥体角过小，容易造成散体在中心锥体上的粘结。因此，设计时，根据散体的内摩擦角、粘性、储存时间及储存条件选择合适的角度[7]。

2.2 散体在中心锥体存仓内的卸料机理分析

中心锥体存仓的结构主要包括：仓体、中心锥体、支撑臂、卸料刮刀组、驱动系统和润滑系统。仓体是存仓结构的主体，用于储存物料，包括底盘、侧壁、进料口和卸料口；中心锥体安装在底盘上方，用于支撑和分流散体；支撑臂用于加固中心锥体；卸料刮刀组将对数螺旋形状的刮刀安装在旋转轴上，根据存仓直径大小的不同，分别选用只需自转的单刮刀卸料刮刀组和带有 6 把刮刀需要自转与绕中心锥体公转相结合的卸料刮刀组；驱动系统用来驱动卸料刮刀组的旋转，根据安装位置的不同分为内驱动和外驱动两种方式；润滑系统用来对驱动系统零部件进行润滑。

散体在自身重力、侧壁摩擦力、中心锥体的支撑力与摩擦力及底部的支撑力共同作用下处于平衡状态。卸料时，卸料刮刀组自转（或公转与自转相结合）拨动底部散体流入卸料槽，随着底部散体的卸出，存仓内散体沿中心锥体流向存仓侧壁，再经卸料刮刀组将其拨入卸料口，这种卸料方式称为机械强制流动卸料方式，（图 5 为中心锥体存仓卸料示意图）。

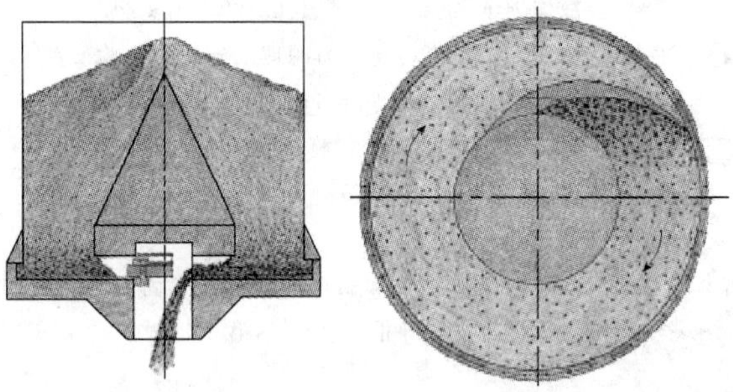

图 5　中心锥体存仓卸料示意图

与重力流动卸料方式相比，带中心锥体的机械强制流动卸料方式具有如下的优点：

1. 散体经中心锥体分散到四周，不会出现起拱现象。

2. 由于卸料刮刀组的作用，散体总是由底部开始逐层卸出，不会出现重力流卸料出现的鼠洞现象，保证了散体流动的顺序性，避免了部分散体由于长时间在存仓内的积压而造成腐蚀或变质。

3. 卸料过程中通过调整卸料刮刀组的转速，可以控制散体的卸料量，从而满足各种工况的需求，并易于实现卸料过程的自动化。

通过比较可以看出，带卸料刮刀组的中心锥体存仓不仅适合普通散体，对于难流动散体也能进行顺畅的卸出。

3　应用 EDEM 软件对存仓卸料过程的模拟仿真

EDEM 是用现代化离散元模型模拟和分析颗粒处理和生产操作的通用 CAE 软件，应用 EDEM 可以快速、简便的建立散体与存仓系统的参数化模型，通过导入真实颗粒的 CAD 模型来准确描述散体的形状，通过添加力学性质、物料性质和其它物理性质来完善模型的建立。

对散体颗粒在存仓内的流动状态应用 EDEM 软件进行模拟仿真（如图 6 所示）。由仿真结果可以看出，普通存仓卸料过程中散体颗粒逐层或由中心不断涌向卸料口，对于难流动散体易造成粘结从而导致起拱；对于中心锥体筒仓，散体颗粒通过中心锥体分散到存仓四周，再由四周流向存仓底部，最后经卸料刮刀组自转拨动散体由底部卸料口流出，不会出现由于粘结在一起而引起的起拱、鼠洞等现象，具有很好的卸料顺畅性。

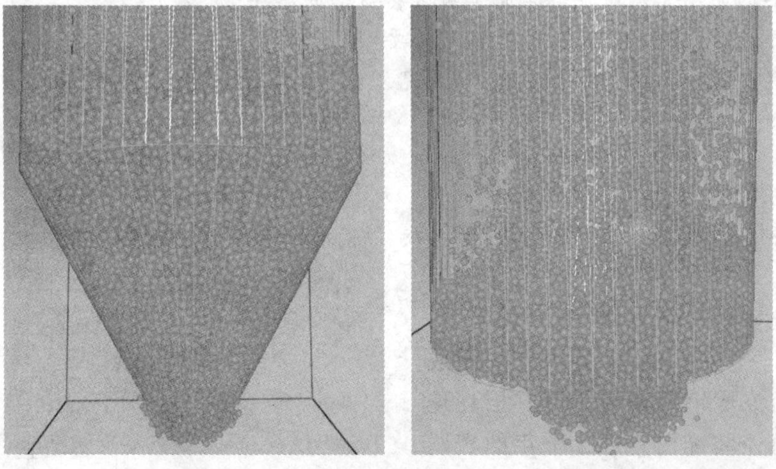

图 6　散体颗粒在存仓内流动状态的模拟仿真

4　结　　论

通过对散体在存仓内的受力分析与卸料机理的研究，影响散体顺畅卸出的因素主要包括散体与侧壁的摩擦系数、散体的粘性、散体的储存环境和时间及采用的卸料方式。散体与侧壁的摩擦系数越大，卸料时产生的阻力越大，易造成散体粘附在侧壁上而影响卸料效率，在侧壁上安装摩擦系数小的衬垫可以降低摩擦；粘性大的散体易•于粘结，在卸料时不易流出，储存过程中水份的存在增加了散体的粘结性，储存时间越长粘性散体越不易流出；重力流卸料在进行难流动散体卸出时通常会出现起拱现象，而机械强制流动则能够顺畅的进行卸料。因此，带卸料刮刀组的中心锥体存仓在处理难流动散体仓储过程中具有较大的优越性，其不仅有效的抑制了散体卸料时出现的鼠洞、起拱等不利现象；通过控制卸料刮刀组的转速可以控制卸料流量，且易于实现卸料过程的自动化，从而提高整个物流输送系统的工作效率。

5 致　　谢

本项目受到山西省自然科学基金项目2006011064、太原科技大学博士启动基金、山西省2009年度回国留学人员科研资助项目计划、山西省2010年国际科技合作计划项目2010081039、太原市2010年科技明星项目、山西省普通高等本科学校大学生创新性实验项目和山西省及太原科技大学大学生创新训练计划(UIT)项目的资助。

参考文献

［1］ 谢洪勇，刘志军．粉体力学与工程．化学工业出版社．2007，第2版．

［2］ 张长森．粉体技术及设备．华东理工大学出版社．2007，第1版．

［3］ 黄松元．散体力学．机械工业出版社．1993，第1版．

［4］ 谢本铭，朱晨，崔大妍．料仓压力的理论分析和实验研究．辽宁工程技术大学学报．2007年4月，第26卷第2期．

［5］ 苏乐道，赵霖，刘建秀．粮食立筒仓弹性变形对卸料动压力的影响与计算．工程力学．1999年12月，第16卷第6期．

［6］ www.aumund.com.

［7］ 侯明云，李建伟，魏宗．外部驱动旋转锥体型筒仓卸料器的技术特点．新世纪水泥导报．2006年，第5期．

板坯连铸机输送转盘驱动方式改造

龙辽沙[1]，董元龙[1]，刘　昀[1]，王兴东[2]，邹光明[2]

(1.武汉钢铁股份有限公司　2.武汉科技大学)

摘　要：对某炼钢厂连铸机原有板坯连铸机输送转盘设备的常见故障进行了深入调研，发现了其驱动方式的设计缺陷，结合其它先进设备的相关技术，制定了针对性的措施，并进行技术改造；经过近三年的生产实践，改造后的驱动系统显著地降低了输送转盘的故障率、减少了相关的维护工作、创造了明显的经济效益，为整个连铸机稳定高效生产提供了必要的保障。

关键词：输送转盘；驱动方式；三合一；驱动装置

1 引　　言

某炼钢厂连铸机是20世纪80年代初投产。根据设备布置的基本条件，切割成定尺后的铸坯，必须由纵向(连铸机出坯方向)变为横向后，才能顺利地进入下一工序，由输送转盘来完成这项工作。图1为该炼钢厂连铸机原有板坯连铸机输送转盘的总体装配图。近二十年的实践证明原有输送转盘满足该厂当时的连铸生产需要，但随着炼钢生产任务进一步增加、输送转盘工作环境恶劣(如高温等)和使用年限长等客观因素，频繁产生一些故障，逐渐影响正常生产节奏。

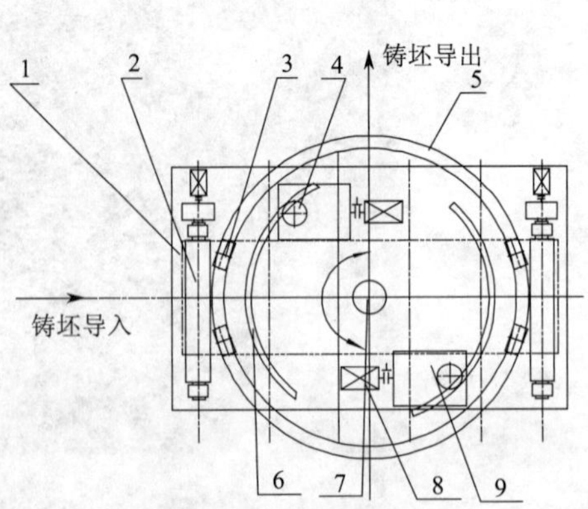

图1　原有板坯连铸机输送转盘的总体装配图(外部驱动型)

1—旋转框架；2—辊道；3—车轮；4—小齿轮；5—环形轨道；6—销轴架；7—回转中心轴；8—电动机；9—垂直传动减速机

2 原有输送转盘故障及缺陷分析

由图1可知,原有输送转盘的驱动装置主要由电动机、制动器、垂直传动减速器以及针齿传动组成。经过20多年的运行,转盘驱动装置的减速机地脚螺栓松动,减速机晃动,减速机输出轴齿轮与销轴啮合不佳,严重时,造成齿尖顶死故障,连铸中断,钢水回炉。

由文献[1]知,输送转盘驱动装置的弧形架销轴和小齿轮间的传动属于针齿轮传动。与普通齿轮传动相比,针齿轮传动的优点是制造、安装、维修方便,重量轻、成本低;缺点是其瞬时传动比不恒定,动载荷大。瞬时传动比的变化,无疑在传动过程中会对驱动装置产生冲击,对于转速低且针齿啮合好的设备影响较弱;但是如果小齿轮各轮齿和销轴之间出现明显的不等间隙,即便是转速低,这种冲击也会造成严重影响。

转盘旋转是两套相同的驱动装置同时运行实现的。经过一段时间的生产使用,两套驱动装置的液压制动器闸瓦磨损程度肯定不同,直接导致两台减速机起动、制动不同步,其地脚螺栓受到冲击,而且两台减速机地脚螺栓同各自箱体的连接程度也不相同。

如果维护检修工作不能及时进行,两套系统的不同步必然导致凝土预埋地脚螺栓松动。随着炼钢生产任务进一步增加,设备维护检修时间不断压缩,减速机地脚螺栓已基本松动,而且垂直传动减速机(三级减速,锥齿+斜齿+斜齿)本身为非标产品,体积庞大,备件成本高,相应检修工作量大。

上述问题已严重阻碍了连铸生产向优质、高效、稳定、低耗的目标发展,因此板坯输送转盘驱动装置的改造尤为迫切。

3 转盘设备驱动方式的改造

为了彻底解决上述问题,提出对转盘的驱动方式进行改造,即取消原垂直减速器及针齿轮的驱动方式,改造为分别驱动中的"三合一"型式。

3.1 转盘设备驱动方式的改造思路

针对原有转盘使用过程中出现的若干主要问题,提出了改造的基本要求:

- 为适应生产率进一步提高的需要,改造后转盘工作能力高于原有系统;
- 驱动系统标准化、系列化;
- 各主要运行参数、性能参数(如承载板坯的重量等)及主要结构基本不变;
- 改造后转盘的维护及检修工作量应有明显减小。

根据改造的基本要求,确定了以下主要改造思路:

1) 改造后转盘驱动装置为独立的两套,即一套工作,另一套备用;

2) 转盘每套驱动装置完全相同,采用标准系列的三合一独立驱动方式代替原有传动系统。

3.2 驱动装置传动系统的设计

根据转盘驱动方式改造的基本要求和主要思路,对电动机和减速器进行选型;根据文献[1-3]可知,原有车轮及轨道合适,继续保留。将驱动、制动和传动装置三者合为一体的"三合一"驱动装置已得到推广使用。电动机与制动器制成一体,直接联在减速器上,减速器套装在车轮轴上,减速器上方有一弹性支承与转盘框架相连[1,2,3],如图2所示。同原有转盘驱动方式相比,具有结构紧凑、自重轻、装拆方便、运行平稳、使用可靠等优点。

驱动装置的工作级别是设计改造的基础。首先,根据文献[1-3]和该炼钢厂连铸的生产工艺及能力,转盘驱动装置的机构利用等级为T6,机构载荷状态为L2(中),则其工作级别为M6。

3.2.1 电动机的初选

转盘为室内设备,因此计算阻力矩时不考虑风和道路坡度的影响。考虑原有转盘的转速(1.26 *rpm*)以及生产节奏进一步提高的要求,初步确定改造后转盘的设计转速为1.5 *rpm*。

1)稳定运动阶段阻力矩的计算

转盘的摩擦阻力矩包括车轮摩擦阻力矩和回转中心轴上的摩擦阻力矩,摩擦阻力矩为:

$$M_m=\frac{1}{2}f_0D\sum N+P_jfd_u \tag{1}$$

式中:$f_0=\left(f_k\frac{d_k}{D_k}+\frac{2\mu}{D_k}\right)k_f$,$D$ 为环形轨道直径,m;f_0 为阻力系数;$\sum N$ 为所有车轮的总压力,N;f_k 和 f 分别为车轮轴和中心轴上轴承的摩擦系数;k_f 为车轮的附加阻力系数;P_j 为中心轴上的径向力,N;D_k 和 d_k 分别为车轮的直径和其轴径,m。

5

根据实际生产情况，确定式(1)中各项参数，计算得到：$M_m=21.3356$ kN·m。

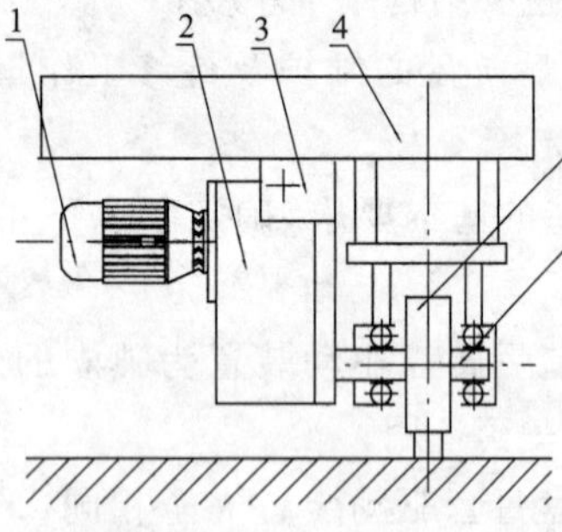

图2　板坯连铸机输送转盘的驱动装置示意图
1—电动机(带制动器)；2—减速器；3—平衡扭矩吊耳；
4—转盘框架；5—车轮；6—车轮轴

2)电动机的初选功率

电动机的初选功率 N_{e0}：

$$N_{e0}=\frac{M_m+1.3\cdot(T_{gQ}+T_{gG})}{9550\cdot\eta\cdot\lambda_{as}}\cdot n_k \quad \text{kW} \tag{2}$$

式中：T_{gQ}、T_{gG} 分别为板坯和输送转盘旋转部分绕回转中心旋转产生的惯性阻力矩，$KN\cdot m$，由下式计算得到：

$$T_{gQ}+T_{gG}=(J_Q+J_G)\frac{n_k}{9.55\cdot t_{qz}} \quad N\cdot m \tag{3}$$

J_Q、J_G 分别为板坯和输送转盘旋转部分对回转中心的转动惯量，$kg\cdot m^2$；t_{qz} 为旋转机构起动或制动时间，起动和制动时间相等为 $3s$[1,2,3]；n_k 为转盘的设计转速，rpm；η 为旋转机构的总效率，初定为 0.75；λ_{as} 为电动机平均起动转矩标么值，按绕线式电动机考虑。

根据实际生产和使用情况，确定式(2)和式(3)中各项参数，计算得到 $N_{e0}=7.6604$ kW。

3)初选电动机

结合该炼钢厂生产对于转盘使用及其本身维护要求，其驱动装置选用锥形转子电动机。根据计算得到的电机初选功率 N_{e0}、连铸机生产工艺流程及文献[4]，初步确定电动机的型号为 ZDR140－4(绕线式)，其主要技术参数：额定功率 $N_e=8.0$ kW；转速 $n_1=1400\ rpm$；最大转矩与额定转矩之比为 2.7；转动惯量 $(GD^2)_d=0.16$ kg·m^2；最大制动力矩 $M_{Z\max}=62$ N·m；基准工作制为 S_3，负载持续率为 25%。

3.2.2　旋转机构减速器的选择

QS型减速器采用硬齿面齿轮；具有配套功率范围大、减速范围广、结构紧凑、体积小、重量轻、安装调整简便灵活、运行平稳、噪音低、传动效率高、寿命长等优点。针对原有传动系统中的弊端，选用了QS型减速器进行车轮的独立驱动。

转盘驱动装置工作级别为 M6，根据电动机的初选额定输出功率及文献[1,5]，可确定选用减速器的查表容许功率为 $N_{e6}=8.0$ kW。

车轮设计转速 n_c 为：

$$n_c=n_0\frac{D_k}{D} \quad rpm \tag{4}$$

旋转机构减速器设计传动比 i_0 为：

$$i_0=\frac{n_1}{n_c} \tag{5}$$

将各参数带入式(4)和式(5)，计算得到驱动车轮设计转速 n_c 为 18.0rpm、减速器设计传动比 i_0 为 77.78。根据减速器查表容许功率和旋转机构传动比设计要求，查文献[5]，确定旋转机构减速器型号为 QS20－80，其容许功率 8.5 kW，公称传动比 $i_0'=80$，输出扭矩 4 460 $N\cdot m$。

3.3　驱动装置传动系统的校核

初选电动机和减速机后，需根据实际工况进行验算和校核。

3.3.1　三合一的电动机和减速机验算

旋转机构实际转速：

$$n_k'=\frac{n_1}{i_0'\cdot(\frac{D}{D_k})} \tag{6}$$

误差：

$$\varepsilon=\frac{n_k-n_k'}{n_k} \tag{7}$$

代入各参数到式(6)和式(7)，实际转速为 1.4583rpm；与设计误差为 2.78%，小于 15%，根据文献[1,2,3]可知，所选减速机的传动比合适。

实际所需电动机的初选功率：

$$N_{e0}'=N_{e0}\frac{n_k'}{n_k} \quad \text{kW} \tag{8}$$

代入各参数到式(8)，实际所需电动机的初选功率为 7.4474 kW，小于初选功率 N_{e0}，所选电动机和减速器均合适。电动机初选功率由式(2)计算得到，已充分考虑电动机特性及起动惯性力矩，而且电动机额定功率大于初选功率，可不用校核其发热和过载能力[1-3]。

3.3.2 转盘旋转的起动时间

旋转机构的起动时间 t_q 按下式计算[1,2]：

$$t_q=\frac{[J]\cdot n_1}{9.55\cdot(T_{mq}-M_{md})}\quad s \tag{9}$$

式中：$[J]$ 为换算到电动机轴上的机构总转动惯量，$kg\cdot m^2$；T_{mq} 为电动机平均起动转矩，$N\cdot m$；M_{md} 为旋转机构稳态运动阶段阻力矩（换算到电动机轴上），$N\cdot m$。

根据转盘的实际工况，将各参数带入式(9)，起动时间 $t_q=3.032\,4\ s$。由于运送板坯，根据文献[1,2]可知，起动时间合适。

3.3.3 制动力矩的设定

装在电动机轴上的制动器制动力矩 T_z 为：

$$T_z=\frac{1.2J_m\cdot n_1}{9.55\cdot t_{qz}}+(T_{gQ}+T_{gG}-M_m)\frac{\eta}{\Sigma i}\quad N\cdot m \tag{10}$$

式中：J_m 为电动机轴上电机转子、制动轮、联轴器的转动惯量，$kg\cdot m^2$。

各数据带入式（10），计算得到 $T_z=22.789\,2\ N\cdot m$。而 ZDR140－4 电动机的最大制动力矩 $M_{Z\max}=62\ N\cdot m$。根据文献[1,2]，转盘旋转机构电动机的制动器制动力矩应调整为 23 N·m。

3.4 旋转机构打滑

对于改造前转盘旋转驱动方式而言，电动机通过减速器和针齿直接驱动转盘旋转部分，所有车轮均为从动车轮。改造后，电动机通过减速器直接驱动其中某一车轮，因此在进行旋转机构计算后，还应考虑起动空转和制动打滑的问题。

3.4.1 车轮起动空转

在旋转机构起动时，车轮在原地空转而转盘旋转部分并不旋转的现象称为起动空转。因此设计转盘旋转机构时，应验算起动不空转条件。

起动时，车轮是否空转，需比较加在车轮圆周上的圆周力是否小于粘着力，或电动机输出的作用在车轮上的力矩是否小于粘着力的力矩。因此保证起动时车轮不空转的基本条件式为[1,2]：

$$P_1\cdot\varphi\geqslant n_{qz}\cdot T \tag{11}$$

式中：P_1 为驱动车轮的轮压，N；φ 为车轮与轨道间的粘着系数，n_{qz} 为防止起动空转或制动打滑的安全系数；T 为作用在车轮上的圆周力，N。

验算按最不利条件进行，即空载起动，则式(11)中的 P_1 应为驱动车轮空载轮压 $P_{1\min}$。根据旋转机构的电动机、传动系统以及驱动车轮的基本结构和运行特征，以式(11)为基础进行公式推导，判断起动时驱动车轮是否空转的判定标准[1,2]为：

$$P_{1\min}\cdot\left(\frac{\varphi}{n_z}+\frac{\mu\cdot d}{D_c}\right)\geqslant\left(T_{mq}-\frac{J_m\cdot n_1}{9.55t_{qz}}\right)\cdot\frac{2i_0'\cdot\eta}{D_c} \tag{12}$$

各数据带入上式，计算得到式(12)左边的结果为 10.20 KN，右边的结果为 10.08 KN。显然，满足式(12)要求，说明起动时驱动车轮不会空转。

3.4.2 车轮制动打滑

制动时不打滑的条件与起动时基本相同，但因摩擦阻力利于制动，故判断制动时车轮是否打滑的判定标准，可由式(12)改写为：

$$P_{1\min}\cdot\left(\frac{\varphi}{n_{qz}}-\frac{\mu\cdot d}{D_c}\right)\geqslant\left(M_z-\frac{J_m\cdot n_1}{9.55\ t_{qz}}\right)\cdot\frac{2i_0'}{D_c\cdot\eta} \tag{13}$$

各数据带入上式，计算得到式(13)左边的结果为 9.399 8 kN，右边的结果为 4.424 9 kN。显然，满足式(13)要求，说明制动时驱动车轮不会打滑。

3.4.3 改进措施

由上述理论计算可知，改造后的旋转机构不会出现起动和制动打滑现象。但从车轮起动空转计算可发现，式(12)左边和右边的结果差别不大，考虑计算的误差和实际工况的不确定，还是存在起动打滑趋势。

对转盘使用现场分析，确定采用提高车轮与轨道间粘着系数的方法[1,2]为备用方案，具体措施：在轨道（方钢 80）表面进行堆焊，以提高粘着系数，保证起动不打滑。

3.5 驱动装置的基本结构设计及实施

根据文献[1,6]，对车轮轴进行了初步的结构设计、校核轴的强度，选取了轴承；进一步设计了防止减速器旋转的平衡扭矩吊耳[4]。以上述设计为指导，完成了板坯连铸机输送转盘驱动装置改造。

生产实践证明，改造后的驱动系统显著地降低了输送转盘的故障率、减少了相关的维护工作、降低了能耗，提高了经济效益。改造工作带来的经济效益明显，年效益约为 89.29 万元；电能消耗仅为原有的 14%。

4 结 语

该炼钢厂 3 台连铸机转盘设备驱动装置相继

5

改造完成后，经过三年多的运行，转盘设备故障率大幅减低且运行稳定，未产生一起因驱动装置的故障（有备用驱动装置）而导致连铸中断的事故。改造后的驱动装置，维护、检修方便，备件费用大幅度下降，能耗降低，创造了显著的经济效益。改造彻底解决了原设备缺陷，给设备运行及正常生产创造了良好的条件。

参考文献

[1] 张质文等编. 起重机设计手册[M]. 北京：中国铁道出版社，1998.

[2] 过玉卿，冯秀清，郑永康编. 起重运输机械[M]. 武汉：华中理工大学出版社，1992.11.

[3] 杨长骙主编. 起重机械[M]. 北京：机械工业出版社，1982.

[4] 咸宁三合机电制业有限公司，QSC、QS(E)、LG. YQ 系列“三合一”减速器，湖北咸宁：2002.10.

[5] 咸宁三六电机制造有限公司. 锥形转子电动机. 湖北咸宁：2002.10.

[6] 濮良贵，纪名刚主编. 机械设计（第七版）[M]，北京：高等教育出版社，2001.06.

散状物料转载过程 DEM 仿真的研究

宋伟刚[1]，张瑞连[2]

（1 东北大学机械工程与自动化学院 110004　2 大连重工・起重集团有限公司 116013）

摘　要：依据离散单元方法，应用 DEM 仿真软件对转载过程进行计算机仿真，针对当前采用 DEM 方法尚不能做到微小颗粒的计算，通过对颗粒粒度为 75 mm，100 mm，150 mm 的对比计算，得出颗粒粒度在 50～300 mm 范围内情况下与实际运行条件比较接近；提出了采用冲击系数来表征冲击的大小，该参数可以对不同的落料高度、颗粒大小等差异情况下对冲击效应比较，通过计算机仿真得出了单个颗粒和颗粒流的最大冲击力和冲击系数，较好地反映了颗粒流冲击的效应，根据颗粒作用在输送带上的法向力趋于物料重力的结果，验证了计算结果的正确性。分别按输送带中心线和托辊辊子支撑划分方式采用极限评价指标分析了输送带可能产生的跑偏量，跑偏量在工程允许范围内

关键词：散装物料转载；DEM；冲击系数；跑偏

1 引　　言

在煤炭、冶金、矿业、建材、化工、粮食等工业领域中散状物料的运输与转载是广泛存在的基本环节，特别地随着散状物料处理量的不断增大，装载与转载的设计问题日益突出。转载设计问题的研究也得到了广泛的关注[1-4]。转载设计需要考虑的主要问题包括：物料的汇集与分流；控制料流的路径以产生最小的冲击、磨损、撒料、粉尘，避免输送物料的退化；确保卸载物料在受料输送机中心上，并与受料输送机具有在运行方向上具有接近的速度；确保物料不在溜槽中阻塞保持料流连续；确保装载物料下落到受料输送机的槽形区域，而不在过渡段上；汇集回程输送带上的物料，返回到主料流；控制转载空气速度，以减缓粉尘的生成；可以容纳正常工作，甚至是满载起动和停机等。

Roberts[1]采用连续模型方法，将所输送物料看成整体，考虑物料经过滚筒的速度并考虑下落过程的落体过程，在进入溜槽段时考虑物料与溜槽的摩擦过程的方法，该方法已经在工程中应用。Korzen 综合考虑了物料下落过程的空气阻力等影响因素用以预测卸料轨迹，连续模型方法不能很好的预测物料对受料装置的冲击载荷；Huque 等[3]-[4]对转载预测方法进行了比较分析。近些年来颗粒仿真方法逐渐开始应用到转载设计中，Nordell[5]-[6]在转载溜槽设计中提出采用曲线溜槽以降低输送带的摩擦损耗。Franz[7]采用 DEM 方法用于对复杂转载系统进行优化设计，但主要考虑的因素是转载的料流控制问题。Maton[8]比较了转载溜槽的不同设计方法，指出当速度超过 3 m/s 时，采用颗粒仿真方法可以更精确地预测料流轨迹。

转载的冲击载荷问题是进行缓冲设计的基础，作者[9]研究了大块物料下落对输送带的冲击问题，但是尚不能对散体料流的冲击载荷问题。本文将采用 DEM 仿真方法对散料转载过程的冲击载荷和受料输送机跑偏可能性进行仿真研究，

给出具体的计算过程与评价指标。

2　转载站的设计的主要问题

转载系统设置在两条输送机之间以实现对散状物料输送方向的控制与衔接。因而，在转载过程中将伴随物料的下落的势能降低，以及物料的速度的大小和方向的改变，在设计时需要考虑的问题包括：

(1)设备布置与建筑的考虑，在大多数情况下，转载站物料的下落高度需要取决于设备的布置以及建筑设计的因素，因而需要在满足转载设计所提出的最小高差的前提下尽量降低设备布置得高差；

(2)满足料流导向的要求，避免发生堵塞，需要保证合适的料流下降高度以使物料能够完成两次接近 90°的变向顺畅地转载到另一条输送机上；

(3)满足转载料流量的要求，在转载站处设漏斗和溜槽，料流速度受到限制，要求漏斗具有足够大的容积容纳物料，特别是在输送线停机过程中，受料输送机停机时间滞后于给料输送机时保证物料不产生堆积(必要时可设置旁路将卸载物料导引到输送机旁)；

(4)尽量减小物料对转载漏斗、溜槽等转载设施的磨损，保护输送带，降低或减小物料对输送带的摩损和冲击。

转载站主要由漏斗、下落区段和溜槽等部分组成。漏斗的基本作用是汇集物料，并且具有缓冲料流的功能，其基本形式如图 1，他们的差别是是否带有集料板和挡料板，通常，对于滚筒直径较大、带速较高的系统采用带有集料板和挡料板的结构。滚筒中心到漏斗中心的距离随带速的增加而增大，而通过挡料板的设置有利于此距离的减小。当漏斗采用棱锥形时(如图 2)，需要注意的是在棱锥上的倾角最小的部位不是背板和侧板与水平面的夹角，而是棱锥的棱边和水平面的夹角，即，棱锥的棱边与水平面的夹角 γ 可由下式求出

$$\cot\gamma=\sqrt{\cot^2\alpha+\cot^2\beta} \qquad (1)$$

其中 α 和 β 分别为背板和侧板与水平面的夹角，γ 角一般按大于物料动堆积角 10～150 来设计，以确保物料能够顺利的流动。下落区段的高度由设备的布置所限定，在可能的情况下应当尽量缩短下落高度。溜槽部分将物料导向到输送带上，一些新型的溜槽大多采用曲线形式。

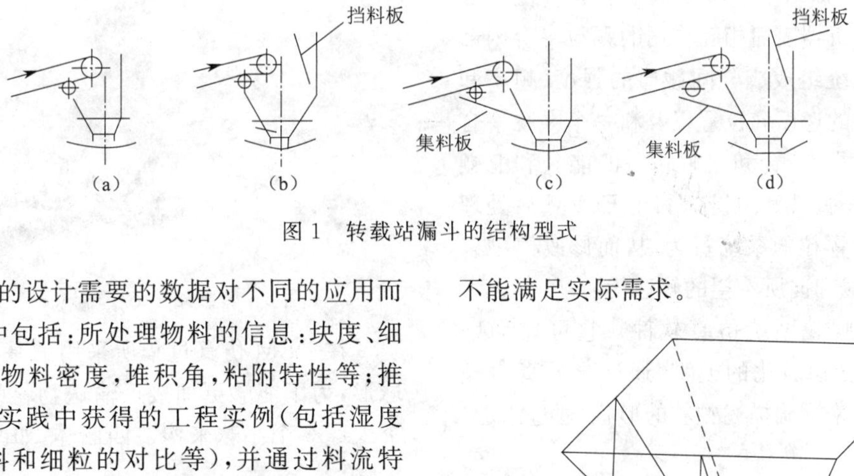

图 1　转载站漏斗的结构型式

转载溜槽的设计需要的数据对不同的应用而不同，而实际中包括：所处理物料的信息：块度、细粒分布，湿度，物料密度，堆积角，粘附特性等；推荐参考几个从实践中获得的工程实例(包括湿度不同、大块物料和细粒的对比等)，并通过料流特征测量确认设计计算的精确性；需要的输送量和两条输送带的速度；输送带的运行方向，两条输送带的垂直距离和水平偏距，转载距离，输送带、滚筒和托辊数据；确定所使用的缓冲方法，即短距离缓冲输送机，料箱或合适的缓冲结构；选择溜槽衬板材料；安装后应便于更换，精心地评价所存在的管路、电气管路、邻近的结构，粉尘的收集，在入口处便于安装和起重溜槽部件[10]。尽管漏斗和溜槽等部件已经有系列化的型谱，但随工程应用的不同，仅采用传统的连续模型的设计计算方法尚不能满足实际需求。

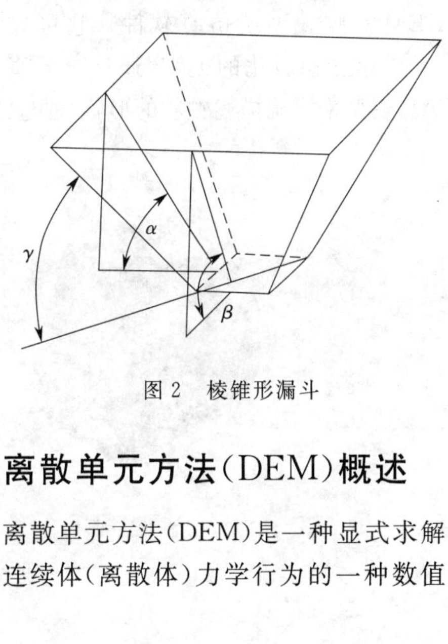

图 2　棱锥形漏斗

3　离散单元方法(DEM)概述

离散单元方法(DEM)是一种显式求解的，研究不连续体(离散体)力学行为的一种数值方法，

它可以细致地模拟各离散单元的相互作用如模拟离散组合体的接触或碰撞过程。该方法最初是由P. A. Cundall 于 1971 年提出[11]，离散单元法(DEM)的理论基础是牛顿第二定律，首先将散粒体划分为离散单元的集合，然后结合颗粒体间不同的本构关系建立出每个单元的运动方程，当颗粒碰撞时考虑颗粒间的作用包括弹簧、阻尼、摩擦和液态桥(吸引力)(图 2)。利用动态松弛法进行迭代求解，就可以得到不同颗粒体间力和位移的关系，从而求得散粒体的整体运动状态。

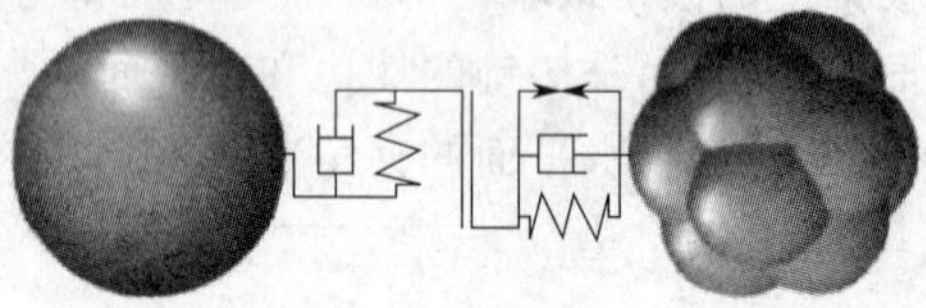

图 2 颗粒碰撞模型

DEM Solutions 公司的 EDEM 软件可以细致模拟和分析颗粒行为，并为颗粒、流体和机械力学的结合提供一个平台。EDEM 是用现代化离散元模型来模拟和分析颗粒系统处理和生产操作的通用 CAE 软件。目前，最新的版本是 EDEM2.1.2。

EDEM 的模拟结果能够提供很多有价值的数据：它能分析与机器表面相互作用的颗粒集合内部的行为，分析系统组成成分间碰撞的强度、频率和分布，每个颗粒的速度和位置以及和一个颗粒集合中颗粒碰撞、磨损、聚合和松解相关的能量和亚颗粒结构的结构完整性和力链。利用 EDEM 后处理工具，可以确定颗粒的系统行为，从而修改模型以更好的进行模拟和向所希望的解迭代。

EDEM 是颗粒系统仿真软件。它可以为固体颗粒系统建立参数化的模型，通过导入真实颗粒的 CAD 模型来准确描述颗粒的形状，通过添加力学性质、物料性质和其它物理性质来建立颗粒模型，并且在模拟过程中把生成的数据储存到相应的数据库中。

4 仿真模型的创建及仿真参数

4.1 仿真对象

以某港口的斗轮堆取料机的取料后转载到带式输送机上的过程为研究对象。斗轮取料转载系统是通过斗轮取料后，经过转载站分叉溜槽分别向两条设置对称的两条输送机给料，系统主要参数：物料：煤，粒度 300 mm；静堆积角：38～400；给料输送机相对于转载站回转角度：±1 700；俯仰角度：－13.2～＋140；额定输送量：6 000 t/h；回转速度：0.04～0.12 rpm。输送带宽度：2 200 mm；带速：4.5 m/s；卸料高度：头部漏斗 3 364＋1 465 mm；移动漏斗 2 687；分叉漏斗 6 968 mm。从所提出的参数看，主要体现在输送量大、带速高，并且包括回转，落料高差较大。图 3 为所建立的转载站 Pro/Engineer 三维模型。

图 3 转载站 Pro/Engineer 三维模型

在 DEM 仿真过程所采用的基本颗粒形状为球形，为了能够更加接近输送物料的形状，采用 1 个大球 9 个小球来构造四面体，如图 4。

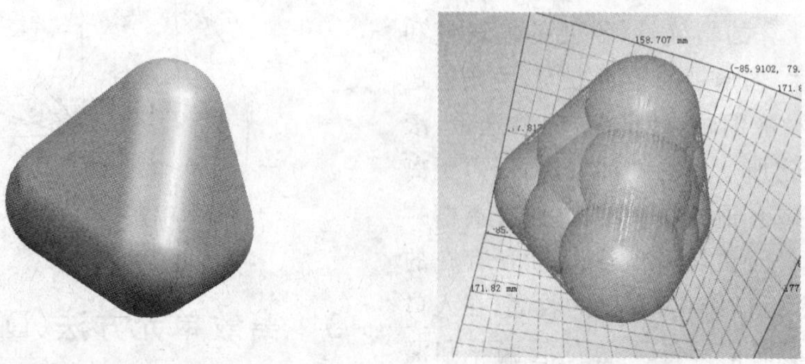

(a) 颗粒形状图　　(b) 颗粒填充效果图

图 4 颗粒的建立

4.2　仿真参数的确定

对实际系统的仿真中，材料的力学性质的合理确定是保证仿真结果的关键因素，仿真中涉及的各部分结构的材料材质为：物料材料按煤计，转载站材料为钢，输送带材料属性按照橡胶选取。以上材质自身和相互之间的材料属性如表 1。表 2 为接触属性表。

表 1　材料属性表

材料	泊松比	剪切模量/(Gpa)	密度/(kg/m³)
煤	0.28	1.98	1 600
橡胶	0.47[2]	0.002 67	1 500
钢	0.30	79	7 850

表 2　接触属性表

材料	恢复系数	静摩擦系数	滚动摩擦系数
煤—煤	0.5	0.6	0.05
煤—钢	0.5	0.4	0.05
煤—橡胶	0.45	0.5	0.05

4.3　仿真步长的确定

沙粒、煤、岩石这些散体介质的表面都会产生瑞利波。瑞利波沿着介质表面传播时，随着深度的增加而迅速减弱。颗粒发生接触碰撞时总能耗的 70%是通过瑞利波耗散的，所以应该根据沿固体球形颗粒表面传播的瑞利波的速度来确定临界时间步长。

两颗粒间的接触作用仅发生相互碰撞的两颗粒上，而不应该通过瑞利波传递到其他颗粒上，所以时间步长应小于瑞利波传递半球面所需要的时间

弹性固体颗粒表面的瑞利波波速

$$v_R=\alpha\sqrt{\frac{G}{\rho}} \tag{2}$$

式中 G 和 ρ 是颗粒材料的剪切模量和密度，$\sqrt{\frac{G}{\rho}}$ 是该弹性颗粒内横波波速。

α 是以下瑞利波方程的根

$$(2-\alpha^2)^4=16(1-\alpha^2)\left[1-\frac{1-2v}{2(1-v)}\alpha^2\right] \tag{3}$$

α 的近似解为

$$\alpha=0.163\ 1v+0.876\ 605 \tag{4}$$

颗粒系统的时间步长应为不同颗粒的最小值

$$T_R=\frac{\pi R_{\min}}{v_R}=\left[\pi R\left(\frac{\rho}{G}\right)^{\frac{1}{2}}\Big/(0.163\ 1v+0.876\ 605)\right]_{\min} \tag{5}$$

为了保证颗粒系统迭代计算的稳定性，在实际计算中通常要依据颗粒运动的剧烈程度来选取合适的时间步长。配位数是用来表征单个颗粒在颗粒系统中总接触的物理量。对于高的配位数(4 或者更高)通常选取 $0.2T_R$(20%)，对于低的配位数则选取 $0.4T_R$(40%)更为合适。

4.4　带速和运输量的校准

在 EDEM 软件下建立模型并确定参数后，运行程序就可以得出计算结果，图 5 是计算结果可视化显示的物料转载过程的概貌和落到输送机上的局部图。

(a) 整体料流状况　　(b) 落到输送机上的局部

图 5　计算机仿真截图

颗粒的生成是在粒度范围内随机生成的，为了保证计算结果的准确性，在进行仿真前需要确

认仿真过程的参数应该与实际相符，因而对输送量和带速进行了测试，测试区域如图 6。测试的输送带速度如图 7，可见，物料的运行速度在输送带的作用下稳定在 4.5 m/s，符合工程要求。在所选取的 1 m 长度范围内，输送物料的质量如图 8，可见在 370 kg/m 的附近波动，根据输送量为 6 000 t/h，要求的单位长度质量为 370.37 kg/m，符合运量要求。

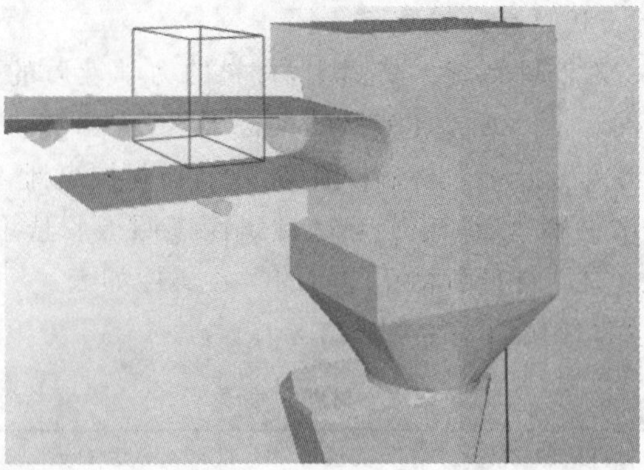

图 6　测试区域

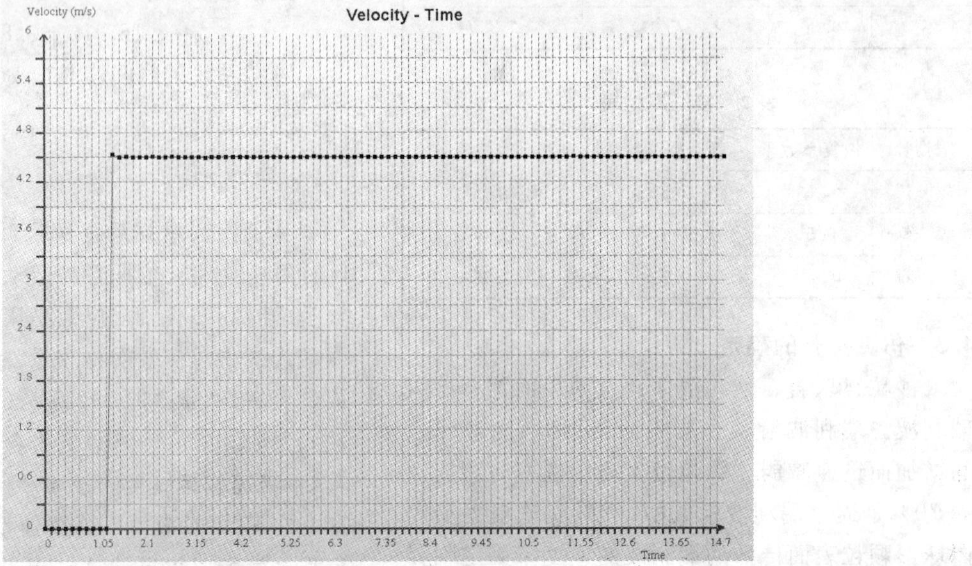

图 7　测试的带速

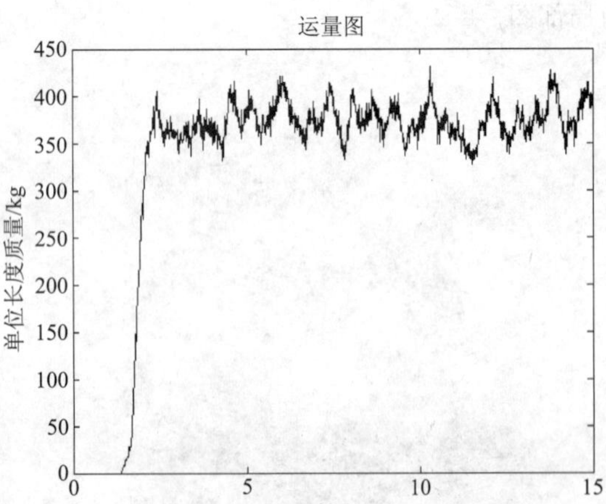

图 8　单位长度物料质量测试结果

5　冲击载荷的评价方法及计算机仿真结果

EDEM 软件可以给出所设定的任意边界面上作用的法向力、切向力以及总的作用力，这些参数并不能直接用于评价转载过程部件的受力差别，因而，采用冲击系数指标来进行评价，冲击系数定义为

$$\eta=\frac{F_i}{mg} \tag{6}$$

其中，F_i 为冲击力，mg 为产生冲击力颗粒（流）的重力。

物料经过转载站下落至受料输送机，对受料输送机造成冲击，冲击力的大小是受料过程的最为关注的问题之一。仿真中对受料输送机受料区域输送带受力进行了测试，分析了下落物料与输送带间的法向与切向的总力、最大力和平均力。分别对颗粒粒度为 75 mm、100 mm 和 150 mm 进行了计算机仿真，仿真过程中 10～15 s 受料区域输送带与物料间的作用力随时间变化的曲线如图 9。由计算机仿真可知，粒度的改变对输送带的受力会产生一定的影响，粒度越大，力的波动就越大。由于仿真中运量基本恒定在 6 000 t/h，因此输送带受到的总力差别不大。最大冲击力和平均冲击力则会因为颗粒尺寸的不同发生改变，各个力的数值见表 3。值得指出的是：单个颗粒对输送带可能产生较大的冲击，而作为颗粒群体，冲击系数远小于单个颗粒的，其原因是由于颗粒碰撞以及大多数颗粒并未直接冲击到输送带上所致。可见，并不能直接采用物料整体下落到输送带上而产生的冲击力表示料流的冲击。

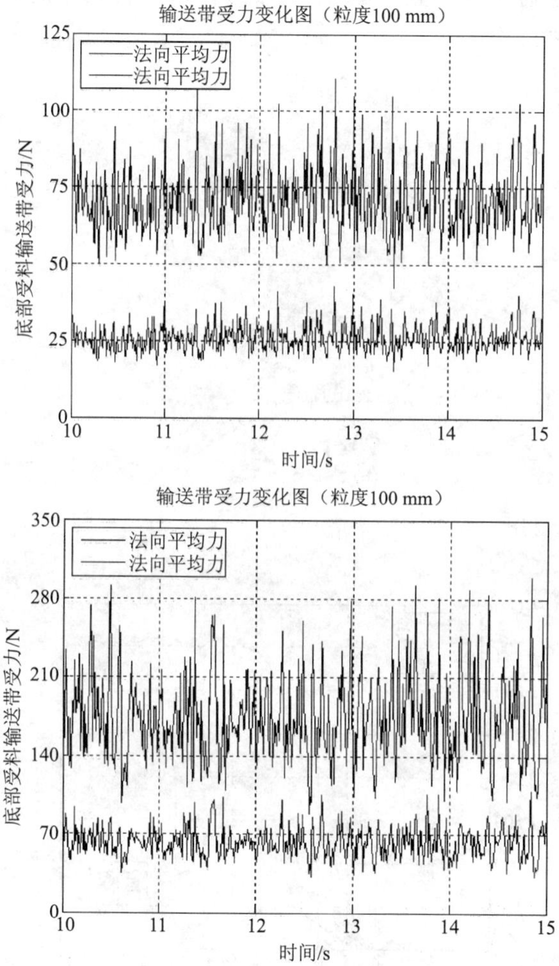

图 9　受料区域输送带与物料间的作用力随时间变化的曲线

表 3　冲击力与冲击系数

10—15 秒均值		粒度 75 mm	粒度 100 mm	粒度 150 mm
法向力	总力(N)	16 798.6	16 424.8	16 201.36
	总力冲击系数	3.118 579	3.184 1	3.411 1
	最大力(N)	789.663 1	1 153.221	2 136.846
	最大力冲击系数	408.750 4	251.833 5	138.261 0
	平均力(N)	38.667 09	70.998 36	174.321 1

续上表

10—15 秒均值		粒度 75 mm	粒度 100 mm	粒度 150 mm
切向力	总力(N)	6 257.454	6 033.825	5 840.802
	总力冲击系数	1.161 688	1.169 7	1.222 97
	最大力(N)	290.571 1	425.726 8	754.591 6
	最大力冲击系数	150.407 3	92.967 7	48.2422
	平均力(N)	14.403 55	26.085 31	62.790 97

从整条受料输送带来看，物料与输送带间竖直方向的作用力随着与落料点距离的大小而发生变化，截取区域如图 10，各区域所对应的法向力变化曲线如图 11，从图中可见，离落料点越近，物料下落的冲击作用使输送带与物料间的作用力越大，而随着距离的增大，单位长度竖直方向的力就趋近于物料自身的重力，这也进一步说明了所采用的计算方法的准确性。

图 10　输送带受法向力的截取区域

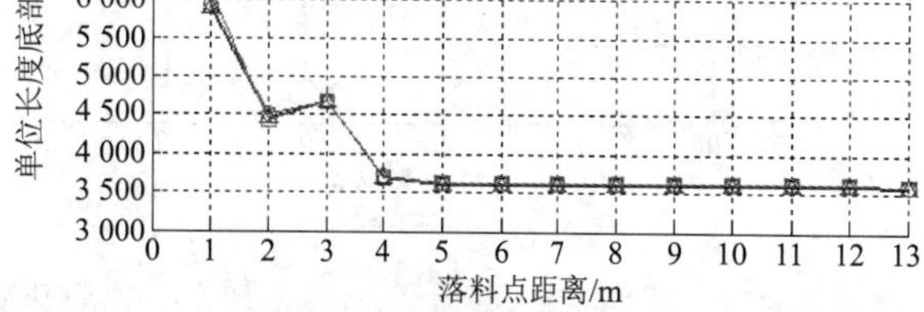

图 11　输送带受法向力

6　散状物料转载偏料分析

溜槽是转载站中的重要部件，它的几何形状能够直接影响料流的整体运行情况。当给料和受料方向不一致时，溜槽设计不合理通常会造成料流的重心发生偏移，并由此导致受料输送带跑偏的问题，进而影响到工矿企业的生产。物料偏移分析尚没有统一的评价方法，本文提出两种方式并按最不利的极端情况来评价：将输送带上的物料分成两部分（按输送带中心线，图 12(a)）和三部分（按槽型托辊组 3 个辊子，图 12(b)），分别统计各个部分的物料质量并进行对比分析，然后以偏载情况下通过输送带偏移达到物料对中的偏移量作为评价指标，忽略输送带与托辊之间的摩擦，物料的滚动和内摩擦等因素的影响，假设由于物料的不对中，导致输送带偏移后实现物料的对中，这样可以通过输送带的横向移动达到物料对中，从而可以计算出输送带可能产生的最大偏移量（实际上的偏移量必定小于此值）。分别计算了粒度 75 mm、100 mm、150 mm 三种情况。图为粒度为 75 mm 物料的分布情况。通过分析，原设计的转载站将使输送带产生一定的偏移，但是仍然在工程许可范围内，为进行比较分析，对分叉漏斗的结构进行改进，改进的准则是保持进料、出料位置不变，并且保证溜槽的倾角大于 55°。具体改进方案：增加溜槽的高度，改变料流与溜槽侧边发生碰撞的位置。图 14 为改进前后的转载站的基本结构。

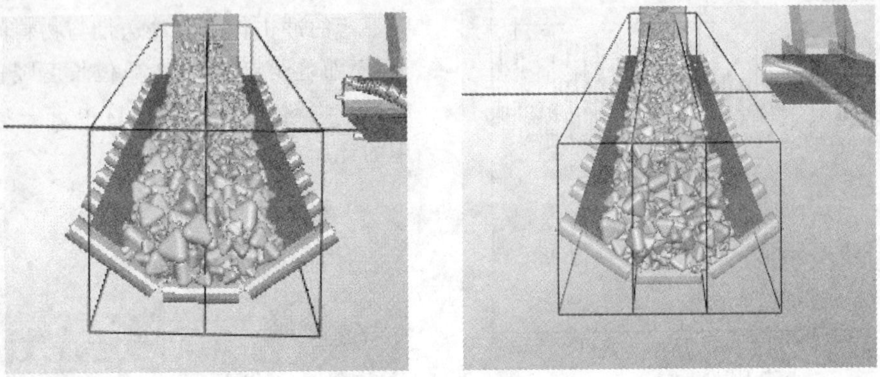

(a) (b)

图 12 物料划分

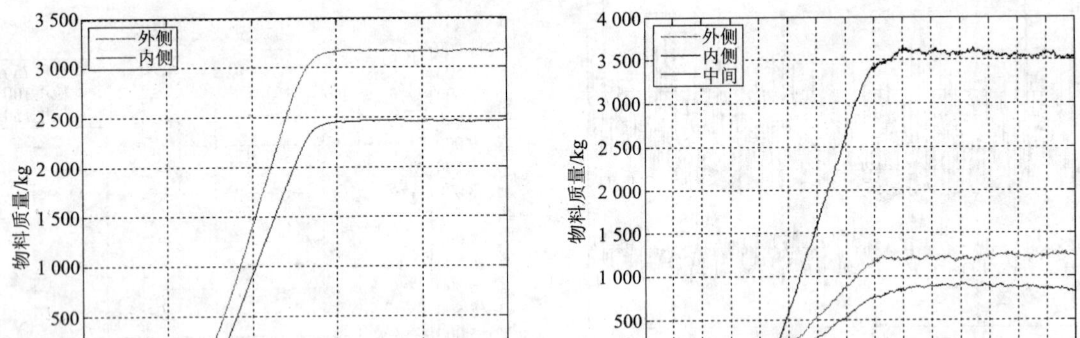

(a) (b)

图 13 物料在输送带上的分布情况

通过仿真计算所得结果为：当采用将输送带上的物料分成两部分时，改进前：向外侧移 30 mm，10～15 s 两侧质量平均值分别是外侧 1 033.36 kg，内侧 1 018.63 kg，比值的平均值是 1.014 96。改进后：向外侧移 20 mm，10～15 s 两侧质量的平均值分别是外侧 1 014.94 kg，内侧 1 023.08 kg，比值的平均值是 0.992 78。

当采用将输送带上的物料分成两部分时：改进前：向外侧移 75 mm，10～15 s 两侧质量平均值分别是外 2 839.03 kg，内 2 830.96 kg，比值的平均值是 1.002 976。改进后：向外侧移 60 mm，10～15 s 两侧质量的平均值分别是外 2 779.45 kg，内 2 774.77 kg，比值的平均值是 1.001 775。

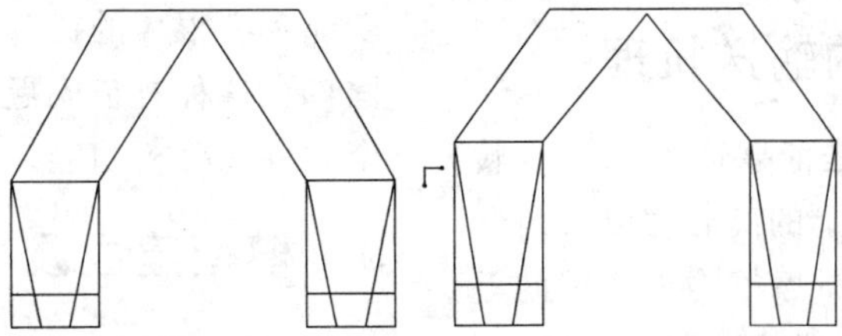

(a) (b)

图 14 改进前和改进后分叉漏斗的对比

7 结 论

(1)由于受到计算时间的限制，当前采用DEM方法尚不能做到微小颗粒的计算，通过对颗粒粒度为 75 mm，100 mm，150 mm 的对比计算，可见颗粒粒度在 50～300 mm 范围内情况下与实际运行条件比较接近；

(2)提出了采用冲击系数来表征冲击的大小，该参数可以对不同的落料高度、颗粒大小等差异情况下对冲击效应比较；

(3)通过计算机仿真得出了单个颗粒和颗粒流的最大冲击力和冲击系数，较好地反映了颗粒流冲击的效应，根据颗粒作用在输送带上的法向力趋于物料重力的结果，验证了计算结果的正确性；

(4)分别按输送带中心线和托辊辊子支撑划分方式采用极限评价指标分析了输送带可能产生的跑偏量，跑偏量在工程允许范围内。

参 考 文 献

[1] A. W. Roberts. Chute Design Considerations for Feeding and Transfer, Beltcon 11, Johannesburg Republic of South Africa, October 2001.

[2] Z. Korzen. The Dynamics of Bulk Solids Flow of Impact Plates of Belt Conveyor Systems s[J], Bulk Solids Handling,1988,8(06),689-697.

[3] S. T. Huque, A. G. McLean. Methods to Predict Material Trajectories from Belt Conveyors and Impact Plates Part 1- Review[J], Bulk Solids Handling, 2002, 22(05): 348-354.

[4] S. T. Huque, A. G. McLean. Methods to Predict Material Trajectories from Belt Conveyors and Impact Plates Part 2－Comparisons[J], Bulk Solids Handling, 2002, 22(06): 430-434.

[5] Lawrence K. Nordell , PARTICLE FLOW MODELING: TRANSFER CHUTES & OTHER APPLICATIONS[C], Beltcon 9, Johannesburg Republic of South Africa, October 1997.

[6] Lawrence K. Nordell , Palabora Installs Curved Transfer Chute in Hard Rock to Minimize Belt Cover Wear s[J], Bulk Solids Handling, 1994,14(03),739-743.

[7] M. Franz. Applicationof DEM to Develop Optimum Transfer Point Solutions[J], Bulk Solids Handling, 2007, 27 (03),168-173.

[8] A. E. Maton. Transfor Station Design for Iron Ore-A Review Using DEM Technology[J], Bulk Solids Handling, 2007,27(05),302-306.

[9] SONG Weigang, TONG Ling, Zhu Jihong, Study on the Reducing Impact for Conveyor Belt[C] , ICMH'2005, China Science and technology press, 2005,10, 224-230.

[10] CEMA. Belt Conveyors for Bulk Materials(Sixth Edtion)[M]. Florida: The Conveyor Equipment Manufacturers Assciation,2005.

[11] Cundall. P. A. , "A Computer Model for Simulating Progressive Large Scale Movements in Block Rock Systems," Proc. Symp,. Intl Soc. Rock Mechanics, Nancy II. Art. 8,1971.

5

用 EDEM 分析不同充填率对垂直螺旋输送机性能的影响

李海燕，孟文俊

(太原科技大学 030024)

摘 要：螺旋输送机被广泛的用于工业和农业中。尽管结构简单，但输送过程非常复杂，而设计计师往往在很大程度上只依赖于经验数据。本文首先介绍了垂直螺旋输送机的输送机理，然后根据离散元素方法，应用 EDEM 仿真软件对颗粒在垂直螺旋输送机中的分布情况进行计算机仿真，最后对充填率为 30，50，70 进行对比，来探讨充填率如何影响垂直螺旋输送机的性能。

关键词：垂直螺旋输送机；充填率；EDEM

1 垂直螺旋输送机的输送机理

在垂直螺旋输送机中，是依靠适当的螺旋转速所引起的作用在物料颗粒上的离心力以及由此而产生的物料对管壁所产生的摩擦力而实现向上输送物料的。当螺旋旋转时，螺旋面上的物料颗粒依靠本身的惯性，而沿螺旋面开始滑动，并且逐渐加速。如果能够克服对螺旋面的摩擦，则物料颗粒将在离心力作用下向槽壁移动，从而使作用于槽壁的压力增加，亦即对槽壁产生较大的摩擦力。由于该摩擦力作用的结果，使靠近槽壁处的物料颗粒减速，并与螺旋间产生相对运动，使这部分物料不随螺旋叶片转动而向上移动[1][2]。

2 EDEM 软件概述

EDEM 是英国 DEM-Solution 公司的产品之一，同时也是全球领先的离散元解决软件，该软件的主要功能是仿真、分析和观察颗粒流的运动规律。离散单元法（Distinct Element Method，简称 DEM）是美国学者 Cundall P. A. 教授在 1971 年研究基于分子动力学原理时首次提出来的，它的理论基础是牛顿第二定律。现在，制药、化学药品、矿物、原料处理，包括石油和煤气的生产、农业、建筑业、技术工程等很多产业都已经应用 EDEM 进行设计，并取得了较好的效果。

利用 EDEM 可以解决物体的混合和分离、收缩破裂和凝聚、颗粒的损伤和磨损、固一液流的条件、机器部件对颗粒碰撞的力学反应、腐蚀、颗粒的包装和表面处理、热和质量传递、化学反应动力学、胶体和玻璃体的行为等诸多问题。并且 EDEM 能够检查由颗粒尺度所引起的操作问题，减少对物理原型和试验的需求，获得不易测量的颗粒尺度行为的信息，确定颗粒流对流体行为或机械的影响。

EDEM 的模拟结果能够提供很多有价值的数据：它能分析与机器表面相互作用的颗粒集合内部的行为，分析系统组成成分间碰撞的强度、频率和分布，每个颗粒的速度和位置以及和一个颗粒集合中颗粒碰撞、磨损、聚合和松解相关的能量和亚颗粒结构的结构完整性和力链。利用 EDEM 后处理工具，可以确定颗粒的系统行为，从而修改模型以更好的进行模拟和向所希望的解迭代[3][4]。

目前，离散元已经发展到三维可视化阶段，无论是其操作的简便性、可视化功能，还是其后处理功能都有很大的提升。更具特色的是还增加了流固耦合这种复杂问题的处理模块，进而完善了整个软件的分析功能。

3 模型建立及 EDEM 分析求解

3.1 模型描述

EDEM 仿真能够跟踪每个颗粒（粗糙的和光滑的）的运动轨迹，模拟颗粒与颗粒之间和颗粒与它们周围环境（例如：圆管机壳的内表面或者旋转螺旋的表面）之间的每次碰撞。与 CAD 软件结合，建立固体颗粒的参数化模型。

本文的模型基于一个标准螺距、单螺旋叶片的垂直螺旋输送机。根据螺旋输送机垂直提升物料的要求，螺旋叶片与圆管机壳间的间隙不易过大，一般为 5～7 mm。随着制造业的发展，螺旋轴的挠度减少。螺旋叶片与圆管机壳间的间隙可小至2～3 mm，这样即可以减少对输送物料的破损，也可以增大输送效率。据此，将模型参数设置为：螺旋直径 $D=329$ mm，螺距 $S=240$ mm，螺旋轴直径 $d=100$ mm，圆管机壳内径 $D_{圆管机壳间}=335$ mm，模型高度 $H=965$ mm，建立如图 1 所示模型。

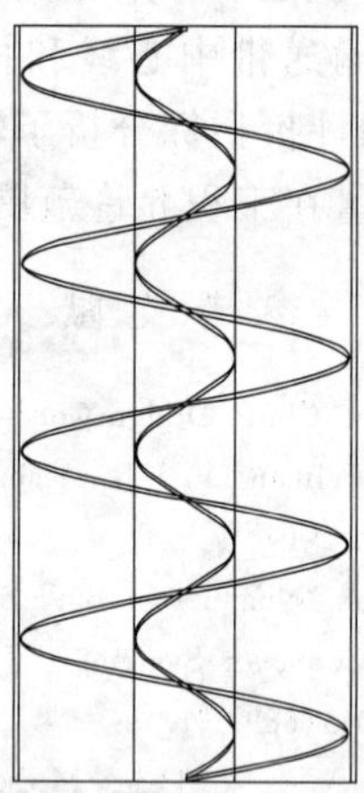

图 1 垂直螺旋输送机模型

3.2 用 EDEM 对模型进行分析

3.2.1 仿真参数的确定

对实际系统的仿真中，材料的力学性质的合理确定是保证仿真结果的关键因素，仿真中涉及的各部分结构的材料材质如表 1、表 2 所示：

表 1 材料属性表

材 料	泊松比	剪切模量/(pa)	密度/(kg/m³)
塑料球	0.30	2.3e+07	2 678
钢	0.30	1e+10	7 850

表 2　接触属性表

相互作用	恢复系数	静摩擦系数	滚动摩擦系数
塑料—塑料	0.1	0.545	0.01
塑料—钢	0.2	0.5	0.01

3.2.2　垂直螺旋输送机内颗粒的分布

设定螺旋转速为 1 000 r/min，充填率为 30% 时，研究物料颗粒在垂直螺旋输送机内的分布情况。

物料颗粒根据它们的直径被涂色，小颗粒(～15 mm 直径)被涂成浅灰色，大颗粒(～20 mm 直径)被涂成深灰色。由图 2 可以很明显看出，垂直螺旋输送机内物料颗粒在螺旋面上形成了一个高度一样的自由表面，小(浅灰色)颗粒主要集中在螺旋面上而大(深灰色)颗粒几乎都在物料颗粒堆的外表面。这表明由于剪切使通过螺旋面的物料颗粒有适度的大小离析。

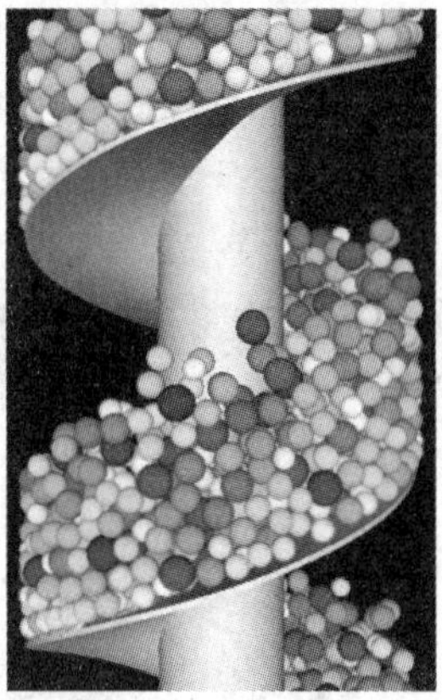

图2　圆管机壳内颗粒分布

对物料颗粒进行重新涂色，低速颗粒(≤0.4 m/s)涂成浅灰色，高速颗粒(≥0.9 m/s)涂成深灰色，如图 3 所示。高速颗粒大部分都在螺旋面上，螺旋顺时针方向旋转时，大部分都分布在左侧。在螺旋面附近的物料颗粒层比自由表面上其他的物料颗粒流动速度快。所以，剪切作用集中在螺旋面附近的一个薄的基底层处。

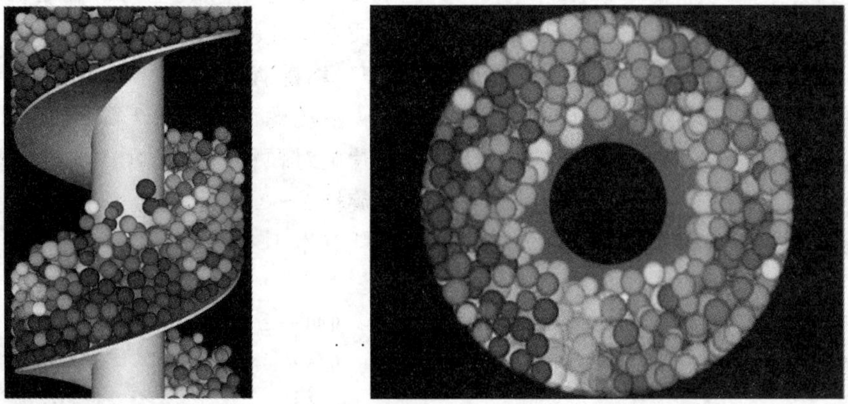

图 3　圆管机壳内物料颗粒分布

再根据颗粒的轴向速度重新涂色，低速颗粒(≤0.2 m/s)为浅灰色，高速颗粒(≥0.8 m/s)为深灰色。从图 4 中可以看出，颗粒的轴向速度基本恒定，螺旋面上的颗粒一起向上移动，并且像一个刚体一样围绕着螺旋轴旋转。假如螺旋是静止的，那么在自由表面上移动的颗粒将沿着螺旋面全部向下流动。所以，螺旋旋转流动的特点是作为刚性体向上和由于颗粒相对于螺旋叶片有较小的向下的螺旋运动产生旋转增量。其结果是螺旋式的上升流慢于刚体由于床剪切能力和流量的部分螺旋回落。

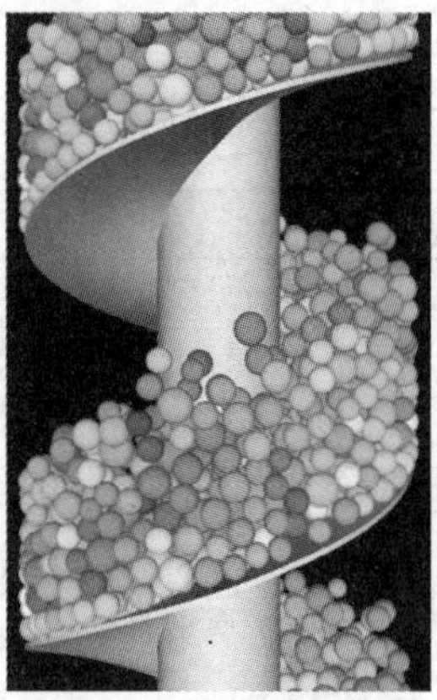

图 4　圆管机壳内颗粒分布

3.2.3　不同充填率颗粒分布

螺旋转速为 1 000 r/min，三种不同的充填率（30%，50%和 70%）下，垂直螺旋输送机内颗粒的分布情况。浅灰色表示物料的速度低于 0.4 m/s，深灰色表示物料的速度高于 0.9 m/s，从图 5 中可以看出，颗粒在螺旋面上堆成同一深度，有一个剪切层。当充填率为 30%，自由表面上的颗粒速度最大，充填率为 50%，速度下降了很多。充填率为 70%，速度下降的更严重。自由表面上的颗粒速度，随着充填率的升高而降低。自由表面的形状不会随着充填率的升高而有所变化。

（a）30%的充填率　（b）50%的充填率　（c）70%的充填率

图 5　不同充填率的 EDEM 仿真图

4　试验验证与结论

4.1　颗粒平均速度

在三种不同的充填率下，颗粒的平均速度变化不大。30%的充填率比 70%的充填率颗粒的平均速度仅高 11%。

4.2　质量流量

垂直螺旋输送机内颗粒的流动也能用通过测量颗粒的质量流量来检测，因为它们沿着垂直螺旋输送机输送。质量流量记录每个经过垂直螺旋轴平面的颗粒质量。这个平面位于两个边界的中间。

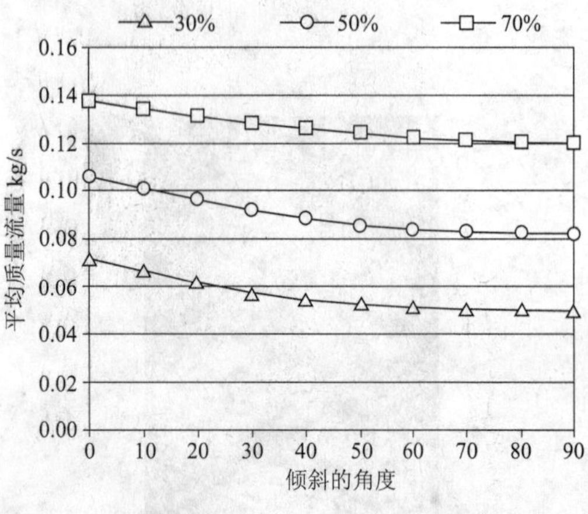

图 6　质量流量

螺旋转速为 1 000 r/min，在三种不同的充填率下颗粒的平均质量流量。值得注意的是改变垂直螺旋输送机的充填率颗粒的平均轴向速度几乎不变。因此，增加垂直螺旋输送机的充填率，颗粒的质量流量将增加。

4.3　能量消耗

消耗的能量是用 EDEM 预测在旋转螺旋的叶片上对颗粒施加的力。在每个操作条件下，螺旋旋转 2～3 转后，输送状态达到稳定，这时能量消耗基本不变。

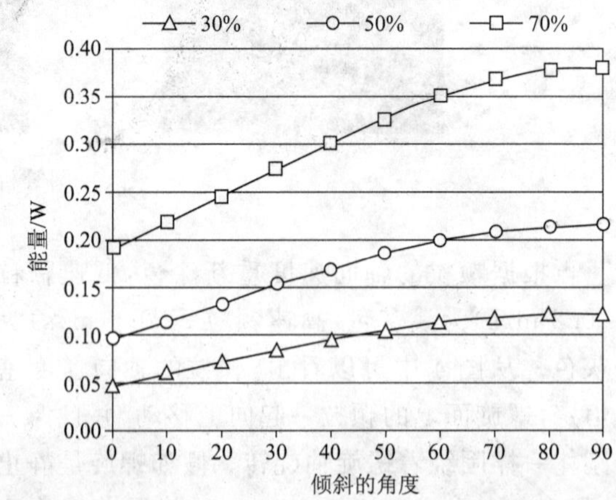

图 7　能量消耗

螺旋转速为 1 000 r/min，在三种不同的充填率下能量消耗的变化。增加垂直螺旋输送机的充填率也增加了能量的消耗。通过计算发现，充填率为 70%的能耗是充填率为 50%能耗 1.61 倍，充填率为 50%的能耗是充填率为 30%的能耗的

1.4倍,这表明,充填率与能耗是非线性的关系。

增加颗粒移动需要的能量导致在颗粒与颗粒和颗粒与边界碰撞的能量消耗的增加。

EDEM仿真表明,在垂直螺旋输送机中颗粒流动的性能是十分复杂的。垂直螺旋输送机质量流量的预测与实验测量基本一致。

同一深度自由表面的剪切流动,在重力和离心力的作用下,物料颗粒向远离螺旋轴向的圆管机壳方向移动。

5 致　谢

本项目受到山西省自然科学基金项目2006011064、太原科技大学博士启动基金、山西省2009年度回国留学人员科研资助项目计划、山西省2010年国际科技合作计划项目2010081039、太原市2010年科技明星项目、山西省普通高等本科学校大学生创新性实验项目和太原科技大学大学生创新训练计划(UIT)项目的资助。

参考文献

[1] 洪政育,林良明.连续输送机[M].北京:机械工业出版社.1982.

[2] A. W. Roberts, A. H. Willis, Performance of grain augers, Proceedings of the Institution of Mechanical Engineers

[3] Alma Kurjak. The vertical screw conveyor powder properties and Screw conveyor design[J]. P. O. Box 124, SE-22100 Lund, Sweden January 2005.

[4] OWEN, P. J., CLEARY, P. W., (2009), Prediction of screw conveyor performance using the Discrete Element Method (DEM)[J]. Powder Technology. 193, 274-288.

基于web的斗式提升机主要零部件库

邱　磊,张亮有,易炳刚

(太原科技大学机电学院,山西　太原　030024)

摘　要:斗式提升机是用于竖直方向或大倾角方向提升物料的连续输送设备,针对斗提机零部件进行研究,为了使用户更加方便查阅和调用所需零部件的计算机辅助设计模型,建立了基于web的斗式提升机零部件库,用户可通过浏览器登录到相应网站,注册并登陆后,到搜索界面中输入零部件名称或编号,即可查询到对应的斗提机零部件或标准件,在显示的查询结果页面上用户可以达到预览二维,三维的零件效果图,零部件图还可直接下载到本地的计算机中。在库的制作中使用Dream Weaver制作网站,连接Sql Server数据库则实现用户登录注册和搜索功能;通过ADO技术读取数据库中数据,传递给API函数后调用solid edge实现自动生成三维模型功能。基于web的零部件建成后,可避免大量重复设计,显著提高设计效率,降低设计成本,为企业标准化系列化提供高效的计算机辅助设计工具。

关键词:Web;斗式提升机;ASP;零部件库

引　言

斗式提升机(以下简称斗提机)是用于在竖直方向内或在很大的倾斜角时运送散粒物料或碎块物料的连续输送设备,其构造是固定着一系列料斗的牵引构件(胶带或链条)环绕在头轮与尾轮之间构成闭合轮廓。斗提机用途广泛,种类繁多。根据其产品特征建立零部件库可方便用户查询及设计。可分为:按运送货物分为直立式和倾斜式;按卸载特性分为离心式、离心—重力式、重力式;按装载特性分为掏取式(从物料内掏取)和流入式;按料斗的型式分为深斗式、横斗式和鳞斗(三角)式;按曳引构件型式分为带式和链式;按工作特性分为重型、中型和轻型。按照国产的斗式提升机分类,有D型、PL型、HL型三种型号。D型以橡胶带作为牵引构件,快速离心式卸料,适宜提升粉状、粒状和小块状物料。PL型是一种板链、慢速、重力卸料式提升机,适于大块及磨琢性的物料。HL型是一种环链、高速离心式提升机,能够输送较高温度的物料。

斗式提升机的主要的部件有:料斗、牵引构件、机首(包括驱动装置、驱动检修平台)、底座(包括张紧装置等)和中间罩壳等,在这些零部件中有标准件、通用件和自己的零部件。基于web的斗提机零部件库,要能够满足用户的设计需求:正确选择料斗的形状和尺寸、滚筒或链轮尺寸以及适合于物料物理性质和提升机工作条件的机头罩壳和底座尺寸是斗式提升机能否正常的工作的条件。满足用户查询需求:向设计人员提供零部件几何模型网还能较好地解决了网络环境下企业内以及企业间的零部件资源共享,网络浏览,共享零部件信息和设计意图。

1　基于web零部件设计趋势

近年来,随着网络技术的不断发展,全球正进入一个崭新的计算机网络时代。从信息资源的角度看,互联网是集各部门、各领域、各种信息资源于一体的供用户共享的资源网。我国制造企业面临着日益激烈的市场竞争,竞争的焦点已变成如何抓住市场机遇,迅速组织资源,快速开发出新产品,并调动生产经营系统,将产品推向市场。基于Internet技术,可以将多方面资源集成起来、共同为企业的生产经营活动服务,使得企业能够以更快的速度响应市场的需求,从而也使设计人员在设计过程中能够突破环境、技术和材料等因素的限制,实现面向产品性能的设计,并最终在市场竞争中获胜。机械产品传统的设计方式是设计者根据设计资料以及个人设计经验,基于手工的设计;随着计算机技术的发展,人们利用计算机计算速度快、计算精度高、可靠性好等优势,开发出了一些单机版的机械设计软件。几年来,网络传输向高速、高可靠和高安全发展,使得基于Web的远程管理、异地协同设计和产品数据传输成为可能。本文提出基于web服务的机械设计和机械零部件三维实体建模仿真的方法,使得机械零部件设计、三维实体建模与分析、试验以及项目管理方面的信息交流更加通畅。

基于Web的零部件库为产品设计师和零部件供应商提供了一个协同设计和制造的平台。产品设计师可通过Web零部件库查阅和调用所需零部件的计算机辅助设计(Computer Aided Design,CAD)模型,加速自己的产品开发,降低设计成本,提高产品质量;对零部件供应商而言,零部件库是他们宣传和销售自己产品并与客户沟通协作的平台。

2　零部件的规划

2.1　产品数据分类

斗式提升机零部件库,主要包括斗式提升机专用部件,例如:料斗、牵引构件、中间罩壳、头部罩壳、尾轮、驱动轮等。料斗又可分为浅料斗、深料斗和导向边料斗。牵引构件又分链式和带式,等。除去专用部件,还有一些通用件和标准件,通用件如驱动电机,联轴器,减速器,液力耦合器等,标准件如螺栓、轴承、轴承座等。零部件库中的零部件信息的输出形式包括文字(零部件尺寸、材料以及其它基本参数)、CAD二维图和Solid Works的三维图。

2.2　用户使用查询功能

零部件信息的查询是本系统的核心功能之一,用户在登录成功后,便进入了查询页面。为了使用户快速有效地检索、缩短查询时间,必须对零部件进行适当的分类。本系统将零部件分为三大类,即标准件、通用件、专用零部件,用户可以在查询页面对零部件进行分类查询。另外,该系统设置了模糊查询功能,用户只需在查询页面输入零部件名称即可查询到和此零部件名称相类似的零部件及其信息。为适应海量数据库的需要,查询结果的数据记录进行分页显示。

2.3　用户数据管理(三级管理模式)

多级别用户服务(管理员用户、公司用户和一般查询用户)。其中管理员具有最高权限,有其它用户的所有权限,还有定义管理其它用户权限的权利;公司可对数据库中的数据进行查询,还可对零部件库中有关自己公司的数据进行修改;一般用户只有查询权利。查询,这是该零部件库的主体功能,包括各种单项查询和组合查询。除一般性的固定条件与格式的查询外,该系统还提供用户自行定义查询条件和输出内容。在大多数的查询中都提供模糊匹配查询添加、修改和删除。此功能仅提供给管理员用户及公司用户。管理员用户可对数据进行添加、修改和删除,公司用户可对零部件中自己提供的数据进行添加、修改和删除。其主要功能如下图(1)。

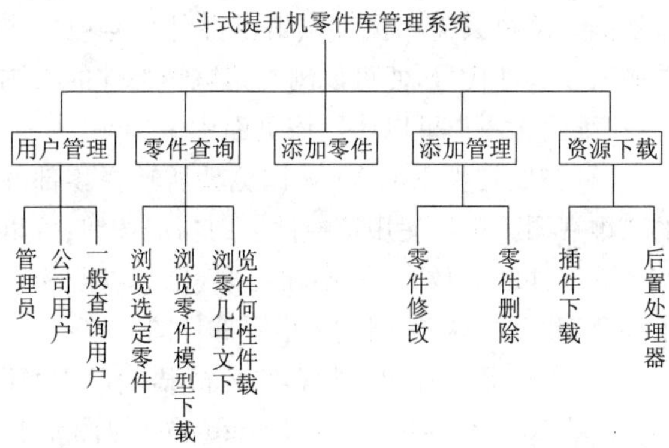

图 1

3　零部件库实现

3.1　零部件库基本框架

本系统是基于 B/S(Browser/Server)计算模式下运行，该系统是在 ASP 开发环境中，Dreamweaver 开发工具和 JavaScript 脚本语言进行开发的，选取选 Microsoft Internet Information Server(IIS)作为 Web 服务器软件，选取 MS SQL Server 2005 这个可伸缩的、高性能的关系数据库管理系统作为它的数据库管理系统，并利用 ASP、ADO、SQL 等技术，建立了这样一个基于 Web 的零部件库。通过用户权限的限制，使具有一定权限的用户可以在网上实现二维零部件图和三维零部件图的浏览以及二维零部件图的输出下载，并可以实现基于 Web 的零部件信息管理，用此来辅助制造企业的生产活动，可以提高生产效率，提高制造企业的竞争力。

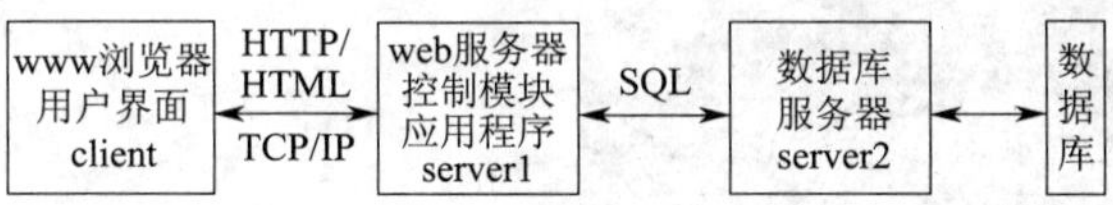

图 2　web 零部件库基本框架

3.2　主要技术功能实现

3.2.1　ASP 与数据库连接功能实现。

在 ASP 应用程序中，通过调用 AD0 可以实现对数据库的访问，如 ACCESS、SQL SERVER 等。利用 AD0 数据库对象组件，只需很少的数行代码就可以编写出健壮的 Web 数据库应用程序。AD0(Activex Data 0bject)是一组优化的访问数据库的专用对象集，为 ASP 提供了完整的站点数据库解决方案。它可以与 Active Server Pages (简称 ASP)结合以建立提供数据资讯的网页内容，通过执行 Strnctured Query Language(结构化查询语言，简称 SQL)指令，用户可以在浏览器页面中输入、更新和删除 Web 服务器上的数据库信息。

```
    "driver= {Microsoft Access Driver (* .mdb)};
dbq= e:\myweb\database\* .mdb"
    /asp与access数据库连接时连接字符串
    Provider= SQLOLEDB.1;
    Persist Security Info= False;
    Data Source= [serverName];
    Initial Catalog= [databaseName];
    User ID= [username];
    Password= [password];
    /asp与sql数据库连接时的连接字符串
```

3.2.2　用户登录注册模块实现。

登录及注册模块使用的数据库是 sql2005，包含一个用户信息的表 users 如下图(3)。登录功能主要有三个核心，分别是 login. asp(用户登录页)，login. js(登录信息验证脚本)和 login_chk. asp(登录处理页)。注册功能的实现有四个核心文件，即 register. asp(注册表单页)register_chk. asp

(注册处理页)、chkname. asp(检测用户名)和 register. js(注册信息验证脚本)。

users：表

字段名称	数据类型	说明
userid	自动编号	用户信息的自动编号
name	文本	用户名称
pass	文本	用户密码
email	文本	E-mail
question	文本	密码保护答案
answer	文本	密码保护问题

图 3　登录和注册模块数据库中表 users

3.2.3　参数化绘图。

根据设计人员的要求，自动生成相应的零部件模型，Solid Edge 自动参数化建模模块结构如图(4)所示。

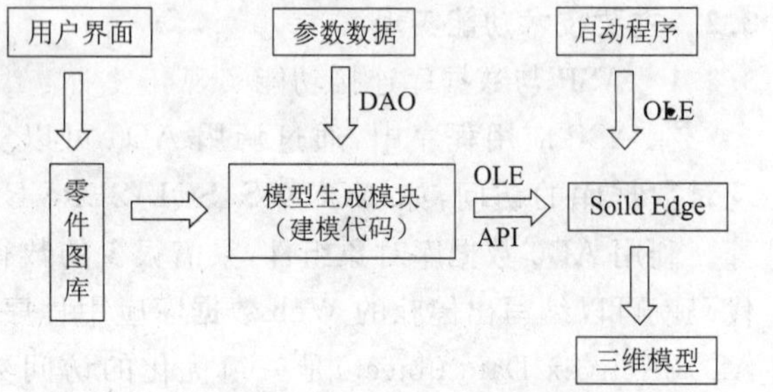

图 4　Solid Edge 自动参数化建模模块结构

当确定建模后，系统首先通过程序代码调用图(4)中的启动程序，启动 Solid Edge。接下来系统根据设计的对象，调用相应的建模代码，代码包括两部分，第一部分为建立 Document 的语句，根据零部件不同的类型建立实体模型文档或者钣金模型文档。当文档建立后，第二部分代码的作用则是，让系统通过 DAO(Data Access Object)技术读取参数数据库中的数据，并将其传递给相应的 API 函数，然后 API 函数驱动 Solid Edge，建立零部件三维模型。如图(5)中斗提机头罩三维模型。

3.2.4　零部件图的浏览功能。

为了保证用户选择的正确性，尤其对专用零部件的选择，本系统为用户提供了零部件图的浏览功能。用户只需用鼠标点击零部件代号或在表单输入零部件代号，便可以浏览到该零部件的二维图、三维图。用户可以使用该页面中＊.dwg 或＊.dxf 文件浏览控件 IGC View 浏览他所选择零部件的二维视图。用户使用该控件上的功能按钮，可以实现零部件图的放大、缩小和还原，也可以改变背景色，隐藏图层等，来浏览二维零部件图。

本系统提供了虚拟现实建模语言 VRML(Virtual Reality Modeling Language)的图形预览形式，VRML 是一种用来描述网上三维实体模型和交互式三维世界的一个国际标准，VRML 文档(＊.wrl)需要用 VRML 浏览器来观看。一般，VRML 浏览器作为 Web 浏览器的插件(plug—in)程序来使用。目前有很多浏览器插件可以用来浏览 VRML 模型(＊.wrl)，最常用的包括 MS-VRML2C、Cosmo Player、Worldview、live3D 等。用户可以根据自己的喜好通过 VRML 浏览器上的按钮对三维模型进行不同方式、不同方位的浏览(如三维零部件图的放大、缩小、平面旋转、空间旋转等)，在下载之前对零部件图形信息有一个直观的认识，以确保选择的正确。预览如下图(5)。

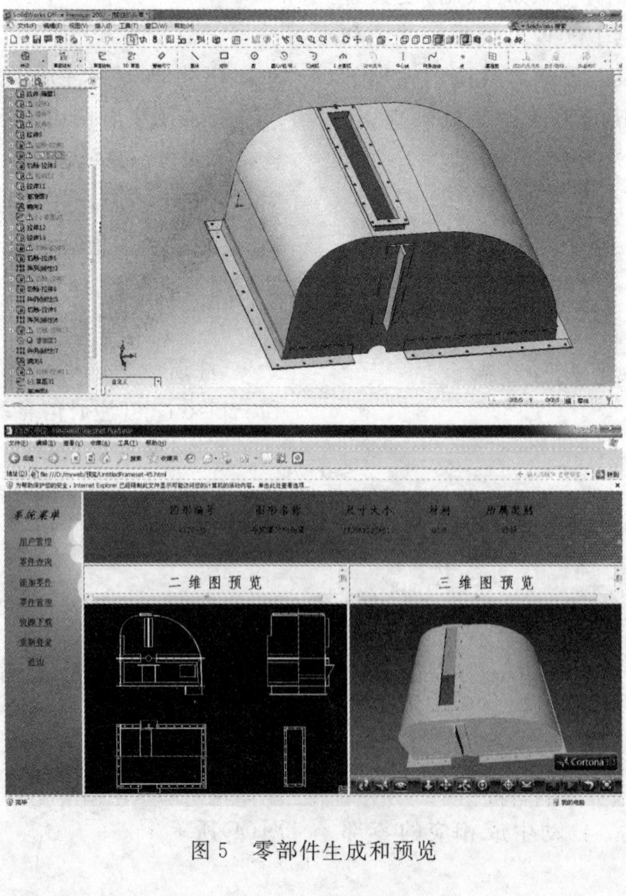

图 5　零部件生成和预览

4　结论与展望

随着通讯技术的不断进步和 Internet/Intranet 的迅猛发展，网络技术越来越多地被应用于制造企业中。充分利用网络所带来的资源和信息共享方面的优势，通过网上资源的传递与共享，快速进行产品设计制造，不仅是必要的，而且是可行的。因此建立基于 Web 的斗提机零部库有利于满足制造全球化的需要，有利于提高企业的设计效率以及在市场中的竞争力，具有广泛的应用前景。

参考文献

[1]　李昌奎，殷国富，高大华. 基于 Web 服务的机械设计技术研究及其应用[J]. 中国制造信息化 2009. 38(19)：37-41.

[2]　鲁泳，廖文和. 基于 web 的零件库系统的实现技术[J]. 信息技术 2006. 35(4)：140-148.

[3]　丁志强. 基于 web 的参数化跨平台零件库系统研究与设计[D]. 上海：同济大学 2006. 03.

[4]　李迎光，周儒荣，黄翔，等. 基于主参数信息模型的多实例库设计[J]. 计算机辅助设计与图形学学报 2006. 16(1)：134-137，141.

[5]　张喆. 数据库项目案例导航[M]. 清华大学出版社 2007. 10.

[6]　李迎光，周儒荣，黄翔，等. 动态扩充的零件库系统的研究与开发[J]. 机械科学与技术. 2003，22(3)：505-507.

5

四、装卸鼓风机技术研究

基于WinCC的堆取料机实时故障诊断系统

伍文宇

（宝钢股份运输部）

摘　要：宝钢马迹山港现有的6台斗轮堆取料机的均采用了西门子S7-400 PLC进行控制。PLC控制具有编程灵活，功能强大的特点，能够实现各种复杂的控制，但程序中软、硬件连锁条件众多，过程控制复杂，故障发生后，普通操作维护人员难以快速处理故障。本文介绍WINCC的基本功能，并利用WINCC设计一套实时故障诊断系统，将堆取料机的控制原理通过简洁的逻辑图形表现出来，为生产操作、设备维护人员提供直接的信息和故障判断方向，从而实现快速处理故障的目的。

关键词：堆取料机；WINCC；实时；故障诊断

0　前　　言

马迹山港目前共有6台斗轮堆取料机，控制系统采用西门子S7-400系列的PLC。在PLC程序中使用了各种逻辑控制功能，软、硬件连锁条件众多，过程控制完善但也比较复杂，一旦出现设备硬件故障或仅仅是某个软件连锁条件不满足就会影响到设备的运行。其中又以软件连锁故障尤为棘手，由于软件程序的运行过程是不可见的，而且连锁条件众多且互相关联，需要花较长的时间去排查程序或逐项凑试连锁条件，对生产作业造成长时间的影响。因此，我们将对堆取料机PLC程序进行消化和整理，利用WINCC软件设计一套实时故障诊断系统，将堆取料机的控制原理通过简洁的逻辑图形表现出来，一目了然，可以给操作操作和设备维护人员提供直接的信息和故障判断方向，快速处理故障，保证生产的顺行。

1　SIMATIC WINCC简介

西门子公司的WINCC是Windows Control Conter（视窗控制中心）的简称。它集成了SCA-DA、组态、脚本（Script）语言和OPC等先进技术，为用户提供了Windows操作系统环境下使用各种通用软件的功能，可以与多种自动化设备及控制软件集成，具有功能丰富的设置项目、可视窗口和菜单选项，可以形成所需的操作画面、监视画面、报警画面、实时趋势、历史趋势曲线和打印报表等。Wincc的另一个特点在于其整体开放性，通过OPC方式，能够与其他主流控制系统如ABB，GE，Modicon等进行通讯，建立友好的人机界面，满足实际需要。本系统的变成软件使用的是WinCC V6.0，其主要的性能特点是：（1）作为SIMATIC全集成自动化系统的重要组成部分，WinCC与S7-400 PLC控制系统有便捷的连接和高效的通讯，同时还具备对SI-MATIC PLC进行系统诊断的选项，给硬件维护提供了方便。（2）采用标准的Microsoft SQL Server2000数据库进行生产数据的归档，以高压缩比进行长期数据归档，具备数据导出功能和备份机制，从而能够方便的查询到历史故障记录，设备运行的关键数据和历史趋势曲线。（3）画面编辑简单易懂，具有各种标准工控和模块化的自动化组件，可以灵活剪裁，由简单任务扩展到复杂任务，扩展性强，从简单的工程到复杂的多用户应用。（4）使用了方便的脚本语言，能够使用ANSI-C和Vvisual Basic脚本程序，实现各种动态功能。

2　系统结构

WINCC 可以通过多种方式与 PLC 进行通讯，与西门子 PLC 之间通讯，应用比较广泛的是 Profibus 和以太网：(1) Profibus 通讯方式，由于 PLC 的 CPU 上集成有 Profibus 接口，因此不需要购买额外的通讯卡，但是需要将安装 WinCC 的上位机作为一个从站，在 PLC 硬件中进行组态，连接在 PLC 控制系统的 PROFIBUS 网中，一旦上位机出故障，会引发通讯故障，造成堆取料机停机；(2) 以太网通讯方式，虽然需要额外的通讯模块 CP443-1，但是不需要在硬件中对上位机进行组态，在控制上相隔离，即使上位机出故障，也不会影响堆取料的正常作业。综合比较，我们采用了以太网的通讯方式。系统网络拓扑如图 1 所示。

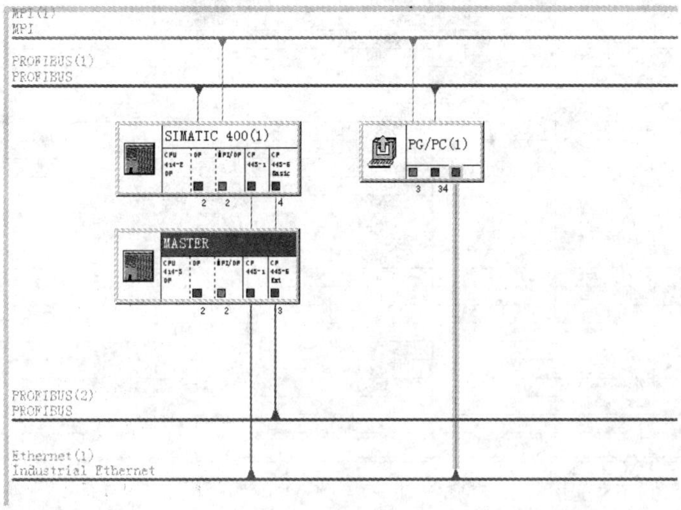

图 1　网络拓扑图

3　实时诊断系统功能实现

故障系统主要包括以下四大功能：机构概况、故障报警、数据归档和故障诊断。各功能共用数据点，相互间有关联性又相对独立。

3.1　基本概况

在主画面中，如图 2 所示，可以一目了然的看到堆取料机运行时的一些重要数据，如几个大电机的电流、大车旋回俯仰的位置、主要连锁信号等

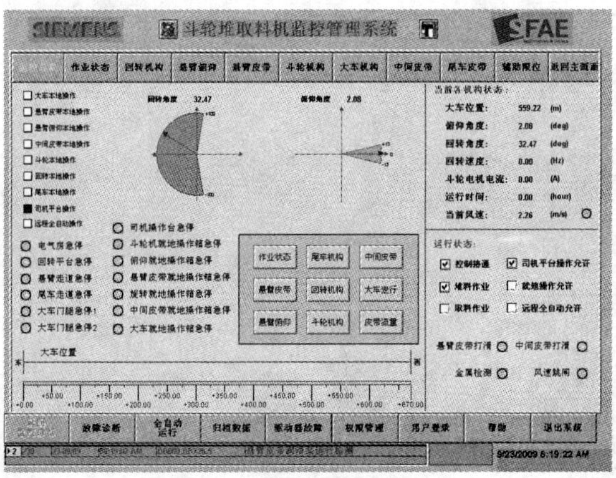

图 2　主画面

关键信息。点击菜单栏上的按钮，可以进入各机构的信号观测画面，了解各机构的状况。比如点击大车机构，就能进入大车机构画面，看到各种信号和数据，如图 3 所示。

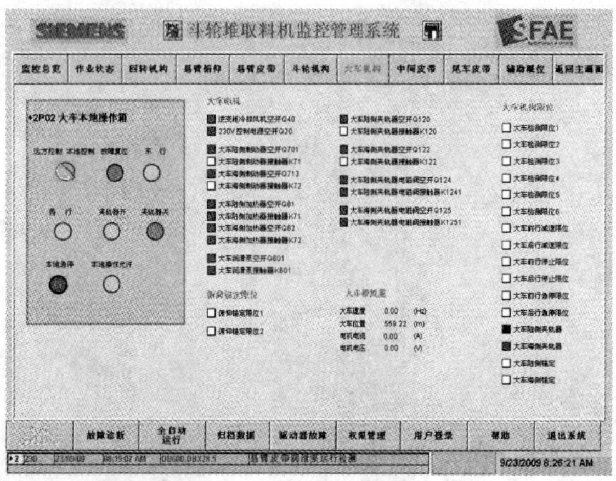

图 3　大车机构信号画面

3.2　故障报警

WINCC 软件本身具有比较完善的故障显示及归档查询功能。首先需要对故障点进行配置，对故

障等级进行分类，并描述故障信息、故障地址、故障器件，然后设置故障存档周期，存档时间根据硬盘空间而定。在本系统中，短期归档为1个月，长期归档为3个月。故障画面如图4所示。

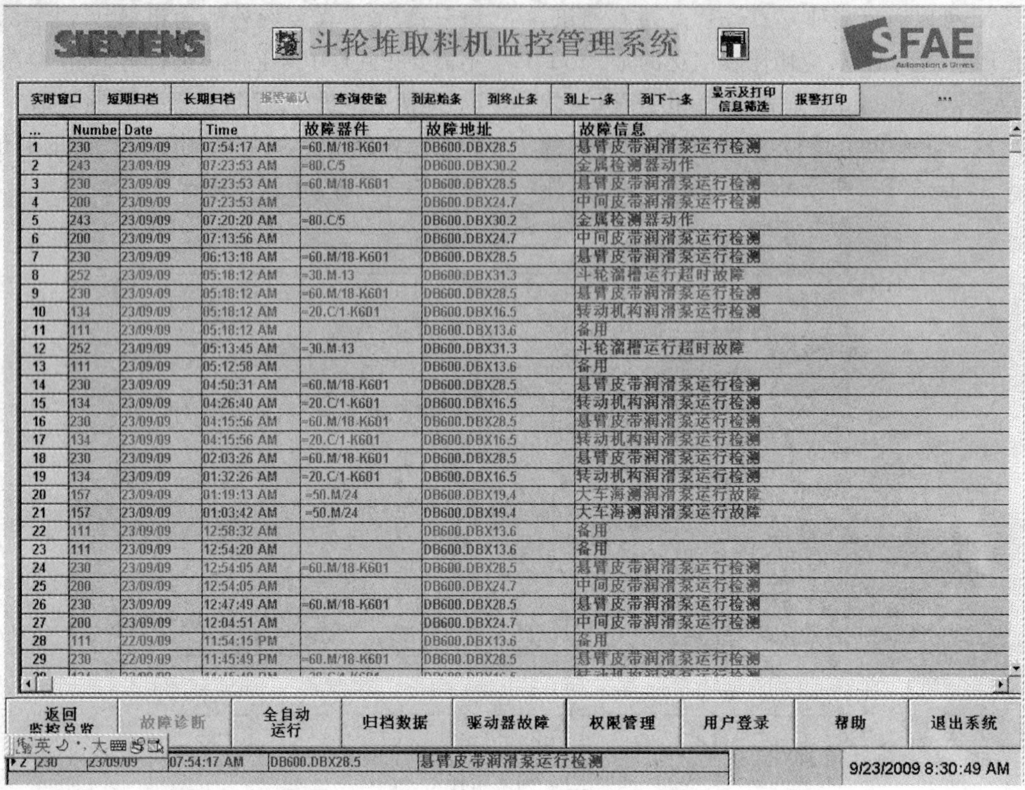

图4 故障显示和查询画面

3.3 数据归档

发生故障后，为了能够更好的进行分析，我们需要查询当时的一些重要信号和数据，因此，需要利用WINCC的数据归档功能，对各机构的关键数据进行存储。建立一个数据归档画面，利用画面分层技术，把各机构的画面都集成在一个画面上，通过点击“选择归档机构”和“选择归档变量”，选择需要查看的机构，就能够看到实时的数据，点击“选择时间段”按钮，可以查询历史数据查询。

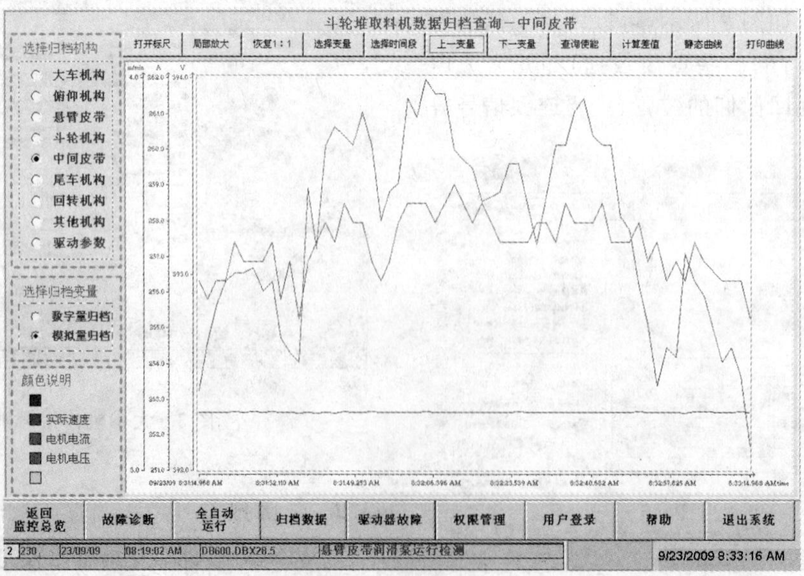

图5 数据归档画面

3.4　故障诊断

实时故障诊断，是本系统中的一大特色，是一般的 CMS 所不具备的。这一功能，是我们在长时间的设备维护过程中，对设备和 PLC 程序进行分析整理、总结优化而开发完成的，是理论技术与现场实践相结合的成果。

发生故障后，尤其遇上软件中的连锁条件不满足时，需要对源程序进行分析，对排故人员要求比较高。首先要能熟练使用编程软件 STEP7，打开 PLC 程序，找到功能块；程序中功能块很多，变量名全部是英文名称，不易看懂；编程语言混合使用，功能块的程序段看起来直观，但程序中也使用了语句表编程，不直观。因此，对于一般的生产操作和设备维护人员而言，要想看懂楚源程序，弄清楚其中的逻辑控制原理，是有很大的难度的，因此遇到此类故障，由于无法迅速弄清控制原理，往往排故时间都比较长。堆取料机尾车模式切换是个典型的例子，在模式切换过程中，堆取料机与中控系统有信号交换，出现故障后，难以迅速判断出故障点的位置，影响故障处理。因此，如何将控制原理简单化，大众化，有效指导操作和设备维护人员，是本系统所要解决的重要问题。在此以尾车堆料模式切换的逻辑控制为例，图 6 是尾车模式切换 PLC 程序中的一个主要功能块。

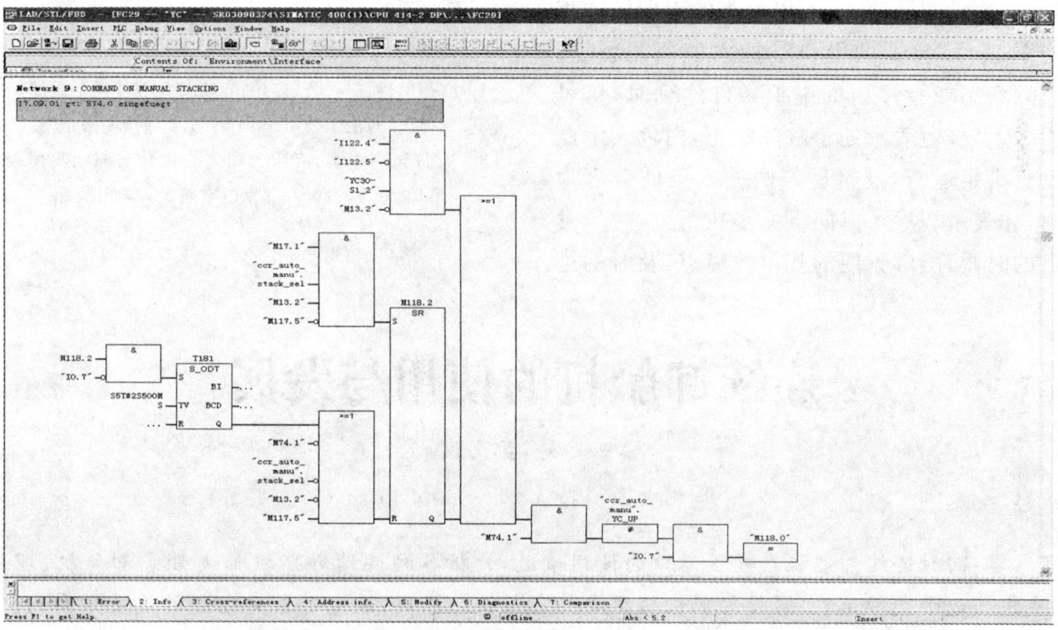

图 6　PLC 程序图

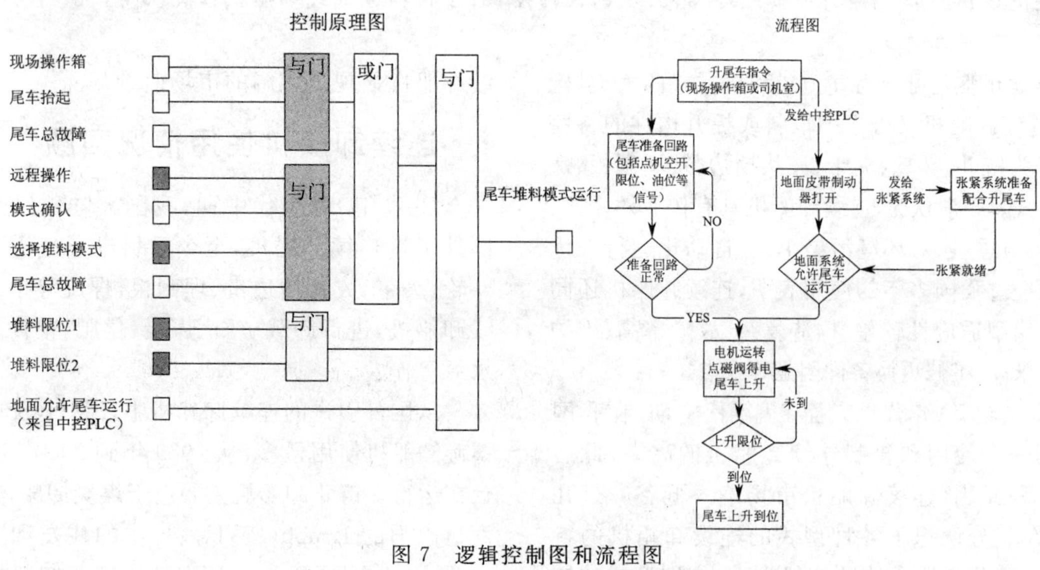

图 7　逻辑控制图和流程图

为此，我们对 PLC 程序进行分析，按机构进行，找出影响该机构运行的所有故障因素和运行条件，按照出现几率大小和影响程度进行合理的分组整理，画出各机构运行中的主要功能的逻辑图，然后将其图形化，将逻辑图中的输入输出点和各逻辑条件与 PLC 程序中的数据点进行实时动态的连接，以此作为实时故障诊断系统的流程图。图 7 是我们通过分析程序整理出来的逻辑控制图和流程图。

通过流程图，可以清楚的看到整个机构动作的原理和相互连锁条件，而控制原理图，更是把复杂的 PLC 程序简单化，所有的条件都用中文进行标注，逻辑原理简洁明了，可以直观的看到影响程序进行的条件，普通的操作维护人员都能看懂。所有监测状态或程序内的虚拟条件达到时，信号指示为绿色，红色表示处于故障状态，白色表示此信号没有满足运行，逻辑运算的输入条件全部为绿色时，才表示程序可以向下一步执行。这样，发生异常的时候，能够方便的找出故障点，及时的进行处理，大大减少停机时间。

4　结束语

本系统将故障现象与故障原因通过逻辑图直观的表现出来，简洁直观，故障原因一目了然，为点检、操作人员提供了直接的信息和故障判断方向，有助于快速的处理故障，减少停机时间。该系统也为操检合一提供了良好的前提条件，使普通的操作维护人员也能够熟悉和掌握堆取料机的控制原理，从而能够进行故障分析和处理，提高了操作人员的技能，也大大的减少了停机时间，使生产运行更加顺畅。

参 考 文 献

[1]　(德国)西门子公司. step7 v5.3 编程使用手册. 2004.
[2]　(德国)西门子公司. 西门子工业通信网络指南. 2004.
[3]　西门子(中国)有限公司　自动化与驱动集团. 深入浅出 WINCC V6. 2004. 北京航空航天大学出版社.

连续卸船机的使用与发展

张　婷，孟文俊

(太原科技大学　030024)

摘　要：回顾连续卸船机在我国港口的使用情况，分析各种连续卸船机如夹带式卸船机、埋刮板卸船机、波状挡边带式卸船机、螺旋卸船机的主要特点与工作原理，展望连续卸船机的发展方向，最后对开发连续卸船机提出建议。

关键词：连续卸船机；夹带式卸船机；埋刮板卸船机；波状挡边带式卸船机；螺旋卸船机

连续卸船机可分为气力式和机械式两大类，机械式，连续卸船机又可根据取料或提升构件的特性再细分为链斗、斗轮、夹带、波状挡边带、埋刮板、螺旋等型式。一般认为，连续卸船机具有作业效率高、能耗低、自重轻、对环境污染小、可自动化运行等优点。但经过我国多年的使用表明，连续卸船机还同时具有船型适应性较差、构造复杂、故障率高、维护管理要求高、维修更换备件困难等缺点。

20 世纪 80 年代中期至 90 年代中期，在我国形成了一个使用和研制连续卸船机的高潮，此后由于种种原因，连续卸船机市场陷入低谷。近几年来，在充分认识了各种型式的连续卸船机的特性后，在某些特殊散体的卸船方面，个别型式的连续卸船机显现出广阔的市场前景。

1　连续卸船机使用情况回顾

20 世纪 80 年代中期，我国大陆地区开始从国外引进连续卸船机，至今已引进了气力、链斗、斗轮、夹带、波状挡边带、埋刮板、螺旋等型式的连续卸船机，进行卸载矿石、煤炭、化肥、粮食、饲料、水泥等作业。

从国外引进的连续卸船机中，BMH(Siwertell) 螺旋卸船机使用最多，从 1989 年到 2000 年就有 8 台在运行。链斗卸船机主要用于煤炭卸船，其制造商是德国的 Krupp(PWH)、日本的住友和三菱公司，其中德国的 Krupp(PWH)的链斗卸船机引进较多,华东地区已进口5台同型机,其中2台经改造后可以卸载铁矿石,华南地区也至少有2台同型机在运行[1,2];继秦皇岛港引进日本三菱的波状挡边带式卸船机后,大连、连云港等地也先后投产了我国港机厂与外商合作生产的卸船能力小的波状挡边带式卸船机;Buhler埋刮板卸船机继上海港民生码头之后,又在大连北良码头、宁波港金光码头得到使用;继大连港、天津港之后,广州新沙港也购置了1台AS-C(Simon-Carves)夹带式卸船机,埋刮板、夹带、波状挡边带等型式的卸船机全部用于散粮的卸船作业[3];斗轮式卸船机用于电厂码头煤炭卸船作业,只引进了1台。

2　各种连续卸船机的工作原理与特点

2.1　夹带式卸船机

夹带式卸船机也称双带式卸船机,是由英国AS-C(Simon-Carves)公司首先设计生产的,1976年最早在以色列海法港使用,1984年我国大连港首次引进并安装在大连港东部港务公司二码头。1985～1986年AS-C公司的3台夹带式连续卸船机分别在大连港和天津新港投入使用,额定卸船能力均为750 t/h。目前国内的夹带式卸船机最大的额定卸船能力是800 t/h。夹带式卸船机的主要特点是:

(1)外形结构比较简单,但悬臂和垂直提升臂体积较大,看上去有头重脚轻的感觉,整机稳定性差,在新沙港曾出现结构严重变形问题,在天津港曾有1台被风吹翻掉到海里。悬臂起吊设备只能起重5t～7t重物,不能起吊大型清仓机,需配其它辅助设备起重,清舱时效率低。

(2)垂直提升、悬臂输送及门架输送机全部使用带式输送机,而且是用气垫带式输送机输送,物料破碎率较低,运行噪声小,能耗较低。

(3)与其他形式卸船机比较,不仅在基本投资上具有竞争性,而且自重轻,对码头结构要求低。

(4)维修量较大,尤其是取料头经常损坏,综合维修费用高,现已用国产输送带替代进口输送带,但国产输送带寿命较短。

(5)对于含杂质率较高的物料,设备的适应性较差,取料头容易因杂物进入而发生损坏。覆盖输送带也会因物料中的铁块、木头、石块等硬物而破损。输送带的修补和更换比较方便。

夹带式卸船机的工作原理是在垂直、同速向上运动的主输送带和覆盖输送带的2个相对侧面用气力均匀加压,使通过喂料器进入夹带的物料在两条输送带之间被同步提升。在提升时,物料仅与输送带接触,输送带是靠压缩空气压紧物料的。

图1　夹带式卸船机

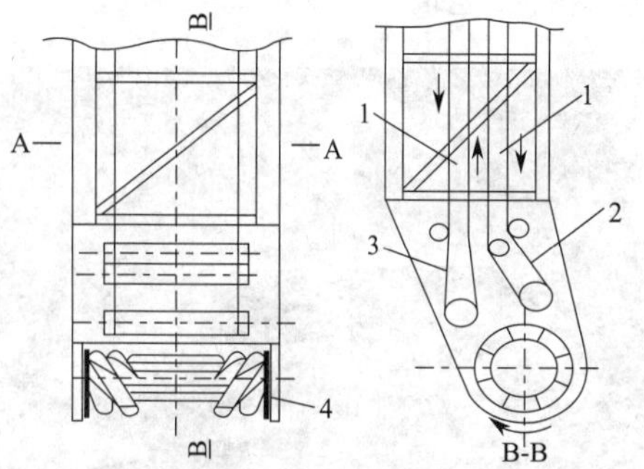

图2　夹带式卸船机取料、提升物料的工作示意图
1—气室;2—主带;3—盖带;4—喂料器

2.2　埋刮板卸船机

埋刮板卸船机以埋刮板输送机为主体,世界上第一台埋刮板卸船机是瑞士Buhler公司在1980年为日本的矾吾港量身制造的,其卸船能力为600 t/h。目前,国外有不少港口在使用这种卸船机,比如南斯拉夫的扣坡尔港、德国的汉堡VEUHOF港口等,卸船能力界于300～2 000 t/h之间。由瑞士Buhler公司生产的5台埋刮板卸船机已在上海港民生码头、宁波港金光码头和大连港北粮码头投入使用,额定卸船能力均为1 000 t/h。目前国内埋刮板卸船机卸船能力最大为1 000 t/h。埋刮板卸船机主要特点如下:

(1)整体结构较高大,司机室位置高,视线较好;外形美观,整体稳定性好。悬臂配置起重量15 t的卷扬机,可以起重大型清仓设备。

(2)从垂直提升、悬臂输送到门架输送机,全部使用埋刮板机,物料破碎较大。负载运行振动小,设备平稳,但空转运行噪声大。与夹带式卸船机比较能耗较高。

(3)设备整机重量较大,对码头承重要求高,基本投资较大。

(4)设备维修量小,性能稳定,输送能力大,操作方便。垂直提升液压驱动,卸船速度可随意调节,控制方便。取料头有适当的保护,在清仓时不会由于清舱机和取料头的碰撞而损坏取料头,同时能很容易地矫正被杂物损坏的刮板。对物料的适应性好。

(5)综合维修费用较低,刮板链条更换方便,但是SKT壳体更换困难。

埋刮板卸船机的工作原理是通过在封闭矩形钢槽中高速运转的刮板链条,利用物料与刮板的摩擦力和物料与物料之间的摩擦力,带动物料向上,实现物料的垂直提升。埋刮板卸船机主要由刮板链条和链轮组成,没有喂料装置,刮板取料头插入物料直接挖取。

图3 埋刮板卸船机

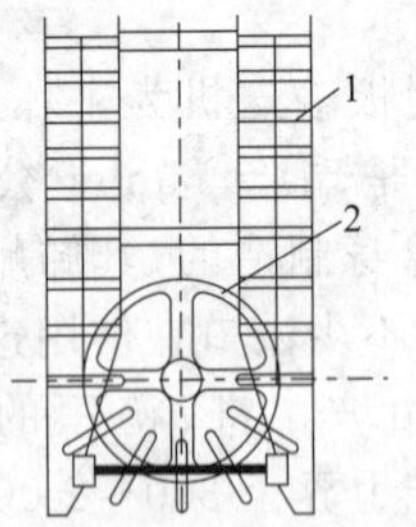

图4 埋刮板卸船机工作示意图

2.3 波状挡边带式卸船机

波状挡边带式卸船机是通过波状挡边输送带进行提升和输送物料的,是一种无需中间转载的连续卸船机。这种设备既适合卸船,也适合装船。目前生产该设备的有日本的三菱和日立公司,我国连云港和大连港均定购了这种设备,用于物料装卸作业。到目前为止,国内使用的波状挡边带式卸船机最大的额定卸船能力是800 t/h。波状挡边带式卸船机具有以下特点:

(1)整体结构紧凑,外形美观,整体稳定性好。

(2)垂直提升和悬臂输送全部使用波纹挡边带式输送机,门架输送机是刮板式,运行噪声小,能耗低,操作方便。

(3)设备维修量小,但是输送带更换难度大,在设备清仓时会由于清舱机械和喂料器碰撞而使取料头叶片损坏。平时维修量主要是横隔板的脱落粘接,若考虑输送带更换费用,总体维修成本偏高。根据买方提供的数据,波状挡边输送带价格约占设备总价的6%[3],根据用户的反映,1 000 t/h的进口输送带的价格在160万元左右。国产输送带价格约是进口输送带价格的40%。

(4)根据使用情况,波状挡边输送带磨损不严重。

(5)该设备卸船时清仓量较小,在不影响主机构作业的同时,吊运大型清舱设备进舱作业,可以大大提高清舱效率。

波状挡边带式卸船机主要由输送带、波状挡边和横隔板3部分组成1条类似斗式提升机的输送线。卸船原理十分简单,通过喂料器将物料送到波状挡边带的载料空间中,实现物料的垂直提升。

图5 波状挡边带式卸船机

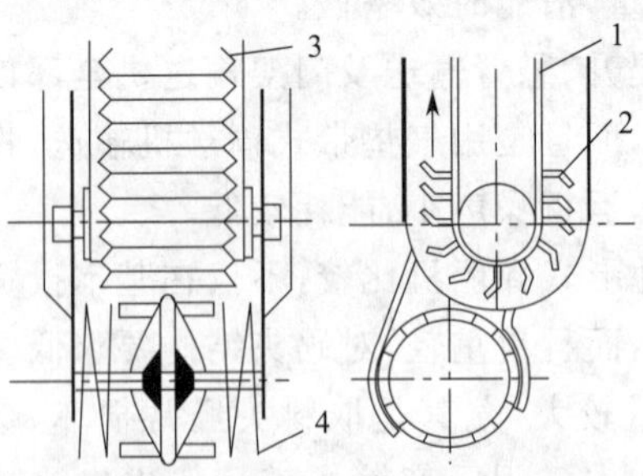

图6 波状挡边带式卸船机取料提升的工作示意图

2.4 螺旋卸船机

螺旋卸船机是以螺旋取料头取料,并利用垂直螺旋输送机提升的卸船机,卸船能力在500~2 000 t/h之间,中国使用瑞典BMH公司生产的螺旋卸船机比较多,从1989年到2000年共使用了八台,国内使用的港口包括广州新沙港、上海港和华能岳阳电厂等，主要用于卸载煤矿和化肥，有时也用于粮食卸船。目前，国内螺旋卸船机卸船能力最大为 2 000 t/h。螺旋卸船机主要特点如下：

(1)整体结构简洁，外形美观，整体稳定性好。司机室外伸至船舱上方，司机视线好。悬臂可配置大起重量吊钩卷扬机，吊运大型清仓设备。

(2)从垂直提升、悬臂输送到门架输送全部使用螺旋输送机，物料破碎可能性相对较大，运行噪声较小。与其它卸船机相比，能耗高，设备平时维修量不大，轴承和轴瓦要定期更换，更换工作比较麻烦。

(3)设备整机重量轻，基本投资较小。对码头结构要求低，使码头水工投资也相应减少。

(4)螺旋卸船机最大的优点是取料工作可以和行走、旋转、摆动、变幅等动作复合进行，卸船效率高，适合船型广。对物料的适应性较好，清舱量较小。

(5)综合维修费用较低，虽然内螺旋可分段更换，但更换工作量大，壳体更换更困难。

螺旋卸船机主要由内螺旋、机壳、外螺旋取料头组成。螺旋卸船机的工作原理是先通过外螺旋取料头将物料向下推送，再由扇形取料螺旋叶片向内螺旋挤送，物料在封闭圆柱钢槽中随内螺旋叶片向上旋转，实现提升。外螺旋取料头采用与内螺旋相反的反螺旋，主要作用是松散物料和供料，避免物料抛向外边，螺旋取料头可插入物料直接取料。

图 7　螺旋卸船机

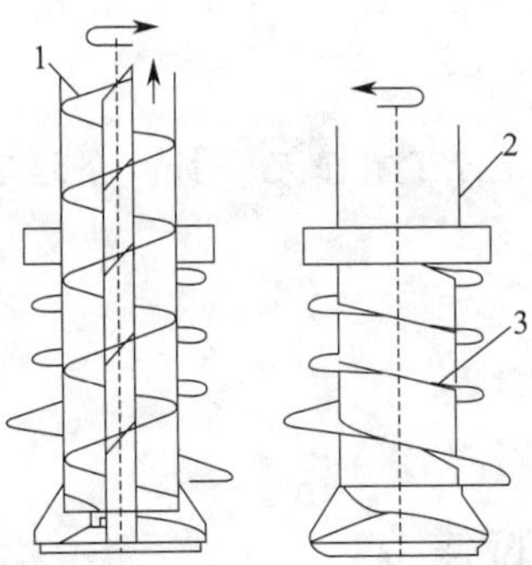

1—内螺旋；
2—筒体；
3—外螺旋取料头

图 8　螺旋卸船机取料的工作示意图

表 1　不同形式连续式卸船机各主要指标的比较

项目＼机型	夹带式	埋刮板式	波状挡边式	螺旋式
卸船能力(t)	600	600	600	600
卸船机驱动(kw)	132	230		655
卸船机行走机构(kw)	80	100		100
总装机容量(kw)	212	330	293	755
单位能耗()	0.19～0.25	0.34	0.21	0.9～1.0
清仓量(mm)	300	1000	200	500
噪音(dB)	65～85	70	75	65～70
自重(t)	250	650	350	300
效率(%)	70	65		

3　连续式卸船机的发展方向

相对于国外的技术，我国在连续卸船机方面滞后许多，原因是多方面的。尤其是电气控制系统的开发和研制，很多都依赖于进口。在以下几方面今后必须提高：

3.1　产品质量和使用可靠性

国产连续卸船机的设计历史较短，受经验和技术条件制约，存在许多不足。一般来说，连续卸船机构造比较复杂，对使用和维护有较高的要求，使得连续卸船机必须具有更高的产品质量和使用可靠性。继续开发连续卸船机必须吸取已开发机型的经验教训，吸收国外产品的长处，特别注意现有机型在实际使用中暴露的问题，在提高产品质量和使用可靠性上下功夫。

3.2　通用性与多用途

一般来讲，连续卸船机对物料种类比较挑剔，用于某种散体时能发挥较高的效率，而用于另一种散体时则不然。应开发对货种适应性强的小型连续卸船机，以便适用于货源不是十分稳定的中小港口，适应市场变化，增强产品竞争能力。如果在连续卸船机上附加装船功能，甚至设置旋转吊臂，将卸船、装船和起重功能集合为一体，则非常适用于需要货物双向流动的港口。

3.3　自动化控制技术

连续卸船机可以方便地使取料头在船舱内按设定路线取料，实现自动化运转。目前使用的连续卸船机的自动化控制技术大多从国外引进。今后我们不仅要使这些自动化控制技术国产化；而且要开发新技术，使连续卸船机单机的自动化控制与整个码头，乃至整个港口的工艺流程控制、物流管理、生产调度和企业管理甚至港航监督结合在一起，形成系统自动化。

4　对继续开发连续卸船技术的思考

连续卸船机已经在散料码头得到广泛的应用，各种机型的使用特点也已被广大用户所认识。目前重要的是，要在新的技术条件下，从以下几个方面进一步开发和提高连续卸船机的技术性能。

4.1　提高使用可靠性和船型适应性

随着我国经济的不断发展，靠泊港口的船舶将会越来越多，船型也会越来越复杂，只适应单一船型的机型将会逐步失去市场。今后开发连续卸船机时，必须特别注意现有机型在实际使用中暴露的问题，在提高产品质量和使用可靠性上下功夫，必须提高机型适应船型变化的能力，提高设备作业灵活性。

4.2　研究高质量的核心部件

在卸载物料的连续卸船机机型中，夹带式卸船机的双带和波状挡边带式卸船机的波状挡边输送带已基本能够在国内配套，使用效果尚好。个别连续卸船机机型不再使用的关键原因之一，就是国内配套件质量不过关，如链斗卸船机的链条、埋刮板卸船机的刮板链条、螺旋卸船机的螺旋片、气力卸船机的风机等，均依靠进口。核心部件的国内配套问题是一个比较困难的问题，它依赖于国内基础工业技术的发展，也希望连续卸船机的使用者和开发者，联合有关核心部件生产者，共同开发适合连续卸船机作业要求的高质量产品。

4.3　高效率与灵活性的统一

在运量稳定的大型专业化散料码头上使用大型高效的连续卸船机，可以充分发挥连续卸船机效率高、能耗低、对环境污染小、货损少、可自动运行的优点，连续卸船机的卸船能力越高，这些优点发挥得越充分。随着港口建设的发展，以及连续卸船机自身质量和使用可靠性的提高，市场对更高效率的连续卸船机需求很大。另一方面，对于我国的广大中小港口卸载化肥、粮食、饲料甚至水泥等流动性较好的散体，采用卸船能力适中、质量优良、机动灵活的小型卸船设备可能效果更好。

4.4　开发环保型机型

环保型连续卸船机主要体现在节能降耗、减少粉尘和噪声排放、降低部件磨损等方面。“绿色”机型是连续卸船机的发展方向。

5　致　　谢

本项目受到山西省自然科学基金项目2006011064、太原科技大学博士启动基金、山西省2009年度回国留学人员科研资助项目计划、山西省2010年国际科技合作计划项目2010081039、太原市2010年科技明星项目、山西省普通高等本科学校大学生创新性实验项目和太原科技大学大学生创新训练计划(UIT)项目的资助。

参 考 文 献

[1]　肖曙光，陈琦。90年代先进水平的港口散体卸载系统。港口装卸，2000(6)：1～5.

[2]　王宝金。漳州后石电厂煤码头卸船工艺简介。水运工程，2000(4)：22～23，53.

[3]　施建伟。大型散粮专用连续卸船机。起重运输机械，2005(3)：9～12.

岸边装卸桥金属结构的有限元分析

陈道礼，陈　敏

(武汉科技大学)

摘　要：本文对某冶金厂一台16吨装卸桥金属结构的静、动力学特性进行了有限元分析。介绍了有限元建模和分析的方法，给出了分析结果和相应的处理建议。

关键词：装卸桥；结构；有限元分析

某冶金厂原料港有一台16吨装卸桥。为了全面了解装卸桥金属结构的静、动力学性能，为装卸桥的运行管理提供根据，对装卸桥金属结构进行了有限元分析。

1　有限元模型的建立

如图1所示，装卸桥金属结构主要由陆、海侧两个门框和大梁组成。大梁包括门框间的主梁部分和两段悬臂部分，其中海侧悬臂通过铰链与主梁连接，海侧悬臂中部有前拉杆与海侧门框顶部连接，主梁后部也有后拉杆与海侧门框顶部连接。两门框间下部还有两斜撑杆。整个结构由箱形梁或钢管焊接，采用板壳单元建模虽然能更方便地模拟实际结构，但模型的结点数目太大，求解规模太大，不够经济。于是采用梁单元和杆单元建模。根据各构件的受力特性，大梁和门框箱形构件采用梁单元模拟，而作为拉杆或撑杆的钢管构件采用杆单元模拟。另外拉杆或撑杆端部与门框、大梁的连接为铰接，大梁悬臂部分与中间主梁部分也为铰接，这些铰接部位采用耦合自由度模拟，使杆单元的的结点与相关的梁单元结点的线性位移自由度耦合。按上述方法所建有限元分析模型共有 325 个单元和 298 个结点，如图 2 所示。

图 1　16 吨装卸桥

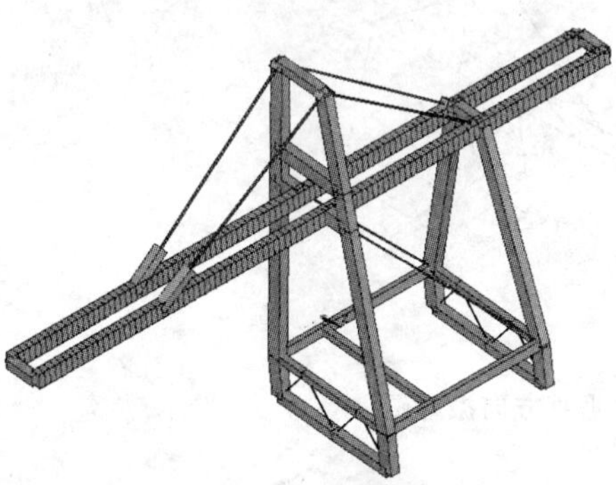

图 2　装卸桥有限元分析模型

2　结构的静力学分析

静力学分析的目的是了解结构在装卸桥工作时的最大应力和变形，从而对其强度和刚度进行评价。因而必须对模型设定合乎实际的边界约束，并充分考虑各种工况及其可能发生的最大载荷。本文将门框支腿均采用三个平动自由度约束，小车轮压和货物风载荷以集中力作用于与小车车论位置对应的大梁结点上，以体积力计入整个结构自重，以线单元分布力计入结构风载，机器房重量作用于大梁陆侧悬臂段，分配至若干结点上。选取如下工况进行计算分析：

工况 1：

小车位于大梁海侧悬臂端，满载下降制动，考虑垂直于大梁方向的风载和结构自重，分析大梁挠度、大梁应力和门框支腿应力。

小车轮压　$\rho' = \dfrac{\phi_2 Q + G_{xc}}{4}$

式中，起升载荷 $Q=16\ 000\times 9.81=156\ 960(N)$

小车重量 $G_{xc}=1\ 000\times 9.81=9\ 810(N)$

起升载荷动载系数 $\phi_2=1.2$

故 $\rho'=49\ 540.5$(N)

货物风载按受风面积 10 m^2 和风压 150 N/ m^2[1]计算，通过小车车轮作用于大梁，每个作用点作用水平力等于 375 N。

机器房重量 95 t(931 950 N)作用于大梁陆侧悬臂段，分配至若干结点上。其风载按受风面积 40 m^2，共 6 000 N，以水平力分配至相应结点上。

按[1]，大梁所受风载，体形系数取 1.85，被遮挡大梁的风力折减系数取 0；前后门框支腿所受风载，体形系数分别取 1.8 和 1.65，另侧支腿风力折减系数取 0。

工况 2：

小车位于大梁海侧门框处，满载下降制动，考虑垂直于大梁方向的风载和结构自重，分析下斜撑杆轴向力。所有载荷的计算同上。

工况 3：

小车位于大梁两门框跨中，满载下降制动，考虑垂直于大梁方向的风载，分析下斜撑杆轴向力和大梁跨中弯曲应力。所有载荷的计算同上。

分析结果如下：

1)工况 1 计算的结构变形如图 3 所示。主梁海侧悬臂端水平挠度为 13.2 mm，垂直挠度为 79.3 mm。最大垂直挠度发生于陆侧悬臂端，为 122.7 mm。由有限元计算所得梁单元杆端力，包括相对于截面两个主惯性轴的弯矩和轴向力，得到大梁在前拉杆处的最大弯曲应力为89.84 Mpa，大梁陆侧悬臂在陆侧门框处的根部最大弯曲应力为 229.0 Mpa。海侧门框支腿最大压应力为 50.53 Mpa，

5

陆侧门框支腿最大压应力为 101.24 Mpa。

2)按工况 2 计算的下斜撑杆轴向力为 86 119.4 N,应力为 8.70 Mpa。

3)按工况 3 计算的大梁跨中最大弯曲应力为 49.11 Mpa,下斜撑杆轴向力为 83 237.1 N,应力为 8.41 Mpa。

4)各工况中,两门框支腿应力均较小。陆侧悬臂根部应力及端部位移变化不大,因为小车及吊重相对于结构自重和机器房自重很小,对应力和位移影响较小。大应力和大挠度均发生在大梁陆侧悬臂段。

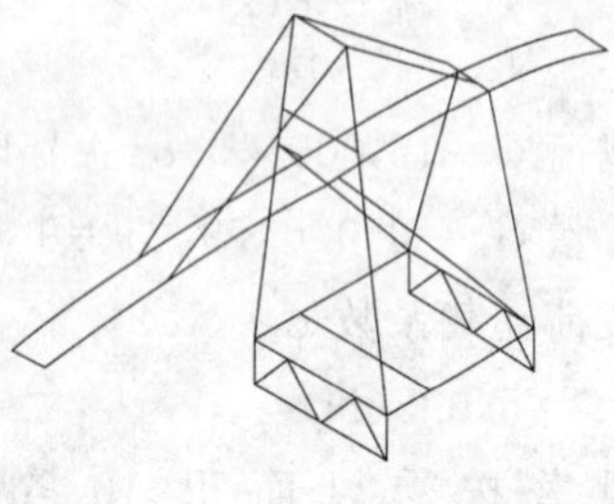

图 3 工况 1 结构变形图

3 结构的动力学分析

这里结构动力学分析的目的主要是通过模态分析了解结构的动刚度,即结构在小车满载升降制动时结构的自振频率是否满足规定的要求[2],从而保证操作者和结构的安全。因为当自振频率过低,振幅过大,会增大结构动应力,特别是会引起司机身体感觉不适,并产生不安全感,影响操作的安全性。在做模态分析时,除利用静力学分析的结构模型外,还必须模拟小车、吊重和机器房质量,以及钢丝绳弹性的影响。为此用四个六面体三维实体单元一起模拟小车质量,使其四个角点与大梁上小车轮压作用的结点重合,适当设置实体单元的材料密度,使四个单元的质量和等于小车的质量。吊重的质量用一个点质量单元模拟,机器房质量用若干与分布在大梁陆侧悬臂段的结点重合的点质量单元模拟。起升机构钢丝绳则用弹簧单元模拟,使其刚度参数与钢丝绳绕组的刚度系数 K_t 相等。

$$K_t = \frac{nE_rF_r}{l_r}$$

式中,n 为钢丝绳绕组分支数,Er 为钢丝绳的纵向弹性模数,与绳的结构有关。通常范围是(0.7—1.2)×104 kN/cm^2,无实测数据则取均值 1.0×104 kN/cm^2,F_r 为一根绳的钢丝总截面积,l_r 为钢丝绳在相当于额定起升高度时的平均下放长度。弹簧单元形状为两点线,上端通过结点与模拟小车的单元下侧中点相连,下端连接模拟吊重的质量单元。

模态分析的结果表明,满载小车在大梁悬臂端和跨中时垂直方向的最低自振频率分别为1.476和1.551 Hz,均小于[2]所规定的对桥式类型起重机的许用值 2 Hz。图 4 和图 5 分别显示了小车在大梁海侧悬臂端和跨中时的垂直方向振型图。

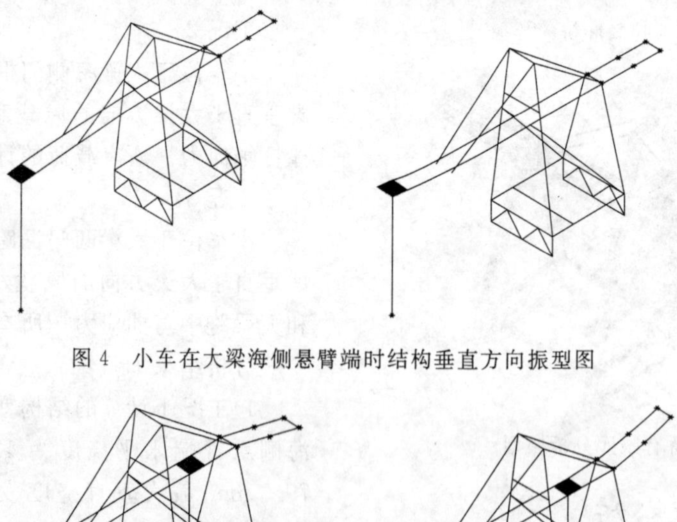

图 4 小车在大梁海侧悬臂端时结构垂直方向振型图

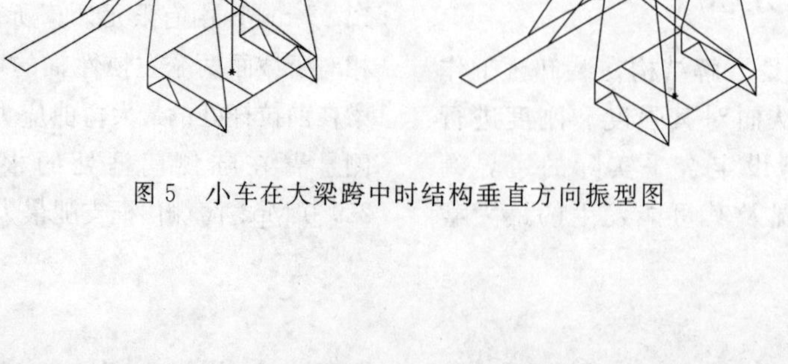

图 5 小车在大梁跨中时结构垂直方向振型图

4　结　　论

本文介绍了对一台 16 吨的装卸桥金属结构静、动力学有的限元建模和分析方法。静力分析结果表明，按 16 Mn 材料的静强度许用应力值 243 Mpa，和不大于悬臂长的 1/350、不大于跨度 1/800 的垂直静挠度的许用值，装卸桥结构主要部分的强度和刚度均满足要求，但大梁陆侧悬臂挠度过大，其根部应力尽管未超出其 16 Mn 材料的许用值，仍然偏大；有限元模态分析表明，结构的动刚度亦偏小。解决办法是在大梁陆侧悬臂端下部加两根斜撑杆与陆侧门框下部连接，以增加其强度和刚度。

参 考 文 献

[1]　张质文等. 起重机设计手册[M]. 北京：中国铁道出版社. 1998.

[2]　GB3811—1983. 起重机设计规范[M].

悬臂式斗轮取料机上部钢结构动态特性分析

常春影，刘大强

（大连重工一起重集团有限公司）

摘　要：本文以悬臂式斗轮取料机上部钢结构为研究对象，运用动态设计的理念，借助有限元数值方法，对斗轮取料机上部钢结构进行了模态分析和瞬态响应分析，给出了一些有意义的计算结果，满足了这类工程设计的实际需求，所采用的分析方法对相似形式钢结构的设计计算具有一定的参考价值。

关键词：斗轮取料机；上部钢结构；模态分析；瞬态响应分析

5

1　引　　言

斗轮取料机是散料货场的专用堆取设备，作为提高工作效率，减轻工人劳动强度的大型装卸设备，其已成为电力、化工、港口等工业部门不可缺少的大型关键设备。上部钢结构是斗轮堆取料机的重要组成部分，大型斗轮取料机上部钢结构重量占整机重量的一半以上，该钢结构工作过程中要承受运行、回转、上部、堆取料等复杂耦合的机械运动，对系统将产生强烈的冲击和振动，钢结构长期在这种振动的影响下就会导致金属结构疲劳破坏。

本文以某悬臂式斗轮堆取料机上部钢结构为研究对象，采用有限元分析软件，根据实际结构建立有限元模型，通过对斗轮取料机上部钢结构进行模态分析和瞬态响应分析，找出结构振动时的薄弱环节，计算出斗轮取料时动载影响系数，为斗轮堆取料机结构的合理设计提供理论依据。

2　有限元计算模型

2.1　有限元计算模型建立

斗轮取料机上部钢结构主要由悬臂梁、配重梁、配重、塔架、拉杆等部分组成。在不影响计算精度的前提下，对结构进行了必要简化，为了真实模拟原结构采用多单元组合技术，单元划分主要包括以下几个方面：

1）结构主要由钢板、型钢组成，采用空间壳单元模拟钢板，梁单元模拟型钢；尽可能如实反映结构形状变化；

2）引入杆单元模拟与主钢结构铰接的前、后拉杆及俯仰油缸；

3）配重、司机室、栏杆等简化为集中质量元；

4）斗轮体局部刚性较大，采用刚性单元模拟；

5）结构的简化，造成模型重量小于真实重量，采用质量元对质量进行补偿。

根据斗轮取料机的结构特性及其通常的工作状况，特对其作以下基本假设：

1）斗轮取料机工作过程中，钢结构在弹性范围内工作，即力和变形属线性关系，振动属于线性振动；

2）结构的阻尼很小，模态分析中忽略不计，瞬态响应计算中取阻尼比 ζ 为 0.05[1]；

整个上部钢结构有限元模型共离散为 24 121 个单元，其中板单元 23 281 个，梁单元 402 个，杆单元 6 个，集中质量元 268 个，刚性单元 164 个。有限元模型如图 1 所示。

图1　上部钢结构有限元模型

3　斗轮取料机上部钢结构有限元模态分析

3.1　计算模型的建立

模态分析是瞬态响应计算及其它动态分析的基础,主要用于确定结构的固有频率和固有振型。斗轮取料机动力体系受初始扰动后,在不承受外载荷作用时,如果再忽略阻尼的影响,即产生自由振动。经有限元离散后它的自由振动方程一般形式为:

$$[M]\{\ddot{\delta}\}+[K]\{\delta\}=\{0\} \tag{1}$$

对于线性系统,自由振动的特解可设为简谐振动形式[2]:

$$\{\delta\}=\{\psi\}\sin(\omega t+\varphi) \tag{2}$$

式中$[M]$为质量矩阵;$[K]$为刚度矩阵;$\{\ddot{\delta}\}$为节点加速度矢量;$\{\delta\}$为节点位移矢量。

把上式代入式(1),则(1)可转化为关于$[K]$和$[M]$的广义特征值问题:

$$([K]-\omega^2[M])\{\psi\}=\{0\} \tag{3}$$

如果$\{\omega\}\neq 0$,则上式左端系数矩阵的行列式为零。即:

$$|[K]-\omega^2[M]|=0 \tag{4}$$

式(4)为关于ω^2的n次代数方程,得到个非负实根,即系统特征值,每个特征值对应的ω_i为结构的固有频率,每个ω_i存在特征向量$\{\psi_i\}$,即ω_i对应的固有振型。

在实际工程中,若求出全部固有频率和固有振型,则计算量太大也没有必要。往往只考虑前几阶固有频率和固有振型,用于整个系统的模态分析。

3.2　模态结果分析

斗轮取料机工作循环主要由运行机构:启动—运行—制动;俯仰机构:启动—上仰、下俯—制动;回转机构:启动—回转—制动;斗轮机构:启动—斗轮取料—制动组成。本文根据实际的工程情况,求解出上部钢结构水平取料时,影响斗轮取料机工作的第一至十阶主要模态。斗轮取料机上部钢结构固有频率计算结果见表1。主要振型图,见图2~5。

表1　斗轮取料机上部钢结构的固有频率(Hz)

1阶	2阶	3阶	4阶	5阶	6阶	7阶	8阶	9阶	10阶
0.84	0.97	1.02	1.92	2.27	2.55	2.64	2.78	3.30	3.63

第一阶固有振型反映了回转机构启、制动等原因激励起振引起的绕垂直方向的转动;第二阶固有振型反映了俯仰机构启、制动等原因激励起振引起的绕水平方向的转动;第三阶固有振型反映了运行机构启、制动等原因激励起振引起的水平振动;第五阶固有振型反映了斗轮机构启、制动等原因激励起振引起的垂直振动。

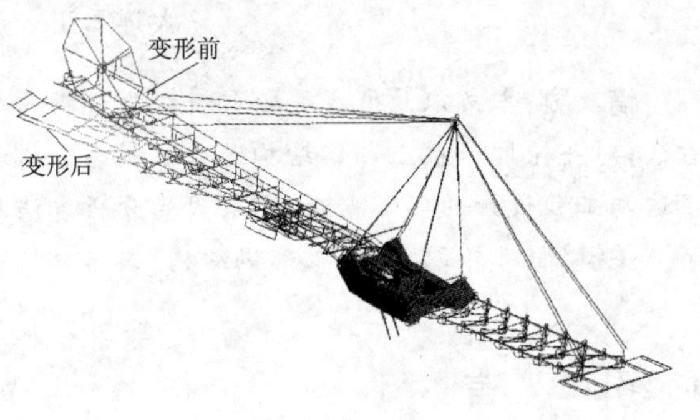

图2　1阶振型图

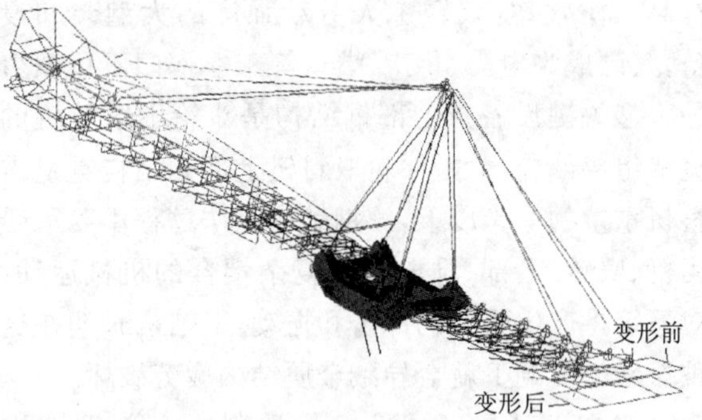

图3　2阶振型图

图4　3阶振型图

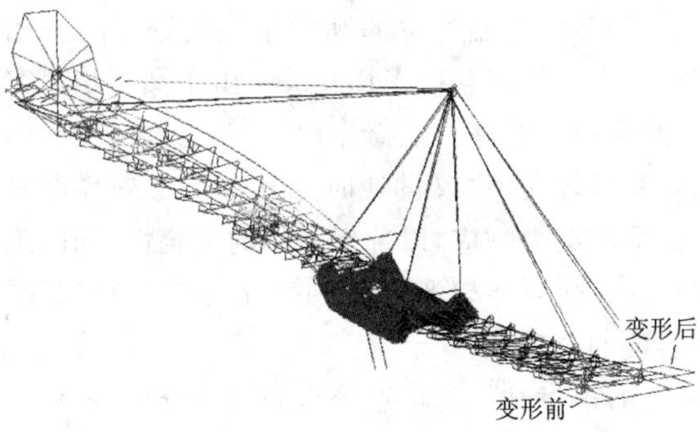

图 5 5 阶振型图

4 斗轮堆取料机上部钢结构有限元瞬态分析

4.1 计算模型的建立

瞬态动力学分析用于确定承受随时间变化载荷的结构动力学响应。瞬态动力学分析建立的平衡方程为：

$$M\ddot{\delta}(t)+C\dot{\delta}(t)+K\delta(t)=F(t)(t>0) \quad (5)$$

对微分方程组(5)求解，可以得到不同时间的位移向量、速度向量和加速度向量。其中，位移向量 δ(t)是时间的函数，速度向量 $\dot{\delta}$(t)和加速度向量 $\ddot{\delta}$(t)分别是位移向量 δ(t)对时间 t 的一阶和二阶导数，载荷向量 F(t)是时间的已知函数。

4.2 斗轮取料工况瞬态响应分析

斗轮取料机工作过程中，每个斗进入挖掘时会对上部钢结构产生一个周期性的激励载荷，结构会产生动力响应，该动力响应是斗轮取料机动力分析的关键，为此，本文仅研究这一工况下的动力响应。

斗轮取料机因挖掘力产生的动力响应时，可将挖掘力简化为脉冲载荷形式。每个斗振动周期的确定是动力响应分析的基础。

每个斗振动的周期为：

$$T=60/(n\times z) \quad (6)$$

其中：n——斗轮转速；

z——斗数；

T——每个斗取料周期。

则，作用于斗轮上的切削力 U 及侧向阻力 S 为：

$$U=\begin{cases}0,\left(\frac{kT}{2}\sim\frac{(k+1)T}{2},(k=0,2,4,6\ldots)\right)\\U_0,\left(\frac{kT}{2}\sim\frac{(k+1)T}{2},(k=1,3,5,7\ldots)\right)\end{cases}$$

$$S=\begin{cases}0,\left(\frac{kT}{2}\sim\frac{(k+1)T}{2},(k=0,2,4,6\ldots)\right)\\S_0,\left(\frac{kT}{2}\sim\frac{(k+1)T}{2},(k=1,3,5,7\ldots)\right)\end{cases}$$

其中：U_0－初始切削力，S_0－初始侧向阻力。

斗轮取料时，因周期取料引起的动载系数可以定义为：

$$\varphi=\frac{\delta_d}{\delta_s}$$

其中：δ_d 为斗轮结构中某点最大动载位移，δ_s 为斗轮结构中某点静载位移。

取出上部钢结构悬臂前端节点，得到位移响应结果如表 2 所示，节点位移响应如图 6～8 所示：

表 2 悬臂前端节点动载系数

悬臂前端节点	X 方向	Y 方向	Z 方向
δ_d(mm)	4.87	－113.8	－37.3
δ_s(mm)	3.67	－102.1	－24.8
φ	1.33	1.11	1.50

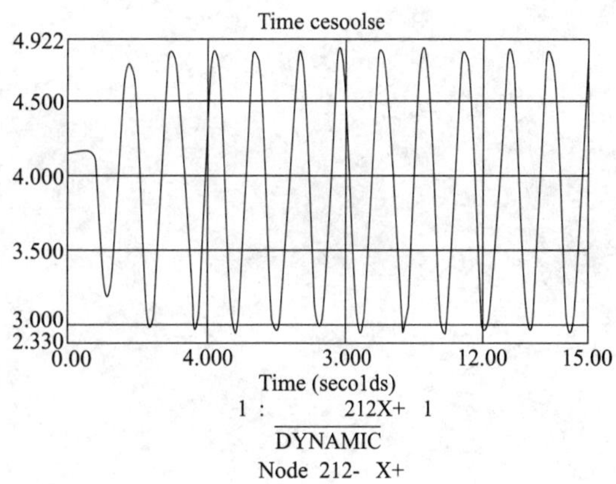

图 6 悬臂前端节点在 X 方向的动力响应

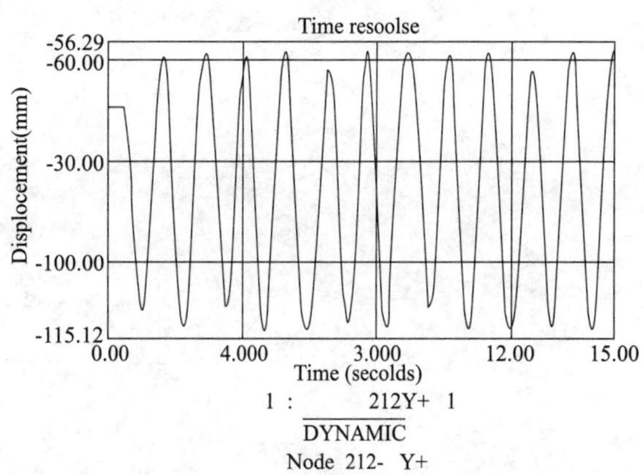

图 7 悬臂前端节点在 Y 方向的动力响应

5

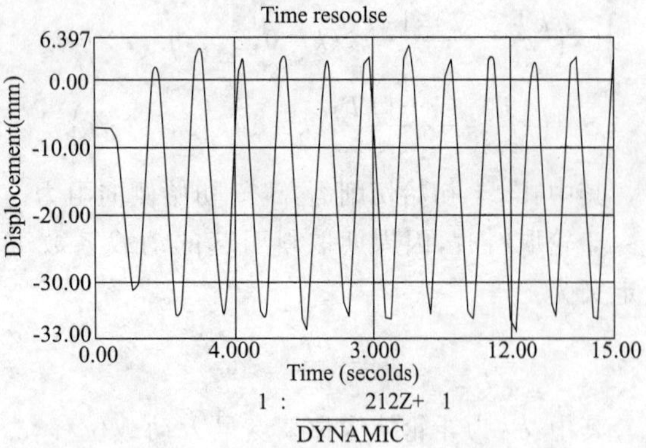

图 8 悬臂前端节点在 Z 方向的动力响应

5 结 论

(1)根据结构低阶主振动的型式,找出结构薄弱点,进而改善结构,提高疲劳寿命,同时,尽量减少主要模态方向的干扰力,通过修改设计可以改变整机振动出现的频率范围和降低上述振动。

(2)斗轮挖掘产生的动载系数的选择与作用在构件上的计算载荷密切相关。由本文初步研究可知,在给定的激振载荷作用下,斗轮取料机横向动载系数较大,建议设计时应充分考虑外界激励对结构的动力响应,以确保结构的安全性;同时进一步深入研究斗轮激振力的变化规律,确保其动载系数的合理性。

(3)通过结构的模态分析和瞬态分析,不仅为该斗轮取料机提供了具体的动载荷参数,而且更重要的是探求了复杂钢结构的动力学特性,为以后的设计提供了思路和借鉴。

参考文献

[1] 唐友刚. 高等结构动力学. 天津:天津大学出版社,2003.

[2] 刘延柱,陈文良,陈立群. 振动力学. 北京:高等教育出版社,1998.

[3] ISO 5049-1, Mobile equipment for continuous handing of bulk materials-Part 1:Rules for the design of steel structures,1994.

五、工业车辆技术研究

高空作业车控制阀的抗流量饱和研究

方　新[1]，苗　明[1]，高振逵[2]

（1. 大连理工大学机械工程学院，大连 116023；2. 大连益利亚工程机械有限公司，大连 116025）

摘　要：本文针对现有的高空作业车控制阀，在泵欠流量状态下不能很好的进行复合动作的问题，提出了一种新的由二通螺纹插装阀组成的集成阀，并应用 AMESim 进行仿真分析，其结果表明，经改进后的控制阀块在泵欠流量状态下依然能够很好的进行与负载无关的流量分配，保证了复合动作的协调性。

关键词：高空作业车；欠流量；流量分配；二通螺纹插装阀

0　引　　言

高空作业车作为一种上下举升设备，广泛应用于电力，建筑，园林，广告，摄景等高空作业领域，其主要工作机构由液压系统支配多支液压油缸来控制。高空作业车的液压系统是一种高压小流量系统，常采用一个泵控制多个工作机构的运行，为了使多个工作机构能够很好的实现复合动作，常采用的方法是在主阀芯中加压力补偿阀，这样可以保证通过各支路的流量只与主阀的开度有关，而不受负载压力影响，各工作机构可以同时动作[1]。

随着液压元件的标准化和小型化，集成化和模块化的液压回路顺应了时代要求。由二通螺纹插装阀组成的块式集成控制阀，可以通过功能单元的按需配置和灵活附加，其个性化的设计已经在各个液压系统中得到广泛应用[2]。因此，在高空作业车的液压系统中，由二通螺纹插装阀组成的块式集成控制阀已经越来越多的取代了传统的多路阀。但是，当泵输出的流量小于系统所需的流量，即“流量饱和”时，现有的集成控制阀不能解决多机构同步动作问题。本文针对这一现象，提出了一种新的由二通螺纹插装阀组成的块式集成阀控制阀。

1　工程应用实例

图 1 为一种常见的高空作业车液压系统图，液压泵 1 从油箱吸油，提供液压系统所需的动力，块式集成阀 11 控制转台回转、臂架变幅和臂架伸缩等动作，电比例流量阀 2 控制各工作机构所需的流量，压力补偿阀 3 保证各机构很好的进行复合动作，电磁换向阀 4 控制各机构的动作方向。9 为三通补偿阀，当各机构不动作时，液压泵 1 的流量通过三通补偿阀 9 以一个很低的补偿压力卸荷；当有机构动作时，通过单向阀将负载的压力引到三通补偿阀 9，液压泵 1 以负载压力加补偿压力向系统提

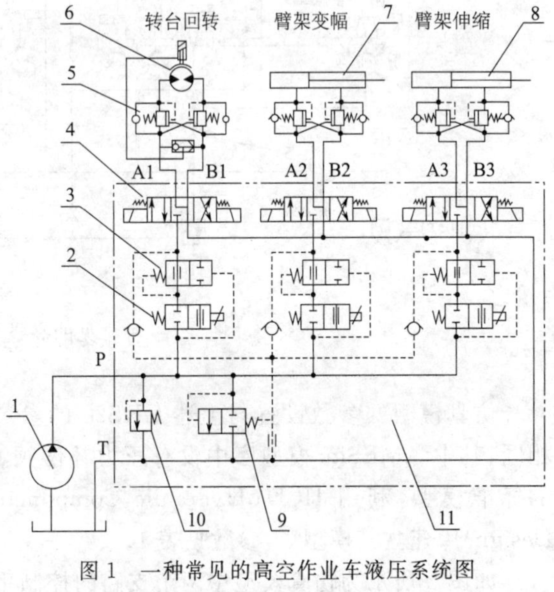

图 1　一种常见的高空作业车液压系统图

1—泵；2—电比例流量阀；3—压力补偿阀；4—电磁换向阀；5—平衡阀；6—转台回转马达；7—臂架变幅油缸；8—臂架伸缩油缸；9—三通补偿阀；10—安全阀；11—块式集成控制阀

供所需的流量，多余的流量通过三通补偿阀 9 溢流到油箱[3]，安全阀 10 限定系统的最高工作压力。图中所示的仅是三个工作机构，如果高空作业车还有别的工作机构，如折臂变幅、工作平台调平、工作平台转动等等，可以重新设计控制阀 11，只需在其中继续添加 2、3、4 等阀体，由此可见由二通螺纹插装阀组成的块式集成阀可以按照功能单元灵活配置，很方便我们进行液压系统设计。

在一台 GKS20[4] 的高空作业车研制过程中，我们设计的系统参数为：发动机转速：1 700 r/min；齿轮泵泵排量：20 ml/r；块式集成阀流量：A1 口 6 L/min，A2 口 20 L/min，A3 口 25 L/min；臂架变幅油缸缸径 125 mm，杆径 100 mm，行程 1 351 mm；臂架伸缩油缸缸径 90 mm，杆径 63 mm，行程 3 360 mm。

在整车调试的过程中发现，手柄在小开度的时候，臂架变幅和伸缩可以很好的复合动作；当手柄在大开度以至全开时，臂架伸缩速度会随着手柄的开度增大而越来越快，臂架变幅的速度却越来越慢，动作的协调性遭到了极大的破坏。

2 系统分析及仿真研究

滑阀阀口流量方程[5]：

$$Q=CA\sqrt{2\Delta P_{/\rho}} \tag{1}$$

式中 C——流量常数；

A——滑阀开口面积；

ΔP——滑阀口两端压差；

ρ——油液密度。

通过控制 ΔP 为常值，则流量 Q 只与主阀的开口面积 A 成正比。对图 1 的系统进行分析，压力补偿阀 3 的作用是保证电比例流量阀 2 的两端压差恒定，从而使流过电比例流量阀 2 的流量只与阀开口（也就是控制电流）大小有关系，而与负载力的大小无关。在块式集成阀 11 中，回转、臂架变幅和伸缩的压力补偿阀的补偿压力相同，从而保证各机构可以很好的进行复合动作。但是，整车调试的结果表明，当手柄开度增大，变幅和伸缩都需要大流量的时候，变幅和伸缩的动作协调性遭到破坏，也就说明压力补偿阀失去了作用。

本文用 AMESim 建立图 1 所示系统的仿真模型[6]，对系统进行仿真分析，其 AMESim 模型如图 2 所示。为使模型简化提高运算速度，模型中略去了回转部分及臂架变幅和伸缩的平衡阀，但这样的简化处理并不会影响对控制阀 11 的仿真分析。

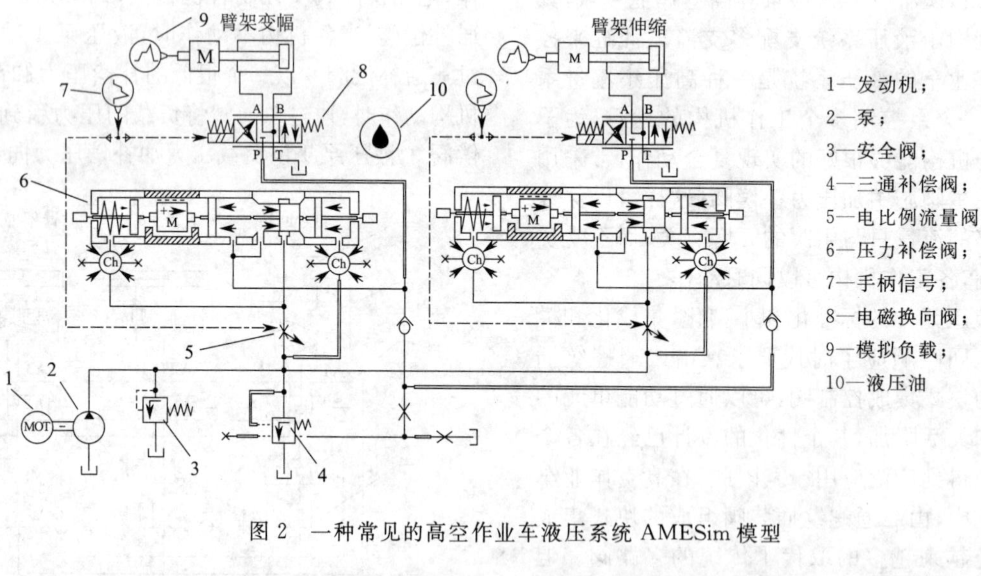

图 2 一种常见的高空作业车液压系统 AMESim 模型

仿真模型的参数设置与上述 GKS20 的参数相同，其中 AMESim 模型库中没有压力补偿阀 6 的标准模型，利用 HCD（Hydraulic Component Design）库建立其模型[6]，参数见表 1。

如图 3 所示为仿真模型中两个支路的控制手柄输入信号曲线，两个支路的输入信号相同，设定仿真时间 20 s，电比例流量阀 5 由关闭到全开，仿真采样时间 0.1 s。

表 1 压力补偿阀 6 的参数

阀芯直径/(mm)	弹簧刚度/(N/mm)	弹簧预紧力/(N)	阀芯质量/(kg)	阀芯位移/(mm)	阀芯初始位置/(mm)
10	10	79	0.03	0.7	0.7

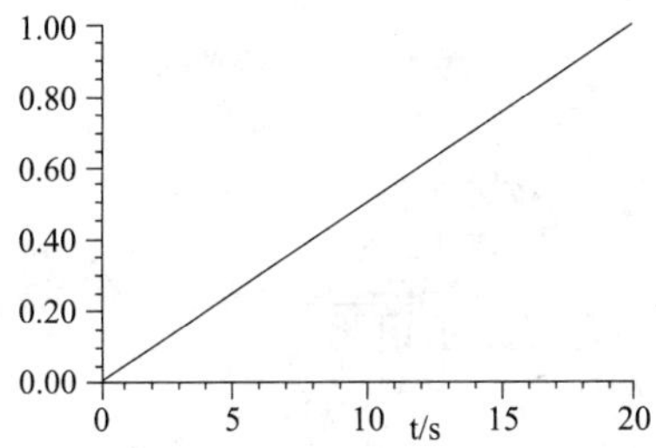

图 3　控制手柄输入信号

图 4 为变幅和伸缩的速度曲线，在 0～15 s 臂架变幅和臂架伸缩的速度随着手柄信号的增大而加快，15～20 s 臂架伸缩的速度依然随着手柄信号的增加而加快，臂架变幅的速度却越来越慢。

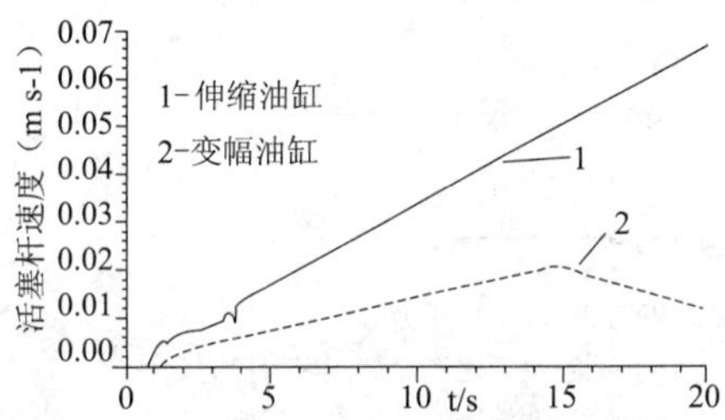

图 4　变幅、伸缩油缸的活塞杆速度

进一步分析，臂架变幅的压力为 16 MPa，臂架伸缩的速度为 8.6 MPa，在 0～15 s 两个动作可以同时进行而互不干扰，证明压力补偿阀此时是起作用的。15 s 以后臂架伸缩的速度越来越快，臂架变幅的速度越来越慢，证明低压侧的执行机构抢了高压侧的油液，即压力补偿阀失去了作用。从图 5 的压力曲线也可以看出这一点，0～15 s变幅和伸缩比例流量阀两端的压差相等，复合动作正常进行，15～20 s 泵供油不足出口压力下降，变幅和伸缩比例流量阀的出口压力也下降，但是伸缩比例流量阀两端的压差要大于变幅比例流量阀两端的压差，因此在同样的阀开口下，油液优先流向伸缩侧，而变幅侧的油液则越来越少。

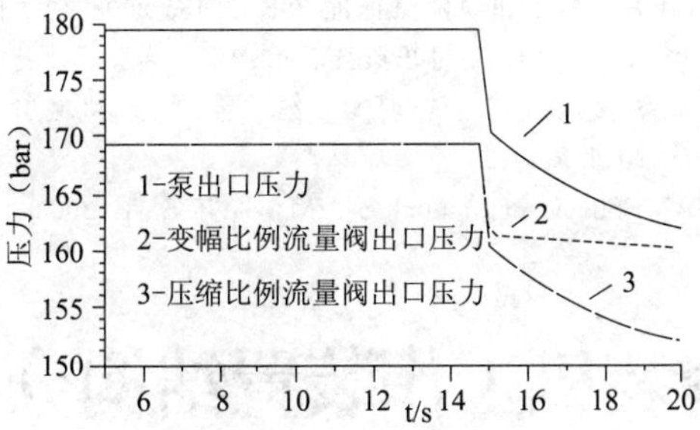

图 5　各口的压力曲线

3　集成阀的改进

针对上述现象，常用的解决措施是加大泵的排量，使泵的输出的流量满足多个执行机构同时动作的流量需求。上文所述的 GKS20 高空作业车，在后期的调试中，将泵的排量由 20 ml/r 换成了 30 ml/r，结果所有的复合动作正常进行。图 6 是泵排量为 30 ml/r变幅和伸缩油缸的活塞杆速度仿真曲线。从图中可以看出，臂架变幅和臂架伸缩的速度始终随着手柄信号的增大而加快，复合动作正常进行。

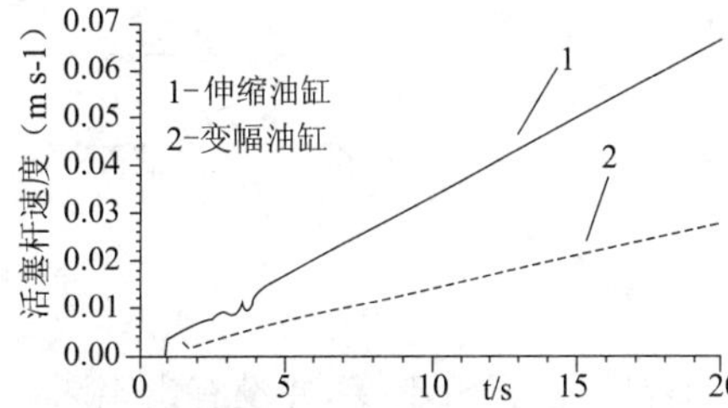

图 6　增大泵排量后变幅、伸缩油缸的活塞杆速度

但是增大泵的排量必然会消耗更多的功率，产生更多的热量，使温升加快，从而产生一系列影响。本文针对这一现象，在不改变泵排量的情况下，提出了一种块式集成控制阀的改进方案，改进后的原理如图 7 所示，图 8 是其 AMESim 仿真模型。

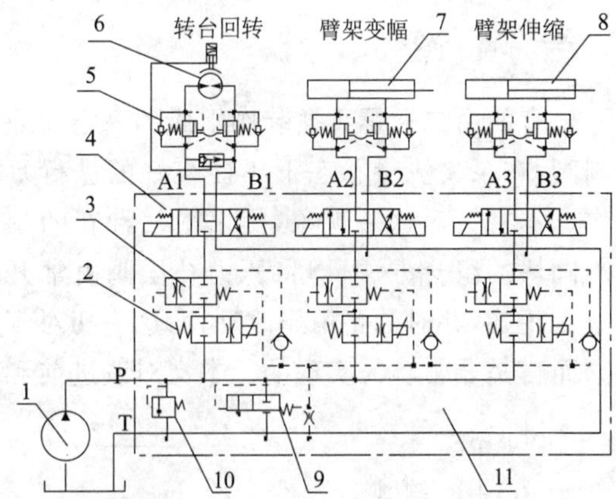

图 7　控制阀改进后的高空作业车液压系统图

表 2 是改进后的补偿阀参数，其不同点是阀芯初始位置由 0.7 mm 变成 0 mm，即补偿阀的开口由图 1 所示的常开式变成图 7 所示的常闭式。

表 2　改进后的压力补偿阀 6 的参数

阀芯直径 /(mm)	弹簧刚度 /(N/mm)	弹簧预紧力 /(N)	阀芯质量 /(kg)	阀芯位移 /(mm)	阀芯初始位置 /(mm)
10	10	79	0.03	0.7	0

图 9 是集成阀改进后的变幅和伸缩油缸的活塞杆运动速度曲线，在 0～15 s 的速度曲线与阀未改进时的相同，15～20 s 变幅和伸缩的速度不

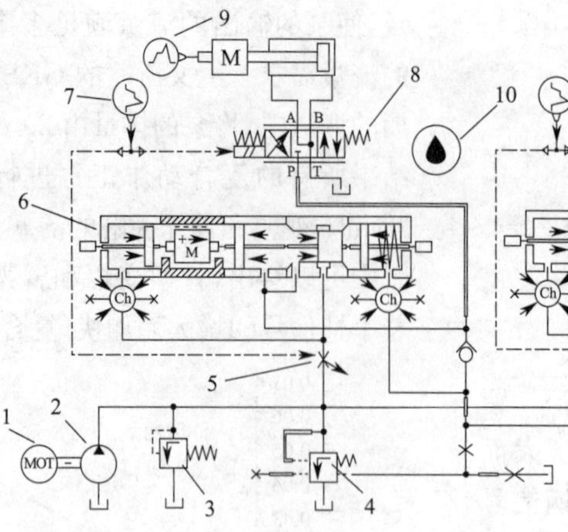

图 8　控制阀改进后的 AMESim 模型

再增加，而是同时保持不变，并没有出现图 4 中所示的伸缩的速度越来越快，变幅的速度越来越慢的现象。从图 10 的压力曲线也可以看出，当泵欠流量时只是泵出口的压力降低，变幅和伸缩比例流量阀的出口压力两者相等且保持不变，也即变幅和伸缩的比例流量阀前后压差相等，从而保证复合动作正常进行。

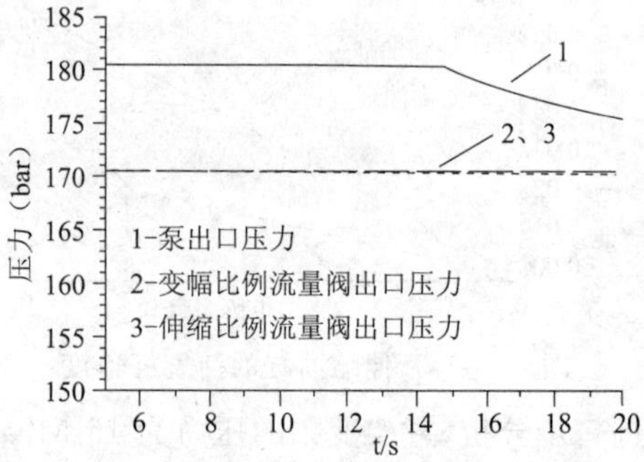

图 10　集成阀改进后的各口压力曲线

4　结　论

现有的由二通螺纹插装阀组成的高空作业车控制阀，在泵欠流量状态下不能很好的进行复合动作。本文针对这一现象，提出了一种新的集成控制阀块的组合方法，即将压力补偿阀由常开式变成常闭式，并对油路稍作改动，而这一切对于插装阀而言是非常容易实现的。本文对改进前和改进后的系统进行了 AMESim 仿真分析，其结果表明，改进后的控制阀块在泵欠流量状态下依然能够很好的进行与负载无关的流量分配，保证了复合动作的协调性。

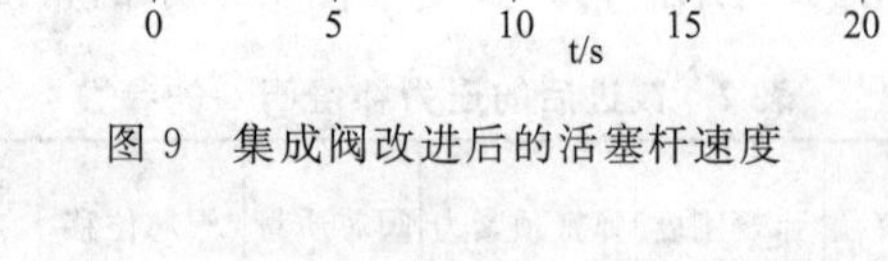

图 9　集成阀改进后的活塞杆速度

参 考 文 献

[1]　杨华勇，曹剑，徐冰，等. 多路换向阀的发展历程与研究展望[J]. 机械工程学报，2005，10(10)：1-5.

[2]　黄火兵，夏伟，屈盛官，等. 比例控制与插装阀技术的应用与发展[J]. 机床与液压，2007，4(4)：229-231.

[3]　田惠民. 压力补偿器在比例系统中的应用[J]. 液压气动与密封，1996(3)：28-31.

[4]　中华人民共和国国家标准，GB/T9465-2008 高空作业车[S]，北京：中国标准出版社 2008. 4.

[5]　雷秀. 液压与气压传动[M]. 第一版. 北京：机械工业出版社，2005. 9：27-28.

[6]　AMESim User Manual[Z]. IMAGINE S. A. 2003.

基于 ANSYS 和 Pro/E 的隧道挖装机工作装置结构分析

粟园园，程文明，刘　标

（西南交通大学机械工程研究所）

摘　要：对危险工况下挖装机工作装置进行了力学分析，并以 Pro/E 和 ANSYS 软件为平台对工作装置各构件进行了结构分析，结果表明挖装机工作装置的结构合理，符合设计要求；建模过程通过ANSYS和Pro/E两大软件的接口技术实现，为复杂体的结构建模和分析提供了一种快速方法。

关键字：挖装机；ANSYS；Pro/E；有限元分析；接口技术

挖装机是隧道施工中使用的专用设备，该设备可以实现扒渣作业、挖掘作业以及石渣运送作业三个功能，是实现以钻爆发为基础的隧道快速施工的一项关键装备，该设备在我国铁路隧道工程中应用广泛。目前，我国使用的挖装机主要由德国和日本引进，如德国的Schaeff ITC112、ITC312，日本的Kemco-Schaeff KL41等型号，这些设备在我国使用效果良好，加快了我国铁路隧道建设速度[1]，图1 Schaeff公司某型隧道挖装机的三维模型。但是，国外引进的挖装机价格昂贵，而且不易维护和检修，设计我国自己的隧道施工机械迫在眉睫。

图1　Schaeff公司的隧道挖装机

挖装机工作装置为反铲工作机构，主要实现扒渣作业和挖掘作业两大功能，其结构不仅构件多，且形状不规则，运用传统的手工计算方法对其进行结构分析不仅计算量大，而且难以保证结果的准确性。利用计算机软件对挖装机工作装置进行建模并仿真分析，可以简化结构分析过程，缩短结构设计周期，提高结果的准确性。

ANSYS和Pro/E软件分别是CAE和CAD两大领域的典型代表。ANSYS软件具有强大的有限元结构分析与优化功能，但是其自带的建模功能非常有限，只能处理相对简单的模型，限制了其在复杂结构有限元分析中的应用。Pro/E软件具有完善且高效的3D建模功能，在机械设计领域有着广泛应用。将两个软件结合起来，利用Pro/E软件进行挖装机工作装置的快速建模，然后将模型导入ANSYS软件进行有限元分析，可以发挥两个软件各自的优势，大大缩短挖装机工作装置的结构分析时间。

1　工作装置的力学分析

图2为国内正在研发的某型隧道挖装机工作装置，该装置主要由铲斗、斗杆、回转体A、回转体B、动臂和基础臂六个构件组成，各构件通过销轴进行铰接，其中回转体A和回转体B之间为垂向铰接，可实现工作装置的横向摆动。由于挖装机的特殊用途，反铲装置不需要具备通用挖掘机的挖坑作业，只需在地面以上工作。根据以上特点，选取铲斗液压缸工作时的工况为危险工况，此时其他油缸闭锁，铲斗位于基准水平面且铲斗尖和动臂与回转体铰点连线与水平面垂直（如图2所示）。

为了保证反铲装置的正常挖掘，挖装机的实际挖掘力和各液压缸之间必须保证如下关系：

$$
\begin{cases}
F_{铲}\times\dfrac{g\times e}{f}+G_1k\geqslant W_1\times a \\
W_1\times b+W_2\times o\leqslant F'_{斗}h+G_1(k+o)+G_2l \\
W_1\times c+W_2\times(o+p)\leqslant F'_{回}i+G_1(k+o+p) \\
\quad +G_2(l+p)+G_3m \\
W_1\times d+W_2\times(o+p+q)\leqslant F'_{动}j+G_1(k+o+p+q) \\
\quad +G_2(l+p+q)+G_3(m+q)+G_4n
\end{cases}
$$

式中，W_1、W_2分别为铲斗切向阻力和法向阻力；$F_{铲}$为铲斗液压缸最大驱动力；$F'_{斗}$、$F'_{回}$、$F'_{动}$分别为斗杆液压缸、回转体液压缸、动臂液压缸的最大闭锁力；$G_1\sim G_4$分别为铲斗、斗杆、回转体A和B、动臂的重力；$a\sim d$为各铰接点与基准水平面之间的距离；$e\sim j$为各液压缸作用力对相应铰接点的力臂；$k\sim n$为各构件重力对相应铰接点的力臂；o、p、q为相应铰接点之间的水平距离。

铲斗切向阻力和法向阻力之间的关系通常根据经验确定[2]。取$W_2=0.2W_1$，联立以上不等式求解，可得：

铲斗所能提供的最大切向挖掘力$W_{1max}=50\ 516\ N$；

铲斗所能提供的最大法向挖掘力$W_{2max}=0.2W_{1max}=10\ 103N$；

此时，各个液压缸的实际驱动力或闭锁力为：$F_{铲}=185\ 048N$；$F'_{斗}=395\ 841\ N$；$F'_{回}=346\ 470\ N$；$F'_{动}=140\ 190\ N$。

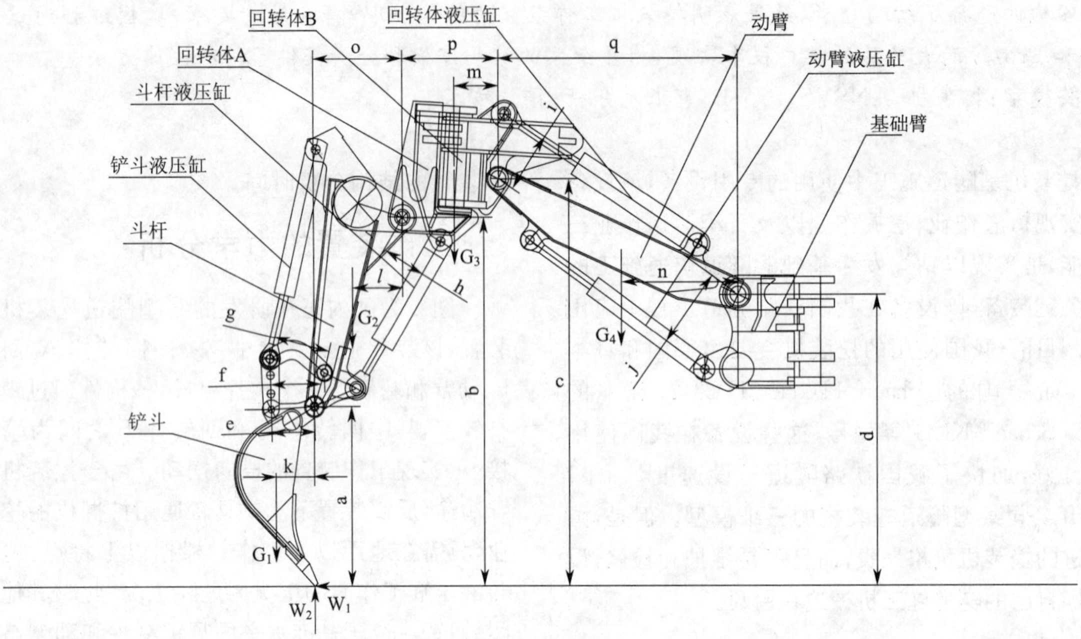

图 2 挖装机工作装置

2 ANSYS 与 Pro/E 软件及其接口技术

将 Pro/E 实体模型导入 ANSYS 软件的常用方法有以下两种：

(1)利用中间格式文件转换。ANSYS 自带有与 CAD 软件进行数据交换的图形接口，将 CAD 软件建立的模型保存为 ANSYS 能识别的标准图形文件格式，例如 IGES 和 Parasolid 格式，然后导入 ANSYS 软件，接着就可以利用 ANSYS 软件进行有限元分析。但是，当模型过于复杂时，利用中间格式文件转换的方法得到的模型常常会出现点、线、面的丢失，需要在 ANSYS 环境中进一步修改，这样不仅增加了结构分析时间，而且得到的结果也常常不够准确。

(2)设置 ANSYS-Pro/E 接口。ANSYS 软件包含有与 Pro/E 软件的接口模块“Connection for Pro/Engineer”，利用该模块可以直接将 ANSYS 软件集成于 Pro/E 软件之中，实现 Pro/E 模型和 ANSYS 模型的直接转换。该方法转换而成的有限元模型精确度高，不会出现丢失点、线、面的情况，可以直接进行有限元分析[3]。

由于第二种方法得到的有限元模型更为准确，所以选用第二种方法进行三维模型的导入。

3 有限元建模及分析

3.1 建立挖装机工作装置的有限元模型

在 Pro/E 软件中分别对挖装机工作装置的六大构件进行建模，并通过 ANSYS-Pro/E 接口导入 ANSYS 软件。模型采用实体结构，单元类型选用 Solid92 体单元，结构材料为 Q235 钢，弹性模量 EX＝2.1×105 MPa，泊松比 PRXY＝0.3，密度 DENS＝7.85×10^{-6}(kg/mm^3)。

模型在建立时应作如下简化：

(1)螺孔、注油孔等细小结构对结构应力影响细微，应予以忽略；

(2)相邻两面之间角度过小的结构容易导致网格划分失败，所以此类结构的建模应做适当修改，如图 3 所示。

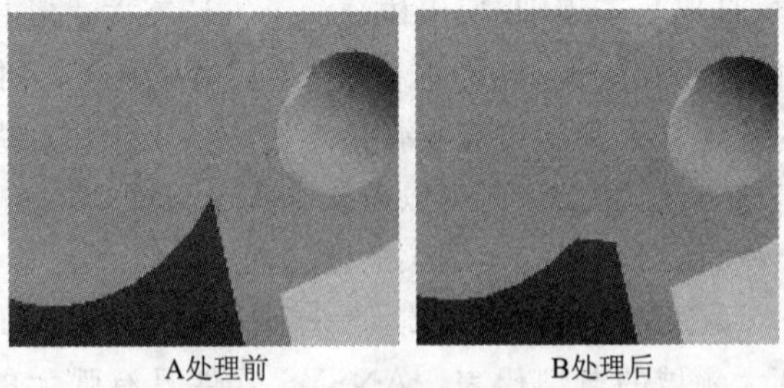

A处理前　　B处理后

图 3 相邻面角度过小的处理

(3)无圆弧过渡的两面接缝处在有限元分析时容易产生夸张的应力集中，而实际结构由于焊缝的存在，两面接缝处不会产生很大的集中应力。所以，在容易产生应力集中的两面结合处应进行倒圆角处理，如图 4 所示。

3.2 约束和载荷的处理

液压缸的处理直接以作用力的形式加载到各

图 4　有应力集中的两面接缝处处理

构件中。对于构件之间铰接结构的约束处理通常是：除释放结构绕销轴转动的自由度外，约束该处其他所有自由度。对于挖装机工作装置的结构来说，除铲斗以外，其他所有构件均由两个铰接点构成，如果约束同时两个铰接处的自由度，就造成了结构的超静定，使两铰接处相对位置不会发生变形，这与实际情况不符，不利于结构中应力的释放。为了避免超静定情况的产生，应约束一个铰接位置除绕销轴转动外的其他自由度，而另一个铰接位置只施加 Y 方向的约束，而将销轴对铰接处作用力的分力施加于 X 方向。

由于铰接处需要释放其转动自由度，所以不能直接针对销孔面建立约束。铰接处的约束可做如下处理：首先在销孔面的中心建立一个质量为 0 的质量单元，将销孔面的所有节点与该质量单元处的节点建立成一个刚性区域，然后只针对该质量单元处的节点建立约束，释放该点的转动自由度（如图 5 所示）。

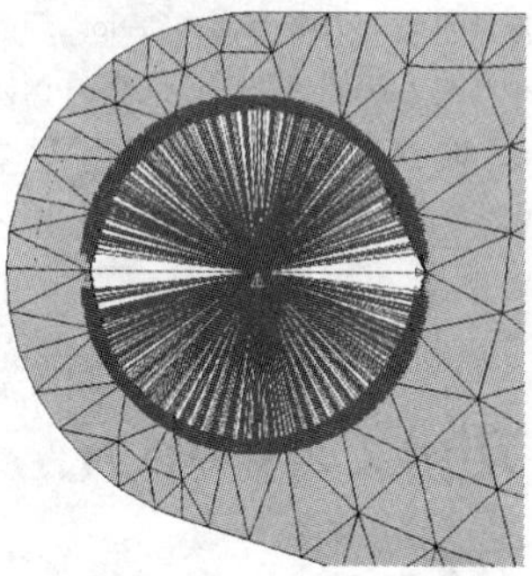

图 5　铰接处约束处理

4　结果分析

4.1　强度判定标准

挖装机臂架结构使用的材料为 Q235 钢。根据起重机设计规范（GB3811—2008）的要求，结构采用 Von mises 屈服准则，Q235 钢应力许用值：

$$[\sigma]=\frac{\sigma_s}{1.34}=\frac{235}{1.34}=175.37\ \text{MPa}$$

4.2　计算结果及比较

挖装机工作装置各构件的有限元分析结果如图 6 所示。各构件的最大应力见表 1。

由表 1 可知，挖装机工作装置各构件的最大复合应力均小于材料的许用应力，强度满足起重机设计规范（GB3811—2008）要求。

表 1　各构件最大应力值

构件名	铲斗	斗杆	回转体 A	回转体 B	动臂	基础臂
最大应力（MPa）	80.155	158.688	70.344	100.329	166.171	57.93

5　结　论

（1）经过有限元分析，该挖装机的工作装置各构件结构应力值均低于许用值，部分构件应力富余量较大，可以进一步优化；

（2）基于 Pro/E 软件和 ANSYS 软件的接口技术进行复杂体的有限元分析，可以有效简化结构分析过程，缩短结构分析周期。

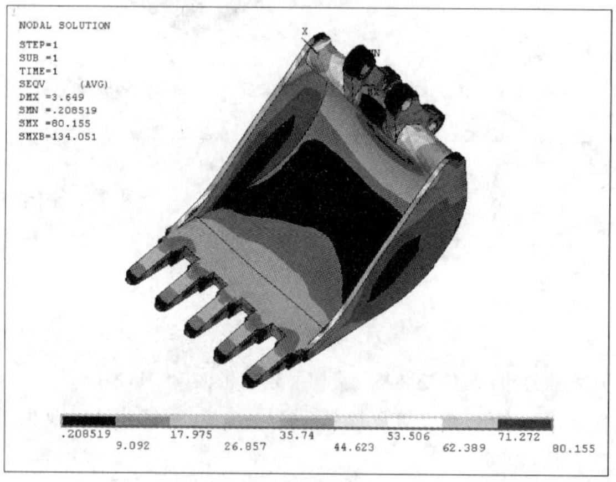

（a）铲斗

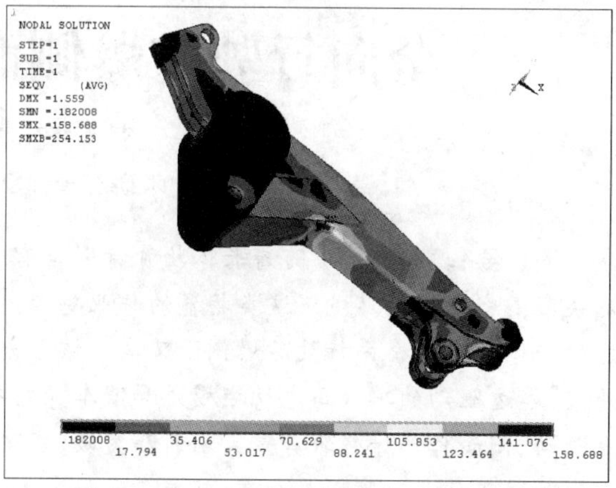

（b）斗杆

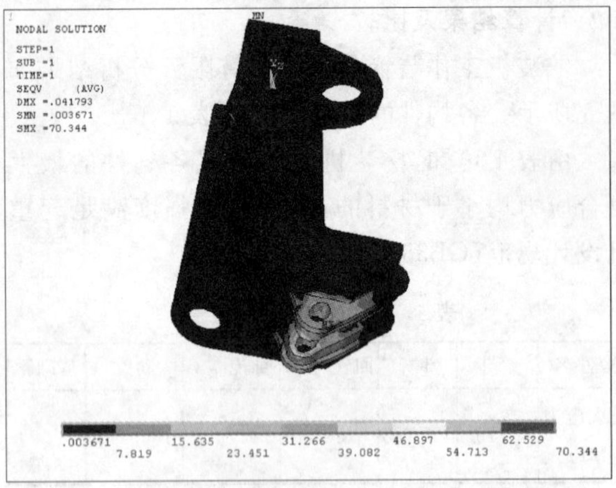

（c）回转体A

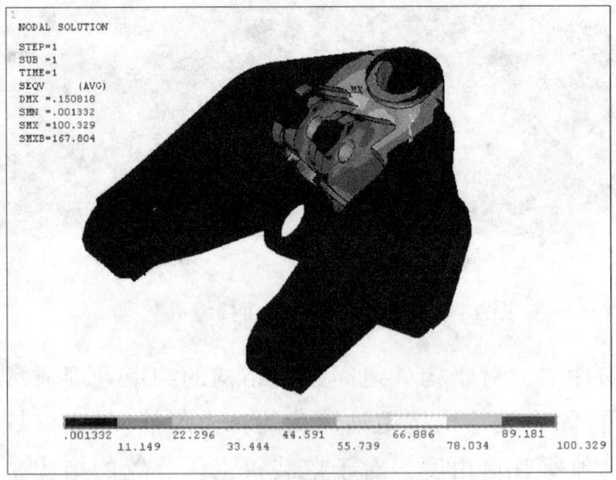

（d）回转体B

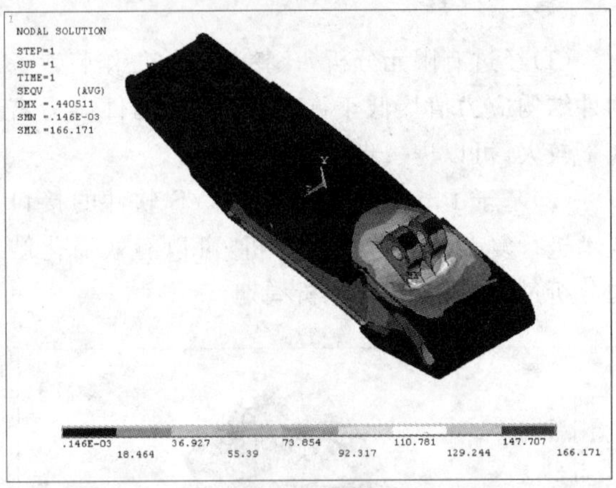

（e）动臂

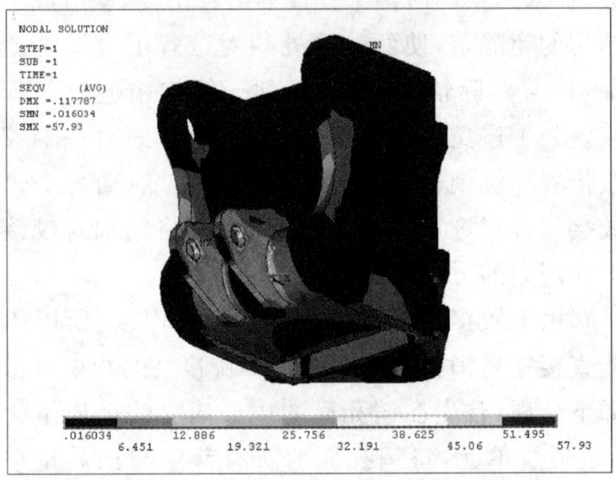

（f）基础臂

图 6 各构件复合应力分布云图

参考文献

[1] 唐经世.两种挖装机简介[J].建筑机械,2001,No.5.

[2] 同济大学.单斗液压挖掘机[M].北京:中国建筑工业出版社,1986.

[3] 丁杰,荣智林.基于Pro/E和ANSYS的变流器柜体结构分析[J].变流技术与电力牵引,2008,No.2.

[4] GB3811—2008.起重机设计规范[S].北京:中国标准出版社,2008.

[5] 高秀华,王云超,李国忠等.金属结构[M].北京:化学工业出版社,2006.

全向行驶防爆侧面叉车关键技术研究

穆希辉[1],来 升[2],杜峰坡[1]

(1.总装备部军械技术研究所 2.军械工程学院;河北石家庄 050003)

摘 要:现代物流中随着长体物资特别是有防爆要求的长体物资日益增多,普通搬运设备已无法满足狭窄高密度存储环境下这类物资的作业要求。针对这些问题研制了一种集叉装、吊装、短途运输等功能于一体的新型全向行驶防爆侧面叉车。该车采用负荷联合传感静压传动、双驾驶室操作、双摆臂联动悬架、单边驱动的单双马达切换模式和窄车身结构的自动收放支腿等专利技术,在防爆、全向行驶、蓄电池驱动、侧面作业等领域有重大创新和突破,实现了双向驾驶和四轮转向,解决了易燃易爆长体物资在搬运和堆码作业时防爆要求高、效率差和库容率低的难题。

关键词:负荷传感;优先转向;全向行驶;防爆

2009年某国军火库爆炸事故，说明危险场所作业，任何环节出的问题，造成的影响都非常大；因此面对严峻的安全形势，随着叉车在石油、化工、国防等应用领域的拓展，普通叉车已经不能满足特殊环境、特殊领域、特殊物资的装卸搬运需求。为此针对上述问题，研制了一种集叉装、吊装、短途运输等功能于一体的新型全向行驶防爆侧面叉车。该车以防爆蓄电池为能源，以负荷联合传感静压驱动为动力，解决了易燃易爆的长体物资，在狭窄高密度存储环境下高效作业的难题，具有防爆性能高、成本低、噪音小、无污染、环境适应能力强等特点。

1　主要技术指标和设计难点

1.1　主要技术指标

全向侧面叉车包括：车架、静压传动系统、桥体总成(含车轮悬架和制动系统)、转向系统、门架系统和主、副驾驶室等，其外形如图1所示。

图1　全向行驶防爆侧面叉车

主要技术参数如下：

防爆等级　EXSdⅡBT4；

驾驶方式　双向坐驾式，全向行驶；

转向方式　两轮独立、四轮联合转向；

作业方式　吊装、叉装；

额定起重量　kg　2 500；

载荷中心距　mm　800；

最大起升高度　mm　2 450；

门架前后移动量　mm　1 080；

货叉架侧移量　mm　±100；

满载行驶速度　km/h　6；

自重　kg　5 700；

外形尺寸(长×宽×高)mm　6 350×1 640×1 930。

1.2　主要技术难点

一、系统多功能集成。功能需求要求液压系统将会具有七个功能独立的回路，流量压力需求不尽相同，且功能复杂，显然采用七个定量泵，则需多个电机来驱动，易造成防爆成本高等问题。

二、双向驾驶。为解决在狭窄通道内无法调头行驶的问题，需要设计双向驾驶，双向驾驶包括双向行走和双向转向，即在两个驾驶室内独立实现调速和转向控制，且相互之间必须实现互锁。

三、全向行驶。功能需求要求驱动系统具有纵向、横向(如图2所示)和蟹行行走方式，每一种行走方式都要求车轮有不同转动的角度，尤其是横向和蟹行行走要求车轮转动角度达到90°以上。

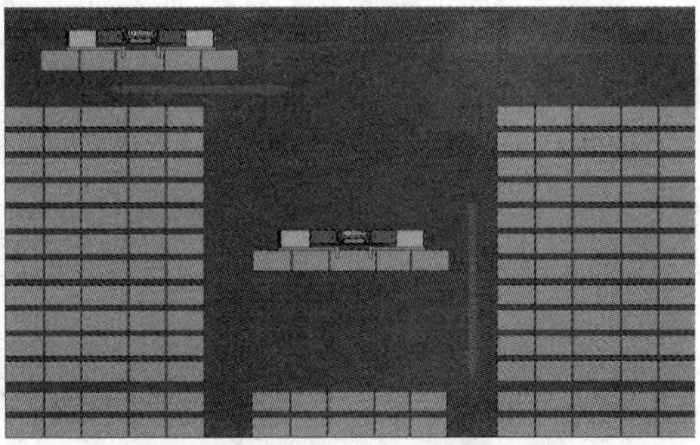

图2　纵向、横向行驶

四、窄车身结构的布置。特殊的作业工况和环境要求全向侧面叉车横向尺寸比一般侧面叉车要求更窄，同时门架又占去了叉车纵向中间位置的很大一部分空间，由此供其它系统和部件布置的空间有限。

2　关键技术研究

2.1　负荷联合传感静压传动技术

该车采用负荷联合传感技术[1,2,3,4]，这样仅用一个防爆电机满足行驶、转向和多工作装置所需油液，克服传统三电机(行走电机、举升电机、转向电机)防爆成本高的问题，解决了八个执行机构(双马达、主副转向器、四个工作装置(举升油缸、门架伸缩油缸、叉套伸缩油缸、货叉侧移油缸)单电机单泵供油和多功能集成防爆设计难的问题，同时由于采用负荷传感技术，使变量泵仅向系统提供负载所需的液压功率，最大限度的减少能量损失。其构成如图3所示。

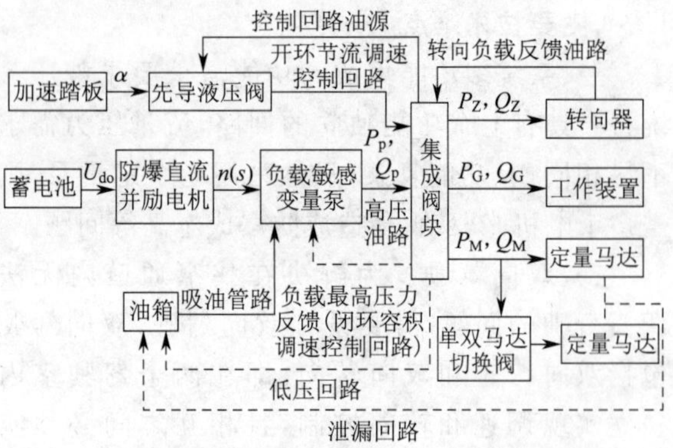

图 3　负荷联合传感静压传动系统框图

2.2　双驾驶室操纵

为解决狭小通道作业时叉车无法完成转弯调头的难题而设计了双驾驶室(如图 4 所示),即将主副液控先导手柄和负荷传感转向器两套装置分别布置在主副驾驶室,从而实现每个驾驶室均可实现对叉车调速和转向的控制,即完成双向驾驶。

双驾驶室转向时,则需要两套转向系统,两个转向器若采用两个泵,则两个转向回路相互独立,转向时互不干扰,缺点是需对两个泵分别单独驱动,增加了一个防爆电机,并且只能实现两个转向器各自控制两个轮转向,无法实现四轮的联合转动。当两个转向器共用一个泵,则需要考虑转向时的互锁。互锁包括两个转向器的互锁和两个转向油缸的互锁。

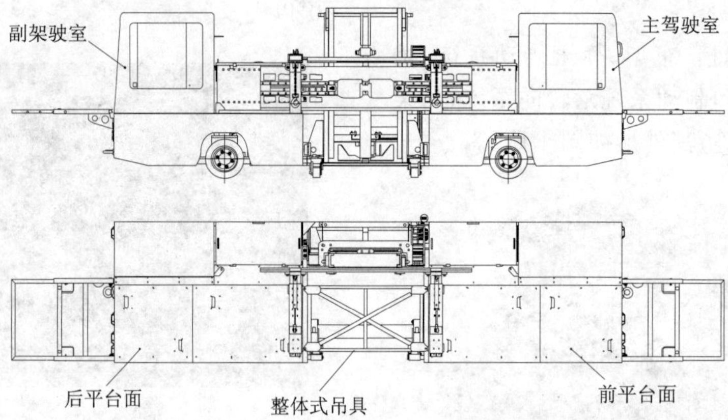

图 4　双驾驶室操纵

针对上述问题采用多路阀集成优先阀和动态信号负荷传感技术[4,5],解决了单泵供油、长管道 LS 反馈信号传输损失严重等问题;并且通过控制电磁换向阀解决了双转向器和双转向油缸之间的互锁问题,实现了多种转向方式,使该车在不改变车体姿态的情况下可沿任意方向行驶。原理图如图 5 所示。

双驾驶室车速控制,主要采用全液压控制技术,极大的降低了防爆成本,即通过对主副液控先导手柄阀口开度的控制来调节多路阀的三位七通换向比例阀的阀口开度,从而实现叉车的无级变速,同时采用梭阀,有效地解决了主副液控先导手柄的互锁问题。

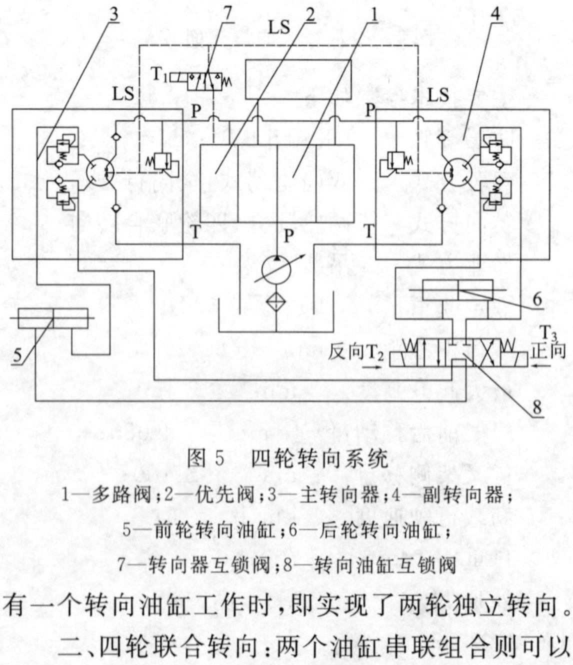

图 5　四轮转向系统

1—多路阀;2—优先阀;3—主转向器;4—副转向器;
5—前轮转向油缸;6—后轮转向油缸;
7—转向器互锁阀;8—转向油缸互锁阀

2.3　多方式转向的全向行驶

一、两轮独立转向:一个转向油缸的左右移动可以实现两轮的左右转向,在主、副驾驶室分别只有一个转向油缸工作时,即实现了两轮独立转向。

二、四轮联合转向:两个油缸串联组合则可以实现四轮联合转向。当两个油缸移动的方向相同时，四个车轮转动的方向和角度相同，此时全向侧面叉车实现蟹行，并且转角可以超过 90°，四个车轮平行即实现了全向行驶。当两个油缸移动的方向不同时，四个车轮转动的方向不同而角度相同，此时全向侧面叉车实现四轮转向。

三、横向差速调姿转向：当叉车四个车轮转 90 度纵向行驶时，通过操纵调姿阀（图 7 所示）调节前轮液压马达后轮液压马达的流量，改变两个马达的转速从而实现差速转向。

转向方式如表 1 所示。

表 1　转向方式

操纵位置	转向功能	电磁铁工况		
		T1	T2	T3
主驾驶室	前轮独立转向	失电	失电	失电
	对角原地转向	失电	得电	失电
	蟹行	失电	失电	得电
	横向调姿转向	—	—	—
副驾驶室	前轮（对于副驾驶室）独立转向	得电	失电	失电

（注：T1、T2、T3 如图 5 所示）

2.4　双摆臂联动悬架

全向侧面叉车纵向尺寸长，横向尺寸窄，如采用传统的整体式摆动车桥，会造成车桥过长、车架强度和刚度降低以及车桥和车身铰接困难等不利因素。为了解决这些问题，设计了一种新型双摆臂联动悬架装置[6]，攻克了大轴距高载荷下整机四支点支撑的难题。其结构如图 6 所示。

该机构的双悬摆架、拉杆和车架构成平行四杆机构，其中拉杆可以设计的较长，使得双摆臂联动悬架更适用于轮距较大的车辆。当一侧车轮受到冲击出现上跳时，双摆臂联动悬架便会通过抗扭拉杆使另一侧车轮向下运动，从而保证在不平路面上行驶时四个车轮同时着地，以保证叉车在行驶过程中具有较高的抗扭刚度、牵引附着力和行驶平顺性。

2.5　单边驱动的单双马达切换模式

为了满足全向行驶需求，结合该车窄长的特殊结构，设计了一种独特的单边同侧双轮驱动布局方案，其结构如图 5 所示。为满足最大爬坡度的要求，同时又要在常用工况下保证液压系统具有尽可能高的驱动效率，提出单双马达切换模式：在横向行走及较大爬坡度的情况下，采用双马达并联驱动模式；而在纵向行驶时，由靠近泵的马达来驱动，而另一个马达作为“自由轮”从动，即单马达驱动模式，从而保证在常用工况下系统具有较高的驱动效率。其原理如图 7 所示。

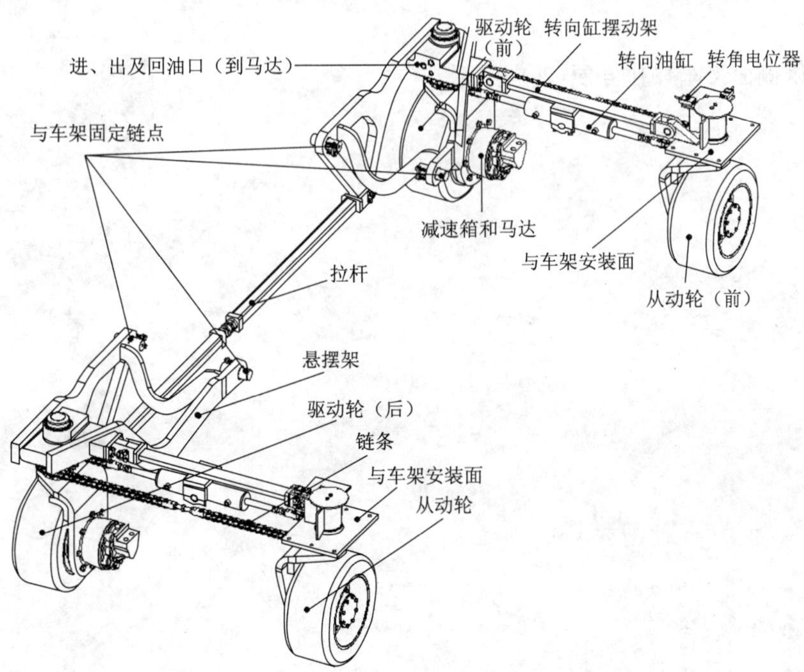

图 6　车桥总成

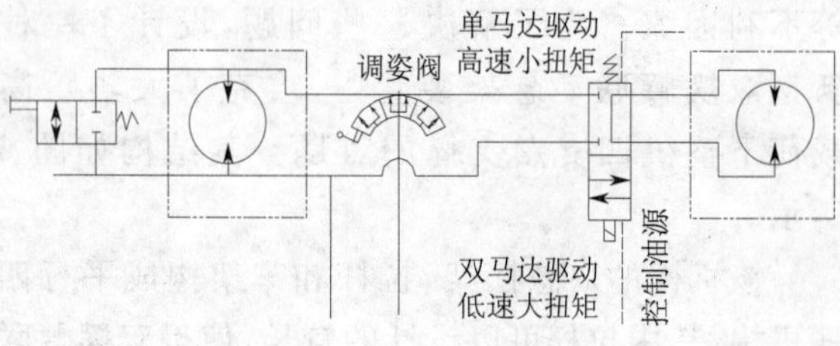

图 7 单双马达驱动原理图

2.6 窄车身结构的自动收放支腿

出于窄通道机动作业的需要，整车的宽度被严格限制，为确保整车作业横向稳定性且保持操作的简便性，首创了随门架推出缩回而自动放收的支腿机构，不仅解决了窄车身纵向行驶通过性和横向作业稳定性的难题，而且降低对车辆配重的要求，同时还避免了常规液压支腿支撑时车辆无法移动的问题。其结构如图 8 所示。

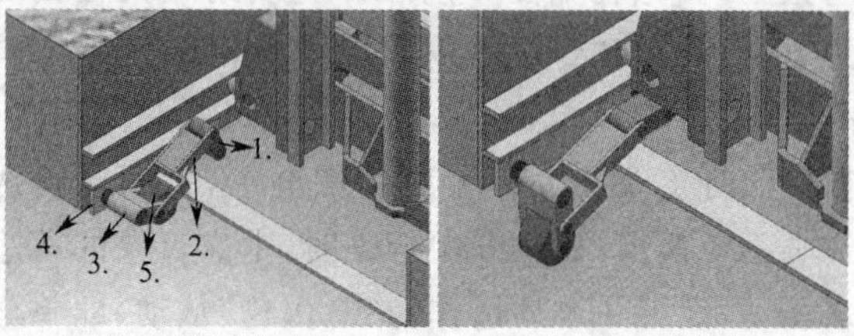

（a）支腿炎缩状态 （b）支腿支撑状态

图 8 自动收放支腿

1—摇臂；2—连杆；3—支撑臂；4—车架；5—支撑轮

3 结束语

全向行驶防爆侧面叉车操作方便、转向灵活，环境适应能力强，是仓库、货场、码头、洞库、站台、车间等场所进行超长超重和有防爆要求物资搬运的理想工具。该车的研制对同类设备性能提升和研究改进具有指导作用和参考价值，同时作为新型搬运设备其开发前景也非常良好，具有重大的军事、经济和社会效益。

参考文献

[1] 兰箭，穆希辉，马振书，杜峰坡等. 负荷传感系统工作原理及分析［J］. 矿山机械，2007，(10)：133-136.

[2] H. C. Pedersen，T. O. Andersen，M. R. Hansen. Designing an electro-hydraulic control module for an open-circuit variable displacement pump［C］// In Proc. of The Ninth Scandinavian International Conference on Fluid Power. Link? ping，Sweden：June 2005：5.

[3] Duqiang Wu. Modeling and experimental evaluation of a load-sensing and pressure compensated hydraulic system［D］. Ganada：University of Saskatchewan，2003.

[4] 景军清. 轮式装载机动态信号负荷传感全液压转向系统特性分析与试验［D］. 吉林：吉林大学，2005.

[5] Jiansen Wang，Zhengrong Wang，Shaonian Li. Theoretical Analysis on Hydraulic Steering System With Load-sensing Flow Amplifier［C］// Proceedings of ISTP2007：5th International Symposium on Fluid Power Transmission and Control. Beidaihe，China：June 6-8 2007：99-102.

[6] 卞学良，王志强，穆希辉. 全向蓄电池侧面叉车双摆臂联动悬架的结构和特点［J］. 工程机械，2007(03).

六、其　他

基于 PLC 的电液比例阀脉宽调制控制技术研究

张洪民[1]，方加宝[1]，陈晓敏[2]

（1. 大连理工大学机械工程学院，大连 116023；

2. 大连益利亚工程机械有限公司，大连 116025　3. 太原重工技术中心，太原 030024）

摘　要：针对常规模拟控制和单片机控制的电液比例阀控制器的不足，采用可编程逻辑控制器(PLC)对电液比例阀进行控制。以高空作业车电液比例调平系统为研究对象，分析了基于 PLC 的脉宽调制(PWM)技术占空比的调制方法以及 PWM 频率与比例阀固有频率之间的关系，并应用 AMESim 软件建立了高空作业车电液比例调平系统模型。通过对系统进行仿真，得出 PWM 的最佳频率值。实际调试表明高空作业车调平系统工作平稳，系统灵敏度高、动态性能良好。

关键词：电液比例阀；高空作业车；PLC；PWM

1　引　　言

电液比例阀是以传统的液压控制阀为基础，采用模拟式电气—机械转换装置即比例电磁铁，连续的控制液压系统中工作介质的压力、方向或流量。与普通阀相比，它能够通过电信号实现远距离控制，大大提高了液压系统的控制水平，广泛应用在工程机械领域。

可编程逻辑控制器具有通用性强、可靠性高、抗干扰能力强等诸多优点，在工程机械领域的应用越来越广泛。车载 PLC 中带有脉宽调制 PWM 输出口，可以直接对电液比例阀进行控制。目前电液比例阀控制方式有两种：模拟式控制和 PWM 控制。模拟式控制功率输出级到比例阀线圈的电流是连续电流，功率器件功耗大，需加装散热装置，效率低且体积大[1]；而 PWM 控制技术功率输出级为开关型结构，输出脉冲信号，功耗小、响应快、抗干扰能力强。

一些文献针对电液比例阀的控制进行了研究。文献[2]利用 CANopenChip164 模块进行了比例阀驱动模块的设计，并进行了模块试验[2]；文献[3]设计了一种新型的电液比例阀，并应用 C8051F300 单片机和 LMD18200 功率集成放大电路设计了 PWM 控制电路[3]。以上控制电路的防护等级和抗振性能均不能满足高空作业车控制系统的需要，此外，开发专门的比例阀控制器成本较高。从以上文献可以看出，基于 PLC 的 PWM 如何控制电液比例阀的研究还很少。本文针对高空车调平比例阀，详细分析了 PLC 中 PWM 输出口调制占空比的方法以及 PWM 频率如何与比例阀频率进行匹配。通过仿真分析，确定了 PWM 的最佳频率，实现了通过优化 PWM 参数提高系统动态性能的目的。

2　电液比例阀结构及控制特点

比例阀的结构简图如图 1 所示，图示为一

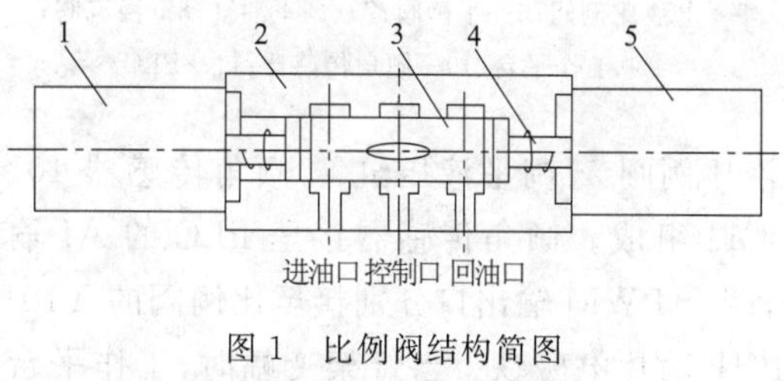

图 1　比例阀结构简图

1—比例阀电磁铁；2—阀体；3—阀芯；4—弹簧；5—比例阀电磁铁

个三通阀。2 个比例电磁铁分别控制阀芯 2 个方

向的运动，两端分别有对中复位弹簧。比例电磁铁能根据电流的大小产生相应的电磁力，从而能按比例的控制阀芯位移。

电液比例阀控制器主要解决快速性，电磁滞环和摩擦滞环以及超调量较大的问题，其控制作用直接影响到比例阀的工作性能和可靠性。

PLC将机、电、液实现一体化控制，其可编程、高负荷、自诊断、高速度等性能优点保证了控制的灵活性、实时性和可靠性。PLC接收到各种输入装置(手柄、传感器等)发出的信号后，经过内部判断、运算、放大，直接驱动比例阀、液压泵、开关和继电器等的动作。当采用多模块控制时，各不同模块之间遵循CAN总线协议进行数据通讯，完成信息的及时传输。

3 PLC控制电液比例调平系统原理

3.1 高空作业车电液比例调平系统原理

高空车调平系统原理如图2所示。主要包括

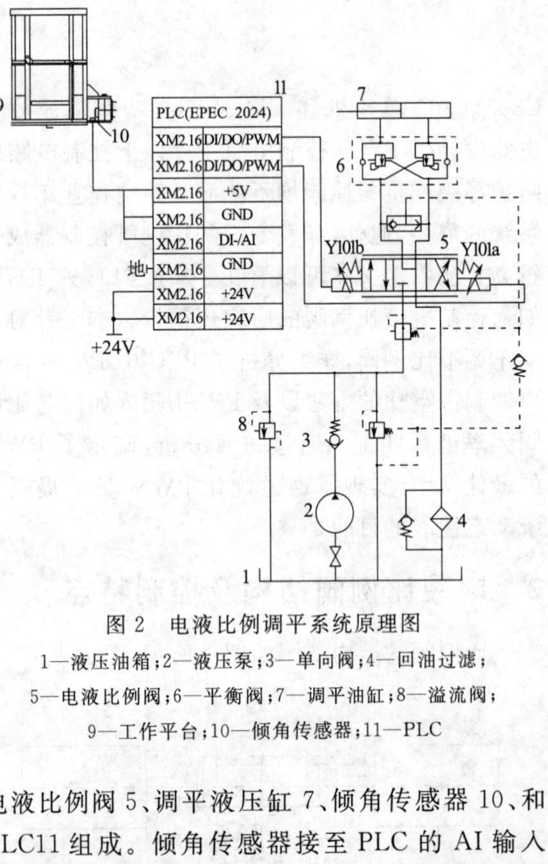

图2 电液比例调平系统原理图

1—液压油箱；2—液压泵；3—单向阀；4—回油过滤；5—电液比例阀；6—平衡阀；7—调平油缸；8—溢流阀；9—工作平台；10—倾角传感器；11—PLC

电液比例阀5、调平液压缸7、倾角传感器10、和PLC11组成。倾角传感器接至PLC的AI输入口，两个PWM输出口分别接至比例阀的Y101a、Y101b两片电磁铁。当臂架变幅时，工作平台与水平面产生一定夹角，倾角传感器输出相应电压信号，经PLC转换、判定方向后，PLC的XM2.16或XM2.17接口相应输出PWM信号驱动比例换向阀中的比例电磁铁使阀芯产生位移，输出的压力油使活塞杆伸长或缩短，控制工作平台产生与原倾斜方向相反的转动，最终使工作平台恢复到水平。

3.2 PWM控制电磁阀数学模型

PWM控制通过半导体开关器件的导通和关断，把直流电压变成电压脉冲列，通过控制电压脉冲的宽度和周期来控制电液比例阀，波形如图3所示。

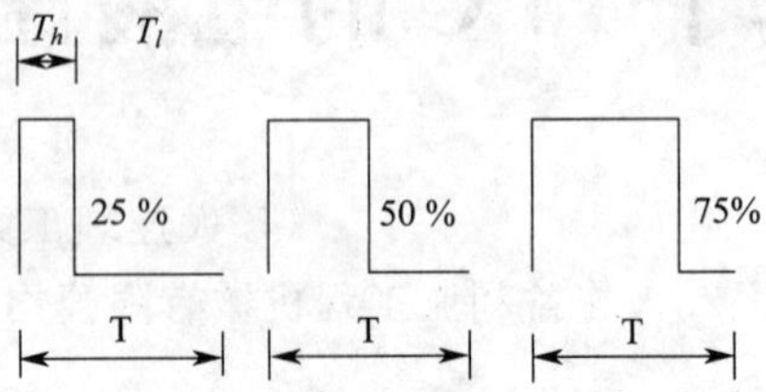

图3 PWM波形及占空比

占空比：$D=T_h/T$，

其中，T_h——三级管导通时间；

T_l——三级管截止时间；

T——PWM周期。

PWM控制比例阀的数学模型可简化为等效线圈和等效电阻，并联续流二极管，经大功率三极管加到电源，PWM信号控制三级管的导通与截止，等效电路基本形式如图4所示。

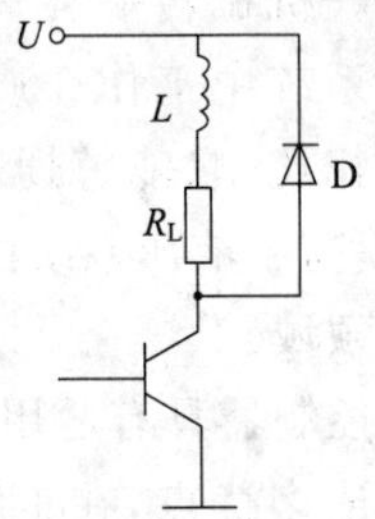

图4 PWM控制比例电磁阀等效电路

在时间常数$\tau=L/R_L$一定时，稳定电流平均值I及电流波动值dI取决于占空比D和周期T，时域关系如下[4]：

$$i(t)=\frac{U}{R_L}+(I-dI-U/R_L)e^{(-t/\tau)}\ (0<t\leqslant DT) \tag{1}$$

$$i(t)=(I+dI)e^{-(t-DT)/\tau}\ (DT<t\leqslant T) \tag{2}$$

$t=T_h$和$t=T_h+T_L$时刻的电流值分别为：

$$I+dI=U/R_L+(I-dI-U/R_L)e^{(-DT/\tau)} \tag{3}$$

$$I-dI=(I+dI)e^{-T(1-D)/\tau} \tag{4}$$

由式(3)、(4)解得平均电流为：

$$I=\frac{U}{2R_L}\frac{(1-e^{-TD/\tau})[1+e^{-T(1-D)/\tau}]}{1-e^{-T/\tau}} \quad (5)$$

式中 R_L——线圈等效电阻；

L——线圈等效电感；

τ——电气时间参数，$\tau=L/R_l$。

从上述公式中可以看出，当占空比D不变时，电流波动值与周期T成正比，随着周期T逐渐变小，电流波动值也逐渐变小；当周期T不变时，随着占空比D从0变化到100%，平均电流I也从0变化到稳态电流U/R_L。通过调节占空比D，就可连续的控制通过比例线圈平均电流I，从而控制阀开口大小来控制流量，这就是电液比例阀PWM控制的基本思想。

3.3 占空比调节

基于PLC的电液比例阀控制，倾角传感器信号从输入到PLC到比例阀的处理过程如下：

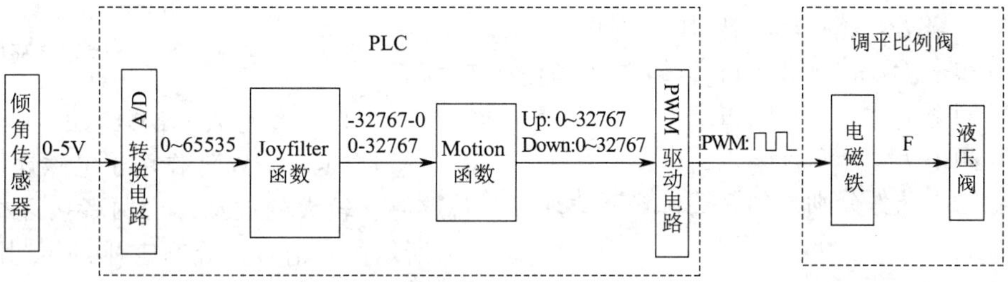

图5 调平比例阀控制信号流程图

结合图2和图5，倾角传感器输出的电压信号经控制器A/D转换后数值为0～65 535，Joyfilter函数是信号处理函数，将A/D转换后数值从中位到最大标定为0～32 767，从中位到最小标定为0～－32 767。Motion函数是控制电液比例阀的函数，它接收Joyfilter标定后信号，并将信号区分为Up和Down两个方向，数值都标定为0～32 767，此信号直接驱动PWM电路。当信号为Up0～32 767之间时，PLC的XM2.16端口输出PWM信号，电磁铁Y101a动作；当信号为Down 0～32 767之间时，控PLC的XM2.17端口输出PWM信号，电磁铁Y101b动作。PLC输出的PWM信号占空比可从1%—99%变化，传感器每个标定值对应一个PWM占空比，二者成线性比例关系。PLC采样周期为10 ms，即每10 ms采集一次传感器信号，PLC根据传感器信号标定后由PWM端口输出相应占空比的矩形波。

4 PWM频率确定

PWM信号加在比例电磁铁线圈上，由于线圈的电感作用，电流I为小幅度波动的电流，此波动起到颤振作用，能够有效降低摩擦，减小电磁铁的磁滞和死区现象，提高电磁铁芯对电流响应的灵敏度[5]。颤振作用的效果取决于电流波动的频率和幅值，频率较低和幅值较大时，效果明显，但频率太低，幅值过大时，又会引起振动，使系统不稳。因此，正确设定PWM频率对电液比例调平系统的动态性能至关重要。

4.1 模型建立

采用AMESim对高空车电液比例调平系统进行仿真分析以确定PWM频率的最佳值，仿真模型如图6所示。

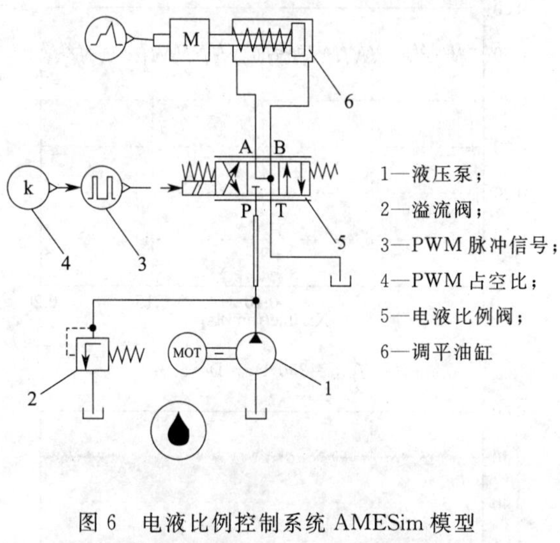

图6 电液比例控制系统AMESim模型

系统主要参数：

以GTBZ36型高空作业车参数为例：输入转速：1 000 r/min；泵排量：50 ml/r；溢流阀设定压力：150 bar。

调平比例阀的主要参数见表1。

表 1 调平比例阀模型参数

项目名称	数值	单位
最大流量	10	L/min
固有频率	50	Hz
额定电流	800	mA
阻尼比	0.8	

4.2 仿真与结果分析

通过改变 PWM 频率，选择四组不同的输入条件：(比例阀固有频率为 50 Hz)

(1)PWM 频率 $f_{pwm}=50$ Hz，占空比 $D=50\%$；

(2)PWM 频率 $f_{pwm}=250$ Hz，占空比 $D=50\%$；

(3)PWM 频率 $f_{pwm}=400$ Hz，占空比 $D=50\%$；

(4)PWM 频率 $f_{pwm}=500$ Hz，占空比 $D=50\%$；

上述四组输入条件分别得到阀芯位移曲线如图 7 所示：

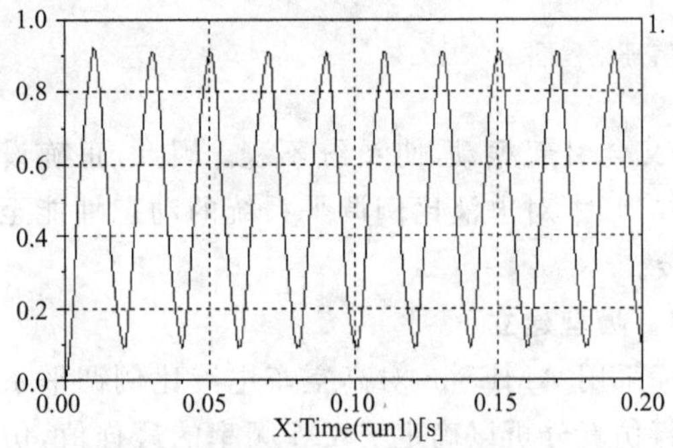

(a) $f_{pwm}=50$ Hz　D=50%

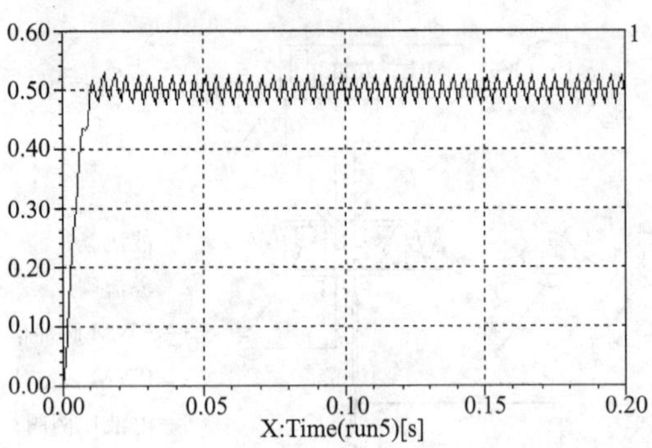

(b) $f_{pwm}=250$ Hz　D=50%

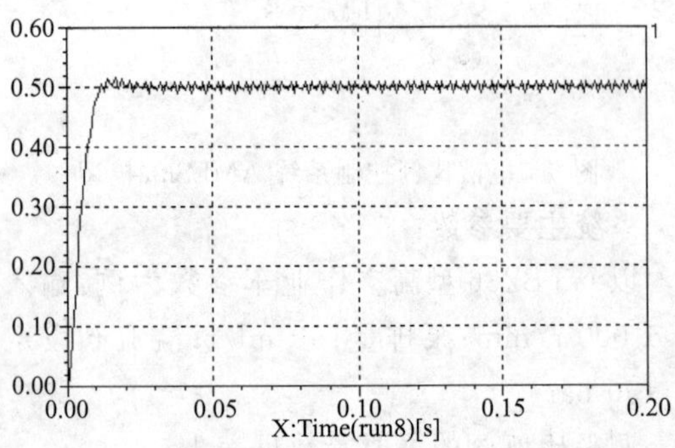

(c) $f_{pwm}=400$ Hz　D=50%

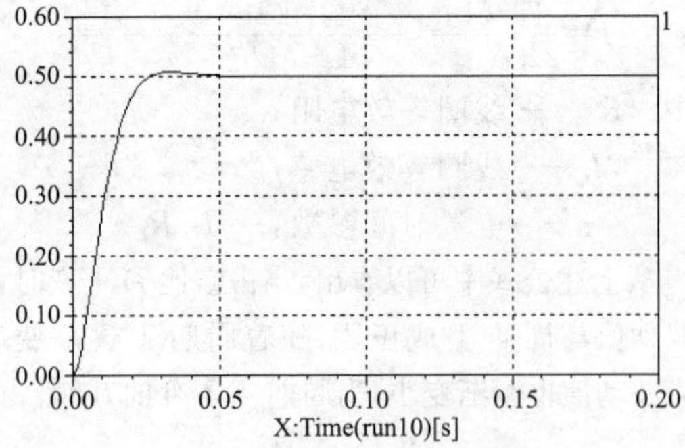

(d) $f_{pwm}=500$ Hz　D=50%

图 7　不同输入条件下阀芯位移曲线

从仿真曲线图 7a)，b)，c)，d)，可以看出：

(1)在低频 PWM 作用于电磁铁线圈时，阀芯位移有比较大的波动。当两者接近相等时，如图 7a)所示阀对信号充分响应，阀芯会出现等幅摆动而不是期望的微振，这是不允许的。

(2)在高频 PWM 作用于电磁铁线圈时，阀芯位移曲线平直。当 PWM 频率为 400 Hz(为阀固有频率的 8 倍)时，如图 7c)所示阀芯位移曲线较平滑，且阀芯有期望的微振。

(3)若 PWM 频率大于等于阀固有频率的 10 倍时，阀芯位移曲线平直但没有微振，从仿真曲线可以看出阀芯到达稳态的时间变长。这样会影响工作平台调平的灵敏度，造成调平系统的滞后。

5　工程实例

在 GTBZ36 高空作业车实际控制系统中，采用 EPEC2024 可编程控制器对电液比例调平系统进行控制。在软件设计中，通过 Joyfilter 和 Motion 函数对倾角传感器信号进行处理，并将 PWM 频率设置为比例阀固有频率的 8 倍左右。实践证明基于 PLC 的高空车电液比例调平系统过程平稳无冲击，臂架变幅过程中能实时保证作业平台与水平面夹角始终小于 1.5°，满足调平系统要求。

6　结　　论

本文介绍了基于 PLC 电液比例阀的 PWM 控制原理与特点，分析了 PLC 中 PWM 占空比的调制方法，并针对高空作业车电液比例调平系统利用 AMESim 仿真，进行了 PWM 频率与比例阀固有频率的匹配研究，得出了 PWM 频率的最佳值。在实际调平系统中使用 PLC 设计电液比例调平系统，利用仿真得出的结论设置 PWM 频率，最终实现调平系统平稳工作，且系统灵敏度高，动态性能良好。

参 考 文 献

[1] 李光彬,张雪梅,赵光,刘志海.基于PWM控制技术的电液比例阀的研究[J].煤矿机械,2006(11):114-116.

[2] 黎职富.基于高频PWM的电液比例控制系统的研究与设计[D].湖南:湖南大学,2008(4).

[3] 黄勇.新型电液比例阀的设计及其控制方法的研究[D].湖南:湖南大学,2007(5).

[4] 王文辉,刘淑英,蔡胜乐.电路与电子学[M].北京:电子工业出版社,2005.

[5] Chacko, R. V. Lakaparampil, Z. V. Chandrasekar V. CAN based Distributed Real. Time Controller Implementation for Hybrid Electric Vehicle. Vehicle Power and Propulsion, 2005 IEEE Conference, 2005,247-251.

提高风力灭火机灭火效果的研究

刘长生

(中南林业科技大学　湖南　长沙　410004)

摘　要:我国是一个少林的国家,然而即就是这些林区,也是一般是山高道路偏远且路况很差。由于每年春季旱季少雨且雷电频发,容易发生森林火灾。如何及时扑灭林区的林火,减少木材损失,是目前我国森林保护的重要课题。我国目前扑灭这些森林和草原大火时所使用的主要灭火设备,是便携式风力灭火机。这种风力灭火机主要的缺点是长期使用的过程中由于发动机过热而造成灭火效率下降,严重时由于风力灭火机产生的风力过小,不但不能灭火,甚至出现风力助火的恶果。为了消灭这种恶果,提高风力灭火机长期使用中的灭火效果,我们提出了利用对火焰有明显窒息作用的 CO_2 气体配合风力灭火机的方案。

关键词:扑火风力;基本指标;CO_2 风力灭火机;结构设计;操作方法

5

我国是一个少林的国家,即就是大兴安岭、内蒙古和广西境内现在还存在的成片林区,其森林也大都处于道路偏远路况很差地区。由于这里交通不便,发生林火时专用的大型灭火车辆和设备难以进入,再加上这些林区发生火灾较多的时段也多集中在旱季(春夏两季,尤其是春季),林区干旱缺水,根本无法用水来灭火。目前我国扑灭这些林区的森林大火时所使用的设备,主要是由我国自行研制的,由单个灭火队员操作的便携式风力灭火机,一台风力灭火机相当于15个人力用普通工具扑火。这种便携式风力灭火机在扑灭1987年大兴安岭森林大火和1992年以来内蒙古数次的草原大火中,曾经做出了重要贡献[1]。即就是在南方扑火条件很差的林区,其灭火效果也很理想[2]。至今,风力灭火机仍是我国森林和草原扑火的重要灭火器具。

1　现有的风力灭火机的缺点

1.1　设计上的缺陷

风力灭火机,顾名思义,就是利用风力来灭火的一种机具。灭火时,风力灭火机利用其本身安装的动力装置——二冲程汽油机(功率≈4 kW)带动与发动机同轴连接的离心式风机所产生的高速大流量强风(距风机出口中心2.5 m处的风流速:有22～32 m/s和30～32 m/s两种;出风口风流量:有0.5 m^3/s 和3 m^3/s 两种),进行扑灭树木和草原草本植物的大火的[1,3,4]。

由于这种风力灭火机要求重量轻,以便灭火队员背负和在崎岖不平的林区长期使用,其发动机(二冲程汽油机),即就是采用了当今世界上最先进的镁合金整体高压压铸技术(其技术难度远高于现有的摩托车发动机的铝合金中压压铸技术,目前世界上只有少数国家才掌握此项技术)来制造,其整机重量也大于10 kg。在这种情况下,为了确保将发动机输出的主要功率用来产生灭火的强风,对于它的二冲程汽油机本身的冷却,仅仅靠发动机飞轮上设置的一些离心风机叶片所形成一台小型离心风机进行。因此,发动机的冷却效果并不好。

1.2　长时间使用造成的恶果

由于为了便于管理和经常对森林防火队员训练以及保障防火队员的饮食生活,森林防火队员居住都比较集中,而且居住地附近防火条件较好。

因此，通常情况下，森林和草原火灾一般距离森林防火队驻地都比较远。这样，从监测卫星和林区分布的监测点发现火灾产生，到灭火队员乘汽车或直升机赶至林火附近再步行赶至现场，需要一段时间。这段时间内，由于火灾发生处的树木比较干燥且致密，林火发展十分迅速，等灭火队员赶到火场时，火势已很大，所需的扑灭时间很长，一般需要 2～3 天或更长时间。这段时间内，需要灭火队员长时间的操纵风力灭火机进行扑救。

如前所述，由于这种便携式风力灭火机本身的二冲程汽油机，仅仅靠小型风机进行冷却，再加上风力灭火机灭火时仅仅少移动，不能像摩托车那样依靠快速行进时产生的高速自然风对发动机进行效果良好的自然冷却。这样，风力灭火机长时间使用过程中，发动机本身会产生过热现象，最终引起发动机输出功率和转速下降。这会产生两种后果：

1. 发动机输出功率下降，会引起灭火风机出风量下降，引起扑火风力不足；

2. 发动机输出转速下降，会引起灭火风机出风速下降，达不到将可燃物表面的火焰吹跑和降低可燃物表面温度的灭火要求。

发动机输出功率和转速下降，这两者对于风力灭火都是不利的。轻者，会影响灭火效果。严重时还会造成风力灭火机不但无法正常灭火，甚至产生风力火现象。试验表明，当风力灭火机出风口的出风量＜0.5 m^3/s，风速＜22 m/s 时，它不但不能有效地进行灭火，反而产生助火的现象[4-6]。也就是说，这时用风力灭火机进行扑火，不但不能灭火，反而会像人们做饭时发现灶台内的柴草燃烧不良时，用嘴吹一下使材火燃烧更旺一些的原理一样，使树木的林火火势更大。但是，从风力灭火机的使用教训得出：并不是其出风口的风速越高越好，以 6MF-26 型风力灭火机为例，其风速以 22～28 m/s 为宜。过大将增大灭火机的后坐力，对灭火队员的人身安全构成危害[7]。

从多次扑灭林火的教训来看，要解决因风力灭火机长期使用产生的这种弊病，只有两种方法：①将因发动机的过热而引起出风量和风速明显下降的风力灭火机停下来，让它慢慢自然冷却一段时间（一般需 2～3 个小时），这段时间内灭火队员重新换一台新的风力灭火机进行灭火；②另辟一条道路，即在风力灭火机过热，出风量和风速下降而影响灭火时，采用其他辅助方法，维持风力灭火机的有效灭火效能。显然，第①种方法行不通。因为灭火队不可能为每一个灭火队员出发时配备两台风力灭火机（如果灭火队装备的风力灭火机比较多，可以多上一批灭火队员，这样灭火效率会更高）。看来，只能采用第②种方法。

2 CO_2 气瓶辅助灭火

2.1 基本原理

CO_2 气体具有较高的密度，约为空气的 1.5 倍。当将它喷射在林火中时，可以将可燃物（树木和枝叶）表面的空气顶开，包围可燃物并在其表面停留一段时间，降低可燃物周围的氧浓度，对火焰有明显的窒息作用而将林火扑灭。此外，由于 CO_2 气体价格低廉，获取、制备容易，再加上国内成批生产。因此，我们设想让灭火队员背上背上一个便携式 CO_2 储气瓶，用软管将 CO_2 气瓶出口与风力灭火机进气口或出风口相连接。这样，当风力灭火发动机过热时，灭火队员只需打开背上的 CO_2 气瓶的气阀，风力灭火机喷出的灭火风中就会含有一定量对火焰有明显窒息的 CO_2 气体，将林火迅速扑灭。当然，如果 CO_2 气体较多，可以在刚开始灭火时就用 CO_2 气体进行灭火，其灭火效率肯定会高许多。

2.2 基本结构与操作方法

1. 普通便携式风力灭火机灭火时，是用皮带挂在灭火的员的胸前，由灭火队员两只手进行操作。因此，我们设计的 CO_2 辅助灭火气瓶，是用皮带背负在灭火队员的背上，并用软管与灭火风机的进风口（图 1a）或出风口的出风管（图 1b）相连接，即可将普通的便携式风力灭火机改装为便携式 CO_2 风力灭火机。这两种连接方式，均不影响灭火队员对风力灭火机的正常操作。一瓶最大容量（10 L）CO_2 压缩气体的储气瓶和减压阀的总重为 12 kg，而 7.5 L 储气瓶和减压阀的总重小于 10 kg，一名普通的灭火队员完全可以背负得起。

要说明的是，之所以我们将 CO_2 气瓶的出气管采用图 1a 和图 1b 的两种方式与灭火风机连接，是考虑到火场情况不同，而采用两种容量不同气瓶的的缘故：①若灭火队所处的林区坡度较陡峭，灭火队员行走和扑火特别困难。为了节省灭火队员的体力，可购置容量较小的 CO_2 压缩气瓶，比如为 7.5 L 以下。这时由于瓶内装的 CO_2 压缩气体较少，为了节约 CO_2 气体，使它

输出的 CO_2 气体的时间与风力灭火机一箱汽油的工作时间保持同步，即发动机油箱的汽油用完时，CO_2 气瓶的气体也用完。只有将 CO_2 气瓶的减压阀开度开得较小。由于 CO_2 气体流量较小，流出的 CO_2 全部为气体，为了确保 CO_2 气体进入灭火风机时流畅且与空气混合均匀，应采用图 1a 的连接方式；②若灭火队所处的林区坡度比较平缓，扑火条件较好，可购置容量较大的 CO_2 气瓶的，比如为 10 L 或更大一些的。这时可以采用图 1b 的连接方式。同时，将气瓶的减压阀的开度适当调大一些，气瓶从减压阀喷出的为气体＋液体状态的 CO_2，这样的灭火效果会更好一些。

2. 便携式二氧化碳风力灭火机的操作方法，与普通便携式风力灭火机一样。只是当需要用 CO_2 辅助灭火时，由灭火队员用手将其背后的 CO_2 储气瓶的气阀打开即可将 CO_2 与灭火风机吸进的空气一同从灭火风机的出口喷出。由于 CO_2 气体在气瓶内的高压作用下为液体，经减压阀出来的 CO_2 为气体＋液体状态。这样，一部分 CO_2 在由液体变为气体的过程中还要吸收大量的气化热。也就是说，从灭火风机喷出的气体＋液体状态的 CO_2 温度很低。由于 CO_2 气体对火焰有良好的窒息作用，再加上它的温度很低，会从林火的可燃物表面吸收大量的气化热，进一步降低可燃物表面的温度，其灭火效果肯定比单独的高速空气要好许多。

3. 受风力灭火机整机的重量限制，作为其动力的二冲程汽油机的油箱容量设计得较小，一般使用半小时左右。因此，为其配套的 CO_2 储气瓶，其连续使用时间也应以半小时为宜。这样，当风力灭火机发动机的汽油用完停机加油时，其背负的储气瓶中 CO_2 也基本用完。可以同时将用完的 CO_2 储气瓶从灭火队员背上取下，再换上一瓶新的气瓶即可操作加完油的风力灭火机继续进行灭火。空气瓶可以由灭火现场的操作人员利用灭火现场的 CO_2 储气罐和充气装置对 CO_2 储气罐进行充气，以备继续使用。

4. 由于我国目前成批生产的便携式 CO_2 气瓶容量多为 7～15 L，压力为 16.5 MPa 左右，其瓶口处设有专门的气体减压阀。此外，背负式 CO_2 储气瓶以及 CO_2 储气罐和专门为背负式 CO_2 储气瓶充气的充气装置，我国国家定点厂也批量生产，完全可以满足与风力灭火机的配套，无需专门设计[8]。

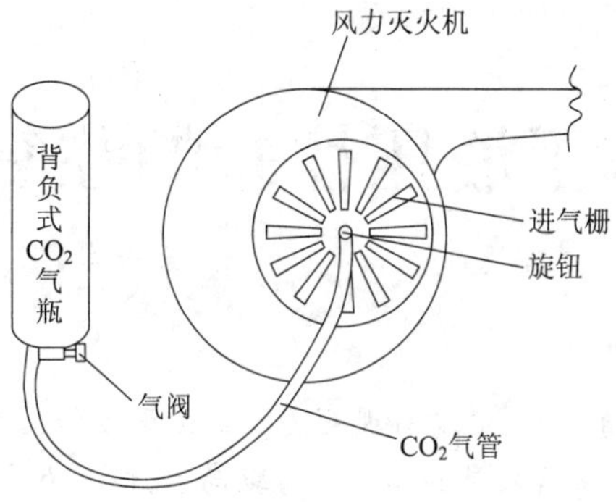

(a) CO_2气瓶输气软管与相连

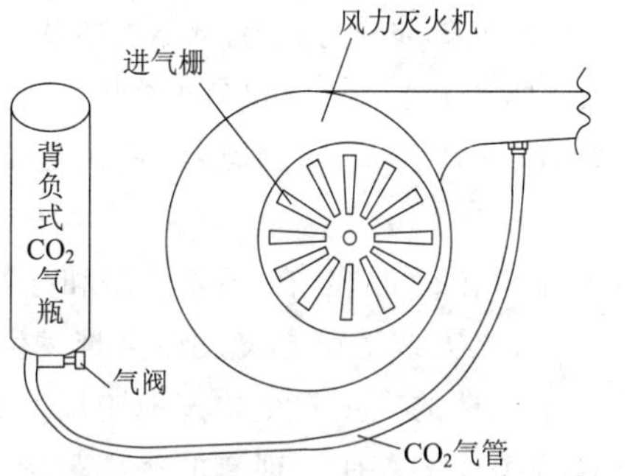

(b) CO_2气瓶输气软管与灭火风机出气口相连

图 1　便携式二氧化碳风力灭火机基本结构

Fig. 1. The basic structure of Portable carbon dioxide Pneumatic Extinguisher

另外应注意的是，由于我们若采用的是潜水员常用背负式氧气瓶来装液体 CO_2，应将 CO_2 储气瓶和储气罐的颜色，按照 GB7144 气瓶颜色标志规定涂成铝白色。瓶体上喷涂的字样“液化二氧化碳”为黑色。当然，也可以将瓶体涂成与风力灭火机一样的消防器材专用的红色而字样为黑色。

参 考 文 献

[1] 刘长生. 风力灭火机[M]. 中国林业出版社. 2001.

[2] 肖翎. 风力灭火机在湖州林区大显神威[J]. 浙江林业. 1999(4).

[3] 吕敬群，孟庆良. 风力灭火机具研究概论[J]. 森林防火. 2008(1).

[4] 中华人民共和国国家标准　林业机械　便携式风力灭火机 GB/T 10280-2008[s]. 北京：中国标准出版社. 2009.

[5] 黄志军. 高速气流灭火机理及其能量的研究[J]. 中国林业. 2009(2).

[6] 范垣宵. 细水雾灭火过程数值模拟及气动高能灭火机具的研制[D]. 浙江大学. 2006.

[7] 刘江洲. 浅谈 6MF-26 新型风力灭火机的原理和效能[J]. 陕西林业科技. 2002(4).

[8] 二氧化碳气瓶. detail. china. alibaba. com/buyer/offerdetai... 2010－02－11/2010－03－10.

基于液压控制的往复式缓降装置的开发设计研究

王兴东，宋 柯，张安裕，邹光明，陈海庭

（武汉科技大学）

摘 要：通过对现有高楼救援及缓降器的分析，开发设计了一种新型的基于液压控制的往复式缓降装置。以逃生人员的自重作为驱动力，将重力势能通过卷筒、机械传动部分转换成液压泵的输入力矩，高压油通过油缸、摩擦盘组产生阻力矩，调整溢流阀的开启压力控制摩擦盘组的阻力矩大小，从而实现安全缓降的目的。设计的双卷筒和换向机构，可实现高效往复。根据工作原理，设计制作了实体模型，并进行了缓降实验。实验结果表明了装置设计原理的正确性。为使该装置能产业化，给出了下一步研究和设计的方向。

关键词：液压控制；换向机构；群体逃生；能量转化；力矩平衡

随着城市化的加快，在高楼工作和生活的人越来越多，当火灾或地震等突发性灾难发生时，如何让受困于高楼的人员安全快速地脱离险境已成为社会普遍关注的课题。现有的登高救援车一般只能达到约 15 层的高度，更高楼层发生火灾只能靠自救，目前采用的高楼逃生缓降器、逃生管、逃生伞等设备都存在一定的不足：逃生缓降器，一次只能供一个人使用，受困人员逃离险境所花的时间较长，且安全系数不高；逃生管必须在建造时配套安装，且造价高、维护要求较高；逃生伞只供一个人使用，受周围环境的限制，使用范围不广[1]。此外，现有的高楼缓降装置多需要电能，而火灾现场随时可能停电；逃生装置操作复杂，不利于受困人员（尤其老弱病残和妇女儿童）的及时逃生。

为了更好地挽救更多的生命财产，开发出了一种基于液压控制的往复式缓降装置。在安全可靠的前提下，本装置将势能分别转换为机械能和液压能，借助液压系统控制摩擦制动力矩，调节逃生人员的下降速度，实现安全缓降的目的；进一步采用了换向机构实现高效往复，提高了逃生的效率。

1 工作原理

本装置集机械和液压于一体，完全以逃生箱（含人和物）自重作为驱动力，依靠液压反馈控制，自动实现逃生箱的可控匀速下降，结构简图如图 1 所示。

本装置的基本原理为：下降过程中，逃生箱的重力势能转化动能，再经机械传动部分将动能输入液压泵，实现动能转化为液压能，液压系统驱动油缸的活塞杆，迫使摩擦装置产生相应的制动力，从而调整了逃生箱的下降速度；根据逃生箱的质量调节溢流阀，实现其按安全速度匀速着地；设计的换向机构可实现连续往复缓降功能。

从基本原理不难看出，下降过程中逃生箱的力学平衡是保障其安全匀速运动的关键。由于逃生箱Ⅰ和Ⅱ下降过程相同，仅对逃生箱Ⅰ下降过程中系统的力矩变化进行分析推导。

设逃生箱Ⅰ和Ⅱ的质量分别为 m_{I} 和 m_{II}（$m_{\mathrm{I}} >> m_{\mathrm{II}}$），有逃生箱Ⅰ下降，系统的有效下降质量 $m = m_{\mathrm{I}} - m_{\mathrm{II}}$。如需保证逃生箱Ⅰ匀速下降，则必须保证系统在轴Ⅰ上的力矩平衡，即两个逃生箱自重产生的力矩 T 必须由系统的阻力矩（主要包括摩擦盘组产生的制动力矩 T_1 和机械传动及液压控制部分产生的阻力矩 T_2）平衡，则有

$$T_1 + T_2 = T \tag{1}$$

两个逃生箱在轴Ⅰ上产生的力矩 T 为

$$T = (m_{\mathrm{I}} - m_{\mathrm{II}}) \cdot g \cdot r \tag{2}$$

式中，r 为卷筒半径。

逃生箱Ⅰ下降带动卷筒转动，泵输出的液压油（压力为 P）进入液压缸（内径为 d），活塞杆在油压作用下迫使两摩擦盘挤压，产生的制动力矩 T_1（有效摩擦半径为 R，摩擦系数为 μ）为

$$T_1 = \frac{1}{4}\pi \cdot \mu \cdot P \cdot d^2 \cdot R \tag{3}$$

根据文献[2,3]有，齿轮 z1（轴Ⅰ）处有阻力矩 T_2，为

$$T_2 = \frac{P \cdot V \cdot i}{\eta} \tag{4}$$

式中，i、η 分别为机械传动部分的总传动比和效率，V 为液压泵排量。

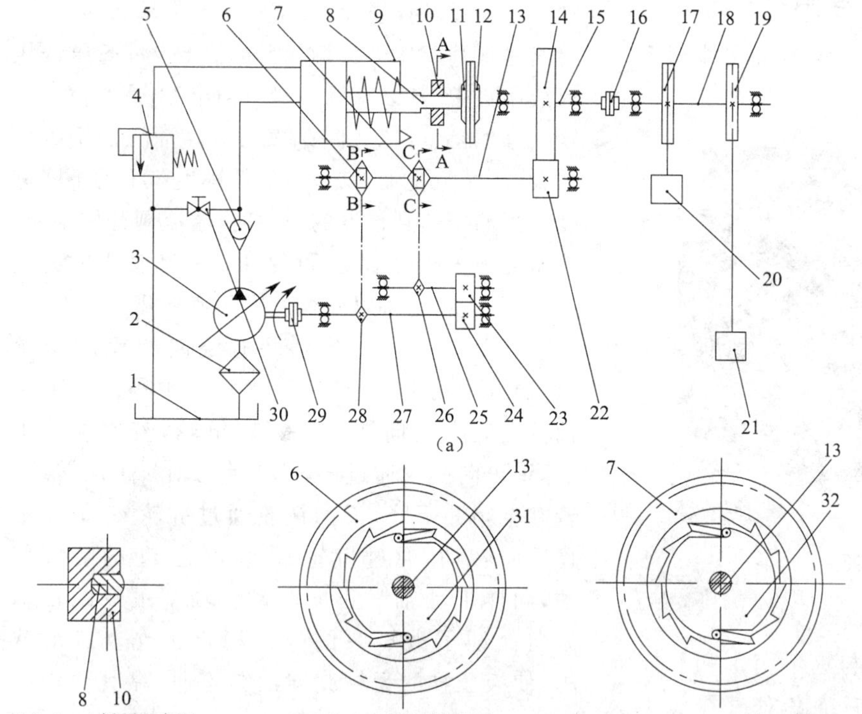

(a)

(b) A—A剖面示意图　(c) B—B剖面示意图　(d) C—C剖面示意图

1—油箱；2—滤油器；
3—液压泵；4—溢流阀；
5—单向阀；6—正向链轮 Z7；
7—反向链轮 Z5；8—活塞杆；
9—液压缸；10—滑道；
11—摩擦盘Ⅰ；12—摩擦盘Ⅱ；
13—轴Ⅲ；14—齿轮 Z1；
15—轴Ⅱ；16—联轴器；
17—卷筒Ⅰ；18—轴Ⅰ；
19—卷筒Ⅱ；20—逃生箱Ⅰ；
21—逃生箱Ⅱ；22—齿轮 Z2；
23—齿轮 Z3；24—齿轮 Z4；
25—轴Ⅳ；26—链轮 Z6；
27—轴Ⅴ；28—链轮 Z8；
29—联轴器；30—球阀；
31—内接棘轮Ⅰ；32—内接棘轮Ⅱ

图 1 缓降器结构简图

由式(1)～(4)，可导出

$$m=\frac{\pi \cdot \mu \cdot d^2 \cdot R \cdot \eta+4V \cdot i}{4\eta \cdot g \cdot r}P \qquad (5)$$

根据式(5)给出的 P 与 m 间的关系，对于给定的有效下降质量，可预先设定溢流阀的开启压力，实现逃生箱的安全匀速下降。

2 实体模型设计

根据工作原理，进行了实体模型设计，其有效下降质量为 30 kg、下降速度为 0.8～1.0 m/s[4]。

2.1 模块功能

本缓降装置采用液压与机械相结合的方法，主要由机械传动、液压控制和摩擦盘组三部分组成：

➤ 机械传动部分主要包括有增速机构和换向机构。增速传动为液压泵提供足够转速和力矩；为实现往复的功能，采用了换向机构保证液压泵的输入转速方向不变。该系统完全依靠逃生箱的自重运行，为液压泵提供必要的工作条件。

➤ 液压控制部分主要包括有液压泵 3、单向阀 5、溢流阀 4、单作用液压缸 9 和球阀 30 等，通过溢流阀调节液压缸内的压力，控制活塞杆的推力，使摩擦盘组能提供稳定的制动力，以保证逃生人员安全、平稳的下降。

➤ 摩擦盘组主要包括一对摩擦盘和滑道。液压控制系统提供压紧力，通过摩擦盘与摩擦片的挤压产生一定的摩擦制动力矩，保证逃生人员下降速度的恒定。

2.2 详细设计

下面将针对本装置中的主要机构和零部件进行详细的描述。

(1)换向机构

正向链轮 6 的内孔装有内接棘轮Ⅰ，如图 1(c)所示。反向链轮 7 的内孔装有内接棘轮Ⅱ，如图 1(d)所示。内接棘轮Ⅰ和Ⅱ的棘爪安装方向相反。

(2)液压元件

液压控制系统中，液压泵为 YB1-2.5 叶片泵，溢流阀型号为 HY-Ha10，其参数见文献[5]；液压缸内径 d＝63 mm，最大行程为 50 mm。

(3)摩擦盘

本装置中采用环形接触摩擦盘，保证了摩擦接触面积，产生的摩擦制动力矩更稳定，在摩擦盘Ⅱ上装有摩擦片。

(4)滑道

活塞杆 8 外伸端设有滑道导向，且可防止摩擦盘Ⅰ转动时带动活塞杆旋转，结构见图 1(b)。

3　模型实施方案及实验结果分析

根据上一节的设计，完成了该装置实体模型的制作，详见图2。

图2　实体模型照片

3.1　实施方案

两根钢丝绳的上端分别与逃生箱Ⅰ和Ⅱ连接，下端分别以相反的方向缠绕在对应卷筒Ⅰ和Ⅱ上，两个卷筒安装在轴Ⅰ上，轴Ⅰ经联轴器16与轴Ⅱ连接；轴Ⅱ另一端装有摩擦盘Ⅱ，轴Ⅱ上的齿轮z1与轴Ⅲ上的齿轮z2啮合，传动比为3.8；轴Ⅲ上的正向链轮z7和反向链轮z5的内孔分别装有内接棘轮Ⅰ和Ⅱ，两个棘轮的棘爪安装方向相反。反向链轮z5与轴Ⅳ上链轮z6链接，正向链轮z7与轴Ⅴ上的链轮z8链接，传动比均为3.0，轴Ⅳ上的齿轮z3与轴Ⅴ上的齿轮z4啮合，传动比为1。液压泵3的进油口经油管和滤油器2连通油箱1，液压泵3的出油口经油管和单向阀5连通液压缸9无杆腔的进油口，其无杆腔的出油口经油管和溢流阀4连通油箱1，球阀30的两端口分别通过油管与单向阀5的出油口连通油箱1，液压缸9的有杆腔通过排气口与大气相通。

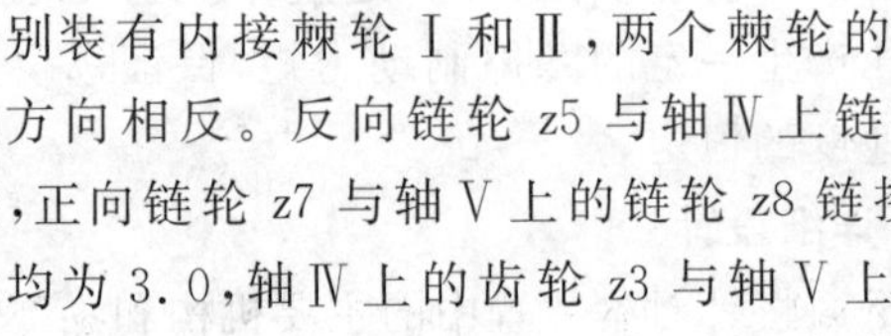

图3　速度与时间关系曲线图

若逃生箱Ⅰ下降，则带动与卷筒Ⅰ相联接的轴Ⅰ转动；增速机构增大了液压泵的输入转速；当转速达到其工作转速时，液压泵开始将高压油压入液压缸中，其活塞杆沿滑道伸出，迫使摩擦盘Ⅱ紧贴摩擦盘Ⅰ，二者间摩擦力矩随油压的增大而增大，从而阻止轴Ⅰ旋转，降低逃生箱Ⅰ的下降速度。当油压达到预设的压力时，溢流阀开始溢流，液压缸中的压力不变，可保证轴Ⅱ和轴Ⅰ的力矩平衡，逃生箱Ⅰ将以安全速度匀速下降。

卷筒Ⅰ和Ⅱ上分别装有绕向相反的钢丝绳，当逃生箱Ⅰ下降时，逃生箱Ⅱ被吊起。由于轴Ⅲ上装有反向链轮和正向链轮，若逃生箱Ⅰ下降，正向链轮通过链轮z8带动轴Ⅴ正向转动；若逃生箱Ⅱ下降，反向链轮通过链轮z6带动轴Ⅳ反向转动，通过齿轮z3和齿轮z4的啮合传动，同样带动轴Ⅴ正向转动。轴Ⅴ不变的转动方向保证了液压泵的连续稳定工作。启动球阀，使液压缸的无杆腔同油箱连通，在其弹簧的作用下活塞杆复位；关闭球阀，逃生箱Ⅱ即可实现相同的下降过程，达到了将逃生人员连续地从高楼放下的目的。

3.2　实验结果分析

通过对模型演示实验过程分析可知，逃生箱下降中的速度与时间关系曲线如图3所示。

在0到t_1时间段，液压泵由于输入转速较小而没有工作，逃生箱加速下落。在t_1时刻，逃生箱的速度达到v_1，液压泵开始将油压入到油缸中，缸内压力不断增大，活塞杆外伸，迫使两摩擦盘挤压，摩擦制动力矩由于压力的增大而增大，逃生箱做加速度不断减小的加速运动。到达t_2时刻，油液压力达到溢流阀的预设压力，液压缸中的压力不再增大，轴Ⅰ所受扭矩平衡，逃生箱的速度达到最大v_{max}。此后，逃生箱按照v_{max}作匀速下降，直至逃生箱到达地面。

实验中，0到t_2段加速时间很短，逃生箱下落约1米的高度后，开始作匀速运动直至最终着地。

4　结束语

在发生火灾或地震等突发性灾难时，本装置应能高效地解救高楼被困人员，而且还能作为一种特殊的运载设备，将高处的物资安全运送到地面。该装置的采用双卷筒和换向机构，可实现高效、往复；完全依靠逃生箱自身重力进行工作，不需额外的动力。因此该装置应能有效避免了逃生过程中人的“二次”伤害，并能使包括老弱病残和妇女儿童在内的所有人群安全可靠地到达地面。但还未进行深入的仿真建模研究，尚未给出逃生箱下降速度与高度的准确函数关系；可采用称重传感器和先导式比例溢流阀组成自动反馈控制系统，在有效下降质量变化时自动调节溢流压力，从而提高装置的自动化程度。

参 考 文 献

[1] 胡优生.全自动不间断高楼逃生装置的研究与应用[J].信息系统工程，2009：70-72.

[2] 成大先.机械设计手册[M].第3版.北京：化学工业出版社，1993.

[3] 陈奎生.液压与气压传动[M].武汉：武汉理工大学出版社，2009.

[4] 陈克平，GA413-2003救生缓降器[S]，上海：公安部上海消防科学研究所，2003.

[5] 张岚，弓海霞，刘宇辉.新编实用液压技术手册[M].北京：人民邮电出版社，2008.

机械产品参数化设计技术研究与应用[1]

吴淑芳，王宗彦，秦慧斌

（中北大学机械工程与自动化学院，山西太原　030051）

摘　要：提高新产品的快速设计和制造能力是当前企业所面临的重大课题。本文分析了当前产品设计的不足，研究了三维参数化设计技术，提出了参数化设计中对参数的划分，总结了参数化建模应遵循的原则，成功实践了基于布局草图的三维装配设计，并归纳出实现参数化设计的技术路线。最后以桥式起重机为对象进行了实例验证。该方法已在多家企业得到深入应用，能够有效地满足企业对新产品快速设计和产品知识积累的需求。

关键词：参数化设计；参数划分；参数化建模；布局草图

5

引　言

在实际设计过程中，经常会遇到系列产品的设计工作，如果逐一地进行建模，重复工作量将相当庞大，也延长了设计周期。参数化设计的优点是用户输入新数据后，生成模型、几何图形的过程无需人工参与，同时当需要修改某个参数时，程序会自动重新生成新的参数模型，因此采用参数化程序设计思想可以大大提高设计效率，大大减轻了设计工作量，并且生成的文件准确可靠。

1　参数化关键技术

1.1　参数的划分

参数化设计（Parametric Design）可以定义为：用几何约束来表达产品模型的形状特征，设计出一套形状或功能相似的设计方案。参数与设计对象的控制尺寸有显式对应，当赋予不同的参数序列值时，就可驱动达到新的目标几何图形[1]。而参数分析是进行参数化设计的前提。参数分析主要包括产品总体参数分析、零件参数分析和参数间的关联分析[2]，其中产品总体参数分析目的是分析影响整个产品功能、结构的主要性能参数，从产品整体上进行把握，如桥式起重机的跨度；零件参数分析目的在于对零件参数进行分类，并在零件参数中提取能直接驱动结构的主参数；关联分析的目的是建立参数间的关联，主要包括零部件之间的参数关联和零件内的参数关联两部分。

因此可以将参数分为四个级别：一级参数、二级参数、从动参数、无关参数。

从产品角度出发，影响多个部件结构尺寸的参数为一级参数，它能实现各模块之间几何尺寸的相互关联；只决定本部件结构尺寸的参数为二级参数；受制于二级参数、一级参数的结构尺寸参数为从动参数；不对其它零部件产生任何影响的或影响可以忽略的参数为无关参数。

1.2　参数化建模原则

为了方便后期的程序参数化，在参数化建模过程中需要遵守一定原则，主要分为零件建模原则和部件建模原则。

1.2.1　零件建模

(1)自定义模板

工作前期如果不定制模板或者模板定制不够合理，势必造成大量的重复性工作，降低设计效率。将 SolidWorks 中与工作相关的选项如箭头、单位、字体、颜色等做统一规定，同时为了保证工程图和材料明细表中的内容自动更新，需要添加相应的自定义属性或配置属性。这样避免了逐个添加每个零件信息的繁琐过程，具体实现办法是链接文件属性、自定义属性的值到工程图 BOM 表和标题栏注释中，如果自定义属性发生改变，工程图中对应注释内容也会自动发生改变，从而实现模型与工程图之间的关联设计。

(2)分析结构特征，确定建模顺序

基体特征建立是否合理将直接影响后续特征的建立，会影响到整个零件的参数化驱动方案。因此零件建模必须遵循一定的原则，不能想怎么建就怎么建，本人从工作经验中总结出了一些参数化建模原则：

总体原则：建立的特征尽可能简单，参数尺寸尽可能少，尽量不要一步到位。

选取建立模型的基准面(此基准面的确定非常重要，可以根据模型在装配体中的装配关系来选择基准面)，先基体后局部，即先建立最重要的基体特征如模型大体轮廓，然后直接或间接地以基体特征为参考不断添加新的特征。对于一些附加特征(如：倒角、圆角)或局部内容的修改，容易造成参数化驱动失败，一般放到最后生成。辅助特征的设计也很重要，虽然它不直接参与零件的形成，但在其它特征的生成过程中起到了基准定义的作用。

(3)添加相应自定义属性

模型建好后应对模型进行自定义属性的添加。这里所添加的属性是指工程图标题栏中的基本设计信息和材料明细表(BOM)的一些信息。如重量、图号、规格、备注等，这样保证了工程图中的相关信息能够自动根据模型进行更新，实现了设计信息的一致性。

1.2.2　装配体建模

三维装配体建模可分为自底向上和自顶向下两种方法。

自底向上(down-top)建模方法是事先建立起每一个零件，再由这些零件通过一定的配合关系组合成装配体。这是一种传统的装配建模方法，思路简单，操作便捷，但其不能表达产品的功能要求，无法支持产品设计的全过程，零件之间缺乏关联性。

另一种方法是自顶向下(top-down)设计方法，它是一种从装配入手的设计方法，可以在装配体中建立零部件或对零部件进行编辑，零部件的特征将参考装配体中其它零件的位置、轮廓，当参考发生变化时，所建立的零件或特征也发生相应的变化。该方法一般先要在装配体中布局草图，然后再利用草图对零部件进行定位。

考虑到自顶向下和自底向上设计各自的优缺点，并结合桥式起重机自身的结构特征，在桥式起重机的装配设计中采用了自顶向下和自底向上相结合，并结合设计草图的设计方式。一方面弥补了自底向上装配体建模方法中零部件之间无法进行关联的缺点，同时也克服了自顶向下建模方法运用困难的问题。

其中运用了布置装配草图和添加方程式技术。事先在装配体中根据需要建好合理的装配体布局草图(也称基本骨架)，草图的数量根据实际需要进行设置，充分使用约束关系，减少不必要的草图尺寸，从而使装配草图构思更加清晰，用最少的草图线段实现对所有零件主要参数的驱动，同时要求草图完全定位。

装配体布局草图建好后，所有零件和子部件采用三个基准面和结构控制草图中的草图要素(点、线、基准面)进行定位，而不用其它零件定位，以避免个别零件更换或丢失造成整个装配体的混乱，并要求零部件完全定位。

在参数化模型中巧妙地使用了方程式，利用方程式设计使尺寸之间成某种比例关系或几何约束关系。将尺寸或属性名称用作变量，创建模型尺寸或其它模型属性之间的数学关系。SolidWorks 中的方程式实际上是个自定义函数，只是不像程序设计语言中的函数那样有严格的语法，主要表示等号左边的变量与等号右边的式子相等。右边的式子通常为一般的算术运算符、嵌套的括号以及一些系统规定的简单函数，同时也可以进行简单逻辑判断。例如:在屏支架的参数化设置中巧妙地使用了方程式的逻辑判断功能(用iif函数),其槽钢阵列数量根据槽钢的总长度进行计算,当总长度小于1 800.5时阵列数量为2,当总长度大于1 800.5而小于2 600.5时阵列数量为3,总长度大于2 600.5时取4。

当零部件中存在较多的方程式时,方程式的先后顺序显得非常重要,多个方程式的求解是按编辑方程式的先后顺序逐一进行求解的,因此假如方程式的先后顺序发生了颠倒,则需要重建多次才能得到正确的结果,而重建次数很难进行有效的控制,对于大的装配体重建一次会需要很长的时间,重建的次数越多所需要的时间也越长。

1.3　参数化设计的方法

(1)程序参数法(亦称间接编程法)。在各种参数化设计方法中,程序参数化方法是最早且又最常用的一种方法。其思路是用一种中间语言对图形进行描述,形成参数化文件,然后通过解释程序解释此描述代码,生成参数化程序,从而达到参数化的目的。这种方法主要用于结构较稳定,尺寸数值发生变化或局部结构发生变化的场合,且结构比较简单的零部件。由于程序参数法将设计过程的所有关系式都包括在应用程序中,完全利用程序来执行设计过程。因此这种方法需要用户具有一定的编程能力,并且编程工作量大。

(2)图形参数化(亦称参数驱动－parameter drivin或尺寸驱动－dimension driving)。通过标注尺寸获得约束,然后通过尺寸参数值的变化来驱动图形。其关键技术就是“参数”驱动,它包含对设计经验、设计规范的应用,以及对图形及其约束的理解及约束求解。其特点是保持结构基本不变,只是给尺寸赋予不同的值,而生成一系列结构相同而尺寸不同的相似零部件。

为了实现可视化,提高程序参数化效率,可以将两种方法有机结合起来,采用参数预定义的方法建立图形的集合约束集,指定一组尺寸作为参数使其与几何约束集相关联,并将所有的关系融入到应用程序中,然后通过对话框以人机交互方式修改主动参数,最终由程序根据这些参数来实现设计[3]。

1.4　参数化设计路线

根据参数化的特点首先需要建立零部件的参数化样板模型;其次编制设计计算程序并确定零部件的设计主参数;在此基础上结合参数之间的关系确定零部件的详细设计参数;通过二次开发接口,将设计数据导入参数化样板模型得到更新的三维模型;经校核合格后生成工程图,否则优化相应的设计主参数;对于新生成的参数化工程图还存在不少问题,需要编制程序对其进行相应的调整;最终将生成的文档自动检入PDMWorks数据库。具体流程如图1所示。

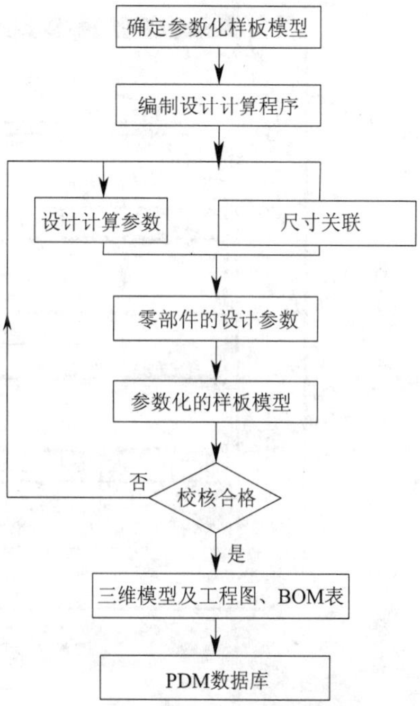

图1　参数化设计路线

在开始编制参数化程序之前需要建立参数化样板模型,参数化样板模型的建立直接影响后续参数化能否实现。参数化样板模型作为信息载体,集成了各种产品信息(包括设计过程信息、产品特征信息和客户需求信息等),可有效地缩短产品设计开发周期,达到产品快速设计的目的。参数化样板模型是根据相似性原理建立的,应尽可能多的考虑模型可能发生的变化,同时考虑采用配置设计时可能存在的各种配置组合。

2　实例验证

该系统用Solid Works建立了桥架三维模型及工程图样板,使用VB语言开发了模型主参数的设置程序,模型驱动和工程图调整程序,实现了桥架产品的快速设计。

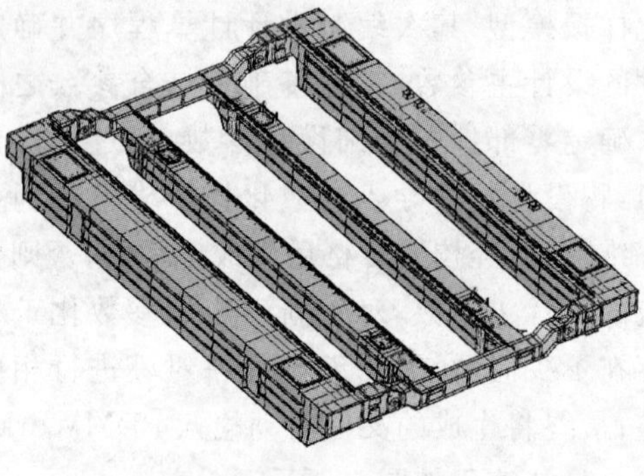

图 2　桥架三维样板模型

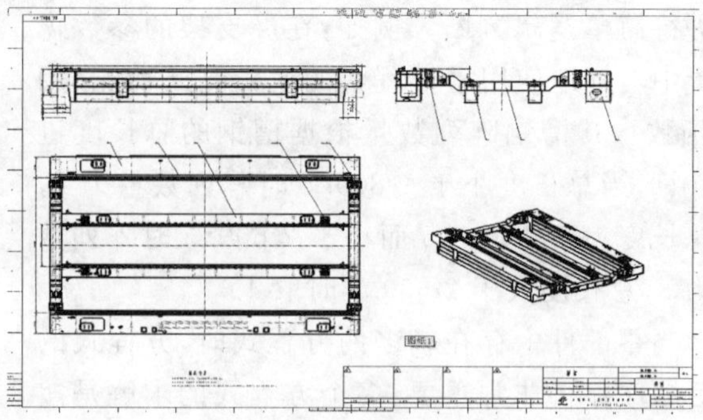

图 3　桥架工程图样板模型

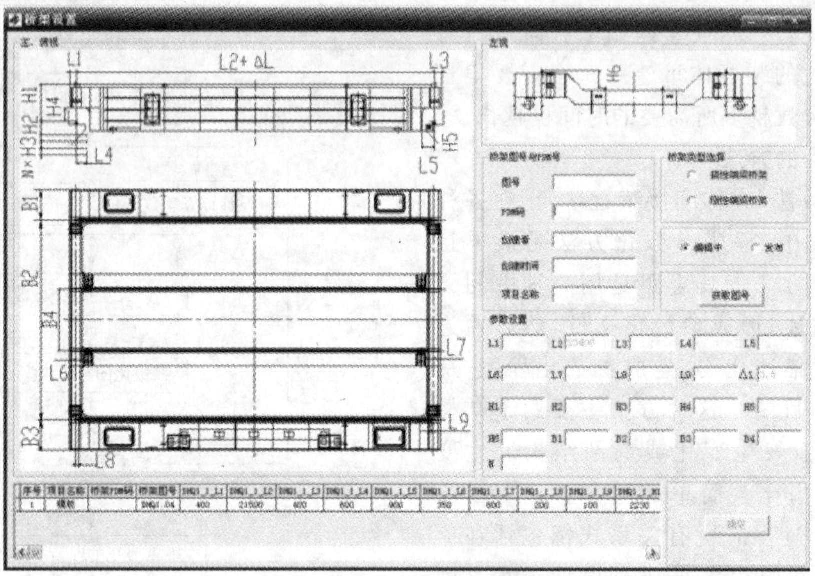

图 4　桥架主参数设置界面

3　结　　论

在参数化设计过程中通过知识库将设计经验、设计规范与参数尺寸紧密结合，实现技术参数向尺寸参数的自动转化；充分利用 solidworks 的 API 函数和程序算法实现了产品的参数化模型驱动和工程图的自动调整；利用 PDMworks 能够对产品生命周期的数据资料进行有效管理。实践证明利用产品参数化设计，能最大限度地利用企业现有的设计资源，极大地提高了产品开发的效率。

参 考 文 献

[1]　王宗彦，杨金刚，吴淑芳等. 桥起桥架参数化模块化设计[J]. 机械工程与自动化，2007，41(2)：30-32.

[2]　吴伟伟，唐任仲，侯亮等. 基于参数化的机械产品尺寸变型设计研究与实现[J]. 中国机械工程，2005，16(3)：219-221.

[3]　陈璐. 基于 SolidWorks 的参数化建模[J]. CAD/CAM 与制造业信息化. 2007(2)：72-74.

工业制动器能耗分析与研究

聂春华

（江西华伍制动器股份有限公司　江西丰城　331100）

摘　要：本文对工业制动器的能源消耗以及能耗效率进行了分析研究，对几种典型工业制动器的能量转换特征以及有效能量形式进行了论述，提出了制动器的能耗函数和能耗效率评定函数，对影响制动器能耗的各种因素进行了分析研究。提出了制动器能耗和相关技术改进的措施和建议。

关键词：制动器；能耗函数；能耗效率；能量转换；节能减排。

1　工业制动器能耗概述

中国是当今世界上最大的发展中国家，同时也是世界上能源消耗最大的国家之一；我国单位GDP能耗达到1.1（吨标准煤/万元）（2008年，[1]），相对于发达国家相差甚远。因此，坚持节约资源和保护环境已成为我国的基本国策，并把建设资源节约型、环境友好型社会放在了我国工业化、现代化发展战略的突出位置。人们的生活以及各个行业都离不开装备，所以装备的耗能形式和能耗效率是直接涉及到人们生活和各种行业耗能效率及环境污染程度的重要源头。装备的耗能是一种持续耗能，而装备的耗能形式和效率本身是由装备相关技术决定的；所以对装备及其各种耗能机构能源消耗的分析与研究对于装备耗能技术的提高和能耗利用效率的提高以及减排都具有重要的意义。工业制动器是起重装卸机械、冶金机械、电力机械等重要和重大装备当中各种机构传动当中的重要组成部分；工业制动器既是机构当中消耗机构动能并将机构的动能转换成热能的装置，其本身又是一个需要能量驱动并消耗能量的装置。工业制动器是一种在工业装备中广泛使用的通用配套产品，开展工业制动器能耗分析研究对于促进制动器产品的相关技术进步以及节能减排都具有重要的作用和显著的社会经济意义。

2　制动器能量转换特征

2.1　制动器工作过程中的能量转换形式

制动器在工作过程中消耗的电能并不像各种装备当中驱动机构那样转换成机构的做功和热能，而是主要转换成热能和势能，所以制动器的能量转换形式具有其特殊性。其中热能是无效能量；而势能（由制动弹簧产生的弹性势能或压力势能）是用来产生制动力矩的，是有效能量。

2.2　制动器制动力矩与势能的关系

制动器的制动力矩与产生制动力矩的势能是直接的正相关关系，但同时与制动器的某些设计参数（如驱动装置推力输出部位至制动瓦的杠杆比大小、推力利用系数、摩擦系数 μ 的设计取值、制动器传动效率取值等）存在相关关系；所以，同一种规格的驱动装置，其输出力相同时，由于设计参数的不同可以产生不同的制动力矩，也就是说产生的制动势能会不相同。

2.3　各种制动器的能量转换过程

一般来说，工业制动器均为电力驱动的制动器，目前主要有电力液压驱动、液压驱动和电磁驱动三种驱动类型；其中电力液压驱动的制动器和液压驱动的制动器唯一消耗能源的都是电机，比较简单；电磁制动器消耗能源的部位为电磁铁励磁和其电源管理两部分，相对比较复杂。

对于电力液压制动器和电力驱动的液压制动器，能量转换过程为：电能——电机旋转机械能——液力输出（机械功和位能）和热量；其中有效能量为液力做功和维持制动弹簧反力的弹力位能（常闭式制动器）或压力位能（常开式制动器），输出的热能为无效能量；消耗的总能量为驱动电机消耗的电能。

对于电磁制动器，能量转换过程为：电能——磁能——电磁力输出（机械功和位能）和热量（包括电源管理部分和绕组发热），其中有效能量为电磁力做功和维持制动弹簧反力的弹力位能（常闭式制动器）或压力位能（常开式制动器），输出的热能为无效能量；消耗的总能量为电磁铁驱动消耗的电能和电源管理部分自身消耗的电能。

3　制动器耗能特征及其影响因子分析

3.1　制动器的能耗特征

所有电力驱动的制动器，其耗能特征如下：

1）所有驱动装置耗能都可分为两个部分：一部分是起动过程中的耗能，另一部分是额定运行状态时的耗能。

2）在同一种制动力矩规格下，不同的驱动装置会有不同的能源消耗。

3）在同一种制动器和同一制动力矩规格下，控制（液压站驱动）和电源管理（电磁制动器）技术的不同时会有不同的能源消耗。

3.2 制动器能耗影响因子分析

3.2.1 制动器能耗函数

制动器驱动装置耗能与工作制和输入功率等有关参数的函数关系见1式。

$$E_z = E_1 + E_2 = F_r \times t_q \times N_q + F_r \times t_e \times N_e \tag{1}$$

式中：E_z——消耗的总能量，J；

E_1——起动过程消耗的能量，J；

Fr——操作频率，h^{-1}，连续工作制时为1，断续工作制时可在50～150之间选取；

t_q——起动时间，s；

t_e——额定运行时间，s；

N_q——起动时的平均功率，w；

N_e——额定运行时的平均功率，w。

由于各种制动器驱动时间一般都比较短，一般在1秒钟左右，为便于分析和简化函数式，我们假设各种制动器的起动时间相同且均为1秒钟，同时将操作频率由每小时多少次换算成每秒钟多少次，这样式(1)可变换成下式：

$$E_z = E_1 + E_2 = F_r \times N_q + 3\,600 \times Jc \times N_e \tag{2}$$

式中：J_c——接电持续率，%。

在断续工作制时，则其耗能是操作频率、起动功率、额定功率以及接电持续率的多元函数，各函数量的大小均对能量消耗可能有明显影响。式(2)表征了制动器驱动装置耗能的各种直接影响因子，为制动器能耗影响因子分析提供了工具。

3.2.2 制动器工作制类别对能耗的影响

所有制动器都会有两类工作制，即连续工作制和断续工作制；所有制动器驱动装置在各种工作制下都存在起动和额定运行两种工作状态；而起动和额定运行两种状态消耗的功率是不一样的。所以，对于同一种、同规格的制动器，其工作制的不同会导致耗能的不同，工作制成为制动器耗能的重要影响因子。

连续定额工作制：制动器的连续工作制指的是"制动器在1小时以上(含1小时)的工作过程中起动后一直将制动器维持在释放(对于常闭式制动器)状态或闭合上闸(对于常开式制动器)状态；从式(2)可以看出，当连续工作制时，$F_r=1$，$J_c=100\%$，由于只有1次起动，所以起动过程在整个工作过程中所占比例很小，可以忽略不计，其主要耗能为驱动装置在额定运行状态的耗能。

断续工作制：在1小时以内的一段工作时间内，会出现多次周期或非周期性断续通电运行，即出现相应的多次起动——额定运行——断电的循环；所以其耗能是由起动耗能和额定耗能两个过程组成。从(2)可以看出：对于同一品种同一规格的制动器，不同的工作制所消耗的能量是不同的，当F_r(操作频率)越高时，起动过程消耗的能量就越大，反之就越小；当J_c(接电持续率)越高、额定运行过程消耗的能量就越大，反之就越小。

3.2.3 制动器驱动装置起动能耗的影响因子分析

从式(2)可以看出，对于断续工作制的制动器，在操作频率比较高的情况下，N_q(起动功率)可能是影响制动器耗能的一个重要因素。而对于同一制动力矩规格的制动器，由于其驱动方式或技术的不同，起动过程中的耗能可能存在很大差异。下面就不同电力驱动方式的制动器起动特征和耗能影响因素进行分析：

1)制动器驱动装置的起动特征：以电力液压和液压驱动的制动器驱动源均为电机，由于这两种制动器驱动电机的输出均为液力，具有不过载特性，所以，它们的起动功率相对是比较稳定的，一般为额定功率的2～3倍。以电磁铁为驱动装置的电磁制动器，由于具有电磁力与电磁铁衔铁气隙的平方成反比的力学特征，所以其起动电流相对于电机驱动要大的多，为了获得满意的起动工作特性，起动功率较额定维持的功率要大很多，一般为4～6倍，最高甚至达10倍以上。

2)起动过程的能源转换效率：起动过程的能源转换效率指制动器释放(常闭式制动器)或闭合(常开式制动器上闸)的起动过程中，输出的有效功率与驱动源输入功率之比，可用式(3)表示：

$$\eta = \frac{T \times S}{N_q \times t} = \frac{T \times v}{N_q} \tag{3}$$

式中：η——起动时的有效能量转换效率；

T——驱动装置载荷(推动器或液压油缸的输出力，电磁铁输出力)，N；

S——行程(推动器或液压油缸推杆在载荷T下推起的全程距离，电磁铁衔铁运动距离)，m；

t——驱动装置在载荷T下推起行程S所用时间，s；

v——驱动装置在载荷T下推起行程S的

平均速度，m/s。

3）起动过程能耗影响因子分析：从式（3）可以分析得到：当 T 满足要求时（一般由产品标准规定，必须满足），所需 N_q 越大，则转换效率越低，制动器能耗相对就越高；一般来说，电磁制动器要比电机驱动的电力液压和液压制动器所需的 N_q 要大得多，转换效率也要低得多。当 T 满足要求且 N_q 一定时，v 越快，能源转换效率相对越高，而 v 是反映制动器动作性能的重要指标，在 η 不变的情况下，要提高动作性能 v 值，制动器的能耗会相应提高；这说明驱动装置和制动器的动作特性会反映到能源的转换效率并导致能耗差异；而驱动装置的动作特性，对于同一标准规格的产品，各家在设计参数上会存在差异并导致能源转换效率相同的情况下仍然可能出现差异；此外，制动器机械传动效率、推力利用系数的设计选定以及产品综合质量差异都可能导致能耗的差异。

4）电磁驱动的制动器：对于同一制动力矩规格的电磁制动器可能由于要求（或设计）的动作特性不一样以及励磁管理方式的不同会出现很大差异；相对于电机驱动的制动器，电磁驱动的制动器的起动功率和能耗一般都要大的多，所以，电磁制动器起动过程的功率对制动器的耗能影响相对来说要大的多。

3.2.4　制动器驱动装置额定运行时的能耗影响因子分析

制动器在额定运行状态的能量转换形式主要为热能和弹性/压力势能，额定状态下运行时，影响制动器耗能的因子主要有：

1）驱动装置输出力 T 及其利用系数等设计参数影响：输出力一般根据制动器的额定制动力矩值（一般为标准值）在设计时计算确定，由于各家产品技术原理、制造质量控制管理上存在的差异性会导致能源消耗出现差异。

2）制动器杠杆参数设计差异影响：对于同一品种，同一制动力矩规格的产品，由于各家在杠杆参数的设计差异会导致能源消耗的差异。

3）对于电磁制动器，电源管理（励磁方式）方式和技术的不同会导致电磁铁在额定状态下运行的能源消耗差异很大，这种差异可能达到 5 倍以上。

4）对于液压驱动的制动器，液压驱动装置的技术原理和结构的不同也会导致额定状态下运行的能源消耗差异；如无保压直驱式液压驱动在额定工作状态下耗能较高，有保压的液压驱动在额定工作状态下耗能很低；此外对于连续定额工作制来说，系统的泄漏也是影响制动器耗能的重要原因。

4　制动器耗能改进措施探讨

4.1　优化制动器设计参数

从第 3 章的分析可以看出，制动器在进行设计时参数的选定对制动器的能源消耗效率具有直接的关联影响。目前，我国工业制动器在设计时，设计参数的确定原则一般为保守原则；就是说，在选择参数时（尤其是摩擦系数 μ 的取值、产生力矩保证值所需的弹簧力或制动压力以及驱动装置的最小保证驱动力 T 和动作特性参数 v 等）多采用保守设计，对参数取值缺乏系统匹配和可靠性研究。从式（3）的相关参数分析我们可以看出，合理确定 T、v 参数将有利于制动器能源消耗的合理化，下面就此提出优化建议：

1）v 值的合理优化：v 值是直接涉及到制动器的动作性能参数，同时又是涉及到制动器耗能的重要参数；一般来说，要求 v 值越大，则相对需要的起动功率就越高、制动器的耗能就越大。在传统理念当中，普遍认为 v 值要大，并把 v 值当作一个重要的制动器性能指标来进行考核（传统理念认为：制动器的释放和闭合动作时间如果慢了会导致电机起动堵转和起升机构载荷溜钩），如我国曾经在 JB/ZQ8021—88 中规定“动作时间 $t \leqslant 0.3$ s 为优等品、$0.3 < t \leqslant 0.5$ s 为一等品、$0.5 < t \leqslant 0.6$ s 为合格品”[2]，该规定表明制动器的动作时间越快就越先进；实际上，随着现代驱动控制技术的快速发展（如 PLC 控制和变频驱动技术的广泛应用）以及对典型机构制动过程的理论分析均已表明，制动器的动作时间并非越快越好，而是要在一个合理的区间内。所以通过对各种机构驱动属性和特征的分析，开展机构驱动控制特征与制动参数之间的匹配和优化研究，合理确定制动器的动作时间，对制动器的能源消耗的改进，有效实现节能减排具有重要作用，尤其对强励起动的电磁制动器，具有十分明显的节能意义。

2）T 值的合理优化：T 值是涉及到制动器制动力矩性能的重要参数，而 T 值的大小对制动器的耗能具有重要影响。T 值在设计时的取值，一方面由制动器额定制动力距的取值决定，另一方面又是制动器杠杆比(结构参数)、摩擦系数、制动轮(盘)径等的函数，见(4)式：

$$T=\varphi\frac{M}{D\times i\times\mu} \tag{4}$$

式中：M——制动器额定制动力矩(一般由标准规定)，Nm；

φ——推力裕度系数，一般取1.25[3]；

D——制动轮径或制动盘理论摩擦直径(一般由标准规定)，m；

i——驱动装置输出推力至制动瓦的总杠杆比，对于电磁制动器一般为0.8～2.5，对于电力液压制动器一般为8～16，对于液压制动器一般为1～3；

μ——摩擦系数，取值范围一般为0.32～0.40。在(4)式中，合理优化i值对于T值的合理优化具有重要影响；而i值又和制动瓦退距、制动器的动作时间(v)，驱动装置的工作行程等多个因素关联，需要对他们进行个别和系统的匹配研究，达到一种优化的相对理想状态，这样对制动器的耗能研究具有重要的作用。

4.2　改进制动器结构设计

通过对制动器能耗效率的分析研究，我们可以清楚地了解制动器产品和驱动装置的能耗状况，并有针对性地开展对制动器产品及其驱动装置的结构进行优化或创新研究。如，通过对电力液压制动器的能耗效率研究，我们可以围绕影响其效率因素的相关因子(如如何改进离心泵叶轮结构降低搅油发热量、电机输入功率和泵参数之间的合理匹配等等)进行改良或创新设计，使产品技术更加先进。前面提到，制动器的有效能源转换形式主要为弹性或压力势能，而制动器制动力矩值的大小，不仅与驱动装置产生的势能是正相关关系，而且和制动器的结构参数设计等(如弹簧布置位置、驱动装置推力输出处至制动瓦块之间的杠杆比等)直接关联；通过对制动器能源消耗和能耗效率的分析研究，可以指导我们对制动器整体结构以及控制方式(对于电磁和液压制动器)的改进，从而减少制动器耗能和提高其能耗效率，促进整体技术的提高。

4.3　引导制动器的合理选型

通过对制动器能源消耗和能耗效率的分析研究，可以使制动器用户了解制动器能耗状况，从而引导用户合理选择产品配套，改善主机的能源消耗和提高主机的能耗效率，促进主机的节能减排。

参考文献

[1]　工业和信息化部官方网站.

[2]　机械电子工业部重型机械专业内部标准 JB/ZQ 8201—88《电力液压块式制动器产品质量分等》.

[3]　机械工业联合会行业标准 JB/T 6406—2006《电力液压鼓式制动器》.

第六篇　物流工程三十年历届学术会议论文集目录

中国机械工程学会物料搬运学会第二届年会论文集（成都　1984.9）

序号	论文题目	作者及单位
一、起重机		
（一）宣读论文		
1	优化设计方法在起重运输机械中的应用及其问题	陈道南　陈立周　北京钢铁学院
2	液压汽车起重机可靠性的试验研究	张仲鹏　张质文　西南交通大学
3	集装箱装卸机械的发展趋势	陈国璋　北京起重运输机械研究所
4	Q型手动螺旋千斤顶使用寿命和承载能力的实验研究	孙鸿范　上海交通大学
5	我们是如何搞好起重设备管理的	林显祖　上钢一厂机械动力部
6	起重机产品的造型设计问题	袁钧　武汉水运工程学院
7	集装箱轮胎式龙门起重机的减摇装置	李荣苕　交通部上海港口机械制造厂
8	提高我国起重机成套能力的途径	张为民　太原重型机器设计研究所
9	龙门起重机和装卸桥小车撞击缓冲器时的动力	陈玮璋　陈梦雨　王重华　上海海运学院
10	对新型多层卷绕装置——Le－Bus卷筒原理的探讨	陶德馨　武汉水运工程学院
11	螺环传动机构的分析	聂行健　陈定方　武汉水运工程学院
12	具有弹性滚道的迴转支承	郭浩明　陆国贤　倪庆兴　上海交通大学机械工程系
13	起重事故分析与预测	孙桂林　成兆堂　北京经济学院劳保系
14	超大型（φ5900）锻焊结构滚子轴承滚道的制造	周有立　盛荣根　江南造船厂
15	桥式起重机精确定位的研究与实践	陈家园　上海起重运输机械厂
16	QLX－2型载荷－力矩限制器	张伟平　胡开贵　上海港机厂　　容大志　上海万航电器厂
17	平行四联杆臂架门座起重机性能分析与设计	黄洲辉　交通部上海港口机械制造厂
18	水平变幅设计的一种方法——原理、程序框图及算例	何显根　武汉水运工程学院
19	变幅系统的优化设计计算	李春木　乐竟辉　交通部上海港口机械制造厂
20	角度记录仪	许鑫泉　上海港机厂
21	臂架式起重机平衡变幅机构设计新方案	周绪暄　周卓尤　华中工学院船舶与海洋工程研究所特种机械研究室
22	齿轮疲劳强度的可靠性设计	林树　朱孝录　北京钢铁学院机械设计教研室
23	我国水利水电工程施工用轨道式回转起重机	严自勉　水利电力部杭州机械设计研究所
24	Qy5起重机采用国际标准初步分析	辛金荣　长江起重机厂
25	桥式起重机起升机构动态响应及动载系数	余永勤　机械工业部北京起重运输机械研究所
26	机械可靠性和最佳寿命	张质文　张仲鹏　西南交通大学
（二）交流论文		
1	水力发电厂的桥式起重机	马保生　太原重型机器设计研究所
2	起重安全与司机室设计	孙桂林　北京经济学院劳保系
3	铸造起重机的安全保护装置	渠慧敏　太原重型机械设计研究所
4	组合臂架式变幅机构的运动分析	吴文发　青岛港湾学术
二、运输机械　工业车辆		
（一）宣读论文		
1	叉车门架立柱翼缘局部弯曲应力的三维光弹性实验研究	杨年甫　张质文　西南交通大学
2	KBO390型矿用可变矩偶合器的试验研究	石兴民　煤炭科学院太原研究所
3	液力减速装置在下运胶带输送机上的应用	郭有懃　张申新　上海起重运输机械厂

6

续上表

序号	论文题目	作者及单位
4	渗流 HT20－40 轴瓦套的可行性研究及其在 60 万吨/年货运索道上的应用	朱昌年 梁统琛 四川省机械研究所 纪宏和 李有德 四川矿山机器厂
5	宝钢引进胶带输送机的特性和发电煤系统使用状况	王正平 宝钢炼铁厂
6	2－3 吨叉车液力传动匹配问题	陈思思 杭州叉车厂
7	我国叉车的技术进步及其节能设计分析	郭世贤 镇江叉车厂
8	物料搬运车牵引电动机电磁负载实用分配方法	熊瑞煜 湘潭牵引电气设备研究所
9	叉车制动性能指标的分析	吕维镇 西南交通大学
10	叉车曲柄滑块式转向梯形性能及设计参数分析	褚树德 上海铁道学院机电系
11	普通胼带输送机作转弯运行的理论分析	孙可文 山东矿业学院
12	大扭矩非接触式楔块逆止器	曹秉忠 邓武山 李家录 常新志 四川省自贡运输机械总厂
13	带式输送机凹弧段线路曲率半径的计算	黄文林 北京起重运输机械研究所
(二)交流论文		
1	门架前移式叉车杠杆系后桥设计	候晓明 宝鸡叉车五厂
2	对叉车横向稳定性中横向滑移问题的探讨	黄军兴 宝鸡叉车二厂
3	胶带输送机转运站的初步探讨	李清照 重庆钢铁设计研究院
4	自动电瓶牵引车	郑蕊兴 赵秀峰 解放军总后建筑工程研究所自动牵引车项目组
三、金属结构		
(一)宣读论文		
1	箱形主梁上盖板局部弯曲应力计算	过玉卿 金光振 武汉钢铁学院
2	汽车起重机伸缩臂架优化设计探讨	孙国正 黄崇斌 武汉水运工程学院
3	随机载荷作用下复杂结构的强度分析	夏侯淳 陈道南 盛汉中 北京钢铁学院
4	大跨度全空腹桥架的计算	关银发 上海交通大学 640 教研室
5	用部件模态综合法分析浮吊臂架的动态特性	张惠侨 朱昌明 上海交通大学 640 教研组
6	高强度摩擦螺栓连接实验研究	刘中珩 上海海运学院金属结构教研组
7	门座起重机刚性拉杆涡激共振分析	卢耀祖 上海交通大学 范祖尧 同济大学
8	箱形伸缩臂滑块局部应力的计算	孙在鲁 陈佳伟 陈炳类 建设部建机所
9	门座起重组合臂架系统的振动分析	何逊楠 七ｏ一所 胡宗武 上海交通大学
10	用板架模型计算双梁桥架的内力	过玉卿 金光振 武汉钢铁学院
11	伸缩式吊臂在横向、轴向集中力和分布力联合作用下的挠度计算	周培德 汤泓 东北工学院强度研究室
12	单梁桥式起重机桥架结构的有限元分析	胡庆明 周培德 张洪亭 东北工学院强度研究室
13	交叉滚柱回转支承承载能力探讨	赵道生 长江起重机厂
14	电动单梁桥式起重机综合测试分析	张洪亭 周培德 胡庆明 东北工学院
15	起重机箱型梁集中载荷下上盖板的载荷分布长度	潘长松 北京起重运输机械研究所
16	“L”型单主梁龙门起重机主梁的优化设计	王琳 上海冶金专科学校
17	六边形起重臂的研究	言正 长江起重机厂
18	低合金高强度钢在轮式起重机上的应用	周莉珍 李兆熙 苏立昭 李哲坤 北京工程机械研究所
19	集装箱龙门起重机金属结构计算机辅助设计	王金诺 陈坚 董春玲 袁应新 西南交通大学
20	谈用有限元＋优化设计箱形伸缩臂的方法	陈育仪 北京工程机械研究所
(二)交流论文		
1	10 吨桥式起重机主梁优化设计——可变容差,罚函数及复形法的应用	蒋维兴 张克邦 汪云朗 陈连祥

续上表

序号	论文题目	作者及单位
2	集装箱龙门起重机主梁的优化设计	徐格宁　曹俊杰　太原重机学院
3	炼钢厂100T桥吊主梁变形的处理	王绍璞　首钢机械动力部
4	预应力主梁设计	黄锡镛　南昌起重设备厂　张春于　江西冶金学校
5	箱形梁上盖板局部弯曲应力的计算	翟甲宗　太原重机学院
6	盆式气囊强度计算初探	朱庚　抚顺挖掘机制造厂
四、1. 物流与仓储		
(一)宣读论文		
1	自动化高架仓库总体设计的若干问题	虞和谦　机械工业部北京起重运输机械研究所
2	开展、建立物料搬运教育是当务之急	龚鸿震　机械工业部第二设计研究院
3	试论仓库工作改革中的几个问题	袁育芬　商业部郑州粮食科研所
4	物料搬运系统应用一例　杭州录音机厂生产线技术改造设计简介	朱如瑾
5	搬运系统的计算机模拟	王方智　机械工业部北京起重运输机械研究所
6	北京汽车厂自动化高架仓库(试验库)用堆垛机	智少玲　机械工业部起重所
7	对长大物料仓贮系统的探索	李守林　傅云　北京起重运输机械研究所
8	多品种装配线的平衡问题	王方智　机械工业部北京起重运输机械研究所
9	新型活化料仓	李贤年　史在东　浙江大学化工系
(二)交流论文		
1	高层轮胎仓库工艺方案设计	张恕民　二汽东风汽车工厂设计处总图贮运设计室
2	在定点发运产品过程中使用托盘、集装箱的尝试	张葆真　第一拖拉机制造厂销售处
3	活动料棚在仓库货场中的作用	成民威　国家物资局武汉储运公司技术科
四、2. 气力输送		
(一)宣读论文		
1	栓流气力输送的理论及实践	程克勤
2	连续稳定栓流附加压损方法	黄标　轻工业部上海轻工业设计院
3	新型气力卸船装置的研究及其数值分析	陈宏勋　交通部水运科学研究所 富田侑嗣　九州工业大学机械工学第二学科　教授工学博士 日本
4	气力输送技术的现状与未来	杨伦　华东化工学院
5	一元两相流几个基本方程	翟庆良　东北工学院流体力学教研室
6	阿连区固气速度比及临界风速	李诗久　东北工学院
7	煤浆管道运输技术	黄松元　太原重机学院
8	脉冲栓流气力输送料栓压力降及输送状态的分析	倪光裕　王仁柞　杨介更　浙江大学
9	粉料脉冲气力输送水平直管段的压力降	张耀金　潘新章　南京化工学院硅工系
10	固体颗粒通过非圆形孔的重力流动	崔世纯　常国琴　王月　秦霁光　化工部化工机械研究院
11	水平管内固气悬浮运动和沉积速度	余洲生　上海海运学院
12	日本物流系统的进展	陈宏勋　交通部水运科学研究所
13	脉冲气力输送中利用电容仪测量料栓运动参数	杨家灿　倪光裕　王仁柞　浙江大学
14	防止料仓产生漏斗流的几种方法	杨介更　倪光裕　王仁柞　浙江大学
15	旋转式卸料器工作性能分析	张慎衷　苏炳坤　交通部水运科学研究所
16	铸造旧砂低压气力输送装置的试验及应用	谢一华　上海缝纫机二厂 王守全　机械工业部济南铸锻机械研究所

6

续上表

序号	论文题目	作者及单位
(二)交流论文		
1	谈谈对我厂压送设备改进的一点体会	宋应恒 孙雪梅 长沙正圆动力配件厂
2	集装容器气力输送	罗德润 武汉水运工程学院
3	气力装卸机研究试验报告	鞠长绪 张志声 崔国华 辽宁省粮食科学研究所
4	近代气力卸船机的发展动向	张慎衷 苏炳坤 交通部水运科学研究所

中国机械工程学会物料搬运专业学会第三届年会论文集(上海 1988.10)

序号	论文题目	作者及单位
	A 辑:大会宣读论文	
1	集卸中心的计算机模拟	王方智 北京起重运输机械研究所
2	气垫带式输送机理论及实验研究	张亮有 黄松元 太原重型机械学院
3	气力输送技术进展综述	陈宏勋 交通部水运科学研究所
4	起重机金属结构的CAD绘图系统研究	谭永涛 王金诺 西南交通大学
5	桥式起重机金属结构疲劳概率设计	谢剑钢 过玉卿 武汉钢铁学院
	B 辑:小组宣读论文	
1	鲅鱼圈煤码头装卸运输自动化系统	葛开骥 交通部二航设计院
2	第二汽车制造厂物流系统的实践	贾志宏 第二汽车制造厂设计处
3	带式输送机线的经济评价	汪甦 武汉钢铁设计研究院
4	北京四道口水产冷库贮运系统设计	智少玲 傅芸 北京起重运输机械研究所
5	运用现代物流技术大幅度增产国酒——茅台酒	洪秀祥 贵州轻纺工业设计院
6	系统经济分析在改进物料搬运方式中的应用	傅敬江 沈阳市第三粮库
7	某部自动化轮胎立体储仓系统	刘石予 沈阳纺织机械厂
8	系统模型及模拟在集装箱码头的研究	熊昌锦 交通部水运科学研究所
9	鞍钢供应物流技术的探讨	郁素人 韩永塘 倪向东 霍宗仁 洪庆凯 鞍山钢铁公司
10	对后摇杆驱动的刚性四连杆组合臂架的分析	徐长生 陶德馨 武汉水运工程学院
11	物料搬运的重要设备——桥式起重机水平的评价与分析	周德顺 北京起重运输机械研究所
12	起重机械的单机优化与通用化	林中江 北京起重运输机械研究所
13	轮胎起重机的失稳分析	陈传诗 大连港务局机电处
14	新型集装箱吊具的研究	陈国璋 北京起重运输机械研究所
15	高塔柱港口轮胎式起重机	钟永祺 上海海港职工大学
16	“海港吊”臂架系统的新方案	高澍 南京航务工程专科学校
17	轮胎式起重机H式支腿受力分析	陈以纲 哈尔滨工程机械制造厂
18	探讨我国新一代铁路救援起重机的轮廓	范思圣 齐齐哈尔车辆工厂设计科
19	门座起重机总装方案的选择	周有立 江南造船厂
20	装卸桥抓斗作业轨迹自动控制研究——微机及可编程序控制器的应用	李桐君 上海海运学院机械系
21	起重机减速器硬齿面刮削加工	黄红雨 龚贤 交通部上海港口机械制造厂
22	DLQ型电动轮胎起重机价值工程应用分析	胡文毅 邝立 上海港机械修造厂
23	宝钢2030桥吊20～t×40.8～m主梁的局部稳定性验算	柯鸿池 许长山 上海起重运输机械厂

续上表

序号	论文题目	作者及单位
24	装卸桥小车运行机构的计算机动态仿真	钟自力　大连起重机器厂研究所 过玉卿　武汉钢铁学院机械系
25	起重机减速器的可靠度计算	孙业胜　陈道南　关焯　北京钢铁学院
26	状态变量法在桥式起重机扭振中的应用	米帛　陈道南　夏侯淳　北京钢铁学院
27	链斗卸船机悬链曲线的计算机模拟	毕华林　宋祁群　武汉水运工程学院
28	埋刮板输送机刮板链条张力的计算方法与电算程序	詹国春　湖北宜都运输机械厂
29	俯仰伸缩悬臂皮带机凸弧段设计探讨	汪宗华　宁波北仑港区
30	MZ 型埋刮板输送机刮板链条的强度问题	余汪洋　湖北省机械研究所
31	提高胶带输送机适应倾角问题的探讨	孙可文　山东矿业学院
32	楔块逆止器不均载系数的研究	曹秉忠　常新志　李家汞　四川省自贡运输机械总厂
33	叉车门架的有限元分析	钱春阳　张质文　西南交通大学
34	内燃——电传动叉车发展前景	韩玉恩　上海海运学院机械系
35	集装箱搬运车稳定性的计算和试验方法	吕维镇　西南交通大学
36	叉车载重滑架与货叉缓冲减震的结构探讨研究	李林福　抚顺市叉车总厂
37	电瓶叉车调速系统故障的快速分析	于清洲　王力军　太原重机学院
38	双向自动增力式蹄片制动器研究	陈慕忱　邬华芝　武汉水运工程学院
39	叉车的可靠性及其故障间隔时间的分布规律	黎启飞　上海海运学院
40	叉车转向阻力矩的测试与分析	周文雄　陈慕忱　武汉水运工程学院
41	关于流·固双相流的相似判据	李诗久　东北工学院
42	气力输送片冰试验及理论探讨	李才生　水电部杭州机械设计研究所
43	弯管形状对其耐磨性能的影响	程克勤　江南造船厂
44	密相气力输送自动调节阀的研究	刘凤章　邹贻模　贵州工学院机械系
45	桥式起重机结构动特性的有限元计算及频谱分析	张宣生　陈道南　北京钢铁学院
46	用断裂力学方法估算起重机结构构件寿命	罗会信　过玉卿　武汉钢铁学院
47	剪叉式高空平台车金属结构的强度分析	周培德　姜涛　东北工学院抚顺起重机总厂
48	大型液压汽车起重机箱形伸缩臂足尺静力破坏试验研究	王金诺　柳葆生　张质文　张永甡　西南交通大学
49	起重机箱型主梁的静、动特性研究	华瑞敖　王黔灵　西南交通大学
50	半偏轨箱形梁舱口板受力分析	金光振　陈道礼　武汉钢铁学院
51	伸缩臂式起重机吊臂局部稳定性分析	宋甲宗　张小侠　大连工学院
52	偏心轴压缺陷圆柱壳的弹性稳定性和优化模型	杨伟东　孙国正　武汉水运工程学院港口机械工程系
53	微机结构分析在机械设计中的应用	蔡麟笙　刘潇媛　高素荷　太原重型机械研究所
54	操作差错和人的可靠性	张质文　西南交通大学
55	传动系统柔性化理论依据	王书林　崔文好　鞍山钢铁学院
56	论宝钢技术对我国起重运输机械的影响	应承安　无锡县涂油器厂
57	用微机设计与核算常用各种截面形状吊钩钩身承载能力的通用程序	向成安　鞍钢修建公司
58	链斗卸船机控制技术的研究	苏祥铎　交通部水运科学研究所
59	电子皮带秤秤架型式与结构探讨	韦梦呈　首都钢铁公司
60	低合金高强度钢加工焊接工艺探讨	陈以纲　哈尔滨工程机械制造厂
61	如何评价内燃平衡重式叉车	陈星　陈树国　机械委北京起重运输机械研究所

续上表

序号	论文题目	作者及单位
	C辑:交流论文	
1	物料搬运技术的研究和应用	王文馆　国家机械委第五设计研究院
2	老库改造的优化方案——装卸机具配套作业连续化	于淑清　中国物资储运总公司武汉公司
3	连续托架式提升机的应用及水产冷冻加工物流系统	姜礼厚　大连水产学院
4	内河煤炭出口码头装卸综合控制系统	凌仲生　交通部水运规划设计院
5	英国西蒙卡——维斯(SIMON—CARVES)散粮装卸系统	袁康　大连港务局　楼锡文　大连港务局
6	提高自动化仓库流通量的计算机优化方法	王友凡　北京起重运输机械研究所
7	双层卷绕起升机构在堆垛机上的应用	刘继敏　苏州储运机械设计研究所
8	大跨度龙门起重机移动司机室走行结构的改进	成民葳　中国物资储运总公司武汉公司
9	港口门座起重机主要故障的分析和DT技术应用的必要性探讨	沈元浩　武汉水运工程学院
10	轮胎式起重机支腿油缸漏油问题的分析与改进	沈元浩　武汉水运工程学院 郑尚越　黄埔港务局一公司
11	起重机械钢丝绳的失效分析	陈广异　北京化工学院
12	电动葫芦的评论方法	孙琦　北京起重机械研究所
13	我国内河港口起重机技术现状及发展	蒋国仁　武汉水运工程学院
14	电动多支点悬挂起重机	乔大刚　钟贤通　航空部第四规划设计研究院
15	通用性钢板装卸新工艺的设计方案	陈苏来　上海港汇山装卸公司
16	100～t造船龙门起重机构造特点	徐兆君　中国船舶工业总公司第九设计院
17	谈桥式起重机电机的选用	范日阳　上海起重运输机械厂
18	龙门起重机的两种大车偏斜侧向力的分析计算	孙明尧　武汉冶金设备制造公司设计研究所 过玉卿　武汉钢铁学院起重机研究室
19	试论我国起重机设计规范的编制和水平	万力　国家机械委北京起重运输机械研究所
20	浅谈八十年代国外工程起重机发展中的新理论、新机构、新产品	陈以纲　哈尔滨工程机械制造厂
21	带式输送机运行故障分析及处理意见	于载泽　武汉煤矿设计研究院
22	DX型钢绳芯带式输送机托辊组间距阶梯化探讨	杨洪清　煤炭工业部武汉煤矿设计研究院
23	略谈管道输煤及在我国发展	盛家铎　武汉煤矿设计研究院
24	小龙潭矿胶带机的结构特点	孙培瑚　沈阳矿山机器厂
25	埋刮板输送机的动力分析	黄学群　化工部第四设计院
26	我国要加快架空索道的发展——为迎接我国旅游高潮的到来	钟国富　国家机械工业委员会北京起重运输机械研究所
27	悬挂输送机环形链条的受力计算方法	张献玲　二汽工厂设计处机械化科
28	振动式多层水平园运动干燥机	卢英林　张守岩　孙颖　魏勇　东北工学院
29	物料搬运周边接口设备——电动牵引平车	罗春风　铁道部天津物资办事处
30	大容量(安时数)电池组在电瓶牵引车上的应用研究	曲贤栋　开封市电瓶车厂
31	叉车液压助力转向系统的性能研究	周强　陈慕忱　武汉水运工程学院
32	制动器底板拉伸成型中的应力应变状态分析与工艺计算	王燕生　山西机器厂
33	国内蓄电池叉车晶闸管调速装置性能评价与分析	钱铁文　沈阳电工机械厂
34	双梁龙门起重机水平刚度计算	徐格宁　太原重型机械学院
35	门座式起重机四连杆组合臂架的运动模拟	周宏甫　武汉钢铁学院
36	电池行业应用脉冲式气力输送技术的介评	莫崇庸　成都市轻工业研究所
37	激光测速粒子速度信息鉴别	邱建杭　交通部水运科学研究所

续上表

序号	论文题目	作者及单位
38	港口机械的经济效益及经济寿命分析	毕华林　王少梅　武汉水运工程学院
39	谈机械产品造型设计	宫述之　东北工学院
40	新型液压缸支承环的试验研究	夏廷栋　宋慧领　哈尔滨工程机械厂研究所
41	机械设备早期故障的可靠性预测	计三有　顾必冲　武汉水运工程学院港口机械工程系
42	随机疲劳载荷的计算机模拟	计三有　顾必冲　武汉水运工程学院港口机械工程系
43	福建省物料搬运技术发展设想	杜国林　福建经济管理干部学院

中国机械工程学会物料搬运分会第四届学术年会论文集（太原 1992.9）

序号	论文题目	作者及单位
	一、大会宣读论文	
1	宝钢自动化立体仓库	张国强　苏州起重机械厂
2	管道物料输送技术进展综述	陈宏勋　交通部水运科学研究所
3	当代胶带输送机发展重点及其配套设备的发展	黄万吉　连续输送技术专业委员会
4	起重机金属结构用钢的探讨	胡永祺　大连起重机器厂　高新华　大连起重机器厂
5	多级多终端计算机管理控制系统	覃薇薇　王义强　区和坚　陈志毅　机电部北京起重运输机械研究所
6	起重机械产品和起重机械行业技术水平评价——介绍一种评价方法	臧义成　机电部北京起重运输机械研究所
7	叉车乘座舒适性的试验研究	王以高　北京起重运输机械研究所 李素蕊　太原重型机械学院 滕裕昌　机电部试验场"
	二、小组宣读论文	
1	改善物流系统　提高企业效益	石永铎　大连理工大学　郝万吉　大连变压器厂
2	机械制造中的流态生产	吴觉伪　机械电子部第五设计研究院
3	机械加工生产线的物流改进	郭恒昌　二汽传动轴厂技术科
4	企业生产物流系统中的库存策略	吴清一　张伟　李苏剑　北京科技大学
5	物料搬运系统配备机械化设备的临界作业量计算方法的探讨	李学平　邮电部设计院
6	配送中心的发展状况及其差距	王长滨　辽宁物流研究中心
7	汽车生产中物料运送设备的现状与发展	吴葵　中国汽车工业总公司天津设计研究院
8	电动葫芦半自动输送——桑塔纳轿车车身总拼焊输送线简介	缪伟大　上海大众汽车有限公司
9	超速保护装置	胡承忠　苏州起重机械厂研究所
10	起重机渐开线齿轮减速器传动参数计算机辅助设计系统 GCAD	胡岩　大连起重机器厂 李德宝　大连起重机器厂
11	铁路装卸机械使用寿命的优化	张质文　王金诺　程文明　陈叶梅　西南交通大学
12	核电站用起重机的特殊性能	高屹　上海核工程研究设计院
13	卷筒补偿单臂架起重机数值分析法	李铭　上海交通大学
14	多种表面污染和新型球墨铸铁车轮轮/轨粘着—弹性滑移特性的试验研究	徐强　冯刚　李莲娣　杨长骙　大连理工大学
15	电力液压制动臂盘式制动器	张元培　唐凤　太原重型机械学院
16	起重机微机检测系统的软件研制	罗会信　过玉卿　张少敏　范勤　武汉钢铁学院起重机研究室

续上表

序号	论文题目	作者及单位
17	钢丝绳剩余破断拉力的试验研究	顾必冲 武汉水运工程学院
18	起重机运行机构技术的一项重大改进——从 MH 电动葫芦门式起重机看液力偶合器的使用效果	万力 机电部北京起重运输机械研究所
19	汽车起重机下车的模态分析	顾亮 郭启扬 胡琪琪 北京科技大学 徐乾坤 李亚平 丰保安 机电部工程机械试验场
20	桥吊箱形主梁可靠度的第二水平法估算	陈道礼 武汉钢铁学院起重机研究室
21	在动态响应分析中消除系统刚体位移的一种方法	孙小明 胡宗武 上海交通大学
22	起重机钢结构概率极限状态设计分析	翟甲昌 太原重机学院工程机械系 何庆生 扬州江扬船舶集团公司起重设备厂
23	叉车门架立柱局部弯曲应力的有限元分析和计算方法研究	程文明 张质文 王金诺 西南交通大学
24	受压构件的变截面长度系数的计算	王重华 陈玮璋 上海海运学院
25	汽车起重机箱形底架的优化设计	洪明 徐怀忠 施云权 长江起重机厂
26	葫芦小车圆弧轨道曲梁的分析与计算探讨	徐克晋 太原重型机械学院
27	液压油缸动力稳定性分析的线性化方法	顾迪民 康亚东 孙景惠 哈尔滨建筑工程学院
28	改善实际结构疲劳寿命估算精度的方法	孙国正 郭建生 武汉水运工程学院
29	桥式起重机主梁刚度概率极限状态设计分析	何庆生 杨州江扬船舶集团公司起重设备厂 翟甲昌 太原重机学院工程机械系
30	斗轮堆取料机动态特性分析及实测	冯刚 徐强 冯俊 宋甲宗 大连理工大学机械系
31	带式输送机胶带的横向振动固有频率的理论研究与计算	梁兆正 山东矿业学院
32	钢绳芯胶带部分芯绳断裂后芯绳张力分配等问题的计算机模拟研究	毛君 解本铭 王广丰 阜新矿业学院 孙国敏 沈阳煤矿设计研究院
33	胶带粘弹性理论与运输机最佳起制动状态的研究	毛君 解本铭 王广丰 赵景浦 阜新矿业学院
34	气垫平台输送机主参数的研究及气孔布局方式的优化设计	王鹰 候文君 太原重型机械学院
35	垂直圆管带式提升机的基本理论问题	孙可文 李金良 梁兆正 于岩 山东矿业学院
36	垂直圆管带式提升机中胶带特性与参数的分析	孙可文 于岩 肖林京 朱路群 山东矿业学院
37	悬链斗卸船机模化理论研究	何积松 武汉水运工程学院
38	用相对零压理论计算气力输送循环网络并绘制压强图	欧阳富 吉林林学院 薛彦华 王刚 王跃邦 张国庆 吉林临江林业局刨花板厂 徐振洪 林业部苏州林机厂气力输送研究所
39	我国粮食厂仓通风除尘、通风降温和气力输送技术的进展	周诚 南京粮食经济学院
40	对制粉车间采用国内设备及构件的磨下水平吸运系统的初步探讨	刘庆 新疆粮油科学研究所
41	气力容器管道设计 第一部分 最优管径的计算	黄标 Department of Mechanical Engineering McMaster Universrty! Canada
42	车辆综合试验台构造与测试系统	李素蕊 卫良保 太原重型机械学院
43	车辆综合试验台测功加载与电气控制系统	陶元方 朱西产 太原重型机械学院
44	伸缩臂装运机总体稳定性计算方法的探讨	吕维镇 西南交通大学
45	叉车吸油回路的结构设计与“空穴”现象	金剑 成都叉车总厂
46	PLC 在中小型斗轮堆取料机上的应用	万尧 许晓晖 机电部北京起重运输机械研究所
47	内河煤码头计算机综合管理系统的研究	曲春晓 王青 交通部水运科学研究所
48	程序的执行周期和语句顺序在 PC 控制系统中的影响	陈铁军 大连起重机械研究所

续上表

序号	论文题目	作者及单位
三、交流论文		
1	物料搬运作业的科学	石永铎　大连理工大学　冯仁德　大连经济开发区
2	美国的物料搬运	周绍拯　机械电子部第七设计研究院
3	生产过程也是物质流——考察美国迪尔联合收割机厂物流管理	丁淑兰　机电部第五设计研究院
4	巷道堆垛叉车及其在仓库中的应用	臧鸿福　苏州起重机械厂研究所
5	一种外形自动检测装置	刘煜华　娄向辰　苏州起重机械厂
6	起重机运行机构计算机辅助设计	丁怡　上海交通大学
7	桥式起重机动态仿真程序 DSOC	蒋立新　张惠侨　上海交通大学
8	桥式起重机箱形主梁的可靠性优化	陆国贤　戴培军　倪庆兴　上海交通大学
9	试析运行平稳性	朱思中　上海三菱电梯有限公司
10	螺杆式变幅机构新技术	蒋华　江南造船厂
11	新型系列液压推杆制动器的设计和试制	柯鸿池　倪永昌　上海起重运输机械厂
12	技术引进派拿抓斗刃口板的国产化	胡永祺　大连起重机器厂
13	桁架式臂架结构布局优化	秦义校　单志辅　唐风　太原重型机械学院
14	变截面悬臂构件顶端水平位移的简便计算	苏耀华　郑惠强　同济大学
15	复杂荷载作用下塔机塔身非线性变形的计算	陆念力　顾迪民　胡国宏　哈尔滨建筑工程学院
16	“海上整体吊运40吊门座起重机”的新工艺	杨春兰　赵玉泉　刘敬泰　中国船舶工业总公司大连造船厂
17	气垫带式输送机凸凹弧段气垫场主参数的计算	毛君　解本铭　栾丽君　阜新矿业学院
18	回转配仓胶带输送机	杨春亨　能源部太原煤矿设计研究院
19	电动滚筒密封装置的研究	刘建勋　天津市叉车总厂
20	非球形颗粒的栓塞状气力输送及自动成栓机理的实验研究	谷笳华　马家欢　潘文欣　陈素贞　中国科学院力学研究所
21	气力输送技术在干法冷却炭化稻壳工艺中的应用	周立康　辽宁省粮食局　静红　沈阳市粮干校

6

中国机械工程学会物料搬运分会第五届学术年会论文集

——中国的经济建设与21世纪的物料搬运技术（武汉 1996.10）

序号	论文题目	作者及单位
大会宣读论文		
1	物流系统的计算机动画模拟技术	程文明　田怀文　王金诺　李卓慧　西南交通大学
2	管道物料输送技术在我国的应用和发展前景	陈宏勋　交通部水运科学研究所
3	钢丝绳无损检测原理与仪器	杨叔子　康宜华　华中理工大学
4	起重机起升机构机械式制动器受力状态及工作特性分析	D. Severin　柏林工业大学
5	起重机可靠性考核	须雷　机械工业部北京起重运输机械研究所
6	应用概率理论确定起重机非工作状态基本风压	赵永翔　郭瑞琴　张质文　西南交通大学
7	起重机概率设计和载荷(应力)仿真	胡宗武　上海交通大学
8	货物或抓斗对甲板和舱底板安全作用问题	H. П. 格兰宁　俄罗斯运输科学院
9	我国冶金起重机钢丝绳的使用现状研究及改进建议	万力　机械工业部北京起重运输机械研究所
10	交流变频化与自动化——港口机械电气自动化新进展	张家锟　交通部水运科学研究所
小组宣读论文		
一、物流仓储技术		
1	巷道堆垛起重机的认址方式与调速方案的研究	熊肖磊　上海铁道大学
2	自动化立体仓库监控系统	周奇才　熊肖磊　上海铁道大学　朱雷　苏州起重机械厂

续上表

序号	论文题目	作者及单位
3	人机界面模型在物流系统中应用的研究	危晓　德国戴姆勒—奔驰工业集团国际邮政自动化公司(AEI)
4	自动化立体仓库总体设计软件开发研究	尹军琪　机械工业部北京起重运输机械研究所 王转　北京科技大学
5	港口物流系统综合评估	石永铎　大连理工大学　韩友江　大连起重机器厂
6	EDI 技术在国际集装箱运输物流系统中的应用	陈琪明　交通部水运科学研究所
二、起重机械技术		
1	门座起重机动载系数 φ_2 的计算与测试数据对比分析	桂寿平　武汉交通科技大学
2	低高度桥式起重机设计	李国杰　苏州起重机械厂
3	分别驱动轨行起重机运行规律及运行侧向力研究	刘玉海　无锡市港口工程公司　孙鸿范　上海交通大学
4	高强度塑料轮的粘弹性力学特性计算	乔立南　德国国家材料检验局(BAM)
5	机械自动联锁夹钳的失效分析	陈道礼　武汉冶金科技大学
6	起重机稳定性计算的可靠性分析	朱大林　葛洲坝水电工程学院
7	核电站环行起重机起升机构平衡装置研究与开发	王红心　高顺德　大连理工大学
8	桥式起重机大车运行特性的改善	屈福政　大连理工大学
9	大型滚动轴承在起重机上的正确使用	田茸生　上海港口机械制造厂
10	门座起重机总体 CAD 软件数据分析及管理	王红　王少梅　武汉交通科技大学
11	抓斗合理设计方法的探讨	牛聪民　太原重型机械设计研究院
12	臂架类起重机运行打滑的概率验算方法	李勇智　武汉交通科技大学
13	21 世纪的起重运输机械设计与制造	季庸惠　马骏骑　昆明理工大学
14	桥式起重机 CAD 系统开发及工程数据库管理	苗明午　机械工业部北京起重运输机械研究所
15	铁谱监测技术在起重运输机械设备维修管理中的应用	沈元浩　武汉交通科技大学　赵新泽　葛州坝水电工程学院
16	龙门起重机的安全性指标和防风抗翻能力	张仲鹏　许志沛　程文明　张质文　西南交通大学
17	我国第一个电动葫芦门式起重机系列——MH 电动葫芦门式起重机	万力　机械工业部北京起重运输机械研究所
18	高速铁路架桥机研究	姜巍　铁道建筑研究设计院
19	多用途单臂架起重机变幅系统多目标优化设计	顾必冲　武汉交通科技大学 罗璐　摩托罗拉中国电子有限公司
20	门座起重机臂架系统运动动力响应计算的柔性多体有限元法	孙世基　陆志华　武汉交通科技大学
21	滑轮组补偿和卷筒补偿设计	潘雪泉　上海港口机械制造厂
三、金属结构		
1	铁路起重机车架的合理建模研究	罗永新　中国四川国际合作股份有限公司 王金诺　西南交通大学
2	用动态规划法进行起重机桁架式臂架的结构优化设计	王浩东　陆国贤　倪庆兴　上海交通大学
四、连续输送技术		
1	斗轮式矿石卸船机的技术开发研究	李士瀛　张振雄　上海港口机械制造厂
2	螺旋漏斗性能的改进	彭传圣　郑见粹　交通部水运科学研究所
3	DTⅡ型带式输送机托辊 CAD	龚欣荣　王新民　四川省自贡运输机械总厂
4	扇形仓群配料系统的设计和应用	沈金棠　上海市饲料科学研究所
5	用指数曲线漏斗解决粉矿堵仓在武钢获得成功	于载泽　煤炭工业部武汉设计研究院
6	合理设计与使用立式螺旋输送机	庞美荣　王春维　武汉食品工业学院

续上表

序号	论文题目	作者及单位
7	锁边圆管带式输送机弯曲处的力学分析	肖林京　梁兆正　孙可文　山东矿业学院 徐锦诚　莱州市橡塑厂
8	提升机绳系动态问题及冲击限制的研究	梁兆正　山东矿业学院
9	带有“坑”型缓冲机构的带式输送机装载处冲击载荷研究	张颜民　张跃明　清华大学
10	中间转载多点驱动布置方式优劣浅析	王永谊　申斌学　煤炭工业部西安设计研究院
五、管道物料粉状技术		
1	流态化仓泵输送粉煤灰	黄国昌　上海海运学院
2	气固二相管流中颗粒速度计算	黎尔素　长沙市粮油机械厂
3	原煤浆管道输送参数的研究	赵洪烈　煤炭科学研究总院唐山分院
4	自调式密相气力输送梯度补气的研究	刘凤章　罗自学　贵州工学院
5	气力输送在小型成套碾米设备上应用的探讨	刘建平　宣州市粮油食品局米厂
6	仓泵气力输送试验台设计探讨	赵联城　上海海运学院
7	发展我国粉煤灰气力输送技术	余洲生　上海海运学院
8	新一代超效率收尘器——JSS密勒波浪塑烧除尘器	孟德章　上海圣德机械设备有限公司
六、工业搬运车辆技术		
1	中小吨位叉车载荷谱的编制方法	刘红　同济大学 凌忠社　安徽叉车集团 陈健元　李铭　李立忠　上海交通大学
2	舵轮型自动导向车导向控制的分析与仿真	王冰　张惠侨　孙东　上海交通大学
3	叉车内燃电力传动系统的台架试验研究	韩玉恩　上海海运学院
七、电气自动化技术		
1	计算机操作台在自控系统中的应用	杨文雄　交通部水运科学研究所
2	自动控制技术在散货码头的应用——厦门港石湖山煤码头中控系统	赵芳　交通部水运科学研究所
3	PLC网络技术在运输系统中的应用	靳红　张克　机械工业部北京起重运输机械研究所
4	安玻二期“位控”系统的研究开发	张家锟　潘浩　交通部水运科学研究所
八、其他		
1	高效节能的多功能减速器试验装置的研究	章伯超　煤炭科学研究总院上海分院
2	新型无级调速系统	夏逢喜　四川起重机厂
3	齿轮故障诊断的原理及应用	赵章焰　武汉交通科技大学
4	国外CAD技术应用现状及水平	苗明午　机械工业部北京起重运输机械研究所
5	力法在机械传动系统中的应用	孙小明　胡宗武　上海交通大学
交流论文		
一、起重机技术		
1	大跨度起重机移动司机室装置	李国杰　苏州起重机械二厂
2	港口起重机械工作机构最佳速度的确定	石国桢　武汉交通科技大学
3	耐磨材料在抓斗上的应用	姜斌　长航安庆港机厂
4	手拉葫芦起重链条的工艺分析	赵双全　邢台市起重运输设备厂
5	单臂架爬升式起重机的安全装置	吴宾义　上海港务局
6	用动态分析方法研究桥架型起重机偏斜行走及侧向力	陈玮璋　王重华　冯草　上海海运学院
7	相对旋转式取料装置工作机理的探讨	李勇智　武汉交通科技大学

续上表

序号	论文题目	作者及单位
8	升船机卷扬提升系统中减速器齿侧间隙对系统动态响应的影响	孙小明 上海交通大学
9	伸缩式集装箱吊具的现状与发展	沈元浩 李晓飞 武汉交通科技大学 程永明 任革学 清华大学
10	起重机系列新产品开发中的几个问题	万力 机械工业部北京起重运输机械研究所
11	平衡滑轮补偿法变幅系统的优化设计	苗明 孙宏伟 屈福政 大连理工大学
12	铁路架桥机牵引走行机构设计计算	梁怿如 黄愉成 薛治琪 张宽友 铁道部武汉工程机械研究所
13	JQ160型铁路架桥机的设计	梁怿如 黄愉成 薛治琪 张宽友 铁道部武汉工程机械研究所
二、连续输送技术		
1	组合式气箱新型结构的气垫带式输送机	文婷 文灿湘 西安天河物料输送新技术开发公司
2	我国电厂引进粉煤灰输送系统的现状和特点比较	庄国鑫 朱莹 上海市机电设计研究院
3	化肥集装成组运输的探讨与实践	黄学群 中国五环化学工程公司
4	中间转载多点驱动带式输送机的设计计算	王永谊 陶琦 煤炭工业部西安设计研究院
5	整芯阻燃输送带冷粘接头技术与实验研究	徐锦诚 莱州市橡塑厂 肖林京 梁兆正 于岩 山东矿业学院
6	散货装船机斜溜筒设计探讨	沈家桢 上海海运学院 郑涤凡 上海港口机械制造厂
7	国外软起动装置在带式输送机上的应用	张尊敬 机械工业部北京起重运输机械研究所
8	一种自动卸载的底卸式索道货车	金培 南昌有色冶金设计研究院
三、电气自动化技术		
1	PLC在波形仿真中的应用	孟如 唐山冶金矿山机械厂
2	物流机电设备中新型线圈导线绝缘结构的应用	万元高 大连市第一电磁铁厂 王揆 大连市第一电磁铁厂
3	MODICON PLC－E785与HIDIC－80计算机的数据通讯	史世武 边卫民 交通部水运科学研究所
4	MODBUS PLUS网络在安玻二期工程中的应用	张喜廉 交通部水运科学研究所
5	最新型起重机控制系统	陈德新 ［香港］ 滨尼顺贸易公司
6	巷道堆垛机的转轨控制技术	彭建宏 苏州起重机械厂
四、其他		
1	铸造锌基合金	钟永祺 上海海港职工大学
2	浅谈滑轮的新发展	钟永祺 上海海港职业大学

中国机械工程学会物料搬运分会第六届学术年会

——面向21世纪迎接物料搬运技术新发展(上海 2000.11)

序号	论文题目	作者及单位
一、综合论述		
1	面向21世纪的物流工程及物料搬运技术	孙国正 武汉理工大学物流技术与设备研究所
2	大力推进我国水路内贸标准集装箱运输事业的发展	包起帆 上海港龙吴港务公司
3	物流仓储技术的国内外现状及发展趋势	尹军琪 祁庆民 北京起重运输机械研究所
4	封闭型带式输送机国内外现状与展望	王鹰 孟文俊 太原重型机械学院 辜志钦 长沙重型机械厂
5	21世纪管道物料输送技术发展动向	陈宏勋 交通部水运科学研究所

续上表

序号	论文题目	作者及单位
6	港口电气自动化的发展	张家锟　交通部水运科学研究所
7	中国物流技术市场现状	吴清一　北京科技大学物流研究所
8	仓储物流业对西部大开发的战略意义	田奇　马鹏飞　长安大学
9	物流工程研究综述	汪晓华　田青　天津大学管理学院　安宇　抚顺石化公司
	二、物流仓储技术	
1	试论国内外汽车工业物料搬运管理及设备近况	汤瑞琪　母晓敏　机械工业部第五设计研究院
2	丰田生产方式的物流系统研究	田青　丹东高等专科学校 周刚　齐二石　刘海虹　天津大学管理学院
3	现代物流与电子商务	陈丽红　北京起重运输机械研究所
4	基于VR技术的虚拟远程物料搬运系统研究	吴晓　丁国富　王金诺　西南交通大学机械工程研究所
5	摩擦式阻力放大链及其在物料搬运中的应用	张素芬　熊志民　孟咬其　龙国凌　邹伟成　武汉新概念设备制造公司
6	输送机搬运系统在现代物流系统中的地位与作用	殷筑生　贵阳输送设备制造厂
7	门窗型材自动存储系统	王玉璞　机械工业部第四设计研究院物流工程所
8	自动化立体仓库在生产过程中的应用	朱宝昌　辽宁国能集团股份有限公司
9	机械式停车设备的安全对策	万力　机械工业部北京起重运输机械研究所
	三、起重机械技术	
1	对修订《起重机设计规范》的建议	万力　机械工业部北京起重运输机械研究所
2	冶金桥式起重机使用安全评估分析	龙靖宇　过玉卿　武汉科技大学
3	起重机投标报价系统	唐世华　过玉卿　武汉科技大学
4	悬索桥钢箱梁吊装用起重机	丁晓帆　交通部水运科学研究所
5	关于大起升高度桥吊动态刚性控制的建议	徐忠毅　上海起重运输机械厂
6	"双点接触圆弧轨道"的推广	杨长骙　大连理工大学
7	起重机起升机构双起升制动器系统的匹配研究	文豪　於方　太原重型机械学院机电工程系 杨玉娴　化工部第二设计院
8	箱形梁及单腹板梁的水平及垂直偏斜值探讨	孙明尧　孙海权　荣辉　胡首　郑学勇　武汉冶金设备制造公司设计研究所
9	移动载荷与三载荷在简支梁上引起的弯矩及剪力通用方程的研究	苏冬　苏传经　大连大起集团有限责任公司 申淑玲　大连大重集团公司设计院
10	汽车起重机的整机结构分析技术	岳中第　北京航空工艺研究所 姚作勋　玄刚日　北京起重机器厂 林承祯　北京市机械局规划处
11	起重机变幅柔性构件非线性分析	王欣　屈福政　高顺德　大连理工大学工程机械研究所
	四、连续输送技术	
1	大运量长距离可伸缩带式输送机驱动技术的研究	蒋卫粮　煤炭科学研究总院上海分院
2	带式输送机滚筒的优化设计	蒋卫粮　陈珏　石晟　煤科总院上海分院
3	带式输送机沿倾斜输送适应倾角的分析	孙可文　朱路群　山东科技大学 孙莲君　济南微机应用研究所 张连营　淄博生建机械厂
4	带式输送机侧托辊前倾纠偏原理与参数分析	孙可文　于岩　朱路群　山东科技大学 孙莲君　济南微机应用研究所

续上表

序号	论文题目	作者及单位
5	斗式提升机CAD系统开发过程中遇到的几个问题的讨论	贾志绚 於方 朱建明 太原重型机械学院机电工程系
6	沙角(A)电厂燃煤码头带式输送机的改进设计	林健 广东省航运规划设计院
7	波状挡边带式输送机在港口的应用	张富洪 陆卫刚 徐国兵 华忠 江苏省江阴市特种运输机械设计所
8	波状挡边胶带机与斗式提升机性能与投资对比	陆卫刚 江苏省江阴市特种运输机械制造有限公司 张富洪 江阴市特种运输机械设计研究所
9	胶带机前倾托辊的前倾阻力计算	徐洪坤 上海起重运输机械厂
10	带式输送机的设计方法的发展	宋伟刚 东北大学机械工程与自动化学院
	五、管道物料输送技术	
1	密相栓流脉冲气刀式输送	倪光裕 言仿雷 黄韬 浙江大学材料技术工程公司
2	气力输送的料位检测与计量	言仿雷 浙江大学材料技术工程公司
3	粮食加工厂中气力输送应用的回顾与前瞻	孙武亮 武汉工业学院
4	海洋码头吸鱼机的研究与开发	部聪令 孙传星 山东省汇丰机械集团总公司气力输送设备研究所
5	面粉气力压运供料器阻力及漏风量的研究	肖安红 武汉工业学院 周乃如 朱凤德 李明纪 郑州粮食学院
6	砂浆管道输送尾砂型料的构思与设计	林愉 南方冶金学院
7	粮食装卸输送设备的吸尘装置设计	李英 武汉工业学院食品科学与工程系
8	电容层析成象在气固两相流中的应用	刘石 扬五强 王海刚 姜凡 中国科学院工程热物理研究所
9	非球形颗粒群的阻力系数	谢洪勇 张大为 李志义 大连理工大学化工学院过程装备与控制工程系
	六、装卸机械及零部件	
1	2500t/h桥式抓斗卸船机	张建国 上海振华港口机械股份有限公司
2	新双峰海减载平台1400t/h装船机	娄正忠 上海港口设计研究院
3	波状挡边带式卸船机的三维动画模拟	高磊 俞晓红 交通部水运科学研究所
4	桁架式装卸桥动态特性分析	孙明尧 武汉冶金设备制造公司设计研究所 过玉卿 武汉科技大学
5	国内外波状挡边带式卸船机的发展概况与技术分析	张德文 交通部水运科学研究所
6	一种简易轨道式集装箱龙门起重机设计	张维升 王伟亚 蔡榕钦 上海起重运输机械厂
7	港机设备管理中的润滑管理	陈强努 陈家倩 上海海运学院
8	交通部水运科学研究所"港口物流装备与控制工程试验室"的设计分析	吴守定 交通部水运科学研究所
9	起重机零部件参数化CAD方法	张亮有 郑荣 吴福忠 太原重型机械学院
10	新型长撑杆抓斗	孙友伶 王建宁 大连大起集团有限责任公司
11	行星减速机高速轴断裂事故分析	罗翔 李朗明 太原重型机械集团公司设计研究院
12	钢丝绳相关标准探讨	黄孙灼 陈莲英 岳文选 福州大学
	七、电气自动化技术	
1	矿山用自动称量监控系统	於方 太原重型机械学院机电工程系 杨琦 太钢集团尖山矿业有限公司 李建萍 太原航空仪表有限公司测试仪器研究所

续上表

序号	论文题目	作者及单位
2	DS系列微机控制装联线	王宁　福建省南平市德赛技术装备有限公司
3	现代物流信息自动采集技术	王方智　美国埃库一索特系统公司
4	基于网络的虚拟起重小车	金光振　顾曦　武汉科技大学
5	新型变频式气力卸船机	邸平　苏祥铎　丁晓帆　陈丽昕　高磊　交通部水运科学研究所
6	气力输送系统的集散控制	黄平　言仿雷　浙江大学材料技术工程公司

第七届物流工程学术年会论文集

——物流工程与中国现代经济(大连　2004.10)

序号	论文题目	作者及单位
一、物流学——理论与实践		
1	中国加入WTO后对物流业的影响	陆大明　北京起重运输机械研究所
2	现代物流技术的发展趋势	孙国正　武汉理工大学物流工程学院
3	现代集装箱码头智能化生产关键技术	包起帆　上海国际港务(集团)有限公司
4	物流工程及其技术创新	王国华　北京科技大学物流研究所 周云　北京起重运输机械研究所
5	现代物流运营与控制	王国华　北京科技大学物流研究所
6	我国第三方物流发展现状的分析及思考	王海刚　陕西科技大学管理学院 杨玮　陕西科技大学机电学院
7	逆向物流及其管理研究	包菊芳　安徽工业大学管理科学与工程学院
8	电子物流及其经济效益	张卫　王国华　北京科技大学物流研究所
9	物流服务的效益	卢志翀　王国华　北京科技大学物流工程系
10	精益运输——运输中的精益运营理念	费莎　上海宝钢股份有限公司运输部
11	生产现场系统化改善的应用性研究	孙小明　上海交通大学
12	制造企业生产成本的核算	孙静　董绍华　陈超武　丁文英　北京科技大学物流工程系
13	汽车企业电子商务物流发展模式探索	姜军　李必强　武汉理工大学管理学院 武兰芬　华中科技大学管理学院 海峰　武汉大学商学院
14	钢铁企业矿石物流一体化管理模式研究	陈荣　安徽工业大学管理科学与工程学院
15	集装箱码头设计吞吐能力参数选择的实证研究	吴国付　武汉理工大学管理学院 程蓉　深圳大学工程技术学院
16	煤产物流	仇志成　亚洲国际公开大学研究院 中国澳门特别行政区
二、供应链		
1	供应链成本管理创新研究——精益成本管理	汪家常　安徽工业大学管理与工程学院
2	供应链中的联盟忠诚	史海华　冯爱兰　北京科技大学物流工程系
3	烟草企业供应链研究	马志新　王国华　张卫　北京科技大学物流工程系
4	基于合作对策的制造业供应链联盟多目标决策研究	姜连馥　齐二石　天津大学管理学院 满杰　深圳大学建工学院
三、物流系统分析与规划设计		
1	物流工程中的仓库选址决策	朱长征　董千里　长安大学
2	火电厂物流系统模型分析研究	贺小明　闫秀峰　杨克修　付尽芳　武汉大学动力与机械学院

6

续上表

序号	论文题目	作者及单位
3	物流中心选址综合规划研究	于桂芳 史峰 邓连波 中南大学交通运输工程学院
	四、自动化仓储系统及配送中心	
1	公共物流中心设备配置探讨	刘志凯 苏州市运输管理处 姚志刚 张三省 长安大学
2	专业市场配送中心研究	葛拥军 王国华 北京科技大学物流研究所
3	垂直回转式柜库中的货箱动态分析	田奇 方延庆 张卫东 长安大学工程机械学院
4	“某某烟草物流中心”设计	李宗郦 原机械工业部第二设计研究院
5	巷道式堆垛机自动存取高位立体库	陶军 上海柴油机股份有限公司
6	自动化立体仓库系统的总体设计方法与原理	卢朔新 孙志坚 辽宁国能集团铁岭精工机械有限公司
7	浅谈配送中心型自动化立体仓库中输送系统设备的选用	张洁 中国机械工程学会物流工程分会
8	浅谈“AGV”的双钉导引技术	吕国雄 云南昆船第一机械有限公司
9	激光导引 AGV 车载控制系统研究	关宏 杨文华 张勇 张智勇 卯彦 云南昆船设计研究院新产品研究所
10	新型物料抓放装置——弧面凸轮机械手的研制与开发	杨玮 曹巨江 陕西科技大学机电工程学院
	五、起重机械技术	
1	21 世纪起重机的特征和发展趋势	须雷 德马格起重机械(上海)有限公司
2	超巴拿马型岸边集装箱起重机金属结构计算	郑培 王悦民 上海海运学院机械研究所
3	大起重量电动葫芦设计	陈登云 吉林大学 徐志宏 江苏三马起重机械机械有限公司
4	电动葫芦用钳式制动器的设计	陈登云 吉林大学 徐志宏 赵建华 周荣兵 江苏三马起重机械制造有限公司
5	关于船厂起重机电力拖动与控制方案选择问题	陈岳声 中船第九设计研究院工程设备设计研究所
6	关于《起重机设计规范》“结构”部分修订的几个问题	万力 北京起重运输机械研究所
7	基于顶点法向量的三维模型简化算法	罗会信 莫燕 武汉科技大学机械自动化学院
8	集装箱桥吊仿真训练器及其数学模型	王重华 郝晋兵 上海海事大学物流工程学院
9	加气混凝土生产线专用起重设备	宫本智 天津起重设备有限公司
10	简论起重机械金属结构安全技术与检测检验	李红昌 西安市特种设备监督检验所
11	门座起重机臂架设计浅析	何先凡 上海交通大学机械与动力工程学院
12	桥(门)式起重机小车轨道局部平面度的检测方法及数据分析	赵康维 王莉 辽宁省建设机械城市车辆检测中心
13	桥式起重机车轮“啃轨”分析与检测	李红昌 西安市特种设备监督检验所
14	三峡永久船闸人字门结构制作	蔡勇 江南重工股份有限公司
15	起重机主梁结构的疲劳寿命研究	龙靖宇 吴小珍 王家青 武汉科技大学
	六、输送机械	
1	国内外带式输送机的现状及技术前瞻	杨达文 煤炭科学研究总院上海分院运输中心 王福连 大屯煤电集团有限责任公司
2	带式输送机自动调心托辊	郭嘉德 昆明市海口自动调心托辊厂
3	干熄焦提升机的结构形式及国产化开发	郝建光 太原重型机械集团公司技术中心 曾志春 吴春雷 通化钢铁集团公司焦化厂
4	“莫比乌斯带”在带式输送机中的应用	林健 广东省航运规划设计院
5	液粘传动在带式输送机上的应用研究	马刚 煤炭科学研究总院上海分院

续上表

序号	论文题目	作者及单位
6	一种新型的双向槽前倾托辊	徐洪坤　上海起重运输机械厂有限公司
7	圆管带式输送机功率计算的几种方法比较	王鹰　邓春芳　太原重型机械学院 鲁言文　中国农业机械化科学研究院
8	圆管带式输送机楔形阻力的理论分析	宜燃　孟文俊　王鹰　太原重型机械学院机电工程学院
	七、管道物料输送	
1	气力输送系统用技术和部件的新进展	陈宏勋　交通部水运科学研究所
2	第二代气垫带式输送机在热电厂输煤系统中的应用	文灿湘　新乡市天隆输送设备有限责任公司 文婷　西安新大通用机械工程有限责任公司
3	粉体的氮气保护输送及其回收技术——天津石化化纤厂 CP 改造项目的 PTA 气力输送装置介绍	范卫民　浙江大学材料技术工程公司
4	气力输送系统中供料装置的选用	宣越　浙江大学材料技术工程公司
5	石灰石粉密相气流输送中试研究	杨腾　上海金申德粉体工程有限公司
6	粉体物料的超长距离管道气力输送技术	李向阳　李新生　陈志高　国电电力建设研究所
7	新型水泥气力输送系统的设计及应用	部聪令　邱化慧　王加永　山东省汇丰机械集团总公司
	八、自动化控制系统、信息系统	
1	RF 技术在仓储管理中的应用	李遇贤　余开朝　赵世民　张静萍　昆明理工大学机电工程学院
2	条码技术在制造业中的应用	卞玉玲　余开朝　陈婷　昆明理工大学机电工程学院 CIMS 研究中心
3	条码以及 VPN 技术在远程仓库管理中的应用	赵俊明　丁文英　董绍华　王国华　北京科技大学物流工程系
4	ERP 系统灾难风险管理问题研究	汪家常　安徽工业大学管理科学与工程学院
5	CIMS 环境下 PDM 与 3C 和 ERP 的集成应用	孙东奎　董绍华　谢欣荣　北京科技大学物流工程系
6	中小企业 ERP 系统库存管理解决方案	黄雪强　董绍华　丁文英　北京科技大学物流研究所
7	GPS－GIS 在物流领域中的应用	李爱荣　华北工学院材料工程系 乔建刚　钟小明　北京工业大学交通研究中心
8	卫星定位及移动通信技术在物流方面的应用	邓文东　广东中成化工股份有限公司 曾钦海　广州安龙科技有限公司
	九、自动停车库	
1	静态交通规划中的停车库信息管理系统探讨	周奇才　缪宁　同济大学
2	魔方立体停车库自动控制系统探讨	缪宁　周奇才　同济大学
3	自动立体停车系统特征分析及流畅性计算	任建强　楼卫民　杭州启莱机电装备技术公司 周奇才　熊肖磊　同济大学
	十、其　他	
1	特种设备制造许可评审中“生产制造过程控制”评审要点的体会	赵康维　辽宁省建设机械城市车辆检测中心
2	水渣 2＃斗轮机的轴承检修新工艺	朱岱青　宝钢股份公司运输部
3	作业成本法在制造企业中的应用	陈超武　董绍华　孙静　丁文英　北京科技大学物流工程系
4	单交叉口多相位模糊控制及仿真研究	彭小红　湛江海洋大学 刘国东　茂名市建设银行
5	汽车 VNS 的研究现状与发展趋势	乔建刚　荣建　任福田　夏怀坤　北京工业大学交通研究中心
6	计算机立体显示技术及其在虚拟制造中的应用	曹玉东　王飞　徐红燕　北京邮电大学自动化学院

第八届物流工程学术年会论文集——自主创新 实现物流工程的持续与科学发展(太原 2008.10)

序号	论文题目	作者及单位
一、物流与供应链管理		
1	基于循环经济下的工业园区物流成本研究	熊珊 王国华 北京科技大学物流工程系
2	精益物流在制造企业内部的应用探讨	周奇才 丛林 同济大学机械工程学院
3	某公司供应链优化管理对减少供应链不确定性的启示	邵举平 鲁东大学管理学院 吴丽华 鲁东大学图书馆 马天云 鲁东大学土木工程学院 董绍华 王国华 北京科技大学物流研究所
4	面向2010上海世博会的物流管理系统研究	陈芸 李彩 王遵彤 同济大学电子与信息工程学院
5	汽车运输经济性评价	朱剑 宝钢股份宝钢分公司运输部
6	基于3R原则的循环物流系统分析	张庆英 巫宇南 宋成果 喻英 武汉理工大学物流工程学院
7	全球化下的标准化物流装备问题研究	陈子侠 殷洁 浙江工商大学现代商贸研究中心
8	不确定环境下钢铁企业供应链物流计划优化研究综述	邵举平 董绍华 王国华 北京科技大学物流工程系 马天云 鲁东大学土木工程学院
9	如何保证企业物流管理的建设或改造项目顺利进行	邱伏生 上海天睿物流咨询有限公司
10	物流改进组织在制造型企业中的作用	颜家平 上海法雷奥汽车电机雨刮系统有限公司
11	"链"就竞争力	谢明容 APP纸业
12	采购集中,打造专业化的采购团队	宫迅伟 宁波兴瑞电子有限公司(亚太区管理公司)
13	供应链网络的价值增值均衡问题研究	张昕瑞 王恒山 上海理工大学管理学院 杨嘉勤 Georgia College & StateUniversity 美国
14	钢铁企业订货系统建模与仿真分析	邹安全 于琦 湖南科技大学工业工程系 刘志学 华中科技大学管理学院
15	宝钢二炼钢扩容改造机车配置与作业模式研究	刘庆伟 宝钢股份宝钢分公司运输部
二、物流仓储技术		
1	将物流的理念融入货运基地规划中——浅谈首都机场大通关货运基地规划方法	沈利华 罗勇 贾丽黎 中国中元国际工程公司航空物流研究院
2	一种经济实用的自动化仓储技术	王玉璞 庞洛明 机械工程第四设计研究院
3	产成品智能化仓库的系统结构	施亚农 宝钢股份宝钢分公司运输部
4	遗传算法在自动仓储系统(AS/RS)中的应用研究	孙慧 肖林京 吴广伟 山东科技大学机电学院
5	港口煤炭钢板筒仓储运工艺系统分析	张德文 马文杰 交通部水运科学研究院
三、港口物流		
1	现代港口物流科技创新与实践	包起帆 上海国际港务(集团)股份有限公司
2	当今集装箱机械的技术发展	符敦鉴 上海振华港机(集团)股份有限公司!上海
3	现代物流对港口经济发展的支撑作用	陈廷 王国华 北京科技大学物流工程系
4	散货机械几种具有特点机型介绍	潘敏献 上海振华港口机械(集团)股份有限公司
5	针对船舶大型化开发的3种新型岸桥	田洪 上海振华港机(集团)股份有限公司!上海
6	马迹山港在泊船舶稳泊智能化	夏烨平 宝钢股份宝钢分公司运输部
7	试论船舶自动配积载系统的优化	付壮 宝钢股份宝钢分公司运输部
8	两港平衡运作,降低船舶滞期费的思考	胡辉 宝钢股份宝钢分公司运输部

续上表

序号	论文题目	作者及单位
9	国际自动化集装箱码头技术发展述评	邱惠清　卢凯良　同济大学机械工程学院
10	自动化码头电动小车的轮轨粘着影响因素分析	张氢　胡晔　陈荔新　刘刚　同济大学机械工程学院 陆青　上海振华港机(集团)有限公司
11	无人化码头低架桥横向载荷的确定及有限元模型横向振动分析	邱慧清　孙贺　同济大学机械工程学院
12	集装箱自动化码头示范线小车－低架桥系统固有特性分析的自由子结构方法	秦仙蓉　徐若育　胡晔　同济大学机械工程学院机械设计及理论研究所
13	岸边集装箱起重机大梁铰点的研究	王文涛　上海振华港口机械(集团)股份有限公司
14	岸边集装箱起重机疲劳分析	陈刚　上海振华港口机械(集团)股份有限公司
15	岸边集装箱起重机结构优化分析	刘大强　徐洪泽　冷松　大连重工－起重集团公司
16	港口起重机金属结构裂纹监控方法	赵章焰　武汉理工大学
17	装船机的结构有限元计算及薄弱点分析	沈卓中　交第三航务工程勘察设计院有限公司 王悦民　上海海事大学
18	1 800 t/h 卸料机润滑系统的改造	史言　陈富强　沈新辉　宝钢股份宝钢分公司运输部
	四、起重机械	
1	德马格公司的新型 DR 钢丝绳电动葫芦	须雷　德马格起重机械(上海)有限公司
2	桥、门式起重机的刚性	顾迪民　哈尔滨工业大学
3	起重机轮轨弹塑性接触有限元分析	禹昭　上海海事大学 吴姜玮　上海海事大学
4	起重机起升机构的变频调速问题	陈岳声　中船第九设计研究院
5	四卷筒差动机构牵引小车系统受力组合及功率研究	王俊华　王悦民　上海海事大学
6	起重机啃轨原因分析与防护对策研究	王首成　李万录　太原重型机械集团有限公司技术中心
7	桥式起重机桥架参数化设计关键技术研究	王宗彦　吴淑芳　舒柱兵　秦慧斌　中北大学机械工程与自动化学院
8	桥式起重机动刚度计算的建模与分析	王创民　高俊云　王首成　太原重工股份有限公司
9	基于有限元的 450 t 铸造起重机桥架疲劳寿命分析	严爱军　徐卫文　武汉钢铁股份有限公司 罗会信　陈文娟　武汉科技大学机械自动化学院
10	冶金类起重机金属结构疲劳寿命评估技术	平克楠　太原重型机械集团公司技术中心
11	格构式构件的等效惯性矩法在桁架式起重机结构分析中的应用	陆念力　王佳　哈尔滨工业大学机电工程学院
12	封闭型轨式起重机在现代工业中的应用	刘建军　高博(天津)起重设备有限公司
13	基于单神经元 PID 的履带起重机功率极限载荷控制	吕奇超　赵海涛　宋晓光　王欣　蔡福海　大连理工大学机械工程学院 李西红　徐工集团徐州重型机械有限公司
14	基于 Ansys 的履带起重机臂架弹性稳定性计算的简化模型研究	王欣　马青　滕儒民　高顺德　大连理工大学机械工程学院
15	基于计算机虚拟仿真技术特大型起重机优化设计和安全施工的探索	葛雨泰　上海市特种设备监督检验技术研究院
16	厂房内低净空条件下双梁桥式起重机的一种新设计	鲍希陆　上海公茂起重设备有限公司 王鹰　太原科技大学 葛雨泰　上海市特种设备监督检验所 何昊炅　科尼起重机设备(上海)有限公司
17	起重机司机室玻璃坠落事故分析	李琳　本钢机械制造有限责任公司

6

续上表

序号	论文题目	作者及单位
	五、输送系统及设备	
1	圆管带式输送机过渡段设计的探讨	王松雷　韩刚　王鹰　太原科技大学机电学院
2	常见的几种大倾角带式输送机	田晓明　韩刚　太原科技大学机电学院
3	长距离带式输送机运行节能设计研究	谢文宁　交通部水运科学研究院 费李香　SMC(中国)有限公司
4	探讨影响电磁除铁器除铁效果的几个因素及解决方案	殷江平　王俊成　国电谏壁发电厂
5	CEMA带式输送机功率计算方法软件的开发及其应用研究	宋伟刚　姜涛　东北大学机械工程与自动化学院
6	料场无人化系统的研究和应用	张子才　肖苏　吴刚　伍文宇　宝钢股份宝钢分公司运输部
7	链条缓冲装置的研发及应用	李玉民　韩刚华　中国华电工程(集团)有限公司物料输送技术上海中心
8	基于Ansys斗轮堆(取)料机金属结构有限元分析	韩刚华　梁智强　中国华电工程(集团)公司物料输送部上海技术中心 余崇义　上海海事大学
9	基于Inventor的斗轮堆取料机关键零部件的参数化设计	张起伟　张宝国　中国华电工程(集团)有限公司物料输送部 上海技术中心
10	双套管内气固两相流动阻力特性的研究	李向阳　李新生　国网北京电力建设研究院
11	基于SIMATIC S7－300气力输送自动化系统在电厂干法脱硫中的应用	顾伟　李韵　上海麦克曼气力输送工程有限公司
12	信函文件气力管道输送装置的设计	刘长生　中南林业科技大学物流学院
	六、其　　他	
1	职工通讯信息查询系统	刘长生　中南林业科技大学物流学院
2	基于GPRS无线网络的CAN总线远程监控系统研究	徐榕　上海交通大学机械与动力工程学院
3	框架车静压驱动系统分析及在线调试	黄伟中　宝钢股份宝钢分公司运输部
4	小模数齿轮激光熔覆工艺试验研究	宋光明　上海海事大学　鲍志军　吴钢
5	基于SolidWorks的工程图自动调整技术研究	吴淑芳　王宗彦　秦慧斌　王兴文　山西中北大学
6	托盘国家标准的应用探析	马步庄　徐平　无锡市前程包装工程有限公司 彭国勋　中国包装技术协会
7	专用安全检修吊架研制	张梅中　蔡国雄　张建　范建共　钱伟文　上海浦东国际集装箱码头有限公司
8	实心胶轮胶层材料浅谈	武应涛　上海凯众聚氨酯有限公司
9	基于人因的空调客车室内热环境的模拟研究	向立平　王汉青　李孔清　湖南科技大学能源学院
10	新型工业化进程中的湖南能源可持续发展探讨	周志华　湖南科技大学工业工程系
11	虚拟实验系统研究	李孔清　林建辉　湖南科技大学
12	铁路磨轨车打磨工艺及打磨质量的制订	刘清　湖南建工集团总公司华一集团 吴兆文　广州铁路工务机械段